Nomos Universitätsschriften

Recht

Band 878

Nikolaos Zaprianos

Die Rückabwicklung der Verbraucherverträge nach Ausübung des Widerrufsrechts

Eine Untersuchung unter Berücksichtigung der Verbraucherrechte-Richtlinie und des Entwurfs für ein Gemeinsames Europäisches Kaufrecht

Nomos

Die Deutsche Nationalbibliothek verzeichnet diese Publikation in der Deutschen Nationalbibliografie; detaillierte bibliografische Daten sind im Internet über http://dnb.d-nb.de abrufbar.

Zugl.: Berlin, Humboldt-Univ., Diss., 2015

ISBN 978-3-8487-2548-9 (Print)
ISBN 978-3-8452-7161-3 (ePDF)

1. Auflage 2016
 Gedruckt auf alterungsbeständigem Papier.

Meinen Eltern

Vorwort

Die vorliegende Arbeit wurde im Wintersemester 2014/2015 von der Juristischen Fakultät der Humboldt-Universität zu Berlin als Dissertation angenommen. Literatur und Rechtsprechung konnten bis Anfang 2015 berücksichtigt werden. Spätere Entwicklungen habe ich nur punktuell nachgetragen.

All jenen, die mich bei der Arbeit an der Dissertation begleitet haben, möchte ich an dieser Stelle ganz herzlich danken.

Mein besonderer Dank gilt zunächst meiner Doktormutter, Frau Prof. Dr. Susanne Augenhofer, LLM (Yale), für die richtige Balance aus Interesse an meiner Promotion und gleichzeitig gewährtem wissenschaftlichem Freiraum sowie für die Einbeziehung in interessante Projekte, Kolloquien und Seminare.

Ein herzlicher Dank gebührt weiterhin Frau Prof. Dr. Johanna Schmidt-Räntsch, RiBGH für die rasche Erstellung des überaus zuvorkommenden Zweitgutachtens und ihre hilfreiche Unterstützung in der letzten Phase der Promotion.

Der griechischen Staatlichen Stipendienstiftung (IKY) verdanke ich eine großzügige finanzielle Förderung während der ganzen Promotionszeit. Ebenfalls danken möchte ich Frau Swantje Maecker und Frau Monika Arnold, die mit bestechender Akribie das Manuskript Korrektur gelesen haben.

Größten Dank schulde ich schließlich meinen Eltern, die mich auf meinem bisherigen Lebensweg unermüdlich unterstützt und vorbehaltlos gefördert haben. Ihr steter Rückhalt sowie die erholsamen Ablenkungen durch meine Freunde in Berlin und Griechenland haben maßgeblich zum guten Gelingen dieser Arbeit beigetragen.

Nicosia, August 2015 Nikolaos Zaprianos

Inhaltsverzeichnis

Abkürzungsverzeichnis

a. A.	anderer Ansicht/Auffasung
a.F.	alte Fassung
ABGB	Allgemeines Bürgerliches Gesetzbuch (Österreich)
ABl.	Amtsblatt der Europäischen Gemeinschaften/der Europäischen Union
Abs.	Absatz
AcP	Archiv für die civilistische Praxis
ACQP	Acquis Principles
AEUV	Vertrag über die Arbeitsweise der Europäischen Union
AG	Amtsgericht
AGB	Allgemeine Geschäftsbedingungen
AGBG	Gesetz zur Regelung des Rechts der Allgemeinen Geschäftsbedingungen
Am. J. Comp. L.	American Journal of Comparative Law
Anm.	Anmerkung
Art.	Artikel
Aufl.	Auflage
b2b	Business-to-Business
b2c	Business-to-Consumer
BB	Betriebs-Berater
BeckRS	Beck-Rechtsprechung
BGB	Bürgerliches Gesetzbuch
BGBl.	Bundesgesetzblatt
BGE	Entscheidungen des Schweizerischen Bundesgerichts
BGH	Bundesgerichtshof
BKR	Zeitschrift für Bank- und Kapitalmarktrecht
BT-Drucks.	Bundestags-Drucksache
bzw.	beziehungsweise
C.L.J.	Cambridge Law Journal
CFR	Common Frame of Reference
CISG	Übereinkommen der Vereinten Nationen über Verträge über den Internationalen Warenkauf
CoPECL	Common Principles of European Contract Law
CR	Computer und Recht
d. h.	das heißt
DB	Der Betrieb
DCFR	Draft Common Frame of Reference
ders.	derselbe

dies.	dieselbe, dieselben
Dig.	Digesten
DStR	Deutsches Steuerrecht
DZWIR	Deutsche Zeitschrift für Wirtschafts- und Insolvenzrecht
E	Entscheidung
ecolex	Fachzeitschrift für Wirtschaftsrecht
Efta	European Free Trade Association
EG	Europäische Gemeinschaft
endg.	endgültig
ERCL	European Review of Contract Law
ERPL	European Review of Private Law
EU	Europäische Union
EuG	Europäisches Gericht
EuGH	Europäischer Gerichtshof
EuGVÜ	Übereinkommen von Brüssel über die gerichtliche Zuständigkeit und die Vollstreckung gerichtlicher Entscheidungen in Zivil- und Handelssachen von 1968
EUV	Vertrag über die Europäische Union
euvr	Zeitschrift für Europäisches Unternehmens- und Verbraucherrecht
EuZW	Europäische Zeitschrift für Wirtschaftsrecht
EWG	Europäische Wirtschaftsgemeinde
EWiR	Entscheidungen zum Wirtschaftsrecht
EWR	Europäischer Wirtschaftsraum
EWS	Europäisches Wirtschafts- und Steuerrecht
f.	und der/die Folgende
FamRZ	Zeitschrift für das gesamte Familienrecht
ff.	und die Folgenden
Fn.	Fußnote
FS	Festschrift
G	Gesetz
GbR	Gesellschaft bürgerlichen Rechts
GEK	Gemeinsames Europäisches Kaufrecht
GEK-VO-E	Vorschlag für eine Verordnung des Europäischen Parlaments und des Rates über ein Gemeinsames Europäisches Kaufrecht
GenG	Gesetz betreffend die Erwerbs- und Wirtschaftsgenossenschaften
ggf.	gegebenenfalls
GmbH	Gesellschaft mit beschränkter Haftung
GPR	Zeitschrift für das Privatrecht der Europäischen Union, früher: Zeitschrift für Gemeinschaftsprivatrecht
GRUR-RR	Gewerblicher Rechtsschutz und Urheberrecht, Rechtsprechungs-Report
GS	Gedächtnisschrift

GWR	Gesellschafts- und Wirtschaftsrecht
h. M.	herrschende Meinung
HG	Handelsgericht
HGB	Handelsgesetzbuch
Hrsg..	Herausgeber
Hs.	Halbsatz
i.S.v.	im Sinne von
i.V.m.	in Verbindung mit
IHR	Internationales Handelsrecht
in f.	in fine
insb.	insbesondere
IPR	Internationales Privatrecht
IPRax	Praxis des Internationalen Privat- und Verfahrensrechts
IPRG	Bundesgesetz über das Internationale Privatrecht (Schweiz)
J. Law & Econ.	The Journal of Law and Economics
J. Legal Stud.	The Journal of Legal Studies
J. Pol. Econ.	Journal of Political Economy
JBl	Juristische Blätter
JITE	The Journal of Institutional and Theoretical Economics
JR	Juristische Rundschau
Jura	Juristische Ausbildung
jurisPR-ITR	juris PraxisReport IT-Recht
JuS	Juristische Schulung
JZ	Juristenzeitung
K&R	Kommunikation und Recht
KG	Kammergericht
KG	Kommanditgesellschaft
KMU	Kleine und mittlere Unternehmen
KSchG	Konsumentenschutzgesetz (Österreich)
Law Q. Rev.	Law Quarterly Review
LG	Landgericht
lit.	litera (Buchtstabe)
LMK	Lindenmaier-Möhring – Kommentierte BGH-Rechtsprechung
m. A.	meiner Ansicht
m. E.	meines Erachtens
m. M.	meiner Meinung
m.a.W.	mit anderen Wörtern
m.w.N.	mit weiteren Nachweisen
MDR	Monatsschrift für Deutsches Recht
MJ	Maastricht Journal
MLR	Modern Law Review
MMR	Multimedia und Recht
MuR	Medien und Recht

NJ	Neue Justiz
NJOZ	Neue Juristische Online-Zeitschrift
NJW	Neue Juristische Wochenschrift
NJW-RR	Neue Juristische Wochenschrift, Rechtsprechungs-Report Zivilrecht
Nr.	Nummer
NZG	Neue Zeitschrift für Gesellschaftsrecht
OGAW	Organismen für gemeinsame Anlagen in Wertpapieren
OGH	Oberster Gerichthof
OHG	Offene Handelsgesellschaft
ÖJZ	Österreichische Juristenzeitung
OLG	Oberlandesgericht
OR	Obligationenrecht (Schweiz)
öZPO	Zivilprozessordnung (Österreich)
PECL	Principles of European Contract Law
PICC	UNIDROIT Principles of International Commercial Contracts
Pkw	Personenkraftwagen
Q. J. Econ.	Quarterly Journal of Economics
RabelsZ	Rabels Zeitschrift für ausländisches und internationales Privatrecht
RdNr.	Randnummer
RdW	Recht der Wirtschaft
RegE	Regierungsentwurf
RIW	Recht der internationalen Wirtschaft
RL	Richtlinie
Rn.	Randnummer
Rs.	Rechtssache
Rz.	Randziffer
S.	Satz
S.	Seite
SI	Special Issue
SJZ	Schweizerische Juristenzeitung
sog.	sogenannt
StVO	Straßenverkehrsordnung
u.a.	unter anderen, und andere
UGP	Unlautere Geschäftspraktiken
Unif. L. Rev.	Uniform Law Review
usw.	und so weiter
v.	vom
vgl.	vergleiche
VKrG	Verbraucherkreditgesetz (Österreich)
VO	Verordnung
VuR	Verbraucher und Recht

wbl	wirtschaftsrechtliche blätter
WM	Wertpapier-Mitteilungen – Zeitschrift für Wirtschafts- und Bankrecht
WRP	Wettbewerb in Recht und Praxis
z. B.	zum Beispiel
ZEuP	Zeitschrift für Europäisches Privatrecht
ZEuS	Zeitschrift für Europarechtliche Studien
ZfRV	Zeitschrift für Europarecht, Internationales Privatrecht und Rechtsvergleichung
ZGS	Zeitschrift für Vertragsgestaltung, Schuld- und Haftungsrecht, früher: Zeitschrift für das Gesamte Schuldrecht
ZIP	Zeitschrift für Wirtschaftsrecht
ZJS	Zeitschrift für das Juristische Studium
ZPO	Zivilprozessordnung
ZPR	Zeitschrift für Rechtspolitik
ZSE	Zeitschrift für Staats- und Europawissenschaften

Kapitel 1 Einleitung

A. Gegenstand der Arbeit

Die Verbraucherrechte-RL[1] trat am 12.12.2011 in Kraft (Art. 34 Verbraucherrechte-RL) und war von den Mitgliedstaaten bis zum 13.12.2013 umzusetzen (Art. 28 I Verbraucherrechte-RL). In Deutschland wurden zu diesem Zweck zahlreiche Vorschriften des BGB bzw. des EGBGB durch das VerbraucherrechterichtlinienUmsG im September 2013 grundlegend geändert.[2] Die neuen Bestimmungen sind nur auf Verträge anzuwenden, die nach dem 13.6.2014 geschlossen werden (Art. 28 II Verbraucherrechte-RL; Art. 15 VerbraucherrechterichtlinienUmsG).

Für das Widerrufsrecht bedeutet die Verbraucherrechte-RL die Herausbildung einheitlicher Kernelemente, z. B. bei der Widerrufsbelehrung, der Widerrufsfrist, der Rechtsausübung und den Ausnahmetatbeständen. Vor allem aber in Bezug auf die Regulierung der Widerrufsfolgen geht die Richtlinie einen sehr wichtigen Schritt weiter, indem sie ein umfassendes und detailreiches Rückabwicklungssystem für widerrufene Verträge einführt. Dieser Ansatz brachte im Wege der Richtlinienumsetzung grundlegende Veränderungen in §§ 355 ff., 357 ff. BGB.

Parallel dazu treibt die Europäische Kommission das Projekt eines fakultativen europäischen Vertragsrechts voran, und zwar in Form eines Verordnungsvorschlags über ein Gemeinsames Europäisches Kaufrecht (GEK) für grenzüberschreitende Transaktionen.[3] Die Entwurfsbestimmungen über das Widerrufsrecht entsprechen weitestgehend denen der Verbraucherrechte-RL.

---

1 Richtlinie 2011/83/EU des Europäischen Parlaments und des Rates v. 25.10.2011 über die Rechte der Verbraucher, zur Abänderung der Richtlinie 93/13/EWG des Rates und der Richtlinie 1999/44/EG des Europäischen Parlaments und des Rates sowie zur Aufhebung der Richtlinie 85/577/EWG des Rates und der Richtlinie 97/7/EG des Europäischen Parlaments und des Rates, ABl. 2011 L 304/64.

2 Gesetz zur Umsetzung der Verbraucherrechterichtlinie, zur Änderung des Verbrauchsgüterkaufrechts und zur Änderung des Gesetzes zur Regelung der Wohnungsvermittlung v. 20.9.2013, BGBl I, S. 3642.

3 Vorschlag für eine Verordnung des Europäischen Parlaments und des Rates über ein Gemeinsames Europäisches Kaufrecht, KOM(2011) 635 endg.

Ziel der vorliegenden Arbeit ist es, den Restitutionsmechanismus für den Widerrufsfall nach der Verbraucherrechte-RL und dem GEK systematisch herauszuarbeiten. Die Arbeit beschäftigt sich u.a. mit den Wirkungen des Widerrufs, den entstehenden Rückabwicklungspflichten, dem Verhältnis zwischen ihnen, der Kosten- und Gefahrverteilung sowie dem Schicksal von Wertminderungen, Nutzungen und Aufwendungen. Besondere Berücksichtigung finden dabei die typischen Merkmale von Verbraucherverträgen.

Außerdem werden in der Arbeit wiederkehrend Themen besprochen, die im Kontext der EU-rechtlichen Herkunft des maßgeblichen Rechtsrahmens stehen: Inwiefern wird durch die einzelnen Regelungen den Schutzzwecken des Widerrufsrechts Rechnung getragen? Wird das Widerrufsrecht wirtschaftlich unattraktiv? Welche Rolle spielen die Maximalharmonisierung, die die Verbraucherrechte-RL verfolgt, bzw. der anvisierte ausschließliche Charakter des GEK? Die bisherige Judikatur – vor allem des EuGH – zur widerrufsbedingten Rückabwicklung wird eingehend untersucht, vor allem in Bezug auf ihre Relevanz für die neue Rechtslage.

Allgemeinere Fragen, wie die Rechtfertigung der Widerrufsrechte oder die Sinnhaftigkeit bzw. die Breite des Verbraucherbegriffs, liegen gewiss im „Eingangsbereich" der hier aufzuarbeitenden Thematik. Sie werden deshalb in den einführenden Kapiteln erörtert. Ihre Besprechung erhebt allerdings keinen Anspruch auf Vollständigkeit.

Nicht Gegenstand dieser Arbeit sind dagegen die Verbraucherrechte-RL bzw. ihre Umsetzung ins deutsche Recht als solche oder das GEK im Allgemeinen. Auf die Regelungswerke wird insoweit eingegangen, als dies für die Besprechung des Rückabwicklungsregimes notwendig ist.

Darüber hinaus soll diese Arbeit die Zweckmäßigkeit des untersuchten Rückabwicklungsreglements hinterfragen, und zwar unabhängig von den Besonderheiten des Widerrufsrechts. Die einschlägigen Vorschriften der Verbraucherrechte-RL und des GEK stellen nämlich das erste Normengefüge im sekundären EU-Recht dar, das in solcher Ausführlichkeit die Vertragsrückabwicklung regelt. Nachdem auf eventuelle Regelungslücken aufmerksam gemacht wird und Nachbesserungen vorgeschlagen werden, werden folgende Fragen gestellt: Lässt sich dieses Rückabwicklungssystem verallgemeinern? Kann es nicht nur bei widerrufenen, sondern bei sämtlichen fehlgeschlagenen Verträgen unabhängig vom jeweiligen Rückabwicklungsgrund herangezogen werden? Damit wird schließlich die Tauglichkeit der widerrufsrechtlichen Rückabwicklungsregelung der Verbraucherrechte-RL und des GEK für das gesamte Vertragsrecht geprüft.

B. Gang der Untersuchung

Zur Annäherung an die Thematik dieser Arbeit ist zunächst der maßgebliche rechtliche Rahmen darzustellen (Kapitel 2). Danach wird auf das Wesen und die Wirkungen des Widerrufs eingegangen, wobei auch die Rechtslage während der Widerrufsfrist dargestellt wird (Kapitel 3). Es folgt der Hauptteil der Arbeit, der dem Rückabwicklungsmechanismus nach Ausübung des Widerrufsrechts gewidmet ist. Zunächst werden das Erlöschen der Leistungspflichten und die Rückerstattung der empfangenen Leistungen untersucht (Kapitel 4). Unterschieden wird hier zwischen Kauf- und Dienstleistungsverträgen. Daran anschließend werden die kniffligen Fragenkomplexe des Wertminderungsersatzes (Kapitel 5) und der Nutzungsherausgabe (Kapitel 6) sowie des Aufwendungsersatzes (Kapitel 7) erörtert. Es folgt ein Kapitel über zwei Sonderkategorien von Verträgen, für die sowohl das Bestehen eines Widerrufsrechts als auch die Anwendung der allgemeinen Rückabwicklungsvorschriften zweifelhaft ist. Es handelt sich dabei um Gesellschaftsverträge zu Kapitalanlagezwecken und mangelbehaftete Verträge (Kapitel 8). Abschließend werden die Ergebnisse der Arbeit zusammengefasst und es wird ergründet, ob das hier aufgearbeitete Vertragsrückabwicklungsrecht der Verbraucherrechte-RL und des GEK nicht nur im Widerrufsfall, wofür es geschaffen worden ist, sondern bei allen fehlgeschlagenen Vertragsverhältnissen einsetzbar ist (Kapitel 9).

Um die Lektüre nicht zu erschweren, wird auf die Verwendung weiblicher Formen weitgehend verzichtet. Selbstverständlich ist mit dem Verbraucher aber weiterhin auch die Verbraucherin gemeint, mit dem Verkäufer die Verkäuferin usw.

Kapitel 2 Maßgeblicher rechtlicher Rahmen

In diesem Kapitel werden die Verbraucherrechte-RL und vorab in einem kurzen Umriss ihre Vorgänger, die Haustürgeschäfts-RL und die Fernabsatz-RL, präsentiert (unter A). Es folgt die Umsetzung der Verbraucherrechte-RL ins deutsche Recht (unter B). Schließlich wird der Verordnungsentwurf für ein fakultatives Gemeinsames Europäisches Kaufrecht vorgestellt (unter C).

A. Richtlinien

I. Haustürgeschäfts-RL

1. Allgemeine Bemerkungen

Die Haustürgeschäfts-RL[4] war die erste vertragsrechtliche Richtlinie,[5] deren Zweck darin bestand, das Verbraucherschutzniveau in den Mitgliedstaaten anzugleichen.[6]

---

4 Richtlinie 85/577/EWG des Rates v. 20.12.1985 betreffend den Verbraucherschutz im Falle von außerhalb von Geschäftsräumen geschlossenen Verträgen, ABl. 1985 L 372/31.

5 Die im gleichen Jahr erlassene Produkthaftungs-RL (Richtlinie 85/374/EWG des Rates v. 25.7.1985 zur Angleichung der Rechts- und Verwaltungsvorschriften der Mitgliedstaaten über die Haftung für fehlerhafte Produkte, ABl. 1985 L 210/29; geändert durch Richtlinie 1999/34/EG des Europäischen Parlaments und des Rates v. 10.5.1999, ABl. 1999 L 141/20) ist eher dem europäischen Deliktsrecht zuzuordnen. Sie sieht ferner kein Widerrufsrecht vor. Beachtenswert ist, dass sie im Anhang I der Unterlassungsklage-RL (Richtlinie 2009/22/EG des Europäischen Parlaments und des Rates v. 23.4.2009 über Unterlassungsklagen zum Schutz der Verbraucherinteressen, ABl. 2009 L 110/30) nicht aufgeführt ist und im EWR-Abkommen nicht zum Verbraucherschutzrecht nach Art. 72, sondern zu den „sonstigen Regeln für den freien Warenverkehr" (Art. 23; Anhang III) gezählt wird.

6 Erwägungsgrund Nr. 2 Haustürgeschäfts-RL. Da die Haustürgeschäfts-RL nicht eine Verbesserung des Binnenmarkts durch die Stärkung der Haustürgeschäfte anstrebte, wurde die Kompetenz der damaligen EWG zum Erlass der Haustürgeschäfts-RL bezweifelt; *W.-H. Roth*, Europäischer Verbraucherschutz und BGB, JZ 2001, 475 ff., 477; *Heiderhoff*, Haustürgeschäfte, in: Basedow/Hopt/Zimmermann

2. Anwendungsbereich

In den Anwendungsbereich der Haustürgeschäfts-RL fielen Verträge, die zwischen einem Verbraucher und einem „Gewerbetreibenden“ bzw. seinem Vertreter abgeschlossen wurden (Art. 1 I, 2 Haustürgeschäfts-RL). Vertragsgegenstand sollte entweder eine Warenlieferung oder eine Dienstleistung sein (Art. 1 I Haustürgeschäfts-RL). Gemäß Art. 3 Haustürgeschäfts-RL wurden vom Geltungsbereich der Haustürgeschäfts-RL Verträge ausgenommen, bei denen das Entgelt 60 Euro nicht überstieg, sowie Immobiliengeschäfte, Lebensmittellieferungen, Geschäfte des Versandhandels, Versicherungsverträge[7] u.a.[8] Der EuGH hatte im Laufe der Jahre Stellung zur Anwendung der Haustürgeschäfts-RL auf Kredit- und Anlagegeschäfte,[9] Bürgschaften[10] und Teilzeitnutzungsverträge[11] genommen.

Von der Haustürgeschäfts-RL erfasst wurden nicht nur Warenlieferungs- und Dienstleistungsverträge, die „an der Haustür“ des Verbrauchers, d. h. in der Wohnung desselben oder eines anderen Verbrauchers, abgeschlossen wurden (Art. 1 I 2. Gedankenschritt i) Haustürgeschäfts-RL). Grundsätzlich fand die Richtlinie Anwendung auf alle Verträge, die außerhalb von Geschäftsräumen abgeschlossenen wurden, in denen der

---

(Hrsg.), Handwörterbuch des Europäischen Privatrechts I, S. 815; vgl. aber *Lurger/Augenhofer*, Österreichisches und Europäisches Konsumentenschutzrecht, 2. Aufl. Wien u.a. 2008, S. 59.

7 Zu fondsgebundenen Versicherungsverträgen siehe EuGH v. 1.3.2012 – Rs. C-166/11 *González Alonso*, EU:C:2012:119.

8 Mehr dazu *Micklitz*, in: Reich/Micklitz, Europäisches Verbraucherrecht, 4. Aufl. Baden-Baden 2003, S. 552; *Micklitz/Rott*, in: Dauses (Hrsg.), Handbuch EU-Wirtschaftsrecht, H. V. Rn. 157 ff.

9 EuGH v. 13.12.2001 – Rs. C-481/99 *Heininger*, EU:C:2001:684; EuGH v. 25.10.2005 – Rs. C-350/03 *Schulte*, EU:C:2005:637; EuGH v. 25.10.2005 – Rs. C-229/04 *Crailsheimer Volksbank*, EU:C:2005:640; EuGH v. 15.4.2010 – Rs. C-215/08 *E. Friz*, EU:C:2010:186.

10 EuGH v. 17.3.1998 – Rs. C-45/96 *Dietzinger*, EU:C:1998:111: nur wenn sowohl der Bürge als auch der Hauptschuldner die Verbrauchereigenschaft besitzen; dazu *P. Bydlinski/Klauninger*, Zur Anwendbarkeit der Richtlinie 85/577/EWG vom 20. Dezember 1985 betreffend den Verbraucherschutz im Falle von außerhalb von Geschäftsräumen geschlossenen Verträgen auf Bürgschaftsverpflichtungen von Verbrauchern, ZEuP 1998, 996 ff.; *Drexl*, Der Bürge als deutscher und europäischer Verbraucher, JZ 1998, 1046; *Micklitz*, in: Reich/Micklitz, Europäisches Verbraucherrecht, S. 544 ff.; *Heiderhoff*, Europäisches Privatrecht, 3. Aufl. Heidelberg 2012, S. 137 f.

11 EuGH v. 22.4.1999 – Rs. C-423/97 *Travel Vac*, EU:C:1999:197, Rn. 26.

Unternehmer gewöhnlich seine Tätigkeit ausübte und die deutlich als öffentliche Verkaufsräume gekennzeichnet waren:[12] während eines vom Unternehmer organisierten Ausflugs (sog. Kaffeefahrten; Art. 1 I 1. Gedankenschritt Haustürgeschäfts-RL),[13] bei einem Besuch des Unternehmers am Arbeitsplatz des Verbrauchers (Art. 1 I 2. Gedankenschritt ii) Haustürgeschäfts-RL) oder an öffentlichen Plätzen.[14] Ausgeschlossen waren jedoch Verträge, bei denen dem Besuch des Unternehmers eine Einladung des Verbrauchers vorausging und der Vertrag tatsächlich Waren oder Dienstleistungen betraf, die diese Einladung zum Gegenstand hatte (Art. 1 I 2. Gedankenschritt in f., II Haustürgeschäfts-RL). Für die Anwendung der Haustürgeschäfts-RL reichte aus, dass der Verbraucher in der Haustürsituation ein bindendes oder auch nicht bindendes Angebot abgab (Art. 1 III, IV Haustürgeschäfts-RL).[15]

3. Widerrufsrecht

Bei außerhalb von Geschäftsräumen verhandelten bzw. abgeschlossenen Verträgen sah die Haustürgeschäfts-RL die Entscheidungsfreiheit des Verbrauchers als typisiert eingeschränkt an. Man habe „häufig keine Möglichkeit, Qualität und Preis des Angebots mit anderen Angeboten zu vergleichen"[16] und schließe oft einen unerwünschten Vertrag ab, um sich von der Präsenz des Unternehmers zu befreien oder weil man sich sogar dazu genötigt sehe (Übereilungs- und Überrumpelungsmoment).[17]

Um den Verbraucher vor der Gefahr solch einer Übereilung bzw. Überrumpelung zu schützen, sah Art. 5 I Haustürgeschäfts-RL als einziges Schutzinstrument ein Recht des Verbrauchers vor, „von der eingegange-

---

12 EuGH v. 22.4.1999 – Rs. C-423/97 *Travel Vac*, Rn. 37.

13 Dazu EuGH v. 22.4.1999 – Rs. C-423/97 *Travel Vac*, Rn. 35, 36.

14 *Micklitz/Rott*, in: Dauses (Hrsg.), Handbuch EU-Wirtschaftsrecht, H. V. Rn. 156; vgl. den Sachverhalt in EuGH v. 14.7.1994 – C-91/92 *Faccini Dori*, EU:C:1994:292.

15 Siehe Schlussanträge des Generalanwalts *Jacobs* v. 20.3.1997 – Rs. C-45/96 *Dietzinger*, EU:C:1997:174, Nr. 29, 30.

16 Erwägungsgrund Nr. 4 Haustürgeschäfts-RL.

17 *Lurger/Augenhofer*, Konsumentenschutzrecht, S. 59; *Heiderhoff*, Haustürgeschäfte, in: Basedow/Hopt/Zimmermann (Hrsg.), Handwörterbuch des Europäischen Privatrechts I, Tübingen 2009, S. 815; *Bülow/Artz*, Verbraucherprivatrecht, 3. Aufl. Heidelberg u.a. 2011, S. 68.

nen Verpflichtung zurückzutreten". Dieses „situationsbedingte" Widerrufsrecht bot dem Verbraucher eine zweite Chance, den gerade geschlossenen Vertrag möglichst unbeeinflusst zu überprüfen und eine selbstbestimmte, ausgewogene Entscheidung darüber zu fällen, ob er sich weiter binden lassen möchte oder nicht.[18]

Daher war cs zur Wahrnehmung des Widerrufsrechts nicht erforderlich, jeweils zu prüfen, ob der Verbraucher tatsächlich beeinflusst oder manipuliert worden war. Die Richtlinienregelung griff unabhängig von einer individualisierten Fallbetrachtung ein.[19]

Ohne auf Einzelheiten einzugehen, könnte hier angemerkt werden, dass durch diese Typisierung, auf die außerdem alle Verbraucherschutzrichtli-

---

18 *St. Lorenz*, Der Schutz vor dem unerwünschten Vertrag. Eine Untersuchung von Möglichkeiten und Grenzen der Abschlußkontrolle im geltenden Recht, München 1997, S. 163 ff.; *Kalls/Lurger*, Zu einer Systematik der Rücktrittsrechte insbesondere im Verbraucherrecht, JBl 1998, 89 ff. (Teil 1), 153 ff. (Teil 2), 219 ff. (Teil 3), 153 f.; *Mankowski*, Beseitigungsrechte. Anfechtung, Widerruf und verwandte Institute, Tübingen 2003, S. 224 ff.; *Riesenhuber*, System und Prinzipien des Europäischen Vertragsrechts, Berlin 2003, S. 325 f.; *Larenz/Wolf*, Allgemeiner Teil des Bürgerlichen Rechts, 9. Aufl. 2004, S. 715 ff.; *Loos*, Rights of Withdrawal, in: Howells/Schulze (Hrsg.), Modernising and Harmonising Consumer Contract Law, München 2009, S. 237 ff., 245 f.; *Eidenmüller*, Die Rechtfertigung von Widerrufsrechten, AcP 210 (2010), 67 ff., 82 ff.; *ders.*, Widerrufsrechte, in: Eidenmüller/Faust/Grigoleit/Jansen/Wagner/Zimmermann (Hrsg.), Revision des Verbraucher-*acquis*, Tübingen 2011, S. 109 ff., 139 ff.; *Christoph Schmid*, Die Instrumentalisierung des Privatrechts durch die Europäische Union. Privatrecht und Privatrechtskonzeptionen in der Entwicklung der Europäischen Integrationsverfassung, Baden-Baden 2010, S. 648 f.; *Wagner*, Zwingendes Vertragsrecht. Eine Analyse anhand des Vorschlags einer Richtlinie über Rechte der Verbraucher, ZEuP 2010, 243 ff., 261 f.; *ders.*, Zwingendes Vertragsrecht, in: Eidenmüller/Faust/Grigoleit/Jansen/Wagner/Zimmermann (Hrsg.), Revision des Verbraucher-*acquis*, Tübingen 2011, S. 1 ff.; 22 f., der jedenfalls für eine Dispositionsfreiheit hinsichtlich des Widerrufsrechts *ex post* plädiert; *Bülow/Artz*, Verbraucherprivatrecht, S. 68; *Tamm*, Verbraucherschutzrecht. Europäisierung und Materialisierung des deutschen Zivilrechts und die Herausbildung eines Verbraucherschutzprinzips, Tübingen 2011, S. 465 f.; siehe auch Schlussanträge der Generalanwältin *Trstenjak* v. 8.9.2009 – Rs. C-215/08 *E. Friz*, EU:C:2009:522, Nr. 50; eher zurückhaltend *Riesenhuber*, Das Prinzip der Selbstverantwortung im Europäischen Privatrecht, in: Riesenhuber (Hrsg.), Das Prinzip der Selbstverantwortung. Grundlagen und Bedeutung im heutigen Privatrecht, Tübingen 2011, S. 241 ff., 225 f., der auf das verlorene Potential von Lerneffekten durch den Abschluss unerwünschter Verträge hinweist.

19 EuGH v. 22.4.1999 – Rs. C-423/97 *Travel Vac*, Rn. 43.

nien abstellen, einerseits Bereiche entstehen, in denen keine individuelle Schutzbedürftigkeit vorliegt und trotzdem ein Widerrufsrecht gewährt wird, und andererseits gewisse Konstellationen bestehen, bei denen ein Widerrufsrecht wirklich notwendig wäre, aber nicht vorgesehen ist.[20]

Der Widerruf konnte – auch formlos[21] – innerhalb einer mindestens siebentägigen Frist erklärt werden (Art. 5 I Haustürgeschäfts-RL). Der Beginn des Fristlaufs setzte eine schriftliche Belehrung des Verbrauchers gemäß Art. 4 Haustürgeschäfts-RL beim Vertragsschluss voraus.[22]

Nach Art. 5 II Haustürgeschäfts-RL war der Verbraucher durch den Widerruf „aus allen aus dem widerrufenen Vertrag erwachsenden Verpflichtungen entlassen". Etwas widersprüchlich sah Art. 7 Haustürgeschäfts-RL vor, dass sich die Rechtsfolgen des Widerrufs nach einzelstaatlichem Recht richteten, insb. „bezüglich der Rückerstattung von Zahlungen für Waren oder Dienstleistungen und der Rückgabe empfangener Waren".

4. Schlussbemerkungen

Der fragmentarische Charakter der Haustürgeschäfts-RL und die damit angestrebte Mindestharmonisierung ließen dem nationalen Gesetzgeber weiten Umsetzungsspielraum, der in vielen einzelstaatlichen Rechtsordnun-

---

20 Vgl. zur verwandten Problematik des Verbraucherbegriffs *Augenhofer*, Die Zukunft des europäischen Verbraucherrechts und seine Bedeutung für die Weiterentwicklung des Vertrags- und Wettbewerbsrechts, in: Grundmann/Kloepfer/Paulus/Schröder/Werle (Hrsg.), Festschrift 200 Jahre Juristische Fakultät der Humboldt-Universität zu Berlin. Geschichte, Gegenwart und Zukunft, Berlin u.a. 2010, S. 1051 ff., 1063 f.; *dies.*, Aktuelle Entwicklungen im Europäischen Verbraucherrecht, in: Augenhofer (Hrsg.), Verbraucherrecht im Umbruch, Tübingen 2012, S. 1 ff., 7 ff.

21 EuGH v. 22.4.1999 – Rs. C-423/97 *Travel Vac*, Rn. 50 f.

22 Zu den im nationalen Recht zu treffenden Maßnahmen zum Schutz des Verbrauchers für den Fall einer fehlerhaften Widerrufsbelehrung siehe EuGH v. 13.12.2001 – Rs. C-481/99 *Heininger*; EuGH v. 10.4.2008 – Rs. C-412/06 *Hamilton*, EU:C:2008:215; mehr dazu *Mankowski*, Die gemeinschaftsrechtliche Kontrolle von Erlöschenstatbeständen für verbraucherschützende Widerrufsrechte, JZ 2008, 1141 ff.; *Kroll*, Vertragserfüllung als zeitliche Grenze des verbraucherschützenden Widerrufsrechts, NJW 2008, 1999 ff.; EuGH v. 17.12.2009 – Rs. C-227/08 *Martín Martín*, EU:C:2009:792; vgl. im Lebensversicherungsrecht EuGH v. 19.12.2013 – Rs. C-209/12 *Endress*, EU:C:2013:864, Rn. 32.

gen weitgehend genutzt wurde. Dies führte in der Tat zu erheblich unterschiedlichen nationalen Vorschriften und Schutzniveaus.[23]

II. Fernabsatz-RL

1. Allgemeine Bemerkungen

Weniger lückenhaft als die Haustürgeschäfts-RL war die Fernabsatz-RL,[24] die im Jahr 1997 erlassen wurde, um die nationalen Rechte im Bereich Fernabsatz zwischen „Lieferern", d. h. Unternehmern, und Verbrauchern anzunähern (Art. 1 Fernabsatz-RL).

2. Anwendungsbereich

Zur Anwendung kam die Fernabsatz-RL bei Verträgen, die eine Warenlieferung oder Dienstleistungserbringung zum Gegenstand hatten und im Rahmen eines organisierten Vertriebs- bzw. Dienstleistungssystems, unter ausschließlicher Verwendung von Fernkommunikationsmitteln und ohne gleichzeitige körperliche Anwesenheit der Vertragsparteien geschlossen wurden (Art. 2 Nr. 1, 4 Fernabsatz-RL).[25] Vom Regelungsbereich der Fernabsatz-RL waren diejenigen Verträge ausgenommen, die Finanzdienstleistungen betrafen und seit 2002 unter ihrem Pendant, der Fernab-

---

23 Umfassend *Rott*, Die Umsetzung der Haustürwiderrufsrichtlinie in den Mitgliedstaaten, Baden-Baden 2000; *Schulte-Nölke/Twigg-Flesner/Ebers*, EC Consumer Law Compendium. The Consumer Acquis and its transposition in the Member States, München 2008, S. 79 ff.

24 Richtlinie 97/7/EG des Europäischen Parlaments und des Rates v. 20.5.1997 über den Verbraucherschutz bei Vertragsabschlüssen im Fernabsatz, ABl. 1997 L 144/19; geändert durch Richtlinie 2002/65/EG des Europäischen Parlaments und des Rates v. 23.9.2002, ABl. 2002 L 271/16; Richtlinie 2005/29/EG des Europäischen Parlaments und des Rates v. 11.5.2005, ABl. 2005 L 149/22; Richtlinie 2007/64/EG des Europäischen Parlaments und des Rates v. 13.11.2007, ABl. 2007 L 319/1.

25 Dazu *Micklitz*, in: Reich/Micklitz, Europäisches Verbraucherrecht, S. 576 ff. Eine beispielhafte Liste der zum Abschluss eines Fernabsatzvertrags einsetzbaren Kommunikationstechniken beinhaltete Anhang I zur Fernabsatz-RL.

satz-Finanz-RL,[26] fallen (Art. 3 I 1. Gedankenstrich Fernabsatz-RL).[27] Zahlreiche Ausnahmen sah Art. 3 Fernabsatz-RL vor, z. B. bei Versteigerungen, Immobiliengeschäften, Lebensmittellieferungen und Beherbergungs- und Beförderungsverträgen.[28]

Die Fernabsatz-RL stellte genau wie die Haustürgeschäfts-RL auf eine typisierte Ungleichgewichtslage bei Fernabsatzverträgen ab, die darauf beruhte, dass „der Verbraucher [...] in der Praxis keine Möglichkeit [hat], vor Abschluß des Vertrags das Erzeugnis zu sehen oder die Eigenschaften der Dienstleistung im einzelnen zur Kenntnis zu nehmen".[29] Da es weder zu einer verbalen Kommunikation und Beratung komme, noch die angebotenen Leistungen genügend vor Vertragsschluss geprüft werden können, laufe man Gefahr, zu wenig über das zu erwerbende Produkt zu wissen bzw. ein Produkt zu erwerben, das den persönlichen Bedürfnissen und Erwartungen nicht entspräche.[30] Diese Betrachtung gilt jedoch nicht ohne Weiteres, wenn die Erbringung von Dienstleistungen Vertragsgegenstand ist. Denn der Dienstleistungsempfänger besitzt allgemein weder vor noch nach Vertragsschluss eine Prüfungsmöglichkeit, sondern kann erst nach Vertragserfüllung – wenn überhaupt – feststellen, ob die erbrachten Leistungen seinen Vorstellungen entsprechen.[31]

---

26 Richtlinie 2002/65/EG des Europäischen Parlaments und des Rates v. 23.9.2002 über den Fernabsatz von Finanzdienstleistungen an Verbraucher und zur Änderung der Richtlinie 90/619/EWG des Rates und der Richtlinien 97/7/EG und 98/27/EG, ABl. 2002 L 271/16; geändert durch Richtlinie 2005/29/EG des Europäischen Parlaments und des Rates v. 11.5.2005, ABl. 2005 L 149/22; geändert durch Richtlinie 2007/64/EG des Europäischen Parlaments und des Rates v. 13.11.2007, ABl. 2007 L 319/1.

27 Zuvor schloss Art. 3 I 1. Gedankenstrich Fernabsatz-RL a. F. generell Verträge aus, die Finanzdienstleistungen betrafen, und verwies auf eine später gestrichene exemplarische Liste im Anhang II.

28 Siehe *Micklitz/Rott*, in: Dauses (Hrsg.), Handbuch EU-Wirtschaftsrecht, H. V. Rn. 182 ff.; von der Ausnahme der Beförderungsverträge waren auch Automietverträge erfasst; EuGH v. 10.3.2005 – Rs. C-336/03 *easyCar*, EU:C:2005:150; dazu *Ultsch*, Widerrufbarkeit von Mietwagenbuchungen, ZEuP 2006, 173 ff.

29 Erwägungsgrund Nr. 14 S. 1 Fernabsatz-RL.

30 *Lurger/Augenhofer*, Konsumentenschutzrecht, S. 149; *Rühl*, Fernabsatzverträge, in: Basedow/Hopt/Zimmermann (Hrsg.), Handwörterbuch des Europäischen Privatrechts I, S. 588; *Heiderhoff*, Europäisches Privatrecht, S. 141; *Bülow/Artz*, Verbraucherprivatrecht, S. 84.

31 *Augenhofer*, Die Zukunft des europäischen Verbraucherrechts, in: FS 200 Jahre Juristische Fakultät, S. 1069 Fn. 97; *Riesenhuber*, Das Prinzip der Selbstverantwortung im Europäischen Privatrecht, in: Riesenhuber (Hrsg.), Das Prinzip der

Schließlich darf nicht übersehen werden, dass heutzutage dank der Technologieentwicklung die Möglichkeit besteht, die verschiedenen Angebote im Internet rund um die Uhr in aller Ruhe zu vergleichen und abzuwägen, bevor ein Vertrag abgeschlossen wird. Anders sind solche Fälle zu beurteilen, in denen die Angebote per Telefon oder in einer Fernsehsendung ggf. mittels einer aggressiven Verkaufsmethode unterbreitet werden. Diese Fernabsatzverträge, die jedoch immer seltener abgeschlossen werden, können zusätzlich eine Überrumpelungs- bzw. Übereilungsgefahr in sich bergen und deswegen den Haustürgeschäften ähneln.[32]

Selbstverantwortung, S. 226; *Tamm*, Verbraucherschutzrecht, S. 480; *Lurger*, Widerrufsrechte, in: P. Bydlinski/Lurger (Hrsg.), Die Richtlinie über die Rechte der Verbraucher, Wien 2012, S. 53 ff., 71; siehe aber auch *Canaris*, Wandlungen des Schuldvertragsrechts. Tendenzen zu seiner „Materialisierung", AcP 200 (2000), 273 ff., 351 („besser als nichts"). Sehr häufig gehören Dienstleistungen zu sog. Vertrauensgütern, bei denen der Erwerber auch nach Vertragsschluss und -erfüllung nur schwer oder in sehr geringem Maße ihre Qualität feststellen kann; siehe *Darby/Karni*, Free Competition and the Optimal Amount of Fraud, J. Law & Econ. 16 (1973) 67 ff., 68 f. (typisches Beispiel: Reparaturdienste); *Eidenmüller*, AcP 210 (2010), 67 ff., 74 f. Ähnlich argumentierte BGH WRP 2009, 735, 738 bezüglich Strom- und Gaslieferungsverträgen, bei denen der Verbraucher „in der Regel praktisch weder die Möglichkeit noch die Absicht haben wird, die gelieferte Ware vor einer endgültigen Entscheidung über das Festhalten am Vertrag näher zu prüfen". Zwar legte der BGH dem EuGH die Frage zur Vorabentscheidung vor, ob immer noch ein Widerrufsrecht bei Fernabsatzverträgen über die Lieferung von Strom und Gas besteht. Die Rechtssache wurde aber vom EuGH gestrichen (EuGH v. 22.4.2010 – Rs. C-146/09 *Claus Scholl ./. Stadtwerke Aachen*, ABl. 2010 C 195/15); dazu *Wendehorst*, Anmerkung zu BGH, 18.3.2009 – VIII ZR 149/08, LMK 2009, 285018, die die abstrakt typisierenden Tatbestandsmerkmale des Widerrufsrechts *de lege lata* betont und auf den Schutz vor Gefahren aus der Unbekanntheit des Vertragspartners hinweist; siehe auch Schlussanträge der Generalanwältin *Trstenjak* v. 18.2.2009 – Rs. C-489/07 *Messner*, EU:C:2009:98, Nr. 3 (es bestehe kein Verkaufsgespräch in einem Ladengeschäft bzw. kein persönlicher Kontakt der Parteien); ähnlich *Neumann*, Bedenkzeit vor und nach Vertragsabschluss. Verbraucherschutz durch Widerrufsrechte und verwandte Instrumente im deutschen und im französischen Recht, Tübingen 2005, S. 230 f.

32 Vgl. Erwägungsgrund Nr. 5 Fernabsatz-RL; *Kalls/Lurger*, JBl 1998, 153 ff. (Teil 2), 155 Fn. 93, 94; *Riesenhuber*, System und Prinzipien, S. 327; *Eidenmüller*, Widerrufsrechte, in: Eidenmüller/Faust/Grigoleit/Jansen/Wagner/Zimmermann (Hrsg.), Revision des Verbraucher-*acquis*, S. 132 Fn. 77.

3. Informationspflichten

Gegen die oben beschriebene typisierte Ungleichgewichtslage brachte die Fernabsatz-RL zwei Schutzinstrumente zum Einsatz. Erstens verpflichtete sie die Unternehmer, vor dem Vertragsabschluss bestimmte Informationen über ihre Identität, den Preis und die Eigenschaften des Vertragsgegenstands, die Vertragsabwicklung u.a. den Verbrauchern zukommen zu lassen (Art. 4 Fernabsatz-RL).[33] Diese und weitere Auskünfte waren ebenfalls nach Vertragsabschluss schriftlich oder auf einem dauerhaften Datenträger, z. B. auf CD oder per E-Mail,[34] zu übermitteln (Art. 5 Fernabsatz-RL).

Nicht selten ist die Statuierung solcher Pflichten sinnhaft und zweckmäßig. Es ist jedoch sehr zu bezweifeln, ob das in den meisten Richtlinien vorgesehene umfangreiche Informationsmaterial von den Verbrauchern aufgenommen und bearbeitet werden kann und ihre Entscheidungsfähigkeit tatsächlich verbessert. Auch wenn ein informationswilliger Verbraucher die z. B. am Bildschirm seines Computers angezeigten Angaben durchsieht und richtig versteht, wird er häufig nicht dadurch in die Lage versetzt, einen lohnenden Vertrag zu schließen. Ganz im Gegenteil ist kaum auszuschließen, dass die Menge der übermittelten Auskünfte die Qualität der Entscheidung verschlechtert, weil der Verbraucher die wichtigsten Informationen daraus nicht aussortieren kann (*„information overload"*).[35] Vielmehr werden durch Informationspflichten zusätzliche Transaktionskosten zulasten der Unternehmer und durch Preisbestimmung zulasten der Verbraucher verursacht.[36]

---

33 Siehe zu den Informationspflichten umfassend *Micklitz/Rott*, in: Dauses (Hrsg.), Handbuch EU-Wirtschaftsrecht, H. V. Rn. 185 ff.

34 Zur Frage, unter welchen Voraussetzungen eine Website als „dauerhafter Datenträger" anzusehen ist, siehe Efta-Gerichtshof v. 27.1.2010 – Rs. E-4/09 *Inconsult Anstalt*, EFTA Court Report 2009-2010, 86; EuGH v. 5.7.2012 – Rs. C-49/11 *Content Services*, EU:C:2012:419.

35 Kritisch bereits *Eidenmüller/Faust/Grigoleit/Jansen/Wagner/Zimmermann*, Der Gemeinsame Referenzrahmen für das Europäische Privatrecht. Wertungsfragen und Kodifikationsprobleme, JZ 2008, 529 ff., 544 f.

36 Vgl. *Ackermann*, Das Informationsmodell im Recht der Dienstleistungen, ZEuP 2009, 230 ff.; *Faust/Grigoleit*, Informationspflichten: Grundlegende Weichenstellungen, in: Eidenmüller/Faust/Grigoleit/Jansen/Wagner/Zimmermann (Hrsg.), Revision des Verbraucher-*acquis*, Tübingen 2011, S. 193 ff.; *Grigoleit*, Die Aufklärungspflichten des *acquis*, in: Eidenmüller/Faust/Grigoleit/Jansen/Wagner/Zimmermann (Hrsg.), Revision des Verbraucher-*acquis*, Tübingen 2011,

4. Widerrufsrecht

Außerdem wurde dem Verbraucher durch Art. 6 Fernabsatz-RL ein „abwesenheitsbedingtes“ Widerrufsrecht eingeräumt. Er durfte jeden „Vertragsabschluß im Fernabsatz [...] ohne Angabe von Gründen und ohne Strafzahlung widerrufen“. Bezweckt war damit sowohl den Verbraucher vor der typisierten Informationsasymmetrie im Fernabsatz zu schützen,[37] als auch sein Vertrauen in diese Betriebsform zu stärken und damit den grenzüberschreitenden Handel in der EU zu fördern.[38] Mit interessanten Argumenten wird außerdem behauptet, das Widerrufsrecht im Fernabsatz rechtfertige sich auch durch das Fehlen der „alarmierenden Förmlichkeit“, die jeden Vertragsabschluss in den üblichen Räumlichkeiten eines Unternehmens begleite.[39]

Inzwischen wird von manchen Stimmen in der Wissenschaft *de lege ferenda* für ein dispositives Widerrufsrecht im Fernabsatz plädiert.[40] Vorgeschlagen wird, dass der Verbraucher eine Option erhalten solle, den Ver-

---

S. 223 ff., insb. 247 ff. m.w.N.; *Pfeiffer*, Was kann ein Verbraucher? Zur Relevanz von Informationsverarbeitungskapazitäten im AGB-Recht und darüber hinaus, NJW 2011, 1 ff.; *Tamm*, Verbraucherschutzrecht, S. 376 ff.

37 Erwägungsgründe Nr. 11, 14 Fernabsatz-RL; *Kalls/Lurger*, JBl 1998, 153 ff. (Teil 2), 155 f.; *Mankowski*, Beseitigungsrechte, S. 235 ff.; *Riesenhuber*, System und Prinzipien, S. 327 f.; *Larenz/Wolf*, Allgemeiner Teil des Bürgerlichen Rechts, S. 718; *Föhlisch*, Das Widerrufsrecht im Onlinehandel, München 2009, S. 53 ff.; *Rühl*, Fernabsatzverträge, in: Basedow/Hopt/Zimmermann (Hrsg.), Handwörterbuch des Europäischen Privatrechts I, S. 590; *Christoph Schmid*, Die Instrumentalisierung des Privatrechts, S. 648 f., 670; *Heiderhoff*, Europäisches Privatrecht, S. 141.

38 Erwägungsgründe Nr. 1, 3, 4, 6 Fernabsatz-RL; *Föhlisch*, Das Widerrufsrecht im Onlinehandel, S. 57 ff. Das letzte Argument wird aber als zu abstrakt zurückgewiesen; *Eidenmüller*, AcP 210 (2010), 67 ff., 72; *ders.*, Widerrufsrechte, in: Eidenmüller/Faust/Grigoleit/Jansen/Wagner/Zimmermann (Hrsg.), Revision des Verbraucher-*acquis*, S. 127 f.; vgl. *Loos*, Rights of Withdrawal, in: Howells/Schulze (Hrsg.), Modernising and Harmonising Consumer Contract Law, S. 246 f.; *Riesenhuber*, Das Prinzip der Selbstverantwortung im Europäischen Privatrecht, in: Riesenhuber (Hrsg.), Das Prinzip der Selbstverantwortung, S. 233.

39 So *Riesenhuber*, System und Prinzipien, S. 328; siehe auch *Christoph Schmid*, Die Instrumentalisierung des Privatrechts, S. 670.

40 *Eidenmüller*, AcP 210 (2010), 67 ff., 74 ff.; *ders.*, Widerrufsrechte, in: Eidenmüller/Faust/Grigoleit/Jansen/Wagner/Zimmermann (Hrsg.), Revision des Verbraucher-*acquis*, S. 129 ff.; *Wagner*, ZEuP 2010, 243 ff.; 265 f.; *ders.*, Zwingendes Vertragsrecht, in: Eidenmüller/Faust/Grigoleit/Jansen/Wagner/Zimmermann (Hrsg.), Revision des Verbraucher-*acquis*, S. 27 ff.; *Riesenhuber*, Das Prinzip der

trag entweder ohne oder mit Widerrufsrecht abzuschließen. Im letzteren Fall wäre in der Regel für den „Ankauf" der Widerrufsmöglichkeit ein etwas höherer Preis zu leisten. Die besseren Gründe sprechen aber m. M. nach für eine zwingende Ausgestaltung des Widerrufsrechts auch im Fernabsatzrecht. In praktischer Hinsicht ist es vor allem fraglich, ob die erwarteten Kostensenkungen aus Verkäufen ohne Widerrufsmöglichkeit der Verbraucherschaft weitergegeben werden würden und nicht z. B. die höheren Transaktionskosten eines solchen komplizierten Absatzsystems decken sollten. Außerdem kann die vertragliche Abbedingung des Widerrufsrechts, selbst wenn gesetzlich erlaubt, zu etlichen Komplikationen führen, insb. wenn sie durch die Unternehmer-AGB erfolgt.[41]

Art. 6 III Fernabsatz-RL schloss das Widerrufsrecht in den dort bestimmten Fällen aus. Zu nennen sind etwa Dienstleistungsverträge, deren Ausführung mit Zustimmung des Verbrauchers vor Ende der Widerrufsfrist begann (1. Gedankenstrich), spekulationsgefährdete Verträge (2. Gedankenstrich) und Verträge zur Lieferung von Audio- oder Videoaufzeichnungen oder Software, die vom Verbraucher bereits entsiegelt wurden (4. Gedankenstrich).

Das Bestehen des Widerrufsrechts musste dem Verbraucher schon vor dem Vertragsschluss bekannt gemacht werden (Art. 4 I f Fernabsatz-RL). Der Widerruf durfte innerhalb einer Frist von mindestens sieben Werktagen erklärt werden (Art. 6 I 1 Fernabsatz-RL). Im Fall einer gehörigen Erfüllung der Informationspflichten begann die Widerrufsfrist mit dem Tag der Lieferung bei Warenverträgen oder des Vertragsschlusses bei Dienstleistungsverträgen (Art. 6 I 3 Fernabsatz-RL). Kam der Unternehmer seinen Informationspflichten nicht nach, war eine absolute dreimonatige Widerrufsfrist vorgeschrieben (Art. 6 I 4 Fernabsatz-RL).[42]

Im Vergleich zu jenen der Haustürgeschäfts-RL waren die Bestimmungen der Fernabsatz-RL zur Rückabwicklung des widerrufenen Vertrags weitaus ausführlicher. Art. 6 II 1, 3 Fernabsatz-RL sah die Verpflichtung

---

Selbstverantwortung im Europäischen Privatrecht, in: Riesenhuber (Hrsg.), Das Prinzip der Selbstverantwortung, S. 226.

41 Siehe ausführlich *Zöchling-Jud*, Acquis-Revision, *Common European Sales Law* und Verbraucherrechterichtlinie, AcP 212 (2012), 550 ff., 564 ff.

42 Falls der Unternehmer die Informationen erst nach der Lieferung bzw. dem Vertragsabschluss, aber innerhalb der Dreimonatsfrist erteilte, begann die siebentätige Frist mit diesem Zeitpunkt. Genau genommen betrug die absolute Widerrufsfrist also maximal drei Monate plus sieben Werktage; *Micklitz*, in: Reich/Micklitz, Europäisches Verbraucherrecht, S. 593 f.

des Unternehmers vor, die geleisteten Zahlungen kostenlos zu erstatten, und zwar „so bald wie möglich in jedem Fall jedoch binnen 30 Tagen". Um zu verhindern, dass das Widerrufsrecht zum bloß formalen Recht wird,[43] verbot die Richtlinie das Verhängen von Strafzahlungen (Art. 6 I 1 Fernabsatz-RL) und stellte zweimal wortgleich fest, dass „die einzigen Kosten, die dem Verbraucher infolge der Ausübung seines Widerrufsrechts auferlegt werden können, [...] die unmittelbaren Kosten der Rücksendung der Waren [waren]" (Art. 6 I 2, II 2 Fernabsatz-RL). Darüber hinaus war es Sache des einzelstaatlichen Gesetzgebers, weitere Bedingungen und Einzelheiten für die Wahrnehmung des Widerrufsrechts festzustellen.[44]

5. Schlussbemerkungen

Obwohl die Fernabsatz-RL auf die Zeiten vor der heutigen Internetaffinität und den hohen Onlinehandelsumsätzen zurückgeht, ist aus der Erfahrung ihrer langjährigen Anwendung m. E. eine positive Bilanz zu ziehen. Die Richtlinienvorschriften und besonders das darin vorgesehene Widerrufsrecht haben zur enormen Entwicklung des Internethandels und zum wirtschaftlichen Aufschwung des Sektors beigetragen.[45]

---

43 Erwägungsgrund Nr. 14 S. 3 Fernabsatz-RL.

44 Erwägungsgrund Nr. 14 S. 5 Fernabsatz-RL.

45 Aus einer Erhebung des statistischen Amtes der Europäischen Union (Eurostat) über die Nutzung der Informations- und Kommunikationstechnologie in Unternehmen geht hervor, dass 12 % des Unternehmensumsatzes in der EU im Jahr 2008 mit E-Commerce erwirtschaftet wurde. Außerdem haben 31 % der EU-Bewohner im Jahr 2010 mindestens einen Onlinekauf in drei Monaten getätigt; siehe Eurostat-Datenbank „Statistik der Informationsgesellschaft" (epp.eurostat.ec.europa.eu/portal/page/portal/information_society/data/database; zuletzt abgerufen am 20.12.2014); vgl. *Föhlisch*, Das Widerrufsrecht im Onlinehandel, S. 15.

III. Verbraucherrechte-RL

1. Vorgeschichte

a) Vorbereitende Arbeiten

Im Jahr 2004 leitete die Europäische Kommission ein Verfahren zur Überprüfung des verbraucherrechtlichen Acquis ein mit dem Zweck, die vorhandenen Regelungen zu vereinfachen und zu vervollständigen sowie die Rechtsetzung in der Zukunft zu verbessern.[46]

Nach zwei Jahren folgte ein Grünbuch, in dem die Revision der Haustürgeschäfts-RL, Pauschalreise-RL, Klausel-RL, der alten Timesharing-RL, Fernabsatz-RL, Preisangaben-RL, der alten Unterlassungsklage-RL und Kaufrecht-RL detaillierter thematisiert wurde.[47] Erklärtes Ziel der Kommission war dadurch sowohl das Vertrauen der Verbraucher in den

---

46 Siehe Mitteilung der Kommission an das Europäische Parlament und den Rat v. 11.10.2004: Europäisches Vertragsrecht und Überarbeitung des gemeinschaftlichen Besitzstands – weiteres Vorgehen, KOM(2004) 651 endg. Parallel dazu wurde eine Wissenschaftlergruppe von der Europäischen Kommission beauftragt und finanziert, die Umsetzung von acht, in der Regel in den neunziger Jahren verabschiedeten verbraucherrechtlichen Richtlinien in die nationalen Rechtsordnungen zu untersuchen. Es handelte sich um die Haustürgeschäfts-RL, die Pauschalreise-RL (Richtlinie 90/314/EWG des Rates v. 13.6.1990 über Pauschalreisen, ABl. 1990 L 158/59), die Klausel-RL (Richtlinie 93/13/EWG des Rates v. 5.4.1993 über missbräuchliche Klauseln in Verbraucherverträgen, ABl. L 1993 95/29), die alte Timesharing-RL, die Fernabsatz-RL, die Preisangaben-RL (Richtlinie 98/6/EG des Europäischen Parlaments und des Rates v. 16.2.1998 über den Schutz der Verbraucher bei der Angabe der Preise der ihnen angebotenen Erzeugnisse, ABl. 1998 L 80/27), die alte Unterlassungsklage-RL (Richtlinie 98/27/EG des Europäischen Parlaments und des Rates v. 19.5.1998 über Unterlassungsklagen zum Schutz der Verbraucherinteressen, ABl. 1998 L 166/51) und die Kaufrecht-RL (Richtlinie 1999/44/EG des Europäischen Parlaments und des Rates v. 25.5.1999 zu bestimmten Aspekten des Verbrauchsgüterkaufs und der Garantien für Verbrauchsgüter, ABl. 1999 L 171/12). Das Ergebnis dieses umfangreichen Forschungsprojekts wurde im Jahr 2007 unter dem Titel „EG-Verbraucherrechtkompendium" der Europäischen Kommission vorgelegt und im nächsten Jahr als *Schulte-Nölke/Twigg-Flesner/Ebers*, EC Consumer Law Compendium. The Consumer Acquis and its transposition in the Member States, München 2008, publiziert. Vgl. auch die unter www.eu-consumer-law.org öffentlich zugängliche Datenbank (zuletzt abgerufen am 20.12.2014).

47 Siehe Grünbuch v. 8.2.2007: Die Überprüfung des gemeinschaftlichen Besitzstands im Verbraucherschutz, KOM(2006) 744 endg., ABl. 2007 C 61/1, S. 23.

grenzüberschreitenden Handel zu stärken als auch den Unternehmen zu ermöglichen, über ihre Landesgrenzen hinaus ihre Waren und Dienste anzubieten.[48] Dazu waren die interessierten Kreise zu einer Konsultation geladen, die ein breites Spektrum des Verbraucher-Acquis umfasste.[49]

Zum Abschluss des Verfahrens präsentierte die Kommission im Oktober 2008 einen Vorschlag für eine „Richtlinie des Europäischen Parlaments und des Rates über Rechte der Verbraucher",[50] der sich nur mit vier von den acht oben genannten Richtlinien befasste. Die Haustürgeschäfts-RL, die Fernabsatz-RL, die Klausel-RL und die Kaufrecht-RL sollten „durch Beseitigung von Unstimmigkeiten und Regelungslücken"[51] vereinfacht, aktualisiert und durch einen neuen einzigen Rechtsakt ersetzt werden.[52]

---

48 Siehe Grünbuch v. 8.2.2007: Die Überprüfung des gemeinschaftlichen Besitzstands im Verbraucherschutz, KOM(2006) 744 endg., ABl. 2007 C 61/1, S. 4.

49 Unter anderem Verbraucher- und Unternehmerbegriffe, Harmonisierungsgrad, missbräuchliche Klauseln, Widerrufsrecht, Einführung einer Generalklausel des guten Glaubens, Entwicklung von vertragsrechtlichen Rechtsbehelfen, Verbrauchsgüterkauf; Grünbuch v. 8.2.2007: Die Überprüfung des gemeinschaftlichen Besitzstands im Verbraucherschutz, KOM(2006) 744 endg., ABl. 2007 C 61/1, S. 7, 9 ff.

50 Vorschlag für eine Richtlinie des Europäischen Parlaments und des Rates über Rechte der Verbraucher, KOM(2008) 614 endg.

51 Erwägungsgrund Nr. 2 des Richtlinienvorschlags. Nach der Ansicht von *Zimmermann*, Perspektiven des künftigen österreichischen und europäischen Zivilrechts. Zum Verordnungsvorschlag über ein Gemeinsames Europäisches Kaufrecht, JBl 2012, 2 f., 15 spricht die Formulierung dieses Erwägungsgrunds dafür, dass seitens der Kommission wenig Bemühungen um eine fundamentale und kritische Revision des Verbraucher-Acquis unternommen wurden.

52 Zum Inhalt des Richtlinienvorschlags siehe *Arnold*, Vollharmonisierung im europäischen Verbraucherrecht, RIW 2009, 679 ff., 680 ff.; *Effer-Uhe/Watson*, Der Entwurf einer horizontalen Richtlinie über Rechte der Verbraucher, GPR 2009, 7 ff., 8 ff.; *Howells/Schulze*, Overview of the Proposed Consumer Rights Directive, in: Howells/Schulze (Hrsg.), Modernising and Harmonising Consumer Contract Law, München 2009, S. 3 ff.; *Jud/Wendehorst*, Vorschlag für eine Richtlinie über Rechte der Verbraucher. Ein akademisches Positionspapier, ecolex 2009, 279 ff., 280 ff.; *Micklitz/Reich*, Der Kommissionsvorschlag vom 8.10.2008 für eine Richtlinie über „Rechte der Verbraucher", oder: „der Beginn des Endes einer Ära...", EuZW 2009, 279 ff., 281 ff.; *dies.*, Crónica de una Muerte Annunciada: The Commission Proposal for a "Directive on Consumer Rights", CML Rev 2009, 471 ff., 481 ff.; *Rott/Terryn*, The Proposal for a Directive on Consumers Rights: No Single Set of Rules, ZEuP 2009, 456 ff., 465 ff.; *Tonner/Tamm*, Der Vorschlag einer Richtlinie über Rechte der Verbraucher und seine Auswirkungen auf das nationale

Kernelement des Richtlinienvorschlags war der in Art. 4 verankerte Wechsel hin zu einer flächendeckenden Vollharmonisierung, die die „ausgeprägte[n] Unterschiede“ zwischen den nationalen Rechtsordnungen und die damit verursachten „merklichen Wettbewerbsverzerrungen und Hinderniss[e] für das reibungslose Funktionieren des Binnenmarkts“ einzuebnen vorhatte.[53] Damit sollte die neue Richtlinie zur jüngeren Generation der vollharmonisierenden verbraucherrechtlichen Richtlinien zählen.[54]

Verbraucherrecht, JZ 2009, 277 ff., 279 ff.; *Twigg-Flesner/Metcalfe*, The proposed Consumer Rights Directive – less haste, more thought?, ERCL 2009, 368 ff., 371 ff., 376 ff.

53 Erwägungsgründe Nr. 6, 7 des Richtlinienvorschlags. Die Literatur zu den verschiedenen Harmonisierungsansätzen und ihre Effekte im Privatrecht ist kaum überschaubar; siehe *Arnold*, RIW 2009, 679 ff., 683 ff.; *Micklitz*, The Targeted Full Harmonisation Approach: Looking Behind the Curtain, in: Howells/Schulze (Hrsg.), Modernising and Harmonising Consumer Contract Law, München 2009, S. 47 ff., insb. 56 ff.; *Mak*, The Degree of Harmonisation in the Proposed Consumer Rights Directive: A Review in Light of Liability for Products, in: Howells/Schulze (Hrsg.), Modernising and Harmonising Consumer Contract Law, München 2009, S. 305 ff.; *Grigoleit*, Der Verbraucheracquis und die Entwicklung des Europäischen Privatrechts, AcP 210 (2010), 354 ff.; 408 ff.; *Reich*, Von der Minimal- zur Voll- zur „Halbharmonisierung“. Ein europäisches Privatrechtsdrama in fünf Akten, ZEuP 2010, 7 ff.; die Beiträge in: Gsell/Herresthal (Hrsg.), Vollharmonisierung im Privatrecht. Die Konzeption der Richtlinie am Scheideweg?, Tübingen 2009 und Stürner (Hrsg.), Vollharmonisierung im Europäischen Verbraucherrecht, München 2010; *Mittwoch*, Vollharmonisierung und Europäisches Privatrecht. Methode, Implikationen und Durchführung, Berlin 2013; *Lippstreu*, Wege der Rechtsangleichung im Vertragsrecht. Vollharmonisierung, Mindestharmonisierung, optionales Instrument, Tübingen 2014; für eine rechtsökonomische Betrachtung *Gómez-Pomar/Ganuza*, An Economic Analysis of Harmonisation Regimes: Full Harmonisation, Minimum Harmonisation or Optional Instrument?, ERCL 2011, 275 ff. m.w.N. in Fn. 8 bis 11. Die Wertungswidersprüche, zu denen die Annahme des Vollharmonisierungsprinzips im Privatrecht trotz allem führen kann, verdeutlicht die UGP-RL (Richtlinie 2005/29/EG des Europäischen Parlaments und des Rates v. 11.5.2005 über unlautere Geschäftspraktiken im binnenmarktinternen Geschäftsverkehr zwischen Unternehmen und Verbrauchern und zur Änderung der Richtlinie 84/450/EWG des Rates, der Richtlinien 97/7/EG, 98/27/EG und 2002/65/EG des Europäischen Parlaments und des Rates sowie der Verordnung (EG) Nr. 2006/2004 des Europäischen Parlaments und des Rates, ABl. 2005 L 149/22), die nur die unlauteren Geschäftspraktiken von Unternehmen gegenüber Verbrauchern betrifft und für diesen Bereich vollharmonisierende Normen aufstellt (Art. 1, 3 I, 4 UGP-RL). Daher dürfen die nationalen Gesetzgeber lauterkeitsrechtliche Maßstäbe bezüglich des Handels zwischen Unternehmen strenger fassen, als in Fällen, in denen sie das Geschäftsgebaren von Unternehmen

Dank der vollständigen Harmonisierung wesentlicher Aspekte des Verbrauchervertragsrechts und der Gewährleistung eines hohen Verbraucherschutzstandards sollen sowohl die Verbraucher als auch die Unternehmen das Binnenmarktpotenzial ausschöpfen, indem die Verbraucher vertrauensvoll mit Unternehmen aus anderen Mitgliedstaaten kontrahieren und die Unternehmer ohne zu zögern grenzüberschreitend ihre Produkte in den Handel bringen könnten.[55]

b) Kritische Reaktionen

Obwohl die Absicht der Kommission, einen zeitgemäßen, kohärenteren und systematischeren Regelungstext für das EU-Verbraucherrecht zu entwickeln, in die richtige Richtung steuerte,[56] stoß der vorgelegte Richtlinienvorschlag auf – zum Teil harte – Kritik vonseiten der Rechtswissenschaft bzw. der Politik.[57]

---

gegenüber den mutmaßlich schutzbedürftigeren Verbrauchern regeln; siehe EuGH v. 9.11.2010 – C-540/08 *Mediaprint*, EU:C:2010:660; *Augenhofer*, A European Civil Law – for Whom and What Should it Include? Reflections on the Scope of Application of a Future European Legal Instrument, ERCL 2011, 195 ff., 204.

54 Darunter fallen auch die Fernabsatz-Finanz-RL, die Verbraucherkredit-RL (Richtlinie 2008/48/EG des Europäischen Parlaments und des Rates v. 23.4.2008 über Verbraucherkreditverträge und zur Aufhebung der Richtlinie 87/102/EWG des Rates, ABl. 2008 L 133/66 (Berechtigungen in ABl. 2009 L 207/14; 2010 L 199/40; 2011 L 234/46); geändert durch Richtlinie 2011/90/EU der Kommission v. 14.11.2011 zur Änderung von Anhang I Teil II der Richtlinie 2008/48/EG des Europäischen Parlaments und des Rates mit zusätzlichen Annahmen für die Berechnung des effektiven Jahreszinses, ABl. 2011 L 296/35) und die Timesharing-RL (Richtlinie 2008/122/EG des Europäischen Parlaments und des Rates v. 14.1.2009 über den Schutz der Verbraucher im Hinblick auf bestimmte Aspekte von Teilzeitnutzungsverträgen, Verträgen über langfristige Urlaubsprodukte sowie Wiederverkaufs- und Tauschverträgen, ABl. 2009 L 33/10). Eine Vollharmonisierung bezweckt ebenfalls die ältere Produkthaftungs-RL; siehe EuGH v. 25.4.2002 – C-52/00 *Kommission ./. Frankreich*, EU:C:2002:252, Rn. 24; EuGH v. 25.4.2002 – C-154/00 *Kommission ./. Griechenland*, EU:C:2002:254, Rn. 20; EuGH v. 10.1.2006 – C-402/03 *Skov und Bilka*, EU:C:2006:6, Rn. 23.

55 Vorschlag für eine Richtlinie des Europäischen Parlaments und des Rates über Rechte der Verbraucher, KOM(2008) 614 endg., S. 2 f.

56 Siehe statt vieler *Jud/Wendehorst*, ecolex 2009, 279 ff., 280; *Effer-Uhe/Watson*, GPR 2009, 7 ff., 14 f.

57 Siehe vonseiten der Politik *Berger*, Zu europäischen Entwicklungen im Internationalen Privatrecht und im Verbraucherschutz, ZEuP 2009, 451 ff.; *Zypries*, Der

Erstens wurde zu Recht beanstandet, dass die durchgeführte „Überprüfung" keine umfassende Revision des Verbraucher-Acquis darstellte und schließlich nur vier Richtlinien betraf, die eher in einen Text „zusammengeklebt" wurden.[58] Merkwürdig war außerdem, dass die Ergebnisse des von der Kommission initiierten und maßgeblich finanzierten Projekts für einen Gemeinsamen Referenzrahmen[59] nicht herangezogen wurden, sondern selbst für Begriffe von zentraler Bedeutung eine unterschiedliche Terminologie im Richtlinienvorschlag und im verfassten *Draft Common Frame of Reference* verwendet wurde.[60]

In Bezug auf die verfolgte Vollharmonisierung[61] wurde darauf hingewiesen, dass dadurch das höhere Verbraucherschutzniveau vieler Mitgliedstaaten einschließlich Deutschlands abgesenkt werde, sei es indirekt durch die Nicht-Übernahme von Schutzvorschriften der früheren Richtlinien oder sei es direkt durch die vorgeschlagenen neuen Rechtsnormen, die dem Verbraucher ein durch nationale Rechte autonom zuerkanntes höheres Schutzniveau entzögen.[62] Dem nationalen Gesetzgeber ginge die

---

Vorschlag für eine Richtlinie über Verbraucherrechte, ZEuP 2009, 225 ff. („hässliches Entlein", aus dem hoffentlich ein Schwan werde).

58 *Jud/Wendehorst*, ecolex 2009, 279 ff., 280; *Micklitz/Reich*, EuZW 2009, 279 ff., 279; *dies.*, CML Rev 2009, 471 ff., 473; *Pisuliński*, Vollharmonisierung im Systemvergleich. Gemeinsamer Referenzrahmen und Vorschlag der Horizontalrichtlinie zum Verbraucherrecht, in: Gsell/Herresthal (Hrsg.), Vollharmonisierung im Privatrecht. Die Konzeption der Richtlinie am Scheideweg?, Tübingen 2009, S. 47 ff., 49 ff.; *Rott/Terryn*, ZEuP 2009, 456 ff., 457 f.; *Zimmermann*, The Present State of European Private Law, Am. J. Comp. L. 57 (2009), 479 ff., 489 f.; *Hondius*, The Proposal for a European Directive on Consumer Rights: A Step Forward, ERPL 2010, 103 ff., 115 ff.

59 Siehe unten, Kapitel 2.C.II.2.

60 *Hesselink*, The Consumer Rights Directive and the CFR: two worlds apart?, ERCL 2009, 290 ff., 298 ff.; *Jud/Wendehorst*, ecolex 2009, 279 ff., 280; *Zimmermann*, Am. J. Comp. L. 57 (2009), 479 ff., 487 f.

61 Siehe allgemein dazu *Arnold*, RIW 2009, 679 ff.; *Micklitz/Reich*, EuZW 2009, 279 ff., 280 f.; *dies.*, CML Rev 2009, 471 ff., 474 ff.; *Tonner/Tamm*, JZ 2009, 277 ff., 279; *Grundmann*, Die EU-Verbraucherrechte-Richtlinie. Optimierung, Alternative oder Sackgasse?, JZ 2013, 53 ff., 59 ff.

62 *Hesselink*, ERCL 2009, 290 ff., 300 ff.; *Micklitz/Reich*, EuZW 2009, 279 ff., 286; *Rott/Terryn*, ZEuP 2009, 456 ff., 463, 464; *Tonner/Tamm*, JZ 2009, 277 ff., 282 ff.; *Twigg-Flesner/Metcalfe*, ERCL 2009, 368 ff., 371 ff.; *Effer-Uhe/Watson*, GPR 2009, 7 ff., 14 f., die aber den Richtlinienvorschlag im Übrigen eher positiv bewerten; *Tamm*, Verbraucherschutzrecht, S. 245; a. A. *Föhlisch*, Endlich Vollharmonisierung im Fernabsatz? Auswirkungen der geplanten Europäischen Verbraucherrechtsrichtlinie, MMR 2009, 75 ff. (nur den Fernabsatz betreffend); *Tacou*, Ver-

Möglichkeit verloren, rasch und flexibel auf neue oder veränderte, kaum selten rein regionale oder nationale Probleme des Geschäftsverkehrs zu reagieren.[63] Ernste Bedenken wurden zudem über die korrosiven Auswirkungen der neuen Richtlinie auf die Systematik und das Wertsystem der mitgliedstaatlichen Zivilrechte geäußert.[64]

Daneben wurden zahlreiche Gegenargumente der Überzeugung der Kommission entgegengebracht, die neue Richtlinie beseitige die sich aus den unterschiedlichen Rechtsordnungen ergebenden Handelshemmnisse und trage zu einer Belebung des Binnenmarkts bei. Hingewiesen wurde u.a. auf den unscharfen Anwendungsbereich des Richtlinienvorschlags, seine inkohärenten Regelungsansätze und vage Vorschriften wie auch auf die vielfältigen praktischen Probleme, die im Rahmen der Integration und Anwendung solch einer umfangreichen Richtlinie in (damals) 27 Mitgliedstaaten schnell auftauchten.[65]

c) Kompromiss und angenommener Text

In diesem Kontext veröffentlichte der Rat Ende 2010 ein Dokument, das die Kapitel über den Verbrauchsgüterkauf und die missbräuchlichen Klauseln aus dem Kommissionsvorschlag strich und bedeutsame Änderungen

---

braucherschutz auf hohem Niveau oder Mogelpackung? Der Vorschlag für eine Richtlinie über Rechte der Verbraucher; ZRP 2009, 140 ff., 143, der im Richtlinienvorschlag sogar eine geeignete „Basis für einen Dialog für ein verbindliches kohärentes europäisches Verbraucherrecht" sieht; *Hondius*, ERPL 2010, 103 ff., 109 f.; *Wendehorst*, Die neue Richtlinie über die Rechte der Verbraucher, in: Schenk/Lovrek/Musger/Neumayr (Hrsg.), Festschrift für Irmgard Griss, Wien 2011, S. 717 ff., 719 f.

63 *Micklitz/Reich*, EuZW 2009, 279 ff., 280; *dies.*, CML Rev 2009, 471 ff., 517 f.

64 *Arnold*, RIW 2009, 679 ff., 683; *Jud/Wendehorst*, ecolex 2009, 279 ff., 280; *Rott/Terryn*, ZEuP 2009, 456 ff., 462 f.; *Tonner/Tamm*, JZ 2009, 277 ff., 287 f.; *Tamm*, Verbraucherschutzrecht, S. 255 ff.

65 *Arnold*, RIW 2009, 679 ff., 684 f.; *Rott/Terryn*, ZEuP 2009, 456 ff., 459 f.; *Tonner/Tamm*, JZ 2009, 277 ff., 287 f.; *Tamm*, Verbraucherschutzrecht, S. 261; vgl. zur Abweisung des Arguments über das unter Vollharmonisierung zu schaffende hohe Vertrauen der Verbraucher *Micklitz/Reich*, EuZW 2009, 279 ff., 280; *dies.*, CML Rev 2009, 471 ff., 518 f.; *Rott/Terryn*, ZEuP 2009, 456 ff., 461 f.

bei den verbleibenden Vorschriften in Betracht zog.[66] Parallel dazu reichte der Ausschuss für Binnenmarkt und Verbraucherschutz des Europäischen Parlaments am 1. Februar 2011 mehr als 200 Änderungsvorschläge ein, die im Bericht seines Mitglieds *Andreas Schwab* vorgeschlagen wurden.[67] Auf der Plenartagung am 24. März 2011 nahm das Europäische Parlament die Änderungsvorschläge an, sah jedoch von einer Schlussabstimmung vorübergehend ab.[68]

Unterdessen fanden informelle Gespräche zwischen dem Rat, dem Europäischen Parlament und der Kommission statt, die auf eine Einigung über das umstrittene Richtlinienvorhaben in erster Lesung abzielten.[69] Als ein politisches Einvernehmen erzielt worden war, nahm das Plenum des Europäischen Parlaments am 23. Juni 2011 in erster Lesung eine legislative Entschließung an, mit der es die zwischen den drei Organen vereinbarten Abänderungen guthieß.[70] Nachdem der Akt ebenfalls in erster Lesung vom Rat am 10. Oktober 2011 angenommen worden war,[71] wurde die

66 Dokument des Rates 16933/10 (http://register.consilium.europa.eu/doc/srv?l=DE&t=PDF&gc=true&sc=false&f=ST%2016933%202010%20INIT; zuletzt abgerufen am 20.12.2014).

67 Bericht A7-0038/2011 des Europäischen Parlaments, dem die Stellungnahmen des Rechtsausschusses und des Ausschusses für Wirtschaft und Währung beigefügt sind; vgl. *Schwab/Verlage*, Die EU-Verbraucherrechts-Richtlinie: Motor oder Bremse für grenzüberschreitende Einkäufe?, EuZW 2009, 873.

68 Siehe Dokument des Europäischen Parlaments P7_TA-PROV(2011)0116 (http://www.europarl.europa.eu/sides/getDoc.do?pubRef=-//EP//TEXT+TA+P7-TA-2011-0116+0+DOC+XML+V0//DE; zuletzt abgerufen am 20.12.2014).

69 *Stabentheiner/Cap*, Die neue Verbraucherrechte-Richtlinie. Werdegang, Geltungsbereich, „klassisches" Verbraucherschutzrecht, ÖJZ 2011, 1045 ff., 1045 ff.; *Cap*, Grundsätzliches zur Verbraucherrechte-Richtlinie. Entstehung, Anwendungsbereich, Zentralbegriffe, Harmonisierungsgrad, in: P. Bydlinski/Lurger (Hrsg.), Die Richtlinie über die Rechte der Verbraucher, Wien 2012, S. 1 ff., 2 ff.; siehe zur deutschen und österreichischen Verhandlungsposition *Leutheusser-Schnarrenberger*, Europäisches Zivilrecht. Die nächsten Etappen, ZEuP 2011, 451 ff., 453; *Stabentheiner/Cap*, ÖJZ 2011, 1045 ff., 1047 ff. respektive.

70 Legislative Entschließung des Europäischen Parlaments P7_TA-PROV(2011)0293 (http://www.europarl.europa.eu/sides/getDoc.do?pubRef=-//EP//TEXT+TA+P7-TA-2011-0293+0+DOC+XML+V0//DE ; zuletzt abgerufen am 20.12.2014); vgl. Dokument des Rates 11984/11 (http://register.consilium.europa.eu/doc/srv?l=DE&t=PDF&gc=true&sc=false&f=ST%2011984%202011%20INIT; zuletzt abgerufen am 20.12.2014).

71 Dokument des Rates 15492/11 (http://register.consilium.europa.eu/doc/srv?l=DE&t=PDF&gc=true&sc=false&f=ST%2015492%202011%20INIT; zuletzt abgerufen am 20.12.2014).

neue Richtlinie am 22. November 2011 im Amtsblatt der Europäischen Union veröffentlicht.[72] Die Verbraucherrechte-RL war bis zum 13.12.2013 umzusetzen (Art. 28 I Verbraucherrechte-RL). Anwendung finden allerdings die Umsetzungsvorschriften nur auf Verträge, die erst ab dem 13.6.2014 geschlossen werden (Art. 28 II Verbraucherrechte-RL). Die sechsmonatige Legisvakanz soll es den Unternehmern ermöglichen, ihre allgemeine Geschäftsbedingungen, Webpräsenz und Arbeitsprozesse an das neue Recht anzupassen.

2. Allgemeine Bemerkungen

In ihrer endgültigen Fassung ist die Verbraucherrechte-RL auf Vorschriften über außerhalb von Geschäftsräumen und im Fernabsatz geschlossene Verträge geschrumpft (Art. 6 bis 16 Verbraucherrechte-RL). Sie ersetzt die Haustürgeschäfts- und die Fernabsatz-RL (Art. 31 Verbraucherrechte-RL). Die übrigen Vorschriften, die gewisse mindestharmonisierte Informationspflichten bei anderen als Fernabsatzverträgen oder außerhalb von Geschäftsräumen geschlossenen Verträgen einführen (Art. 5 Verbraucherrechte-RL) sowie bestimmte „sonstige Verbraucherrechte" bei Kaufverträgen vorsehen (Art. 17 bis 22 Verbraucherrechte-RL), vermögen m. E. nicht, den ambitionierten generischen Titel der Verbraucherrechte-RL zu rechtfertigen.[73] Der Gesetzgebungsprozess erwies sich im Ergebnis als eher enttäuschend für diejenigen, die darin eine Chance für eine umfassende und umfangreiche Revision des gesamten Verbraucher-Acquis sahen.

Der Charakter der Verbraucherrechte-RL bleibt trotzdem – der klaren Zielsetzung der Kommission entsprechend – überwiegend vollharmonisierend (Art. 4 Verbraucherrechte-RL). Vorgesehen sind gewisse Ausnahmen, z. B. in Art. 5 IV Verbraucherrechte-RL, sodass die Rede von einer gezielten Vollharmonisierung („targeted harmonisation") ist.[74]

---

72 ABl. 2011 L 304/64.

73 Vgl. *Tonner*, Das Gesetz zur Umsetzung der Verbraucherrechterichtlinie. Unionsrechtlicher Hintergrund und Überblick, VuR 2013, 443 ff., 444.

74 *Tonner/Fangerow*, Directive 2011/83/EU on Consumer Rights. A new approach to European consumer law?, euvr 2012, 67 ff., 74 ff.; *Weatherill*, The Consumer Rights Directive: How and why a quest for "coherence" has (largely) failed, CML Rev 2012, 1279 ff., 1310 ff.; *Mittwoch*, Vollharmonisierung und Europäisches Privatrecht, S. 78 ff.; *Schmidt-Kessel/Sorgenfrei*, Neue Anforderungen an die Umsetzung verbraucherschützender Richtlinien, GPR 2013, 242 ff., 243 ff.; siehe

In Art. 1 Verbraucherrechte-RL wird ihr Ziel verkündet, durch die verfolgte Rechtsangleichung „ein hohes Verbraucherschutzniveau zu erreichen und damit zum ordnungsgemäßen Funktionieren des Binnenmarkts beizutragen". Art. 2 Verbraucherrechte-RL erhält die höchstwahrscheinlich längste Begriffsbestimmungsliste im bisherigen Verbraucher-Acquis. Erklärt sind u.a. die Vertragspartner „Verbraucher" (Nr. 1) und „Unternehmer" (Nr. 2), die Vertragstypen „Kaufvertrag" (Nr. 5) und „Dienstleistungsvertrag" (Nr. 6) sowie die situationsbezogenen Bezeichnungen „Fernabsatzvertrag" (Nr. 7) und „außerhalb von Geschäftsräumen abgeschlossener Vertrag" (Nr. 8, 9).

Die Definition des Verbrauchers in Art. 2 Nr. 1 Verbraucherrechte-RL weicht nicht merklich von der bereits bekannten aus älteren Richtlinien ab. Erwägungsgrund Nr. 17 erhält aber einen wichtigen Auslegungshinweis bezüglich Verträgen mit doppeltem (teils gewerblichem, teils privatem) Zweck. Ist der gewerbliche Zweck im Gesamtzusammenhang nicht überwiegend, ist demgemäß die Verbrauchereigenschaft zu bejahen.[75]

---

auch *Loos*, Full harmonisation as a regulatory concept, in: Stürner (Hrsg.), Vollharmonisierung im Europäischen Verbraucherrecht, S. 47 ff., insb. 87 ff.; *Paschke/ Husmann*, Gemischte Harmonisierung des Verbraucherprivatrechts. Gemischte Harmonisierung des Verbraucherprivatrechts, GPR 2010, 262 ff.; *Reich*, ZEuP 2010, 7 ff., 36 ff.; *Schmidt-Kessel*, Zum Stand der Beratungen der Horizontalrichtlinie Verbraucherschutz. Meilensteine auf dem Weg zum legistischen Desaster, GPR 2010, 129 ff.; *Stürner*, Abgesang für Vollharmonisierung im Verbraucherrecht?, GPR 2010, 157.

75 Mehr dazu *Wendehorst*, Die neue Richtlinie über die Rechte der Verbraucher, in: FS Griss, S. 723; *Purnhagen*, Die Auswirkungen der neuen EU-Richtlinie auf das deutsche Verbraucherrecht, ZRP 2012, 36 ff., 36 f.; *Tonner/Fangerow*, euvr 2012, 67 ff., 72 ff.; *Unger*, Die Richtlinie über die Rechte der Verbraucher. Eine systematische Einführung, ZEuP 2012, 270 ff., 276 f.; *Grundmann*, JZ 2013, 53 ff., 55; *Micklitz/Rott*, in: Dauses (Hrsg.), Handbuch EU-Wirtschaftsrecht, H. V. Rn. 209; *Bülow*, Ein neugefasster § 13 BGB. Überwiegende Zweckbestimmung, WM 2014, 1 ff. Eine strengere Haltung hatte der EuGH im Rahmen von Art. 13 EuGVÜ (nunmehr Art. 15 Brüssels I-V; Verordnung (EG) Nr. 44/2001 des Rates v. 22.12.2000 über die gerichtliche Zuständigkeit und die Anerkennung und Vollstreckung von Entscheidungen in Zivil- und Handelssachen, ABl. 2001 L 12/1) eingenommen: Die Verbrauchereigenschaft liege nur vor, wenn die gewerbliche Nutzung eine ganz untergeordnete Rolle spiele; siehe EuGH v. 20.1.2005 – Rs C-464/01 *Gruber*, EU:C:2005:32, Rn. 54.

Im Gegensatz zum Kommissionsvorschlag, der eine Erweiterung der Begriffe „Fernabsatz" bzw. „Haustürgeschäft" verfolgte,[76] weichen die von der Verbraucherrechte-RL angenommenen Begriffe kaum von denen der aufgehobenen Richtlinien ab.

Als Fernabsatzvertrag wird weiter der Vertrag verstanden, der ohne gleichzeitige körperliche Anwesenheit beider Vertragspartner im Rahmen eines für den Fernabsatz organisierten Vertriebs- bzw. Dienstleistungssystems geschlossen wird, wobei bis einschließlich zum Zeitpunkt des Vertragsabschlusses ausschließlich ein bzw. mehrere Fernkommunikationsmittel verwendet werden (Art. 2 Nr. 7 Verbraucherrechte-RL).[77]

Umfangreicher ist nunmehr der Begriff des außerhalb von Geschäftsräumen abgeschlossenen Vertrags.[78] Darunter fallen Verträge, die bei gleichzeitiger körperlicher Anwesenheit der Parteien an Orten, die keinen Geschäftsraum des Unternehmers darstellen, abgeschlossen oder angebahnt werden (Art. 2 Nr. 8 a) bis c) Verbraucherrechte-RL). Darunter fallen ebenso Verträge, die auf vom Unternehmer organisierten Werbeausflügen abgeschlossen werden (Art. 2 Nr. 8 d) Verbraucherrechte-RL). Die Geschäftsräume sind in Nr. 9 definiert. Erfasst sind sowohl unbewegliche Gewerberäume, in denen der Unternehmer seine Tätigkeit dauerhaft ausübt, als auch bewegliche Gewerberäume, in denen der Unternehmer seine Tätigkeit für gewöhnlich ausübt. Verzichtet wurde schließlich auf die Voraussetzung der alten Haustürgeschäfts-RL, die Vertragsanbahnung solle nicht nach „erbetenem Besuch" durch den Verbraucher stattfinden. Das sog. Anbahnungselement kennt die neue Richtlinie nicht. Vielmehr als ein Kompromiss wurde daher ein Sonderregime für Reparatur- und Instandhaltungsarbeiten in Art. 7 IV Verbraucherrechte-RL geschaffen.[79]

---

76 Siehe Art. 2 Nr. (6) bis (9) des Vorschlags für eine Richtlinie des Europäischen Parlaments und des Rates über Rechte der Verbraucher, KOM(2008) 614 endg.; dazu *Micklitz/Reich*, EuZW 2009, 279 ff., 283; *dies.*, CML Rev 2009, 471 ff., 494; *Artz*, Der Vorschlag für eine vollharmonisierte Horizontalrichtlinie zum Verbraucherrecht, in: Gsell/Herresthal (Hrsg.), Vollharmonisierung im Privatrecht. Die Konzeption der Richtlinie am Scheideweg?, Tübingen 2009, S. 209 ff.; 211 ff.; 213 ff.

77 Mehr dazu *Wendehorst*, Die neue Richtlinie über die Rechte der Verbraucher, in: FS Griss, S. 728; *Unger*, ZEuP 2012, 270 ff., 277 f., 280 f.; *Micklitz/Rott*, in: Dauses (Hrsg.), Handbuch EU-Wirtschaftsrecht, H. V. Rn. 218 f.

78 *Micklitz/Rott*, in: Dauses (Hrsg.), Handbuch EU-Wirtschaftsrecht, H. V. Rn. 240.

79 Mehr dazu *Stabentheiner/Cap*, ÖJZ 2011, 1045 ff., 1057; *Wendehorst*, Die neue Richtlinie über die Rechte der Verbraucher, in: FS Griss, S. 728 f.; *dies.*, Das neue

3. Anwendungsbereich

Der Anwendungsbereich der Verbraucherrechte-RL wird in Art. 3 I sehr breit festgelegt, indem sie alle zwischen Unternehmern und Verbrauchern geschlossenen Verträge umfasst, samt solcher über die Bereitstellung von digitalen Inhalten wie auch die Wasser-, Gas-, Strom- und Fernwärmeversorgung. Besonders zu begrüßen ist die Einbeziehung von Verträgen über digitale Inhalte. Werden diese auf einem körperlichen Datenträger vertrieben, gelten sie als Waren. Sonst bilden sie eine *sui generis* Rechtsmaterie, sodass die allgemeinen, auf Waren oder Dienstleistungen bezogenen Normen nur insoweit zum Tragen kommen, als dies ausdrücklich angeordnet wird.[80] Die einschlägigen Regeln kamen erst in einer späteren Phase auf Initiative des Europäischen Parlaments in den Richtlinientext und sind leider von Unstimmigkeiten nicht verschont geblieben.[81]

Art. 3 III führt eine Reihe von Einschränkungen ein, die u.a. Sozial- und Gesundheitsleistungsverträge, Glücksspielverträge, Immobilien- und Bauverträge, Lebensmittellieferungsverträge, Beförderungsverträge wie auch die von der Fernabsatz-Finanz-RL, der Pauschalreise-RL und der Timesharing-RL erfassten Bereiche betreffen.[82] Die Mitgliedstaaten können schließlich entscheiden, die Richtlinienvorschriften auf außerhalb von Geschäftsräumen geschlossene Verträge, bei denen das Entgelt 50 Euro nicht übersteigt, nicht anzuwenden (Art. 3 IV Verbraucherrechte-RL).[83]

Das nationale allgemeine Vertragsrecht soll unberührt bleiben, soweit die vertragsrechtliche Materie in der Richtlinie selbst nicht reguliert ist (Art. 3 V Verbraucherrechte-RL).

Gesetz zur Umsetzung der Verbraucherrechterichtlinie, NJW 2014, 577 ff., 581; *Lurger*, Widerrufsrechte, in: P. Bydlinski/Lurger (Hrsg.), Die Richtlinie über die Rechte der Verbraucher, S. 63; *Grundmann*, JZ 2013, 53 ff., 59 ff., 56 f.

80 *Wendehorst*, Die neue Richtlinie über die Rechte der Verbraucher, in: FS Griss, S. 723.

81 Vgl. den Bericht an das Europäische Parlament von *Schmidt-Kessel/Young/Benninghoff/Langhanke/Russek*, Should the Consumer Rights Directive apply to digital content?, GPR 2011, 7 ff.

82 Zu ihrer Rechtfertigung *Stabentheiner/Cap*, ÖJZ 2011, 1045 ff., 1053; *Cap*, Grundsätzliches zur Verbraucherrechte-Richtlinie, in: P. Bydlinski/Lurger (Hrsg.), Die Richtlinie über die Rechte der Verbraucher, S. 9 ff.

83 Die Ausnahme beschränkt sich also wohl nicht auf die nur für diese Absatzform bestimmten Vorschriften; *Wendehorst*, Die neue Richtlinie über die Rechte der Verbraucher, in: FS Griss, S. 723.

4. Informationspflichten

Den Löwenanteil der Richtlinienvorschriften bilden die in ihrem Kapitel III (Art. 6 bis 16 Verbraucherrechte-RL) enthaltenen Vorschriften über die Fernabsatz- und die außerhalb von Geschäftsräumen geschlossenen Verträge. Art. 6 I Verbraucherrechte-RL enthält einen umfangreichen Katalog von 20 Informationseinheiten, die dem Verbraucher vor seiner Vertragsbindung mitgeteilt werden und einen festen Bestandteil des abzuschließenden Vertrags darstellen sollen (Art. 6 V Verbraucherrechte-RL).[84]

In den folgenden Art. 7 und 8 Verbraucherrechte-RL sind die formalen Anforderungen abschließend geregelt, die die Erfüllung der Informationspflichten vor Vertragsschluss und die Bestätigung des Vertragsschlusses betreffen.

5. Widerrufsrecht

Nach den Vorschriften zu Informationspflichten enthält die Verbraucherrechte-RL einen Regelungskorpus, der dem Widerrufsrecht des Verbrauchers gewidmet ist und dessen Regelungsdichte kein vergleichbares Vorbild in den bisher verabschiedeten Richtlinien hat (Art. 9 bis 16 Verbraucherrechte-RL).[85]

a) Erfasste Verträge

Gemäß Art. 9 I Verbraucherrechte-RL wird dem Verbraucher ein Widerrufsrecht bei allen im Fernabsatz oder außerhalb von Geschäftsräumen geschlossenen Verträgen gewährt. Dies ist „ohne Angabe von Gründen und ohne andere Kosten als [in der Richtlinie explizit] vorgesehen“ wahrnehmbar. Zur Rechtfertigung der Widerrufsrechte sei dabei auf die Darle-

84 Ausführlich dazu *Hall/Howells/Watson*, The Consumer Rights Directive. An Assessment of its Contribution to the Development of European Consumer Contract Law, ERCL 2012, 139 ff., 142 ff. mit kritischen Bemerkungen; *Unger*, ZEuP 2012, 270 ff., 281 ff.

85 Vgl. *Micklitz/Rott*, in: Dauses (Hrsg.), Handbuch EU-Wirtschaftsrecht, H. V. Rn. 229.

gungen hingewiesen, die soeben in Bezug auf die Haustürgeschäfts- und die Fernabsatz-RL gemacht worden sind.[86]

Art. 16 Verbraucherrechte-RL führt solche Verträge auf, bei denen kein Widerrufsrecht vorgesehen ist. Es handelt sich dabei teils um Ausnahmetatbestände der Haustürgeschäfts- bzw. der Fernabsatz-RL,[87] teils um neue Ausnahmen, die in hohem Maße notwendig erschienen.[88] Anders als der Kommissionsvorschlag, der einen vollkommenen Ausschluss des Widerrufsrechts bei sämtlichen auf Versteigerungen abgeschlossenen Fernabsatzverträgen vorbrachte,[89] beschränkt sich die Ausnahmeregelung im angenommenen Richtlinientext lediglich auf öffentliche Versteigerungen und schließt somit reine Online-Transaktionen mit ein (Art. 16 k) Verbraucherrechte-RL).[90]

---

86 Siehe oben, Kapitel 2.A.I.3, 2.A.II.4; vgl. Erwägungsgrund Nr. 37 Verbraucherrechte-RL.

87 Unter anderem Verträge mit aleatorischem Element (Art. 16 b), Verträge für den Kauf von nach Kundenspezifikation angefertigten Waren (Art. 16 c), Verträge für den Kauf von versiegelten Audio- oder Videoaufzeichnungen oder Software, die vom Verbraucher entsiegelt worden sind, (Art. 16 i) und Beherbergungs- und Beförderungsverträge (Art. 16 l).

88 Unter anderem vollständig erfüllte Dienstleistungsverträge, bei denen die Erbringung mit der vorherigen ausdrücklichen Zustimmung des Verbrauchers und dessen Kenntnisnahme, dass er sein Widerrufsrecht bei vollständiger Vertragserfüllung verliert, begonnen hat (Art. 16 a), Verträge für den Kauf von schnell verderbbaren Waren (Art. 16 d), Verträge für den Kauf von versiegelten Hygieneartikeln, die vom Verbraucher entsiegelt worden sind, (Art. 16 e), Verträge für den Kauf von Waren, die mit anderen Gütern vermischt worden (z. B. Heizöl) sind (Art. 16 f), Verträge für die Ausführung von dringenden Reparatur- oder Instandhaltungsarbeiten (Art. 16 h) und Verträge für die Lieferung von digitalen Inhalten, die nicht auf einem körperlichen Datenträger geliefert werden, wenn die Ausführung mit vorheriger ausdrücklicher Zustimmung des Verbrauchers und Kenntnisnahme, dass er hierdurch sein Widerrufsrecht verliert, begonnen hat (Art. 16 m); vgl. *Heinig*, Verbraucherschutz. Schwerpunkte der EU-Verbraucherrechte-Richtlinie, MDR 2012, 323 ff., 325, 327.

89 Siehe *Riefa*, A Dangerous Erosion of Consumer Rights. The Absence of a Right to Withdraw from Online Auctions, in: Howells/Schulze (Hrsg.), Modernising and Harmonising Consumer Contract Law, München 2009, S. 177 ff.

90 Siehe ausführlich *Yilma*, Scope of Rights of Withdrawal vis-à-vis Auctions under the Consumer Rights Directive, euvr 2013, 212 ff.

b) Widerrufsfrist

Die Widerrufsfrist beträgt vierzehn Tage.[91] Sie läuft bei Dienstleistungsverträgen, Wasser-, Gas-, Strom- und Fernwärmeversorgungverträgen sowie Verträgen über die Lieferung digitaler Inhalte, die nicht auf einem körperlichen Datenträger gespeichert sind, ab dem Tag des Vertragsabschlusses; bei Kaufverträgen grundsätzlich ab dem Tag, an dem der Verbraucher oder ein vom ihm benannter Dritter, der jedoch nicht der Beförderer ist, in den physischen Besitz der Waren gelangt (Art. 9 II Verbraucherrechte-RL).

Gemäß Art. 9 III 1 Verbraucherrechte-RL dürfen die Mitgliedstaaten den Vertragsparteien die Vertragserfüllung während der Widerrufsfrist gesetzlich nicht untersagen. Ausnahmsweise ist gestattet, Vorschriften aufrechtzuerhalten, die in Bezug auf außerhalb von Geschäftsräumen geschlossenen Verträge „dem Unternehmer verbieten, innerhalb eines bestimmten Zeitraums nach Vertragsabschluss Zahlung vom Verbraucher zu fordern und entgegenzunehmen“ (Art. 9 III 2 Verbraucherrechte-RL). Die Richtlinienregelung bezieht sich auf die *Gysbrechts*-E des EuGH. Darin kam der EuGH zum Schluss, mangels Harmonisierungsmaßnahmen dulde Art. 35 AUEV nationale Vorschriften, die es Unternehmern beim Fernabsatz verbieten, vom Verbraucher vor Ablauf der Widerrufsfrist eine Anzahlung oder Zahlung zu verlangen. Bestimmungen, die das Verlangen von Kreditkartenangaben vor Ablauf dieser Frist verböten, beschränkten jedoch unverhältnismäßig den freien Warenverkehr und verstößen gegen Art. 35 AUEV.[92] Von nun an wird aber diese Frage durch Richtlinienvorschriften harmonisiert geregelt.

---

91 Maßgeblich für die Fristberechnung sind nach Erwägungsgrund Nr. 41 Verbraucherrechte-RL die Vorschriften der Fristen-VO (Verordnung (EWG, Euratom) Nr. 1182/71 des Rates v. 3.6.1971 zur Festlegung der Regeln für die Fristen, Daten und Termine, ABl. 1971 L 124/1).

92 EuGH v. 16.12.2008 – Rs. C-205/07 *Gysbrechts und Santurel Inter*, EU:C:2008:730, Rn. 54 ff., 60 ff.; dazu *Weatherill*, Measures of consumer protection as impediments to exports of goods, ERCL 2009, 149 ff.; *Safari*, Verbraucherschutz im Fernabsatz: Vorabentscheidungsersuchen im Strafverfahren gegen Lodewijk Gysbrechts und Santurel Inter BVBA, ZEuP 2011, 708 ff.

c) Widerrufsbelehrung und Ausübung des Widerrufsrechts

Über das Bestehen, die Bedingungen, die Fristen und das Verfahren für die Ausübung seines Widerrufsrechts muss der Verbraucher vor seiner Bindung genügend aufgeklärt werden (Art. 6 I h) Verbraucherrechte-RL). Dazu kann die Muster-Widerrufsbelehrung genutzt werden, die sich im Anhang I Teil A zur Richtlinie befindet. Die Informationspflicht gilt gemäß Art. 6 IV Verbraucherrechte-RL als erfüllt, wenn der Unternehmer das Formular ordnungsgemäß ausgefüllt dem Verbraucher übermittelt hat. Falls der Verbraucher über sein Widerrufsrecht nicht belehrt wird, sieht Art. 10 I i.V.m. 9 II Verbraucherrechte-RL eine absolute zwölfmonatige Widerrufsfrist vor. Kommt der Unternehmer seiner Belehrungspflicht verspätet, aber binnen der zwölfmonatigen Frist nach, läuft die Widerrufsfrist vierzehn Tage nach dem Tag dieser Belehrung ab (Art. 10 II Verbraucherrechte-RL).

Zur Ausübung des Widerrufsrechts durch den Verbraucher genügt gemäß Art. 11 I, II Verbraucherrechte-RL eine eindeutige Erklärung,[93] die vor Ablauf der Widerrufsfrist abzusenden ist. Dazu kann das Muster-Widerrufsformular des Anhangs I Teil B verwendet werden, das die Unternehmer auch auf ihrer Website als interaktives Web-Formular zur Verfügung stellen können (Abs. III).[94] Eine kommentarlose Rücksendung der Kaufsache genügt jedoch nicht.[95]

---

93 Siehe auch Erwägungsgrund Nr. 44 S. 4 Verbraucherrechte-RL.

94 Vgl. Erwägungsgrund Nr. 45 Verbraucherrechte-RL.

95 *Hall/Howells/Watson*, ERCL 2012, 139 ff., 157 f.; *Heinig*, MDR 2012, 323 ff., 326; *Looschelders*, Informationspflichten des Unternehmers und Widerrufsrecht des Verbrauchers, in: Remien/Herrler/Limmer (Hrsg.), Gemeinsames Europäisches Kaufrecht für die EU? Analyse des Vorschlags der europäischen Kommission für ein optionales Europäisches Vertragsrecht vom 11. Oktober 2011, München 2012, S. 107 ff., 131 f.; *Unger*, ZEuP 2012, 270 ff., 289; *F. Schmidt/Brönneke*, Das Widerrufsrecht bei Fernabsatz- und Haustürgeschäften. Neuerungen durch das Gesetz zur Umsetzung der Verbraucherrechterichtlinie, VuR 2013, 448 ff., 454; *R. Koch*, Rechte des Unternehmers und Pflichten des Verbrauchers nach Umsetzung der Richtlinie über die Rechte der Verbraucher, JZ 2014, 758 ff., 760; *Sedef*, Das neue Fernabsatzrecht, MuR 2014, 119 ff., 123.

d) Widerrufsfolgen

Mit den Rechtsfolgen des Widerrufs setzen sich Art. 12 bis 15 Verbraucherrechte-RL auseinander. Art. 12 sieht vor, dass mit der Ausübung des Widerrufsrechts die Verpflichtungen der Parteien entweder zur Erfüllung des abgeschlossenen Vertrags oder zu seinem Abschluss – wenn nur ein Vertragsangebot vorliegt – enden.

Ist der Vertrag bereits abgeschlossen und mindestens teilweise vor der Widerrufserklärung erfüllt, entstehen zulasten der Parteien Rückerstattungspflichten, die separat in Art. 13 Verbraucherrechte-RL für den Unternehmer und Art. 14 Verbraucherrechte-RL für den Verbraucher vorgeschrieben werden. Ersterer ist zur Rückerstattung der erfolgten Zahlungen unverzüglich und in jedem Fall spätestens binnen vierzehn Tagen ab Bekanntgabe des Widerrufs unter Verwendung desselben Zahlungsmittels verpflichtet (Art. 13 I Verbraucherrechte-RL). Rückzuzahlen sind auch Lieferkosten, nicht jedoch etwaige zusätzliche Kosten, die daraus resultieren, dass der Verbraucher ausdrücklich eine andere Lieferungsart als die vom Unternehmer angebotene, günstigste Standardlieferung gewählt hat (Art. 13 II Verbraucherrechte-RL). Art. 13 III Verbraucherrechte-RL führt ein Zurückbehaltungsrecht zugunsten des Unternehmers ein: Er kann die Rückzahlung verweigern, bis er die Waren wieder zurückerhält oder bis der Verbraucher den Nachweis erbringt, dass er die Waren zurückgeschickt hat, je nachdem, welches der frühere Zeitpunkt ist.

Die Pflichten des Verbrauchers sind in Art. 14 Verbraucherrechte-RL je nach Vertragskategorie aufgeführt. Bei Kaufverträgen hat der Verbraucher die Waren auf eigene Kosten ebenfalls unverzüglich und in jedem Fall spätestens binnen vierzehn Tagen ab Mitteilung des Widerrufs zurückzusenden (Art. 14 I 1 Verbraucherrechte-RL). Er wird allerdings von den Rücksendekosten befreit, wenn der Unternehmer seine Belehrungspflicht über die entsprechende Belastung nicht erfüllt hat (Art. 14 I 2, 6 I i, VI Verbraucherrechte-RL). Eine Sonderregelung für außerhalb von Geschäftsräumen geschlossene Verträge führt Art. 14 I 3 Verbraucherrechte-RL ein. Sind die Waren zum Zeitpunkt des Vertragsabschlusses zur Wohnung des Verbrauchers geliefert worden und können sie normalerweise nicht per Post zurückgesandt werden, werden sie vom Unternehmer auf seine eigenen Kosten abgeholt. Nach Art. 14 II Verbraucherrechte-RL haftet der Verbraucher für einen etwaigen Wertverlust der Waren nur, wenn dieser Wertverlust auf einen zur Prüfung der Beschaffenheit, Eigenschaften und Funktionsweise der Waren nicht notwendigen Umgang mit den

Waren zurückzuführen ist. Jede Haftung ist dennoch ausgeschlossen, falls der Unternehmer den Verbraucher nicht gemäß Art. 6 I h) Verbraucherrechte-RL über sein Widerrufsrecht informiert hat.

Wenn der widerrufene Vertrag die Erbringung von Dienstleistungen oder die Lieferung von Wasser, Gas, Strom oder Fernwärme betrifft und teilweise schon vor der Widerrufserklärung erfüllt wurde, sieht Art. 14 III, IV a) Verbraucherrechte-RL eine *pro rata* Zahlungspflicht des Verbrauchers unter zweierlei Voraussetzung vor: Erstens muss der Unternehmer seiner Belehrungspflicht über das Widerrufsrecht und den hier besprochenen Rechtsfolgen nachgekommen sein (Art. 14 IV a) i), 6 I h, j Verbraucherrechte-RL); zweitens muss der Verbraucher ausdrücklich und bei außerhalb von Geschäftsräumen geschlossenen Verträgen auf einem dauerhaften Datenträger den Beginn der Dienstleistungserbringung bzw. der Lieferung während der Widerrufsfrist verlangt haben (Art. 14 IV a) ii), 7 III, 8 VIII Verbraucherrechte-RL). Die Höhe des zu zahlenden Betrags muss dem entsprechen, was bis zu dem Zeitpunkt, in dem der Verbraucher den Unternehmer von der Ausübung des Widerrufsrechts unterrichtet, im Vergleich zum Gesamtumfang der vertraglich vereinbarten Leistungen geleistet worden ist. Die Wertberechnung erfolgt deshalb quotenmäßig auf der Grundlage der vereinbarten Gegenleistung oder, wenn sie überhöht ist, auf der Grundlage des Marktwerts der erbrachten Leistung (Art. 14 III Verbraucherrechte-RL).

Eine Negativ-Formulierung wählt Art. 14 IV b) Verbraucherrechte-RL bei Bestimmung der Widerrufsfolgen im Fall der Bereitstellung von nicht auf körperlichem Datenträger gelieferten digitalen Inhalten während der Widerrufsfrist. Der Verbraucher hat demgemäß nicht für diese Bereitstellung aufzukommen, wenn i) er sich nicht zuvor ausdrücklich damit einverstanden erklärt hat, dass die Erfüllung des Vertrags vor Ablauf der Widerrufsfrist beginnt, oder ii) er nicht zur Kenntnis genommen hat, dass er mit seiner Zustimmung sein Widerrufsrecht verliert, oder iii) der Unternehmer es unterlassen hat, eine Bestätigung gemäß Art. 7 II oder Art. 8 VII Verbraucherrechte-RL zur Verfügung zu stellen.

Schließlich stellt Art. 14 V Verbraucherrechte-RL den ausschließlichen Charakter der Richtlinienregelung angesichts der Haftung des Verbrauchers klar.

Art. 15 Verbraucherrechte-RL befasst sich mit den Wirkungen des Widerrufs auf akzessorische Verträge. Abgerundet wird der materiellrechtliche Teil der Verbraucherrechte-RL durch Bestimmungen, die zum Teil auf den ursprünglichen Kommissionsvorschlag zurückgehen, m. E. aber in die Kaufrecht-RL integriert werden sollten. So betreffen Art. 18 Verbraucherrechte-RL die Lieferungspflicht des Verkäufers und Art. 20 Verbraucherrechte-RL den Risikoübergang bei Kaufverträgen (Art. 17 I Verbraucherrechte-RL). Art. 19, 21 und 22 Verbraucherrechte-RL regeln Kostenfragen bei Kaufverträgen, Dienstleistungsverträgen und Verträgen über die Lieferung von Wasser, Gas, Strom, Fernwärme bzw. digitalen Inhalten (Art. 17 II Verbraucherrechte-RL).[96]

6. Schlussbemerkungen

Die Endversion der Verbraucherrechte-RL bleibt zweifellos hinter den ambitionierten Plänen der Kommission zurück. Sie ist offenkundig keine Kodifizierung, geschweige denn eine ausführliche Revision des Verbrauchervertragsrechts der EU in seiner Gesamtheit. Jedoch bringt sie bestimmte strukturelle Neuerungen mit sich, wie ein detailreiches und umfassendes Normensystem für das Widerrufsrecht und die Rechtsfolgen seiner Ausübung.[97] Damit stellt sie einen wichtigen Schritt zu konsistenterer Rechtssetzung dar, der auch die nationalen Gesetzgeber vor eine nicht zu unterschätzende Aufgabe stellte.[98]

IV. Zusammenfassung

Bei Betrachtung der drei oben besprochenen Richtlinien zu außerhalb von Geschäftsräumen und im Fernabsatz geschlossenen Verträgen wird deutlich, dass je mehr Zeit vergeht, desto umfangreicher und detaillierter werden ihre Vorschriften. Dies gilt umso mehr für jene Normen, die das Widerrufsrecht des Verbrauchers regeln.

---

96 Siehe dazu *Wendehorst*, Die neue Richtlinie über die Rechte der Verbraucher, in: FS Griss, S. 722.

97 *Wendehorst*, NJW 2014, 577 ff., 582.

98 Vgl. *Wendehorst*, Die neue Richtlinie über die Rechte der Verbraucher, in: FS Griss, S. 717, 722; *dies.*, NJW 2014, 577 ff., 584; *Schulze*, Die Widerrufsrechte im Vorschlag für ein Gemeinsames Europäisches Kaufrecht, in: Schulte-Nölke/Zoll/Jansen/Schulze (Hrsg.), Der Entwurf für ein optionales europäisches Kaufrecht, München 2012, S. 151 ff., 158; *Micklitz/Rott*, in: Dauses (Hrsg.), Handbuch EU-Wirtschaftsrecht, H. V. Rn. 254; skeptisch *Hall/Howells/Watson*, ERCL 2012, 139 ff., insb. 165 f.

Allmählich lässt sich damit ein homogener Bestand der Charakteristika des Widerrufrechts erkennen. Widerrufsrechte werden bei bestimmten Absatzformen und Vertragstypen gewährt, bei denen nach dem Verständnis des Gesetzgebers typischerweise eine Störung der Vertragsfreiheit des Verbrauchers vorliegt. Diese rechtfertigt eine nachträgliche Entbindung vom Vertrag – und vom Prinzip „*pacta sunt servanda*" –; grundsätzlich ohne Angabe von Gründen und ohne Kosten. So ist zwischen dem „situationsbedingten" Widerruf bei außerhalb von Geschäftsräumen geschlossenen Verträgen und dem „abwesenheitsbedingten" Widerrufsrecht bei Fernabsatzverträgen zu unterscheiden. Der Gruppe dieser Widerrufsrechte hinzuzufügen ist das „typenbezogene" Widerrufsrecht, das dem Verbraucher bei komplexen, wirtschaftlich schwerwiegenden bzw. weit in die Zukunft reichenden Vertragstypen zusteht. Typenbezogene Widerrufsrechte sind nicht in der Verbraucherrechte-RL, sondern in Art. 6 Fernabsatz-Finanz-RL, Art. 14 Verbraucherkredit-RL und Art. 6 Timesharing-RL vorgesehen.

Ferner beträgt die Widerrufsfrist nunmehr vierzehn Tage und wird nach einer Belehrung des Verbrauchers in Gang gesetzt. Eine absolute Widerrufsfrist für den Fall einer unterbliebenen bzw. nicht ordnungsgemäßen Belehrung gilt auch als etabliert (Art. 6 I 4 Fernabsatz-RL; Art. 10 I Verbraucherrechte-RL). Das Widerrufsrecht darf in unkomplizierter Art und Weise durch eine an den Unternehmer gerichtete Mitteilung ausgeübt werden. Zur Vermeidung von Beweisschwierigkeiten wird dennoch eine eindeutige Widerrufserklärung verlangt. Dass es für die Rechtzeitigkeit der Widerrufserklärung auf den Zeitpunkt ihrer Absendung ankommt, stellt ebenfalls eine festgesetzte allgemeine Norm dar.

Eher fragmentarisch erwies sich in den älteren Richtlinien die Regelung der Widerrufsfolgen. Schon immer sollten jedoch die Verbraucher aus ihren vertraglichen Verpflichtungen entlassen und die ausgetauschten Leistungen unverzüglich zurückerstattet werden (Art. 5 II, 7 Haustürgeschäfts-RL, 6 II Fernabsatz-RL, 12 Verbraucherrechte-RL). Wurde indes der Vertrag bereits ganz oder teilweise vor Widerruf erfüllt, entstehen daneben gemäß der neuen Verbraucherrechte-RL bedingte Erfüllungs- bzw. Wertersatzpflichten (Art. 14 II, III, IV Verbraucherrechte-RL).

B. Umsetzung ins deutsche Recht

I. Vorgeschichte: Sondergesetze und Integration ins BGB

Seiner Verpflichtung, die Haustürgeschäfts-RL in die mitgliedsstaatliche Rechtsordnung umzusetzen, kam Deutschland im Jahr 1986 nach, als das HaustürwiderrufsG zur Umsetzung der Haustürgeschäfts-RL erlassen wurde.[99] Im Jahr 2000 folgte das kurzlebige FernabsatzG, mit dem die Umsetzung der Fernabsatz-RL bezweckt wurde.[100]

Durch die Schuldrechtsmodernisierung[101] wurden diese und andere verbraucherrechtliche Sondergesetze[102] ab dem 1.1.2002 in das BGB integriert. Im Wege der Umsetzung der Fernabsatz-Finanz-RL,[103] der Verbraucherkredit-RL[104] und der Timesharing-RL[105] und auch durch sonstige Gesetze, die Richtlinienverstöße der vorherigen Regelungen korrigieren

99 Gesetz über den Widerruf von Haustürgeschäften und ähnlichen Geschäften v. 16.1.1986, BGBl. I, S. 122. Das Gesetz wurde am 14.12.1985, etwa einen Monat vor dem Erlass der Haustürgeschäfts-RL auf der Basis des endgültigen Richtlinienvorschlags der Kommission verabschiedet; vgl. *Gilles*, Das Gesetz über den Widerruf von Haustürgeschäften und ähnlichen Geschäften. Anmerkung zum jüngsten Verbraucherschutzsondergesetz im Zivilrecht unter Berücksichtigung seines rechtspolitischen Gesamtkontextes, NJW 1986, 1131 ff., 1139 f. Nach dem Erlass des endgültigen Richtlinientexts wurde das HaustürwiderrufsG nicht an ihn angepasst und blieb daher von manchen Unstimmigkeiten nicht verschont; vgl. EuGH v. 13.12.2001 – Rs. C-481/99 *Heininger*.

100 Gesetz über Fernabsatzverträge und andere Fragen des Verbraucherrechts sowie zur Umstellung von Vorschriften auf Euro v. 27.6.2000, BGBl. I, S. 897.

101 Gesetz zur Modernisierung des Schuldrechts v. 26.11.2001, BGBl. I, S. 3138.

102 Es handelte sich um das Verbraucherkreditgesetz v. 17.12.1990, BGBl. I, S. 2840 und das Gesetz über die Veräußerung von Teilzeitnutzungsrechten an Wohngebäuden v. 20.12.1996, BGBl. 1996, S. 2154, mit denen die inzwischen aufgehobenen ersten Verbraucherkredit-RL und Timesharing-RL ins deutsche Recht umgesetzt wurden.

103 Durch das Gesetz zur Änderung der Vorschriften über Fernabsatzverträge bei Finanzdienstleistungen v. 2.12.2004, BGBl. I, S. 3102.

104 Durch das Gesetz zur Umsetzung der Verbraucherkreditrichtlinie, des zivilrechtlichen Teils der Zahlungsdiensterichtlinie sowie zur Neuordnung der Vorschriften über das Widerrufs- und Rückgaberecht v. 29.7.2009, BGBl. I, S. 2355.

105 Durch das Gesetz zur Modernisierung der Regelungen über Teilzeit-Wohnrechteverträge, Verträge über langfristige Urlaubsprodukte sowie Vermittlungsverträge und Tauschsystemverträge v. 17.1.2011, BGBl. I, S. 34.

sollten,[106] kam es zu mehreren Änderungen und Anpassungen der verbraucherrechtlichen Vorschriften des BGB, die zu Recht mit einer Dauerbaustelle verglichen wurden.[107]

Nach alledem fand sich das Reglement für Haustürgeschäfte in §§ 312 f. BGB a.F. und für Fernabsatzverträge einschließlich Verträge über Finanzdienstleistungen in §§ 312b ff. BGB a.F. Das Widerrufsrecht war in §§ 355 ff. BGB a.F. geregelt. Die Rechtsfolgen des Widerrufs bestimmte § 357 BGB a.F., der grundsätzlich auf die Rücktrittsrechtsnormen in §§ 346 ff. BGB hinwies und darüber hinaus Abweichungen davon vorsah. Zur Eröffnung des Anwendungsbereichs von §§ 312 f., 312b ff. BGB a.F. waren schließlich die Definitionen von §§ 13, 14 BGB a.F. ausschlaggebend, die bestimmten, wann ein Verbraucher und ein Unternehmer aufeinander treffen.[108]

II. Die neue Rechtslage: Umsetzung der Verbraucherrechte-RL

Die Umsetzung der Verbraucherrechte-RL ins deutsche Recht erfolgte in zwei Schritten: anfangs nur zum Teil durch das KostenfallenG und später vollständig durch das VerbraucherrechterichtlinienUmsG.

---

106 Siehe Gesetz zur Änderung des Rechts der Vertretung durch Rechtsanwälte vor den Oberlandesgerichten v. 23.7.2002, BGBl. I, S. 2850; Gesetz zur Bekämpfung unerlaubter Telefonwerbung und zur Verbesserung des Verbraucherschutzes bei besonderen Vertriebsformen v. 29.7.2009, BGBl. I, S. 2413; Gesetz zur Einführung einer Musterwiderrufsinformation für Verbraucherdarlehensverträge, zur Änderung der Vorschriften über das Widerrufsrecht bei Verbraucherdarlehensverträgen und zur Änderung des Darlehensvermittlungsrechts v. 24.7.2010, BGBl. I, S. 977; Gesetz zur Anpassung der Vorschriften über den Wertersatz bei Widerruf von Fernabsatzverträgen und über verbundene Verträge v. 27.7.2011, BGBl. I, S. 1600.

107 Siehe *Alexander*, Wertersatz bei Fernabsatzgeschäften nach Widerruf. Aktuelle Entwicklungen in Gesetzgebung und Rechtsprechung, JR 2011, 415 ff., 415; *Wendehorst*, Dauerbaustelle Verbrauchervertrag: Wertersatz bei Widerruf von Fernabsatzverträgen, NJW 2011, 2551 ff.

108 Zum Verbraucher- und Unternehmerbegriff im deutschen Recht sowie ihrem EU-rechtlichen Hintergrund siehe *Tamm*, Verbraucherschutzrecht, S. 321 ff., 342 ff. m.w.N.; zum Verbraucherbegriff siehe ausführlich *Denkinger*, Der Verbraucherbegriff. Eine Analyse persönlicher Geltungsbereiche von verbraucherrechtlichen Schutzvorschriften in Europa, Berlin 2007.

1. Das KostenfallenG

Im Jahr 2012 wurde das KostenfallenG erlassen,[109] das drei neue Absätze (II bis IV) im neu gefassten § 312g BGB mit Wirkung zum 1.8.2012 einführte. Die neue Regel sollte Art. 8 II 2 bis 4 Verbraucherrechte-RL und die darin vorgeschriebene „Button-Lösung" für elektronisch geschlossene Fernabsatzverträge umsetzen. Diesen Schritt hielt der deutsche Gesetzgeber für dringend notwendig, um dem verbreiteten und dringenden Problem der sog. Abo- bzw. Kostenfallen entgegenzuwirken.[110]

Dabei handelte es sich um Fälle, in denen Internetnutzer Software, die normalerweise frei angeboten wird, über Websites heruntergeladen haben, ohne sich überhaupt bewusst zu sein, dass sie damit einen entgeltlichen Vertrag, oftmals in Form eines Abonnements, abschlossen. Die Betroffenen erfuhren über ihre angeblichen Zahlungspflichten erst später durch eine Rechnung, die an die von ihnen online angegebene Anschrift verschickt wurde.[111]

Das bis zum KostenfallenG geltende Vertragsrecht bot den Verbrauchern mehrere Schutzinstrumente und damit eine rechtlich befriedigende Lösung des Problems an.[112] Trotzdem beglichen die meisten Betroffenen wegen Unkenntnis ihrer Rechte oder aus Furcht vor einem gerichtlichen Verfahren die empfangenen Rechnungen. Die entsprechenden Beträge waren ferner in der Regel nicht allzu hoch, sodass die meisten Verbraucher eine Rechtsberatung für nicht lohnend erachteten. Der Kern des Problems der Abo- bzw. Kostenfallen bestand – und besteht nach wie vor – primär im Informationsdefizit des Verbrauchers. Nach dieser Sicht ist die Effizienz der neuen EU-rechtlichen bzw. nationalen Regelung eher zweifelhaft,

---

109 Gesetz zur Änderung des Bürgerlichen Gesetzbuchs zum besseren Schutz der Verbraucherinnen und Verbraucher vor Kostenfallen im elektronischen Geschäftsverkehr v. 10.5.2012, BGBl I, S. 1084.

110 Siehe dazu *Alexander*, Neuregelungen zum Schutz vor Kostenfallen im Internet, NJW 2012, 1985 ff., 1987.

111 Siehe statt vieler Schlussanträge des Generalanwalts *Mengozzi* v. 6.3.2012 – Rs. C-49/11 *Content Services*, EU:C:2012:126, Nr. 9 ff., 14.

112 Siehe *Kredig/Uffmann*, Kostenfallen im elektronischen Geschäftsverkehr. Verbesserung der Rechtslage durch die Buttonlösung des § 312e II BGB-RefE?, ZRP 2011, 36 ff., 36 ff.; *Alexander*, NJW 2012, 1985 ff., 1986 f.; *Kliegel*, Zivil- und strafrechtliche Beurteilung sog. »Abofallen« im Internet unter Berücksichtigung des neuen § 312g II IV BGB, JR 2013, 389 ff., 390 ff.; vgl. OLG Frankfurt a.M. GRUR-RR 2009, 265, 265 ff.; LG Hamburg GRUR-RR 2011, 101, 102 ff.

soweit die potenziellen Opfer in Bezug auf ihre Rechte unaufgeklärt bleiben.[113]

2. Das VerbraucherrechterichtlinienUmsG

Der durch das KostenfallenG neu gefasste § 312g II bis IV BGB ist inzwischen zu § 312j II bis IV BGB geworden. Im Jahr 2013 fand im Rahmen der planmäßigen, umfassenden Umsetzung der Verbraucherrechte-RL mittels des VerbraucherrechterichtlinienUmsG eine umfangreiche und grundlegende Änderung etlicher verbraucherrechtlicher Vorschriften des BGB statt.[114] Die Rede war zu Recht von dem „stärksten Eingriff“ in das Schuldrecht des BGB seit der Schuldrechtsmodernisierung.[115]

Vor allem betroffen war der Untertitel 2 im Buch 2 Abschnitt 3 Titel 1, der nunmehr mit „Grundsätze bei Verbraucherverträgen und besondere Vertriebsformen“ betitelt ist, der Untertitel 2 im Buch 2 Abschnitt 3 Titel 5 über das „Widerrufsrecht bei Verbraucherverträgen“ sowie Art. 246 ff. EGBGB, wo die detaillierten Informationspflichtenkataloge ausgelagert bleiben.[116] Weniger weitgehende Veränderungen wurden in Bestimmungen des Allgemeinen Teils (§ 126b BGB) und des Schuldrechts herbeigeführt (namentlich §§ 241a, 314 II 2, 323 II, 443, 474 BGB). Schließlich waren einige gesetzestechnische Folgeänderungen im Timesharing-Recht (§ 485 BGB) sowie im Verbraucherkreditrecht (§§ 491 ff., 504 ff. BGB) notwendig.

---

113 Siehe *Ernst*, Das Gesetz gegen Abofallen. Guter Wille, mehr nicht, VuR 2012, 205 f., 205 f.; *Müller*, Die „Button“-Lösung gegen Kostenfallen im Internet. Ende gut, alles gut?, K&R 2012, 791 ff., 795; *Kliegel*, JR 2013, 389 ff., 393 f. Die neue Rechtslage wirft erwartungsgemäß mehrere Einzelfragen auf, die die Rechtsprechung klären muss; siehe z. B. LG Berlin MMR 2013, 780; LG München I K&R 2013, 753.

114 Gesetz zur Umsetzung der Verbraucherrechterichtlinie, zur Änderung des Verbrauchsgüterkaufrechts und zur Änderung des Gesetzes zur Regelung der Wohnungsvermittlung v. 20.9.2013, BGBl I, S. 3642; siehe *Bierekoven/Crone*, Umsetzung der Verbraucherrechterichtlinie. Neuerungen im deutschen Schuldrecht. Ein erster Überblick, MMR 2013, 687 ff.; für eine allgemeine Bewertung *Schmidt-Kessel/Sorgenfrei*, GPR 2013, 242 ff.

115 *Tonner*, VuR 2013, 443 ff., 443.

116 Siehe ausführlich dazu *Tamm*, Informationspflichten nach dem Umsetzungsgesetz zur Verbraucherrechterichtlinie, VuR 2014, 9 ff.

Eine der potenziell bedeutendsten Erneuerungen, die die Umsetzung der Verbraucherrechte-RL mit sich brachte, war die Ausweitung des Verbraucherbegriffs nach § 13 BGB. Nunmehr gilt nach deutschem Recht als Verbraucher „jede natürliche Person, die ein Rechtsgeschäft zu Zwecken abschließt, die *überwiegend* weder ihrer gewerblichen noch ihrer selbstständigen beruflichen Tätigkeit zugerechnet werden können".[117] Das neue Element besteht im Hinzufügen des Adjektivs „überwiegend", das sich offenbar auf Verträge mit doppeltem Zweck (*dual use*) bezieht, d. h. solche, die teilweise für gewerbliche und teilweise für nichtgewerbliche Zwecke abgeschlossen werden. Ist der gewerbliche Zweck im Gesamtzusammenhang nicht überwiegend, soll zukünftig der Kontrahent als Verbraucher i.S.v. § 13 BGB angesehen werden. Der neue § 13 BGB geht offenbar auf Erwägungsgrund Nr. 17 Verbraucherrechte-RL zurück.[118]

3. Regeln für Verbraucherverträge im Allgemeinen und besondere Vertriebsformen

Der Untertitel 2 im Buch 2 Abschnitt 3 Titel 1 (§§ 312 ff. BGB) wurde grundlegend neu strukturiert und gefasst. Nunmehr besteht er aus vier Kapiteln, die nach der einführenden Anwendungsbereichsvorschrift (§ 312 BGB) Bestimmungen für sämtliche Verbraucherverträge (§ 312a BGB i.V.m. Art. 246 EGBGB),[119] für außerhalb von Geschäftsräumen und im Fernabsatz geschlossene Verträge (§§ 312b bis 312h BGB) und für den elektronischen Geschäftsverkehr (§§ 312i und 312j BGB) sowie Schlussvorschriften (§ 312k BGB) enthalten. Zum ersten Mal findet sich im BGB ein Katalog mit Informationspflichten für sämtliche Verbraucherverträge im stationären Handel (§ 312a I BGB i.V.m. Art. 246 EGBGB, mit denen Art. 5 Verbraucherrechte-RL umgesetzt wird).

In Anlehnung an Art. 6 ff. Verbraucherrechte-RL erfolgt durch §§ 312b ff. BGB eine weitgehend einheitliche Regulierung der außerhalb

---

117 Hervorhebung durch den Verfasser.

118 Siehe oben, Kapitel 2.A.III.2; *Tonner*, VuR 2013, 443 ff., 446; *Alexander*, Die Umsetzung der Verbraucherrechte-Richtlinie und die Auswirkungen auf das Lauterkeitsrecht, WRP 2014, 501 ff., 5012 f.; *Beck*, Die Reform des Verbraucherschutzrechts. Ein erster Überblick, Jura 2014, 666 ff., 668 ff.; *Bülow*, WM 2014, 1 ff., 1; *R. Koch*, JZ 2014, 758 ff., 759; *Wendehorst*, NJW 2014, 577 ff., 577.

119 Siehe dazu *Wendehorst*, NJW 2014, 577 ff., 578 f.

von Geschäftsräumen und im Fernabsatz geschlossenen Verträge, insb. was den Anwendungsbereich der entsprechenden Bestimmungen (§ 312 BGB), die Informationspflichten (§ 312d ff. BGB) und das Widerrufsrecht inkl. Widerrufsfristen und Ausnahmetatbestände (§ 312g BGB) angeht. Die Definitionen der außerhalb von Geschäftsräumen geschlossenen und der Fernabsatzverträge in §§ 312b, 312c BGB folgen hauptsächlich denen der Verbraucherrechte-RL.[120] Der deutsche Gesetzgeber machte auch von der Öffnungsklausel in Art. 3 IV Verbraucherrechte-RL Gebrauch und schloss die Geltung der Umsetzungsvorschriften bei außerhalb von Geschäftsräumen geschlossenen Verträgen von geringem Wert aus. Der Schwellenbetrag wurde auf 40 EUR festgesetzt.[121]

Zu beachten ist schließlich, dass der deutsche Gesetzgeber gewisse Richtlinienregeln überschießend auf die Bereiche der Sozialdienstleistungen und der Wohnraumvermietung umgesetzt hat, die von der Reichweite der Verbraucherrechte-RL ausgenommen wurden.[122] So besteht ein Widerrufsrecht auch bei Verträgen über bestimmte soziale Dienstleistungen, wie Kinderbetreuung oder Unterstützung hilfsbedürftiger Personen, wie auch bei Verträgen über die Wohnraumvermietung, wenn der Mieter die Wohnung nicht zuvor besichtigt. Vorausgesetzt wird nach wie vor, dass der Vertragsschluss außerhalb von Geschäftsräumen oder im Fernabsatz stattfindet (§ 312 III Nr. 1, 7, IV i.V.m. §§ 312b, 312c, 312g BGB).[123]

4. Widerrufsrecht

Einer so gut wie vollständigen Änderung unterlag ebenfalls der Untertitel 2 vom Buch 2 Abschnitt 3 Titel 5 (§§ 355 ff. BGB). Das Rückgaberecht aus § 356 BGB a.F. wurde abgeschafft, da es in der Verbraucherrechte-

120 Ausführlich dazu *Brönneke/F. Schmidt*, Der Anwendungsbereich der Vorschriften über die besonderen Vertriebsformen nach Umsetzung der Verbraucherrechterichtlinie, VuR 2014, 3 ff.; *Schmidt-Kessel/Sorgenfrei*, GPR 2013, 242 ff., 245 weisen auf ein paar potenzielle Unzulänglichkeiten hin; siehe auch *Bierekoven/Crone*, MMR 2013, 687 ff., 688; *Wendehorst*, NJW 2014, 577 ff., 581.

121 Nach Art. 3 IV Verbraucherrechte-RL darf der Schwellenbetrag 50 EUR nicht überschreiten; siehe auch Erwägungsgrund Nr. 28 Verbraucherrechte-RL.

122 Siehe Art. 3 III a), f); Erwägungsgründe Nr. 26, 29 Verbraucherrechte-RL; dazu *Schmidt-Kessel/Sorgenfrei*, GPR 2013, 242 ff., 251.

123 Siehe dazu *Brönneke/F. Schmidt*, VuR 2014, 3 ff., 6 f.

RL keine Stütze findet.[124] Gegenstand der neuen Vorschriften ist allein das „Widerrufsrecht bei Verbraucherverträgen“, wie der Untertitel nunmehr lautet.

Wie im alten Recht funktionieren §§ 355 ff. BGB als Blankettvorschriften. Sie räumen selbst kein Recht ein, sondern werden dann „aktiviert“, wenn andere Vorschriften wie §§ 312g, 485, 495 I, 510 II BGB bzw. § 506 i.V.m. § 495 I BGB ein Widerrufsrecht vorsehen.[125]

Die übergreifenden Grundregeln über das Widerrufsrecht sind in § 355 BGB enthalten und betreffen die Wirkungen des Widerrufs auf die Vertragserklärungen der Parteien (Abs. I 1), die Wahrnehmung des Rechts (Abs. I 2 bis 4) und die dazu gewährte Frist (Abs. II). Ohne auf Einzelheiten einzugehen setzt § 355 III BGB die hauptsächlichen Rechtsfolgen des Widerrufs fest: die empfangenen Leistungen sind unverzüglich zurückzugewähren.

Die folgenden Vorschriften von §§ 356 bis 356c BGB schreiben vor allem Abweichungen im Beginn, in der Dauer und im Erlöschen der Widerrufsfrist bei den jeweiligen Betriebsformen und Vertragstypen vor: bei außerhalb von Geschäftsräumen geschlossenen Verträgen und Fernabsatzverträgen (§ 356 BGB), bei Teilzeit-Wohnrechteverträgen und sonstigen Urlaubsproduktverträgen i.S.v. §§ 481 ff. BGB (§ 356a BGB), bei Verbraucherdarlehensverträgen (§ 356b BGB) und bei Ratenlieferungsverträgen (§ 356c BGB). Durch § 356 BGB werden auch die Erfordernisse der Art. 11 I, III Verbraucherrechte-RL über das Muster-Widerrufsformular und den elektronisch erklärten Widerruf[126] wie auch die Widerrufsausschlusstatbestände von Art. 16 a), m) Verbraucherrechte-RL umgesetzt.[127]

Ähnlich strukturiert sind die Vorschriften über die Rechtsfolgen des Widerrufs in §§ 357 bis 357c BGB. Den Kern der Rückabwicklungsnormen bildet § 357 BGB, der direkt auf außerhalb von Geschäftsräumen geschlossene Verträge und Fernabsatzverträge angewendet wird mit Ausnahme von Verträgen über Finanzdienstleistungen. Es folgen ergänzende bzw. modifizierende Vorschriften für Finanzdienstleistungsverträge, einschließlich Verbraucherdarlehen (§ 357a BGB), Teilzeit-Wohnrechtever-

---

124 RegE, BT-Drucks. 17/12637, S. 59; siehe *Oelschlägel*, Neues Verbraucherrecht mit Auswirkungen auf den Fernabsatz/E-Commerce, MDR 2013, 1317 ff., 1319; *Wendehorst*, NJW 2014, 577 ff., 582.

125 BeckOK/*Müller-Christmann* BGB § 355 Rn. 5.

126 Siehe § 356 I BGB.

127 Siehe § 356 IV, V BGB.

träge und sonstige Urlaubsproduktverträge (§ 357b BGB) wie Ratenlieferungsverträge (§ 357c BGB). Der Verweis in § 357 I 1 BGB auf die Rücktrittsfolgen nach §§ 346 ff. BGB ist aufgegeben worden und eine ergänzende Anwendung des Rücktrittsfolgenrechts wird ausgeschlossen.[128] Die neuen Rückabwicklungsvorschriften erheben den Anspruch einer umfassenden und grundsätzlich abschließenden Regulierung ihrer Materie (§ 361 I BGB).[129]

Die Fragen, die in Fällen von verbundenen Verträgen auftauchen, adressieren §§ 358 f. BGB. Es geht um die Rechtsfolgen des Widerrufs auf den mit dem widerrufenen verbundenen Vertrag (§ 358 BGB) und die Geltendmachung von Einwendungen aus dem finanzierten Vertragsverhältnis gegenüber dem Darlehensgeber (§ 359 BGB). Letztere Bestimmung setzt Art. 15 II Verbraucherkredit-RL um und hat tatsächlich mit dem Widerrufsrecht wenig zu tun. Eine Kategorie von Verträgen, die zwar einen Bezug zu dem widerrufenen Vertrag aufweist, aber nicht als verbunden nach § 358 III BGB eingestuft werden kann, spricht § 360 BGB an, der entsprechende Regeln einführt.

Schließlich enthält § 361 BGB eine Ausschließlichkeitsklausel hinsichtlich der Verpflichtungen des Verbrauchers infolge des Widerrufs nach dem Vorbild von Art. 14 V Verbraucherrechte-RL (Abs. I), ein Abweichungs- und Umgehungsverbot (Abs. II) und eine Beweislastregel über den Beginn der Widerrufsfrist zulasten des Unternehmers (Abs. III).

III. Schlussbemerkungen

Die Umsetzung der Verbraucherrechte-RL ins deutsche Recht erforderte eine weitgehende Neufassung von §§ 312 ff., 355 ff. BGB, die einen der hauptsächlichen Standorte des Verbraucherprivatrechts seit der Schuldrechtsharmonisierung darstellen. Zwar ist das Verhältnis der neuen Vorschriftengefüge nunmehr feiner justiert und die Regelungen einander angenähert.[130] Das Phänomen der Buchstaben-Paragraphen nach § 312 BGB

---

128 *Leier*, Die Rückabwicklung des widerrufenen Vertrags. Neuerungen durch das Gesetz zur Umsetzung der Verbraucherrechterichtlinie, VuR 2013, 457 ff., 458.

129 BT-Drucks. 17/12637, S. 2, 59, 65; BeckOK/*Müller-Christmann* BGB § 355 Rn. 21; *Schulze*, in: Schulze, BGB § 357 Rn. 2.

130 Siehe insb. hinsichtlich des Widerrufsrechts *Wendehorst*, NJW 2014, 577 ff., 583.

ist aber noch gängiger geworden; es gibt sogar einen § 312k BGB. Dazu sind die neuen §§ 356a bis 356c, 357a bis 357c BGB hinzugekommen.

All dies ist viel mehr als eine reine Gesetzesstilfrage. Die allmählich anwachsende Zahl der Buchstaben-Paragraphen weist m. A. nach darauf hin, dass die verbraucherrechtlichen Regeln im BGB lediglich dort platziert werden, wo es einmal freien Platz gab, und darüber hinaus eher als ein Fremdkörper betrachtet werden. Es wäre kaum überspitzt zu bemerken, dass die neuen §§ 312 ff., 355 ff. BGB sowie §§ 481 ff., 491 ff. BGB wohl (verstreute) Vorschriften eines Sondergesetzes zum Verbrauchervertragsrecht innerhalb des BGB bilden. Denn ein ernsthafter Versuch zur Eingliederung des Verbraucherrechts ins BGB hat bis heute überwiegend nicht stattgefunden.[131] So koexistieren die ausführlichen Informationspflichten bei Verbrauchergeschäften aus §§ 312a I, 312d, 482, 491a, 493 BGB i.V.m. Art. 246 ff. EGBGB einerseits und die generelle vorvertragliche Aufklärungspflicht gemäß § 311 II i.V.m. § 241 II BGB andererseits. Die Frage, ob Letztere nicht Schutz genug ist oder eine Angleichung zwischen beiden Konzepten sinnvoll wäre, scheint aber noch nicht systematisch genug untersucht worden zu sein.[132]

Es besteht aber die Gefahr, dass sich dadurch zwei Parallelsysteme im BGB bilden, eines der älteren, „klassischen" Vorschriften, die abgeschottet bleiben und graduell an Wichtigkeit verlieren würden, und ein weiteres des Verbraucherrechts, das allein b2c-Verhältnisse beträfe und sich in seine eigene Richtung beliebig weiterentwickeln könnte.[133] Die Entstehung zweier paralleler, teilweise widersprüchlicher rechtlicher Wertesysteme, die dieselbe Materie regeln (sei es einen Autokauf, sei es eine Geldanlage) und trotzdem voneinander ggf. grob abweichen, je nach Klassifikation ei-

---

131 Siehe dazu *Micklitz*, Brauchen Konsumenten und Unternehmen eine neue Architektur des Verbraucherrechts? Gutachten A zum 69. Deutschen Juristentag, München 2012, S. A 9 ff., A 28 ff.

132 Mehr dazu *Grigoleit*, Die Aufklärungspflichten des *acquis*, in: Eidenmüller/Faust/Grigoleit/Jansen/Wagner/Zimmermann (Hrsg.), Revision des Verbraucher-*acquis*, S. 223 ff.

133 Für eine harmonische Abstimmung „neuerer" und „alter" privatrechtlicher Vorschriften mit ähnlicher Zielsetzung siehe *Bydlinski*, Die Suche nach der Mitte als Daueraufgabe der Privatrechtswissenschaft, AcP 204 (2004), 309 ff., 363, 366; vgl. *Gsell*, Verbraucherrealitäten und Verbraucherrecht im Wandel, JZ 2012, 809 ff., 813.

nes der Vertragspartner als Verbraucher oder nicht, ist m. A. nach keine wünschenswerte Entwicklung für das Privatrecht.[134]

Die Schuld dafür ist allerdings dem deutschen Gesetzgeber nur bedingt zuzuweisen. Denn zugegebenermaßen ließen die Vorgaben der bis heute umgesetzten verbraucherrechtlichen EU-Richtlinien ihm meistens keinen nennenswerten Gestaltungs- bzw. Ermessensspielraum. Dies ist vor allem darauf zurückzuführen, dass diese Richtlinien grundsätzlich das legislatorische Konzept der Vollharmonisierung verfolgen und damit in der Regel weder strengere noch weniger strenge Abweichungen von den Richtlinienmaßstäben gestatten.[135]

Die daraus entstehenden Umsetzungsschwierigkeiten werden noch größer, weil die Richtlinien für ähnliche oder sogar die gleichen Fragen unterschiedliche Entscheidungen treffen. Deutlich wird dies im Fernabsatzbereich, der sowohl der Verbraucherrechte-RL als auch der Fernabsatz-Finanz-RL unterworfen ist. So ist es unerklärbar, warum der Unternehmer nach Vertragsabschluss in der Regel ohne Weiteres eine Vertragsbestätigung ausstellen muss, bei Finanzdienstleistungs-Fernabsatzverträgen eine solche Pflicht dagegen nicht besteht, es sei denn, der Verbraucher verlangt selbst die Vertragsbestätigung.[136] Ebenso unerklärlich ist das Fehlen einer absoluten Widerrufsfrist in Finanzdienstleistungsverträgen[137] oder dass die viel beworbene „Button-Lösung" – unabhängig von den nachvollziehbaren Vorbehalten gegen ihre Effizienz – bei Finanzdienstleistungsverträgen keine Anwendung findet.[138]

Eine Überarbeitung bestehender Rechtsakte im Bereich des Verbraucherrechts, die neben der Koordination auch eine inhaltliche Überprüfung

---

134 Siehe aber *Micklitz*, Brauchen Konsumenten und Unternehmen eine neue Architektur des Verbraucherrechts?, S. A 11 ff., A 25 f., A 117 f., der im Verbraucherrecht einen eigenständigen Rechtsbereich bzw. ein „dynamisches" Sonderprivatrecht sieht und vorschlägt, das Verbraucherrecht aus dem BGB auszugliedern und in ein Sondergesetz mit Verordnungsteil nach dem Vorbild des französischen *Code de la Consommation* auszulagern.

135 Außer Art. 4 Verbraucherrechte-RL siehe auch Erwägungsgrund Nr. 13 S. 2 Fernabsatz-Finanz-RL; Art. 22 I Verbraucherkredit-RL; Erwägungsgrund Nr. 3 S. 3 Timesharing-RL.

136 Siehe § 312f IV BGB, Art. 246b II 2 EGBGB; Art. 5 III Fernabsatz-Finanz-RL bzw. Art. 7 II, 8 VII Verbraucherrechte-RL.

137 Siehe § 356 III 3 BGB; Art. 6 I Fernabsatz-Finanz-RL bzw. Art. 10 I Verbraucherrechte-RL.

138 Siehe § 312j V BGB.

ihrer Regelungen zum Gegenstand hätte, wäre also erstrebenswert. Sie könnte mit großer Wahrscheinlichkeit das Verbraucherrecht vor gewissen Inkonsequenzen sowie Übertreibungen bewahren.[139] Ebenso wichtig wäre m. M. nach ein durchdachter Erlass von neuen vollharmonisierenden Richtlinien.[140]

Unter diesen Bedingungen könnte die Integration des Verbraucherrechts in die nationalen Privatrechte konsequent vorangetrieben werden. Denn es wäre dann möglich, viele der Richtlinienvorgaben weitestgehend vollumfassend, d. h. nicht schlicht auf b2c-Verträge begrenzt, umzusetzen.[141] Durch ein solches Verfahren könnten b2b- und b2c-Rechtsverhältnisse von gemeinsamen oder zumindest miteinander übereinstimmenden Normen geregelt werden. Damit ist nicht auszuschließen, dass das BGB weiter einige spezielle verbraucherrechtliche Bestimmungen mit beschränktem Anwendungsbereich enthalten wird, soweit das erforderlich ist. Es würde aber ohne Zweifel schon dadurch eine höhere Rechtssicherheit erreicht werden, dass die Kontrahenten nur ausnahmsweise vor jedem Vertragsschluss prüfen müssten, ob ihr zukünftiger Vertragspartner im konkreten Fall als Verbraucher agiert oder nicht.

Schließlich könnte nach alledem der mutige Schritt gewagt werden, sich von der typisierten Unterlegenheit des Verbrauchers und der Überlegenheit des Unternehmers zu verabschieden, die sich bisweilen als zu eng bzw. zu weit erwiesen haben.[142] Dies würde zur endgültigen Abschaffung des Verbraucherbegriffs und der damit verbundenen Rechtszersplitterung

139 Die breite Überprüfung des verbraucherrechtlichen Acquis, die von der Europäischen Kommission vorangekündigt war, ist größtenteils unterblieben; siehe Grünbuch v. 8.2.2007: Die Überprüfung des gemeinschaftlichen Besitzstands im Verbraucherschutz, KOM(2006) 744 endg., ABl. 2007 L 61/1; vgl. aus der Wissenschaft die Beiträge in: Eidenmüller/Faust/Grigoleit/Jansen/Wagner/Zimmermann (Hrsg.), Revision des Verbraucher-*acquis*; *Zimmermann*, Europäisches Privatrecht. Irrungen, Wirrungen, in: Begegnungen im Recht. Ringvorlesung der Bucerius Law School zu Ehren von Karsten Schmidt anlässlich seines 70. Geburtstags, Tübingen 2011, S. 321 ff., 332 ff.; *Zöchling-Jud*, AcP 212 (2012), 550 ff.

140 Vgl. *Mittwoch*, Vollharmonisierung und Europäisches Privatrecht, insb. S. 282 ff.

141 Siehe *Augenhofer*, Die Zukunft des europäischen Verbraucherrechts, in: FS 200 Jahre Juristische Fakultät, S. 1070 f.

142 Siehe *Bydlinski*, AcP 204 (2004), 309 ff., 371 f.; *Heiderhoff*, Grundstrukturen des nationalen und europäischen Verbrauchervertragsrechts. Insbesondere zur Reichweite europäischer Auslegung, München 2004, S. 317; *Lurger/Augenhofer*, Kon-

im Privatrecht führen[143] wie auch zu einer viel größeren Bedeutung von Generalklauseln für die Rechtsanwendung. Dabei ist jedoch ebenfalls darauf Acht zu geben, dass Generalklauseln nicht immer den Anforderungen des EU-Rechts gerecht werden können, wonach die nationalen Vorschriften zur Umsetzung einer Richtlinie die Begünstigten in die Lage versetzen sollen, von ihren Rechten Kenntnis zu erlangen und diese ggf. vor den nationalen Gerichten geltend zu machen. Das heißt aber auch nicht unbedingt, dass die Richtlinienbestimmungen förmlich und wortgetreu im nationalen Recht wiedergegeben werden müssen.[144]

C. Gemeinsames Europäisches Kaufrecht

Mit dem Verordnungsvorschlag der Kommission über ein Gemeinsames Europäisches Kaufrecht[145] erblickte der erste politische Kodifikationsentwurf im Bereich des europäischen Privatrechts das Licht der Welt.

Die Idee hinter diesem Projekt ist aber nicht neu. Dem Kommissionsvorschlag waren mehrere akademische Projekte vorausgegangen, die von rechtswissenschaftlichen Gremien initiiert wurden, die das Ziel hatten, Grundregeln für das Vertragsrecht in Europa zu entwickeln. Mit diesen privaten Ansätzen befassten sich bald das Europäische Parlament und viel später die Kommission.

---

sumentenschutzrecht, S. 21; *Augenhofer*, Die Zukunft des europäischen Verbraucherrechts, in: FS 200 Jahre Juristische Fakultät, S. 1062 ff.

143 Siehe *Bydlinski*, AcP 204 (2004), 309 ff., 380 ff.; *Augenhofer*, Die Zukunft des europäischen Verbraucherrechts, in: FS 200 Jahre Juristische Fakultät, S. 1073, 1078.

144 Siehe EuGH v. 25.7.1991 – Rs. C-208/90 *Emmott*, EU:C:1991:333, Rn. 19; EuGH v. 17.10.1991 – Rs. C-58/89 *Kommission ./. Deutschland*, EU:C:1991:391, Rn. 13; vgl. aber auch *Bydlinski*, AcP 204 (2004), 309 ff., 390 ff.

145 Vorschlag für eine Verordnung des Europäischen Parlaments und des Rates über ein Gemeinsames Europäisches Kaufrecht, KOM(2011) 635 endg.

I. Wissenschaftliche Kodifikationsprojekte

1. Principles of European Contract Law

Bereits im Jahr 1980 wurde von Prof. *Ole Lando* die *Commission on European Contract Law* (auch *Lando-Commission* genannt) als eine unabhängige Gruppe von Rechtswissenschaftlern aus allen Mitgliedsstaaten der damaligen EWG ins Leben gerufen. Ihr Zweck bestand in der Zusammenstellung von allgemeinen Grundregeln des europäischen Vertragsrechts, die sich konzeptionell und inhaltlich an den *Restatements*, den wissenschaftlichen Kodifizierungsprojekten vom American Law Institute, orientierten.[146]

Mithilfe von Rechtsvergleichung und auf der Suche nach optimalen Lösungen[147] verfasste die *Lando-Commission* die *Principles of European Contract Law* (PECL), die in drei Teilen in den Jahren 1995, 2000 und 2003 veröffentlicht wurden.[148] Dabei handelt es sich um gesetzesförmig formulierte Normen, die von kurzen Kommentaren, rechtvergleichenden Hinweisen und Anwendungsbeispielen begleitet sind.[149]

Die PECL sind dazu gedacht, als allgemeine Regeln des Vertragsrechts angewandt zu werden.[150] Der *Lando-Commission* ging es zuvorderst darum, dem grenzüberschreitenden Handelsverkehr ein auf der europäischen Tradition basierendes, zugleich modernes und flexibles Regelwerk zu bieten. Zudem werden die PECL als ein zeitgemäßer, leicht zugängli-

---

146 Siehe *Zimmermann, Principles of European Contract Law*, in: Basedow/Hopt/Zimmermann (Hrsg.), Handwörterbuch des Europäischen Privatrechts II, S. 1177, 1179; vgl. *Michaels, Restatements*, in: Basedow/Hopt/Zimmermann (Hrsg.), Handwörterbuch des Europäischen Privatrechts II, S. 1295 ff.

147 Siehe *Zimmermann, Principles of European Contract Law*, in: Basedow/Hopt/Zimmermann (Hrsg.), Handwörterbuch des Europäischen Privatrechts II, S. 1178 f.

148 Lando/Beale (Hrsg.), The Principles of European Contract Law. Part I, Dordrecht u.a. 1995; Lando/Beale (Hrsg.), Principles of European Contract Law. Parts I and II, The Hague u.a. 2000; Lando/Clive/Prüm/Zimmermann (Hrsg.), Principles of European Contract Law. Part III, The Hague u.a. 2003. Eine deutsche Übersetzung erschien unter den Titeln *v. Bar/Zimmermann*, Grundregeln des Europäischen Vertragsrechts. Teile I und II, München 2002; *dies.*, Grundregeln des Europäischen Vertragsrechts. Teil III, München 2005.

149 Siehe *Zimmermann, Principles of European Contract Law*, in: Basedow/Hopt/Zimmermann (Hrsg.), Handwörterbuch des Europäischen Privatrechts II, S. 1179.

150 Siehe Art. 1:101 I PECL.

cher Kodex des transnationalen Vertragsrechts gesehen, der zur Ergänzung der Regel des *lex causae* sowie zur Lösung von Streitfragen beitragen kann.[151] Dazu kommt schließlich eine weniger direkte aber wohl ausschlaggebende Funktion der PECL. Sie sollten als eine Inspirationsquelle dienen, die durch ihre Überzeugungskraft und die Autorität ihrer Verfasser zu einer organischen Assimilation des Privatrechts in Europa, auf lange Sicht auch zu einem echten einheitlichen europäischen Privatrecht führen kann.[152]

2. UNIDROIT Principles of International Commercial Contracts

Ebenso seit 1980 ist ein Projekt des UNIDROIT[153] im Gang, das die Entwicklung allgemeiner Grundregeln für internationale Handelsverträge zum Ziel hat.[154] Bisher wurden drei aufeinander bauende Auflagen der *Principles of International Commercial Contracts* (PICC) herausgegeben.[155] Jeder PICC-Artikel besteht aus einer Hauptvorschrift (*black letter rule*), gefolgt von ihrem Kommentar und Anwendungsillustrationen.

Zwar haben die PICC eine deutlich globalere Ausrichtung als die PECL und sind nur für Verträge zwischen Handelspartnern bestimmt. Sie weisen aber markante Ähnlichkeiten mit den PECL auf, insb. was ihre Entstehungsweise, ihren Inhalt und ihre Zielsetzung anbelangt. Dies ist auch darauf zurückzuführen, dass mehrere Mitglieder der *Lando-Commission* an

---

151 Siehe Art. 1:101 III, IV PECL.

152 *Zimmermann*, *Principles of European Contract Law*, in: Basedow/Hopt/Zimmermann (Hrsg.), Handwörterbuch des Europäischen Privatrechts II, S. 1179 f.; *ders.*, JBl 2012, 2 ff., 5.

153 Institut international pour l'unification du droit private. Mit Sitz in Rom wurde es im Jahr 1926 als Spezialorganisation des damaligen Völkerbunds gegründet und im Jahr 1940 zu einer unabhängigen intergouvernementalen Organisation transformiert. Sein Ziel besteht im Vorantreiben der Harmonisierung und der Koordination des Privatrechts und in der Vorbereitung einheitlicher Gesetzesakte; siehe *Kronke*, UNIDROIT, in: Basedow/Hopt/Zimmermann (Hrsg.), Handwörterbuch des Europäischen Privatrechts II, S. 1542 ff.

154 Siehe dazu *Kleinheisterkamp*, UNIDROIT *Principles of International Commercial Contracts*, in: Basedow/Hopt/Zimmermann (Hrsg.), Handwörterbuch des Europäischen Privatrechts II, S. 1547 ff.

155 Siehe zuletzt *UNIDROIT*, UNIDROIT Principles of International Commercial Contracts 2010, 3. Aufl. Rom 2010.

den Arbeitsgruppen von UNIDROIT teilnahmen.[156] So stellen die PICC ebenfalls eine nicht-legislative, gesetzesförmige Kodifikation des Vertragsrechts dar, die teils bereits erprobte Grundregeln wiedergeben, teils neue, rationale Lösungen für die Bedürfnisse des grenzüberschreitenden Handels anbieten.[157] Die PICC können gleichfalls als anwendbares Recht genutzt werden und sind als ein moderner Ausdruck des *lex mercatoria* gedacht, das zur Auslegung und zur Ergänzung nationalen bzw. internationalen Rechts beitragen und als Gesetzesmodell auf nationaler bzw. internationaler Ebene dienen soll.[158]

3. Principles of European Law

Im Jahr 1998 wurde auf Initiative und unter der Leitung von Prof. *Christian v. Bar* eine neue Wissenschaftlergruppe gegründet, die *Study Group on a European Civil Code*, die ein Jahr später ihre Arbeit aufnahm. Viele Mitglieder der *Study Group* waren an der *Lando-Commission* beteiligt und die *Study Group* selbst verstand ihre Forschungsarbeit als Fortsetzung der PECL.[159]

Ihr Ziel war die Erarbeitung von Regeln für das gesamte Schuldrecht und Kernbereiche des Mobiliarsachenrechts.[160] Das Anliegen der Schöpfung eines Europäischen Zivilgesetzbuchs teilten in der Tat nicht alle Beteiligten. Vielmehr sollte sich die Benennung *Study Group on a European Civil Code* eher auf den Gegenstand des durchzuführenden wissenschaftli-

156 *Kleinheisterkamp*, UNIDROIT *Principles of International Commercial Contracts*, in: Basedow/Hopt/Zimmermann (Hrsg.), Handwörterbuch des Europäischen Privatrechts II, S. 1547.

157 *Kleinheisterkamp*, UNIDROIT *Principles of International Commercial Contracts*, in: Basedow/Hopt/Zimmermann (Hrsg.), Handwörterbuch des Europäischen Privatrechts II, S. 1547 f.

158 Siehe die Präambel der PICC; zur Anwendbarkeit und Bedeutung der PICC *Kleinheisterkamp*, UNIDROIT *Principles of International Commercial Contracts*, in: Basedow/Hopt/Zimmermann (Hrsg.), Handwörterbuch des Europäischen Privatrechts II, S. 1548 ff.

159 Siehe dazu *Schmidt-Kessel*, *Study Group on a European Civil Code*, in: Basedow/Hopt/Zimmermann (Hrsg.), Handwörterbuch des Europäischen Privatrechts II, S. 1453 ff.; *Zimmermann*, Europäisches Privatrecht, in: Begegnungen im Recht, S. 325 f.; siehe auch die Internetseite www.sgecc.net.

160 *Schmidt-Kessel*, *Study Group on a European Civil Code*, in: Basedow/Hopt/Zimmermann (Hrsg.), Handwörterbuch des Europäischen Privatrechts II, S. 1454.

chen Projekts beziehen als auf die angestrebte Verwendung seiner Ergebnisse.[161]

In weniger als zehn Jahren verfasste die *Study Group* einen umfangreichen Normenkorpus unter dem Titel *Principles of European Law* (PEL). Jede Grundregel besteht aus der Hauptvorschrift (*black letter rule*), Erläuterungen (*comments*) und rechtsvergleichenden Anmerkungen (*notes*). Die Modellregeln erstrecken sich über einzelne Vertragstypen (Kauf, Schenkung, Fahrnismiete, Auftrag, Dienstleistungs-, Handelsvertretungs-, Franchising-, Vertriebs- und Kreditverträge, Personalsicherheiten), außervertragliche Schuldverhältnisse (ungerechtfertigte Bereicherung, Deliktshaftung, Geschäftsführung ohne Auftrag), *trusts* und Sachenrecht (Eigentumsübertragung bei beweglichen Sachen, Mobiliarsicherheiten).[162] Der Stand der rechtsvergleichenden Forschung fiel freilich in all diesen Bereichen ganz unterschiedlich aus, was die Akzeptanz der PEL verringern dürfte.[163]

4. Acquis-Principles

Weder die Verfasser der PECL noch jene der PICC sahen Anfang der 1980er Jahre als Gegenstand ihrer Tätigkeit, besondere Grundregeln für das Verbrauchervertragsrecht zu erarbeiten. Ihr Schwerpunkt lag im Bereich b2b, wie die PICC bereits in ihrem Titel klarstellen. Zwar hatten mehrere EWG-Mitgliedstaaten seit Ende der 1970er Jahren ihre eigenen Verbraucherschutzgesetze verabschiedet.[164] Für ein europaweites *Restatement* dieser heterogenen, noch in der Entwicklung befindlichen Rechtsmaterie war allerdings die Zeit nicht reif.

---

161 *Schmidt-Kessel*, *Study Group on a European Civil Code*, in: Basedow/Hopt/Zimmermann (Hrsg.), Handwörterbuch des Europäischen Privatrechts II, S. 1454.

162 *Schmidt-Kessel*, *Study Group on a European Civil Code*, in: Basedow/Hopt/Zimmermann (Hrsg.), Handwörterbuch des Europäischen Privatrechts II, S. 1454. Erschienen sind bisher zwölf Bände in der Reihe „Principles of European Law“ des Münchner Verlags Sellier – european law publishers.

163 Vgl. *Zimmermann*, *Common Frame of Reference*, in: Basedow/Hopt/Zimmermann (Hrsg.), Handwörterbuch des Europäischen Privatrechts I, S. 278 f.; *ders.*, Europäisches Privatrecht, in: Begegnungen im Recht, S. 326.

164 Siehe z. B. das AGBG in Deutschland (1976), den *Unfair Contract Terms Act* im Vereinigten Königreich (1977), den *Code de la Consommation* in Frankreich (1978) oder das KSchG (1979) in Österreich.

Was in den PECL bzw. den PICC unberücksichtigt blieb, wurde zur Aufgabe eines anderen Gelehrtengremiums erklärt. Die im Jahr 2002 gegründete *European Research Group on Existing EC Private Law (Acquis Group)* hatte sich zum Ziel gesetzt, vertragsrechtliche Grundsätze und Regeln aus den fragmentarischen Rechtsakten der EU und der fallbezogenen Judikatur herzuleiten und diese systematisiert in ein Modellgesetz, die *Acquis Principles* (ACQP), einzuordnen.[165] Die Grundregeln sollten nach ihren Verfassern als „Quelle für die Ausarbeitung, die Umsetzung und die Auslegung" des EU-Vertragsrechts dienen.[166]

Die zweite Auflage der ACQP ist im Jahr 2009 erschienen und besteht aus Artikeln und Kommentaren mit Quellenhinweisen.[167] Dem Widerrufsrecht gewidmet sind z. B. Art. 5:101 bis 5:106 ACQP. Normiert werden die Ausübung des Widerrufsrechts,[168] die Widerrufsfrist,[169] die Widerrufsbelehrung[170] und die Rechtsfolgen des Widerrufs auf den widerrufenen bzw. einen verbundenen Vertrag.[171] Erwähnenswert ist Art. 5:105 II ACQP und die darin vorgesehene Sorgfaltspflicht des Verbrauchers, der für über „*inspecting and testing*" hinausgehende Wertverluste der Kaufwaren aufzukommen hat.

Obwohl das Projekt der ACQP einem überwiegend „positivistischen" Konzept folgte,[172] indem es primär eine umfassende Wiedergabe des vertragsrechtlichen EU-Bestands bezweckte, wurden tatsächlich in den ACQP mehrere bruchstückhafte, sektorenspezifische EU-Bestimmungen vor allem aus dem Verbraucherrecht übernommen und deren Anwendungsbereiche ohne Weiteres deutlich vergrößert.[173] So enthält Art. 2:201

165 Siehe *Grigoleit/Tomasic, Acquis Principles*, in: Basedow/Hopt/Zimmermann (Hrsg.), Handwörterbuch des Europäischen Privatrechts I, S. 12 ff.; siehe auch die Internetseite www.acquis-group.org.

166 Art. 1:101 II ACQP.

167 *Research Group on the Existing EC Private Law (Acquis Group)*, Principles of the Existing EC Contract Law (Acquis Principles). Contract II. General Provisions, Delivery of Goods, Package Travel and Payment Services, München 2009.

168 Art. 5:102 ACQP.

169 Art. 5:103 ACQP; vorgesehen sind eine übliche 14tägige und eine absolute einjährige Frist für sämtliche Widerrufsrechte.

170 Art. 5:104 ACQP.

171 Art. 5:105, 5:106 ACQP.

172 So *Grigoleit/Tomasic, Acquis Principles*, in: Basedow/Hopt/Zimmermann (Hrsg.), Handwörterbuch des Europäischen Privatrechts I, S. 13.

173 *Zimmermann/Jansen*, Grundregeln des bestehenden Gemeinschaftsprivatrechts?, JZ 2007, 1113 ff., 1117 ff., 1126; *Grigoleit/Tomasic, Acquis Principles*, in: Base-

ACQP eine zu weit gefasste generalklauselartige vorvertragliche Informationspflicht für den b2b-Bereich. Ein Verstoß dagegen begründet sogar Schadensersatzpflichten.[174]

II. Die Einbeziehung der EU

1. Entschließungen des Europäischen Parlaments und Mitteilungen der Kommission

Lange Zeit wurden solche Kodifikationsprojekte auf unabhängiger, privater Basis verfolgt. Von den Institutionen der damaligen EWG war es allein das Europäische Parlament, das sich für eine weitreichende Harmonisierung nationaler Privatrechte bzw. für ein Europäisches Zivilgesetzbuch aussprach.[175]

Die Lage änderte sich im Jahr 2001, als die Kommission eine Mitteilung zum europäischen Vertragsrecht veröffentlichte und die bestehenden Unterschiede zwischen den nationalen Vertragsrechten als ernsthaftes Hindernis für den grenzüberschreitenden Geschäftsverkehr in der EU thematisierte.[176]

Zwei Jahre später wurde ein „Aktionsplan" der Kommission präsentiert, mit dem sie für gesetzgeberische und nicht gesetzgeberische Maßnahmen warb, die die Kohärenz und Qualität des EU-Vertragsrechts verbessern sollten.[177] Zum ersten Mal verwendete die Kommission darin den

---

dow/Hopt/Zimmermann (Hrsg.), Handwörterbuch des Europäischen Privatrechts I, S. 13 ff.

174 Art. 2:208 ACQP.

175 Siehe Entschließung zu den Bemühungen um eine Angleichung des Privatrechts der Mitgliedstaaten, ABl. 1989 C 158/400; Entschließung zur Angleichung bestimmter Bereiche des Privatrechts der Mitgliedstaaten, ABl. 1994 C 205/518; auch Entschließung des Europäischen Parlaments zum Jahresgesetzgebungsprogramm der Kommission für 2000, ABl. 2000 C 377/323, Rn. 28.

176 Mitteilung der Kommission an den Rat und das Europäische Parlament v. 11.7.2001 zum Europäischen Vertragsrecht, KOM(2001) 398 engl., ABl. 2001 C 255/1; siehe dazu *Editorial comments*, On the way to a European Contract Code?, CML Rev 2002, 219 ff.; *Leible*, Europäisches Privatrecht am Scheideweg, NJW 2008, 2558 ff., 2559; *Whittaker*, A Framework of Principle for European Contract Law?, Law Q. Rev. 2009, 616 ff., 617 f.

177 Mitteilung der Kommission an das Europäische Parlament und den Rat v. 12.2.2003: Ein kohärenteres europäisches Vertragsrecht – ein Aktionsplan,

Begriff des Gemeinsamen Referenzrahmens (*Common Frame of Reference; CFR*).[178] Der CFR sollte das Ergebnis wissenschaftlicher Forschung über eine gemeinsame Terminologie und vertragsrechtliche Modellvorschriften im Bereich des europäischen Vertragsrechts sein,[179] das zur Aktualisierung bestehender und zur Verabschiedung neuer Richtlinien von Nutzen wäre. Die Kommission sah aber im CFR auch die Basis für ein optionales europäisches Vertragsrechtsinstrument.[180]

Auf die Idee des CFR ging die Kommission im Jahr 2004 weiter ein.[181] Der CFR, der aus drei Teilen (Grundregeln des Vertragsrechts, Definitionen wichtiger Rechtsbegriffe und vertragsrechtliche Mustervorschriften) bestehen könnte,[182] sei für das Jahr 2009 vorgesehen und solle als Werkzeugkasten (*toolbox*) für Gesetzgebungsmaßnahmen genutzt werden.[183] Weiter konkretisiert wurde außerdem der Gedanke des optionalen Instruments, das die Parteien eines grenzüberschreitenden Vertrags nach Vor-

---

KOM(2003) 68 engl., ABl 2003 C 63/1, S. 5, 17 ff.; siehe *Leible*, NJW 2008, 2558 ff., 2559; *Whittaker*, Law Q. Rev. 2009, 616 ff., 618 f.

178 Mitteilung der Kommission an das Europäische Parlament und den Rat v. 12.2.2003: Ein kohärenteres europäisches Vertragsrecht – ein Aktionsplan, KOM(2003) 68 engl., ABl 2003 C 63/1, S. 2, 19 ff.

179 Siehe Mitteilung der Kommission an das Europäische Parlament und den Rat v. 12.2.2003: Ein kohärenteres europäisches Vertragsrecht – ein Aktionsplan, KOM(2003) 68 engl., ABl 2003 C 63/1, S. 19.

180 Siehe Mitteilung der Kommission an das Europäische Parlament und den Rat v. 12.2.2003: Ein kohärenteres europäisches Vertragsrecht – ein Aktionsplan, KOM(2003) 68 engl., ABl 2003 C 63/1, 27 f.

181 Mitteilung der Kommission an das Europäische Parlament und den Rat v. 11.10.2004: Europäisches Vertragsrecht und Überarbeitung des gemeinschaftlichen Besitzstands – weiteres Vorgehen, KOM(2004) 651 endg.; siehe *Leible*, NJW 2008, 2558 ff., 2559.

182 Mitteilung der Kommission an das Europäische Parlament und den Rat v. 11.10.2004: Europäisches Vertragsrecht und Überarbeitung des gemeinschaftlichen Besitzstands – weiteres Vorgehen, KOM(2004) 651 endg., S. 15 ff.

183 Mitteilung der Kommission an das Europäische Parlament und den Rat v. 11.10.2004: Europäisches Vertragsrecht und Überarbeitung des gemeinschaftlichen Besitzstands – weiteres Vorgehen, KOM(2004) 651 endg., S. 4 f. Der auffällige aber auch schillernde Begriff „toolbox" findet sich nur in der englischen Sprachfassung. Ähnlich ist auf Französisch die Rede von „une boîte à outils". In der deutschen Version steht die weniger eindrucksvolle Formulierung, die Kommission werde zukünftig „auf das Instrumentarium des GRR zurückgreifen". Als Urheber des Begriffs „toolbox" gilt Prof. *Hugh Beale*; siehe *Schmidt-Kessel*, *Study Group on a European Civil Code*, in: Basedow/Hopt/Zimmermann (Hrsg.), Handwörterbuch des Europäischen Privatrechts II, S. 1454.

stellung der Kommission durch ein *opting in* als anwendbar erklären könnten.[184]

2. Draft Common Frame of Reference

a) Das CoPECL-Netzwerk

Im Anschluss an die oben aufgeführten Mitteilungen der Kommission wurde im Mai 2005 das Netzwerk *„Joint Network on European Private Law"* (CoPECL) unter der Koordination von Prof. *Hans Schulte-Nölke* gegründet. Darin schlossen sich die *Study Group on a European Civil Code* und die *Acquis Group* als federführende Gremien, sowie die *Project Group Restatement of European Insurance Contract Law* und andere Gelehrtengruppen zusammen. Diese wurden von mehreren sog. *evaluative and supportive groups* flankiert.[185] Die Kommission beauftragte das CoPECL mit der Vorbereitung eines Entwurfs für einen Gemeinsamen Referenzrahmen (*Draft Common Frame of Reference*; DCFR) und stellte ihm dazu beachtliche Finanzierungsmittel aus dem 6. EU-Forschungsrahmenprogramm zur Verfügung.[186]

---

184 Mitteilung der Kommission an das Europäische Parlament und den Rat v. 11.10.2004: Europäisches Vertragsrecht und Überarbeitung des gemeinschaftlichen Besitzstands – weiteres Vorgehen, KOM(2004) 651 endg., S. 18 ff.

185 *Schmidt-Kessel, Study Group on a European Civil Code*, in: Basedow/Hopt/Zimmermann (Hrsg.), Handwörterbuch des Europäischen Privatrechts II, S. 1456; *Zimmermann, Common Frame of Reference*, in: Basedow/Hopt/Zimmermann (Hrsg.), Handwörterbuch des Europäischen Privatrechts I, S. 276; siehe die Internetseite www.copecl.org. Weitgehend autonom arbeitete die *Project Group Restatement of European Insurance Contract Law*, die die *Principles of European Insurance Contract Law* (PEICL) verfasste, veröffentlicht in Basedow/John/Clarke/Cousy/Heiss (Hrsg.), Principles of European Insurance Contract Law (PEICL), München 2009; siehe die Internetseite www.uibk.ac.at/zivilrecht/restatement; dazu auch *Basedow*, Der Gemeinsame Referenzrahmen und das Versicherungsvertragsrecht, ZEuP 2007, 280 ff.; *Heiss, Principles of European Insurance Contract Law*, in: Basedow/Hopt/Zimmermann (Hrsg.), Handwörterbuch des Europäischen Privatrechts II, S. 1183 ff.

186 *Schmidt-Kessel, Study Group on a European Civil Code*, in: Basedow/Hopt/Zimmermann (Hrsg.), Handwörterbuch des Europäischen Privatrechts II, S. 1456; *Zimmermann, Common Frame of Reference*, in: Basedow/Hopt/Zimmermann (Hrsg.), Handwörterbuch des Europäischen Privatrechts I, S. 276.

Schon im Februar 2008 präsentierte das CoPECL-Netzwerk die ersten Ergebnisse als *DCFR Interim Outline Edition.*[187] Es folgten im Jahr 2009 die endgültige *DCFR Outline Edition* mit den *black letter rules*[188] sowie die *DCFR Full Edition*, die sich über sechs Bände bzw. 6563 Seiten erstreckt und neben Hauptvorschriften, Anmerkungen (*comments*) und rechtsvergleichende Nachweise (*notes*) beinhaltet.[189] Die Arbeiten der über 200 am CoPECL beteiligten Wissenschaftler fanden unter enormem Zeitdruck statt; wahrscheinlich, damit die Kommission Barroso I noch während ihrer Amtszeit, die im Jahr 2009 endete, ein Resultat präsentieren konnte.[190]

b) Inhalt und Quellen des DCFR

Wie von der Kommissionsmitteilung v. 11.10.2004 angedeutet,[191] besteht der DCFR tatsächlich aus drei Teilen. Im ersten werden im lehrbuchähnlichen Stil die tragenden Grundsätze des Werks (Freiheit, Sicherheit, Gerechtigkeit, Effizienz) dargestellt. Der zweite und umfangreichste Teil ist in der Wirklichkeit nichts anderes als der Entwurf eines aus zehn Büchern bestehenden Europäischen Zivilgesetzbuchs unter Ausschluss des Immo-

---

187 v. Bar/Clive/Schulte-Nölke (Hrsg.), Principles, definitions and model rules of European Private Law. Draft Common Frame of Reference (DCFR). Interim Outline Edition, München 2008. Über den Stand der Dinge hatte die Kommission in der Zwischenzeit zweimal berichtet: Bericht der Kommission – Erster jährlicher Fortschrittsbericht zum europäischen Vertragsrecht und zur Überprüfung des gemeinschaftlichen Besitzstands, KOM(2005) 456 endg.; Bericht der Kommission – Zweiter Fortschrittsbericht zum Gemeinsamen Referenzrahmen, KOM(2007) 447 engl.

188 v. Bar/Clive/Schulte-Nölke (Hrsg.), Principles, definitions and model rules of European Private Law. Draft Common Frame of Reference (DCFR). Outline Edition, München 2009.

189 v. Bar/Clive (Hrsg.), Principles, definitions and model rules of European Private Law. Draft Common Frame of Reference (DCFR). Full Edition, München 2009.

190 Siehe *W. Doralt*, Strukturelle Schwächen in der Europäisierung des Privatrechts. Eine Prozessanalyse der jüngeren Entwicklungen, RabelsZ 2011, 260 ff., 275 ff.; *Riesenhuber*, Wettbewerb für das Europäische Vertragsrecht, JZ 2011, 537 ff., 539; *Zimmermann*, Europäisches Privatrecht, in: Begegnungen im Recht, S. 329.

191 Siehe Mitteilung der Kommission an das Europäische Parlament und den Rat v. 11.10.2004: Europäisches Vertragsrecht und Überarbeitung des gemeinschaftlichen Besitzstands – weiteres Vorgehen, KOM(2004) 651 endg., S. 15 ff.

bilien-, Familien- und Erbrechts.[192] Im dritten Teil befindet sich eine Liste mit Definitionen.

Nach dem einführenden Buch I (*General provisions*) erhalten die Bücher II (*Contracts and other juridical acts*) und III (*Obligations and corresponding rights*) Regeln, die in Deutschland als Rechtsgeschäftsrecht und allgemeines Schuldrecht eingestuft würden, während sich Buch IV (*Specific contracts and the rights and obligations arising from them*) mit den besonderen Vertragstypen befasst. Die außervertraglichen Schuldverhältnisse sind Gegenstand der Bücher V (*Benevolent intervention in another's affairs*), VI (*Non-contractual liability arising out of damage caused to another*) und VII (*Benevolent intervention in another's affairs*). Das Mobiliarsachenrecht enthalten die Bücher VIII (*Acquisition and loss of ownership of goods*) und IX (*Proprietary security in movable assets*). Buch X führt detaillierte Bestimmungen über *trusts* ein.[193]

Zu großen Teilen beruhen die Bücher II und III auf den PECL, die jedoch von den Verfassern des DCFR auf einer deutlich abstrakteren Ebene rekonzeptualisiert wurden. Die Regeln des DCFR beziehen sich nämlich allgemein auf „judicial acts"[194] statt auf Verträge und betreffen nicht nur vertragliche, sondern sämtliche Schuldverhältnisse.[195] In Buch II des DCFR wurde außerdem der größte Teil der *Acquis Principles* platziert.[196] Von einer Integration der verbraucherrechtlichen Vorschriften insgesamt oder einer Koordinierung mit dem „klassischen" Vertragsrecht der PECL

---

192 Siehe *Jansen/Zimmermann*, "A European Civil Code in all but Name". Discussing the Nature and Purposes of the Draft Common Frame of Reference, C.L.J. 2010, 98 ff., 98 ff.; *Augenhofer*, Aktuelle Entwicklungen im Europäischen Verbraucherrecht, in: Augenhofer (Hrsg.), Verbraucherrecht im Umbruch, S. 3.

193 Für eine kurze Darstellung der Inhalte des DCFR siehe *Zimmermann*, *Common Frame of Reference*, in: Basedow/Hopt/Zimmermann (Hrsg.), Handwörterbuch des Europäischen Privatrechts I, S. 276 ff.

194 Siehe die Definition in Art. II-1:101 II DCFR; zu diesem eher abstrakten Begriff siehe *J. P. Schmidt*, Der „juridical act" im DCFR. Ein nützlicher Grundbegriff des europäischen Privatrechts?, ZEuP 2010, 304 ff.; *Hellwege*, Allgemeines Vertragsrecht und „Rechtsgeschäfts"-lehre im Draft Common Frame of Reference (DCFR), AcP 211 (2011), 665 ff., 666 f. beide m.w.N.

195 Siehe *Zimmermann*, *Common Frame of Reference*, in: Basedow/Hopt/Zimmermann (Hrsg.), Handwörterbuch des Europäischen Privatrechts I, S. 278; *ders.*, JBl 2012, 2 ff., 7.

196 Siehe z. B. das Antidiskriminierungsrecht in Art. II.-2:101 ff. DCFR, die Regelung der Informationspflichten in Art. II.-3:101 ff. DCFR bzw. des Widerrufsrechts in Art. II.-5:101 ff. DCFR.

kann aber kaum die Rede sein.[197] Dagegen entsprechen die Bücher IV bis X weitgehend den Arbeiten der *Study Group on a European Civil Code.*[198]

c) Kritik aus der Wissenschaft

Erwartungsgemäß lag der DCFR lange im Fokus der akademischen Auseinandersetzung.[199] Denn zum ersten Mal wurde damit ein umfassendes wissenschaftliches Regelwerk geschaffen, das weit über das Vertragsrecht hinaus ging und in der Tat einen Entwurf für einen europäischen Vermögensrechtskodex darstellte.

Diese quantitativ eindrucksvolle Leistung erntete allerdings – zum Teil scharfe – Kritik, insb. bezüglich ihrer inhaltlichen Qualität und ihrer dogmatischen bzw. rechtspolitischen Aspekte.[200]

Grund zu Einwänden gaben u.a. a) der sachliche Regelungsbereich des DCFR, der einerseits Rechtsinstitute erfasst, die bis dahin nur begrenzt rechtsvergleichend untersucht wurden (z. B. Geschäftsführung ohne Auftrag),[201] andererseits mit dem Ausschluss von Immobilien-, Familien- und Erbrecht den Grundstoff eines Zivilgesetzbuchs nicht erhält; b) die breite Verwendung von Generalklauseln und unbestimmten Rechtsbegriffen, vor allem der „reasonableness", dessen EU-weite einheitliche Interpretation sich schwierig gewährleisten ließe; c) unnötige Beschränkungen der Vertragsfreiheit durch mehrere unabdingbare Normen; d) die mangelnde Sys-

---

197 Siehe *Zimmermann*, *Common Frame of Reference*, in: Basedow/Hopt/Zimmermann (Hrsg.), Handwörterbuch des Europäischen Privatrechts I, S. 279.

198 Siehe *Zimmermann*, *Common Frame of Reference*, in: Basedow/Hopt/Zimmermann (Hrsg.), Handwörterbuch des Europäischen Privatrechts I, S. 278.

199 Die vorhandene Literatur zum DCFR ist nunmehr kaum überschaubar. Eine umfangreiche Literaturliste bietet die Datenbank *CFR Context Group* (abrufbar unter cfr.iuscomp.org; zuletzt abgerufen am 20.12.2014).

200 Siehe dazu *Eidenmüller/Faust/Grigoleit/Jansen/Wagner/Zimmermann*, JZ 2008, 529 ff., 534 ff.; *Grundmann*, The Structure of the DCFR. Which Approach for Today's Contract Law?, ERCL 2008, 247 ff.; *W. Doralt*, Rote Karte oder grünes Licht für den Blue Button? Zur Frage eines optionalen europäischen Vertragsrechts, AcP 211 (2011), 1 ff., 3 f.; *ders.*, RabelsZ 2011, 260 ff., 264 ff.; siehe auch die Nachweise von *Zimmermann*, Europäisches Privatrecht, in: Begegnungen im Recht, S. 328 Fn. 52.

201 Vgl. *Jansen*, Geschäftsführung ohne Auftrag (*negotiorum gestio*), in: Basedow/Hopt/Zimmermann (Hrsg.), Handwörterbuch des Europäischen Privatrechts I, S. 710.

tematisierung an Stellen, wo allgemein- und verbraucherrechtliche Regeln kaum aufeinander abgestimmt nebeneinander liegen; e) die mangelnde Überprüfung bzw. Überarbeitung des bestehenden EU-Verbraucherrechts; f) ein Drang zur unnötigen Dogmatisierung bzw. zum Formalismus, der sich u.a. in den zahlreichen Begriffsdefinitionen bemerkbar macht; und schließlich g) eine gewisse Orientierung des DCFR ans deutsche Zivilrecht, z. B. bei der BGB-ähnlichen Struktur, der Verwendung von abstrakten, in vielen europäischen Rechtsordnungen kaum durchgesetzten Systembegriffen (z. B. „judicial act“[202], „obligation“) oder dem dualen Rückabwicklungssystem.[203]

d) Würdigung

Treffend wie diese Anmerkungen sind, so sollte der DCFR als (reiner) Ausgangspunkt für das zukünftige Vorgehen genommen und nicht schlicht unberücksichtigt gelassen werden. Mit dem DCFR ist eine Grundlage für die Diskussion über die Zukunft des europäischen Privatrechts geschaffen, die zwar nicht immer die besten Lösungen bietet, aber zumindest die Probleme deutlich macht.

So findet sich in Art. II.-3:109 DCFR erstmals ein umfassender Regelungsvorschlag darüber, wie die Verletzung von vorvertraglichen Informationspflichten geahndet werden könnte. In Art. II.-9:102 DCFR wird außerdem eine allgemeine Bestimmung über die Handhabung vorvertraglicher Äußerungen einschließlich Werbung als Vertragsinhalt bzw. Vertragsmäßigkeitskriterium entwickelt, die sich grundsätzlich auf Art. 2 II d), IV Verbrauchsgüterkauf-RL stützt.[204]

---

202 Dieser ist allerdings mit dem Rechtsgeschäft im deutschen Recht wohl nicht identisch; siehe *Hellwege*, AcP 211 (2011), 665 ff., 666 f.; a. A. *J. P. Schmidt*, ZEuP 2010, 304 ff., insb. 319.

203 Die Restitutionsvorschriften von Art. III.-3:509 ff. DCFR greifen z. B. im Rücktrittsfall, im Widerrufsfall (angepasst durch Art. II.-5:105 DCFR), beim Eintritt von auflösenden Bedingungen (Art. III.-1:106 V DCFR) oder nach Vertragskündigung [Art. III.-1:108 III (c)] ein. Bei angefochtenen und nichtigen Verträgen ist dagegen das allgemeine Bereicherungsrecht vom Buch VII für die Rückerstattung ausgetauschter Leistungen maßgeblich (Art. II.-7:212, II.-7:303 DCFR).

204 Vgl. *Augenhofer*, Gewährleistung und Werbung. Das neue Gewährleistungsrecht für Werbeaussagen, Wien 2002.

Solche Bestimmungen sind nicht nur wissenschaftlich reizvoll, da sie das Zusammenspiel zwischen Lauterkeitsrecht und allgemeinem Zivilrecht veranschaulichen.[205] Sie streben darüber hinaus nach überzeugenden Lösungen auf Probleme der Rechtspraxis. Selbst durch unvollkommene oder rechtspolitisch fragwürdige Modellvorschriften kann das DCFR die Aufmerksamkeit auf Fehlgriffe lenken, die im privatrechtlichen *Acquis* bereits zu beseitigen bzw. zukünftig zu vermeiden sind.

III. Die Vertragsrechts-Expertengruppe

Da sich der DCFR auf die Verbraucherrechte-RL kaum ausgewirkt hatte,[206] könnte behauptet werden, dass das Projekt trotz des betriebenen Arbeits- und Geldaufwands eher in den Hintergrund des Gesetzgebungsverfahrens der EU geraten sei. Das Konzept des optionalen Instruments hat die Kommission indes nie aufgegeben. In zwei Strategiepapieren aus dem Jahr 2010, nämlich der Agenda „Europa 2020" und der Digitalen Agenda,[207] brachte sie vielmehr ihre Vorliebe für ein fakultatives Vertragsrechtsinstrument klar zum Ausdruck.

Im April 2010 gewann der DCFR wieder an Bedeutung, als die Kommission eine Expertengruppe einsetzte, die im Wesentlichen den DCFR auf Vorschriften über das Vertragsrecht reduzieren sollte.[208] Ihr Auftrag bestand darin, diejenigen Teile des DCFR auszuwählen, die „unmittelbar oder mittelbar" für das Vertragsrecht maßgeblich und in einer Machbarkeitsstudie (*Feasibility Study*) neu zu gliedern, zu revidieren bzw. zu er-

---

205 Vgl. dazu *Alexander*, Vertrag und unlauterer Wettbewerb. Eine Untersuchung der wechselseitigen Beziehungen von Vertragsrecht und Wettbewerbsrecht zueinander, Berlin 2002; *Augenhofer*, Die Zukunft des europäischen Verbraucherrechts, in: FS 200 Jahre Juristische Fakultät, S. 1074 f.; *dies.*, Aktuelle Entwicklungen im Europäischen Verbraucherrecht, in: Augenhofer (Hrsg.), Verbraucherrecht im Umbruch, S. 17 ff.

206 Siehe oben, Kapitel 2.A.III.1.b).

207 Mitteilung der Kommission v. 3.3.2010: Europa 2020 – Eine Strategie für intelligentes, nachhaltiges und integratives Wachstum, KOM(2010) 2020 endg., S. 25; Mitteilung der Kommission an das Europäische Parlament, den Rat, den Europäischen Wirtschafts- und Sozialausschuss und den Ausschuss der Regionen v. 26.8.2010: Eine Digitale Agenda für Europa, KOM(2010) 245 endg., S. 13 ff.

208 Beschluss der Kommission v. 26.4.2010 zur Einsetzung einer Expertengruppe für einen gemeinsamen Referenzrahmen im Bereich des europäischen Vertragsrechts, ABl. 2010 L 105/109.

gänzen wären.[209] Die Mitglieder der Expertengruppe, Hochschullehrer und Praktiker aus dem Bereich des Vertragsrechts sowie Verbraucher- und Unternehmensvertreter, waren *ad personam* berufen worden und sollten unabhängig und im öffentlichen Interesse handeln.[210]

Die Zusammensetzung der Expertengruppe[211] erlaubte aber wenig Hoffnung auf eine wissenschaftlich unbefangene Evaluierung des DCFR.[212] Mehrere der berufenen Experten waren bereits Mitglieder der Forschungsgremien, die den DCFR verantworteten. Prof. *Simon Whittaker*, das einzige Mitglied der Expertengruppe, das zuvor eine kritische Stellung hinsichtlich des DCFR eingenommen hatte,[213] erklärte bald seinen Austritt aus der Expertengruppe.[214] Neben die Expertengruppe traten zwei persönliche Berater der Justizkommissarin, nämlich Prof. *Bénédicte Fauvarque-Cosson* und *Christian v. Bar*, Gründer der *Study Group on a European Civil Code* und Schlüsselfigur im CoPECL-Netzwerk.[215] Eine grundlegende Überprüfung des DCFR zeigte sich außerdem schon deshalb als sehr schwer realisierbar, da die Expertengruppe von Mai 2010 bis Mai 2011 lediglich einmal im Monat zusammentreten sollte.[216]

Die Einsetzung der Expertengruppe war einer der wichtigsten Meilensteine in der Geschichte des europäischen Privatrechts. Denn sie bedeutete nichts weniger als den Übergang von den rein akademischen Rechtsvereinheitlichungsvorgaben zu einer offiziellen Politik der EU, die die Vereinheitlichung bedeutender Bereiche des Privatrechts durch einen rechtlich bindenden Text zum unmittelbaren Ziel hatte.[217]

---

209 Art. 2 des Beschlusses der Kommission.

210 Art. 4 des Beschlusses der Kommission.

211 Siehe dazu die Pressemitteilung der Kommission IP/10/595 v. 21.5.2010 (europa.eu/rapid/press-release_IP-10-595_de.htm?locale=en; zuletzt abgerufen am 20.12.2014).

212 Siehe *W. Doralt*, AcP 211 (2011), 1 ff., 5 f.; *ders.*, RabelsZ 2011, 260 ff., 278 ff.; *Riesenhuber*, JZ 2011, 537 ff., 540 f.; *Grundmann*, Kosten und Nutzen eines optionalen Europäischen Kaufrechts, AcP 212 (2012), 502 ff., 530 ff.; *Zimmermann*, Europäisches Privatrecht, in: Begegnungen im Recht, S. 338 f.; *ders.*, JBl 2012, 2 ff., 7.

213 *Whittaker*, Law Q. Rev. 2009, 616 ff.

214 *W. Doralt*, RabelsZ 2011, 260 ff., 280.

215 *W. Doralt*, RabelsZ 2011, 260 ff., 281 f.

216 Siehe Pressemitteilung der Kommission IP/10/595 v. 21.5.2010 (europa.eu/rapid/press-release_IP-10-595_de.htm?locale=en; zuletzt abgerufen am 20.12.2014).

217 Vgl. *Kramer*, Internationale, europäische und schweizerische Perspektiven des Vertragsrechts, JBl 2012, 750 ff., 758.

IV. Das Grünbuch zum Europäischen Vertragsrecht 2010

Während die Expertengruppe ihre monatlichen Sitzungen fortsetzte,[218] veröffentlichte die Kommission im Juli 2010 – eher unkoordiniert – ein Grünbuch, mit dem sie wieder eine öffentliche Konsultation über die „Einführung eines Europäischen Vertragsrechts" eröffnete.[219]

Im Grünbuch wurde bedauert, dass das Potenzial des Binnenmarkts noch nicht erschöpft sei. Dafür verantwortlich seien u.a. die noch voneinander abweichenden mitgliedstaatlichen Vertragsrechte. Das Mittel, das bis dahin zur Rechtsvereinheitlichung genutzt worden sei, nämlich vollharmonisierende Richtlinien, sei aber schon an seine politischen Grenzen gestoßen.[220]

Für das weitere Vorgehen stellte die Kommission deswegen sieben Optionen vor: von der bloßen Veröffentlichung der Arbeiten der Vertragsrechts-Expertengruppe (Option 1) über ihre Verwendung als offizielle *toolbox* des EU-Gesetzgebers (Option 2) bzw. als unverbindliche Regelungsmodelle für die Mitgliedstaaten (Option 3) bis hin zu rechtlich bindenden Lösungen. Als solche wurden ein fakultatives europäisches vertragsrechtliches Instrument (Option 4), eine mindestharmonisierende Vertragsrecht-Richtlinie (Option 5), ein bindendes europäisches Vertragsrecht, das in grenzüberschreitenden oder auch in innerstaatlichen Vertragsverhältnissen die nationalen Rechte verdrängte, (Option 6) und schließlich ein Europäisches Zivilrechtsgesetzbuch (Option 7) erwähnt.[221]

---

218 Die Syntheseberichte der Kommission zu den Treffen der Expertengruppe sind unter ec.europa.eu/justice/contract/cesl/expert-group/index_de.htm abrufbar (zuletzt abgerufen am 20.12.2014).

219 Grünbuch der Kommission v. 1.7.2010: Optionen für die Einführung eines Europäischen Vertragsrechts für Verbraucher und Unternehmen, KOM(2010)348 endg.

220 Grünbuch der Kommission v. 1.7.2010: Optionen für die Einführung eines Europäischen Vertragsrechts für Verbraucher und Unternehmen, KOM(2010)348 endg. S. 5 ff. Gemeint war ohne Zweifel der ehrgeizige Kommissionsentwurf für die Verbraucherrechte-RL, gegen den mehrere Mitgliedstaaten im Rat ihre Einwände vorbrachten; siehe oben, Kapitel 2.A.III.1.c).

221 Grünbuch der Kommission v. 1.7.2010: Optionen für die Einführung eines Europäischen Vertragsrechts für Verbraucher und Unternehmen, KOM(2010)348 endg., S. 7 ff.; siehe dazu *W. Doralt*, AcP 211 (2011), 1 ff., 6 ff.; *ders.*, RabelsZ 2011, 260 ff., 282 f.; eine ausführliche Auseinandersetzung mit sämtlichen Optionen siehe in *Max Planck Institute for Comparative and International Private Law*, Policy Options for Progress Towards a European Contract Law. Comments

Im Grünbuch war keine Sympathie für die drei ersten Optionen zu spüren, die tatsächlich die rechtlichen Divergenzen, wenn überhaupt, nur begrenzt und schrittweise beseitigen würden. Das gleiche gilt für eine mindestharmonisierende Richtlinie. Die Optionen 6 und 7 waren ferner politisch unrealisierbar und kamen bereits aus Kompetenzgründen nicht ernsthaft in Betracht. Dagegen machte die Kommission ihre Bevorzugung der Option 4 deutlich, d. h. der Verabschiedung eines einheitlichen, EU-weiten Vertragsrechts für b2c- und b2b-Verhältnisse, das nur nach Parteivereinbarung für einen Vertrag gelten würde.[222] Der Regelungsbereich des Instruments könne sämtliche Vertriebsformen umfassen oder allein auf elektronischen Handel oder Fernabsatz beschränkt sein.[223]

Die Wahl des optionalen Instruments entsprach dem politischen Willen auf der führenden Kommissionsebene, vor allem der Justizkommissarin *Reding*.[224] Zwar wurden alle interessierten Seiten durch das Grünbuch eingeladen, mit ihren Vorschlägen an einem längst nötigen Konsultationsprozess über die Zukunft des europäischen Privatrechts teilzunehmen.[225] Die Kommission hatte allerdings schon die grundlegenden Entscheidungen getroffen: für eine Reduzierung des DCFR auf das Vertragsrecht und für die Einführung eines fakultativen vertragsrechtlichen Instruments.[226] Im Übri-

---

on the issues raised in the Green Paper from the Commission of 1 July 2010, COM(2010) 348 final, RabelsZ 75 (2011), 371 ff.

222 *Augenhofer*, ERCL 2011, 195 ff., 198.

223 Vgl. Grünbuch der Kommission v. 1.7.2010: Optionen für die Einführung eines Europäischen Vertragsrechts für Verbraucher und Unternehmen, KOM(2010)348 endg., S. 12 ff.

224 Siehe *Reding*, Die Bedeutung einer wirksamen Kommunikation des Europäischen Unionsrechts für die Herausbildung eines starken Europäischen Justizraums. Rede auf dem 61. Deutschen Anwaltstag 2010, Aachen 14.5.2010 (europa.eu/rapid/press-release_SPEECH-10-239_de.htm?locale=en; zuletzt abgerufen am 20.12.2014); *dies.*, Wir haben keinen Binnenmarkt, Handelsblatt 5.11.2010; *dies.*, Building Trust in Europe's Online Single Market. Speech at the American Chamber of Commerce to the EU, Brüssel 22.10.2010 (europa.eu/rapid/press-release_SPEECH-10-327_en.htm?locale=en; zuletzt abgerufen am 20.12.2014); *dies.*, Warum Europa ein optionales Europäisches Vertragsrecht benötigt, ZEuP 2011, 1 ff.

225 Grünbuch der Kommission v. 1.7.2010: Optionen für die Einführung eines Europäischen Vertragsrechts für Verbraucher und Unternehmen, KOM(2010)348 endg., S. 14 f.

226 Siehe *W. Doralt*, AcP 211 (2011), 1 ff., 6 ff.; *ders.*, RabelsZ 2011, 260 ff., 283 f.; *Riesenhuber*, JZ 2011, 537 ff., 541; *Zimmermann*, Europäisches Privatrecht, in: Begegnungen im Recht, S. 340 f.; *ders.*, JBl 2012, 2 ff., 8.

gen endete die mit dem Grünbuch initiierte Konsultation am 31.1.2011,[227] als die Vertragsrechts-Expertengruppe bereits neun von ihren zwölf monatlichen Arbeitstreffen absolviert hatte. Die Stellungnahmen vonseiten der Wissenschaft, z. B. zum Anwendungs- und Regelungsbereich oder zum genauen Regelungsinhalt des Instruments konnten dann nicht gehörig berücksichtigt werden, was die Kommission anscheinend nicht als Makel empfand.

V. Die feasibility study

Anfang Mai 2011 präsentierte die Vertragsrechts-Expertengruppe das Resultat ihrer Arbeit in Form einer *feasibility study* (Machbarkeitsstudie).[228]

Kern der *feasibility study* war ein 189 Artikel umfassendes Regelwerk, das sich auf den Warenkauf sowie die Erbringung verbundener Dienstleistungen beschränkte. Außer der Sondervorschriften für diese zwei Vertragstypen gab es allgemeine Bestimmungen vor allem über Vertragsabschluss, Vertragsauslegung, Klauselkontrolle, Rückabwicklung und Verjährung. Bemerkenswert in den Modellregeln ist eine breite Differenzierung zwischen b2c- und b2b-Verträgen.[229]

Im Einführungsteil der *feasibility study* versuchte die Kommission anhand bestimmter Beispiele die bestehenden Hindernisse im Binnenmarkt aufgrund der Abweichungen in den nationalen Vertragsrechtsordnungen zu verdeutlichen und im Gegensatz dazu die Vorteile eines optionalen Instruments hervorzuheben, das offensichtlich auf der *feasibility study* beruhen würde.[230] Darüber wurde noch ein Konsultationsverfahren mit einer

---

227 Die Ergebnisse der Konsultation sind unter ec.europa.eu/justice/newsroom/contract/opinion/100701_en.htm abrufbar (zuletzt abgerufen am 20.12.2014).

228 „A European contract law for consumers and businesses: Publication of the results of the feasibility study carried out by the Expert Group on European contract law for stakeholders' and legal practitioners' feedback"; ec.europa.eu/justice/contract/files/feasibility_study_final.pdf (zuletzt abgerufen am _____).

229 Mehr dazu *Lehmann*, Auf dem Weg zu einem europäischen Vertragsrecht: Die „Feasibility Study" der Expert Group on European Contract Law, GPR 2011, 218 ff.; *Zoll*, Das Konzept des Verbraucherschutzes in der Machbarkeitsstudie für das Optionale Instrument. Rechtfertigung der Differenzierung des persönlichen Anwendungsbereiches einzelner Normen, euvr 2012, 9 ff.

230 Feasibility study unter II.

Dauer von knapp zwei Monaten eröffnet.[231] Anschließend überarbeitete die Kommission selbst den Hauptteil der *feasibility study* und veröffentlichte ihn im August 2011.[232]

VI. Der Kommissionsvorschlag über ein Gemeinsames Europäisches Kaufrecht

1. Struktur und Ziele

Am 11.10.2011 legte die Kommission schließlich ihren Vorschlag für eine Verordnung über ein Gemeinsames Europäisches Kaufrecht (GEK-VO-E) vor. Dieser besteht aus einem einleitenden Verordnungsteil, auch „Chapeau-Verordnung" genannt,[233] und zwei Anhängen. Die Chapeau-Verordnung enthält lediglich 16 Artikel, vor allem mit Begriffsbestimmungen und Rahmenvorschriften über die Anwendung des Instruments, während das eigentliche Vertragsrecht in den Anhang I ausgelagert ist. Im Anhang II findet sich ein Informationsblatt, anhand dessen die Verbraucher vor Abschluss eines dem GEK unterworfenen Vertrags aufgeklärt werden müssen.[234] Die Präambel des Kommissionsvorschlags bezieht sich fast ausschließlich auf die Chapeau-Verordnung. Die übliche Auslegungshilfe der Erwägungsgründe scheidet für die sachlichen Vertragsrechtsregeln damit aus.[235]

---

231 *Feasibility study* unter V. Die Ergebnisse der Konsultation sind unter ec.europa.eu/justice/contract/cesl/expert-group/index_en.htm abrufbar (zuletzt abgerufen am 20.12.2014).

232 „Contract Law, Work in Progress" (ec.europa.eu/justice/contract/files/contract-law_workinprogress_july2011_en.pdf; (zuletzt abgerufen am 20.12.2014).

233 Siehe *Augenhofer*, Aktuelle Entwicklungen im Europäischen Verbraucherrecht, in: Augenhofer (Hrsg.), Verbraucherrecht im Umbruch, S. 4; *Mankowski*, Der Vorschlag für ein Gemeinsames Europäisches Kaufrecht, IHR 2012, 1 ff., 2; *Schulte-Nölke*, Vor- und Entstehungsgeschichte des Vorschlags für ein Gemeinsames Europäisches Kaufrecht, in: Schulte-Nölke/Zoll/Jansen/Schulze (Hrsg.), Der Entwurf für ein optionales europäisches Kaufrecht, München 2012, S. 1 ff., 16 ff.; *Stabentheiner*, Der Entwurf für ein Gemeinsames Europäisches Kaufrecht. Charakteristika und rechtspolitische Aspekte, wbl 2012, 61 ff., 65 f.

234 Siehe Art. 9 GEK-VO-E.

235 Siehe *Editorial comments*, A Common European Sales Law (CESL) ahead? How to Opt into the Common European Sales Law?, CML Rev 2012, 1267 ff., 1271; *Eidenmüller/Jansen/Kieninger/Wagner/Zimmermann*, Der Vorschlag für eine

Zentrales Anliegen der Kommission ist die völlige Entfaltung des Binnenmarktpotenzials durch die europäischen Unternehmen.[236] Inanspruchnahme von Beratung über den Inhalt ausländischer Rechtsordnungen, Verhandlungen über das anwendbare Sachrecht in jedem Vertrag und Anpassungen der Verkaufsstrategien an unterschiedliche gesetzliche Erfordernisse bedeuten beträchtliche Transaktionskosten, die nach Auffassung der Kommission viele, insb. kleinere und mittlere Unternehmer von dem Eintritt in die Märkte anderer Mitgliedstaaten abschrecken. Den europäischen Unternehmern solle folglich damit geholfen werden, dass sie nunmehr ein einheitliches Rechtsregime auf all ihre grenzüberschreitenden Vertragsverhältnisse anwenden können.[237]

Es wird davon ausgegangen, dass die europäischen Unternehmen und vor allem Onlineshop-Betreiber ihre Produkte auf einer einheitlichen rechtlichen Basis anbieten und in Mitgliedstaaten liefern werden, die sie bisher – angeblich wegen Unterschiede zwischen den nationalen Vertragsrechten – vermieden haben. Mittelbar würden deswegen auch die Verbraucher vom GEK profitieren. Denn sie würden einen besseren Zugang zu einer größeren Produktenauswahl für günstigere Preise erhalten.[238]

Verordnung über ein Gemeinsames Europäisches Kaufrecht. Defizite der neuesten Textstufe des europäischen Vertragsrechts, JZ 2012, 269 ff., 271; *Stabentheiner*, wbl 2012, 61 ff., 66.

236 Siehe Erwägungsgrund Nr. 1 GEK-VO-E.

237 Siehe Erwägungsgründe Nr. 2 f. GEK-VO-E; vgl. Mitteilung der Kommission an das Europäische Parlament, den Rat, den Europäischen Wirtschafts- und Sozialausschuss und den Ausschuss der Regionen v. 11.10.2011: Ein Gemeinsames Europäisches Kaufrecht zur Erleichterung grenzübergreifender Geschäfte im Binnenmarkt, KOM(2011) 636 endg., S. 2 f., 10 f., wo sich auf Erhebungen des statistischen Amtes der Europäischen Union (Eurostat) berufen wird; nämlich Eurobarometer 320 und 321 aus dem Jahr 2011; siehe aber für eine andere Auslegung derselben Daten, die zu dem Schluss kommt, der Umgang mit ausländischem Vertragsrecht sei für Unternehmer kein bedeutsames Handelshemmnis, *Hubbard*, Another look at the Eurobarometer surveys, CML Rev 2013 SI, 187 ff.

238 Siehe Erwägungsgrund Nr. 4 ff. GEK-VO-E; vgl. Mitteilung der Kommission an das Europäische Parlament, den Rat, den Europäischen Wirtschafts- und Sozialausschuss und den Ausschuss der Regionen v. 11.10.2011: Ein Gemeinsames Europäisches Kaufrecht zur Erleichterung grenzübergreifender Geschäfte im Binnenmarkt, KOM(2011) 636 endg., S. 3 f., 11 f.

2. Fakultativer Charakter

a) Opting in

Wichtigstes Charakteristikum des GEK ist sein fakultativer Charakter, der vor allem durch Art. 3, 8 I GEK begründet wird. Das Instrument ist als ein Regelungsgefüge konzipiert, das ein *opting in* der Vertragspartner benötigt, um zur Anwendung zu gelangen. Die Parteien dürfen, müssen aber nicht, das GEK als maßgebliches Recht für ihren Vertrag vereinbaren.[239]

b) Zusätzliche Anforderungen bei Verbraucherverträgen

In b2c-Verträgen hat der Unternehmer den Verbraucher vor Vertragsschluss über die „beabsichtigte Verwendung" des GEK zu unterrichten (Art. 9 GEK-VO-E).[240] Dazu ist ein Informationsblatt gemäß dem Anhang II des GEK-VO-E zu übermitteln.[241] Besondere Erfordernisse werden auch an die GEK-Anwendungsvereinbarung selbst gestellt. Gemäß Art. 8 II 1 GEK-VO-E muss diese Vereinbarung ausdrücklich und gesondert vom Vertrag getroffen werden.[242] Wahlklauseln in den AGB des Un-

---

239 Siehe *Augenhofer*, Aktuelle Entwicklungen im Europäischen Verbraucherrecht, in: Augenhofer (Hrsg.), Verbraucherrecht im Umbruch, S. 4; *Fornasier*, »28.« versus »2. Regime«. Kollisionsrechtliche Aspekte eines optionalen europäischen Vertragsrechts, RabelsZ 76 (2012), 401 ff., 406; *Kramer*, JBl 2012, 750 ff., 758; *Stabentheiner*, wbl 2012, 61 ff., 63; *Zimmermann*, JBl 2012, 2 ff., 19.

240 Siehe dazu *Wendehorst*, in: Schulze (Hrsg.), CESL Commentary Art. 9 CESL (P) Rn. 3 f.

241 Nach Erwägungsgrund Nr. 23 S. 2 GEK-VO-E sollte „der Unternehmer […] den Verbraucher […] nicht nur auf die beabsichtigte Verwendung des Gemeinsamen Europäischen Kaufrechts hinweisen, sondern ihn auch über dessen Besonderheiten und wichtigste Merkmale informieren". Ob sich dies in der Praxis durch das knappe Informationsblatt erreichen lässt, ist aber anzuzweifeln. Dies betrifft vor allem Hinweise wie „Unfaire Standardvertragsbestimmungen sind für Sie rechtlich nicht verbindlich"; vgl. *Riesenhuber*, Information über die Verwendung des Gemeinsamen Europäischen Kaufrechts, GPR 2012, 2 ff., 3; *Wendehorst*, in: Schulze (Hrsg.), CESL Commentary Art. 9 CESL (P) Rn. 10 f.

242 Siehe dazu *Wendehorst*, in: Schulze (Hrsg.), CESL Commentary Art. 8 CESL (P) Rn. 5 f.; *Harvey/Schillig*, Conclusion of Contract, in: Dannemann/Vogenauer (Hrsg.), The Common European Sales Law in Context. Interactions with English and German Law, Oxford 2013, S. 248 ff., 250 f.

ternehmers sind ausgeschlossen.[243] Eine selektive Übernahme des GEK ist ferner nicht gestattet; es darf nur als Ganzes übernommen werden.[244] Zuletzt hat der Unternehmer dem Verbraucher auf einem dauerhaften Datenträger die Anwendungsvereinbarung zu bestätigen.[245]

Die nachdrücklichen Warnungen – vor allem im Zuge der Vertragsanbahnung gemäß Art. 9 GEK-VO-E und dem Informationsblatt – können den Verbraucher ohne treffenden Grund vor dem GEK abschrecken, als ginge es dabei um etwas Gefährliches.[246] Am Wichtigsten aber ist, dass die von Art. 8 II, III, 9 GEK-VO-E gestellten kniffligen Formalitäten ein hohes Potenzial für Missverständnisse bzw. Mängel bei der Anwendungsvereinbarung bergen, was außerdem eine erhebliche Rechtsunsicherheit bedeutet.[247]

Darüber hinaus ist für die Praxis entscheidend, welche Vertragspartei in einem Verbrauchervertrag das GEK eigentlich wählen wird. Lange Zeit wurde angedeutet, die Verbraucher würden z. B. in Onlineshops eine Schaltfläche finden, deren Aktivierung den gerade geschlossenen Vertrag dem GEK unterwerfen werde. Die Wahl würden dann die Verbraucher

243 Siehe Erwägungsgrund Nr. 22 S. 5 GEK-VO-E.

244 Art. 8 III GEK-VO-E; befürwortend *Wendehorst*, in: Schulze (Hrsg.), CESL Commentary Art. 8 CESL (P) Rn. 9.

245 Art. 8 II 2 GEK-VO-E; siehe dazu *Wendehorst*, in: Schulze (Hrsg.), CESL Commentary Art. 8 CESL (P) Rn. 7 f.

246 Siehe *Editorial comments*, CML Rev 2012, 1267 ff., 1270; *European Law Institute*, Statement on the Proposal for a Regulation on a Common European Sales Law, Wien 2012, S. 23; *Hesselink*, Brief Comments on the Commission's Proposal for a Regulation, ERPL 2012, 195 ff., 209 f.; *Mankowski*, Der Vorschlag für ein Gemeinsames Europäisches Kaufrecht (CESL) und das Internationale Privatrecht, RIW 2012, 97 ff., 103; *Zimmermann*, JBl 2012, 2 ff., 19; vgl. schon vor Veröffentlichung des Kommissionsentwurfs *W. Doralt*, AcP 211 (2011), 1 ff., 20.

247 Siehe *Wendehorst*, in: Schulze (Hrsg.), CESL Commentary Art. 8 CESL (P) Rn. 16 f.; Art. 9 CESL (P) Rn. 5 ff., 11 f.; *Hesselink*, ERPL 2012, 195 ff., 210; mehr dazu *Whittaker*, The Proposed 'Common European Sales Law'. Legal Framework and the Agreement of the Parties, (2012) 75 MLR 578 ff., 596 ff.; *Busch*, Die aufgeklärte Entscheidung? Modalitäten der Einwahl und der kollisionsrechtliche Verbraucherschutz, in: Gebauer (Hrsg.), Gemeinsames Europäisches Kaufrecht. Anwendungsbereich und kollisionsrechtliche Einbettung, München 2013, S. 89 ff., 96 ff.; *Harvey/Schillig*, Consequences of an Ineffective Agreement to Use the Common European Sales Law, ERCL 2013, 143 ff.

selbst treffen.[248] Dafür wurde unter dem bildhaften Schlagwort *blue button* geworben, denn die Schaltfläche sollte die blaue Europaflagge mit den zwölf goldenen Sternen zeigen.[249]

Anders aber als das etwas computerspielähnliche Bild des *blue button* andeutet, wird der Verbraucher wohl keine echte Wahlmöglichkeit haben. So wird inzwischen in Erwägungsgrund Nr. 22 S. 3 GEK-VO-E anerkannt, dass es in der Regel der Unternehmer sein wird, der die Wahl für das GEK bei b2c-Verträgen treffen wird. Zwar könnten also die Onlineshop-Betreiber im Fall der Verabschiedung der GEK-VO-E einen *blue button* bereitstellen, um den Erfordernissen von Art. 8, 9 GEK-VO-E nachzukommen. Entscheidet sich aber der Verbraucher nicht dazu, diesen anzuklicken, wird der Vertragsschlussvorgang wahrscheinlich unterbrochen werden. Der Verbraucher müsste sich an einen anderen Unternehmer wenden, der ein nationales Recht als Vertragsstatut wählt.[250]

Pragmatisch gesehen ist diese Wahlsituation nicht zu beanstanden. Denn die Einführung eines optionalen Instruments würde die erwünschten Rationalisierungseffekte nur dann bewirken, wenn die Unternehmer dies als einziges Recht zur Verfügung stellen dürften.[251] Selbst wenn der Verbraucher eine reale Wahlmöglichkeit hätte, liegt es nicht nahe, dass er diese bewusst und effizient nutzen könnte bzw. würde.[252] Zum einen legen

---

248 Siehe *Reding*, The Next Steps Towards a European Contract Law for Businesses and Consumers, in: Schulze/Stuyck (Hrsg.), Towards a European Contract Law, München 2011, S. 9 ff., 17.

249 Als Urheber vom *blue button* gilt *Schulte-Nölke*, Europäisches Vertragsrecht als blauer Button im Internet-Shop, ZGS 2007, 81; *ders.*, EC Law on the Formation of Contract. From the Common Frame of Reference to the 'Blue Button', ERCL 2007, 332 ff.; siehe auch *ders.*, Der Blue Button kommt. Konturen einer neuen rechtlichen Infrastruktur für den Binnenmarkt, ZEuP 2011, 749 ff., wo verraten wird, dass eine Fahrt in Andalusien die Inspirationsquelle für das Markenzeichen *blue button* war.

250 *Schulte-Nölke*, ZEuP 2011, 749 ff., 754 f.; *Mankowski*, RIW 2012, 97 ff., 103; *Pachl*, The Common European Sales Law. Have the Right Choices Been Made?, MJ 2012, 180 ff., 188 f.; siehe aber *Wagner*, Transaktionskostensenkung durch Europäisches Kaufrecht? Der Blue Button klemmt, ZEuP 2012, 455 ff., 459, wer es für möglich hält, dass der Vertrag dann geschlossen wird und dem durch Kollisionsrecht berufenen nationalen Recht unterliegt.

251 Siehe *S. Martens*, Ein Knopf für den Binnenmarkt? oder: Vollharmonisierung durch den "Blue Button"?, GPR 2010, 215 ff., 217; *W. Doralt*, AcP 211 (2011), 1 ff., 14 f., 17 f.; *Zimmermann*, JBl 2012, 2 ff., 17.

252 *Zimmermann*, JBl 2012, 2 ff., 17; vgl. *Pachl*, MJ 2012, 180 ff., 189; laut *Whittaker*, The Optional Instrument of European Contract Law and Freedom of Con-

Laien bei herkömmlichen Geschäften nicht allzu großen Wert auf rechtliche Aspekte.[253] Zum anderen gehen die meisten beim Vertragsschluss eher davon aus, dass alles ordnungsgemäß verlaufen wird, und fragen sich nicht nach möglichen Rechtsbehelfen im Fall einer Leistungsstörung.

3. Verhältnis zwischen GEK und nationalen Rechtsordnungen

a) Das 2. Vertragsregime

Laut der Präambel des GEK-VO-E stelle die Vereinbarung für die Anwendung des GEK „keine Rechtswahl im Sinne der Kollisionsnormen“ dar. Es handele sich vielmehr um eine Wahl, die innerhalb des einzelstaatlichen Rechts getroffen werde, das durch das internationale Privatrecht des Forums als abwendbar gelte.[254] Das GEK sei lediglich eine zweite, in allen Mitgliedstaaten existierende Vertragsrechtsregelung, die mit den nationalen Vorschriften konkurriere und nach Parteiabrede an deren Stelle trete.[255] Es stelle also ein „innerstaatliches Optionsmodell“ dar.[256]

Voraussetzung für ein *opting in* ist folglich entweder die wirksame Wahl eines mitgliedstaatlichen Rechts, z. B. nach Art. 3 Rom I-VO,[257] oder die Anwendung eines solchen durch objektive Anknüpfungsnormen,

---

tract, ERCL 2011, 371 ff., 387 ff.; *ders.*, (2012) 75 MLR 578 ff., 599 ff. könnte der Verbraucher vielmehr mehrere Gründe geltend machen, die zur Nichtigkeit bzw. zur Anfechtung der eigenen Wahl zugunsten des GEK wegen mangelnder Willensfreiheit führten.

253 *Augenhofer*, ERCL 2011, 195 ff., 211; *W. Doralt*, AcP 211 (2011), 1 ff., 16; *Wagner*, Der Vorschlag einer Verordnung über ein Gemeinsames Europäisches Kaufrecht. Stellungnahme für die Anhörung im Rechtsausschuss des Deutschen Bundestags, Bonn 18.11.2011, S. 10 (www.bundestag.de/bundestag/ausschuesse17/a06/anhoerungen/archiv/16_Europaeisches_Kaufrecht/04_Stellungnahmen/Stellungnahme_Wagner.pdf; zuletzt abgerufen am 20.12.2014); *Mankowski*, CESL – who needs it?, IHR 2012, 45 ff., 51 f. („rationales Desinteresse“).

254 Erwägungsgrund Nr. 10 GEK-VO-E.

255 Erwägungsgrund Nr. 9 GEK-VO-E.

256 *Fornasier*, RabelsZ 76 (2012), 401 ff., 432.

257 Verordnung (EG) Nr. 593/2008 des Europäischen Parlaments und des Rates v. 17.6.2008 über das auf vertragliche Schuldverhältnisse anzuwendende Recht (Rom I), ABl. 2008 L 177/6.

z. B. Art. 4, 6 I Rom I-VO bzw. Art. 12 I Rom II-VO.[258] Innerhalb dieser mitgliedstaatlichen Rechtsordnung kommt dann eine Wahl des GEK wirksam zustande; immer vorausgesetzt, dass sein Anwendungsbereich eröffnet ist.[259]

b) Würdigung

Die Konstruktion des 2. nationalen Vertragsregimes – so benannt im Kontrast zu einem sog. 28. Regime, das parallel zu den Rechtsordnungen der Mitgliedstaaten treten würde[260] – wirkt eher befremdlich und künstlich.

---

258 Verordnung (EG) Nr. 864/2007 des Europäischen Parlaments und des Rates vom 11. Juli 2007 über das auf außervertragliche Schuldverhältnisse anzuwendende Recht (Rom II), ABl. 2007 L 199/40.

259 *Staudenmayer*, Der Kommissionsvorschlag für eine Verordnung zum Gemeinsamen Europäischen Kaufrecht, NJW 2011, 3491 ff., 3495; *Fornasier*, RabelsZ 76 (2012), 401 ff., 405, 419 f.; *Hesselink*, ERPL 2012, 195 ff., 198 ff.; *Kramer*, JBl 2012, 750 ff., 759; *Rühl*, The Common European Sales Law. 28th Regime, 2nd Regime or 1st Regime?, MJ 2012, 148 ff., 157; *Schmidt-Kessel*, Anwendungsbereich, Ausgestaltung der Option und andere Fragen zur Verordnung, in: Schmidt-Kessel (Hrsg.), Ein einheitliches europäisches Kaufrecht? Eine Analyse des Vorschlags der Kommission, München 2012, S. 29 ff., 36 f.; *Stadler*, Anwendungsvoraussetzungen und Anwendungsbereich des Common European Sales Law, AcP 212 (2012), 473 ff., 478 ff.; *Whittaker*, (2012) 75 MLR 578 ff., 588 f.; *Zimmermann*, JBl 2012, 2 ff., 6.

260 Siehe dazu *Busch*, Kollisionsrechtliche Weichenstellungen für ein optionales Instrument im Europäischen Vertragsrecht, EuZW 2011, 655 ff., 656; *Fornasier*, RabelsZ 76 (2012), 401 ff., 405, 407 f.; *Lehmann*, Dogmatische Konstruktion der Einwahl in das EU-Kaufrecht (2., 28. oder integriertes Regime) und die praktischen Folgen, in: Gebauer (Hrsg.), Gemeinsames Europäisches Kaufrecht. Anwendungsbereich und kollisionsrechtliche Einbettung, München 2013, S. 69 ff.; *Leible*, Der räumlich-persönliche Anwendungsbereich des Gemeinsamen Europäischen Kaufrechts, in: Remien/Herrler/Limmer (Hrsg.), Gemeinsames Europäisches Kaufrecht für die EU? Analyse des Vorschlags der europäischen Kommission für ein optionales Europäisches Vertragsrecht vom 11. Oktober 2011, München 2012, S. 21 ff., 22 f.; *Rühl*, MJ 2012, 148 ff., 149 f.; *Stadler*, AcP 212 (2012), 473 ff., 475 ff.; *Dannemann*, Choice of CESL and Conflict of Laws, in: Dannemann/Vogenauer (Hrsg.), The Common European Sales Law in Context. Interactions with English and German Law, Oxford 2013, S. 21 ff., 24 ff. Nach dem Beitritt Kroatiens soll die Rede von einem 29. Regime sein. Selbst diese Aufzählung ist allerdings unzutreffend, da es Mitgliedstaaten mit mehreren Privatrechtsordnungen gibt, nämlich Spanien und das Vereinigte Königreich, und überdies das GEK auch als Alternative zu drittstaatlichen Rechten stehen wird;

Vor allem ist schwer nachzuvollziehen, dass sich eine EU-Verordnung, die kraft Art. 288 II AEUV in jedem Mitgliedstaat unmittelbar gilt und Vorrang vor der nationalen Rechtsordnung hat, in mitgliedstaatliches Recht verwandle; [261] so dass es ein irländisches, ein polnisches, ein griechisches GEK usw. gäbe.[262]

Grund der Ablehnung der Idee eines 28. Regimes durch die Kommission war vermutlich die h. M. zum wählbaren „Recht" i.S.v. Art. 3 Rom I-VO. Demnach bezieht sich die Möglichkeit einer freien Rechtswahl nicht auf nichtstaatliche bzw. supranationale Regeln und somit nicht auf ein fakultatives EU-Instrument.[263] Um die Option für das GEK als Rechtswahl nach Art. 3 Rom I-VO zu ermöglichen, wäre zumindest eine Klarstellung im Wortlaut der Rom I-VO nötig.[264]

---

siehe *Augenhofer*, ERCL 2011, 195 ff., 199 Fn. 13; *Fornasier*, RabelsZ 76 (2012), 401 ff., 407; *Rühl*, MJ 2012, 148 ff., 150 Fn. 7; *Stabentheiner*, wbl 2012, 61 ff., 65.

261 Siehe *Flessner*, Der Status des Gemeinsamen Europäischen Kaufrechts. Kommentar zu *Sabine Corneloup*, ZEuP 2012, 726 ff., 227 ff.; *Mansel*, Der Verordnungsvorschlag für ein Gemeinsames Europäisches Kaufrecht. Teil I, WM 2012, 1253 ff., 1262; *Stabentheiner*, wbl 2012, 61 ff., 65; siehe aber *Leible*, Der räumlich-persönliche Anwendungsbereich des Gemeinsamen Europäischen Kaufrechts, in: Remien/Herrler/Limmer (Hrsg.), Gemeinsames Europäisches Kaufrecht für die EU?, S. 25.

262 *Stabentheiner*, wbl 2012, 61 ff., 65 Fn. 26.

263 *v. Hein*, in: Rauscher (Hrsg.), Europäisches Zivilprozess- und Kollisionsrecht. Rom I-VO, Rom II-VO, München 2011, Art. 3 Rom I-VO Rn. 49 ff.; *Ferrari*, in: Ferrari/Kieninger/Mankowski/Otte/Saenger/A. Staudinger, Internationales Vertragsrecht, 2. Aufl. München 2011, Art. 3 Rom I-VO Rn. 14 ff., 17 ff.; siehe auch *Fornasier*, RabelsZ 76 (2012), 401 ff., 407; *Rühl*, MJ 2012, 148 ff., 151 Fn. 11 beide m.w.N.

264 *Rösler*, Rechtswahl und optionales Vertragsrecht in der EU, EuZW 2011, 1; *Rühl*, MJ 2012, 148 ff., 151 ff.; a. A. *Stadler*, AcP 212 (2012), 473 ff., 475 Fn. 9; *Dannemann*, Choice of CESL and Conflict of Laws, in: Dannemann/Vogenauer (Hrsg.), The Common European Sales Law in Context, S. 26. Vgl. Art. 3 II des Vorschlags für eine Verordnung des Europäischen Parlaments und des Rates über das auf vertragliche Schuldverhältnisse anzuwendende Recht (Rom I), KOM(2005) 650 endg.: „Die Parteien können als anzuwendendes Recht auch auf internationaler oder Gemeinschaftsebene anerkannte Grundsätze und Regeln des materiellen Vertragsrechts wählen". Die Bestimmung hat aber den Eingang in die endgültige Fassung der Verordnung nicht geschafft; siehe nun Erwägungsgrund Nr. 13 Rom I-VO; dazu *v. Hein*, in: Rauscher (Hrsg.), Europäisches Zivilprozess- und Kollisionsrecht. Rom I-VO, Rom II-VO, Art. 3 Rom I-VO Rn. 52 ff.

Selbst dann käme allerdings bei Verbraucherverträgen Art. 6 II Rom I-VO ins Spiel. Demnach darf eine Rechtswahl den Verbraucher nicht des Schutzniveaus berauben, das ihm aufgrund des Rechts des Staates seines gewöhnlichen Aufenthalts zusteht. Das GEK müsste also einer Günstigkeitsprüfung unterzogen werden und ggf. unanwendbar bleiben, soweit das jeweilige Heimatrecht im bestimmten Fall für den Verbraucher vorteilhafter wäre. Offenbar würde so der GEK-VO-E seinen Zweck verfehlen, eine einheitliche Vertragsregelung einzuführen, die EU-weit ohne jegliche Modifikationen gilt.[265] Zwar erstrebt das GEK im Allgemeinen ein hohes Verbraucherschutzniveau. Dies schließt jedoch nicht aus, dass nationale Vorschriften in bestimmten Punkten ein höheres Niveau bieten bzw. zukünftig bieten werden.[266]

Derselben Gefahr geht allerdings das Modell des 2. Regimes ebenso wenig aus dem Weg. Denn, solange man nur über Kollisionsnormen ins GEK gelangt, kann man auch Art. 6 Rom I-VO nicht ausweichen. Die Wahl zugunsten eines mitgliedstaatlichen Rechts – am häufigsten des Staates, in dem der Unternehmer seinen Sitz hat – und anschließend eine Anwendungsvereinbarung zugunsten des GEK stellen in ihrer Gesamtheit eine Rechtswahl i.S.v. Art. 3, 6 II Rom I-VO dar. Das Ergebnis dieser Wahl ist immerhin am Heimatsrecht des Verbrauchers zu messen. Maßstab bleibt das autonome Privatrecht dieses Staates, denn nur dieses wäre mangels jener Rechtswahl durch Art. 6 I Rom I-VO zur Anwendung berufen.[267] Sofern das GEK nur nach Parteiabrede aktiviert wird, kann es nie als objektives Vertragsstatut i.S.v. Art. 6 I Rom I-VO gelten. Ein autono-

---

265 *Fornasier*, RabelsZ 76 (2012), 401 ff., 409 ff.; *Leible*, Der räumlich-persönliche Anwendungsbereich des Gemeinsamen Europäischen Kaufrechts, in: Remien/Herrler/Limmer (Hrsg.), Gemeinsames Europäisches Kaufrecht für die EU?, S. 23; *Stadler*, AcP 212 (2012), 473 ff., 476; *Stürner*, Das Verhältnis des Gemeinsamen Europäischen Kaufrechts zum Richtlinienrecht, in: Schulte-Nölke/Zoll/Jansen/Schulze (Hrsg.), Der Entwurf für ein optionales europäisches Kaufrecht, München 2012, S. 47 ff., 65; *Wendehorst*, in: Schulze (Hrsg.), CESL Commentary Art. 3 CESL (P) Rn. 4.

266 Siehe die Beispiele von *Pachl*, MJ 2012, 180 ff., 190 f.

267 Der Begriff „autonomes Recht" soll hier nicht dahingehend verstanden werden, dass er lediglich Regeln rein nationaler Herkunft umfasst. Gemeint ist vielmehr das gesamte nationale Recht, einschließlich Vorschriften, die der Umsetzung von Richtlinien dienen, im Unterschied zum GEK.

mes Nationalrecht, das dem Verbraucher ein höheres Schutzniveau bietet, darf also weiterhin das GEK durch Art. 6 II Rom I-VO verdrängen.[268]

Demnach überzeugt die Überlegung der Kommission nicht, die in Erwägungsgrund Nr. 12 GEK-VO-E Einzug fand, Art. 6 II Rom I-VO bleibe im Fall einer Anwendungsvereinbarung für das GEK praktisch irrelevant, denn der Vergleich finde zwischen zwei inhaltlich gleichen Rechtsordnungen statt; dem GEK des Mitgliedstaates des Unternehmers und dem GEK des Mitgliedstaates des Verbrauchers.[269] Die Argumentation der Kommission lässt sich erst recht entkräften, wenn die Lage aus der Perspektive ei-

268 *Corneloup*, Der Anwendungsbereich des Optionalen Instruments, die Voraussetzungen seiner Wahl und das Verhältnis zur Rom I-VO, ZEuP 2012, 705 ff., 715; *Editorial comments*, CML Rev 2012, 1267 ff., 1275 Fn. 36; *Eidenmüller/Jansen/Kieninger/Wagner/Zimmermann*, JZ 2012, 269 ff., 273; *Mansel*, WM 2012, 1253 ff., 1264; *Rühl*, MJ 2012, 148 ff., 158 ff.; *Stadler*, AcP 212 (2012), 473 ff., 479 *Whittaker*, (2012) 75 MLR 578 ff., 590; *Eidenmüller*, What can be wrong with an option? An optional Common European Sales Law as a regulatory tool, CML Rev 2013 SI, 69 ff., 79 f.; vgl. *Stürner*, Das Verhältnis des Gemeinsamen Europäischen Kaufrechts zum Richtlinienrecht, in: Schulte-Nölke/Zoll/Jansen/Schulze (Hrsg.), Der Entwurf für ein optionales europäisches Kaufrecht, S. 66 f.

269 So auch *Staudenmayer*, NJW 2011, 3491 ff., 3495; *Leible*, Der räumlich-persönliche Anwendungsbereich des Gemeinsamen Europäischen Kaufrechts, in: Remien/Herrler/Limmer (Hrsg.), Gemeinsames Europäisches Kaufrecht für die EU?, S. 27; *Mankowski*, RIW 2012, 97 ff., 101; *Wendehorst*, in: Schulze (Hrsg.), CESL Commentary Art. 3 CESL (P) Rn. 8; vgl. *Lehmann*, Dogmatische Konstruktion der Einwahl in das EU-Kaufrecht, in: Gebauer (Hrsg.), Gemeinsames Europäisches Kaufrecht, S. 80; *Schmidt-Kessel*, Anwendungsbereich, Ausgestaltung der Option und andere Fragen zur Verordnung, in: Schmidt-Kessel (Hrsg.), Ein einheitliches europäisches Kaufrecht?, S. 37 f. Ob die einheitliche Anwendung des GEK auch von Art. 9 Rom I-VO und privatrechtlichen Eingriffsnormen bedroht ist, bleibt umstritten; siehe bejahend *Corneloup*, ZEuP 2012, 705 ff., 717 f.; *Fornasier*, RabelsZ 76 (2012), 401 ff., 439; *Hesselink*, ERPL 2012, 195 ff., 203; *Mansel*, WM 2012, 1253 ff., 1264; *Whittaker*, (2012) 75 MLR 578 ff., 593 f.; verneinend *Lehmann*, Dogmatische Konstruktion der Einwahl in das EU-Kaufrecht, in: Gebauer (Hrsg.), Gemeinsames Europäisches Kaufrecht, S. 82 f.; *Leible*, Der räumlich-persönliche Anwendungsbereich des Gemeinsamen Europäischen Kaufrechts, in: Remien/Herrler/Limmer (Hrsg.), Gemeinsames Europäisches Kaufrecht für die EU?, S. 26; *Mankowski*, RIW 2012, 97 ff., 102; *Schmidt-Kessel*, Anwendungsbereich, Ausgestaltung der Option und andere Fragen zur Verordnung, in: Schmidt-Kessel (Hrsg.), Ein einheitliches europäisches Kaufrecht?, S. 37.

nes drittstaatlichen Richters betrachtet wird, dessen eigenes Kollisionsrecht bei Verbraucherverträgen keinerlei Rechtwahl erlaubt.[270]

Alles in allem erweist sich das Konzept der Kommission, wonach das GEK ein 2. Regime innerhalb jeder nationalen Rechtsordnung darstelle, als weder überzeugend noch praktikabel. Das Anliegen der Kommission besteht offensichtlich vor allem darin, die Hindernisse aus Art. 6 II Rom I-VO zu überspielen, ohne diese Bestimmung zu modifizieren oder abzuschaffen.[271] Dieses Ziel soll an dieser Stelle nicht in Frage gestellt werden. [272] In diesem Rahmen ist es zweckmäßig, das GEK als unmittelbar wählbares materielles Einheitsrecht zu gestalten, das ohne Weiteres Anwen-

---

270 So das schweizerische Recht (Art. 120 II IPRG): siehe *Basedow*, Ein Gemeinsames Europäisches Kaufrecht für grenzübergreifende Verträge. Seine Bedeutung und Auswirkung auf offene Märkte, in: Gebauer (Hrsg.), Gemeinsames Europäisches Kaufrecht. Anwendungsbereich und kollisionsrechtliche Einbettung, München 2013, S. 3 ff., 15 ff.; *Fornasier*, RabelsZ 76 (2012), 401 ff., 417, 424; *Stadler*, AcP 212 (2012), 473 ff., 482; vgl. *Eidenmüller/Jansen/Kieninger/Wagner/Zimmermann*, JZ 2012, 269 ff., 274; *Rühl*, MJ 2012, 148 ff., 160; *Whittaker*, (2012) 75 MLR 578 ff., 594 f.

271 Siehe *Augenhofer*, Aktuelle Entwicklungen im Europäischen Verbraucherrecht, in: Augenhofer (Hrsg.), Verbraucherrecht im Umbruch, S. 5; *Riesenhuber*, GPR 2012, 2 ff., 2; *Schmidt-Kessel*, Anwendungsbereich, Ausgestaltung der Option und andere Fragen zur Verordnung, in: Schmidt-Kessel (Hrsg.), Ein einheitliches europäisches Kaufrecht?, S. 37 Fn. 20. Die politische Entscheidung für ein 2. Regime kann auch auf die Suche nach einer dienlichen Rechtsgrundlage für den Erlass des Instruments zurückgehen; siehe *Editorial comments*, CML Rev 2012, 1267 ff., 1275 f.; *Leible*, Der räumlich-persönliche Anwendungsbereich des Gemeinsamen Europäischen Kaufrechts, in: Remien/Herrler/Limmer (Hrsg.), Gemeinsames Europäisches Kaufrecht für die EU?, S. 23 f.; *Schinkels*, Überschießende Anwendung des EU-Kaufrechts. Mitgliedstaatliche Optionen und Parteiautonomie, in: Gebauer (Hrsg.), Gemeinsames Europäisches Kaufrecht. Anwendungsbereich und kollisionsrechtliche Einbettung, München 2013, S. 23 ff., 25; *Stadler*, AcP 212 (2012), 473 ff., 483 f.; *Wagner*, ZEuP 2012, 455 ff., 455; *Wendehorst*, in: Schulze (Hrsg.), CESL Commentary Art. 3 CESL (P) Rn. 5 f., 8. Zu Fragen der EU-Kompetenz, der möglichen Rechtsgrundlage eines optionalen Instruments und der Subsidiaritäts- bzw. Verhältnismäßigkeitsanforderungen siehe *Kuipers*, The Legal Basis for a European Optional Instrument, ERPL 2011, 545 ff.; *Max Planck Institute for Comparative and International Private Law*, RabelsZ 75 (2011), 371 ff., 388 ff.; *Reich*, EU-Verbraucherkaufrecht in neuen Dokumenten und in einem Optionalen Instrument, ZfRV 2011, 196 ff., 199 f.; *Wagner*, Der Vorschlag einer Verordnung über ein Gemeinsames Europäisches Kaufrecht, S. 1 ff.; *Basedow*, Art. 114 AEUV als Rechtsgrundlage eines optionalen EU-Kaufrechts, EuZW 2012, 1 f.; *Grigoleit*, Der Entwurf für ein Gemeinsames Europäisches Kaufrecht: Funktionsbedingungen, EU-Kompetenz und

dung findet, wenn sein Anwendungsbereich eröffnet ist und die Vertragspartner[272] dafür optieren.[273] Einer Vorschaltung des internationalen Privatrechts bedarf es damit nicht, da einheitsrechtliche Regeln immer Vorrang vor Anknüpfungsnormen haben,[274] wie es in Art. 1 a) UN-Kaufrecht deut-

---

Perspektiven, in: Remien/Herrler/Limmer (Hrsg.), Gemeinsames Europäisches Kaufrecht für die EU? Analyse des Vorschlags der europäischen Kommission für ein optionales Europäisches Vertragsrecht vom 11. Oktober 2011, München 2012, S. 68 ff., 75 ff.; *ders.*, Die Europäische Kommission und ein Gemeinsames Europäisches Kaufrecht, ZSE 2012, 560 ff., 571 ff.; *Low*, *Unitas via Diversitas*. Can the Common European Sales Law Harmonize through Diversity?, MJ 2012, 132 ff.; *Ludwigs*, Verwirklichung des Binnenmarkts durch ein „Gemeinsames Europäisches Kaufrecht"?, EuZW 2012, 608 ff.; *Riesenhuber*, Der Vorschlag für eine Verordnung über ein „Gemeinsames Europäisches Kaufrecht". Kompetenz, Subsidiarität, Verhältnismäßigkeit, EWS 2012, 7 ff.; *W.-H. Roth*, Der „Vorschlag für eine Verordnung über ein Gemeinsames Europäisches Kaufrecht" (KOM(2011) 635 endg.), EWS 2012, 12 ff.; *Tamm*, Das Gemeinsame Europäische Kaufrecht als optionales Instrument. Eine kritische Analyse zur Binnenmarktharmonisierungskompetenz der Kommission, VuR 2012, 3 ff.

272 Es wäre zwar nachvollziehbar, Art. 6 Rom I-VO dahin gehend zu ändern, dass die Wahl der Rechtsordnung durch den Unternehmer völlig frei ist, soweit es sich um ein mitgliedstaatliches Recht handelt, d. h. ein Recht, das mindestens die EU-rechtlichen Verbraucherschutzstandards erfüllt. Politisch durchsetzbar scheint dieser Ansatz aber kaum.

273 So auch *Max Planck Institute for Comparative and International Private Law*, RabelsZ 75 (2011), 371 ff., 401 f.; *Stürner*, Kollisionsrecht und Optionales Instrument. Aspekte einer noch ungeklärten Beziehung, GPR 2011, 236 ff., 239 ff.; *Fornasier*, RabelsZ 76 (2012), 401 ff., 430 f., 440 f.; *Lehmann*, Dogmatische Konstruktion der Einwahl in das EU-Kaufrecht, in: Gebauer (Hrsg.), Gemeinsames Europäisches Kaufrecht, S. 86 ff.; *Mansel*, WM 2012, 1253 ff., 1261 f.; *Rühl*, MJ 2012, 148 ff., 161 f.; siehe aber *Flessner*, ZEuP 2012, 726 ff., 227 ff., *Schinkels*, Überschießende Anwendung des EU-Kaufrechts, in: Gebauer (Hrsg.), Gemeinsames Europäisches Kaufrecht, S. 31 ff., 47 f., die schon in der aktuellen Fassung des GEK-VO-E ein ohne Vorschaltung von externen Kollisionsnormen unmittelbar anwendbares Regime sehen.

274 *Fornasier*, RabelsZ 76 (2012), 401 ff., 417 m.w.N.

lich wird.[275] Der einheitsrechtliche Charakter des GEK sollte im Verordnungstext selbst in aller Klarheit verankert werden.[276]

4. Anwendungsbereich und Regelungsumfang

a) Sachlicher Anwendungsbereich

Gemäß Art. 5 i.V.m. Art. 2 (h), (j), (k), (m) GEK-VO-E ist das GEK für drei Vertragstypen wählbar: den Kauf von Waren, die Bereitstellung digitaler Inhalte – ganz gleich, ob sie sich auf einem materiellen Datenträger befinden oder nicht – und die Erbringung von Dienstleistungen, die mit den oben genannten Käufen oder Bereitstellungen verbunden sind, z. B. Montage, Installierung, Instandhaltung, Reparatur und sonstige Handreichungen.[277]

Vom Anwendungsbereich ausgenommen sind Mischverträge, d. h. solche, die neben dem Warenkauf, der Bereitstellung digitaler Inhalte oder

---

275 Siehe statt vieler *Saenger*, in: Ferrari/Kieninger/Mankowski/Otte/Saenger/A. Staudinger, Internationales Vertragsrecht Art. 1 CISG Rn. 14; BGH NJW-RR 2003, 1582, 1583; vgl. Art. 3 I Fluggastrechte-VO (Verordnung (EG) Nr. 261/2004 des Europäischen Parlaments und des Rates v. 11.2.2004 über eine gemeinsame Regelung für Ausgleichs und Unterstützungsleistungen für Fluggäste im Fall der Nichtbeförderung und bei Annullierung oder erheblicher Verspätung von Flügen und zur Aufhebung der Verordnung (EWG) Nr. 295/91, ABl. 2004 L 46/1).

276 *Fornasier*, RabelsZ 76 (2012), 401 ff., 441 schlägt eine entsprechende Regel vor: „Die Vorschriften des Europäischen Vertragsrechts gelangen zur Anwendung, wenn die Parteien deren Geltung für den Vertrag vereinbart haben, unabhängig davon, welches Recht auf den Vertrag nach den Regeln des Internationalen Privatrechts anzuwenden wäre. Die Geltungsvereinbarung unterliegt nicht den Beschränkungen der Rechtswahlfreiheit, die das Internationale Privatrecht vorsieht." Dass auch diese Bestimmung, die im GEK-VO-E Platz finden sollte, nur die Mitgliedstaaten binden wird, folgt schon aus Art. 288 II AEUV. Eine völlig funktionierende Anwendung des GEK durch Gerichte von Drittstaaten, die ihr eigenes internationales Privatrecht anzuwenden haben, lässt sich nicht allein mit EU-Rechtsakten gewährleisten; siehe *Mankowski*, RIW 2012, 97 ff., 104 f.

277 Eingehend dazu *Stadler*, AcP 212 (2012), 473 ff., 491 ff.; *Wendehorst*, in: Schulze (Hrsg.), CESL Commentary Art. 5 CESL (P) Rn. 3 ff.; zur Anwendung des GEK auf Verträge über digitale Inhalte siehe ausführlich *Zahn*, Die Anwendbarkeit des Gemeinsamen Europäisches Kaufrechts auf Verträge über digitale Inhalte, ZEuP 2014, 77 ff.

einer verbundenen Dienstleistung weitere Elemente aufweisen (Art. 6 I GEK-VO-E),[278] sowie Verträge, die eine Kreditgewährung in Form eines Zahlungsaufschubs, eines Darlehens oder einer vergleichbaren Finanzierungshilfe vorsehen (Art. 6 II GEK-VO-E). Um die Wählbarkeit des GEK nicht drastisch einzuschränken, wäre eine enge Auslegung der letztgenannten Ausnahme angebracht, nach der die handelsüblichen kurzfristigen, zins- bzw. kostenlosen Finanzierungen, wie eine Lieferung auf Rechnung, von Art. 6 II GEK-VO-E nicht erfasst sind.[279]

b) Persönlicher und geographischer Anwendungsbereich

Eine Anwendungsvereinbarung des GEK ist ferner nach Art. 7 I GEK-VO-E *rationae personae* nur in zwei Konstellationen möglich: erstens, wenn ein Verbraucher und ein Unternehmer zusammentreffen, wobei Letzterer als Verkäufer, Lieferant digitaler Inhalte oder Dienstleistungsanbieter am Vertrag beteiligt ist;[280] und zweitens, wenn beide Vertragspartner Unternehmer sind. Im letzten Fall ist es ohne Belang, welcher Vertragspartner als Verkäufer, Lieferant digitaler Inhalte oder Dienstleistungsanbieter dasteht; allerdings muss es sich bei mindestens einem von ihnen um ein kleines oder mittleres Unternehmen („KMU“) handeln.[281]

278 Die Mischverträge sind von den gemischten Verträgen nach Art. 9 GEK zu unterscheiden, die einen Warenkauf oder eine Bereitstellung digitaler Inhalte mit der Erbringung einer verbundenen Dienstleistung kombinieren, aber keine sonstigen Elemente aufweisen; siehe dazu *Mansel*, WM 2012, 1253 ff., 1257 ff.

279 *Wendehorst*, in: Schulze (Hrsg.), CESL Commentary Art. 6 CESL (P) Rn. 10 mit Hinweis auf Art. 2 II f) Verbraucherkredit-RL, der zins- und gebührenfreie Kreditverträge aus der Richtlinienregulierung ausnimmt; vgl. *Schmidt-Kessel*, Anwendungsbereich, Ausgestaltung der Option und andere Fragen zur Verordnung, in: Schmidt-Kessel (Hrsg.), Ein einheitliches europäisches Kaufrecht?, S. 32; *Stadler*, AcP 212 (2012), 473 ff., 494.

280 Die Definition des Verbrauchers in Art. 2 (f) GEK-VO-E entspricht grundsätzlich derjenigen in Art. 2 Nr. 1 Verbraucherrechte-RL. Trotzdem mangelt es im GEK an einem Hinweis bezüglich Verträgen mit doppeltem (gewerblichem und nichtgewerblichem) Zweck, wie dieser im Erwägungsgrund Nr. 17 Verbraucherrechte-RL zu finden ist; siehe oben, Kapitel 2.A.III.2. Es liegt daher nahe, dass der Verbraucherbegriff im GEK enger konzipiert wurde; siehe *Stadler*, AcP 212 (2012), 473 ff., 488.

281 Zahl der Beschäftigten unter 250 und Jahresumsatzerlös höchstens 50 Millionen EUR oder Jahresbilanzsumme höchstens 43 Millionen EUR; so auch die Empfehlung 2003/361/EG der Kommission v. 6.5.2003 betreffend die Definition der

Die etablierten Bezeichnungen b2b und b2c reichen also hier nicht aus. Wenn c für jeden Verbraucher, B für große Unternehmer und b für KMU steht, lässt sich der gesamte Anwendungsbereich des GEK *rationae materiae* wie folgt darstellen: B2c, b2c, B2b, b2B, b2b.[282]

Eine Wahl des GEK ist überdies an geographische Bedingungen geknüpft und kommt nämlich nur zum Tragen, wenn der Vertrag grenzüberschreitend[283] ist und einen EU-Bezug aufweist.[284] Bei Verträgen zwischen Unternehmern müssen nämlich die Parteien ihren gewöhnlichen Aufenthalt in verschiedenen Staaten haben, von denen mindestens einer ein EU-Mitgliedstaat ist (Art. 4 II GEK-VO-E). In Verbraucherverträgen genügt es, dass sich die Hausanschrift des Verbrauchers, seine Lieferanschrift oder seine Rechnungsanschrift in einem anderen Staat als dem Staat des gewöhnlichen Aufenthaltsorts des Unternehmers findet[285] und mindestens einer dieser Staaten ein EU-Mitgliedstaat ist (Art. 4 III GEK-VO-E). So kann z. B. ein in Saarbrücken ansässiger Verbraucher, der einen Kaufvertrag mit einem deutschen Unternehmen abschließt, allein durch Angabe der (Liefer-)Adresse eines Verwandten im benachbarten französischen Spichern das GEK wählbar machen.[286]

Kleinstunternehmen sowie der kleinen und mittleren Unternehmen, ABl. 2003 L 124/36.

282 Vgl. *Stürner*, Das Verhältnis des Gemeinsamen Europäischen Kaufrechts zum Richtlinienrecht, in: Schulte-Nölke/Zoll/Jansen/Schulze (Hrsg.), Der Entwurf für ein optionales europäisches Kaufrecht, S. 54.

283 Die deutsche Sprachfassung verwendet den Begriff „grenzübergreifend". Dahinter soll allerdings m. E. eher die Flüchtigkeit der Übersetzung als die bewusste Einführung eines neuen Terminus stehen.

284 Nach Ansicht der Kommission ist der GEK-VO-E von Bedeutung für den Europäischen Wirtschaftsraum und sollte deshalb auch auf Island, Liechtenstein und Norwegen ausgedehnt werden; siehe Vorschlag für eine Verordnung des Europäischen Parlaments und des Rates über ein Gemeinsames Europäisches Kaufrecht, KOM(2011) 635 endg., S. 12. Ob es tatsächlich dazu kommt, haben die EWR/EFTA Staaten bisher offen gelassen; siehe EEA EFTA Comment on the Proposal for a Regulation of the European Parliament and of the Council on a Common European Sales Law (COM (2011) 635) v. 27.9.2012 (www.efta.int/eea/eea-efta-comments; zuletzt abgerufen am 20.12.2014).

285 Siehe zum gewöhnlichen Aufenthaltsort bzw. zu Niederlassungen der Unternehmer Art. 4 IV, V GEK-VO-E.

286 Beispiel frei nach dem Sachverhalt von EuGH v. 17.10.2013 – Rs. C-218/12 *Emrek*, EU:C:2013:666, Rn. 9 ff.; vgl. *Stabentheiner*, wbl 2012, 61 ff., 64; *Stadler*, AcP 212 (2012), 473 ff., 485; *Wendehorst*, in: Schulze (Hrsg.), CESL Commentary Art. 4 CESL (P) Rn. 14 f.

In Art. 13 GEK-VO-E ist es den Mitgliedstaaten gestattet, das GEK auch für rein innerstaatliche Rechtsverhältnisse bzw. für den gesamten unternehmerischen Geschäftsverkehr wählbar zu machen.[287] Das Gleiche sollte, obwohl nicht erwähnt, hinsichtlich Verträgen zwischen Verbrauchern gelten.[288]

c) Regelungsumfang

Laut der Präambel des GEK-VO-E soll das optionale Instrument all die Fragen regeln, „die während des Lebenszyklus von Verträgen, [...] insbesondere von Online-Verträgen, von praktischer Bedeutung sind".[289]

Nach dem einleitenden Teil I enthält das GEK tatsächlich Vorschriften über den Vertragsschluss (Teil II), einschließlich des Widerrufsrechts (Art. 40 ff. GEK), vorvertraglicher Informationspflichten (Art. 13 ff. GEK) und Willensmängel (Art. 48 ff. GEK); über den Vertragsinhalt (Teil III), einschließlich der Klauselkontrolle (Art. 79 ff. GEK); über die Vertragsrechte und -pflichten der Parteien sowie ihre Rechtsbefehle (Teile IV, V); über Schadensersatz und Zinsen (Teil VI); über die Vertragsrückabwicklung nach Anfechtung oder Beendigung (Teil VII) und über das Verjährungsrecht (Teil VIII).

Ausgeklammert blieben jedoch mehrere Rechtskomplexe, wie die „Rechtspersönlichkeit, die Ungültigkeit eines Vertrags wegen Geschäftsunfähigkeit, Rechts- oder Sittenwidrigkeit, die Bestimmung der Vertragssprache, das Diskriminierungsverbot, die Stellvertretung, die Schuldner- und Gläubigermehrheit, der Wechsel der Parteien einschließlich Abtretung, die Aufrechnung und Konfusion, das Sachenrecht einschließlich der Eigentumsübertragung, das Recht des geistigen Eigentums sowie das Deliktsrecht".[290] Zu diesen „externen Lücken" sind u.a. die Vertragsstrafe und Teile des Willensmängel- und Verjährungsrechts hinzuzufügen.[291]

---

287 Dazu *Schinkels*, Überschießende Anwendung des EU-Kaufrechts, in: Gebauer (Hrsg.), Gemeinsames Europäisches Kaufrecht, S. 44 ff.

288 *Stabentheiner*, wbl 2012, 61 ff., 64.

289 Erwägungsgrund Nr. 26 S. 1 GEK-VO-E.

290 Erwägungsgrund Nr. 27 S. 2 GEK-VO-E. Es wäre sinnvoller und für die Rechtsanwendung praktischer, wenn beide Erwägungsgründe Nr. 26, 27 ihren Platz im Hauptregelungstext des GEK-VO-E fänden.

291 Siehe *Eidenmüller/Jansen/Kieninger/Wagner/Zimmermann*, JZ 2012, 269 ff., 271 f.; umfassender dazu *Balthasar*, Das Gemeinsame Europäische Kaufrecht.

d) Insbesondere das Widerrufsrecht

Die Vorschriften über das Widerrufsrecht in Art. 40 ff. GEK weisen keine besonderen Abweichungen von den entsprechenden Regeln der Verbraucherrechte-RL auf, obwohl sich die Verfasser des GEK für ein teilweise unterschiedliches Arrangement der Bestimmungen entschieden haben.

Der Verbraucher hat gemäß Art. 40 I GEK ein Widerrufsrecht bei Fernabsatzverträgen und außerhalb von Geschäftsräumen geschlossenen Verträgen, sofern im letzen Fall der Preis der Kaufwaren 50 EUR übersteigt. Die Ausnahmen vom Widerrufsrecht sind folgend in Art. 40 II, III GEK aufgelistet. Eine Unstimmigkeit, die näher zu untersuchen ist,[292] besteht im Fehlen eines Ausschlusstatbestands für den Fall der vollständigen Erbringung einer Dienstleistung, wie dieser in Art. 16 a) Verbraucherrechte-RL zu finden ist. Darüber hinaus entsprechen Art. 41 GEK über die Ausübung des Widerrufsrechts bzw. Art. 42 GEK über die Widerrufsfrist den einschlägigen Vorschriften von Art. 11 bzw. Art. 9 II, 10 Verbraucherrechte-RL. In Anlehnung an Art. 12 bis 15 Verbraucherrechte-RL sind schließlich die Widerrufsfolgen und das Rückabwicklungsprogramm in Art. 43 bis 46 GEK vorgeschrieben.

e) Würdigung

Ohne sachlichen Grund erweist sich der Anwendungsbereich des GEK als zu eng gefasst. Vor allem die Beschränkung im Handelsverkehr, nach der mindestens ein Vertragspartner KMU sein müsse, wurde zu Recht als un-

---

Eine Analyse aus unternehmerischer Sicht, RIW 2012, 361 ff., 365 ff.; zu den Lücken des GEK und dem Zusammenspiel mit nationalen Rechtsordnungen siehe eingehend *Gsell*, Der Verordnungsentwurf für ein Gemeinsames Europäisches Kaufrecht und die Problematik seiner Lücken, in: Remien/Herrler/Limmer (Hrsg.), Gemeinsames Europäisches Kaufrecht für die EU? Analyse des Vorschlags der europäischen Kommission für ein optionales Europäisches Vertragsrecht vom 11. Oktober 2011, München 2012, S. 145 ff.; *dies.*, Interne und externe Lücken des GEK. Die Rolle des EuGH und der mitgliedstaatlichen Gerichte bei der Lückenfüllung, in: Gebauer (Hrsg.), Gemeinsames Europäisches Kaufrecht. Anwendungsbereich und kollisionsrechtliche Einbettung, München 2013, S. 105 ff.; *Dannemann*, Choice of CESL and Conflict of Laws, in: Dannemann/Vogenauer (Hrsg.), The Common European Sales Law in Context, S. 47 ff.

292 Siehe unten, Kapitel 4.B.II.2.a)bb).

verständlich kritisiert.[293] „Große" Unternehmer, d. h. solche die kein KMU sind, haben demnach vor jedem Vertragsschluss zu prüfen, ob ihr potenzieller Handelspartner ein KMU ist oder nicht, und sie daher das GEK oder z. B. das UN-Kaufrecht und ihre damit abgestimmten AGB verwenden müssen.[294]

Außerdem zeigt sich die Prüfung, ob ein Unternehmer als KMU einzustufen ist, als keineswegs einfach. So lässt sich z. B. die genaue Mitarbeiterzahl eines Betriebs angesichts der vielseitigen Verhältnisse in der heutigen Arbeitswelt nicht immer schnell und sicher ermitteln.[295] Bei vielen Fragen, wie der maßgeblichen Zeit für die Berechnung des Jahresumsatzes und der Jahresbilanzsumme, ist der Bezug auf die Empfehlung 2003/361 und ihren Anhang hilfreich.[296] Wenn man sich aber mit mehreren Regelungstexten auseinandersetzen muss, um lediglich die Wählbarkeit des GEK zu bestätigen, kann von einem „hohe[n] Maß an Rechtssicherheit" nicht die Rede sein, wie es Art. 1 II GEK-VO-E verkündet.[297] Auch inhaltlich überzeugt die Sonderstellung der KMU als schutzwürdige Vertrags-

293 So *Schmidt-Kessel*, Anwendungsbereich, Ausgestaltung der Option und andere Fragen zur Verordnung, in: Schmidt-Kessel (Hrsg.), Ein einheitliches europäisches Kaufrecht?, S. 33. In seiner Legislative Entschließung v. 26.2.2014 zu dem Vorschlag für eine Verordnung des Europäischen Parlaments und des Rates über ein Gemeinsames Europäisches Kaufrecht (http://www.europarl.europa.eu/sides/getDoc.do?type=TA&language=EN&reference=P7-TA-2014-0159; zuletzt abgerufen am 20.12.2014) schlagt das Europäische Parlament vor, diese Einschränkung komplett abzuschaffen. Nach der vorgeschlagenen Neufassung von Art. 7 GEK-VO-E soll für die Anwendbarkeit des GEK ausreichen, dass der Verkäufer der Waren oder der Lieferant der digitalen Inhalte Unternehmer ist (Abänderung 70).

294 Siehe *Wendehorst*, in: Schulze (Hrsg.), CESL Commentary Art. 7 CESL (P) Rn. 22.

295 Siehe *Pfeiffer*, Anwendungsbereich: Vertragsparteien und Vertragsgegenstand, in: Remien/Herrler/Limmer (Hrsg.), Gemeinsames Europäisches Kaufrecht für die EU? Analyse des Vorschlags der europäischen Kommission für ein optionales Europäisches Vertragsrecht vom 11. Oktober 2011, München 2012, S. 35 ff., 38; *Stadler*, AcP 212 (2012), 473 ff., 489 f.

296 Siehe *Pfeiffer*, Anwendungsbereich: Vertragsparteien und Vertragsgegenstand, in: Remien/Herrler/Limmer (Hrsg.), Gemeinsames Europäisches Kaufrecht für die EU?, S. 38 f.; *Wendehorst*, in: Schulze (Hrsg.), CESL Commentary Art. 7 CESL (P) Rn. 5 ff.

297 *Wagner*, Der Vorschlag einer Verordnung über ein Gemeinsames Europäisches Kaufrecht, S. 12; *Editorial comments*, CML Rev 2012, 1267 ff., 1274.

partei, die sich in den Sachnormen des GEK wiederspiegelt, nicht.[298] So können z. B. mehrere Handwerksbetriebe unter Art. 7 II GEK-VO-E fallen, obwohl sie marktstarke, sogar in der eigenen Branche herrschende Unternehmen sind.[299]

Ähnliche Einwände können gegen die Voraussetzung des grenzüberschreitenden Vertragsschlusses nach Art. 4 I GEK-VO-E vorgebracht werden und die damit verbundene Rechtszersplitterung. Die große Mehrheit der Unternehmen, die grenzüberschreitend geschäftlich tätig sind, ist auch im inländischen Markt präsent und wird selbst nach Einführung des optionalen Instruments mit mindestens zwei Rechtssystemen konfrontiert werden: dem eigenen nationalen Recht für innerstaatliche Geschäfte und dem GEK für Geschäfte in anderen Mitgliedstaaten.[300]

Selbst für Unternehmer, die ausschließlich das GEK wählen dürfen, wie ein in Norwegen niedergelassener Verkäufer, der sein Angebot an Verbraucher in der EU ausrichtet,[301] werden Rechtsfälle, die sich nur mithilfe von GEK-Vorschriften lösen lassen, die Ausnahme darstellen.[302] Nicht nur ist der Regelungsinhalt des GEK beschnitten. Mehrere Rechtsfragen blieben ausgeklammert, obwohl sie „von praktischer Bedeutung"[303] für

---

298 Siehe z. B. Art. 23 GEK über die Offenlegungspflicht in Vertragsverhandlungen zwischen Unternehmern, Art. 79 ff., 86 GEK über die Klauselkontrolle bei Verträgen zwischen Unternehmern, Art. 168 ff. GEK über den Zahlungsverzug zwischen Unternehmern.

299 Mehr dazu *Augenhofer*, Aktuelle Entwicklungen im Europäischen Verbraucherrecht, in: Augenhofer (Hrsg.), Verbraucherrecht im Umbruch, S. 13 f.

300 *Wagner*, Der Vorschlag einer Verordnung über ein Gemeinsames Europäisches Kaufrecht, S. 12; *Editorial comments*, CML Rev 2012, 1267 ff., 1273; *Basedow*, Ein Gemeinsames Europäisches Kaufrecht für grenzübergreifende Verträge, in: Gebauer (Hrsg.), Gemeinsames Europäisches Kaufrecht, S. 11 f.

301 Vgl. *Wendehorst*, in: Schulze (Hrsg.), CESL Commentary Art. 4 CESL (P) Rn. 20. Unternehmen mit Sitz in der EU wird außerdem die Möglichkeit geboten, eine Zweigniederlassung in einem sehr kleinen Mitgliedstaat, wie Lettland, Luxemburg, Malta oder Zypern, zu gründen und von dort aus ihre Geschäfte mit Vertragspartnern in der ganzen übrigen EU ausschließlich auf der Basis des GEK durchzuführen; siehe *Basedow*, Ein Gemeinsames Europäisches Kaufrecht für grenzübergreifende Verträge, in: Gebauer (Hrsg.), Gemeinsames Europäisches Kaufrecht, S. 12 f.

302 Siehe *Augenhofer*, Aktuelle Entwicklungen im Europäischen Verbraucherrecht, in: Augenhofer (Hrsg.), Verbraucherrecht im Umbruch, S. 15.

303 So die Formulierung im Erwägungsgrund Nr. 26 S. 1 GEK-VO-E.

den grenzüberschreitenden Geschäftsverkehr sind,[304] z. B. die Bestimmung der Verhandlungs- und Vertragssprache,[305] die Parteienmehrheit, die Abtretung unternehmerischer Forderungen, die Aufrechnung oder die Stellvertretung.[306] In Zeiten der Verbreitung von mobilen internetfähigen Geräten und deren Nutzung durch Minderjährige gewinnt auch das Recht der Geschäftsfähigkeit immer mehr an Bedeutung.[307] Dafür muss aber in jedem Fall ein nationales Recht durch internationales Privatrecht herangezogen werden.[308]

Mit dem vorgeschlagenen engen Anwendungsbereich und begrenzten Regelungsumfang des GEK erscheinen eine Rationalisierung der Betriebsverfahren und eine Kostenreduktion eher zweifelhaft, was die Relevanz des Instruments für die Unternehmer deutlich reduziert.[309] Dies würde erst recht stimmen, wenn einem Bericht des Europäischen Parlaments gefolgt würde und das GEK auf ein Online-Vertragsrecht schrumpfen würde.[310] Im *e-commerce* gibt es nämlich zahlreiche Abwicklungs- und Reputationsmechanismen, die die Bedeutung des rechtlichen Rahmens bei Streitvermeidung bzw. -lösung beachtlich verringern. Ebenso gering wären da-

---

304 Siehe *Eidenmüller/Jansen/Kieninger/Wagner/Zimmermann*, JZ 2012, 269 ff., 271 f.; *Grigoleit*, ZSE 2012, 560 ff., 566 f., 568.

305 Vgl. aber Art. 76 GEK zur Kommunikationssprache; mehr dazu *Howells/Marten/Wurmnest*, Language of Information, Contract, and Communication, in: Dannemann/Vogenauer (Hrsg.), The Common European Sales Law in Context. Interactions with English and German Law, Oxford 2013, S. 190 ff.

306 Siehe zur Stellvertretung *Kleinschmidt*, Stellvertretung, IPR und ein optionales Instrument für ein europäisches Vertragsrecht, RabelsZ 75 (2011), 497 ff.

307 Vgl. *Bisges*, Schlumpfbeeren für 3000 Euro. Rechtliche Aspekte von In-App-Verkäufen an Kinder, NJW 2014, 183 ff.

308 Erwägungsgrund Nr. 27 S. 1 GEK-VO-E; dazu *Solomon*, Externe Lücken, allgemeines Kollisionsrecht und die Rolle der Parteiautonomie, in: Gebauer (Hrsg.), Gemeinsames Europäisches Kaufrecht. Anwendungsbereich und kollisionsrechtliche Einbettung, München 2013, S. 129 ff.

309 Siehe *Corneloup*, ZEuP 2012, 705 ff., 709 f.; *Editorial comments*, CML Rev 2012, 1267 ff., 1272 f.; *Eidenmüller/Jansen/Kieninger/Wagner/Zimmermann*, JZ 2012, 269 ff., 275; *Zimmermann*, JBl 2012, 2 ff., 18 f.

310 Siehe Legislative Entschließung des Europäischen Parlaments v. 26.2.2014 zu dem Vorschlag für eine Verordnung des Europäischen Parlaments und des Rates über ein Gemeinsames Europäisches Kaufrecht (http://www.europarl.europa.eu/sides/getDoc.do?type=TA&language=EN&reference=P7-TA-2014-0159; zuletzt abgerufen am 20.12.2014); siehe dazu *Busch*, From European Sales Law to Online Contract Law. The CESL in the European Parliament, euvr 2013, 33 ff.

her die wirtschaftlichen Vorteile eines neuen, nur für die *e-commerce*-Branche bestimmten Rechtsregimes.[311]

VII. Schlussbemerkungen

Mit der Gründung des CoPECL-Netzwerks und der Erarbeitung des DCFR mit Unterstützung der Kommission kam es zu einer gewissen Fusion der bisher rein wissenschaftlichen Projekte und der politischen Vorgänge im europäischen Privatrecht. Der erste offizielle Regelungsentwurf für ein europäisches Kaufrecht in Form einer Machbarkeitsstudie beschäftigte die Wissenschaft nicht für lange Zeit. Nur Monate nach seiner Bekanntmachung unterbreitete die Kommission ihren Verordnungsvorschlag für das GEK und versprach sogar mehr Innovation, Wachstum und Arbeitsplätze in der EU mithilfe des neuen Instruments.[312]

Ob dem Vertragsrecht insgesamt solche Erfolge zugetraut werden dürfen, ist m. E. sehr anzuzweifeln. Auch so hat aber das GEK kaum gute Aussichten, von den europäischen Unternehmern *en masse* bevorzugt zu werden. Die hohen Anforderungen für seine Wahl in Verbraucherverträgen, sein kompliziertes Verhältnis zum internationalen Privatrecht und nationalen Rechtsordnungen sowie sein begrenzter Anwendungsbereich und Regelungsumfang verleihen dem GEK keine besondere Attraktivität. Vielmehr ist zu befürchten, dass die erhoffte – und von der Kommission eifrig propagierte – Einsparung von Transaktionskosten für Unternehmen, wenn überhaupt, eher bescheiden ausfallen wird.[313] All diese Makel gehen offenbar auf die Sorge der Kommission zurück, ihren Vorschlag politisch umsetzbar zu machen, sich eine adäquate Rechtsgrundlage in Art. 114 AEUV zu sichern sowie Vorwürfen wegen fehlender Subsidiarität oder Verhältnismäßigkeit des Vorgehens zu entgehen.[314]

---

311 Siehe nur *W. Doralt*, AcP 211 (2011), 1 ff., 24 ff.

312 Siehe Erwägungsgründe Nr. 1, 7 GEK-VO-E.

313 Siehe *Augenhofer*, Aktuelle Entwicklungen im Europäischen Verbraucherrecht, in: Augenhofer (Hrsg.), Verbraucherrecht im Umbruch, S. 14 f.; *Eidenmüller/Jansen/Kieninger/Wagner/Zimmermann*, JZ 2012, 269 ff., 275; *Zimmermann*, JBl 2012, 2 ff., 18 f.; vgl. *Grigoleit*, ZSE 2012, 560 ff., 566 f., 568 f.

314 Siehe zum Verhältnismäßigkeitsprinzip Vorschlag für eine Verordnung des Europäischen Parlaments und des Rates über ein Gemeinsames Europäisches Kaufrecht, KOM(2011) 635 endg., S. 10 f.; siehe auch *Corneloup*, ZEuP 2012, 705 ff., 711; *Editorial comments*, CML Rev 2012, 1267 ff., 1274; *Stadler*, AcP

Politisches Taktieren sollte aber nicht das GEK zu Fall bringen. Angebracht ist also die Abschaffung jeglicher künstlicher Differenzierungen und Abgrenzungen: Das GEK soll in ein wahlbares Einheitsrechtsinstrument umgewandelt werden,[315] das sowohl innerstaatliche als auch grenzüberschreitende Verträge erfasst, und zwar unabhängig von der Eigenschaft der jeweiligen Wirtschaftsteilnehmer (Privatpersonen, gemeinnützige Organisationen oder Gewerbetreibende; Verbraucher, KMU oder große Unternehmer usw.).[316] In Hinsicht auf den Regelungsumfang dürfte sich m. M. nach erst einmal auf die vertrauten Bereiche des allgemeinen Vertragsrechts und des Kaufrechts beschränkt werden.[317] Dabei sollte aber ein regulatorisch vollständiger Text ausgearbeitet werden, der möglichst jede Form von Lücken vermeidet. Schritt für Schritt könnte das Instrument in

212 (2012), 473 ff., 500; *Wendehorst*, in: Schulze (Hrsg.), CESL Commentary Art. 4 CESL (P) Rn. 18; Art. 8 CESL (P) Rn. 23.

315 Siehe oben, Kapitel 2.C.VI.3.b).

316 Siehe *Grundmann*, ERCL 2008, 225 ff., 237; *Augenhofer*, ERCL 2011, 195 ff., 206 ff., 213; *W. Doralt*, AcP 211 (2011), 1 ff., 33; *Gebauer*, Europäisches Vertragsrecht als Option. Der Anwendungsbereich, die Wahl und die Lücken des Optionalen Instruments, GPR 2011, 227 ff., 235; *van der Heijden/Keirse*, Selecting the Best Instrument for European Contract Law, ERPL 2011, 565 ff., 575 f.; *Herresthal*, Das geplante europäische Vertragsrecht: Die optionale Ausgestaltung des sog. Optionalen Instruments, ZIP 2011, 1347 ff., 1348; *Max Planck Institute for Comparative and International Private Law*, RabelsZ 75 (2011), 371 ff., 416 ff.; *Wagner*, Der Vorschlag einer Verordnung über ein Gemeinsames Europäisches Kaufrecht, S. 12 f.; *Augenhofer*, Aktuelle Entwicklungen im Europäischen Verbraucherrecht, in: Augenhofer (Hrsg.), Verbraucherrecht im Umbruch, S. 14; *Eidenmüller/Jansen/Kieninger/Wagner/Zimmermann*, JZ 2012, 269 ff., 275; *European Law Institute*, Statement on the Proposal for a Regulation on a Common European Sales Law, S. 18 ff.; *Leible*, Der räumlich-persönliche Anwendungsbereich des Gemeinsamen Europäischen Kaufrechts, in: Remien/Herrler/Limmer (Hrsg.), Gemeinsames Europäisches Kaufrecht für die EU?, S. 33; *Pfeiffer*, Anwendungsbereich: Vertragsparteien und Vertragsgegenstand, in: Remien/Herrler/Limmer (Hrsg.), Gemeinsames Europäisches Kaufrecht für die EU?, S. 39 f.; *Basedow*, Ein Gemeinsames Europäisches Kaufrecht für grenzübergreifende Verträge, in: Gebauer (Hrsg.), Gemeinsames Europäisches Kaufrecht, S. 9 ff.; *Eidenmüller*, CML Rev 2013 SI, 69 ff., 82.

317 Siehe dazu *Grundmann*, ERCL 2008, 225 ff., 227 ff.; *W. Doralt*, AcP 211 (2011), 1 ff., 10 f.; *Max Planck Institute for Comparative and International Private Law*, RabelsZ 75 (2011), 371 ff., 426 ff.; *Corneloup*, ZEuP 2012, 705 ff., 708; *Pfeiffer*, Anwendungsbereich: Vertragsparteien und Vertragsgegenstand, in: Remien/Herrler/Limmer (Hrsg.), Gemeinsames Europäisches Kaufrecht für die EU?, S. 42.

der Zukunft mit noch zu erarbeitenden Vorschriften über andere Vertragstypen angereichert werden.[318]

Darüber hinaus sollten sich die politischen Akteure mehr Zeit lassen und eine gründliche Diskussion über die Entwicklung des europäischen Privatrechts ohne künstlichen Zeitdruck in Gang setzen.[319] Nur so kann ein förmlich und inhaltlich überzeugendes europäisches vertragsrechtliches Instrument geschaffen werden, das die Identität des europäischen Privatrechts, aber auch die der EU-Bürger selbst stärken und über Europa hinaus ausstrahlen kann.[320]

Nach dem Amtsantritt der neuen *Juncker*-Kommission bleibt die Zukunft des GEK ungewiss. Am 16.12.2014 hat nämlich die Kommission ihr Arbeitsprogramm für 2015 veröffentlicht und in diesem Zusammenhang den GEK-VO-E praktisch zurückgezogen.[321] Der Vorschlag solle geändert werden, „um das Potenzial des elektronischen Handels im digitalen Binnenmarkt voll zur Entfaltung zu bringen". Ob dieses Vorgehen an die oben erwähnte Entschließung des Europäischen Parlaments anschließt oder einfach das Scheitern des Projekts im Rat offenbart, bleibt zu sehen.[322]

---

318 Vgl. *Augenhofer*, ERCL 2011, 195 ff., 213 („test drive").

319 So bereits *Augenhofer*, Die Zukunft des europäischen Verbraucherrechts, in: FS 200 Jahre Juristische Fakultät, S. 1078; *dies.*, ERCL 2011, 195 ff., 217; *dies.*, Aktuelle Entwicklungen im Europäischen Verbraucherrecht, in: Augenhofer (Hrsg.), Verbraucherrecht im Umbruch, S. 15; *W. Doralt*, AcP 211 (2011), 1 ff., 33; *ders.*, RabelsZ 2011, 260 ff., 284; *Kieninger*, Allgemeines Leistungsstörungsrecht im Vorschlag für ein Gemeinsames Europäisches Kaufrecht, in: Schulte-Nölke/Zoll/Jansen/Schulze (Hrsg.), Der Entwurf für ein optionales europäisches Kaufrecht, München 2012, S. 205 ff., 225; *Stadler*, AcP 212 (2012), 473 ff., 500 f..

320 Siehe *Augenhofer*, ERCL 2011, 195 ff., 209; *Kramer*, JBl 2012, 750 ff., 760; skeptischer *E. Posner*, The Questionable Basis of the Common European Sales Law. The Role of an Optional Instrument in Jurisdictional Competition, CML Rev 2013 SI, 261 ff., 272 ff.

321 Mitteilung der Kommission an das Europäische Parlament, den Rat, den Europäischen Wirtschafts- und Sozialausschuss und den Ausschuss der Regionen – Arbeitsprogramm der Kommission für 2015. Ein neuer Start, KOM(2014) 910 endg., Annex 2, S. 13.

322 Vgl. *Basedow*, Gemeinsames Europäisches Kaufrecht. Das Ende eines Kommissionsvorschlags, ZEuP 2015, 432 ff.

Kapitel 3 Wesen und Wirkungen des Widerrufs

Im vorigen Kapitel wurden die maßgeblichen Vorschriften dargelegt, die die Vertragsrückabwicklung nach Wahrnehmung des Widerrufsrechts regeln. Ihre Systematik sowie das ihnen zugrundeliegende Konzept stellen den Gegenstand der Untersuchung in diesem Kapitel dar. Zu diesem Zweck werden die Wirksamkeit und Durchsetzbarkeit des Vertrags im Verlauf der Widerrufsfrist, das angenommene Rückabwicklungsmodell und die Wirkungen des Widerrufs auf den Vertrag untersucht.

Trotz ihrer nur zum Teil übereinstimmender Geltungsbereiche enthalten Art. 9 ff. Verbraucherrechte-RL und Art. 42 ff. GEK überwiegend homogene Regelungen hinsichtlich des Widerrufsrechts.

Jedoch lässt die Verbraucherrechte-RL gemäß Art. 3 V das innerstaatliche allgemeine Vertragsrecht unberührt, soweit vertragsrechtliche Aspekte durch ihre Vorschriften nicht betroffen sind.[323] Die Umsetzungsregeln sollen wie immer neben dem nicht betroffenen autonomen Zivilrecht jedes Mitgliedstaats zur Anwendung kommen. Im Gegenteil erhebt das GEK einen Anspruch auf Ausschließlichkeit und Vollständigkeit im Bereich der geregelten Materie (Art. 11 GEK-VO-E, 4 II GEK), indem es beabsichtigt, den ganzen Lebenszyklus des Vertrags zu umfassen und u.a. das Zustandekommen und die Durchführung des Vertrags zu regeln.[324] Die folgende Besprechung trägt diesem Umstand Rechnung, indem die zwei Rechtsakte im Folgenden getrennt besprochen werden.

An dieser Stelle sei auch eine rechtspolitische Bemerkung erlaubt. Sowohl die Verbraucherrechte-RL als auch das GEK zeichnen sich durch eine klare Anpassung der rechtlichen Behandlung der außerhalb von Geschäftsräumen geschlossenen Verträge an das Fernabsatzrecht aus.[325] Die Gründe dafür finden sich grundsätzlich im wachsenden wirtschaftlichen Potential der Fernabsatzbranche, in der übrigens seriösere Unternehmer als im Haustürgeschäftsbereich tätig sind. Mit klaren Worten bringt die Europäische Union in den Präambeln der zwei Texte ihren Wunsch zum

323 Siehe auch Erwägungsgrund Nr. 14 Verbraucherrechte-RL.

324 Siehe insb. Art. 30 ff., 93 ff., 124 ff., 153 GEK.

325 *Wendehorst*, Die neue Richtlinie über die Rechte der Verbraucher, in: FS Griss, S. 729.

Ausdruck, das Wachstum des grenzübergreifenden Fernabsatzverkehrs und insb. des Online-Handels zu fördern.[326] Außerdem scheint der Trend der Haustürverkäufe und der sog. Kaffeefahrten allmählich rückläufig. Sie genießen heutzutage sicherlich weniger Ansehen als in den 1980er oder den 1990er Jahren. Nicht zufällig wird deshalb in der Präambel der Verbraucherrechte-RL mit weniger Begeisterung auf das Wachstum des grenzüberschreitenden Direktvertriebs „vor allem im Dienstleistungssektor (z. B. in der Versorgungswirtschaft)" hingewiesen.[327] Entscheidet man sich, das Widerrufsrecht für außerhalb von Geschäftsräumen und im Fernabsatz geschlossene Verträge einheitlich zu regeln, darf man sich freilich an Maßstäben orientieren, die vorwiegend auf die Bedürfnisse des Fernabsatzes zugeschnitten sind.

A. Verbraucherrechte-RL

I. Wirksamkeit und Durchsetzbarkeit des Vertrags während der Widerrufsfrist

Obgleich die Verbraucherrechte-RL grundsätzlich das wirksame Zustandekommen und die Wirkungen des Vertrags dem jeweiligen nationalen Vertragsrecht überlässt,[328] soll überprüft werden, ob die Richtlinienvorschriften Vorgaben hinsichtlich der Vertragswirksamkeit und Durchsetzbarkeit machen und damit eine Ausnahme i.S.v. Art. 3 V in. f. Verbraucherrechte-RL einführen.

1. Durchsetzbarkeit

Solch eine Vorschrift stellt tatsächlich Art. 9 III Verbraucherrechte-RL dar. Nach seinem S. 1 „verbieten die Mitgliedstaaten den Vertragsparteien eine Erfüllung ihrer vertraglichen Verpflichtungen während der Widerrufsfrist nicht". Demzufolge stipuliert Art. 18 I i.V.m. Art. 17 I 1 Ver-

326 Erwägungsgrund Nr. 5 S. 1-3 Verbraucherrechte-RL; vgl. Erwägungsgrund Nr. 1 GEK-VO-E.

327 Erwägungsgrund Nr. 5 S. 4, 5 Verbraucherrechte-RL.

328 Siehe *Unger*, ZEuP 2012, 270 ff., 286 f., 302 f., der auf zwei mögliche Ausnahmen in Art. 8 II 2, VI Verbraucherrechte-RL hinweist.

braucherrechte-RL die Verpflichtung des Unternehmers, bei Kaufverträgen die Kaufsache „unverzüglich“ und auf jeden Fall binnen 30 Tagen nach Vertragsschluss zu liefern und somit zumindest vor Ablauf der absoluten Widerrufsfrist (Art. 10 I Verbraucherrechte-RL) seiner Vertragspflicht nachzukommen.

Eine Ausnahme von Art. 9 III 1 Verbraucherrechte-RL führt indes die Öffnungsklausel in S. 2 ein. Danach können nationale Regeln hinsichtlich außerhalb von Geschäftsräumen geschlossener Verträge aufrechterhalten werden, „die dem Unternehmer verbieten, innerhalb eines bestimmten Zeitraums nach Vertragsabschluss Zahlung vom Verbraucher zu fordern und entgegenzunehmen“. Die Richtlinie duldet daher eine personell gespaltene Durchsetzbarkeit des Vertrags,[329] indem der Unternehmer zwar in dieser Zwischenzeit zur Erfüllung verpflichtet wird, seine eigenen Ansprüche allerdings selbst nicht durchsetzen darf. Der Zweck solcher Bestimmungen ist anscheinend, den Verbraucher wirksamer vor der Übereilungs- bzw. Überrumpelungsgefahr zu schützen, die für außerhalb von Geschäftsräumen geschlossene Verträge als typisch gilt. Das vorgesehene Zahlungsverbot darf ferner so eingerichtet werden, dass es bis zum Ablauf der Widerrufsfrist andauert.[330]

Da in Art. 9 III 2 Verbraucherrechte-RL die Rede von „Aufrechterhalten“ ist, sind hiermit allein bereits vorhandene nationale Vorschriften erfasst. Erläutert wird jedoch nicht, warum ein nationaler Gesetzgeber, der bis dahin solche Regeln nicht für erforderlich hielt, auf später entstehende Problemfälle durch ein Zahlungsverbot nicht reagieren darf.[331] Die Einsprüche gegen den Vollharmonisierungsansatz, die auf die Gefahr einer Rechtsversteinerung aufmerksam machten, könnten insoweit gerechtfertigt sein.[332]

---

329 Zur „personell gespaltenen Wirksamkeit“ siehe *Heinrichs*, Das Widerrufsrecht nach der Richtlinie 97/7/EG über den Verbraucherschutz bei Vertragsabschlüssen im Fernabsatz, in: Beuthien/Fuchs/Roth/Schiemann/Wacke (Hrsg.), Festschrift für Dieter Medicus, Köln u.a. 1999, S. 177 ff., 192.

330 Vgl. Art. 80 III des belgischen Verbraucherschutzgesetzes („Loi du 14 juillet 1991 sur les pratiques du commerce et sur l'information et la protection du consommateur“); EuGH v. 16.12.2008 – Rs. C-205/07 *Gysbrechts und Santurel Inter*.

331 *Lurger*, Widerrufsrechte, in: P. Bydlinski/Lurger (Hrsg.), Die Richtlinie über die Rechte der Verbraucher, S. 72.

332 Siehe oben, Kapitel 2.A.III.1.b).

Von der Öffnungsklausel in Art. 9 III 2 Verbraucherrechte-RL abgesehen, kann schlussgefolgert werden, dass die Verbraucherrechte-RL die sofortige beiderseitige Durchsetzbarkeit der aus einem wirksam geschlossenen Vertrag erwachsenden Erfüllungsansprüche verlangt.[333]

2. Wirksamkeit

Was das wirksame Zustandekommen der Verträge an sich angeht, scheint die Verbraucherrechte-RL keine konkreten Anforderungen zu stellen. Dürfen also die nationalen Rechte das Wirksamwerden des Vertrags weiterhin autonom bestimmen? Die Frage ist m. A. nach zu verneinen. Art. 9 III 1 Verbraucherrechte-RL und ihrer eher misslungenen doppelten Negation („verbieten [...] nicht") ist zu entnehmen, dass die Parteien, die zu einer genügend bestimmten, bindenden Vereinbarung gekommen sind, ihre Erfüllung ohne Weiteres fordern dürfen. Das gesetzliche Einräumen eines Widerrufsrechts dürfte – dem Verständnis des Richtliniengebers entsprechend – den Kontrahenten nicht der Möglichkeit berauben, ihre Bedürfnisse prompt befriedigen lassen zu können.

Eine nationale Vorschrift, die das Wirksamwerden des Vertrags vom Ablauf der Widerrufsfrist abhängig machen würde, würde aber jeden Vertragspartner daran hindern, die Vertragsausführung von seinem Kontrahenten schon im Laufe der Widerrufsfrist zu verlangen. Dass es zu diesem Ergebnis nicht durch eine Verschiebung der Durchsetzbarkeit, die Art. 9 III 1 Verbraucherrechte-RL ausdrücklich verbietet, sondern durch eine Verschiebung des Wirksamwerdens des Vertrags kommt, vermag wohl nichts an der Sache zu ändern.

Diese Argumentation wird überdies durch die Richtlinienregelungen zum Beginn der Widerrufsfrist bestätigt. So ist bei Dienstleistungs-, Wasser-, Gas-, Strom- und Fernwärmebesorgungsverträgen sowie Verträgen über digitale Inhalte, die nicht auf einem körperlichen Datenträger vertrieben werden, der Vertragsabschluss der maßgebliche Zeitpunkt für den Beginn der Widerrufsfrist (Art. 9 II a), c), Art. 10 Verbraucherrechte-RL). Die Wahl eines Modells der „schwebenden Unwirksamkeit", wonach der Vertrag während der Widerrufsfrist noch nicht wirksam zustande kommt,

333 *Lurger*, Widerrufsrechte, in: P. Bydlinski/Lurger (Hrsg.), Die Richtlinie über die Rechte der Verbraucher, S. 72.

würde weder die regelmäßige noch die absolute Widerrufsfrist bei all diesen Vertragstypen in Gang setzen. Vielmehr ist das wirksame Zustandekommen des Vertrags logisch im Zeitpunkt vorausgesetzt, in dem die Widerrufsfrist zu laufen beginnt.

Bei Kaufverträgen beginnt die Widerrufsfrist nach Art. 9 II b) Verbraucherrechte-RL in der Regel, wenn der Käufer die Waren physisch in Empfang nimmt.[334] Die besseren Argumente sprechen auch hier für das sofortige Zustandekommen des Vertrags. Denn das Gelangen der Waren in den physischen Besitz des Käufers, stellt nichts anderes dar als einen Teil der Vertragserfüllung und setzt damit ebenfalls das wirksame Zustandekommen voraus.[335] Den Vertrag als direkt wirksam zu gestalten, ist nicht zuletzt die einzige Lösung, im Fernabsatz den Verbraucher in die Lage zu versetzen, die gekauften Waren zu empfangen bzw. zu besichtigen und ihm die Möglichkeit zu geben, sich zu überlegen, ob er das Widerrufsrecht wahrnehmen wird oder nicht.[336]

Zusammenfassend ist zu sagen, dass die Verbraucherrechte-RL ausnahmslos von der Wirksamkeit des Vertrags während der Widerrufsfrist ausgeht.

II. Rückabwicklungsregime und Wirkungen des Widerrufs

1. Rückabwicklungsregime und systematische Einordnung des Widerrufsrechts

Die Richtlinien sind gemäß Art. 288 III AEUV „hinsichtlich des zu erreichenden Ziels verbindlich, [überlassen] jedoch den innerstaatlichen Stel-

334 Vgl. Erwägungsgrund Nr. 40 Verbraucherrechte-RL.

335 Vgl. *Looschelders*, Informationspflichten des Unternehmers und Widerrufsrecht des Verbrauchers, in: Remien/Herrler/Limmer (Hrsg.), Gemeinsames Europäisches Kaufrecht für die EU?, S. 135.

336 Erwägungsgrund Nr. 37 S. 1, 2 Verbraucherrechte-RL. Vgl. *Bülow*, Unsinniges im Fernabsatz. Das Widerrufsrecht im Referentenentwurf für ein Fernabsatzgesetz, ZIP 1999, 1293 ff., 1295; *Micklitz/Reich*, Umsetzung der EG-Fernabsatzrichtlinie. Im Blickpunkt: Referentenentwurf eines Fernabsatzgesetzes, BB 1999, 2093 ff., 2094; *Sparmann*, Das Widerrufsrecht im Fernabsatz als Kauf auf Probe. Zum Gestaltungsspielraum des nationalen Umsetzungsgesetzgebers, Berlin 2010, S. 54 f.

len die Wahl der Form und der Mittel".[337] Diese ergebnisorientierte Vorgehensweise gilt freilich auch für die Verbraucherrechte-RL. Die neue Richtlinie beinhaltet allerdings im Gegensatz zu ihren Vorgängern, der Haustürgeschäfts-RL und der Fernabsatz-RL, ausführlichere und systematischere Angaben in Art. 12 ff. Verbraucherrechte-RL hinsichtlich der Rechtslage im Laufe der Widerrufsfrist sowie im Widerrufsfall. Der Gestaltungsspielraum, der den Mitgliedstaaten gelassen wird, die Vertragsrückabwicklung in Übereinstimmung mit dem eigenen zivilrechtlichen System zu gestalten, wird nunmehr geschmälert.

Selbst dieser Spielraum wurde indes schon immer unter den Vorbehalt gestellt, dass sowohl die Zielsetzung als auch die praktische Wirksamkeit der Richtlinie gewahrt bleiben.[338] Gemeint ist damit der Inhalt der Umsetzungsnormen und nicht ihre dogmatische bzw. systematische Einordnung ins nationale Recht.[339] Solange die in Art. 12 ff. Verbraucherrechte-RL gestellten Anforderungen befriedigt werden, steht es jedem Mitgliedstaat darüber hinaus frei, z. B. ein spezielles Rückabwicklungssystem nach Widerruf zu schaffen oder das nationale Rücktritts- bzw. Bereicherungsrecht im Widerrufsfall zur Anwendung zu bringen und ggf. für jeweils erforderliche Anpassungen durch Sondervorschriften zu sorgen.[340]

Erst recht stellt die Verbraucherrechte-RL keine Vorgaben für die systematische Einordnung des Widerrufsrechts in den nationalen Rechtsordnungen auf.

---

337 Allgemein zu Richtlinien als Rechtsquelle des EU-Rechts *Prechal*, Directives in EC Law, 2. Aufl. Oxford u.a. 2005; *Riesenhuber/Möslein*, Richtlinie, in: Basedow/Hopt/Zimmermann (Hrsg.), Handwörterbuch des Europäischen Privatrechts I, S. 1306 ff.; *Ruffert*, in: Calliess/Ruffert (Hrsg.), EUV/AEUV Art. 288 AEUV Rn. 23 ff.

338 Siehe zur Haustürgeschäfts-RL EuGH v. 25.10.2005 – Rs. C-350/03 *Schulte*, Rn. 69.

339 *Riehm*, Die überschießende Umsetzung vollharmonisierender EG-Richtlinien im Privatrecht, JZ 2006, 1035 ff., 1037 ff.; *Tamm*, Verbraucherschutzrecht, S. 390.

340 Vgl. mehr in Bezug auf die älteren Verbraucherschutzrichtlinien *Mankowski*, Widerrufsrecht, in: Basedow/Hopt/Zimmermann (Hrsg.), Handwörterbuch des Europäischen Privatrechts II, S. 1794.

2. Wirkungen des Widerrufs

a) Gegenstand des Widerrufs

Die Verbraucherrechte-RL ist die erste Richtlinie, die dem Verbraucher ausdrücklich die Möglichkeit zur Ausübung seines Widerrufsrechts schon vor dem Vertragsabschluss einräumt.[341] Diesbezüglich sieht Art. 12 b) Verbraucherrechte-RL vor, dass mit der Ausübung des Widerrufsrechts die Verpflichtungen der Vertragsparteien zum Abschluss des im Fernabsatz oder außerhalb von Geschäftsräumen angebahnten Vertrags enden, falls der Verbraucher dazu ein Angebot abgegeben hat.[342]

Da Art. 9 II Verbraucherrechte-RL lediglich den Endpunkt der Widerrufsfrist festsetzt, ist daraus zu schließen, dass die einzelstaatlichen Rechtsordnungen die Wahrnehmung des Widerrufsrechts im ganzen Zeitraum zu gewährleisten haben, der zwischen dem Angebot des Verbrauchers und dem in Art. 9 II oder 10 Verbraucherrechte-RL bestimmten Zeitpunkt liegt. Ob inzwischen ein Vertragsverhältnis zustande gekommen ist oder weiterhin nur ein Vertragsangebot des Verbrauchers vorliegt, bleibt insoweit unerheblich.[343]

Damit taucht die Frage auf, ob Gegenstand des Widerrufs in der Verbraucherrechte-RL (bzw. in den nationalen Umsetzungsakten) nicht nur der Vertrag, sondern auch eine Vertragserklärung, nämlich das bindende, vom Unternehmer nicht angenommene Angebot des Verbrauchers ist. Hinweise dafür finden sich m. M. nach nicht in den Vorschriften oder den Erwägungsgründen der Richtlinie. Ein Dualismus des Widerrufsgegenstands (geschlossener Vertrag und noch nicht angenommenes Angebot) ist nur eine der mehreren denkbaren gesetzestechnischen Lösungen, die dem nationalen Gesetzgeber zur Verfügung stehen. Es ist auch möglich, dass nur die Vertragsofferte des Verbrauchers als einem Widerruf zugänglich gestaltet wird, unabhängig davon, ob sie bereits angenommen wurde oder

341 Siehe auch *Sedef*, MuR 2014, 119 ff., 123.

342 In Art. 12 Verbraucherrechte-RL ist die Rede von der Beendigung der „Verpflichtungen der Vertragsparteien“ auch in Bezug auf lit. b). Diese Formulierung erscheint paradox. Denn es wird grundsätzlich an einer Verpflichtung des Unternehmers, z. B. einen Vertrag zu schließen, mangeln, solange er das gestellte Angebot noch nicht akzeptiert hat. Anscheinend bezieht sich die Wortwahl auf die in lit. a) geregelte Konstellation des abgeschlossenen Vertrags. Deshalb hat sie m. E. keinen rechtlich erheblichen Wert.

343 Vgl. ; BeckOK/*Müller-Christmann* BGB § 355 Rn. 9, 16.

nicht. Auf solche dogmatischen Feinheiten bindend einzugehen, beabsichtigt die Verbraucherrechte-RL wohl nicht.

b) Wirkung ex tunc oder ex nunc?

Offen bleibt ferner im Richtlinientext, ob der erklärte Widerruf prospektiv (*ex tunc*) oder retrospektiv (*ex nunc*) auf das Vertragsverhältnis wirken soll. Zwar ordnet Art. 12 a) Verbraucherrechte-RL mit aller Klarheit die Rechtsfolgen des Widerrufs für den abgeschlossenen Vertrag an: Die Ausübung des Widerrufsrechts beendet die Verpflichtung der Parteien, den Vertrag zu erfüllen. Der Schluss auf eine verbindliche, von der Richtlinie vorgeschriebene Rückwirkung des Widerrufs lässt sich daraus gewiss nicht ableiten. Ebenso wenig angeordnet ist aber m. E. auch, dass der nationale Gesetzgeber nur ein in die Zukunft wirkendes Lösen vom Vertrag vorsieht.[344]

Eine Parallele kann zwischen Art. 12 a) Verbraucherrechte-RL und Art. 5 II Haustürgeschäfts-RL gezogen werden. Die letzte (und ältere) Bestimmung sieht für den Widerrufsfall vor, dass „der Verbraucher aus allen aus dem widerrufenen Vertrag erwachsenden Verpflichtungen entlassen ist“. Wird der Begriff „Verbraucher“ mit dem der „Vertragsparteien“ ersetzt, stehen sich die zwei Vorschriften inhaltlich sehr nahe.

In der Rechtssache *Crailsheimer Volksbank* vor dem EuGH vertrat der Generalanwalt die Ansicht, dass der Widerruf nach der Haustürgeschäfts-RL zur rückwirkenden Aufhebung des Vertrages führe.[345] Diese Stellungnahme ist aber nicht für sich, sondern in ihrem Zusammenhang zu lesen. Denn sie diente zur Bekräftigung der These, nach dem Widerruf müsse der Zustand wiederhergestellt werden, der vor Vertragsschluss bestanden habe.[346]

Diese These bestätigte der EuGH in der *Crailsheimer Volksbank*-E, nach der der Widerruf nach der Haustürgeschäfts-RL sowohl für den Ver-

---

344 So im Ergebnis *Hall/Howells/Watson*, ERCL 2012, 139 ff., 159; a. A. *Lurger*, Widerrufsrechte, in: P. Bydlinski/Lurger (Hrsg.), Die Richtlinie über die Rechte der Verbraucher, S. 76.

345 Schlussanträge des Generalanwalts *Léger* v. 2.6.2005 – Rs. C-229/04 *Crailsheimer Volksbank*, EU:C:2005:351, Nr. 72.

346 Schlussanträge des Generalanwalts *Léger* v. 2.6.2005 – Rs. C-229/04 *Crailsheimer Volksbank*, Nr. 72.

braucher als auch für den Unternehmer eine „Wiederherstellung der ursprünglichen Situation" bewirke.[347] Diese Wiederherstellung kann jedoch, wie schon in der Lehre dargelegt,[348] auf zweierlei Weise richtlinienkonform erfolgen. In ihren *status quo ante* können nämlich die Vertragsparteien zurückversetzt werden: entweder durch die rückwirkende Vernichtung des abgeschlossenen Vertrags und den daran anschließenden Einsatz bereicherungsrechtlicher Vorschriften (*ex tunc*-Lösung); oder durch die Entlassung der Vertragsparteien aus ihren vertraglichen Pflichten für die Zukunft und die Umwandlung des Vertrags in ein gesetzlich geregeltes Rückabwicklungsverhältnis, mit dem die Parteien vermögensmäßig so gestellt werden, wie sie vor Vertragsschluss gestanden haben (*ex-nunc*-Lösung).

Trotz des großen Zeitabstands zwischen der Haustürgeschäfts-RL und der Verbraucherrechte-RL, der sich auch in der unterschiedlichen Regelungsdichte und im ungleichen Harmonisierungsgrad der beiden Richtlinien widerspiegelt, trifft diese Folgerung m. M. nach auch auf die jüngste Verbraucherrechte-RL zu. Vorausgesetzt bleibt sicherlich, dass die Vorgaben von Art. 13 und 14 Verbraucherrechte-RL beachtet werden.[349]

---

347 EuGH v. 25.10.2005 – Rs. C-350/03 *Schulte*, Rn. 88; vgl. EuGH v. 15.4.2010 – Rs. C-215/08 *E. Friz*, Rn. 45.

348 *Mankowski*, Beseitigungsrechte, S. 54 ff.; *Hellwege*, Rückabwicklung von Verträgen, in: Basedow/Hopt/Zimmermann (Hrsg.), Handwörterbuch des Europäischen Privatrechts II, S. 1318 f.; *Terryn*, The Right of Withdrawal, the Acquis Principles, the Draft Common Frame of Reference and the Proposal for a Consumer Rights Directive, in: Schulze (Hrsg.), Common Frame of Reference and Existing EC Contract Law, 2. Aufl. München 2009, S. 143 ff., 156; *Zimmermann*, Rückabwicklung nach Widerruf, in: Eidenmüller/Faust/Grigoleit/Jansen/Wagner/Zimmermann (Hrsg.), Revision des Verbraucher-*acquis,* Tübingen 2011, S. 167 ff.; 170; a. A. *Larenz/Wolf*, Allgemeiner Teil des Bürgerlichen Rechts, S. 720 f.

349 Vgl. *Weller*, Kapitel 4: Widerrufsrecht bei Fernabsatz- und Haustürgeschäften, in: Schmidt-Kessel (Hrsg.), Ein einheitliches europäisches Kaufrecht? Eine Analyse des Vorschlags der Kommission, München 2012, S. 147 ff., 164 Fn. 60.

III. Umsetzung ins deutsche Recht

1. Wirksamkeit und Durchsetzbarkeit des Vertrags während der Widerrufsfrist

In Umsetzung von Art. 12 Verbraucherrechte-RL sieht § 355 I 1 BGB vor, dass „der Verbraucher und der Unternehmer an ihre auf den Abschluss des Vertrags gerichteten Willenserklärungen nicht mehr gebunden [sind], wenn der Verbraucher seine Willenserklärung fristgerecht widerrufen hat". Die Vorschrift entspricht im Wesentlichen der früheren Rechtslage. Geklärt wird in der neuen Fassung allein, dass nach Widerruf nicht nur der Verbraucher, wie bisher vorgesehen, sondern auch der Unternehmer an seine Vertragserklärung gebunden ist. Inhaltlich ist damit aber keine Änderung verbunden.[350]

a) Wirksamkeit

Die Vertragserklärungen des Verbrauchers bzw. des Unternehmers entfalten sofort ihre bindenden Wirkungen. Trotz des vorhandenen Widerrufsrechts kommt der Vertrag wirksam zustande und löst damit die vertragliche Bindung beider Partner aus.[351]

Schon in den Materialien des FernabsatzG war diesbezüglich von einer schwebenden Wirksamkeit des Verbrauchervertrags die Rede.[352] Zwar wird der Vertrag mit Vollendung des Vertragsabschlusstatbestands wirk-

350 BT-Drucks. 17/12637, S. 60.

351 Vgl. *Bülow/Artz*, Fernabsatzverträge und Strukturen eines Verbraucherprivatrechts im BGB, NJW 2000, 2049 ff., 2052; *Fuchs*, Das Fernabsatzgesetz im neuen System des Verbraucherschutzrechts, ZIP 2000, 1273 ff., 1282; *v. Koppenfels*, Das Widerrufsrecht bei Verbraucherverträgen im BGB. Eine Untersuchung des § 355 Abs. 1 BGB RegE, WM 2001, 1360 ff., 1364; *Reiner*, Der verbraucherschützende Widerruf im Recht der Willenserklärungen, AcP 203 (2003), 1 ff., 7 f.; *Bülow*, in: Bülow/Artz, Verbraucherkreditrecht § 495 Rn. 40 f.; MünchKommBGB/*Masuch* § 355 RnNr. 35; BeckOK/*Müller-Christmann* BGB § 355 Rn. 8; OLG Koblenz NJW 2006, 919, 921; siehe auch *Larenz/Wolf*, Allgemeiner Teil des Bürgerlichen Rechts, S. 562 f.; *Bork*, Allgemeiner Teil des Bürgerlichen Gesetzbuchs, 3. Aufl. Tübingen 2011, S. 292.

352 BT-Drucks. 14/2658, S. 47; dazu *St. Lorenz*, Im BGB viel Neues: Die Umsetzung der Fernabsatzrichtlinie, JuS 2000, 833 ff., 835 f. m.w.N.; siehe auch BT-Drucks. 14/6040, S. 200.

sam geschlossen. Er bleibt aber bis zur Widerrufserklärung oder bis zum Ablauf der Widerrufsfrist in einem Schwebezustand. Es ist tatsächlich unklar, ob der Verbraucher sein Widerrufsrecht fristgemäß ausübt und sich damit aus der Vertragsbindung befreit oder ob er die Widerrufsfrist fruchtlos ablaufen lässt und endgültig an den Vertrag gebunden ist. Auch im Zuge der Umsetzung der Verbraucherrechte-RL wird davon nicht abgewichen.[353] Der Terminus „schwebende Wirksamkeit" wurde in der Literatur als entbehrlicher oder dem geltenden Recht fremder Neologismus kritisiert.[354] Zwar geht es in der Tat um keine neue Kategorie der Wirksamkeit in der Rechtsgeschäftslehre.[355] Zumindest aus pädagogischen Gründen sollte aber auf einen derart deskriptiven Begriff nicht verzichtet werden.[356]

b) Durchsetzbarkeit

Beide Vertragsparteien sind überdies mit sofort nach Vertragsabschluss durchsetzbaren Erfüllungsansprüchen ausgestattet. Jede Partei kann die ihr versprochene Leistung sofort verlangen und soll ihre Gegenleistung ebenso bewirken (§§ 271 I, 320 I 1 BGB).[357] Von der Öffnungsklausel in Art. 9 III 2 Verbraucherrechte-RL hat der deutsche Gesetzgeber keinen Gebrauch gemacht.

Die sofortige Durchsetzbarkeit beiderseitiger Erfüllungsansprüche kann jedoch durch anderslautende Vertragsbedingungen abbedungen werden, die die Fälligkeit – in aller Regel zulasten des Verbrauchers – bestimmen. Maßgeblich ist hierbei § 308 Nr. 1 BGB. Gemäß Hs. 1 dürfen Allgemeine Geschäftsbedingungen als unwirksam eingestuft werden, durch die sich

---

353 Siehe *Schulze*, in: Schulze, BGB § 355 Rn. 2.

354 Siehe *Fuchs*, ZIP 2000, 1273 ff., 1282; *Wildemann*, in: jurisPK-BGB § 355 Rn. 51, § 357 Rn. 19; Staudinger/*Kaiser* § 355 Rn. 23; a. A. *Reiner*, AcP 203 (2003), 1 ff., 31.

355 Siehe *Sparmann*, Das Widerrufsrecht im Fernabsatz als Kauf auf Probe, S. 104.

356 *Bülow*, in: Bülow/Artz, Verbraucherkreditrecht § 495 Rn. 40 Fn. 3, Rn. 46; *Bülow/Artz*, Verbraucherprivatrecht, S. 38; vgl. *H. Roth*, Das Fernabsatzgesetz, JZ 2000, 1013 ff., 1017; BeckOK/*Müller-Christmann* BGB § 355 Rn. 8. Nach *Tamm*, Verbraucherschutzrecht, S. 393 wäre es der Genauigkeit halber besser von „vernichtbarer Wirksamkeit" zu sprechen.

357 *Sparmann*, Das Widerrufsrecht im Fernabsatz als Kauf auf Probe, S. 103 ff.; MünchKommBGB/*Masuch* § 355 RnNr. 37; Staudinger/*Kaiser* § 355 Rn. 26; BeckOK/*Müller-Christmann* BGB § 355 Rn. 8.

der Verwender unangemessen lange oder nicht hinreichend bestimmte Fristen für die Annahme oder Ablehnung eines Angebots oder die Erbringung einer Leistung vorbehält. Hs. 2 entzieht ausnahmsweise solche Klauseln der Missbrauchskontrolle, die ihrem Verwender das Recht gewähren, erst nach Ablauf der Widerrufsfrist zu leisten.

§ 308 Nr. 1 Hs. 2 BGB läuft allerdings bei im Fernabsatz und außerhalb von Geschäftsräumen geschlossenen Kaufverträgen leer.[358] Denn § 356 III 1 BGB knüpft zur Bestimmung des Anfangs der Widerrufsfrist an den Eingang der (ersten) Waren beim Käufer an. Weil die Widerrufsfrist nicht beginnen kann, solange die Leistung des Unternehmers nicht erfolgt, bliebe also eine Vertragsbestimmung fruchtlos, die die Leistungserbringung vom Unternehmer bis zum Ablauf der Widerrufsfrist aufschieben würde.[359] Der Vertrag würde damit zu einer dauerhaften Widerrufbarkeit und einem ewigen Schwebezustand verurteilt. Im Übrigen ist m. E. gründlich zu prüfen, ob § 308 Nr. 1 Hs. 2 BGB wirklich notwendig ist. Dem berechtigten Bedürfnis des Unternehmers, die Vertragserfüllung seinerseits bis nach Ablauf der Widerrufsfrist aufzuschieben, z. B. bei Teilzeit-Wohnrechteverträgen, wo auch ein Anzahlungsverbot (§ 486 BGB) gilt, könnte im Ermessenspielraum des Hs. 1 genügend Rechnung getragen werden.[360]

2. Rückabwicklungsregime und Wirkungen des Widerrufs

a) Rückabwicklungsregime

Dem deutschen Recht ist anders als anderen Rechtsordnungen[361] ein einheitliches Regelungssystem zur Rückabwicklung fehlgeschlagener Verträ-

---

358 Vgl. schon zu § 10 Nr. 1 AGBG BT-Drucks. 14/2658, S. 51.

359 Dazu hinsichtlich Fernabsatzverträgen vor dem Verbraucherrechterichtlinien-UmsG Staudinger/*Coester-Waltjen* § 308 Nr. 1 Rn. 13; *Dammann*, in: Wolf/Lindacher/Pfeiffer (Hrsg.), AGB-Recht § 308 Nr. 1 Nr. 30; *H. Schmidt*, in: Ulmer/Brandner/Hensen (Hrsg.), AGB-Recht § 308 Nr. 1 Rn. 28; MünchKommBGB/*Wurmnest* § 308 Nr. 1 RnNr. 23.

360 Vgl. MünchKommBGB/*Wurmnest* § 308 Nr. 1 RnNr. 23 (Hs. 2 verdeutliche eine Interessenlage, die auch im Rahmen des Spielraums nahe gelegen hätte, den Hs. 1 eröffne).

361 Siehe dazu *Hellwege*, Rückabwicklung von Verträgen, in: Basedow/Hopt/Zimmermann (Hrsg.), Handwörterbuch des Europäischen Privatrechts II, S. 1319.

ge nicht bekannt. Im allgemeinen Zivilrecht sind schon zwei solcher Modelle vorhanden. Handelt es sich um nicht zustande gekommene, nichtige bzw. angefochtene Verträge oder tritt eine auflösende Bedingung ein, kommt eine Leistungskondiktion aus § 812 ff. BGB zum Tragen. Für die Fälle eines gesetzlichen oder vertraglichen Rücktrittsrechts ist dagegen die Rückabwicklung in §§ 346 ff. BGB besonders normiert.[362]

Die neue Vorschrift des § 355 III i.V.m. §§ 357 ff. BGB führt darüber hinaus ein drittes Rückabwicklungsregime ein. Eines der Ziele des Umsetzungsgesetzes war nämlich, das Reglement des Widerrufsrechts neu zu strukturieren. In diesem Zusammenhang erfolgt die Regelung der Widerrufsrechtsfolgen nicht mehr unter Bezugnahme auf das Rücktrittsrecht (§ 346 ff. BGB) und Einführung der notwendigen Abweichungen, wie im bisherigen Recht.[363] Vielmehr enthalten §§ 357 ff. BGB grundsätzlich abschließende Regelungen zur Rückabwicklung (§ 361 I BGB).[364] Der Verweis auf §§ 346 ff. BGB ist komplett aufgegeben.[365] Die Grundnorm zu Rechtsfolgen des Widerrufs in § 355 III BGB, die die Rückgabe der empfangenen Leistung vorsieht, wird durch die ausführlichen Bestimmungen des § 357 BGB zu den „Rechtsfolgen des Widerrufs von außerhalb von Geschäftsräumen geschlossenen Verträgen und Fernabsatzverträgen mit Ausnahme von Verträgen über Finanzdienstleistungen" teils modifiziert, teils ergänzt.

b) Wirkungen des Widerrufs

aa) Gegenstand des Widerrufs

Dem Gesetzeswortlaut nach baut § 355 I 1 BGB auf dem Konzept der Widerrufbarkeit der Willenserklärung auf.[366]

---

362 Siehe statt aller *Hellwege*, Die Rückabwicklung gegenseitiger Verträge als einheitliches Problem. Deutsches, englisches und schottisches Recht in historisch-vergleichender Perspektive, Tübingen 2004, S. 20 ff, 74 ff., 172 ff.

363 Siehe §§ 357, 312e, 485 II, 495 II 2 Nr. 3 BGB a.F.

364 BT-Drucks. 17/12637, S. 2, 59, 65; BeckOK/*Müller-Christmann* BGB § 355 Rn. 21; *Schulze*, in: Schulze, BGB § 357 Rn. 2.

365 BT-Drucks. 17/12637, S. 59.

366 Vgl. auch Schlussanträge der Generalanwältin *Trstenjak* v. 8.9.2009 – Rs. C-215/08 *E. Friz*, Rn. 15, Fn. 10.

Liegt noch kein abgeschlossener Vertrag vor, sondern nur die Vertragsofferte seitens des Verbrauchers, entfällt durch den Widerruf die Bindungswirkung der Willenserklärung des Verbrauchers, wie es Art. 12 b) Verbraucherrechte-RL verlangt.[367] Eine Rückabwicklung findet freilich dann nicht statt, da es keinen vollendeten und zumindest teilweise erfüllten Vertrag gibt, der rückabzuwickeln wäre. Im seltenen Fall, in dem Leistungen schon vor Vertragsschluss und im Hinblick darauf ausgetauscht worden sind, dürfen sie grundsätzlich gemäß § 812 I 1 BGB kondiziert werden.

Ist inzwischen ein Vertrag zustande gekommen, fehlt es nunmehr beidseitig an den für ihn notwendigen bindenden Vertragserklärungen. Das entstandene Vertragsverhältnis fällt somit weg, wie von Art. 12 a) Verbraucherrechte-RL vorgeschrieben.

So sieht das BGB die Willenserklärung als einzigen Gegenstand des Widerrufsrechts an und differenziert nicht zwischen Widerruf des Vertragsangebots einerseits und des Vertrags andererseits. Damit gewinnt die Rechtsordnung an Einfachheit.

bb) Wirkung ex tunc oder ex nunc?

Nach § 355 I 1 BGB sind die Vertragspartner im Widerrufsfall „an ihre […] Willenserklärung *nicht mehr* gebunden".[368] Auf diese Formulierung hinweisend könnte behauptet werden, dass die Beseitigung des Vertrags nur für die Zukunft wirkt.[369]

---

367 Zur bindenden Wirkung der Willenserklärung im Allgemeinen *Larenz/Wolf*, Allgemeiner Teil des Bürgerlichen Rechts, S. 482; *Bork*, Allgemeiner Teil des Bürgerlichen Gesetzbuchs, S. 251 ff.; vgl. auch die Besprechung in *Fischer*, Das allgemeine verbraucherschützende Widerrufsrecht gemäß § 355 BGB. Ein Beitrag zur Dogmatik der Wirkungsweise von Widerrufsrechten im Privatrecht, Frankfurt am Main u.a. 2003, S. 152 ff., 183 ff.; *Thole*, Das europäische verbraucherschützende Widerrufsrecht in §§ 355, 357 BGB. Hintergrund, Rechtswirkungen und Rechtsnatur in vergleichender Betrachtung des französischen und österreichischen Rechts, Baden-Baden 2004, S. 67 ff.; *Sparmann*, Das Widerrufsrecht im Fernabsatz als Kauf auf Probe, S. 250 ff.

368 Hervorhebung durch den Verfasser.

369 Vgl. *v. Koppenfels*, WM 2001, 1360 ff., 1364; *Tamm*, Verbraucherschutzrecht, S. 401; OLG Koblenz NJW 2006, 919, 921; LG Kleve NJW-RR 2003, 196, 196; a. A. (*ex tunc*) *Coester-Waltjen*, Rücktritt und Widerruf. Gemeinsamkeiten und Unterschiede, JURA 2009, 820 ff., 820.

Anders als § 142 I BGB, der die Rückwirkung der Anfechtung in aller Klarheit anordnet, schreibt § 355 I 1 BGB allein die Beseitigung der Willenserklärungen eindeutig vor.[370] Das Fehlen einer Vorschrift, die die Rückwirkung explizit bestimmen würde, reicht aber dazu aus, die prospektive Funktion des Widerrufs zu bestätigen. Denn die Rückwirkung stellt eine normative Fiktion dar, die einer eindeutigen Anordnung bedarf. Fehlt diese, dann ist von einer lediglich in die Zukunft gehenden Wirkung auszugehen.[371] Und in §§ 355 ff. BGB stößt man tatsächlich nicht auf eine klare, das retrospektive Wirken des Widerrufs vorschreibende Vorschrift. Daher wird gefolgert, dass der Widerruf *ex nunc* auf das Vertragsverhältnis wirkt.[372]

IV. Systematische Einordnung des Widerrufsrechts

Von weiten Teilen der Literatur und der Rechtsprechung in Deutschland wird das Widerrufsrecht als ein modifiziertes bzw. besonders ausgestaltetes gesetzliches Rücktrittsrecht angesehen: Sowohl das gesetzliche Rücktrittsrecht als auch das Widerrufsrecht seien Gestaltungsrechte mit prospektiver Wirkung, nach deren Ausübung der Vertrag nicht aufgehoben werde, sondern in ein Rückgewährverhältnis umgewandelt fortbestehe.[373]

---

370 *St. Lorenz*, JuS 2000, 833 ff., 835; vgl. *Wildemann*, in: jurisPK-BGB § 357 Rn. 19.

371 *Mankowski*, Beseitigungsrechte, S. 52 m.w.N.; *Sparmann*, Das Widerrufsrecht im Fernabsatz als Kauf auf Probe, S. 247 f.

372 Siehe *St. Lorenz*, JuS 2000, 833 ff., 835; *Bülow/Artz*, Verbraucherprivatrecht, S. 38; *Bülow*, in: Bülow/Artz, Verbraucherkreditrecht § 495 Rn. 46; *Wildemann*, in: jurisPK-BGB § 355 Rn. 51; MünchKommBGB/*Masuch* § 355 RnNr. 39; MünchKommBGB/*Masuch* § 357 RnNr. 12; Staudinger/*Kaiser* § 357 Rn. 5; BeckOK/*Müller-Christmann* BGB § 355 Rn. 10.

373 *Fuchs*, ZIP 2000, 1273 ff., 1282; *Bülow/Artz*, NJW 2000, 2049 ff., 2052; *dies.*, Verbraucherprivatrecht, S. 39; *v. Koppenfels*, WM 2001, 1360 ff., 1365; *Bülow*, in: Bülow/Artz, Verbraucherkreditrecht § 495 Rn. 46; *Wildemann*, in: jurisPK-BGB § 355 Rn. 14; MünchKommBGB/*Masuch* § 355 RnNr. 36; Staudinger/*Kaiser* § 355 Rn. 24; BGH NJW 2012, 3428, 3431; BGH NJW-RR 2004, 1058, 1059; OLG Koblenz NJW 2006, 919, 921; vgl. schon *Reich*, Die neue Richtlinie 97/7/EG über den Verbraucherschutz bei Vertragsabschlüssen im Fernabsatz, EuZW 1997, 581, 585; *Heinrichs*, Das Widerrufsrecht, in: FS Medicus, S. 191 ff.; a. A. *Reiner*, AcP 203 (2003), 1 ff., 27 ff. (Nähe zur Anfechtung); vgl. im schweizerischen Recht BGE 137 III 243, 251 ff. m.w.N. (Nähe zur Ungültigkeit wegen Willens- und Formmängeln).

Diese Auffassung war insb. vor Umsetzung der Verbraucherrechte-RL im deutschen Recht verbreitet und basierte teilweise auf gesetzestechnischen Entscheidungen des nationalen Gesetzgebers zu jener Zeit. Wie heute waren auch damals die Vorschriften über das Widerrufsrecht (§§ 355 ff. BGB) gleich nach jenen über den Rücktritt (§§ 346 ff. BGB) platziert und bildeten zusammen mit ihnen einen selbstständigen Titel des BGB („Rücktritt; Widerrufs- und Rückgaberecht bei Verbraucherverträgen"; §§ 346 ff. BGB a.F.).[374] Die Auswirkungen der rücktrittsrechtlichen auf die widerrufsrechtlichen Regeln waren aber im alten Recht viel stärker. Vor allem die Rechtsfolgen des Widerrufs waren durch Verweis auf die Rücktrittsfolgen gemäß § 346 BGB festgesetzt (§ 357 BGB a.F.), sodass die Rede eher zu Recht von einem grundsätzlich einheitlichen Rückabwicklungsmodell war.[375]

Im Wege der Umsetzung der Verbraucherrechte-RL ist allerdings jede Bezugnahme der § 357 ff. BGB auf die Rücktrittsregeln entfallen. Die neuen Vorschriften über das Widerrufsrecht gehen von einer vollkommenen und abschließenden Regulierung ihrer gesamten Rechtsmaterie aus. Zwar sind noch heute das Rücktritts- und das Widerrufsrecht Gegenstand eines Teils des BGB („Rücktritt; Widerrufsrecht bei Verbraucherverträgen"; §§ 346 ff. BGB). Es besteht aber keinerlei Wechselwirkung zwischen den sich darin befindlichen Vorschriften über das Rücktrittsrecht einerseits und über das Widerrufsrecht andererseits. Von der Nähe ihres Regelungsstandorts abgesehen sind also kaum relevante Verbindungen zwischen den beiden Rechten festzustellen.

Der entscheidende Unterschied zwischen ihnen besteht jedoch m. E. in der ungleichen Funktion bzw. Zwecksetzung der zwei Rechte. Das Widerrufsrecht bezweckt nämlich den Schutz bzw. die Wiederherstellung der materiellen Vertragsfreiheit, die in einigen, gesetzlich vorbestimmten Sachverhalten als typischerweise gestört gilt. Ganz im Gegenteil bezieht sich das gesetzliche Rücktrittsrecht auf Störungen im Rahmen der Durchführung des Vertrags und bietet dem in seinem Leistungsinteresse verletz-

---

374 Siehe *v. Koppenfels*, WM 2001, 1360 ff., 1365.

375 Siehe *Bülow/Artz*, NJW 2000, 2049 ff., 2052; *dies.*, Verbraucherprivatrecht, S. 38 f.; *v. Koppenfels*, WM 2001, 1360 ff., 1365; *Bülow*, in: Bülow/Artz, Verbraucherkreditrecht § 495 Rn. 46; Staudinger/*Kaiser* § 355 Rn. 24; die Bedeutung der Gemeinsamkeiten relativierten schon damals *Mankowski*, Beseitigungsrechte, S. 53 f.; *Reiner*, AcP 203 (2003), 1 ff., 32 ff.; *Sparmann*, Das Widerrufsrecht im Fernabsatz als Kauf auf Probe, S. 246.

ten Gläubiger hierfür die Möglichkeit an, sich vom fehlgeschlagenen Vertrag zu befreien (§§ 323 f., 326 V; 437 Nr. 2, 634 Nr. 3 BGB).[376] Kurz gesagt: Der Grund des Widerrufsrechts liegt in den Umständen des Vertragsschlusses bzw. der Vertragsanbahnung; der Grund des gesetzlichen Rücktrittsrechts aber in den Umständen der Vertragserfüllung.

Nach alledem erweist sich die systematische Verbindung zwischen dem gesetzlichen Rücktrittsrecht und dem Widerrufsrecht als eher schwach.

Beim vertraglichen Rücktrittsrecht stellt der Parteiwille den entscheidenden Faktor dar. So kann im Rahmen der Privatautonomie der Vertrag den Parteien gestatten, den abgeschlossenen Vertrag binnen einer vorbestimmten Frist in aller Ruhe abzuwägen und ihre Verbindung ohne Angabe von Gründen rückgängig zu machen.[377] Ein solches Lösungsrecht kann auch nur einer der Parteien eingeräumt werden. Zu denken ist an das bereits vor der Fernabsatz-RL im Versandhandel etablierte „Umtauschrecht".[378]

Dieser letzten Konstellation ähnelt das gesetzlich zugebilligte Widerrufsrecht funktional eindeutig mehr. Denn der Rücktrittsvorbehalt verhilft dem Berechtigten dazu, eben eine möglichst verantwortungsvolle Vertragsentscheidung im Nachhinein zu treffen.[379] Das vertragliche Rücktrittsrecht geht allerdings auf eine Parteiabrede zurück und nicht auf zwingende Rechtsvorschriften, wie das Widerrufsrecht. In der Praxis wird es meist auf die Initiative des Unternehmers hin eingeräumt, der damit eigene Werbe- bzw. Umsatzförderungsziele verfolgt.

Systematische Unterschiede zwischen dem vertraglichen Rücktrittsrecht und dem Widerrufsrecht gibt es ebenfalls. So kann das Widerrufsrecht auch eine noch nicht angenommene Vertragserklärung des Verbrauchers zum Gegenstand haben (§ 355 I 1 BGB), während das vertraglich vorgesehene Rücktrittsrecht einen abgeschlossenen Vertrag selbstver-

---

376 Siehe nur Staudinger/*Kaiser* § 346 Rn. 9 ff.

377 MünchKommBGB/*Westermann* § 158 RnNr. 21; BGH, WM 2012, 262, 264; BGH ZIP 2012, 1509, 1510.

378 Dazu *Stolte*, Versandhandel und Verbraucherschutz. Entstehung und Genese in rechtshistorischer Perspektive, Köln u.a. 2005, S. 142, 201.

379 Siehe aber auch *Reiner*, AcP 203 (2003), 1 ff., 27 ff.; *Hoffmann*, Verbraucherwiderruf bei Stellvertretung, JZ 2012, 1156 ff., 1156 f., die eine funktionelle Nähe des Widerrufs zur Anfechtung gemäß §§ 119, 120, 123 BGB sehen.

ständlich voraussetzt.[380] Die Geltendmachung beider Rechte führt außerdem zur Anwendung unterschiedlicher Rückabwicklungsregelungen (§§ 346 ff. bzw. §§ 355 III, 357 ff. BGB).

All diese Punkte machen die Besonderheiten des Widerrufsrechts deutlich. Die herrschende Meinung, das Widerrufsrecht sei ein besonders ausgestaltetes Rücktrittsrecht, ist zwar nicht rundheraus abzulehnen, lässt sich aber nach alledem um einiges entkräften.

B. Gemeinsames Europäisches Kaufrecht

I. Wirksamkeit und Durchsetzbarkeit des Vertrags während der Widerrufsfrist

Wird die Anwendung des GEK wirksam von den Parteien vereinbart, ist ausschließlich dies für die darin geregelten Fragen – unter Ausschluss jeglicher einzelstaatlicher Rechtsvorschriften – maßgebend (Art. 11 GEK-VO-E). Demgemäß muss die Wirksamkeit des Vertrags während der Widerrufsfrist nur nach den Normen des GEK, nämlich Art. 30 ff. GEK, beurteilt werden. Es würde jedoch den Gegenstand dieser Arbeit überschreiten, hier den Abschluss und die Durchführung von Verträgen nach dem GEK eingehend zu besprechen.[381] Folgend wird sich deshalb nur auf das für die hier durchgeführten Untersuchungen Notwendige beschränkt.

---

380 Nachdrücklich *Gernhuber*, Verbraucherschutz durch Recht zum Widerruf von Willenserklärung. Eine rechtsdogmatische Studie, WM 1998, 1797 ff., 1804; *Reiner*, AcP 203 (2003), 1 ff., 29 f.; *Mankowski*, Beseitigungsrechte, S. 54.

381 Siehe dazu *Gebauer*, Der Vertragsschluss im EU-Kaufrecht (Artt. 30-39 GEKR), in: Schmidt-Kessel (Hrsg.), Ein einheitliches europäisches Kaufrecht? Eine Analyse des Vorschlags der Kommission, München 2012, S. 121 ff., 126 ff.; *Looschelders*, Das allgemeine Vertragsrecht des *Common European Sales Law*, AcP 212 (2012), 581 ff., 605 ff.; *Lurger*, Zustandekommen eines bindenden Vertrages (Teil II CESL-Entwurf), in: Wendehorst/Zöchling-Jud (Hrsg.), Am Vorabend eines gemeinsamen europäischen Kaufrechts. Zum Verordnungsentwurf der Europäischen Kommission vom 11.10.2011, Wien 2012, S. 63 ff., 73 ff.; *Harvey/Schillig*, Conclusion of Contract, in: Dannemann/Vogenauer (Hrsg.), The Common European Sales Law in Context, S. 257 ff.; *J. Schmidt*, Der Vertragsschluss. Ein Vergleich zwischen dem deutschen, französischen, englischen Recht und dem CESL, Tübingen 2013, *passim*; vgl. zu den parallelen Vorschriften der Feasibility Study *Veneziano*, Conclusion of the Contract, in: Schulze/Stuyck (Hrsg.), Towards a European Contract Law, München 2011, S. 81 ff.

1. Wirksamkeit

Maßgeblich sind zunächst die in Art. 30 GEK festgestellten „Erfordernisse für den Abschluss eines Vertrags“. Gewissermaßen im Lehrbuch-Stil zählt Abs. I die drei Voraussetzungen auf, die kumulativ erfüllt sein müssen, um von einem Vertragsabschluss auszugehen. Erforderlich ist, dass: „(a) die Parteien eine Einigung erzielen, (b) sie ihrer Einigung Rechtswirkung verleihen wollen und (c) diese Einigung, gegebenenfalls ergänzt durch die Vorschriften des [GEK], einen ausreichenden Inhalt hat und hinreichend bestimmt ist, so dass davon Rechtswirkungen ausgehen können“. Im folgenden Abs. II wird die Einigung als Annahme eines Angebots festgelegt. Art. 35 GEK definiert den Zeitpunkt des Vertragsschlusses als einen solchen, in dem die Annahmeerklärung des Angebotsempfängers (Abs. I) oder ein entsprechendes Verhalten von ihm (Abs. II)[382] dem Anbietenden zugeht.

Sowohl in den oben genannten Vorschriften als auch im Widerrufsreglement der Art. 40 ff. GEK fehlt es an einer Bestimmung, die das Wirksamwerden des Vertrags trotz des Vorhandenseins all der in Art. 30 I GEK aufgeführten Elemente nur nach Ablauf der Widerrufsfrist gestattet.

Ganz im Gegenteil kann die Anordnung der Widerrufsfrist im GEK, ähnlich wie die in der Verbraucherrechte-RL, bei der Argumentation für das sofortige Wirksamwerden in Betracht gezogen werden. Denn der Ausgangspunkt der Widerrufsfrist wird in Art. 42 I (a) bis (d), (f), II GEK in Anlehnung an Art. 9 II, 10 Verbraucherrechte-RL festgelegt. Das GEK regelt den Ablauf der Widerrufsfrist im Wesentlichen genauso wie die Verbraucherrechte-RL. Daraus ist in Übereinstimmung mit den Bemerkungen über die Verbraucherrechte-RL[383] zu folgern, dass das GEK dem Modell der sofortigen Wirksamkeit des Vertrags folgt.[384]

---

382 Vgl. Art. 12 V GEK.

383 Siehe oben, Kapitel 3.A.I.2.

384 *Schulze*, in: Schulze (Hrsg.), CESL Commentary Art. 43 Rn. 4; *Weller*, Kapitel 4: Widerrufsrecht bei Fernabsatz- und Haustürgeschäften, in: Schmidt-Kessel (Hrsg.), Ein einheitliches europäisches Kaufrecht?, S. 147 ff., 165.

2. Durchsetzbarkeit

Des Weiteren ist der dem GEK unterworfene, wirksam zustande gekommene Vertrag ebenso direkt durchsetzbar. Etliche, im Instrument verstreute Vorschriften zum Erfüllungszeitpunkt laufen mit großer Sicherheit auf dieses Ergebnis hinaus.

Erstens ist die Lieferungs- bzw. die Bereitstellungspflicht des Verkäufers gemäß Art. 91 a, 95 I GEK in der Regel unverzüglich nach dem Vertragsschluss zu erfüllen. Art. 95 II GEK sieht daneben vor, dass die Lieferung der Waren bzw. die Bereitstellung der digitalen Inhalte in b2c-Verträgen unter dem Vorbehalt einer besonderen Parteiabrede innerhalb von 30 Tagen nach Vertragsschluss erfolgen soll.[385] Dem Unternehmer wird außerdem grundsätzlich ein Recht zur vorzeitigen Leistung gewährt (Art. 130 I GEK). Gemäß Art. 126 I GEK wird die Zahlungspflicht des Käufers bei Lieferung fällig, wobei die vorzeitige Zahlung ebenfalls grundsätzlich gestattet ist (Art. 126 II GEK).[386] Schließlich wird die Zahlung bei Dienstleistungsverträgen gemäß Art. 153 II GEK nach Erbringung der Dienstleistung fällig.[387]

Abweichende vertragliche Abmachungen sind gewiss nicht ausgeschlossen. Jedoch setzt Art. 85 p) GEK nicht individuell ausgehandelten Vertragsbestimmungen i.S.v. Art. 7 GEK Grenzen, wenn sie „eine unangemessen lange […] Frist für die Erfüllung“ der Vertragspflichten des Unternehmers ermöglichen. Für solche Klauseln wird – nach dem Gesetzeswortlaut von Art. 79 I GEK – „vermutet“, dass sie unfair und daher für den Verbraucher nicht bindend seien.

---

385 Behauptet werden könnte sowohl, dass die 30-Tage-Frist eine gesetzliche Konkretisierung des „Unverzüglichen“ in Abs. I ist (so wohl *Zoll*, in: Schulze (Hrsg.), CESL Commentary Art. 95 Rn. 8), als auch, dass Abs. II eine wenig verbraucherfreundliche, echte Ausnahme darstellt, indem eine längere Erfüllungsfrist dem Unternehmer eingeräumt wird. Der 30-tägigen Frist begegnet man ebenfalls in Art. 18 I Verbraucherrechte-RL; siehe auch *Remien*, Verpflichtungen des Verkäufers nach EU-Kaufrecht, in: Schmidt-Kessel (Hrsg.), Ein einheitliches europäisches Kaufrecht? Eine Analyse des Vorschlags der Kommission, München 2012, S. 307 ff., 315.

386 Vgl. Art. 16 I 1 Verbraucherkredit-RL.

387 Die Fälligkeit der Dienstleistungspflichten wird im GEK nicht angesprochen. Oft legt aber das Wesen einer Dienstleistung selbst den Zeitpunkt bzw. den Zeitraum ihrer Erfüllung fest.

Nach alledem baut das GEK auf die sofortige Durchsetzbarkeit der aus dem Vertrag erwachsenden Ansprüche unabhängig vom Ablauf der Widerrufsfrist auf. Anderweitige Parteiabreden sind erlaubt und ihnen in Art. 95 GEK sogar der Vorrang eingeräumt, sie müssen allerdings zum einen die von Art. 42 I (a), (b), (c), (d), (f) GEK gesetzten Grenzen berücksichtigen, zum anderen die Kontrolle nach Art. 85 p) GEK überstehen.

II. Rückabwicklungsregime und Wirkungen des Widerrufs

1. Rückabwicklungsregime

Im GEK werden die nach Widerruf entstehenden Rückerstattungspflichten und -rechte gesondert in Art. 43 bis 45, 46 II, III GEK normiert. Der in Art. 172 ff. GEK enthaltene, als eigenständiges Kapitel 17 verfasste Normenkomplex zur Rückabwicklung von Verträgen findet nur nach einer Anfechtung (Art. 54 III GEK) oder Beendigung (Art. 8 III GEK) des Vertrags Anwendung. Während die Anfechtung und die Beendigung – trotz ihrer Unterschiede – einem einheitlichen Rückabwicklungsregime unterworfen sind,[388] folgt also die Widerrufsregelung in Art. 43 bis 45, 46 II, III GEK ihrem eigenen Weg. Eine subsidiäre Anwendung von Art. 172 ff. GEK kommt nicht in Betracht,[389] obwohl ihr Aufbau in einem einzelnen 17. Kapitel des GEK das Argument für ihre übergreifende Geltung stützen

---

388 Siehe dazu *Sirena*, The Rules about Restitution in the Proposal on a Common European Sales Law, ERPL 2011, 977 ff.; *Looschelders*, AcP 212 (2012), 581 ff., 671 ff.; *St. Lorenz*, Das Kaufrecht und die damit verbundenen Dienstverträge im Common European Sales Law, AcP 212 (2012), 702 ff., 778 ff.; *Wendehorst*, Rücktritt („Beendigung“) im Entwurf für ein Gemeinsames Europäisches Kaufrecht, in: Schmidt-Kessel (Hrsg.), Ein einheitliches europäisches Kaufrecht? Eine Analyse des Vorschlags der Kommission, München 2012, S. 371 ff., 392 ff.; *Mörsdorf/Brinkmann*, Die Rückabwicklung von Kaufverträgen gemäß Art. 172 ff. des Verordnungsentwurfs für ein gemeinsames europäisches Kaufrecht (GEK). Ein kritischer Vergleich mit den deutschen Regelungen, GPR 2013, 190 ff.

389 *Schulze*, in: Schulze (Hrsg.), CESL Commentary Art. 43 Rn. 10.

könnte.[390] Zumindest zulasten des Verbrauchers ist aber die Anwendung von Art. 172 ff. GEK angesichts Art. 45 VII GEK auszuschließen.[391]

Der Grund für die zwei verschiedenen Rückabwicklungsregimes liegt anscheinend in der Bestrebung der Verfasser des GEK, eine mit der Verbraucherrechte-RL übereinstimmende Regelung des Widerrufsrechts zu schaffen. Vermutlich sind dazu die Richtlinienvorschriften einfach vom GEK übernommen worden.[392] Ob es sich um eine zutreffende Entscheidung handelt oder nicht, mag an dieser Stelle offenbleiben.[393] Sicherlich ist jedoch diese systematische Wahl bei der Auslegung der Regelung zu berücksichtigen.

2. Wirkungen des Widerrufs

a) Gegenstand des Widerrufs

Wie Art. 12 b) Verbraucherrechte-RL stellt auch Art. 43 (b) GEK fest, dass der Widerruf schon vor dem Vertragsschluss erklärt werden darf: „Mit dem Widerruf endet die Verpflichtung beider Parteien [...] in Fällen, in denen der Verbraucher ein Angebot abgegeben hat, den Vertrag zu schließen.“ Der Verbraucher wird von der Bindungswirkung seines Angebots befreit, genau wie, wenn er sein Angebot nach Art. 32 GEK zurücknehmen würde.[394]

---

390 Für eine subsidiäre Anwendung von Art. 172 ff. GEK *Jaeger*, Die parallele Anwendung von BGB und Europäischem Kaufrecht beim Rückgewährschuldverhältnis, AcP 213 (2013), 507 ff., 528.

391 *Schulze*, in: Schulze (Hrsg.), CESL Commentary Art. 45 Rn. 23.

392 Vgl. *Zimmermann*, JBl 2012, 2 ff., 13 Fn. 136.

393 Kritisch dazu *European Law Institute*, Statement on the Proposal for a Regulation on a Common European Sales Law, S. 28 f.; *Wendehorst*, Schadensersatz, Verzugszinsen und Rückabwicklung, in: Remien/Herrler/Limmer (Hrsg.), Gemeinsames Europäisches Kaufrecht für die EU? Analyse des Vorschlags der europäischen Kommission für ein optionales Europäisches Vertragsrecht vom 11. Oktober 2011, München 2012, S. 189 ff., 201; *Zimmermann*, JBl 2012, 2 ff., 13; *Schulze*, in: Schulze (Hrsg.), CESL Commentary Art. 43 Rn. 8 f.

394 *Schulze*, in: Schulze (Hrsg.), CESL Commentary Art. 43 Rn. 7, 11; zur Möglichkeit, das Angebot nach Art. 32 GEK zurückzunehmen, siehe *Looschelders*, AcP 212 (2012), 581 ff., 608 ff.

Art. 43 (b) GEK wird durch Art. 40 IV GEK ergänzt. Danach kann der Verbraucher „*das Angebot* auch dann *widerrufen*",[395] wenn dies, falls angenommen, zu einem gemäß Art. 40 I GEK widerrufbaren Vertrag führte. Daraus ist m. E. abzuleiten, dass das GEK das Vertragsangebot des Verbrauchers ausdrücklich zum Gegenstand des Widerrufsrechts macht. Widerrufen werden kann nicht nur der Vertrag als Ganzes, wie Art. 40 I GEK mit aller Deutlichkeit vorsieht, sondern auch das vom Verbraucher abgegebene Angebot.[396] Der Dualismus des Widerrufsgegenstands, der in Bezug auf die Verbraucherrechte-RL nur als mögliche Umsetzungslösung erachtet wurde, erscheint im Bereich des GEK vielmehr als eine ausdrückliche Wahl.[397]

b) Wirkung ex tunc oder ex nunc?

Zur zeitlichen Dimension der Widerrufswirkungen nimmt das GEK keine Stellung.[398] Art. 43 (a) GEK schreibt in Übereinstimmung mit Art. 12 a) Verbraucherrechte-RL vor, dass mit dem Widerruf die Verpflichtung beider Parteien, den Vertrag zu erfüllen endet. Wie in der Verbraucherrechte-RL deutet diese Formulierung allem Anschein nach auf keine Rückwirkung hin.[399] Darf das, was vorher als Indifferenz des Richtliniengebers gegenüber dogmatischen Fragen gedeutet wurde, nunmehr als bewusstes Schweigen des GEK verstanden werden? Und in welche Richtung ist dieses Schweigen zu interpretieren?

Im Unterschied zu Art. 8, 43 (a) GEK ordnet Art. 54 I GEK explizit die Rückwirkung der Anfechtung wegen Einigungsmängeln an.[400] Daraus

---

395 Hervorhebung durch den Verfasser.

396 Siehe auch *Looschelders*, AcP 212 (2012), 581 ff., 611.

397 Siehe oben, Kapitel 3.A.II.2.a).

398 Solch einen „Agnostizismus" begrüßt *Zimmermann*, Rückabwicklung nach Widerruf, in: Eidenmüller/Faust/Grigoleit/Jansen/Wagner/Zimmermann (Hrsg.), Revision des Verbraucher-*acquis*, S. 173. Tatsächlich distanziert sich das GEK in bemerkenswerter Weise von der Dogmatisierung, die das DCFR charakterisierte; *Zimmermann*, JBl 2012, 2 ff., 14 m.w.N.

399 Siehe oben, Kapitel 3.A.II.2.b).

400 Siehe *S. Martens*, Die Regelung der Willensmängel im Vorschlag für eine Verordnung über ein Gemeinsames Europäisches Kaufrecht, AcP 211 (2011), 845 ff., 880 f.; *Ackermann/Franck*, Defects in Consent. An Assessment of Chapter Five of the Proposal for a Common European Sales Law, ERCL 2012, 113 ff., 134;

könnte ein Argument *e contrario* hergeleitet werden: Die keine konkreten Angaben enthaltenden Art. 8, 43 (a) GEK sind als Ausdruck eines allgemeinen Kanons der prospektiven Wirkung zu betrachten. Art. 54 I GEK stellt dagegen eine Ausnahmeregelung dar und sollte deshalb die retrospektive Wirkung der Anfechtung ausdrücklich vorschreiben.[401] Zugegebenermaßen darf die Überzeugungskraft dieser Argumentation nicht überschätzt werden. Wer sich mit dem GEK auseinandersetzt, sollte immer daran denken, dass es sich um ein relativ kurzes Regelungswerk handelt, das bewusst nicht die ganze Materie des Vertragsrechts behandelt.

Da Art. 44, 45 und – auf diese verweisend – Art. 46 II GEK ausführlich die Rückstellung bereits ausgetauschter Leistungen normieren, ist die praktische Bedeutung der Diskussion um die *ex-tunc-* oder *ex-nunc-*Wirkung begrenzt.[402]

3. Systematische Einordnung des Widerrufsrechts

Wie bereits gesehen, stimmen Art. 43 bis 45 GEK und Art. 12 bis 14 Verbraucherrechte-RL in ihrem normativen Gehalt grundsätzlich überein.[403] Dieselben Regeln, die in der Richtlinie den Mitgliedstaaten einen – eben beschränkten – Spielraum lassen,[404] kommen hier als abschließendes Regelungswerk zur Anwendung. Des Weiteren wird explizit gefordert, all die Rechtsfragen, die in den Anwendungsbereich des GEK fallen, aber darin nicht ausdrücklich geregelt werden, „im Einklang mit den ihm zugrunde liegenden Zielen und Grundsätzen und all seinen Bestimmungen" zu behandeln (Art. 4 II GEK). Demzufolge soll die rechtliche Einordnung des Widerrufsrechts nach dem GEK nur innerhalb seines eigenen Systems ver-

---

Looschelders, AcP 212 (2012), 581 ff., 629; *Pfeifer*, in: Schulze (Hrsg.), CESL Commentary Art. 54 Rn. 2, 12.

401 *Schulze*, in: Schulze (Hrsg.), CESL Commentary Art. 43 Rn. 5; *Pfeifer*, in: Schulze (Hrsg.), CESL Commentary Art. 54 Rn. 2; im Ergebnis auch *Schulze*, Die Widerrufsrechte, in: Schulte-Nölke/Zoll/Jansen/Schulze (Hrsg.), Der Entwurf für ein optionales europäisches Kaufrecht, S. 162; *Weller*, Kapitel 4: Widerrufsrecht bei Fernabsatz- und Haustürgeschäften, in: Schmidt-Kessel (Hrsg.), Ein einheitliches europäisches Kaufrecht?, S. 164.

402 *Schulze*, in: Schulze (Hrsg.), CESL Commentary Art. 43 Rn. 6.

403 So auch *Zimmermann*, JBl 2012, 2 ff., 13 Fn. 136.

404 Siehe oben, Kapitel 3.A.II.1.

sucht werden, und zwar im Bezug auf die sonstigen, darin vorgesehenen Vertragslösungsrechte.

Zuerst erhält das GEK in Art. 48 ff. Regeln über die Vertragsanfechtung wegen Einigungsmängeln, d. h. wegen Irrtums, arglistiger Täuschung, Drohung und unfairer Ausnutzung.[405] Wird die Anfechtung ordnungsgemäß erklärt, kommt Art. 54 I GEK zum Zug, wonach der angefochtene Vertrag rückwirkend ungültig wird. Für das Schicksal ggf. ausgetauschter Leistungen verweist Art. 54 III GEK auf die Rückabwicklungsregeln von Art. 172 ff. GEK.

Im Fall einer Leistungsstörung (Art. 106 I (c), 114 ff., 131 I (c), 134 ff., 155 I (c), 157 I (c) GEK) bzw. einer außergewöhnlichen Änderung der Umstände (Art. 89 II (b) GEK) kann der Vertrag ggf. bei Vorliegen weiterer Voraussetzungen beendet werden. Nach Art. 8 I GEK werden dann die Rechte und Verpflichtungen der Parteien aus dem Vertrag beendet. Bezüglich der Rückabwicklung wird ebenfalls auf Art. 172 ff. GEK verwiesen (Art. 8 III GEK).

Außerhalb vom Regelungsbereich des GEK befinden sich die Nichtigkeit wegen Geschäftsunfähigkeit und Gesetzes- bzw. Sittenwidrigkeit[406] wie auch die Wirkungen auflösender Bedingungen. Überdies sind unfaire Vertragsbestimmungen laut Art. 79 I GEK „für die andere Partei nicht bindend“. Das Wesen dieser „Nicht-Bindung“ wird allerdings nicht weiter erläutert und die Rückerstattung von aufgrund nicht bindender Klauseln erbrachter Leistungen wird ebenso wenig angesprochen.

Vor diesem Hintergrund erscheint die rechtliche Charakterisierung des Widerrufsrechts eine riskante Aufgabe. Im Bereich der Systematik und inneren Struktur betritt außerdem der EU-Gesetzgeber mit dem GEK gesetzgeberisches Neuland.[407] Wird auf die Gründe für die Einräumung beider Rechte abgestellt, so wird eine gewisse Nähe zwischen Widerrufs- und Anfechtungsrecht auffällig. Zweck beider Rechte ist die Sicherstellung der Vertragsfreiheit der Kontrahenten. Beide Rechte werden übrigens in zwei aufeinander folgenden Kapiteln im Teil II des GEK über das „Zustande-

405 Siehe dazu *S. Martens*, AcP 211 (2011), 845 ff.; *Ackermann/Franck*, ERCL 2012, 113 ff.; *Jansen*, Irrtumsanfechtung im Vorschlag für ein Gemeinsames Europäisches Kaufrecht, in: Schulte-Nölke/Zoll/Jansen/Schulze (Hrsg.), Der Entwurf für ein optionales europäisches Kaufrecht, München 2012, S. 169 ff.

406 Erwägungsgrund Nr. 27 GEK-VO-E.

407 *Schulze*, Die Widerrufsrechte, in: Schulte-Nölke/Zoll/Jansen/Schulze (Hrsg.), Der Entwurf für ein optionales europäisches Kaufrecht, S. 153, 160 ff.

kommen eines bindenden Vertrags“ normiert. Um sein Widerrufsrecht geltend zu machen, braucht sich der Verbraucher aber nicht auf irgendeinen bestimmten Mangel seines Willens zu berufen, geschweige denn einen solchen zu beweisen. Das Widerrufsrecht ist außerdem nur in speziellen Sachverhalten eingeräumt und entfaltet seine Wirkungen anders als die Anfechtung nur für die Zukunft. Bei einem Vergleich des Widerrufsrechts mit der Beendigung nach Änderung der Umstände gemäß Art. 89 GEK oder mit der Beendigung als gewährleistungsrechtlichem Rechtsbefehl, sind abgesehen von der prospektiven Wirkung kaum Gemeinsamkeiten zu finden.[408]

Beim gegenwärtigen Entwicklungsstand des GEK als Normensystem ist danach das Widerrufsrecht m. E. als ein *sui generis*-Recht zur Vertragslösung zu betrachten, das einer eigenen Regelung unterworfen wird. Denn es unterscheidet sich von den Anfechtungs- und Beendigungsrechten des Instruments nicht nur hinsichtlich der Rechtfertigung, den Voraussetzungen, der Frist und Ausübungsweise, sondern auch hinsichtlich der bewirkten Rückabwicklung des Vertragsverhältnisses.

C. Zusammenfassung

Die überwiegend identischen Regelungen der Verbraucherrechte-RL und des GEK lassen weithin einheitliche Schlussfolgerungen im Hinblick auf das Wesen und die Wirkungen des Widerrufs zu.

Bei Vorliegen der üblichen Voraussetzungen, die das allgemeine Vertragsrecht jeweils stellt, kommt der Vertrag wirksam zustande und darf grundsätzlich sofort durchgesetzt werden. Dass das Widerrufsrecht noch wahrgenommen werden kann, ist insoweit kein Hindernis.

Gegenstand des Widerrufs ist in der Tat neben dem abgeschlossenen Vertrag jedes verbindliche Angebot des Verbrauchers. Macht dieser nach dem Vertragsabschluss von seinem Recht Gebrauch, ist das Vertragsverhältnis nur für die Zukunft gelöst. Eine im nationalen Recht vorgesehene Rückwirkung sollte allerdings nicht als mangelhafte Umsetzung der Verbraucherrechte-RL abgelehnt werden, solange die Rückabwicklung den Art. 13 und 14 Verbraucherrechte-RL durchaus folgt.

---

408 Vgl. *Schulze*, Die Widerrufsrechte, in: Schulte-Nölke/Zoll/Jansen/Schulze (Hrsg.), Der Entwurf für ein optionales europäisches Kaufrecht, S. 153, 163 f.

Schließlich überlässt die Verbraucherrechte-RL die rechtliche Einordnung des Widerrufsrechts größtenteils den einzelstaatlichen Gesetzgebern. Im GEK ist eher von einem Recht *sui generis*, einem einer eigenen Regelung unterworfenen Recht zur Vertragslösung, auszugehen.

Kapitel 4 Erlöschen der Leistungspflichten und Rückerstattung der empfangenen Leistungen

Zu Beginn des vierten Kapitels werden die befreiende Wirkung des Widerrufs und die entstehenden Rückerstattungspflichten hinsichtlich empfangener Leistungen erörtert. Gefolgt wird dabei der im europäischen Privatrecht gängigen – aber zugegebenermaßen noch nicht absolut scharfen – Trennung zwischen Kauf- (unter A) und Dienstleistungsverträgen (unter B).[409] Anschließend ist ein gesonderter Abschnitt den Kostenfragen der Rückabwicklung gewidmet (unter C). Schließlich werden das Wechselverhältnis zwischen den Rückabwicklungspflichten und das Gewähren eines Zurückbehaltungsrechts besprochen (unter D).

Bei gemischten Verträgen, die sowohl Waren als auch Dienstleistungen zum Gegenstand haben, ist jede Komponente – kaufvertraglich sowie dienstleistungsrechtlich – gesondert rückabzuwickeln. Davon geht die Verbraucherrechte-RL ausdrücklich aus, indem sie in solchen Konstellationen teils die Vorschriften „über die Rücksendung von Waren“, teils „über die Abgeltung von Dienstleistungen“ für anwendbar erklärt.[410] Anhaltspunkte, die für eine andere Herangehensweise sprächen, gibt es im GEK nicht. Die Relevanz dieser Unterscheidung dürfte indes praktisch nicht groß sein. Denn wichtige Mischvertragstypen, wie Teilzeitwohn- und sonstige Urlaubsverträge,[411] stehen außerhalb des Geltungsbereichs der Verbraucherrechte-RL sowie des GEK.[412]

---

409 Vgl. *Kümmerle*, „Güter und Dienstleistungen“. Vertragstypenbildung durch den EuGH, in: Andrés Santos/Baldus/Dedek (Hrsg.), Vertragstypen in Europa. Historische Entwicklung und europäische Perspektiven, München 2011, S. 295 ff.

410 Erwägungsgrund Nr. 50 S. 7 Verbraucherrechte-RL; siehe dazu auch *Cap*, Umsetzung der Verbraucherrechte-Richtlinie. Das neue Fern- und Auswärtsgeschäfte-Gesetz, ÖJZ 2014, 707 ff., 717 f.

411 Den gemischten Charakter solcher Vertragstypen, die nicht nur Nutzungsrechte an Wohngebäuden oder anderen Übernachtungsunterkünften, sondern auch die Erbringung gesonderter Dienstleistungen zum Gegenstand haben, hob der EuGH schon zweimal hervor; EuGH v. 22.4.1999 – Rs. C-423/97 *Travel Vac*, Rn. 25; EuGH v. 3.10.2005 – C-73/04 *Klein*, C:2005:607, Rn. 21.

412 Siehe Art. 3 III h) Verbraucherrechte-RL; Art. 5 i.V.m. 2 (h), (k), (m) GEK-VO-E; zu ihrer Rückabwicklung siehe Art. 8 Timesharing-RL.

Anspruchsvoller und aktueller ist der Umgang mit einem zeitgemäßen Vertragstyp, der gleichfalls Mischcharakter aufweist, nämlich dem Vertrag über Bereitstellung von Software und digitalen Dateien, etwa Computerprogrammen, Anwendungen für Mobiltelefone und Tablet-Computer, Spielen, Ton- und Videoaufzeichnungen.[413]

Die Verbraucherrechte-RL und das GEK enthalten dazu eine Sonderregelung: Finden sich die digitalen Inhalte auf einem körperlichen Datenträger, z. B. auf einer CD-ROM oder einer DVD, liegt ein Kaufvertrag vor, der den Datenträger selbst und natürlich die enthaltenen Dateien zum Gegenstand hat.[414] Darauf bezieht sich der Ausschlusstatbestand von Art. 16 i) Verbraucherrechte-RL bzw. Art. 40 III (c) GEK hinsichtlich Warenkaufverträgen, bei denen „es sich […] um Ton- oder Videoaufnahmen oder Computersoftware in einer versiegelten Packung [handelt]".[415] Wird die Versiegelung vom Verbraucher entfernt, ist das Widerrufsrecht aufgrund urheberrechtlicher Überlegungen ausgeschlossen. Denn die Möglichkeit, dass der Verbraucher bereits eine Kopie des digitalen Inhalts angefertigt hat, kann nicht mehr ausgeschlossen werden.

Werden die digitalen Inhalte nicht auf einem körperlichen Datenträger gespeichert angeboten, sondern z. B. online entweder zum Herunterladen oder zum Nutzen durch ein System digitaler Rechteverwaltung (DRM-System) bereitgestellt,[416] dann stellt der betreffende Vertrag eine Sonder-

---

413 Siehe die Diskussion zur Rechtslage im deutschen Recht vor Umsetzung der Verbraucherrechte-RL in *Mankowski*, Apps und fernabsatzrechtliches Widerrufsrecht. Neues und altes Fernabsatzrecht sowie Initiative der Länderverbraucherschutzminister, CR 2013, 508 ff., 519 ff.

414 Vgl. schon EuGH v. 20.1.1981 – Rs. 55/80 und 57/80 *Musik-Vertrieb membran und K-tel International*, EU:C:1981:10, Rn. 8: Tonträger, die Musikwerke enthielten, stellten Erzeugnisse dar, für die die Warenverkehrsfreiheit (heute Art. 34 ff. AEUV) gelte.

415 Formulierung nach Art. 40 III (c) GEK.

416 Als sog. DRM-Systeme (aus dem englischen „Digital Rights Management") werden Technologiemaßnahmen verstanden, die die Ausübung und Verwaltung von Rechten an Multimediawerken im digitalen Umfeld ermöglichen; siehe eingehend *Arlt*, Digital Rights Management Systeme. Der Einsatz technischer Maßnahmen zum Schutz digitaler Inhalte, München 2006, S. 9 ff.; *Fitzner*, Von Digital-Rights-Management zu Content-Identification-Technologien. Neue Ansätze zum Schutz urheberrechtlich geschützter Multimediawerke im Internet, Baden-Baden 2011, S. 51 ff.

kategorie dar.[417] Ihre rechtliche Behandlung kommt der von Dienstleistungsverträgen eindeutig am nächsten.[418] Deswegen werden Verträge zur Bereitstellung von sich nicht auf körperlichen Datenträgern befindlichen digitalen Inhalten in dieser Arbeit neben Dienstleistungsverträgen im Teil B untersucht. Die Rede kann allerdings nicht von einer *summa divisio* zwischen Waren und Dienstleistungen als einzige Gegenstände sämtlicher Verträge im System der Verbraucherrechte-RL bzw. des GEK sein.[419]

Eine Sonderstellung haben nach der Verbraucherrechte-RL überdies Versorgungsverträge über Wasser und Energie (Gas, Strom bzw. Fernwärme).[420] Aus Art. 5 II, 6 II, 7 III, 8 VIII, 9 II a), c), 14 IV, 17 Verbraucherrechte-RL wird aber erkennbar, dass sie mit einer Ausnahme – nämlich dem Nichteingreifen des Widerrufsausschlusses aus Art. 16 a) Verbraucherrechte-RL – den gleichen Regeln unterworfen sind wie Dienstleistungsverträge. Art. 5 i.V.m. Art. 2 (h), (k), (m) GEK-VO-E lässt hingegen Versorgungsverträge außerhalb des Anwendungsbereichs des GEK. Der Hinweis auf Wasser-, Gas-, Strom- und Fernwärmelieferung in der Muster-Widerrufsbelehrung des GEK unter Fußnote [1] ist freilich irrtümlich aus dem entsprechenden Muster der Verbraucherrechte-RL übernommen worden. In dieser Arbeit werden Wasser- und Energielieferverträge als gewöhnliche Dienstleistungsverträge unter Teil B behandelt. Auf bestehende Unterschiede wird jeweils hingewiesen.

---

417 Erwägungsgrund Nr. 19 S. 3 Verbraucherrechte-RL; siehe auch *Stadler*, AcP 212 (2012), 473 ff., 493 (Grauzone zwischen Kauf-, Miet- und Lizenzverträgen); *Sedef*, MuR 2014, 119 ff., 120 f.

418 MünchKommBGB/*Wendehorst* § 312b RnNr. 30.

419 Anders im EU-Umsatzsteuerrecht: Art. 6 I der aufgehobenen Sechsten Richtlinie 77/388/EWG des Rates v. 17.5.1977 zur Harmonisierung der Rechtsvorschriften der Mitgliedstaaten über die Umsatzsteuern – Gemeinsames Mehrwertsteuersystem: einheitliche steuerpflichtige Bemessungsgrundlage, ABl. 1977 L 145/1; nunmehr Art. 24 I Richtlinie 2006/112/EG des Rates v. 28.11.2006 über das gemeinsame Mehrwertsteuersystem, ABl. 2006 L 347/1; dazu EuGH v. 3.4.2009 – Rs. C-533/07 *Falco Privatstiftung*, EU:C:2009:257, Rn. 39 f.; Schlussanträge der Generalanwältin *Trstenjak* v. 27.1.2009 – Rs. C-533/07 *Falco Privatstiftung*, EU:C:2009:34, Nr. 71 f.; *Kümmerle*, „Güter und Dienstleistungen“, in: Andrés Santos/Baldus/Dedek (Hrsg.), Vertragstypen in Europa, S. 320 f.

420 Siehe Erwägungsgrund Nr. 19 S. 3 Verbraucherrechte-RL.

A. Kaufverträge

Die Charakteristika des Kaufvertrags im europäischen Privatrecht ausführlich darzustellen, würde den Zweck dieser Arbeit überschreiten. Gemäß der Definitionen von Art. 2 Nr. 5 Verbraucherrechte-RL und Art. 2 (k) GEK gilt als Kaufvertrag jeder Vertrag, durch den der Verkäufer das Eigentum an Waren, d. h. beweglichen körperlichen Gegenständen,[421] an den Verbraucher überträgt oder deren Übertragung übernimmt und der Verbraucher hierfür den Kaufpreis zahlt oder dessen Zahlung übernimmt. Erfasst sind demgemäß sowohl Konsensual- als auch Realkontrakte.[422] Damit wird den Vorstellungen der verschiedenen nationalen Rechte entsprochen, in denen die Richtlinie zu integrieren ist bzw. welche eventuell parallel zum GEK Anwendung finden werden.

An dieser Stelle sollte m. M. nach die *UsedSoft*-E des EuGH kurz erwähnt werden. Darin wies der EuGH auf eine „allgemein anerkannte Definition" des Kaufvertrags hin und sah als „Verkauf" eine Vereinbarung an, nach der der Verkäufer seine Eigentumsrechte an einem ihm gehörenden körperlichen oder nichtkörperlichen Gegenstand gegen Zahlung eines Entgelts an eine andere Person abtritt.[423] Das Herunterladen der Kopie eines Programms einschließlich des anschließenden Abschlusses eines unbefristeten Nutzungslizenzvertrags stufte sodann der EuGH als Kauf ein; genauso wie den Absatz materieller Datenträger, auf denen Kopien des einschlägigen Programms gespeichert werden.[424]

Eine solche Betrachtung gerät gewiss mit der Systematik der Verbraucherrechte-RL und des GEK in Konflikt, die zwischen digitalen Inhalten

---

421 Siehe Art. 2 Nr. 3 Verbraucherrechte-RL, Art. 2 (h) GEK. Inbegriffen sind Wasser, (Erd)Gas und Elektrizität, die in einem begrenzten Volumen oder in einer bestimmten Menge angeboten werden. Das GEK schließt darüber hinaus herzustellende oder zu erzeugende Güter explizit ein. Dies ist aber m. E. ebenfalls hinsichtlich der Verbraucherrechte-RL anzunehmen; vgl. in diese Richtung Art. 1 IV Verbrauchgüterkauf-RL; EuGH v. 25.2.2010 – Rs. C-38/08 *Car Trim*, EU:C:2010:90, Rn. 35 ff.

422 *Pfeiffer*, Anwendungsbereich: Vertragsparteien und Vertragsgegenstand, in: Remien/Herrler/Limmer (Hrsg.), Gemeinsames Europäisches Kaufrecht für die EU?, S. 40; vgl. rechtsvergleichend *Rehm*, Kauf, in: Basedow/Hopt/Zimmermann (Hrsg.), Handwörterbuch des Europäischen Privatrechts II, S. 968.

423 EuGH v. 3.7.2012 – Rs. C-128/11 *UsedSoft*, EU:C:2012:407, Rn. 42.

424 EuGH v. 3.7.2012 – Rs. C-128/11 *UsedSoft*, Rn. 46 ff.; kritisch dazu *Haberstumpf*, Der Handel mit gebrauchter Software im harmonisierten Urheberrecht. Warum der Ansatz des EuGH einen falschen Weg zeigt, CR 2012, 561 ff., 562 ff.

auf materiellen Datenträgern und solchen außerhalb davon differenzieren. In *UsedSoft* war aber der EuGH mit urheberrechtlichen Fragen befasst, und zwar mit der Erschöpfung des Rechts auf Verbreitung geschützter digitaler Werke. Die betreffenden Richtlinienvorschriften[425] stellten klar, dass sie für „alle Ausdrucksformen von Computerprogrammen" gelten, d. h. unabhängig davon, ob letztere in körperlicher oder nichtkörperlicher Form vorliegen, um eine Rechtsumgehung zu vermeiden.[426] Folglich beschränkt sich diese umfassende Charakterisierung der unbefristeten Bereitstellung digitaler Inhalte als Kauf zunächst auf den Anwendungsbereich der betreffenden Richtlinie 2009/24 oder ggf. des Urheberrechts.[427] Sie lässt sich wegen der unterschiedlichen Vorschriften der Verbraucherrechte-RL und des GEK nicht auf ihre Auslegung übertragen.[428]

I. Erlöschen der Leistungspflichten

Als Rechtsfolge des Widerrufs ordnen Art. 12 a) Verbraucherrechte-RL bzw. Art. 43 a) GEK die Beendigung der Verpflichtungen der Parteien an, den Vertrag zu erfüllen. Anders als die Verbraucherrechte-RL bzw. die Verbrauchsgüterkauf-RL kennt das GEK bezüglich der Leistungspflichten der Parteien eher detaillierte Regelungen. Deswegen geht die Besprechung des Erlöschens der Leistungspflichten folgend auf das GEK viel ausführlicher ein.

425 Art. 1 II, 4 II der Richtlinie 2009/24/EG des Europäischen Parlaments und des Rates v. 23.4.2009 über den Rechtsschutz von Computerprogrammen, ABl. 2009 L 111/16.

426 EuGH v. 3.7.2012 – Rs. C-128/11 *UsedSoft*, Rn. 49, 55, 57 f. dazu *Rath/Maiworm*, Weg frei für Second-Hand-Software? EuGH, Urteil vom 03. 07. 2012 – C-128/11 ebnet Handel mit gebrauchter Software, WRP 2012, 1051 ff., 1053.

427 Zu den möglichen Auswirkungen der EuGH-E siehe *Hilty*, Die Rechtsnatur des Softwarevertrages, Erkenntnisse aus der Entscheidung des EuGH UsedSoft vs. Oracle, CR 2012, 625 ff., 633 ff.; *Rath/Maiworm*, WRP 2012, 1051 ff., 1054 f.

428 Vgl. aber *Rudkowski/Werner*, Neue Pflichten für Anbieter jenseits der „Button-Lösung" - Paid Content-Verträge nach der Verbraucherrechte-Richtlinie, MMR 2012, 711 ff., 712, die – zumindest *de lege ferenda* – es als sachgerecht ansehen, solche Verträge immer als Kauf einzuordnen, es sei denn, die Software wird individuell für den Benutzer angefertigt.

1. Hauptverpflichtungen

Wie weit diese befreiende Wirkung des Widerrufs geht, wird nicht näher erklärt. Der Textierung der oben genannten Vorschriften („Verpflichtungen der Vertragsparteien ... zur Erfüllung des ... Vertrags"; „Verpflichtung ... den Vertrag zu erfüllen") und den in Art. 13 f. Verbraucherrechte-RL bzw. Art. 44 f. regulierten Rückerstattungspflichten ist zu entnehmen, dass die noch nicht erfüllten kaufvertragstypischen Leistungspflichten beider Seiten mit umfasst sind. Es wäre tatsächlich absurd, wenn die Lieferungspflicht des Verkäufers und die Zahlungspflicht des Käufers weiter bestehen bleiben dürften, während zugleich die Rückerstattung des gezahlten Preises und der angelieferten Kaufsache für den Fall geboten sind, bei dem es bereits zu einer Vertragserfüllung kam.

Eine nähere Untersuchung ist aber notwendig. Im Geltungsbereich der Verbraucherrechte-RL – oder genauer gesagt ihres Umsetzungsaktes – werden die betroffenen vertragscharakteristischen Leistungen von den jeweiligen nationalen Rechtsregeln bestimmt, die zum Teil jedoch EU-rechtlicher Herkunft sind.[429] Ohne einen Anspruch auf rechtsvergleichende Genauigkeit zu erheben, könnte hier gesagt werden, dass es sich dabei grundsätzlich um die Lieferung der Kaufsache und die Übertragung des Eigentums verkäuferseits bzw. die Preiszahlung käuferseits handelt.

Bei Anwendung des GEK muss dagegen auf dessen eigene Vorschriften abgestellt werden. So entfallen durch den Widerruf zum einen die Hauptverpflichtungen des Verkäufers, die Waren zu liefern oder die digitalen Inhalte bereitzustellen, das Eigentum zu übertragen und die Vertragsgemäßheit bzw. das Recht zur Nutzung der digitalen Inhalte zu gewährleisten bzw. zu beschaffen (Art. 91 a) bis d) GEK), zum anderen die Hauptverpflichtungen, den Kaufpreis zu zahlen und die Waren abzunehmen (Art. 123 I a), b) GEK).[430] Vertraglich vorgesehene Zusatzpflichten zur Übergabe (Art. 91 e) GEK) oder zur Annahme (Art. 123 I c) GEK)

---

429 Siehe Art. 2 I Verbrauchsgüterkauf-RL, der die Hauptverpflichtung des Verkäufers vorsieht, dem Käufer dem Kaufvertrag gemäße Güter zu liefern.

430 *Schulze*, in: Schulze (Hrsg.), CESL Commentary Art. 43 Rn. 3; mehr dazu *Remien*, Verpflichtungen des Verkäufers nach EU-Kaufrecht, in: Schmidt-Kessel (Hrsg.), Ein einheitliches europäisches Kaufrecht?, S. 309 f., der zu Recht den Pflichtenkatalog des Art. 91 GEK als unnötig kompliziert kritisiert; *Schaub*, Verpflichtungen des Käufers, Artt. 123-130 GEKR, in: Schmidt-Kessel (Hrsg.), Ein einheitliches europäisches Kaufrecht? Eine Analyse des Vorschlags der Kommission, München 2012, S. 425 ff., 427 ff., 434 ff.

vertragsrelevanter Dokumente oder zur Warenbeförderung (Art. 96 GEK) kommen ebenfalls zum Erlöschen.

Schließlich entfallen die leistungsstörungsrechtlichen Rechtsbehelfe der Vertragspartner. Im Anwendungsbereich der Verbraucherrechte-RL sind sie zum Teil in Art. 3 Verbrauchsgüterkauf-RL geregelt. Im GEK ist eine ausschließliche Regelung dieser Rechtsbehelfe in Art. 106 I, 110 ff., 131 I, 132 ff. GEK zu finden.[431] Soweit sie nicht zur Vertragsauflösung führen, zielen sie entweder darauf ab, die primären Verpflichtungen jeder Partei durchzusetzen (Forderung nach Erfüllung, Reparatur und Ersatzlieferung, Zurückbehaltungsrecht) oder das Vertragsverhältnis den Umständen einer Nichterfüllung anzupassen (Preisminderung, Verzinsung). Somit sind sie mit dem Sinn des Widerrufs unvereinbar und ebenfalls von der Befreiungswirkung betroffen.

2. Sonstige Verpflichtungen

Obgleich die Rede sowohl in Art. 91 als auch in Art. 123 GEK von den „Hauptverpflichtungen" der Parteien ist, werden im Regelungstext keine weiteren, darüber hinausgehenden leistungsbezogenen Nebenpflichten angesprochen.[432] Bestimmte im Zusammenhang mit dem Kaufvertrag stehende Verpflichtungen, namentlich zur Montage, Installierung, Instandhaltung, Reparatur und zu sonstigen Handreichungen,[433] sind Gegenstand eines akzessorischen Dienstleistungsvertrags und werden daher getrennt in Art. 147 ff. GEK geregelt.

---

431 Näher zum Leistungsstörungsrecht des GEK *Grädler/Köchel*, Das kaufrechtliche Abhilfenrecht nach dem Kommissionsentwurf für ein Gemeinsames Europäisches Kaufrecht, in: Schmidt-Kessel (Hrsg.), Ein einheitliches europäisches Kaufrecht? Eine Analyse des Vorschlags der Kommission, München 2012, S. 347 ff.; *Fehrenbach*, Die Abhilfen des Verkäufers nach Artt. 131-139 GEKR, in: Schmidt-Kessel (Hrsg.), Ein einheitliches europäisches Kaufrecht? Eine Analyse des Vorschlags der Kommission, München 2012, S. 447 ff.; *Zöchling-Jud*, Rechtsbehelfe des Käufers im Entwurf eines Gemeinsamen Europäischen Kaufrechts, in: Schmidt-Kessel (Hrsg.), Ein einheitliches europäisches Kaufrecht? Eine Analyse des Vorschlags der Kommission, München 2012, S. 327 ff.

432 Art. 88 III GEK ordnet insoweit keine leistungsbezogene Nebenpflicht, sondern eine Hinweispflicht bezüglich eines zur entschuldigten Nichterfüllung führenden Hindernisses an.

433 Siehe Art. 2 (m) GEK-VO-E.

Aus den allgemeinen Rechtsprinzipien der Mitgliedstaaten, falls die Verbraucherrechte-RL zum Tragen kommt, wie auch aus dem Prinzip von Treu und Glauben und rechtlichem Geschäftsverkehr (Art. 2 GEK) bzw. aus der Zusammenarbeitspflicht (Art. 3 GEK) können allerdings bedeutsame Verpflichtungen erwachsen, die den ganzen Lebenszyklus des Vertragsverhältnisses betreffen, u.a. Kooperations-, Anweisungs-, Warn- und Schutzpflichten.[434] Das Fehlen einer dem Art. 149 GEK entsprechenden kaufrechtlichen Regel darf m. E. nicht die Entstehung einer allgemeinen, auf Art. 2 GEK gestützten Verpflichtung zur Schadensverhütung im GEK verhindern. Denn solche Verbindlichkeiten besitzen keinen dienstleistungsspezifischen Charakter, sondern sind allgemeiner Natur – oft mit jeweils unterschiedlicher Reichweite je nach Vertragstyp.[435] Das GEK kennt folglich weitere, über die aus Art. 91, 123 GEK hinausgehende Pflichten, die entweder leistungsbezogen sind, indem sie der reibungslosen Ausführung des Vertrags dienen, oder als Schutzpflichten vorkommen, indem sie z. B. die körperliche Unversehrtheit und das Vermögen der Kontrahenten schützen.[436] Ob solche Verpflichtungen, die in der Praxis besonders dem Verkäufer, seltener aber auch dem Käufer auferlegt werden, als Nebenpflichten – im Gegensatz zu den vertragstypischen Hauptverpflichtungen in Art. 91, 123 GEK – zu charakterisieren sind, kann dahingestellt bleiben.[437]

Zu entscheiden ist vielmehr, ob die Vertragspartner nach der Ausübung des Widerrufsrechts durch den Verbraucher auch von diesen – entweder auf nationalen Rechten oder auf dem GEK basierten – Verpflichtungen befreit werden. Maßgebliches Kriterium zur Beantwortung dieser Frage

---

434 Siehe *Remien*, Verpflichtungen des Verkäufers nach EU-Kaufrecht, in: Schmidt-Kessel (Hrsg.), Ein einheitliches europäisches Kaufrecht?, S. 310.

435 Siehe *Zoll/Watson*, in: Schulze (Hrsg.), CESL Commentary Art. 149 Rn. 2; *Zoll*, Das Dienstleistungsrecht im Vorschlag für ein Gemeinsames Europäisches Kaufrecht, in: Schulte-Nölke/Zoll/Jansen/Schulze (Hrsg.), Der Entwurf für ein optionales europäisches Kaufrecht, München 2012, S. 279 ff., 291.

436 So auch *Mansel*, WM 2012, 1253 ff., 1266.

437 Dagegen in Anlehnung an das UN-Kaufrecht *Remien*, Verpflichtungen des Verkäufers nach EU-Kaufrecht, in: Schmidt-Kessel (Hrsg.), Ein einheitliches europäisches Kaufrecht?, S. 310, der die Wichtigkeit dieser Problematik relativiert und zutreffend auf die Fragen der Reichweite und etwaiger Besonderheiten solcher unterschiedlichen Pflichten hinweist. Zudem ist zu betonen, dass die ernste Gefahr einer uneinheitlichen Interpretation der Generalklausel in Art. 2 GEK bzw. der Zusammenarbeitspflicht aus Art. 3 GEK durch die nationalen Gerichte in 28 Mitgliedstaaten besteht.

muss die vom Widerrufsrecht bezweckte Entlassung des Verbrauchers aus einem im Nachhinein unerwünschten Vertrag sein. Daher müssen neben den Hauptverpflichtungen auch die ergänzenden, leistungsbezogenen Pflichten aufgehoben werden. Befreit wird also z. B. von Hilfe- und Anweisungspflichten, die durch Vertragsabschluss entstehen. Streben jedoch die sonstigen Pflichten an, die körperliche Unversehrtheit und das Vermögen des anderen Vertragspartners zu schützen, geht es nunmehr nicht um die gehörige Leistungserfüllung, sondern um die Wahrung übergeordneter Rechtsgüter. Entsprechende Warn- und Schutzpflichten sollten deswegen m. E. trotz des Widerrufs in der Rückabwicklungsphase fortbestehen.

3. Schadensersatzansprüche

Eine differenzierende Betrachtung gebührt ebenfalls dem Schadensersatzanspruch, sei es nach den nationalen Rechten bei Anwendung der Verbraucherrechte-RL, sei es nach Art. 159 ff. GEK.

Was insb. das GEK anbelangt, ist laut der vagen Definition in Art. 2 (c) GEK-VO-E sowohl der „materielle Verlust" als auch der „immaterielle Verlust in Form erlittener Schmerzen und erlittenen Leids" zu ersetzen. Ferner zielt der Schadensersatz nach Art. 2 (g) GEK-VO-E auf die „Entschädigung für einen erlittenen Verlust oder einen körperlichen oder sonstigen Schaden" ab. Demgemäß liegt es nahe, dass nach der Regelung des GEK nicht nur der Schaden an der nicht vertragsgemäßen Ware ersetzbar ist, sondern auch Schäden, die an anderen Rechtsgütern entstehen, namentlich dem Körper und der Gesundheit des Käufers.[438] Das Gleiche muss m. A. nach ebenfalls für Schäden an anderen als der verkauften Sachen gelten, soweit kein Indiz dagegen spricht. Solche Körper- und Sachschäden können auf eine Hauptpflichtverletzung des Verkäufers zurückgehen, der die Vertragsmäßigkeit der Kaufsache nicht „sicherstellte" (Art. 91 c) GEK), oder auf eine Hauptpflichtverletzung seitens des Käufers. Dann kann Entschädigung gemäß Art. 106 I (e), 131 I (d) GEK verlangt werden. Schäden der gleichen Art mögen aber auch durch Verlet-

438 Siehe *Remien*, Schadensersatz und Zinsen nach EU-Kaufrecht, in: Schmidt-Kessel (Hrsg.), Ein einheitliches europäisches Kaufrecht? Eine Analyse des Vorschlags der Kommission, S. 503 ff., 505; mehr Bedenken hat *Wendehorst*, Schadensersatz, Verzugszinsen und Rückabwicklung, in: Remien/Herrler/Limmer (Hrsg.), Gemeinsames Europäisches Kaufrecht für die EU?, S. 193.

zung einer Schutzpflicht aus Art. 2 GEK zugefügt worden sein. Verletzt eine Partei eine solche Schutzpflicht, kann sie für den dadurch entstehenden Schaden laut Art. 2 II GEK haftbar gemacht werden.[439]

Von der Zielsetzung des Widerrufsrechts ausgehend sollte man m. E. zum Schluss kommen, dass der Widerruf die schadensrechtlichen Ansprüche mit sich zieht, die auf die Wiederherstellung einer ordnungsgemäßen Vertragsdurchführung abzielen, d. h. Schadensersatzansprüche die nach einer Verletzung der Hauptverpflichtungen oder leistungsbezogenen Pflichten zustande kommen. Geht es aber um einen Schadensersatzanspruch wegen Verletzung einer Warn- oder Schutzverbindlichkeit, die den Vertragswiderruf überlebt, bleibt der Anspruch unantastbar und kann weiter geltend gemacht werden.

II. Rückerstattung der empfangenen Leistungen

Soweit vertragliche Leistungen schon erbracht worden sind, kommt es bei Ausübung des Widerrufsrechts zu ihrem umgekehrten Austausch. Beide Regelungstexte, die Verbraucherrechte-RL sowie das GEK reglementieren die Rückabwicklungspflichten beider Vertragsparteien gesondert. Während Art. 13 Verbraucherrechte-RL bzw. Art. 44 GEK die Rückabwicklungspflichten des Unternehmers vorsehen, normieren Art. 14 Verbraucherrechte-RL bzw. Art. 45 GEK die Rückabwicklungspflichten des Verbrauchers.

1. Rückabwicklungspflichten des Verkäufers

a) Rückzahlung des Kaufpreises

Sowohl Art. 13 I 1 Verbraucherrechte-RL als auch Art. 44 I 1 GEK schreiben die Erstattung aller vom Verbraucher erhaltenen „Zahlungen" vor. Zu

439 *Schulte-Nölke*, in: Schulze (Hrsg.), CESL Commentary Art. 4 Rn. 9. Ob sämtliche dieser Schadensersatzansprüche den ausführlichen Bestimmungen in Art. 159 ff. GEK unterworfen sind, ist umstritten; *Remien*, Schadensersatz und Zinsen nach EU-Kaufrecht, in: Schmidt-Kessel (Hrsg.), Ein einheitliches europäisches Kaufrecht?, S. 505 m.w.N. Eindeutig ist aber m. A. nach, dass die Schadensersatzgrundlagen in den Vorschriften des GEK zu finden sind.

diesen Zahlungen gehört erst recht der gezahlte Kaufpreis. Die Rückerstattung des Kaufpreises als Geldsumme stellt also die zentrale Rückabwicklungspflicht des Verkäufers dar.

b) Zulässige Zahlungsmittel

Ein für heutige Transaktionen sehr bedeutsamer Aspekt des Rückabwicklungsmechanismus wird in Art. 13 I 2 Verbraucherrechte-RL bzw. Art. 44 I 2 GEK eingehend behandelt. Es geht um die Zahlungsmittel, die zur Geldrückerstattung vom Verkäufer genutzt werden dürfen. Mit aller Eindeutigkeit ist die Verwendung desselben Zahlungsmittels geboten, das bereits für die Erfüllung der vertraglichen Zahlungspflicht durch den Käufer verwendet wurde.

Der klare Vorzug für den schon eingesetzten Zahlungsweg, selbst wenn diesbezüglich kein gesetzlicher Annahmezwang bestand, trägt den Interessen der Parteien volle Rechnung und sollte als sinnvoll und realistisch erachtet werden. Akzeptierten beide Seiten zur Vertragsabwicklung ein bestimmtes Zahlungsmittel, wäre es wohl widersprüchlich, dass eine Partei das gleiche Zahlungsmittel zur Vertragsrückabwicklung nunmehr ablehnt.

Wurde der Kaufpreis wie üblich per Banküberweisung oder Lastschrift beglichen, ist die empfangene Geldsumme dementsprechend auf dem belasteten Konto des Käufers gutzuschreiben. Erfolgte die Preiszahlung per Kreditkarte, muss der Unternehmer ebenso eine Überweisung des abgebuchten Geldbetrags auf das Kreditkartenkonto des Käufers veranlassen[440].

Als Zahlungsmittel i.S.v. Art. 13 I 2 Verbraucherrechte-RL bzw. Art. 44 I 2 GEK gelten ebenfalls vom Käufer verwendete Gutscheine und andere Geldsurrogate.[441] Wurde z. B. der Preis ganz oder teilweise durch Einlösen eines Gutscheins oder Punkte im Rahmen eines Kundenbonusprogramms ausgeglichen, so hat der Käufer nach Widerruf lediglich An-

---

440 BeckOK/*Müller-Christmann* BGB § 357 Rn. 4.

441 Siehe Erwägungsgrund Nr. 46 S. 2 Verbraucherrechte-RL; *Stabentheiner/Cap*, ÖJZ 2011, 1045 ff., 1059; *Schulze*, in: Schulze (Hrsg.), CESL Commentary Art. 44 Rn. 5; *Föhlisch/Dyakova*, Das Widerrufsrecht im Onlinehandel. Änderungen nach dem Referentenentwurf zur Umsetzung der Verbraucherrechterichtlinie, MMR 2013, 71 ff., 74.

spruch auf die Erstellung eines neuen gleichwertigen Gutscheins oder auf einen erneuten Eintrag der abgebuchten Punkte in sein Kundenkonto.

Die Beschränkung auf das bereits vom Käufer genutzte Zahlungsmittel kann jedoch von den Parteien unter zweierlei Voraussetzung abbedungen werden. Zuerst bedarf es einer ausdrücklichen anderslautenden Vereinbarung. Was als „ausdrücklich" zu verstehen ist, ist dem Regelungstext von Art. 13 I 2 Verbraucherrechte-RL bzw. Art. 44 I 2 GEK nicht zu entnehmen. Der Erwägungsgrund Nr. 46 der Verbraucherrechte-RL verwendet eine ähnliche Formulierung und kann deswegen nicht weiterhelfen.[442] Eine Einzelvereinbarung, die zwischen Verkäufer und Käufer erst nach der Ausübung des Widerrufsrechts getroffen wird, entspricht ohne Zweifel der Anforderung der Ausdrücklichkeit. Darüber hinaus sollte auch eine in den Kaufvertragstext integrierte Klausel, ggf. in der Form von AGB, als zulässig betrachtet werden, wenn der Verbraucher auf das Bestehen bzw. den Inhalt dieser Klausel gesondert hingewiesen wird. Denn mit dem Adjektiv „ausdrücklich" wird m. E. nicht auf die Eigenständigkeit der Vereinbarung abgestellt, sondern auf ihre Klarheit und Bestimmtheit. Sicherzustellen ist aber immer, dass die Verwendung eines anderen Zahlungsmittels tatsächlich Gegenstand einer Einigung zwischen den Parteien war.

Des Weiteren verlangt Art. 13 I 2 Verbraucherrechte-RL, dass dem Käufer durch den Einsatz des anderen Zahlungsmittels keine „Kosten" entstehen. Art. 44 I 2 GEK spricht hingegen von „Gebühren". Diese Differenzierung findet kein Äquivalent in den französischen, englischen, niederländischen und griechischen Sprachfassungen, die einheitlich die allgemeineren Wörter „frais", „fees", „[extra] kosten" und „δαπάνες" (: Kosten) verwenden.[443] Dieser Passus ist als vollständig kostenlose Gewährung einer gleichwertigen Geld- oder Sachleistung zu verstehen. Die Parteien können z. B. die geschuldete Geldsumme in bar zurückbezahlen bzw. an ein anderes Bankkonto des Käufers überweisen lassen oder einen gleichwertigen Preisnachlass zugunsten des Käufers für zukünftige Transaktionen verabreden.

---

442 „Die Erstattung sollte nicht in Form eines Gutscheins erfolgen, es sei denn, der Verbraucher hat […] diese ausdrücklich akzeptiert".

443 Vgl. zu den Problemen mit der Übersetzung des GEK ins Deutsche *Eidenmüller/Jansen/Kieninger/Wagner/Zimmermann*, JZ 2012, 269 ff., 272; *Zimmermann*, JBl 2012, 2 f., 20. Anscheinend wurde das englische Wort „Fees" als „Gebühren" ins Deutsche übersetzt.

c) Rückzahlungsfrist

Art. 13 I 1 Verbraucherrechte-RL bzw. Art. 44 I 1 GEK bestimmen schließlich den zeitlichen Aspekt der Rückabwicklungspflicht des Verkäufers. Die Rückzahlung muss demgemäß unverzüglich und in jedem Fall spätestens binnen vierzehn Tagen nach Zugang der Widerrufserklärung beim Verkäufer erfolgen (vgl. Art. 10 III GEK). Angesichts der klaren vierzehntägigen Frist zeigt sich das Gebot der Unverzüglichkeit nicht einklagbar und deswegen wohl theoretisch.[444] Damit ist es m. M. nach konsequenter, die Fälligkeit der Rückzahlungspflicht einfach am vierzehnten Tag nach der Mitteilung der Widerrufsrechtsausübung festzustellen.

Für die Rechtzeitigkeit der Zahlung durch Banküberweisung ist in Anlehnung an die EuGH-Entscheidung in der Rechtssache *01051 Telecom*[445] auf die Gutschrift des geschuldeten Betrags auf dem Konto des Gläubigers abzustellen.[446] Nur dann ist die Geldsumme in der tatsächlichen Verfügungsgewalt des Käufers.[447]

In der Verbraucherrechte-RL werden die Folgen einer trotz Fälligkeit ausbleibenden Rückzahlung nicht thematisiert. Die Sanktionierung jeglicher Zuwiderhandlung obliegt hierbei den Mitgliedstaaten nach den allgemeinen, etwas vagen Anforderungen von Art. 24 I der Richtlinie. Anders ist die Rechtslage im GEK, das in Art. 166 eine allgemeine Verzugszinsenregelung bei „verspäteten Zahlungen“ enthält. Erbringt der Verkäufer seine Rückzahlungspflicht nicht bis einschließlich dem oben genannten

---

444 *Wendehorst*, in: Wendehorst/Zöchling-Jud, Verbraucherkreditrecht § 12 VKrG Rz. 27; vgl. aber *Schulze*, in: Schulze (Hrsg.), CESL Commentary Art. 44 Rn. 4, 12.

445 EuGH v. 3.4.2008 – Rs. C-306/06 *01051 Telecom*, EU:C:2008:187; dazu *Gsell*, Rechtzeitigkeit der Zahlung per Banküberweisung und Verzugsrichtlinie. Zugleich eine Besprechung von EuGH, Urteil vom 3.4.2008, C-306/06 - 01051 Telecom GmbH gegen Deutsche Telekom AG, GPR 2008, 165 ff. Die Entscheidung legt die damalige für b2b-Verhältnisse bestimmte Zahlungsverzugs-RL (Richtlinie 2000/35/EG des Europäischen Parlaments und des Rates v. 29.6.2000 zur Bekämpfung von Zahlungsverzug im Geschäftsverkehr, ABl. 2000 L 200/35) aus, die inzwischen durch Richtlinie 2011/7/EU des Europäischen Parlaments und des Rates v. 16.2.2011 zur Bekämpfung von Zahlungsverzug im Geschäftsverkehr, ABl. 2011 L 48/1 ersetzt wurde.

446 *Možina*, in: Schulze (Hrsg.), CESL Commentary Art. 166 Rn. 6; *Remien*, Schadensersatz und Zinsen nach EU-Kaufrecht, in: Schmidt-Kessel (Hrsg.), Ein einheitliches europäisches Kaufrecht?, S. 520.

447 Vgl. EuGH v. 3.4.2008 – Rs. C-306/06 *01051 Telecom*, Rn. 26.

vierzehnten Tag, so hat der Käufer ohne Weiteres, d. h. ohne Mahnung, vom nächsten Tag an Anspruch auf Zinsen in Höhe vom in Art. 166 I GEK festgelegten Zinssatz.[448]

2. Rückabwicklungspflichten des Käufers

a) Rückgabe der Kaufsache

Der Verbraucher hat seinerseits gemäß Art. 14 I 1 Verbraucherrechte-RL bzw. Art. 45 I 1 GEK die konkret gelieferten Waren „an den Unternehmer oder eine von diesem zur Entgegennahme der Waren ermächtigte Person" *in natura* herauszugeben (Stückschuld)[449]. Waren zählen ja zu den rückgabefähigen Gütern schlechthin.[450] Eine Rückgabe von Ersatzsachen kommt daher nicht in Betracht. Die praktische Bedeutung dieser Frage ist aber m. E. gering. Der widerrufende Käufer kann bzw. will in aller Regel nur die ihm übergebene, unerwünschte Sache zurückgeben.

b) Rückgabe der Originalverpackung?

Was die Reichweite der Leistung „Waren" betrifft, ist der Text der zwei Rechtsakte wenig ergiebig. Praktisch am interessantesten ist die Handhabung der Originalverpackung. Gehört diese auch zu den erbrachten und damit zu den zurückzugebenden Leistungen?

Es ist vorab zwischen der standardisierten Transportverpackung und der originalen Verpackung des Produkts zu unterscheiden. Die Transportverpackung dient erfahrungsgemäß allein der sicheren Ausführung des Kaufvertrags, indem sie die Kaufsache vor transportbedingten Gefahren

---

448 Siehe *Wendehorst*, Schadensersatz, Verzugszinsen und Rückabwicklung, in: Remien/Herrler/Limmer (Hrsg.), Gemeinsames Europäisches Kaufrecht für die EU?, S. 194; *Remien*, Schadensersatz und Zinsen nach EU-Kaufrecht, in: Schmidt-Kessel (Hrsg.), Ein einheitliches europäisches Kaufrecht?, S. 519 f.

449 BeckOK/*Müller-Christmann* BGB § 355 Rn. 22.

450 *Wendehorst*, Schadensersatz, Verzugszinsen und Rückabwicklung, in: Remien/Herrler/Limmer (Hrsg.), Gemeinsames Europäisches Kaufrecht für die EU?, S. 198.

schützt.[451] Sie stellt somit keine vom Verkäufer erbrachte Leistung dar, die im Widerrufsfall zurückzuerstatten wäre.[452] Die Wiederverwendung der gewährten Transportverpackung mag aus logistischen Gründen erwünscht sein, ist allerdings nicht rechtlich geboten. Es besteht also keine Pflicht des Verbrauchers, der sein Widerrufsrecht geltend macht, die zuvor genutzte Transportverpackung dem Unternehmer zurückzugewähren.[453]

Darüber hinaus ist der Wiederverkauf vieler Erzeugnisse, die ohne ihre Produktverpackung zurückgesandt werden, häufig nur nach einer kostspieligen Wiedereinpackung oder mit einem Preisnachlass möglich.[454] Die Unternehmer haben dabei ein legitimes Interesse an der Rückerstattung nicht nur der Kaufsache selbst, sondern auch ihrer ggf. teuren Emballage.[455] Nichtsdestotrotz ist mit zu berücksichtigen, dass der Zweck des Widerrufsrechts bei außerhalb von Geschäftsräumen bzw. im Fernabsatz geschlossenen Warenkaufverträgen u.a. in der Möglichkeit der Inaugenscheinnahme der Leistung besteht. Diesem Zweck wird zumeist erst dann Genüge getan, wenn der Verbraucher die Originalverpackung öffnet und dadurch auch beschädigt, um die eingepackte Kaufsache begutachten zu können.[456]

Um zu einer ausgewogenen Lösung zu kommen, die den Interessen beider Seiten Rechnung trägt, ist auf die Verkehrsfähigkeit bzw. die Wertbemessung der Ware mit und ohne Verpackung abzustellen.[457] Maßgeblich

---

451 Vgl. *Becker/Föhlisch*, Von Dessous, Deorollern und Diabetes-Streifen. Ausschluss des Widerrufsrechts im Fernabsatz, NJW 2008, 3751 ff., 3754; *Föhlisch*, Das Widerrufsrecht im Onlinehandel, S. 336 f.

452 Vgl. zum deutschen Recht *Kaestner/Tews*, Praktische Probleme des Fernabsatzrechts, WRP 2005, 1335 ff., 1340; *Sparmann*, Das Widerrufsrecht im Fernabsatz als Kauf auf Probe, S. 186 Fn. 487.

453 Vgl. zum deutschen Recht *Kaestner/Tews*, WRP 2005, 1335 ff., 1340; *Becker/Föhlisch*, NJW 2008, 3751 ff., 3754; *Lapp/Lapp*, Online-Handel und Originalverpackung, CR 2008, 649 ff., 651; *Föhlisch*, Das Widerrufsrecht im Onlinehandel, S. 336 f.

454 Vgl. die von *Lapp/Lapp*, CR 2008, 649 ff., 650; *Sparmann*, Das Widerrufsrecht im Fernabsatz als Kauf auf Probe, S. 185 genannten Beispiele.

455 Vgl. *Lapp/Lapp*, CR 2008, 649 ff., 650; *Sparmann*, Das Widerrufsrecht im Fernabsatz als Kauf auf Probe, S. 186.

456 Vgl. *Rott*, Widerruf und Rückabwicklung, in: Micklitz/Pfeiffer/Tonner/Willingmann (Hrsg.), Schuldrechtsreform und Verbraucherschutz, Baden-Baden 2001, S. 249 ff., 269.

457 Vgl. *Becker/Föhlisch*, NJW 2008, 3751 ff., 3753; *Lapp/Lapp*, CR 2008, 649 ff., 650; *Föhlisch*, Das Widerrufsrecht im Onlinehandel, S. 334.

ist, ob die Kaufsache ihrem Typ nach, wenn unverpackt, nicht verkehrsfähig ist oder als unvollständig erachtet bzw. weniger geschätzt wird.[458] Wird eine dieser Teilfragen durch die Verkehrsanschauung bejaht, gilt die Originalverpackung als Teil der unternehmerischen Leistung und ist demnach von der Reichweite der Erstattungspflicht umfasst.

So sind komprimiertes Gas (z. B. Spray) und Flüssigkeiten (z. B. Getränke, Konfitüren, Saucen, zahlreiche Kosmetikartikel) ohnehin nur im Behälter verkaufbar.[459] Das Gleiche soll gelten, wenn der Unternehmer aus rechtlichen Gründen seine Produkte nur verpackt in den Verkehr bringen darf, z. B. um arzneimittel-, umwelt- oder energierechtlichen Kennzeichen- und Schutzpflichten nachzukommen.[460]

Ein erweiterter Ermessensspielraum ergibt sich bei der Prüfung, ob die Ware durch das Fehlen der Verpackung aus Sicht der potentiellen Käufer unvollkommen, fehlerhaft oder weniger wert erscheint. Eine Kasuistik zu entwickeln, könnte insoweit behilflich sein, hätte aber lediglich eine Indikativwirkung. In der Regel gelten Lebensmittel, elektronische Geräte, Spielzeuge, Schmuckstücke und Luxusprodukte ohne ihre Verpackung als unvollständig. Im Gegensatz dazu werden verschiedenartige Schutzhüllen von Büchern, CDs, Zeitschriften, Schreibwaren und Bekleidung meist nicht als untrennbarer Bestandteil des Produkts angesehen.[461]

c) Ausbaupflicht

Es kann schließlich dazu kommen, dass bis zum Widerruf der Verbraucher die Kaufsache entsprechend ihres Verwendungszwecks eingebaut hat und ein Ausbau nunmehr zur Rückgewähr erforderlich ist.[462] Dies vermag unter Umständen zu erheblichen Unannehmlichkeiten zu führen.

---

458 Vgl. *Lapp/Lapp*, CR 2008, 649 ff., 650 f.

459 Vgl. *Lapp/Lapp*, CR 2008, 649 ff., 650.

460 Vgl. *Becker/Föhlisch*, NJW 2008, 3751 ff., 3753; *Föhlisch*, Das Widerrufsrecht im Onlinehandel, S. 336; siehe auch den Sachverhalt in OLG Hamburg NJOZ 2007, 4812, 4814 f. (Öffnung der unmittelbar umhüllenden Blisterverpackung von Kontaktlinsen).

461 Siehe Schlussanträge der Generalanwältin *Trstenjak* v. 18.2.2009 – Rs. C-489/07 *Messner*, Nr. 77; weiter die Beispieldarstellungen in *Lapp/Lapp*, CR 2008, 649 ff., 650; *Föhlisch*, Das Widerrufsrecht im Onlinehandel, S. 335 f.

462 Davon zu unterscheiden ist der Fall einer untrennbaren Vermischung des Kaufgegenstands mit anderen, auch gleichartigen Gütern, wie z. B. mit Brennstoff. Da-

Die Frage, welcher der Vertragspartner mit dem Ausbau bzw. den Ausbaukosten im Anwendungsbereich der Verbrauchsgüterkauf-RL zu belasten ist, beschäftigte schon den EuGH im Fall einer Ersatzlieferung nach Art. 3 II, III Verbrauchsgüterkauf-RL. In der heftig diskutierten *Gebr. Weber und Putz*-E kam der EuGH zum Schluss, dass der Verkäufer verpflichtet sei, entweder selbst den Ausbau des mangelhaften Verbrauchsguts vorzunehmen oder die Kosten zu tragen, die für diesen Ausbau durch den Käufer notwendigerweise anfallen.[463]

Einer Ausbaupflicht des Verkäufers ist aber m. E. für die Rückabwicklung nach dem verbraucherrechtlichen Widerruf nicht zuzustimmen. Der spezifische Unterschied zwischen beiden Rechtsfällen ist, dass es im Fall der Verbrauchsgüterkauf-RL um ein Recht des Verbrauchers geht, nämlich zur Ersatzlieferung, während es bei der widerrufsbedingten Rückabwicklung um eine Verpflichtung des Verbrauchers geht, nämlich zur Rückgabe der Kaufsache. Dass diese Verpflichtung erst durch Wahrnehmung eines (Widerrufs-)Rechts durch den Verbraucher herbeigeführt wurde, sollte nicht ausschlaggebend sein.

Zwar sah der EuGH in der *Gebr. Weber und Putz*-E auf die Gefahr, dass der Verbraucher abgeschreckt werde, seine Rechte geltend zu machen, falls er mit einer kostspieligen Ausbaupflicht belastet werde.[464] Und dieser Gedanke muss auch bei der Gestaltung der Widerrufsrechtsfolgen maßgebend sein.[465] Zu den überzeugendsten Hauptargumenten des EuGH in der *Gebr. Weber und Putz*-E zählt aber die Feststellung, dass der Verkäufer in einem gewährleistungsrechtlichen Fall seine Vertragspflichten nicht von vornherein ordnungsgemäß erfülle, sondern eine Vertragsverlet-

---

bei ist das Widerrufsrecht ausgeschlossen; Art. 16 f), Erwägungsgrund Nr. 49 S. 3 Verbraucherrechte-RL; Art. 40 III (b) GEK.

463 EuGH v. 16.6.2012 – Rs. 65/09 und C-87/09 *Gebr. Weber und Putz*, EU:C:2011:396, Rn. 62; siehe dazu *Augenhofer/Appenzeller/Holm*, Nacherfüllungsort und Aus- und Einbaukosten, JuS 2011, 680 ff.; *Kaiser*, EuGH zum Austausch mangelhafter eingebauter Verbrauchsgüter, JZ 2011, 978 ff.; *Johnston/Unberath*, Joined Cases C-65/09 & C-87/09 Gebr. Weber GmbH v. Jürgen Wittmer and Ingrid Putz v. Medianess Electronics GmbH, Judgment of the Court of Justice (First Chamber) of 16 June 2011, nyr., CML Rev 2012, 793 ff.; vgl. aus der Sicht der Methodenlehre *Leenen*, Die Auslegung von Richtlinien und die richtlinienkonforme Auslegung und Fortbildung des nationalen Rechts, Jura 2012, 753 ff.

464 EuGH v. 16.6.2012 – Rs. 65/09 und C-87/09 *Gebr. Weber und Putz*, Rn. 46.

465 Vgl. EuGH v. 3.9.2009 – Rs. C-489/07 *Messner*, EU:C:2009:502, Rn. 19; EuGH v. 15.4.2010 – Rs. C-511/08 *Heinrich Heine*, EU:C:2010:189, Rn. 54.

zung begehe und damit den Ausbau notwendig mache. Deswegen dürfe er für all die daraus entstehenden Belastungen und Unannehmlichkeiten – auch im Zuge einer Ersatzlieferung – verantwortlich gemacht werden.[466] Dies gelte sogar dann, wenn er nicht schuldhaft gehandelt habe. Denn jeder Aufwand, der zum Ausbau der mangelhaften Sache erforderlich sei, wäre vermieden worden, hätte der Verkäufer seine vertraglichen Verpflichtungen ordnungsgemäß erfüllt.[467] Eine vergleichbare Vorgehensweise ist allerdings im Fall des Widerrufsrechts m. A. nach fehl am Platz. Trotz der typischerweise anwesenden Gefahren für die freie Willensbildung des Käufers in Situationen, in denen ihm ein Widerrufsrecht gewährt wird, kann von einer Rechtsverletzung durch den Verkäufer, die eine Ausbaupflicht rechtfertigt, nicht die Rede sein.

Daher soll der Verbraucher, der sein Widerrufsrecht ausübt und zuvor die Kaufsache irgendwie montiert oder eingebaut hat, diese selbst und auf eigene Kosten ausbauen[468].

d) Rückgabefrist

Die Frist zur Rückübergabe beträgt gemäß Art. 14 I 1 Verbraucherrechte-RL bzw. Art. 45 I 1 GEK vierzehn Tage und beginnt zu laufen nach der Abgabe der Widerrufserklärung. Praktisch relevant ist die Rückgabefrist allerdings nur dann, wenn der Käufer die Kaufsache an den Sitz des Verkäufers abschicken oder anders übergeben muss. Im Fall einer Abholpflicht des Verkäufers hat dagegen der Käufer, der sein Widerrufsrecht wahrgenommen hat, nichts weiter zu tun, als die Kaufsache in seinen Räumlichkeiten bereit zu stellen, um sie dem Vertreter des Verkäufers zu übergeben.

Zur Sanktionierung einer fehlenden oder verzögerten Rückgabe durch den Verbraucher weist Erwägungsgrund Nr. 48 der Verbraucherrechte-RL auf „innerstaatliche Vorschriften […] sowie vertragsrechtliche Bestimmungen" hin.[469] Gemeint sind vor allem die nationalen Bestimmungen

466 EuGH v. 16.6.2012 – Rs. 65/09 und C-87/09 *Gebr. Weber und Putz*, Rn. 47 ff.
467 EuGH v. 16.6.2012 – Rs. 65/09 und C-87/09 *Gebr. Weber und Putz*, Rn. 56 f.
468 So auch *Reif*, Neuerungen durch das Verbraucherrechte-Richtlinie-Umsetzungsgesetz, RdW 2014, 443 ff., 446.
469 Vgl. auch Art. 24 I Verbraucherrechte-RL.

über den Schuldnerverzug bei Sachleistungen[470] und die – auch nach AGB-Recht – zulässigen vertraglichen Abweichungen davon. Eine Anwendung nationaler und vertraglicher Normen ist auch im Bereich des GEK angebracht. Mit der Ausnahme des Verzugs bei Geldleistungen (Art. 166 ff. GEK) regelt das Instrument den Schuldnerverzug nicht.

e) Sachenrechtliche Aspekte

Die untersuchten Vorschriften orientieren sich klar an der Kaufsache als körperlichen Gegenstand und machen die Besitzübergabe damit rückgängig. Im Übrigen sprechen weder die Verbraucherrechte-RL noch das GEK die Rückabwicklung der anderen Hauptleistung des Verkäufers an, der Eigentumsübertragung. Es darf aber m. M. nach nicht in Frage kommen, dass der Käufer dem Verkäufer nach Widerruf ebenfalls das Eigentum an der Kaufsache zurückübereignen muss. Während die Rückgabe ein Realakt ist, setzt die Wiederveräußerung der gekauften Ware die Erfüllung der im jeweiligen Sachenrecht genannten Voraussetzungen voraus. Sachenrechtliche Seiten des Kaufs, darunter die Eigentumsübertragung, werden mangels Kompetenz der EU von der Verbraucherrechte-RL bzw. dem GEK bewusst nicht behandelt.[471] Sie unterliegen demgemäß dem nach den einschlägigen Kollisionsnormen berufenen Sachrecht, meist der *lex rei sitae*.[472]

Diese Wechselwirkung ist jedoch geeignet, zu Problemfällen zu führen, falls das anwendbare Sachenrecht ein unmittelbares Zurückspringen des Eigentums an den Verkäufer zum Zeitpunkt der Widerrufserklärung vorsieht und ihm einen dinglichen Anspruch zur Herausgabe der Sache einräumt. Eine Vindikationsklage könnte den Verkäufer unter Umständen, insb. im Insolvenzfall, gegenüber Dritten besserstellen als ein schuldrechtlicher Anspruch zur Eigentumsübertragung.[473] Der potenzielle Eingriff sachenrechtlicher Ansprüche droht daher, die Schaffung gleicher Wettbe-

---

470 Siehe im deutschen Recht § 280 I i.V.m. § 286, § 287 BGB; im österreichischen Recht § 918 ABGB.

471 Erwägungsgrund Nr. 27 GEK-VO-E.

472 Vgl. zur Rückabwicklung nach einer Vertragsbeendigung gemäß Art. 8, 172 GEK *Zoll*, in: Schulze (Hrsg.), CESL Commentary Art. 8 Rn. 5.

473 Vgl. Diskussionsbericht zu den Vorträgen von *Gsell*, *Faust* und *Wendehorst*, in: Remien/Herrler/Limmer (Hrsg.), Gemeinsames Europäisches Kaufrecht für die EU? Analyse des Vorschlags der europäischen Kommission für ein optionales

werbsbedingungen in Gefahr zu bringen.[474] Dass das Widerrufsrecht normalerweise kurz nach dem Vertragsschluss ausgeübt wird, vermag diese Gefahr nur zu mindern.

f) Ausdrücklicher Ausschluss weitergehender Pflichten des Käufers

Art. 14 V Verbraucherrechte-RL bzw. Art. 45 VII GEK legen den abschließenden Charakter der Regelung zu Haftung des Verbrauchers „aufgrund der Ausübung seines Widerrufsrechts“ fest. Sämtliche Verpflichtungen des Verbrauchers werden im einschlägigen Art. 14 bzw. Art. 45 GEK angeordnet. Inhaltlich schließen beide Bestimmungen jede Art weitergehender Ansprüche gegen den Käufer aus. Gemeint sind grundsätzlich Geldansprüche, z. B. aus dem Bereicherungs- bzw. Deliktsrecht. Eindeutiger ist dabei die Formulierung des GEK, wonach der Verbraucher „nicht haftbar gemacht werden“ kann. Durch den Widerruf nicht betroffene Ansprüche gegen den Verbraucher sollen allerdings erhalten bleiben.[475]

3. Erfüllungsort und daraus erwachsene Nebenpflichten

a) Erfüllungsort für die Pflichten des Verkäufers

An den Leistungsort für die Rückzahlungspflichten des Verkäufers stellen die Verbraucherrechte-RL und das GEK keine konkreten Anforderungen. Nicht zuletzt wegen der Ähnlichkeit zwischen den Vorschriften der Zahlungsverzugs-RL und Art. 166 ff. GEK kann man sich aber zumindest bei der Auslegung des GEK an der Richtlinie ausrichten.[476]

Auch hierbei zeigt sich die *01051 Telecom*-E als maßgebend.[477] Wie der EuGH beschloss, habe der Schuldner, der per Banküberweisung seine Geldschuld tilgen wolle, seinem Kreditinstitut den Überweisungsauftrag

---

Europäisches Vertragsrecht vom 11. Oktober 2011, München 2012, S. 206 ff., 208.

474 Vgl. *Ackermann/Franck*, ERCL 2012, 113 ff., 135 f.

475 Siehe oben, Kapitel 4.A.I.2., 4.A.I.3.

476 *Remien*, Schadensersatz und Zinsen nach EU-Kaufrecht, in: Schmidt-Kessel (Hrsg.), Ein einheitliches europäisches Kaufrecht?, S. 519.

477 EuGH v. 3.4.2008 – Rs. C-306/06 *01051 Telecom*; siehe auch oben, Kapitel 4.A.II.1.c).

so zeitig zu geben, dass unter gewöhnlichen Umständen mit einem rechtzeitigen Zahlungseingang zu rechnen sei, m.a.W. dass die Geldsumme den Empfänger bei üblicher Laufzeit fristgerecht erreiche.[478] Orientierungshilfe leistet dabei die Zahlungsdienste-RL, nach der die zu überweisende Geldsumme spätestens am Ende des folgenden Geschäftstages nach Eingang des Zahlungsauftrags dem Konto des Kreditinstituts des Empfängers – nicht also dem Konto des Empfängers selbst – gutgeschrieben werden muss.[479]

Jegliche voraussehbare Verzögerung des Zahlungsverkehrs hat der Schuldner selbst zu übernehmen. Für eine etwaige darüber hinausgehende Verspätung des Zahlungseingangs kann er allerdings nicht haftbar gemacht werden.[480] Eine Verpflichtung zu ausnahmslos erfolgreicher Rückstellung des Geldbetrags binnen vierzehntägiger Frist, die einer Garantiehaftung gleichen würde, ist also nicht vorgesehen.[481]

Das Gleiche sollte m. E. auch für die Rückzahlungspflicht des Verkäufers im Widerrufsfall gelten. Seine Gelderstattungsschuld ist als qualifizierte Schickschuld anzusehen, wobei gesteigerte Verpflichtungen zur rechtzeitigen Erledigung aller nötigen Zahlungsverkehrsverfahren bestehen; die Rückzahlung muss je nach Zahlungsmittel gemäß gewöhnlichem Lauf der Dinge spätestens am letzten Tag der vierzehntägigen Rückzahlungsfrist erfolgen.[482]

---

478 *Heyers*, Rechtsnatur der Geldschuld und Überweisung. Welche Konsequenzen sind aus der Rechtsprechung des EuGH für das nationale Recht zu ziehen?, JZ 2012, 398 ff., 402.

479 Siehe Art. 69 I 1 Zahlungsdienste-RL (Richtlinie 2007/64/EG des Europäischen Parlaments und des Rates v. 13.11.2007 über Zahlungsdienste im Binnenmarkt, zur Änderung der Richtlinien 97/7/EG, 2002/65/EG, 2005/60/EG und 2006/48/EG sowie zur Aufhebung der Richtlinie 97/5/EG, ABl. 2007 L 319/1).

480 *M. Schwab*, Geldschulden als Bringschulden?, NJW 2011, 2833 ff., 2838; *Heyers*, JZ 2012, 398 ff., 402.

481 *Heyers*, JZ 2012, 398 ff., 402 f.

482 *Hilbig*, Anmerkung zu EuGH, 3.4.2008 – C-306/06, JZ 2008, 991 ff., 993; *Heyers*, JZ 2012, 398 ff., 403; BeckOK/*Müller-Christmann* BGB § 355 Rn. 24; vgl. im österreichischen Recht OGH JBl 2010, 253 ff. (Folge-E nach EuGH v. 3.4.2009 – Rs. C-533/07 *Falco Privatstiftung*).

b) Erfüllungsort für die Pflichten des Käufers

aa) Grundregelung

Dagegen ist die Frage des Erfüllungsorts der Rückabwicklungspflichten des Käufers nach dem Widerruf klar geregelt. Die Waren sind nach Art. 14 I 1 Verbraucherrechte-RL bzw. Art. 45 I 1 GEK an den Unternehmer oder einen Vertreter „zurückzusenden oder zu übergeben, es sei denn, der Unternehmer hat angeboten, die Waren abzuholen".

Dem ersten Anschein nach könnte die Rückgewährpflicht des Käufers nach seinem eigenen Belieben entweder als Schickschuld oder als Bringschuld konstruiert werden. Demgemäß läge der Erfüllungsort entweder am Sitz des Käufers oder am Sitz des Verkäufers. Ein solches Ergebnis fördert aber keinesfalls die Rechtssicherheit. Der Bezug auf die Möglichkeit, die Kaufsache „zu übergeben", soll m. E. schlicht dahingehend verstanden werden, dass der Käufer nicht rechtlich gezwungen ist, den ggf. aufwendigen Post- oder Speditionsweg zu gehen, falls er die Sache bei der nächsten Filiale des Verkäufers unkompliziert aushändigen kann.[483] Die Wahl zwischen Rücksendung und Übergabe steht klar jedem Käufer frei. Da sich nun die Annahme einer Schickschuld mit diesen beiden Möglichkeiten – Rücksendung und direkter Übergabe – vereinbaren lässt, ist es richtiger, die Rückgabepflicht des Käufers als Schickschuld zu betrachten[484].

Welche Versendungsart der Käufer wählen soll, scheint die Verfasser der Richtlinie und des GEK nicht interessiert zu haben. Dieser Aspekt ist jedoch wichtig, da eine Rücksendungspflicht den Käufer bei sämtlichen Fernabsatzverträgen trifft, also auch wenn eine Speditionsbeförderung vonnöten ist. Aus den Rechtsprinzipien der nationalen Rechtsordnungen bzw. aus dem Gebot von Treu und Glauben nach Art. 2 GEK kann eine Nebenpflicht des Käufers zur sorgfältigen Auswahl der Versendungsart hergeleitet werden. Die Versendungsart, die zur Vertragsausführung verwendet wurde, sollte dennoch nicht unbedingt als die einzige ordnungsgemäße gelten.

Der Unternehmer kann darüber hinaus gemäß Art. 14 I 1 Verbraucherrechte-RL bzw. Art. 45 I 1 GEK eine Selbstabholung – beim Vertrags-

483 Siehe *Klocke*, Die Rückgabe vor Ort bei dualer Vertriebsstruktur im Versandhandel, VuR 2013, 377 ff., 387.

484 BeckOK/*Müller-Christmann* BGB § 357 Rn. 9; *Schulze*, in: Schulze, BGB § 357 Rn. 7.

schluss oder auch nach Ausübung des Widerrufsrechts – verabreden. Damit wird die Pflicht des Käufers, die Kaufsache herauszugeben, zur Holschuld. Spezialisierte Unternehmen, die großen Wert auf Kundenservice legen oder eine breite Vertretungsbasis haben, mögen vielleicht von dieser Klausel Nutzen machen.

bb) Ausnahmeregelung

Eine Holschuld ist ausnahmsweise – auf Wunsch der nordischen Mitgliedstaaten[485] – für die Rückgewährverpflichtung des Käufers bei bestimmten außerhalb von Geschäftsräumen geschlossenen Verträgen vorgesehen[486]. Auch im Fall einer Holschuld ist jedoch eine gewisse Mitwirkung des Käufers erforderlich, denn in aller Regel liegt die abzuholende Sache in dessen privaten Räumen.[487]

Die Verbraucherrechte-RL und das GEK treffen unterschiedliche Entscheidungen über den systematischen Platz der Ausnahmeregelung. Während die Richtlinie sie als eine Milderung der Verbraucherverpflichtungen ansieht und im einschlägigen Art. 14 I 4 platziert, geht das GEK von einer Verpflichtung des Unternehmers aus und zieht Art. 44 IV als Regelungsstandort vor.[488]

Art. 14 I 4 Verbraucherrechte-RL und Art. 44 IV GEK kommen unter zwei Voraussetzungen zur Anwendung: zum einen müssen die Waren zum Zeitpunkt des Vertragsschlusses zur Wohnung des Verbrauchers geliefert worden sein. Eine spätere Post- oder sonstige Lieferung kommt nicht in Betracht.[489] Erfasst sind damit von all den in Art. 2 Nr. 8, 9 Verbraucherrechte-RL bzw. Art. 2 (q), (r) GEK-VO-E bestimmten Vertragsschlusssituationen nur diejenigen in der Wohnung des Verbrauchers – nicht aber am Arbeitsplatz oder in öffentlichen Räumen – geschlossene und vom Unternehmer sofort erfüllte Verträge.[490] Zum anderen müssen die Waren so

---

485 *Stabentheiner/Cap*, ÖJZ 2012, 1045 ff., 1059.

486 *Schulze*, in: Schulze, BGB § 357 Rn. 8.

487 Siehe *Schulze*, in: Schulze (Hrsg.), CESL Commentary Art. 44 Rn. 9.

488 Für die Wahl des GEK *Schulze*, in: Schulze (Hrsg.), CESL Commentary Art. 44 Rn. 2; dagegen *Weller*, Kapitel 4: Widerrufsrecht bei Fernabsatz- und Haustürgeschäften, in: Schmidt-Kessel (Hrsg.), Ein einheitliches europäisches Kaufrecht?, S. 166.

489 *Schulze*, in: Schulze (Hrsg.), CESL Commentary Art. 44 Rn. 8.

490 *Schulze*, in: Schulze (Hrsg.), CESL Commentary Art. 44 Rn. 8.

beschaffen sein, dass sie normalerweise nicht per Post zurückgesandt werden können. Als Begriff des EU-Rechts ist die „normale Postversandfähigkeit“ autonom und einheitlich auszulegen.[491] Schlüssig könnte daher m. E. eine Bezugnahme auf den postalischen Universaldienst sein, der allen Nutzern ständig und flächendeckend in jedem Mitgliedstaat zur Verfügung stehen muss.[492] Der Universaldienst erfasst mindestens „Abholung, Sortieren, Transport und Zustellung von Postpaketen bis 10 kg“ (Art. 3 IV Postdienste-RL).[493] Außer der Gewichtsbeschränkung sind nach Art. 3 VI Postdienste-RL auch die vom Weltpostverein festgelegten Werte für Mindest- und Höchstgrößen zu berücksichtigen, wonach sämtliche Maße 2 m oder die Summe der Länge und der größten Zirkumferenz 3 m nicht überschreiten dürfen (Art. 115 UPU Parcel Post Regulations).[494] Kaufsachen, die unter diese Voraussetzungen fallen, sind also als „normalerweise per Post“ absendbar einzustufen.

Es stellt sich überdies die Frage, ob in den oben erwähnten, von Art. 14 I 4 Verbraucherrechte-RL und Art. 44 IV GEK erfassten Konstellationen nicht nur ein Recht, die Sache zurückzuverlangen, dem Verkäufer eingeräumt wird, sondern ihm eine durchsetzbare Abholpflicht auferlegt wird. Dies ist z. B. in Art. 112 I GEK der Fall, der in aller Eindeutigkeit dem Verkäufer sowohl ein Recht als auch eine Pflicht vorschreibt, im Fall der Ersatzlieferung die mangelhafte Sache zurückzunehmen. Zwar sieht Art. 44 IV GEK vor, dass „der Unternehmer die Waren auf eigene Kosten abzuholen [hat]“. Die Richtlinienvorschrift sieht lediglich vor, dass „der Unternehmer die Waren auf eigene Kosten ab[holt]“. Im GEK spricht ebenfalls ein systematisches Argument für eine Abholpflicht; die Regel ist in Art. 44 GEK bei den „Verpflichtungen des Unternehmers im Wider-

---

491 Zur autonomen Auslegung des europäischen Rechts siehe EuGH v. 14.1.1982 – Rs. 64/81 *Corman*, EU:C:1982:5, Rn. 8; EuGH v. 27.1.2005 – Rs. C-188/03 *Junk*, EU:C:2005:59, Rn. 29; EuGH v. 1.3.2012 – Rs. C-166/11 *González Alonso*, Rn. 25

492 Ähnlich *Howells/Watson*, in: Schulze (Hrsg.), CESL Commentary Art. 17 Rn. 5.

493 Richtlinie 97/67/EG des Europäischen Parlaments und des Rates v. 15.12.1997 über gemeinsame Vorschriften für die Entwicklung des Binnenmarktes der Postdienste der Gemeinschaft und die Verbesserung der Dienstequalität, ABl. 1998 L 15/14 in der heute geltenden Fassung.

494 Geltende Fassung von März 2009, abrufbar unter www.upu.int (zuletzt abgerufen am 20.12.2014).

rufsfall" eingegliedert.[495] Die Richtlinie scheint indes mehr den Charakter der Rückgewährpflicht des Verbrauchers als Holschuld zu betonen, indem sie die Sache in Art. 14 über die Pflichten des Verbrauchers normiert. Eine einheitliche Auslegung der Verbraucherrechte-RL und des GEK kann m. E. hierbei nicht erzwungen werden. Ihre gesetzliche Annäherung ist daher erstrebenswert, und zwar in die Richtung einer Abholpflicht des Unternehmers, wie diese im GEK angeordnet ist.

Die neue EU-rechtliche Regelung bezweckt zweifellos, die Lasten der Rückabwicklung nach dem Widerruf nicht nur einer Vertragspartei, nämlich dem Unternehmer, aufzuerlegen.[496] Die Einführung einer Schickschuld zulasten des Verbrauchers fügt sich in diese Zweckrichtung nahtlos ein. Eine Rücksendung per Post stellt heutzutage für den Verbraucher überhaupt keine hohen Anforderungen dar und setzt außerdem kein eigentliches Zusammenwirken mit dem Unternehmer voraus.

Bei großen und sperrigen Gütern, die üblicherweise auch teurer sind, kann sich aber eine Rücksendung für viele Verbraucher als mühevoll und zeitaufwändig erweisen. Es wäre wahrscheinlich effizienter, eine Abholverpflichtung des Verkäufers bei sämtlichen Kaufverträgen vorzusehen, bei denen die Sache „normalerweise nicht per Post zurückgesandt werden" kann. Die Ratio einer Norm wie Art. 14 I 4 Verbraucherrechte-RL bzw. Art. 44 IV GEK beruht nicht nur auf der Überrumpelungssituation bei Haustürgeschäften, sondern auch auf der Unhandlichkeit und Massigkeit des Vertragsgegenstands. Eine Holschuld wäre danach auch im Fernabsatzrecht gewollt, handelte es sich um nicht postfähige Waren. Ebenso wünschenswert wäre schließlich eine konkrete Feststellung dazu, was „normalerweise nicht per Post zurückgesandt werden" kann, z. B. durch Angabe von Obergrenzen für Gewicht und Größe im Regelungstext und in der Widerrufsbelehrung.

---

495 Davon geht wohl *Zoll* in: Schulze (Hrsg.), CESL Commentary Art. 90 Rn. 20 aus, indem er die Anwendbarkeit von Art. 97 i.V.m. Art. 90 II GEK über die Nichtannahme von Waren trotz entsprechender Verpflichtung untersucht. Der Kommentator verneint eine Pflicht des Verbrauchers, angemessene Vorkehrungen zu treffen, um die nicht abgeholten Waren zu schützen (Art. 97 I GEK); bejaht allerdings die Möglichkeit einer Hinterlegung bzw. eines Selbsthilfeverkaufs durch den Verbraucher laut Art. 97 II GEK und nimmt dazu einen Kostenerstattungsanspruch aus Art. 97 III GEK an.

496 Vgl. *Hall/Howells/Watson*, ERCL 2012, 139 ff., 160.

III. Umsetzung ins deutsche Recht

Art. 12 Verbraucherrechte-RL wird ins deutsche Recht durch § 355 I 1 BGB umgesetzt. Beide Vertragspartner sind nach Ausübung des Widerrufsrechts „an ihre auf den Abschluss des Vertrags gerichteten Willenserklärungen nicht mehr gebunden". Die Regelung betrifft also sowohl ein bindendes, noch nicht angenommenes Vertragsangebot des Verbrauchers (§ 145 BGB) als auch einen schon abgeschlossenen Vertrag, indem sie im letzten Fall die dazu erforderlichen beidseitigen Willenserklärungen beseitigt.

Im Einklang mit Art. 13 I 1, 14 I 1 Verbraucherrechte-RL stipuliert § 355 III 1 BGB die Verpflichtung beider Vertragsparteien, „die empfangenen Leistungen unverzüglich zurückzugewähren". Dieselbe Rechtsfolge ordnet ebenfalls § 357 I BGB an. Letzterer setzt darüber hinaus die einschlägige Rückgewährfrist von vierzehn Tagen fest. Damit entsteht gewissermaßen ein Widerspruch zu § 355 III 1 BGB, der eine „unverzügliche" Rückgewähr fordert. § 357 I BGB hat aber als *lex specialis* den Vorrang gegenüber § 355 III 1 BGB. Wie aus ihrem Zusammenhang gerissen zeigt sich da die Bestimmung des Fristbeginns zurück in § 355 III 2 BGB: „Bestimmt das Gesetz eine Höchstfrist für die Rückgewähr, so beginnt diese für den Unternehmer mit dem Zugang und für den Verbraucher mit der Abgabe der Widerrufserklärung". Daran anschließend setzt § 355 III 3 BGB die Sonderregel zur Fristwahrung durch die rechtzeitige Absendung der Waren aus Art. 14 I 2 Verbraucherrechte-RL um. Die Regelung rundet § 357 III BGB ab, der Art. 13 I 2 Verbraucherrechte-RL umsetzt und die zulässigen Zahlungsmittel bestimmt. „Über die Vorschriften dieses Untertitels" hinausgehende Pflichten des Käufers infolge des Widerrufs sind in § 361 I BGB nach Maßgabe von Art. 14 V Verbraucherrechte-RL ausgeschlossen.

Inhaltlich sind die Umsetzungsvorschriften des BGB nicht zu beanstanden. Sie spiegeln die betreffenden Bestimmungen der Richtlinie einwandfrei wieder. Jedoch ist das Hin- und Zurückspringen zwischen §§ 355 III 1, 357 I und 355 III 2, 3 BGB eine kaum befriedigende gesetzestechnische Leistung. Anscheinend versucht der Gesetzgeber mit dem neuen § 355 III BGB eine allgemeine Regel zu den Widerrufsfolgen zu schaffen und „vor die Klammer" zu ziehen bzw. diese durch spezielle Normen in § 357 ff. BGB zu modifizieren. Dies erspart dem Rechtsanwender allerdings nicht die Querverweise, die die Rechtsfindung unter der bisherigen Rechtslage (§ 357 I 1 i.V.m. §§ 346 ff. BGB a.F.) erschweren und Anlass zu vorab unentdeckten Richtlinienwidrigkeiten boten. Ferner ist es m. E. kaum ersichtlich, warum die neue Bestimmung zu den zulässigen Rückzahlungsmitteln (§ 357 III BGB) keine verallgemeinerungsfähige Regel enthält und nur bei außerhalb von Geschäftsräumen und im Fernabsatz geschlossenen Verträgen Anwendung findet.

B. Dienstleistungsverträge

Definiert wird der Dienstleistungsvertrag nur im Katalog der Begriffserklärungen von Art. 2 Verbraucherrechte-RL. Demzufolge geht es um jeden Vertrag, „der kein Kaufvertrag ist und nach dem der Unternehmer eine Dienstleistung für den Verbraucher erbringt oder deren Erbringung zusagt und der Verbraucher hierfür den Preis zahlt oder dessen Zahlung zusagt“ (Art. 2 Nr. 6 Verbraucherrechte-RL). Wie beim Kauf sind davon sowohl Konsensual- als auch Realkontrakte erfasst.[497] Der GEK-VO-E erklärt lediglich die von seinem Geltungsbereich abgedeckten „verbundenen Dienstleistungen“. Solche sind die Montage, die Installierung, die Instandhaltung, die Reparatur sowie sonstige Handreichungen, die im Zusammenhang mit einem Kaufvertrag stehen (Art. 2 (m) GEK-VO-E). Die Dienstleistung selbst als charakteristische Vertragsleistung wird jedoch – von der Aufzählung in Art. 2 (m) GEK-VO-E abgesehen – gesetzlich nicht definiert.[498]

Es könnte naheliegen, dass der Begriff der Dienstleistung im Lichte von Art. 57 AEUV auszulegen ist.[499] Denn sowohl die Richtlinie als auch das GEK streben ausdrücklich an, das Funktionieren des Binnenmarkts zu ver-

---

497 Siehe oben, Kapitel 4.A. am Anfang.

498 *Stadler*, AcP 212 (2012), 473 ff., 493.

499 *Sabellek/Heinemeyer*, Widerrufsrecht beim Kauf virtueller Gegenstände. Zur Abgrenzung von Warenlieferung und Dienstleistung, CR 2012, 719 ff., 723; BeckOK/*Schmidt-Räntsch* BGB [30. Edition] § 312b Rn. 21; a. A. *Illmer*, Related Services in the Commission Proposal for a Common European Sales Law, ERPL 2013, 131 ff., 142, nach dem der Begriff „Dienstleistung“ je nach Regelungsbereich im EU-Recht verschiedene Bedeutungen erlange und in jedem Fall autonom ausgelegt werden dürfe. Einer eindeutigen Übernahme der Begriffsdefinition nach Art. 57 AEUV begegnet man in Art. 4 Nr. 1 Dienstleistungs-RL (Richtlinie 2006/123/EG des Europäischen Parlaments und des Rates v. 12.12.2006 über Dienstleistungen im Binnenmarkt, ABl. 2006 L 376/36); vgl. dazu das von der Europäischen Kommission, Generaldirektion Binnenmarkt und Dienstleistungen verfasste „Handbuch zur Umsetzung der Dienstleistungsrichtlinie“, S. 10 ff.

bessern. Sie sollen, zum Teil unter explizitem Verweis auf Art. 26 II AEUV,[500] den freien Verkehr von Waren und Dienstleistungen fördern.[501] Deswegen ist außerdem Art. 114 AEUV als ihre Rechtsgrundlage gewählt worden.

Der in Art. 57 AEUV stipulierte freie Dienstleistungsverkehr bezieht sich auf „Leistungen, die in der Regel gegen Entgelt erbracht werden, soweit sie nicht den Vorschriften über den freien Waren- und Kapitalverkehr und über die Freizügigkeit der Personen unterliegen“ (Abs. I). Abs. II nennt allgemeine Beispiele dafür, nämlich gewerbliche, kaufmännische, handwerkliche und freiberufliche Tätigkeiten. Dabei soll eine autonome und weite Interpretation bevorzugt werden, um möglichst viele wirtschaftliche Tätigkeiten in den Anwendungsbereich des AEU-Vertrags einzubeziehen, die nicht zum freien Waren- oder Kapitalverkehr oder zur Personenfreizügigkeit gehören.[502] Trotz einer gewissen Vagheit basiert die Definition von Art. 57 AEUV auf bestimmten unentbehrlichen Merkmalen: der Teilnahme am Wirtschaftsleben durch einen Selbstständigen, dessen Gewinnerzielungsabsicht und dem wirtschaftlichen Wert der Leistung, die – zumindest in der Regel – gegen Entgelt erbracht wird.[503] So stufte der EuGH auch die Gebrauchsüberlassung von Sachen, wie die Vermietung von Bootsliegeplätzen[504] und das Leasing von Kraftfahrzeugen,[505] als Dienstleistungen ein. Eine ähnliche Linie verfolgte im Ergebnis der EuGH in seiner *easyCar*-E, nach der eine Autovermietung ebenfalls eine Dienstleistung für die Zwecke der Fernabsatz-RL darstelle. Ein Widerrufsrecht scheide aber aufgrund des Ausschlusstatbestands von Art. 3 II Fernabsatz-RL aus, der sich auf „Verträge über die Erbringung von Dienstleistungen [im Bereich] Beförderung“ beziehe.[506]

---

500 Erwägungsgrund Nr. 4 Verbraucherrechte-RL.

501 Siehe Art. 1 I 1 GEK-VO-E; Erwägungsgrund Nr. 6 Verbraucherrechte-RL.

502 Siehe *Möslein*, Dienst(leistungs)vertrag, in: Basedow/Hopt/Zimmermann (Hrsg.), Handwörterbuch des Europäischen Privatrechts I, S. 313 (Auffangtatbestand); EuGH v. 3.4.2009 – Rs. C-533/07 *Falco Privatstiftung*, Rn. 35.

503 Siehe nur *Kluth*, in: Calliess/Ruffert, EUV/AEUV Art. 57 AEUV Rn. 7 f., 11 ff. m.w.N.

504 EuGH v. 29.4.1999 – Rs. C-224/97 *Ciola*, EU:C:1999:212.

505 EuGH v. 21.3.2002 – Rs. C-451/99 *Cura Anlagen*, EU:C:2002:195.

506 EuGH v. 10.3.2005 – Rs. C-336/03 *easyCar*, Rn. 30. Viel klarer formuliert findet sich nunmehr die gleiche Ausnahme in Art. 16 l) Verbraucherrechte-RL („Mietwagen“).

Weder als Ware noch als Dienstleistung, sondern als einen sonstigen Vertragsgegenstand sehen die Verbraucherrechte-RL und das GEK jegliche digitalen Inhalte an, die nicht auf einem körperlichen Datenträger gespeichert sind.[507]

Es lohnt sich hierbei, die Rechtsprechung zum Begriff „Dienstleistungen" in Art. 5 Nr. 1 b) 2. Gedankenstrich Brüssels I-VO kurz anzuschauen. In der Rechtssache *Falco Privatstiftung* kam der EuGH zum Schluss, dass eine Dienstleistung im Rahmen der Brüssels I-VO zumindest die Durchführung einer bestimmten positiven Tätigkeit gegen Entgelt seitens des Dienstleistungsanbieters voraussetze.[508] Das Einräumen der Befugnis, ein Immaterialgüterrecht gegen Entgelt zu nutzen, stelle indes lediglich eine Überlassung dar und sei deshalb keine Dienstleistung für die Zwecke der Brüssels I-VO.[509]

Damit wählte der EuGH bewusst eine engere Auslegung von Art. 5 Nr. 1 b) Brüssels I-VO gegenüber Art. 50 EGV (nunmehr Art. 57 AEUV).[510] Erstere Vorschrift ist tatsächlich nur eine Ausnahme von der allgemeinen Zuständigkeitsregel in Art. 2 I Brüssels I-VO und dem Grundsatz *actor sequitur forum rei* und darf daher eng interpretiert werden.[511] Dagegen zählt Art. 57 AEUV zu den Hauptregeln, die zur Erreichung der Ziele der EU nach Art. 3 III EUV beitragen. Die gleichen Ziele streben jedoch auch die Verbraucherrechte-RL und das GEK an. Die enge Definition des Begriffs „Dienstleistung" in der Brüssels I-VO kann deswegen nicht auf den Anwendungsbereich der Verbraucherrechte-RL und des GEK übertragen werden.[512]

---

507 Siehe auch oben, Kapitel 4.A. am Anfang.

508 EuGH v. 3.4.2009 – Rs. C-533/07 *Falco Privatstiftung*, Rn. 29.

509 EuGH v. 3.4.2009 – Rs. C-533/07 *Falco Privatstiftung*, Rn. 31 f., 44; zustimmend *Brinkmann*, Der Vertragsgerichtsstand bei Klagen aus Lizenzverträgen, IPRax 2009, 487 ff., 490.

510 EuGH v. 3.4.2009 – Rs. C-533/07 *Falco Privatstiftung*, Rn. 33.

511 EuGH v. 3.4.2009 – Rs. C-533/07 *Falco Privatstiftung*, Rn. 37.

512 Vgl. aber *Faber*, Dienstleistungserträge (Teil V CESL-Entwurf), in: Wendehorst/ Zöchling-Jud (Hrsg.), Am Vorabend eines gemeinsamen europäischen Kaufrechts. Zum Verordnungsentwurf der Europäischen Kommission vom 11.10.2011, Wien 2012, S. 147 ff., 156, der sich für eine engere Auslegung ausspricht, nach der ein positives Tun seitens des Dienstleisters erforderlich ist.

I. Erlöschen der Leistungspflichten

1. Hauptverpflichtungen

Erste Rechtsfolge des Widerrufs ist laut Art. 12 a) Verbraucherrechte-RL bzw. Art. 43 a) GEK, wie oben dargelegt,[513] die Befreiung der Parteien von ihren Verpflichtungen, den Vertrag zu erfüllen.

Gemeint sind zunächst die Hauptleistungspflichten beider Teile. Im Fall des Dienstleistungsvertrags sowie des Vertrags zur Versorgung mit Wasser und Energie handelt es sich also zum einen um die Pflicht des Dienstleistungsanbieters, den geschuldeten Dienst zu erbringen, zum anderen um die Pflicht des Dienstleistungsnehmers, die vorgesehene Vergütung zu entrichten. Bei einem Vertrag über die Bereitstellung von digitalen Inhalten, die nicht auf einem körperlichen Datenträger geliefert werden, erlöschen hingegen einerseits die Pflichten des Anbieters, die digitalen Inhalte bereitzustellen und dem Verbraucher das Recht zu beschaffen, die Inhalte entsprechend dem Vertrag zu nutzen, andererseits die Pflicht des Verbrauchers, das vertragliche Entgelt zu entrichten und ggf. die digitalen Inhalte anzunehmen.[514]

Diese Verpflichtungen werden inhaltlich weiter in den nationalen Rechtsordnungen konkretisiert, in denen die Verbraucherrechte-RL umzusetzen ist, sowie in Art. 148, 153 GEK hinsichtlich des Dienstleistungsvertrags und Art. 91 a), d), 123 I (a), (b) GEK hinsichtlich des Vertrags über die Bereitstellung digitaler Inhalte ohne körperlichen Datenträger.

2. Sonstige Verpflichtungen und Schadensersatzansprüche

Die gleichen Gründe wie im Kaufvertrag[515] sprechen hier ebenfalls für die Beendigung aller ergänzenden leistungsbezogenen Pflichten der Vertragspartner, u.a. ihre Zusammenarbeitspflicht zur Vertragsausführung (z. B.

---

513 Siehe oben, Kapitel 4.A.I.

514 Die letztgenannte Hauptpflicht des Verbrauchers wird im GEK eher unkritisch von rein kaufrechtlichen Sachverhalten auf Verträge über die Bereitstellung unkörperlicher digitaler Inhalte verlagert. Dass eine solche Verpflichtung unnötig ist und sich für den Verbraucher sogar als gefährdend erweisen kann, verdeutlicht *European Law Institute*, Statement on the Proposal for a Regulation on a Common European Sales Law, S. 30.

515 Siehe oben, Kapitel 4.A.I.2.

aus Art. 3 GEK) oder die Pflicht des Dienstleistungsnehmers, dem Dienstleistungsanbieter die zu reparierende Sache zur Verfügung zu stellen und die Pflicht des Dienstleistungsanbieters, Rechenschaft über sein Vorgehen abzulegen. Eine Befreiung tritt folgerichtig ebenfalls von den leistungsstörungsrechtlichen Rechtsbehelfen der Vertragspartner (z. B. aus Art. 155, 157 GEK) ein, sowie von den schadensrechtlichen Ansprüchen, die auf die ordnungsgemäße Vertragsdurchführung abzielen.

Unberührt bleiben indes die Warn- und Schutzpflichten, die die körperliche Unversehrtheit und das Vermögen der Vertragspartner schützen sollen.[516] Im GEK sind diese nämlich in Art. 149 GEK als Verpflichtung des „Dienstleisters“ ausdrücklich vorgeschrieben. Darüber hinaus können sie auf allgemeinen oder besonderen nationalen Rechtsvorschriften bzw. auf Art. 2 GEK beruhen. **Schadensersatzansprüche wegen** Verletzung von Warn- und Schutzpflichten sind ebenso wenig vom Widerruf betroffen und dürfen weiter geltend gemacht werden.[517]

II. Rückerstattung der empfangenen Leistungen

Während die älteren Richtlinien unterschiedliche Regime für das Widerrufsrecht bei Dienstleistungsverträgen vorsahen bzw. vorsehen,[518] streben die Verbraucherrechte-RL und das GEK eine Konsolidierung und Standardisierung der einschlägigen Regelungen an.

Danach soll das Widerrufsrecht auch dann bestehen bleiben, wenn die Vertragserfüllung begonnen hat. Eine Rückerstattung bereits ausgetauschter (Teil-)Leistungen kommt somit in Betracht (Art. 14 III, IV a) Verbraucherrechte-RL; Art. 45 V, VI a) GEK). Nur eine vollständige Erbringung der Dienstleistung vor Ablauf der Widerrufsfrist darf im Geltungsbereich der Richtlinie, nicht aber nach dem GEK, unter bestimmten Bedingungen das Widerrufsrecht vorzeitig erlöschen lassen und damit eine Rückabwicklung ausschließen. Erforderlich ist dazu erstens die vorherige ausdrückliche Zustimmung des Verbrauchers zum vorzeitigen Beginn der Erbringung der Dienstleistung und zweitens seine Kenntnisnahme, dass das Widerrufsrecht bei vollständiger Erbringung erlischt (Art. 16 a) Verbrau-

516 Siehe oben, Kapitel 4.A.I.2.

517 Siehe oben, Kapitel 4.A.I.3.

518 Siehe z. B. Art. 6 I 3 1. Gedankenschritt Fernabsatz-RL; Art. 6 II c), 7 Fernabsatz-Finanz-RL.

cherrechte-RL[519]). Dieses Reglement gilt jedoch ausnahmsweise nicht für die Wasser- und Energielieferverträge, die im Text des Art. 16 a) nicht erwähnt sind.

Unerklärlicherweise mangelt es im GEK an einem entsprechenden Ausschlusstatbestand. Allem Anschein nach geht dies auf die Neigung der Verfasser des GEK zurück, von der Verbraucherrechte-RL übernommene Vorschriften ohne klaren, eindeutigen Zweck umzuformulieren und umzustrukturieren. Wie dieser Unterschied zu behandeln ist, gilt es weiter unten zu untersuchen.

Andere Überlegungen gelten für den neu geschaffenen rechtlichen Rahmen für digitale Inhalte ohne körperlichen Datenträger. Unter den in Art. 16 m) Verbraucherrechte-RL bzw. Art. 40 III (d) GEK ausgeführten Voraussetzungen soll das Widerrufsrecht schon mit dem Beginn – d. h. selbst vor einer Vollendung – der Übermittlung der digitalen Inhalte erlöschen.[520] Die Möglichkeit eines Rückabwicklungsverhältnisses kann sich hier viel früher erübrigen. Sind indessen die festgesetzten Voraussetzungen nicht erfüllt, scheidet das Widerrufsrecht nicht aus und kann, selbst nach einer teilweisen oder sogar vollständigen Vertragserfüllung, zu einer Rückabwicklung führen. Wie dies geregelt wird, wird ebenfalls folgend dargestellt.

1. Rückabwicklungspflichten des Dienstleistungsanbieters bzw. des Anbieters digitaler Inhalte

a) Rückzahlung der Vergütung bzw. des Entgelts

Art. 13 I 1 Verbraucherrechte-RL bzw. Art. 44 I 1 GEK verpflichten den Dienstleistungsanbieter bzw. den Anbieter digitaler Inhalte, bei Ausübung des Widerrufsrechts dem Verbraucher die eingerichteten Zahlungen zu-

519 Unerklärlicherweise mangelt es im GEK an einem entsprechenden Ausschlusstatbestand. Allem Anschein nach geht dies auf die Neigung der Verfasser des GEK zurück, von der Verbraucherrechte-RL übernommene Vorschriften ohne klaren, eindeutigen Zweck umzuformulieren und umzustrukturieren; vgl. *Weller*, Kapitel 4: Widerrufsrecht bei Fernabsatz- und Haustürgeschäften, in: Schmidt-Kessel (Hrsg.), Ein einheitliches europäisches Kaufrecht?, S. 155 f.

520 *Unger*, ZEuP 2012, 270 ff., 301; a. A. *Lurger*, Widerrufsrechte, in: P. Bydlinski/Lurger (Hrsg.), Die Richtlinie über die Rechte der Verbraucher, S. 85.

rückgewähren. Rückzuzahlen sind die bezahlte Dienstvergütung bzw. das Entgelt für die digitalen Inhalte.

b) Zulässige Zahlungsmittel

Die Rückzahlung erfolgt mit dem gleichen Zahlungsmittel wie die Bezahlung (Art. 13 I 2 Verbraucherrechte-RL bzw. Art. 44 I 2 GEK). Nur nach ausdrücklicher Vereinbarung darf ein anderes Zahlungsmittel genutzt werden, vorausgesetzt, für den Verbraucher fallen keine Kosten an.[521]

c) Rückzahlungsfrist

Die Rückzahlung hat binnen vierzehn Tagen nach Mitteilung der Ausübung des Widerrufsrechts zu erfolgen. Beim Zahlungsverzug sollen die Rechtsfolgen im Anwendungsbereich der Verbraucherrechte-RL von den mitgliedstaatlichen Gesetzgebern bestimmt werden, während Art. 166 I GEK den Unternehmer mit einer automatischen Zinsforderung vom nächsten – d. h. vom fünfzehnten – Tag an belastet.[522]

2. Rückabwicklungspflichten des Dienstleistungsnehmers

Freilich können die empfangenen Dienstleistungen als solche nach der Vertragslösung fast ausnahmslos nicht *in natura* zurückgegeben werden. Anders dennoch als z. B. im alten deutschen Recht, das eine Ausgleichsleistung nach dem objektiven Wert der erbrachten Vertragsleistung vorsah,[523] gehen die Verbraucherrechte-RL und das GEK von einem anteiligen Zahlungsanspruch des Dienstleistungsnehmers auf der Basis der vertraglichen Entgeltvereinbarung aus.

---

521 Siehe oben, Kapitel 4.A.II.1.b).
522 Siehe oben, Kapitel 4.A.II.1.c).
523 Siehe BGH NJW 2010, 2868, 2870; BGH NJW 2012, 3428, 3430; BGH NJW-RR 2013, 885, 887; OLG Düsseldorf FamRZ 2008, 1252, 1254; LG Heidelberg BeckRS 2011, 26610; AG Bremen BeckRS 2011, 04064.

a) Zahlungspflicht für erbrachte Dienstleistungen

aa) Voraussetzungen

Zunächst sollten die gesetzlichen Voraussetzungen untersucht werden, von denen die Entstehung der Zahlungspflicht des Dienstleistungsnehmers abhängig gemacht wird. Diese sind unmittelbar in Art. 14 III 1 Anf. Verbraucherrechte-RL bzw. Art. 45 V 1 Anf. GEK und mittelbar in Art. 14 IV a) Verbraucherrechte-RL bzw. Art. 45 VI (a) GEK festgesetzt.

α) Vorherige Widerrufsbelehrung des Verbrauchers

Die erste Voraussetzung wird aus der negativen Formulierung von Art. 14 IV a) i) Verbraucherrechte-RL bzw. Art. 45 VI (a) i) GEK indirekt abgeleitet. Danach hat der Verbraucher für angebotene Dienstleistungen nicht aufzukommen, wenn der Unternehmer es unterlassen hat, ihm die Informationen gemäß Art. 6 I h), j) Verbraucherrechte-RL bzw. Art. 17 I, III GEK bereitzustellen.

Demzufolge bedarf es zur Entstehung der Zahlungspflicht des Dienstleistungsnehmers erstens, dass der Dienstleistungsanbieter seine Aufklärungspflicht zum Widerrufsrecht erfüllt hat. In Art. 6 I h) Verbraucherrechte-RL bzw. Art. 17 I GEK sind nämlich die Bedingungen, Fristen und Verfahren für die Ausübung des Widerrufsrechts einschließlich der Möglichkeit, ein Muster-Widerrufsformular zu nutzen, aufgezählt.

Während die Widerrufsfristen und das entsprechende Verfahren leicht verständlich sind, ist weniger klar, welche Angaben zu den „Bedingungen" für die Ausübung des Widerrufsrechts zählen. Denn das Widerrufsrecht stellt freilich ein tatbestandloses Lösungsrecht dar, das von jeglichen Gründen unabhängig und in diesem Sinne bedingungslos ist.[524] Eine mögliche Erklärung kann die Muster-Widerrufsbelehrung von Anhang I.A der Verbraucherrechte-RL und Anlage 1 des GEK bieten, die neben Widerrufsfristen und -verfahren die Rechtsfolgen des Widerrufs auflistet. Als „Bedingungen für die Ausübung" des Widerrufsrechts sind also die Widerrufsfolgen zu verstehen.[525] Der Verbraucher ist folgerichtig laut

524 Vgl. Art. 9 I Verbraucherrechte-RL; 45 I GEK.
525 *Lurger*, Widerrufsrechte, in: P. Bydlinski/Lurger (Hrsg.), Die Richtlinie über die Rechte der Verbraucher, S. 68; *F. Schmidt/Brönneke*, VuR 2013, 448 ff., 451 f.

Art. 6 I h) Verbraucherrechte-RL bzw. Art. 17 I GEK ebenfalls darüber aufzuklären.[526]

Art. 17 III Verbraucherrechte-RL bzw. Art. 6 I j) GEK verlangt des Weiteren eine Belehrung über die zu entstehende Zahlungspflicht des Dienstleistungsnehmers für bereits erbrachte Dienste. Belehrt werden soll der Dienstleistungsnehmer nämlich über das Bestehen einer Zahlungspflicht im Fall einer Dienstleistungserbringung sowie über ihre Höhe. Die Höhe der Zahlungspflicht ergibt sich anteilgemäß auf der Grundlage der vertraglichen Vergütung und des Gesamtumfangs der geschuldeten Dienstleistung. Da es sich dabei um eine Widerrufsfolge handelt, ist die Belehrung über die Zahlungspflicht bereits von Art. 6 I h) Verbraucherrechte-RL bzw. Art. 17 I GEK gedeckt.

Sämtliche Informationspflichten sollen gemäß Art. 6 I Verbraucherrechte-RL bzw. Art. 13 I GEK schon vor Vertragsabschluss bzw. vor Bindung des Dienstleistungsnehmers an ein Angebot erfüllt werden. Die gebotene Form der Aufklärung bestimmen Art. 7 I, 8 I, VII Verbraucherrechte-RL bzw. Art. 13 III (c), IV (a) GEK. Gemäß Art. 6 IV Verbraucherrechte-RL bzw. Art. 17 IV GEK gelten die Informationspflichten als erledigt, sobald die Muster-Widerrufsbelehrung ordnungsgemäß ausgefüllt dem Dienstleistungsnehmer übermittelt wurde.

β) Ausdrückliches Verlangen des Verbrauchers

Zweitens muss zur Entstehung der Zahlungspflicht ein ausdrückliches Verlangen des Verbrauchers nach Beginn der Dienstleistungserbringung vorliegen (Art. 14 III 1 Anf., IV a) ii) Verbraucherrechte-RL bzw. Art. 45 V 1 Anf., VI (a) i) GEK).[527] Maßgebend ist, dass das Verlangen erst nach der Belehrung gemäß Art. 6 I h), j) Verbraucherrechte-RL bzw. Art. 17 I, III GEK gestellt wird. Denn nur dann ist dem Regelungszweck Genüge getan, dem Verbraucher die Möglichkeit zu gewähren, eine informierte Entscheidung darüber zu treffen, ob er tatsächlich eine sofortige Vertragsausführung – mit allen Rechtsfolgen im Fall eines nachfolgenden Widerrufs – wünscht.

---

526 Siehe aber *Cap*, ÖJZ 2014, 707 ff., 715.

527 Zum Sinn von Art. 14 IV a) ii) Verbraucherrechte-RL bzw. Art. 45 VI (a) i) GEK siehe *Unger*, ZEuP 2012, 270 ff., 297.

Die Voraussetzung der „Ausdrücklichkeit“ setzt eine unmissverständliche Zustimmung zum Dienstleistungsbeginn voraus.[528] Diese darf vom Verbraucher selbst entweder mit Text oder mit Zeichen, z. B. durch die Wahl einer Tastenkombination am Telefongerät, zum Ausdruck gebracht werden.[529] Im Internet ist das Setzen eines Häkchens im vorhandenen Kästchen oder eine Variante der sog. Button-Lösung (Art. 8 II 2 Verbraucherrechte-RL; Art. 25 II GEK) möglich.[530] Vorausgesetzt bleibt immer, dass all diesen Erklärungen eine klare Bedeutung beigemessen werden kann. Um eine Zustimmung aus konkludentem oder aus schlüssigem Handeln herzuleiten, muss m. E. Zurückhaltung geboten sein. So ist die Annahme einer auf die AGB des Unternehmers bezogenen Zustimmung des Verbrauchers unzureichend, es sei denn, der Verbraucher wird auf die betreffende Klausel gesondert hingewiesen.[531]

Art. 18 II, 19 VI GEK fordern – offenbar um Beweisschwierigkeiten und daraus entstehende Streitigkeiten zu vermeiden – die Antragserklärung auf einem dauerhaften Datenträger. Davon weicht indes ohne deutlichen Grund die Verbraucherrechte-RL ab, indem sie dieses Formerfordernis nur hinsichtlich außerhalb von Geschäftsräumen geschlossenen Verträgen (Art. 7 III Verbraucherrechte-RL), nicht aber hinsichtlich Fernabsatzverträgen vorschreibt (Art. 8 VIII Verbraucherrechte-RL). Diese Differenzierung fügt sich zwar gewissermaßen in die Richtliniensystematik ein, die weniger strenge „formale Anforderungen“ für Fernabsatz- als für außerhalb von Geschäftsräumen geschlossenen Verträge anordnet. Sie erweist sich aber m. E. als wohl verkomplizierend und unnötig, wenn die Beweisvorteile für beide Teile und die eher geringe Bürokratie aus der Nutzung eines dauerhaften Datenträgers berücksichtigt werden. Was ferner für das GEK annehmbar ist, kann nicht in der Verbraucherrechte-RL als unzumutbare Belastung der Unternehmer abgelehnt werden. Eine Annäherung der zwei Rechtsakte in diesem Punkt wäre m. A. nach angebracht.

Auslegungsschwierigkeiten bereitet schließlich die etwas seltsame Formulierung von Art. 7 III, 8 VIII Verbraucherrechte-RL bzw. Art. 18 II,

528 Siehe auch oben, Kapitel 4.A.II.1.b).

529 *Wendehorst*, NJW 2014, 577 ff., 579.

530 *Rudkowski/Werner*, MMR 2012, 711 ff., 712; *Wendehorst*, NJW 2014, 577 ff., 579.

531 Wohl auch *Howells/Watson*, in: Schulze (Hrsg.), CESL Commentary Art. 18 Rn. 8.

19 VI GEK, nach der der Dienstleistungsnehmer seinen Antrag zur sofortigen Dienstleistungserbringung nach „Aufforderung" bzw. „Verlangen" des Dienstleistungsanbieters gestellt haben solle. Es stellt sich die Frage, ob die vorherige Aufforderung vonseiten des Unternehmers dahin zu verstehen ist, dass der Verbraucher nicht aus eigenem Antrieb eine sofortige Vertragsdurchführung beantragen, sondern dies nur nach Einladung des Unternehmers tun darf. Eine solche Auslegung erscheint mir aber lebensfremd. Es sind außerdem keine Gründe ersichtlich, die einem spontanen Erfüllungsbegehren des über sein Widerrufsrecht aufgeklärten Verbrauchers entgegenstünden. Die „Aufforderung" bzw. das „Verlangen" des Dienstleistungsanbieters könnte folgerichtig als eine Anweisung betrachtet werden, nach der der Verbraucher bei Interesse an einer sofortigen Abwicklung des Vertrags, dies auch ausdrücklich und formgemäß anzeigen müsste.

bb) Zahlungsbemessung

Liegen diese zwei Voraussetzungen vor, trifft den Dienstleistungsnehmer eine Pflicht zur anteiligen Zahlungsleistung. Der Betrag wird nach der Relation zwischen der erbrachten Teilleistung und der gesamten vertraglichen Leistung und aufgrund der vertraglich vereinbarten Gesamtvergütung berechnet (Art. 14 III 2 Verbraucherrechte-RL; Art. 45 V 2 GEK).[532] Eine entsprechende Regelung bevorzugt auch das DCFR mit Art. II-5:105 II i.V.m. Art. III-3:510 IV, III-3:512 I, II.

Soweit der Vertrag vom Unternehmer erfüllt wurde, hat der Verbraucher im Ergebnis seiner vertraglichen Vergütungspflicht nachzukommen, so als wenn das Vertragsverhältnis weiter bestehen bliebe. Die Regelung könnte als Argument zur Bekräftigung der Ansicht für die *ex-nunc*-Wirkung des Widerrufsrechts gemäß der Verbraucherrechte-RL und des GEK angesehen werden.[533]

Nach Art. 14 III 1 Verbraucherrechte-RL kommt der Dienstleistungsnehmer für den Teil der Dienste auf, die „bis zu dem Zeitpunkt, zu dem der Verbraucher den Unternehmer von der Ausübung des Widerrufsrechts unterrichtet, [...] geleistet worden [sind]". Maßgeblich ist dementspre-

532 Siehe auch Erwägungsgrund Nr. 50 S. 3 Verbraucherrechte-RL.

533 Siehe oben, Kapitel 3.A.II.2.b), 3.B.II.2.b).

chend nicht der Zeitpunkt der Widerrufserklärung (wie für die Gewährung der Widerrufsfrist [Art. 11 II Verbraucherrechte-RL; Art. 41 IV GEK]), sondern der ihres Zugangs beim Dienstleistungsgeber. Dies ist angemessener, denn nur nach tatsächlicher Benachrichtigung kann der Dienstleistungsgeber von der herbeigeführten Vertragslösung wissen. Erst dann ist er in der Lage, die Dienstleistungserbringung zu beenden oder ggf. auf eigene Gefahr fortzusetzen. Diese Ratio spricht für eine gleichlautende Auslegung des abstrakteren Art. 45 I 1 GEK, in der die Rede schlicht von „vor der Ausübung des Widerrufsrechts“ angebotenen Dienstleistungen ist.

Nach alledem erweist sich das Fehlen eines Ausschlusstatbestands, der Art. 16 a) Verbraucherrechte-RL entspräche, im Text des GEK nicht als völlig belanglos. Der Höhe nach unterscheidet sich zwar die Rückabwicklungspflicht des Verbrauchers, der nach vollständiger Erbringung der Dienstleistungen gemäß dem GEK sein Widerrufsrecht ausübt, keineswegs von dessen vertraglicher Entgeltpflicht nach der Verbraucherrechte-RL, wonach im selben Fall einer vollständigen Erbringung kein Widerrufsrecht besteht.

Findet aber das GEK Anwendung, ist nicht ohne Weiteres davon auszugehen, dass der Verbraucher, der nach vollständiger Vertragserfüllung durch den Unternehmer sein Widerrufsrecht wahrnimmt, zur Zahlung nach Art. 45 V, VI 1 (a) GEK verpflichtet ist. Denn die Anwendungsvoraussetzungen von Art. 16 a) Verbraucherrechte-RL und diejenigen von Art. 45 V, VI 1 (a) GEK fallen nur teilweise zusammen. Wurde der Verbraucher nicht ordnungsgemäß über sein Widerrufsrecht belehrt, übt es aber aus, so hat er nach dem GEK für die vollständig erbrachten Dienstleistungen nicht aufzukommen (wegen fehlender Widerrufsbelehrung; Art. 45 VI (a) i) GEK). Nach der Verbraucherrechte-RL ist aber der nicht belehrte Verbraucher vollumfänglich zahlungspflichtig und daher an den Vertrag unwiderruflich gebunden, wenn er nur dem sofortigen Beginn der Erfüllung ausdrücklich zugestimmt hat und informiert wurde, dass er das Widerrufsrecht bei vollständiger Vertragserfüllung durch den Unternehmer verliere (Art. 16 a) Verbraucherrechte-RL; § 357 VIII BGB). Zwar entspricht das letztgenannte Informieren praktisch einer Widerrufsbelehrung. Es ist aber nicht auszuschließen, dass diese den gesetzlichen Anforderungen nicht vollständig nachkommt, sodass von einer fehlenden bzw. fehlerhaften Belehrung auszugehen ist. Käme in diesem Fall das GEK zur Anwendung, wäre ein Widerruf möglich und eine Zahlungspflicht des Verbrauchers gemäß Art. 45 V, VI 1 GEK ausgeschlossen.

Art. 16 a) Verbraucherrechte-RL kommt bei Wasser- und Energieliefer-verträgen im Rahmen der Verbraucherrechte-RL ebenfalls nicht zum Tragen. Angesichts des Gegenstands dieser Verträge, der in der ständigen Zurverfügungstellung und Lieferung von Wasser bzw. Energie in unbegrenzten Mengen besteht, ist eine vollständige Vertragserfüllung seitens des Unternehmers unmöglich.[534] Selbst wenn die Versorgungsverträge unter die Ausnahmenorm von Art. 16 a) Verbraucherrechte-RL gefasst worden wären, wäre diese Regel also unanwendbar. Auf Wasser- und Energielieferung kann Art. 14 III, IV a) Verbraucherrechte-RL alleine problemlos zur Anwendung kommen.

cc) Zahlungsfrist

Ungeregelt bleibt in der Verbraucherrechte-RL und dem GEK der Fälligkeitszeitpunkt der Zahlungspflicht des Dienstleistungsnehmers. Im Gegensatz zu Art. 14 I Verbraucherrechte-RL bzw. 45 I GEK, die eine vierzehntägige Frist zur Rückgabe der Kaufsache vorsehen, wird der Zeitpunkt zur Zahlung der Vergütung durch den Verbraucher nicht angesprochen. Auch Art. 166 I, 167 II GEK, die die Zinspflicht „eines im Verzug befindlichen Verbrauchers“ von einer Mitteilung und einem Fristablauf abhängig machen, können nicht behilflich sein. Denn beide setzen die Fälligkeit des Geldanspruchs und damit einen bereits festgesetzten Zahlungstermin voraus.

Zwar könnte man angesichts Art. 13 I, 14 I Verbraucherrechte-RL bzw. Art. 44 I, 45 I GEK behaupten, dass die vierzehntägige Frist eine allgemeine Norm bei der Fälligkeit der Rückabwicklungsansprüche darstellt. Die analoge Anwendung dieser Bestimmungen im hier besprochenen Fall erscheint aber m. M. nach eher riskant. Die Lücke der Verbraucherrechte-RL könnte im Wege ihrer Umsetzung durch den nationalen Gesetzgeber gewissermaßen gefüllt werden. Im GEK kann allerdings dieser Mangel mithilfe der Auslegung nur sehr schwer beseitigt werden.

---

534 *Lurger*, Widerrufsrechte, in: P. Bydlinski/Lurger (Hrsg.), Die Richtlinie über die Rechte der Verbraucher, S. 82.

b) Würdigung

Die Berechnung des geschuldeten Ersatzes für angebotene Dienste stellt ohne Zweifel einen der wichtigsten Aspekte der Rückabwicklung vom Standpunkt des Dienstleistungsnehmers dar. Denn seine Höhe kann ausschlaggebend für die Attraktivität des Widerrufsrechts sein.[535]

Die strenge Orientierung der Richtlinie und des GEK am vertraglichen Entgelt statt am objektiven Wert der Dienste ist in diesem Zusammenhang m. A. nach nicht zu begrüßen. Die Rückabwicklungspflicht des Verbrauchers entspricht exakt seiner vertraglichen Hauptpflicht bis zum Zeitpunkt der Widerrufserklärung. Denselben Weg ist die vollharmonisierende Verbraucherkredit-RL in Art. 14 III b) gegangen. Für die Gebrauchsüberlassung des Kreditgeldes bis zum Widerruf schuldet der Kreditnehmer Zinsen berechnet nach dem vertraglich festgesetzten Sollzinssatz, als bliebe der Vertrag bis zur Rückzahlung des Darlehens weiterhin bindend.[536] Nicht gleich lautet allerdings Art. 7 I 3 der etwas älteren Fernabsatz-Finanz-RL. Der zu zahlende Betrag darf demnach „einen Betrag *nicht überschreiten*, der dem Anteil der bereits erbrachten Dienstleistungen im Vergleich zum Gesamtumfang der Dienstleistungen entspricht".[537] Die vereinbarte Vergütung funktioniert lediglich als Obergrenze, die der Einführung einer niedrigeren Zahlungspflicht nicht entgegensteht. Einen solchen Ermessenspielraum für den nationalen Gesetzgeber kennt indes die Verbraucherrechte-RL nicht, geschweige denn das GEK, das ohnehin selbstständig zur Anwendung kommt.

Für die Entscheidung des EU-Gesetzgebers spricht freilich die Klarheit des Bemessungsmodels. Es gilt nämlich das vertraglich Vorgesehene und ein richterliches Ermessen ist nicht erforderlich, um den – mehr oder weniger – objektiven Marktwert zu ermitteln.[538]

Begründet wird diese Verschärfung in der Richtlinienpräambel erstens mit dem Argument, dass „der Unternehmer [nur auf diese Weise] sicher-

---

535 Siehe nur *Kalls/Lurger*, JBl 1998, 219 ff. (Teil 3), 224; *Neumann*, Bedenkzeit vor und nach Vertragsabschluss, S. 231; *Sedlmeier*, Rechtsgeschäftliche Selbstbestimmung im Verbrauchervertrag, Tübingen 2012, S. 246.

536 Vgl. *Bülow*, in: Bülow/Artz, Verbraucherkreditrecht § 495 Rn. 199; *Wendehorst*, in: Wendehorst/Zöchling-Jud, Verbraucherkreditrecht § 12 VKrG Rz. 34.

537 Hervorhebung durch den Verfasser.

538 Vgl. *Schirmbacher*, Verbrauchervertriebsrecht. Die Vereinheitlichung der Vorschriften über Haustürgeschäfte, Fernabsatzverträge und Verträge im elektronischen Geschäftsverkehr, Baden-Baden 2005, S. 200.

gehen [kann], dass er für die von ihm erbrachte Leistung *angemessen* bezahlt wird".[539] Dass die vertragliche Vergütung aber auch unangemessen sein kann, wird somit außer Acht gelassen. Schließt der Verbraucher ein besonders unvorteilhaftes Geschäft ab, unter dem erheblich überteuerte Leistungen angeboten werden, wird im Ergebnis das gestörte Äquivalenzverhältnis des Vertrags nach Widerruf durch die neue Regelung perpetuiert.[540] Denn trotz des Widerrufs wird der Verbraucher zum einen am gelöschten Vertrag festgehalten und allein mit einer Art Kündigungsrecht abgefertigt.[541] Zum anderen darf der Unternehmer seinen Gewinn realisieren, als bliebe alles beim Alten.[542]

Wegen der immateriellen Natur der Dienstleistung, deren tatsächlichen Wert der Verbraucher erst im Zuge der Vertragserfüllung – wenn überhaupt – feststellen kann, beschränkt das Festhalten an der Entgeltabrede die Wirksamkeit des Widerrufsrechts aus wirtschaftlicher Sicht erheblich. Das Widerrufsrecht wird jedoch eingeräumt, um den Verbraucher von einem typischerweise unter gestörter Vertragsparität geschlossenen Vertrag zu entbinden, wobei es des Öfteren zu einem ungerechten Preis-Leistungs-Verhältnis kommen kann. Erinnert sei hier an die Überraschungs- und Überrumpelungsgefahr, die außerhalb von Geschäftsräumen geschlossene Verträge charakterisiert,[543] sowie das Fehlen eines Kontakts mit dem Unternehmer, das das „abwesenheitsbedingte" Widerrufsrecht im Fernabsatz rechtfertigt.[544] Das neue Zahlungsbemessungsmodell zeigt sich mit diesem Sinn und Zweck des Widerrufsrechts schwer verträglich.

Ferner wird das Festhalten am Vertragspreis in der Richtlinienpräambel anscheinend als Ausgleich für das Einräumen eines Widerrufsrechts betrachtet auch in der Phase der Vertragsabwicklung.[545] Diese Begründung ist zumindest im Fall von außerhalb von Geschäftsräumen geschlossenen Verträgen oft verfehlt. Das Überrumpelungsmoment, das beim Vertragsschluss typischerweise herrscht, kann ebenso bei der folgenden Antrag-

539 Erwägungsgrund Nr. 50 S. 2 Verbraucherrechte-RL; Hervorhebung durch den Verfasser.

540 *Schinkels*, Die Wertersatzverpflichtungen des Verbrauchers bei Widerruf von Fernabsatzverträgen, Rechtsfortbildungsvorschläge, ZGS 2005, 179 ff., 183 f.

541 Vgl. *Neumann*, Bedenkzeit vor und nach Vertragsabschluss, S. 231.

542 *Gessner*, Widerrufsrecht und Widerrufsbelehrung im deutschen und europäischen Verbraucherrecht, Frankfurt am Main u.a. 2009, S. 30.

543 Vgl. den Sachverhalt in BGH NJW 2010, 2868.

544 Siehe oben, Kapitel 2.A.I.3, 2.A.II.4.

545 Siehe Erwägungsgrund Nr. 50 S. 1 Verbraucherrechte-RL.

stellung zur sofortigen Dienstleistungserbringung maßgebend sein. Dass dem Verbraucher ein Widerrufsrecht auch dann gewährt wird, wenn er sich die Erbringung von Dienstleistungen vor Ende der Widerrufsfrist wünschtstlsoe Gönnerhaftigkeit, auf die der EU-Gesetzgeber schlicht verzichten könnte.[546]

c) Bemessung nach Marktwert als Ausnahme

Um diese Unzulänglichkeiten zu vermeiden, führen Art. 14 III 3 Verbraucherrechte-RL bzw. Art. 45 V 3 GEK eine Ausnahme von der Zahlungsbemessung nach vertraglicher Entgeltabrede ein.

Danach hat die Zahlungsberechnung auf der Grundlage des Marktwerts der erbrachten Leistung stattzufinden, wenn die vereinbarte Vergütung überhöht ist. Als Marktwert soll das Entgelt einer gleichwertigen Dienstleistung herangezogen werden, die zum Zeitpunkt des Vertragsabschlusses von anderen Unternehmern erbracht wurde.[547]

Völlig offen lassen jedoch Art. 14 III 3 Verbraucherrechte-RL bzw. Art. 45 V 3 GEK die zentrale Frage, wie auffällig das Missverhältnis zwischen dem Vertrags- und dem Marktpreis sein soll, um zu rechtfertigen, dass die vertragliche Vereinbarung ignoriert wird. Ein solcher Auslegungsspielraum wird höchstwahrscheinlich von den einzelstaatlichen Richtern unterschiedlich ausgefüllt werden, je nach Rechtstradition, der institutionellen Stellung der Richterschaft in den Mitgliedstaaten usw.

Vorgeschlagen wurde, dass der Grenzwert unterhalb der Schwelle der Sittenwidrigkeit liegen solle, da im letztgenannten Fall der Vertrag schon aufgrund des anwendbaren nationalen Rechts nichtig sei.[548] Es ist aber m. E. unrealistisch, vorab alle vergleichbaren Regeln und die Judikatur in den einzelstaatlichen Rechtsordnungen untersuchen zu müssen, um die Schwelle von Art. 14 III 3 Verbraucherrechte-RL bzw. Art. 45 V 3 GEK bestimmen zu können. Außerdem erhalten diese Vorschriften keinen, auch

---

546 Siehe *Hall/Howells/Watson*, ERCL 2012, 139 ff., 161.

547 Erwägungsgrund Nr. 50 S. 4 Verbraucherrechte-RL.

548 *Looschelders*, Informationspflichten des Unternehmers und Widerrufsrecht des Verbrauchers, in Remien/Herrler/Limmer (Hrsg.), Gemeinsames Europäisches Kaufrecht für die EU?, S. 139. Nach Art. 3 V Verbraucherrechte-RL bzw. Erwägungsgrund Nr. 27 GEK-VO-E bleibt die Ungültigkeit eines Vertrags wegen Rechts- oder Sittenwidrigkeit weiter Sache der nationalen Rechtsnormen, die parallel zu den Umsetzungsvorschriften bzw. zum GEK angewendet werden.

nur mittelbaren Hinweis auf die Sittenwidrigkeitsnormen der Mitgliedstaaten als Anhaltspunkt. Eine Auslegung, die nur anhand des (jeweiligen) Sachrechts stattfinden würde, das im bestimmten Fall gälte, wäre erst recht unakzeptabel.

Hilfreich könnte nach einer Ansicht die Heranziehung des AGB-Rechts des GEK und namentlich Art. 85 k) GEK sein.[549] Diese Vorschrift befasst sich mit der Fairness-Kontrolle von Vertragsbestimmungen, die die Bestimmung des Preises zum späteren Zeitpunkt der Vertragserfüllung vorsehen oder dem Unternehmer erlauben, den Preis im Laufe des Vertrags zu erhöhen. Die Klauselkontrolle stützt sich jedoch in solchen Konstellationen auf den Gedanken der Transparenz und Vorhersehbarkeit der Preisbestimmung bzw. -erhöhung und nur nachrangig, wenn überhaupt, auf das Bestreben nach einem angemessenen Preis-Leistungs-Verhältnis, wie es in Art. 14 III 3 Verbraucherrechte-RL bzw. Art. 45 V 3 GEK der Fall ist.[550] Darüber hinaus bietet selbst Art. 85 k) GEK keine konkreten Anhaltspunkte für seine Konkretisierung, die zur Auslegung von Art. 14 III 3 Verbraucherrechte-RL bzw. Art. 45 V 3 GEK von Nutzen wären. Die Heranziehung von Art. 85 k) GEK zeigt sich hierbei also wohl als fruchtlos.

Die praktische Relevanz von Art. 14 III 3 Verbraucherrechte-RL bzw. Art. 45 V 3 GEK kann außerdem durch eine Beweislastregel relativiert werden, die in der Präambel der Richtlinie verborgen liegt, und die Beweislast der Unverhältnismäßigkeit auf die Schultern des Dienstleistungsnehmers verlagert: „falls der Verbraucher [...] nachweist, dass der Gesamtpreis selbst unverhältnismäßig ist, wird der zu zahlende Betrag auf der Grundlage des Marktwertes der erbrachten Dienstleistung berechnet“.[551] Zu befürchten ist, dass Art. 14 III 3 Verbraucherrechte-RL bzw. Art. 45 V 3 GEK mehr Probleme mit sich bringen, als sie zu lösen bestreben.

---

549 So *Schulze*, in: Schulze (Hrsg.), CESL Commentary Art. 45 Rn. 20.

550 Siehe Art. 80 II GEK, der keine Prüfung der Unfairness des Hauptgegenstands des Vertrags oder der Höhe des zu zahlenden Preises erlaubt, wenn die entsprechenden Vertragsbedingungen transparent sind; vgl. Art. 4 II Klausel-RL; dazu EuGH v. 3.6.2010 – Rs. C-484/08 *Caja de Ahorros y Monte de Piedad de Madrid*, EU:C:2010:309, Rn. 33 ff.; zur Kontrolle von Preisveränderungsklauseln siehe EuGH v. 26.4.2012 – Rs. C-472/10 *Invitel*, EU:C:2012:242, Rn. 24 ff.; EuGH v. 21.3.2013 – Rs. C-92/11 *RWE Vertrieb*, EU:C:2013:180, Rn. 40 ff.

551 Erwägungsgrund Nr. 50 S. 3 Verbraucherrechte-RL; siehe *Hall/Howells/Watson*, ERCL 2012, 139 ff., 161.

Darüber hinaus erweisen sich die betreffenden Ausnahmebestimmungen auch aus rechtsdogmatischer Sicht als wenig durchdacht. Angesichts des vollharmonisierenden Charakters der Verbraucherrechte-RL und der Ausschließlichkeit des GEK taucht übrigens die Frage auf, inwieweit bereits vorhandene Rechtsinstitute verdrängt werden, die häufig unter dem Überbegriff *laesio enormis* erwähnt werden und vorwiegend allgemeine Geltung im Zivilrecht haben;[552] z. B. die Verkürzung über die Hälfte im österreichischen Recht (§ 934 ABGB) oder bestimmte Konkretisierungsbeispiele des Verbots sittenwidriger Rechtsgeschäfte im deutschen Recht (§ 138 I BGB).[553]

Diese Institutionen des allgemeinen Vertragsrechts weisen einen bestimmten Grundsatzcharakter auf und sollen daher von den zwei Rechtsakten nicht berührt werden (Art. 3 V Verbraucherrechte-RL; Erwägungsgrund Nr. 27 GEK-VO-E). Zumindest im Rahmen der Verbraucherrechte-RL spricht ihr Erwägungsgrund Nr. 14 S. 3 eindeutig für die parallele Geltung der Sonderregelung in Art. 14 III 3 Verbraucherrechte-RL und der nationalrechtlichen Vorschriften über „überhöhte Preise oder Wucherpreise“ sowie „sittenwidrige Rechtsgeschäfte“. Gegen eine ähnliche Behandlung des Themas im GEK gibt es keine überzeugenden Argumente. Trotzdem lässt sich die Grenzlinie zwischen den allgemeinen, nationalrechtlichen und den speziellen, europarechtlichen Vorschriften zu unverhältnismäßig hohen Leistungspreisen nicht eindeutig ziehen.

---

552 Siehe ausführlicher *Finkenauer*, *Laesio Enormis*, in: Basedow/Hopt/Zimmermann (Hrsg.), Handwörterbuch des Europäischen Privatrechts I, S. 998 ff.

553 Ein sehr interessantes Thema, das seit kurzem die Judikatur im deutschsprachigen Raum beschäftigt, betrifft die Wirkungen solcher Rechtsinstrumente auf Internetauktionen, bei denen ein grobes Missverhältnis zwischen dem höchsten Gebot, das zum Vertragsschluss führt, und dem objektiven Wert des Versteigerungsobjekts liegt. Die Frage wurde – jedoch auf teilweise abweichenden Rechtsgrundlagen – vom BGH und dem österreichischen OGH unterschiedlich beantwortet. So bejahte OGH JBl 2008, 45, 46 f. die Anwendbarkeit von § 934 ABGB über die Verkürzung über die Hälfte auf einen Kauf durch Internetauktion. Im Gegenteil dazu unterschied BGH MMR 2012, 451, 452 f. einen gleichen Sachverhalt von seiner bis dahin ständigen Rechtsprechung, nach welcher ein grobes Missverhältnis zwischen Leistung und Gegenleistung regelmäßig den Schluss auf eine verwerfliche Gesinnung des begünstigten Vertragsteils rechtfertigt und damit eine Nichtigkeit aus § 138 I BGB mit sich bringt (siehe so BGH NJW 2000, 1487, 1488; BGH NJW 2004, 2671, 2673).

d) Ausdrücklicher Ausschluss weitergehender Pflichten des Dienstleistungsnehmers

Art. 14 V Verbraucherrechte-RL bzw. Art. 45 VII GEK gelten ebenfalls bei der Rückabwicklung von Dienstleistungsverträgen. Deswegen sei hierbei auf die obigen Darlegungen hingewiesen.[554]

e) Abschließende Würdigung

Insgesamt erweist sich die Regelung der Rückabwicklungspflicht des Dienstleistungsnehmers in der neuen Richtlinie sowie im GEK als überwiegend missglückt.[555] Zwar sind die Voraussetzungen für das Erwachsen der Zahlungspflicht sachgemäß. Das übernommene Modell zur Berechnung der Zahlungen begleiten dennoch zahlreiche Nachteile, die zu Hindernissen bei einer etwaigen Wahrnehmung des Widerrufsrechts durch den Verbraucher führen können.

Den entsprechenden Ansätzen nationaler Rechte, wie dem deutschen, hätte m. E. mehr Achtung gezollt werden sollen. Nach der deutschen Rechtsprechung richtete sich die Bemessung des Geldersatzes, den der Verbraucher nach dem wirksamen Widerruf für die bis dahin empfangenen Dienste des Unternehmers schuldet, nach dem objektiven Wert dieser Leistungen, soweit dieser das vertragliche Entgelt nicht übersteigt. Bei Dienstleistungen wird also auf die marktübliche oder angemessene Vergütung abgestellt.[556] Maßgeblich für die Wertberechnung sollte ferner der Zeitpunkt der Dienstleistungserbringung sein.[557] Von einer solchen ausgewogeneren Regelung hätte sich der EU-Gesetzgeber mehr inspirieren lassen können.[558]

---

554 Siehe oben, Kapitel 4.A.II.2.f).

555 So auch *Hall/Howells/Watson*, ERCL 2012, 139 ff., 161; a. A. *Unger*, ZEuP 2012, 270 ff., 297 f, der im Allgemeinen eine positive Bilanz zieht.

556 Siehe BGH NJW 2010, 2868, 2870; BGH NJW 2012, 3428, 3429 f.; BGH NJW-RR 2013, 885, 887; OLG Düsseldorf FamRZ 2008, 1252, 1254; LG Heidelberg BeckRS 2011, 26610; AG Bremen BeckRS 2011, 04064.

557 *Hellwege*, Die Rückabwicklung gegenseitiger Verträge als einheitliches Problem, S. 569; *ders.*, Ein einheitliches Regelungsmodel für die Rückabwicklung gegenseitiger Verträge, JZ 2005, 337 ff., 343.

558 Siehe aber auch *Schirmbacher*, Verbrauchervertriebsrecht, S. 200 ff., der für einen Aufwendungsersatzanspruch des Unternehmers plädiert; vgl. in diesem

3. Rückabwicklungspflichten des Erwerbers digitaler Inhalte?

Wie bereits gesagt, erlischt das Widerrufsrecht bereits mit Beginn der Übermittlung unkörperlicher digitaler Inhalte während laufender Widerrufsfrist, vorausgesetzt, es liegen die zwei Voraussetzungen von Art. 16 m) Verbraucherrechte-RL bzw. Art. 40 III (d) GEK vor. Dieselben Voraussetzungen finden sich diesmal mit negativer Formulierung in Art. 14 IV b) i), ii) Verbraucherrechte-RL bzw. Art. 45 VI (b) i), ii) GEK.[559]

Verlangt wird nach Art. 16 m) Verbraucherrechte-RL bzw. Art. 40 III (d) GEK erstens die vorherige ausdrückliche Zustimmung des Verbrauchers zum Beginn der Übermittlung der digitalen Inhalte[560] und zweitens seine Kenntnis vom Verlust seines Widerrufsrechts durch Beginn der Übermittlung.[561]

Die Belehrung des Verbrauchers über sein Widerrufsrecht wird dabei anders als in Art. 14 IV a) i) Verbraucherrechte-RL bzw. Art. 45 VI (a) i) GEK ohne erkennbaren Grund nicht ausdrücklich verlangt. Aus dem Eingeständnis des Verbrauchers, dass sein Widerrufsrecht verloren gehen wird, ist allerdings herzuleiten, dass zumindest eine grobe Aufklärung darüber vorausgesetzt wird.[562]

Sind also die Bedingungen aus Art. 16 m) Verbraucherrechte-RL bzw. Art. 40 III (d) GEK erfüllt, scheidet die Möglichkeit eines Widerrufs und

---

Sinne das schweizerische Recht (Art. 40f III OR): „Hat der Anbieter eine Dienstleistung erbracht, so muss ihm der Kunde Auslagen und Verwendungen nach den Bestimmungen über den Auftrag (Art. 402 OR) ersetzen.“

559 Zwar ist die Rede in Art. 14 IV b) i), ii) Verbraucherrechte-RL von einer „Bereitstellung von digitalen Inhalten“ und in Art. 16 m) Verbraucherrechte-RL von ihrer „Lieferung“. Diesem Unterschied ist aber keine Bedeutung beizumessen; siehe *Mankowski*, CR 2013, 508 ff., 514. Art. 40 III (d) und Art. 45 VI (b) i), ii) GEK verwenden dagegen beide das Wort „Bereitstellung“.

560 Zur ausdrücklichen Zustimmung siehe oben, Kapitel 4.B.II.2.a)aa)β). An die Zustimmung wird kein Formerfordernis gestellt.

561 Mehr dazu *Unger*, ZEuP 2012, 270 ff., 301; zum feinen Unterschied zwischen dem ausdrücklichen Verlangen (Art. 7 III, 8 VIII, 14 III Verbraucherrechte-RL; Art. 18 II, 18 VI, 45 IV GEK) und der ausdrücklichen Zustimmung (Art. 16 a), m) Verbraucherrechte-RL; Art. 40 III (d) GEK) siehe *Unger*, ZEuP 2012, 270 ff., 297 Fn. 130.

562 Siehe aber *Lurger*, Widerrufsrechte, in: P. Bydlinski/Lurger (Hrsg.), Die Richtlinie über die Rechte der Verbraucher, S. 86.

damit einer Vertragsrückabwicklung völlig aus. Der Vertrag ist bindend und muss erfüllt werden.

Wenn aber eine der oben genannten Voraussetzungen oder beide nicht vorliegen, bleibt dem Verbraucher das Widerrufsrecht erhalten. Macht der Verbraucher sein Recht geltend, führt dies – ungeachtet eventueller Übermittlung digitaler Inhalte – zur Vertragslösung und zum Entstehen eines Rückabwicklungsverhältnisses.

Art. 14 IV b) i), ii) Verbraucherrechte-RL bzw. Art. 45 VI (b) i), ii) GEK sehen für diesen Fall keine Rückgewährpflicht des Verbrauchers vor.[563] Denn die Vorschriften sind, wie gesagt, an die zwei Ausschlussvoraussetzungen von Art. 16 m) Verbraucherrechte-RL bzw. Art. 40 III (d) GEK gekoppelt und ordnen an, dass in diesem Fall der Verbraucher für „die vollständige oder teilweise Bereitstellung" digitaler Inhalte nicht haftbar gemacht werden darf.[564] Art. 14 IV b) i), ii) Verbraucherrechte-RL bzw. Art. 45 VI (b) i), ii) GEK sind nichts anderes als das Spiegelbild von Art. 16 m) Verbraucherrechte-RL bzw. Art. 40 III (d) GEK.[565]

Damit entstehen erkennbar zwei Schemata: Begann die Bereitstellung digitaler Inhalte nach vorheriger ausdrücklicher Zustimmung des Verbrauchers und nach dessen Kenntnisnahme, dass er so das Widerrufsrecht verliert, kommt es zum Erlöschen des Widerrufsrechts und Festhalten am Vertrag. Stellte der Unternehmer digitale Inhalte ohne vorherige ausdrückliche Zustimmung und/oder ohne Kenntnisnahme des Verbrauchers von dem Verlust seines Widerrufsrechts bereit, bleibt das Widerrufsrecht unberührt und der Vertrag wird rückabgewickelt. Der Verbraucher hat aber für das ihm Geleistete nicht aufzukommen, wenngleich er einen Rückzahlungsanspruch aus Art. 13 I 1 Verbraucherrechte-RL bzw. Art. 44 I 1 GEK erhält.[566] Der Unternehmer leistet also während der Widerrufsfrist auf eigene Gefahr. Nachdem liegt es nahe, dass ein für den Verbraucher absolut kostenloses Widerrufsrecht im Bereich der Verträge über unkörperliche digitale Inhalte vorgesehen ist.[567]

---

563 A. A. *Lurger*, Widerrufsrechte, in: P. Bydlinski/Lurger (Hrsg.), Die Richtlinie über die Rechte der Verbraucher, S. 85 f. (analoge Anwendung von Art. 14 III Verbraucherrechte-RL bzw. Art. 45 V GEK).

564 *Unger*, ZEuP 2012, 270 ff., 301.

565 *Leier*, VuR 2013, 457 ff., 460.

566 *Rudkowski/Werner*, MMR 2012, 711 ff., 711 f.

567 *Rudkowski/Werner*, MMR 2012, 711 ff., 712; *Leier*, VuR 2013, 457 ff., 460.

Für Unklarheit sorgen indes die Art. 14 IV b) iii) Verbraucherrechte-RL bzw. Art. 45 VI (b) iii) GEK. Darin ist die Befreiung des widerrufenden Verbrauchers von jeglicher Verpflichtung vorgesehen, falls ihm der Anbieter die Bestätigung des Vertragsschlusses sowie der Zustimmung und Kenntnisnahme gemäß Art. 7 II, 8 VIII Verbraucherrechte-RL und Art. 18 I, 19 V GEK nicht erteilt hat.

Soweit jedoch die Zustimmung und die Kenntnisnahme nach dem oben Genannten vorliegen, greifen Art. 16 m) Verbraucherrechte-RL bzw. Art. 40 III (d) GEK ein und schließen ohne Weiteres das Widerrufsrecht aus. Unterlässt der Unternehmer die in lit. iii) von Art. 14 IV b) Verbraucherrechte-RL und Art. 45 VI (b) GEK erwähnte Bestätigung, soll dies keine Wirkung auf das Erlöschen des Widerrufsrechts haben. Das Widerrufsrecht ist auch ohne diese Bestätigung laut Art. 16 m) Verbraucherrechte-RL bzw. Art. 40 III (d) GEK bereits erloschen.

Es stellt sich nachdem die Frage, ob lit. iii) tatsächlich jemals zur Anwendung kommen kann. Wird das Widerrufsrecht trotz Zustimmung und Kenntnisnahme wiederbelebt, falls die Bestätigung im Verstoß gegen Art. 7 II, 8 VIII Verbraucherrechte-RL und Art. 18 I, 19 V GEK dem Verbraucher nicht zur Verfügung gestellt wurde? Darf dann der Verbraucher ein Widerrufsrecht geltend machen, das sonst nicht bestünde, ohne für – zum Teil oder vollständig – schon bereitgestellte digitale Inhalte um Zahlung gebeten zu werden?

Die Richtlinie und das GEK lassen m. E. ein solches Ergebnis nicht zu. Der Ausschlusstatbestand von Art. 16 m) Verbraucherrechte-RL bzw. Art. 40 III (d) GEK ist klar genug formuliert und entspricht übrigens gewissermaßen dem Ausschlusstatbestand von Art. 16 a) Verbraucherrechte-RL.[568] Auch ohne Bestätigung lassen die Zustimmung des Verbrauchers zu einem vorzeitigen Beginn der Vertragserfüllung und seine Kenntnisnahme vom Verlust seines Widerrufsrechts das Widerrufsrecht erlöschen. Dass er auf diese Rechtsfolge nicht hingewiesen worden ist, kann ihr Eintreten nicht ausschließen. Wie es in den österreichischen Gesetzesmaterialien zur Umsetzung der Verbraucherrechte-RL formuliert wurde: der versäumte Hinweis auf ein Negativum, d. h. das Nichtbestehen eines Wider-

568 Vgl. *European Law Institute*, Statement on the Proposal for a Regulation on a Common European Sales Law, S. 190, das *de lege lata* für ein Erlöschen des Widerrufsrechts nur nach „Bestätigung" durch den Unternehmer plädiert und dazu eine gleichlautende Ergänzung des Ausschlusstatbestands in Art. 40 III (d) GEK vorschlägt.

rufsrechts, kann das Gegenteil – ein Positivum, d. h. das Bestehen eines Widerrufsrechts – nicht kreieren.[569]

Konsistenter wäre demgemäß eine teleologische Reduktion der Art. 14 IV b) iii) Verbraucherrechte-RL bzw. Art. 40 III (d) iii) GEK, unter denen das Unterbleiben der Bestätigung gemäß Art. 7 II, 8 VIII Verbraucherrechte-RL und Art. 18 I, 19 V GEK keinen Einfluss auf den Ausschluss des Widerrufsrechts hat, wie es ebenfalls der Wortlaut von Art. 16 m) Verbraucherrechte-RL bzw. Art. 40 III (d) GEK ohnehin vorsieht. Die lit. iii) ist in der Tat als gegenstandlos zu betrachten und leerlaufen zu lassen.[570]

Demgemäß entspringen bei Ausübung des Widerrufsrechts nach Beginn der Übermittlung digitaler Inhalte keinerlei Rückabwicklungspflichten zulasten des Verbrauchers. Dieser ist von jeglicher Zahlungs- oder Ersatzpflicht freigestellt.[571] Trotz ihrer gewissen Unklarheit sind diese Regelungen wohl als Sanktionsnormen geschaffen worden. Ihr Ziel besteht darin, strengere rechtliche Maßstäbe im noch unreifen Sektor der digitalen Produkte zu setzen und damit zu einem lauteren Wettbewerb beizutragen.[572]

---

569 Siehe Entwurf des Bundesgesetzes, mit dem das Allgemeine Bürgerliche Gesetzbuch und das Konsumentenschutzgesetz geändert werden und ein Bundesgesetz über Fernabsatz- und außerhalb von Geschäftsräumen geschlossene Verträge (Fern- und Auswärtsgeschäfte-Gesetz – FAGG) erlassen wird (VRUG-E), S. 11.

570 *Lurger*, Widerrufsrechte, in: P. Bydlinski/Lurger (Hrsg.), Die Richtlinie über die Rechte der Verbraucher, S. 87; *Stabentheiner*, Zur Umsetzung der Verbraucherrechte-Richtlinie in Österreich, in: P. Bydlinski/Lurger (Hrsg.), Die Richtlinie über die Rechte der Verbraucher, Wien 2012, S. 127 ff., 156; *Leier*, VuR 2013, 457 ff., 460 Fn. 35; vgl. *Loos/Helberger/Guibault/Mak*, The Regulation of Digital Content Contracts in the Optional Instrument of Contract Law, ERPL 2011, 729 ff., 740; a. A. *Unger*, ZEuP 2012, 270 ff., 301 f.: das Erlöschen des Widerrufsrechts setzte auch die Bestätigung nach Art. 7 II, 8 VIII Verbraucherrechte-RL und Art. 18 I, 19 V GEK voraus.

571 *Rudkowski/Werner*, MMR 2012, 711 ff., 712; vgl. *European Law Institute*, Statement on the Proposal for a Regulation on a Common European Sales Law, S. 198: "Where digital content is not supplied on a tangible medium and a right of withdrawal exists in accordance with Article 40(3)(d) the consumer is not liable to pay for the supply."

572 Vgl. aber *Rudkowski/Werner*, MMR 2012, 711 ff., 712, die die Regelung „insgesamt verfehlt" finden und einen Ausschluss des Widerrufsrechts bei solchen Verträgen befürworten.

4. Erfüllungsort und daraus erwachsende Nebenpflichten

a) Erfüllungsort für die Pflichten des Dienstleistungsanbieters bzw. des Anbieters digitaler Inhalte

Nach dem bereits Gesagten[573] ist die Gelderstattungsschuld des Dienstleistungsanbieters bzw. des Anbieters digitaler Inhalte eine qualifizierte Schickschuld begleitet von gesteigerten Verpflichtungen zur rechtzeitigen Erledigung der notwendigen Zahlungsverkehrsverfahren.

b) Erfüllungsort für die Pflichten des Dienstleistungsnehmers

Soll aber das Gleiche für die Rückabwicklungspflicht des Dienstleistungsnehmers gelten? Die Frage ist m. A. nach zumindest im Bereich des GEK zu bejahen. Denn es geht ebenfalls um eine Geldschuld, wobei die *01051 Telecom*-E gebührend berücksichtigt werden sollte. Die Zahlungspflicht des Dienstleistungsnehmers ist ja trotz der klaren Ausrichtung an der vertraglichen Entgeltabrede keine vertragliche Vergütungspflicht, sondern eine restitutionsrechtliche Zahlungspflicht, die ihre Rechtsgrundlage allein im Gesetz hat.

III. Umsetzung ins deutsche Recht

Wie oben dargestellt, sind Art. 12 Verbraucherrechte-RL durch § 355 I 1 BGB, Art. 13 I Verbraucherrechte-RL durch §§ 355 III 1, 2, 357 I, III BGB und Art. 14 V Verbraucherrechte-RL durch § 361 I BGB ins deutsche Recht umgesetzt worden.[574]

Des Weiteren dient § 357 VIII BGB zur Umsetzung von Art. 14 III, IV a) Verbraucherrechte-RL hinsichtlich Dienstleistungs- sowie Energie- und Wasserlieferverträgen. Die drei ersten Sätze von § 357 VIII BGB entsprechen Art. 14 III, während sein S. 4 Art. 14 IV a) i) Verbraucherrechte-RL übernimmt. Anstelle des in der Richtlinie verwendeten Begriffs „überhöht" wird in § 357 VIII BGB die Formulierung „unverhältnismäßig

573 Siehe oben, Kapitel 4.A.II.3.a).
574 Siehe oben, Kapitel 4.A.III.

hoch" verwendet, da sie als dem BGB bekannt gilt. Eine inhaltliche Änderung ist damit jedoch nicht verbunden.[575]

Von einer Wiederholung von Art. 14 IV a) ii) hat der deutsche Gesetzgeber zu Recht abgesehen. Denn die darin vorgesehene Voraussetzung eines ausdrücklichen Verlangens zum sofortigen Beginn der Vertragsdurchführung zählt schon zu den Tatbestandsmerkmalen von Art. 14 III 1 Verbraucherrechte-RL bzw. § 357 VIII 1 BGB.

Das oben dargestellte Auslegungsergebnis, wonach der Verbraucher nach dem Widerruf von Verträgen über digitale Inhalte ohne körperlichen Datenträger mit keinerlei Rückabwicklungspflichten belastet wird, spiegelt sich in der klaren und verständlichen Vorschrift von § 357 IX BGB wider. Diese sieht ausdrücklich vor, dass dabei der Verbraucher keinen Wertersatz zu leisten braucht.

C. Kostentragung bei der Rückabwicklung

Im Jahr 2007 kam eine experimentelle Studie zu dem Ergebnis, dass die Rücksendungskosten für die Entscheidung des Verbrauchers, sein Widerrufsrecht bei einem Fernabsatzkauf wahrzunehmen, ein kaum bedeutender Faktor seien.[576] Trotzdem stellen sämtliche Ausgaben im Zuge des Vertragsschlusses sowie der Vertragsabwicklung und -rückabwicklung im Widerrufsfall m. M. nach keinen belanglosen Posten dar.[577]

Sowohl aus wirtschaftlicher Perspektive – im Sinne der Attraktivität des Widerrufsrechts – als auch aus rechtsdogmatischer Sicht – im Sinne der Suche nach angemessenen Rechtsnormen – erweist sich die anscheinend technische Frage der Kostentragung nach Widerruf als wohl ergiebig

575 Siehe RegE, BT-Drucks. 17/12637, S. 64.

576 *Borges/Irlenbusch*, Fairness Crowded Out by Law. An Experimental Study on Withdrawal Rights, JITE 163 (2007) 84 ff., 98. Gerade bei grenzüberschreitenden Verträgen können allerdings solche Kostenposten erheblich höher ausfallen; vgl. *Schopper*, Verpflichtungen und Abhilfen der Parteien eines Kaufvertrages oder eines Vertrages über die Bereitstellung digitaler Inhalte (Teil IV CESL-Entwurf), in: Wendehorst/Zöchling-Jud (Hrsg.), Am Vorabend eines gemeinsamen europäischen Kaufrechts. Zum Verordnungsentwurf der Europäischen Kommission vom 11.10.2011, Wien 2012, S. 107 ff., 110.

577 Siehe *Zimmermann*, Rückabwicklung nach Widerruf, in: Eidenmüller/Faust/Grigoleit/Jansen/Wagner/Zimmermann (Hrsg.), Revision des Verbraucher-*acquis*, S. 191.

und interessant. Dieser Frage widmen sich die folgenden Überlegungen. Zuerst wird auf die Beurkundungskosten eingegangen. Anschließend werden die sachkaufrelevanten Themen der Zusendungs- und Rücksendungskosten untersucht.

I. Beurkundungskosten

Die Rückerstattung eventueller Kosten zur Vertragsbeurkundung wird weder in der Verbraucherrechte-RL noch im GEK thematisiert. Es ist wohl davon auszugehen, dass die Verfasser beider Regelungstexte solch eine Erstattungspflicht nicht einführen wollen.

Eine andere Wahl wurde nämlich in Art. 8 II Timesharing-RL getroffen, nachdem „der Verbraucher keine Kosten zu tragen [hat]", wenn er von seinem Widerrufsrecht Gebrauch macht. Wurden also Notar- und sonstige Beurkundungskosten beim Abschluss eines von der Richtlinie erfassten Vertrags vom Verbraucher übernommen, kann er sich diese vom Unternehmer nach einem Widerruf erstatten lassen.[578] Umgekehrt gewährt Art. 14 III b) S. 3 Verbraucherkredit-RL dem Darlehensgeber – also nicht dem Verbraucher – einen Anspruch auf Ersatz der Ausgaben, die Ersterer an öffentliche Stellen erbracht hat und nicht von diesen Stellen zurückerhalten darf. Die eigentliche Bedeutung dieses Anspruchs muss jedoch eher gering sein, da eine Mitwirkung von Behörden, wie Notaren, bei Krediten ohne Hypothekarsicherung[579] bei Verbraucherdarlehen heutzutage ungewöhnlich ist.[580]

Der Ausschluss eines Rückerstattungsanspruchs in der Verbraucherrechte-RL bzw. im GEK wird durch die Ausrichtung der zwei Akte bestätigt. Beide orientieren sich überwiegend an mehr oder weniger alltäglichen Warenkauf- und Dienstleistungsverträgen.[581] Angesichts dieses letzten Aspekts ist der angenommenen Regelung beizupflichten. Eine Erstattungsforderung zugunsten des Verbrauchers könnte vielleicht in Bezug auf

---

578 Vgl. BeckOK/*Eckert* BGB § 485 Rn. 8; MünchKommBGB/*Eckert* § 485 RnNr. 8; Staudinger/*Kaiser* § 357 Rn. 90.

579 Siehe Art. 2 II a) Verbraucherkredit-RL.

580 Vgl. aber *Bülow*, in: Bülow/Artz, Verbraucherkreditrecht § 495 Rn. 200a; *Wendehorst*, in: Wendehorst/Zöchling-Jud, Verbraucherkreditrecht § 12 VKrG Rz. 37, die auf die Kosten einer notariellen Beglaubigung des Vertrags hinweisen.

581 Siehe Art. 3 III e), f) Verbraucherrechte-RL; Art. 5 i.V.m. 2 (h), (k) GEK-VO-E.

die üblicherweise beträchtlichen Kosten einer notariellen Beurkundung angebracht sein und eine Vorschrift wie die von Art. 8 II Timesharing-RL sachgemäß machen. Der Ausnahmetatbestand in Art. 3 III i) Verbraucherrechte-RL lässt aber solche Verträge deutlich außerhalb des Geltungsbereichs der Richtlinie.[582] Das Gleiche gilt anscheinend beim GEK, dessen Anwendung sich auf den Kauf beweglicher Sachen, digitaler Produkte und die Erbringung mit diesen verbundener Dienstleistungen beschränkt.[583]

II. Hinsendekosten

Größere Bedeutung hat das Schicksal der Hinsendekosten im Widerrufsfall freilich vor allem für den Fernabsatzhandel. Hinsendekosten können aber auch bei Haustürgeschäften entstehen, falls die Warenlieferung nicht gleich im Zuge des Besuchs des Verkäufers oder seines Vertreters in der Wohnung des Käufers stattfindet. Trotz alledem wird das Thema zum ersten Mal in der Verbraucherrechte-RL und dem GEK direkt angesprochen. Bis dahin enthielten die betreffenden Richtlinien keine – zumindest eindeutige – Regelung dazu, was zu einem Vorabentscheidungsverfahren vor dem EuGH geführt hat.

1. Vorgeschichte: die Heinrich Heine-E

a) Die Frage

Die Ersetzbarkeit von Hinsendekosten nach Widerruf eines Fernabsatzvertrags war in der deutschen Rechtsprechung[584] und Literatur[585] zur Zeit der

---

582 Zu den Gründen dieser Ausnahme siehe Schlussanträge der Generalanwältin *Trstenjak* v. 8.9.2009 – Rs. C-215/08 *E. Friz*, Nr. 74 Fn. 65.

583 Siehe Art. 5 i.V.m. Art. 2 (h), (j), (k) und (m) GEK-VO-E).

584 Für einen Ersatzanspruch des Käufers OLG Frankfurt a.M. CR 2002, 638, 642 mit kritischer Anmerkung *Schirmbacher*; OLG Köln GRUR-RR 2005, 89, 90; OLG Karlsruhe MMR 2008, 46, 47 f. mit Anmerkung *Würdinger/Ringshandl*; LG Karlsruhe MMR 2006, 245, 245 f. mit zustimmender Anmerkung *Kazemi*; ablehnend OLG Nürnberg NJW-RR 2005, 1581, 1581.

585 Für einen Ersatzanspruch des Käufers *Brönneke*, Abwicklungsprobleme beim Widerruf von Fernabsatzgeschäften, MMR 2004, 127 ff., 129 f.; *Kaestner/Tews*,

Fernabsatz-RL höchst umstritten. Nach Vorabentscheidungsbeschluss des BGH[586], dessen Ausgangspunkt eine Unterlassungsklage der Verbraucherzentrale Nordrhein-Westfalen war, gelangte die Rechtsfrage vor den EuGH. Dieser folgte den Schlussanträgen des Generalanwalts[587] und erkannte das Bestehen eines Anspruchs des Käufers auf Erstattung der bereits bezahlten Versandkosten im Geltungsbereich der Fernabsatz-RL an.[588]

b) Die Entscheidung

Zur Begründung seiner Entscheidung stellte der EuGH zuerst auf Art. 6 II 1 Fernabsatz-RL ab, nach dem „der Lieferer die vom Verbraucher geleisteten *Zahlungen* kostenlos zu erstatten [hat].“[589] Daraus folgerte er, dass die Richtlinie eine allgemeine Erstattungspflicht einführe, die sich auf sämtliche vom Verbraucher anlässlich des Vertrags geleisteten Zahlungen beziehe und zwar unabhängig von deren Grund.[590] Übrigens begegne man in Art. 6 II 1 Fernabsatz-RL der Unterscheidung zwischen Kaufpreis und Lieferkosten nicht, die in Art. 4 Fernabsatz-RL hinsichtlich Informationspflichten vorkomme.[591] Daher seien die Hinsendekosten von der Rückzahlungspflicht des Verkäufers genau wie der Kaufpreis erfasst.

Dieser Schluss werde – so der EuGH – weiter von Art. 6 I 2, II 2 Fernabsatz-RL bestätigt. Denn die zwei gleichlautenden Vorschriften ordneten an, dass die unmittelbaren Kosten der Warenrücksendung die einzigen sei-

---

WRP 2005, 1335 ff., 1339 f.; *Hansen*, AGB-Inhaltskontrolle von Geschäftsbedingungen im B2C-eCommerce, ZGS 2006, 14 ff., 18; *Braun*, Die Versandkosten beim Widerruf eines Fernabsatzkaufs, ZGS 2008, 129 ff.; *Eichelberger*, Die Hinsendekosten beim widerrufenen Fernabsatzvertrag, VuR 2008, 167 ff.; *Hilbig*, Erstattungsfähigkeit von Hinsendekosten bei Widerruf eines Fernabsatzgeschäfts, MMR 2009, 300 ff.; ablehnend *Pfeiffer*, Zusendungskosten und Versandhändler-AGB, ZGS 2008, 48 ff.; MünchKommBGB/*Masuch* [2007] § 357 RnNr. 24; *Föhlisch*, Das Widerrufsrecht im Onlinehandel, S. 313 ff., 319 f.; *Ring*, Kurzkommentar BGH, 1.10.2008 – VIII ZR 268/07, EWiR 2009, 107 f., 108.

586 BGH NJW 2009, 66.

587 Schlussanträge des Generalanwalts *Mengozzi* v. 28.1.2010 – Rs. C-511/08 *Heinrich Heine*, EU:C:2010:48, Nr. 26 ff.

588 EuGH v. 18.4.2010 – Rs. C-511/08 *Heinrich Heine*.

589 Hervorhebung durch den Verfasser.

590 EuGH v. 18.4.2010 – Rs. C-511/08 *Heinrich Heine*, Rn. 43.

591 EuGH v. 18.4.2010 – Rs. C-511/08 *Heinrich Heine*, Rn. 44 f.

en, die dem Verbraucher infolge der Ausübung seines Widerrufsrechts auferlegt werden könnten. Diese Ausnahme sei jedoch die einzige in der Richtlinie.[592]

Mit der Wendung „Kosten... infolge der Ausübung [des] Widerrufsrechts" in Art. 6 I 2, II 2 Fernabsatz-RL musste sich der EuGH genauer auseinandersetzen. Denn die deutsche Regierung machte u.a. geltend, die Fernabsatz-RL unterscheide zwischen Folgekosten des Widerrufs, die sie ausschließlich regle, und sonstigen Vertragskosten, deren Auferlegung bzw. Tragung weiter Sache der Mitgliedstaaten bleibe.[593]

Der EuGH bemerkte vorab, dass einige Sprachfassungen, darunter auch die deutsche, Ausdrücke verwenden, die auf einen Kausalzusammenhang zwischen Widerruf und zu ersetzenden Kosten hinweisen, andere jedoch sich lediglich auf Kosten des Verbrauchers beziehen, der sein Widerrufsrecht ausübe.[594] In Anbetracht dieser Abweichungen komme es nun auf die allgemeine Systematik und den Zweck der Regelung an. Denen entspreche aber eine Interpretation, wonach sämtliche Kosten im Zusammenhang mit dem Abschluss, der Durchführung oder der Beendigung des Vertrags zurückgewährt werden sollten, die im Fall des Widerrufs zulasten des Verbrauchers gehen könnten. Dafür spreche außerdem der Text des Erwägungsgrunds Nr. 14 aller Sprachfassungen, in dem das Wort „infolge" keinesfalls zum Ausdruck komme.[595]

Schließlich unterstrich der EuGH die Bedeutung des Effektivitätsgebots, aufgrund dessen das Widerrufsrecht mehr als ein bloß formales Recht sei und der Verbraucher von seiner Ausübung nicht abgeschreckt werden dürfe.[596] Der Verbraucher träge laut Art. 6 I 2, II 2 Fernabsatz-RL schon die Kosten der Rücksendung. Es liefe der Zielsetzung der Richtlinie entgegen, falls ihm auch die Kosten der Zusendung in Rechnung gestellt würden.[597]

Nach alledem kam der EuGH zu dem Schluss, dass der Verkäufer in einem im Fernabsatz abgeschlossenen Vertrag dem Käufer die Kosten der

---

592 EuGH v. 18.4.2010 – Rs. C-511/08 *Heinrich Heine*, Rn. 46.
593 Siehe EuGH v. 18.4.2010 – Rs. C-511/08 *Heinrich Heine*, Rn. 35.
594 EuGH v. 18.4.2010 – Rs. C-511/08 *Heinrich Heine*, Rn. 49 f.
595 EuGH v. 18.4.2010 – Rs. C-511/08 *Heinrich Heine*, Rn. 51 ff.
596 EuGH v. 18.4.2010 – Rs. C-511/08 *Heinrich Heine*, Rn. 54.
597 EuGH v. 18.4.2010 – Rs. C-511/08 *Heinrich Heine*, Rn. 55 ff.

Zusendung der Kaufsache nicht auferlegen dürfe, wenn dieser sein Widerrufsrecht ausübe.[598]

c) Würdigung

Die ergebnisorientierte Sichtweise des EuGH ist nachvollziehbar. Widerruft der Verbraucher, sollen Rücksendekosten laut Art. 6 I 2, II 2 Fernabsatz-RL der einzige mögliche finanzielle Verlust sein, mit dem er zu rechnen hat.[599] Eine Auslegung, nach welcher der Käufer auf den gesondert ausgewiesenen Versandkosten sitzen bleiben müsste, würde außerdem zu einer sehr schwer zu rechtfertigenden Differenzierung führen zwischen Kaufverträgen, bei denen die einschlägigen Kosten in den Warenpreis einkalkuliert sind, und solchen, bei denen sie als eigenständiger Posten erhoben werden. Im ersten Fall würde die Erstattungspflicht im Ergebnis sowohl den eigentlichen Preis als auch die Hinsendekosten umfassen, im letzteren dagegen nur den Preis. Es wäre jedoch m. M. nach absurd, wenn die Ersetzbarkeit der Hinsendekosten schlicht von einer reinen Darbietungs- und Kalkulationsfrage abhängen würde.[600] Vielmehr dient eine gesonderte Berechnung des Kaufpreises und der Versandkosten der Transparenz und Übersichtlichkeit der Angebote.[601]

2. Die neue Regel

a) Grundregelung

Die allgemeine Rückerstattungspflicht des Verkäufers aus Art. 13 I 1 Verbraucherrechte-RL bzw. Art. 44 I 1 GEK schließt die ggf. vom Käufer entrichteten „Lieferkosten“ ausdrücklich ein und erlegt dem Unternehmer den einschlägigen Posten im Widerrufsfall auf. Damit wurde die *Heinrich Heine*-E bestätigt und ist bewusst zum geltenden Recht gemacht worden.

---

598 EuGH v. 18.4.2010 – Rs. C-511/08 *Heinrich Heine*, Rn. 59.

599 *Wendehorst*, Anmerkung zu BGH, 1.10.2008 – VIII ZR 268/07, LMK 2009, 277236 m.w.N.

600 *Braun*, ZGS 2008, 129 ff., 134; *Eichelberger*, VuR 2008, 167 ff., 168; *ders.*, Anmerkung zu EuGH, 15.4.2010 – C-511/08, VuR 2010, 279 f., 279.

601 *Braun*, ZGS 2008, 129 ff., 134.

Zu klären ist hier die Rechtslage im Fall eines Teilwiderrufs, wenn sich nämlich die Ausübung des Widerrufsrechts auf einen Teil der gesamten bestellten Artikel beschränkt. Sinnvoll ist eine fiktive Betrachtung, nach der der Verbraucher die hypothetischen Hinsendekosten tragen soll, die ihm für den Versand der nicht vom Widerruf betroffenen Artikel von Anfang an auferlegt worden wären.[602] Bei einer fixen Versandkostenpauschale entsteht somit kein Erstattungsanspruch zugunsten des Käufers.[603] Wird ferner eine Kostenfreiheit ab einem bestimmten Warenwert vorgesehen, darf der Käufer nachträglich mit Versandkosten belastet werden, soweit der Wert der einbehaltenen Sachen die einschlägige Wertgrenze unterschreitet.[604]

b) Ausnahmeregelung

Der Käufer bleibt indes auf den zusätzlichen Kosten sitzen, die dadurch entstehen, dass er eine andere, kostenintensivere Lieferungsart gewählt hat als die ihm angebotene, günstigste Standardlieferung (Art. 13 II Verbraucherrechte-RL; Art. 44 II GEK). Von der Erstattungsausnahme erfasst ist also vor allem die Kostendifferenz einer Express-Lieferung, die als Zusatzleistung angeboten wird.[605] Ziel ist es, eine angemessene Kostenverteilung für solche Fälle zu treffen, bei denen sich der Käufer für eine nicht unerlässliche Extraleistung entschieden hat, um hierdurch auch eine missbräuchliche Wahrnehmung des Widerrufsrechts zu vermeiden.[606]

Im Übrigen lässt die vom Gesetzgeber bevorzugte Kostenverteilung bei anderen als Standardlieferungen den Schluss nicht zu, dass die kostenin-

---

602 Vgl. *Buchmann*, Hinsendekosten, Rücksendekosten und 40-Euro-Klausel bei Fernabsatzgeschäften, K&R 2010, 458 ff., 460; *Eichelberger*, VuR 2010, 279 f., 280; *Ultsch*, Kommentar zu EuGH, 15.4.2010 – C-511/08, K&R 2010, 395 ff., 397; MünchKommBGB/*Masuch* § 357 RnNr. 30; Staudinger/*Kaiser* § 357 Rn. 89; siehe aber *Cardano*, Hinsendekosten der Ware bei einem Fernabsatzvertrag zwischen einem Verbraucher und einem Unternehmer. Anmerkung zu EuGH, Urteil vom 15.4.2010, C-511/08 – *Heinrich Heine GmbH/Verbraucherzentrale Nordrhein-Westfalen e. V.*, GPR 2010, 231 ff., 233.

603 Vgl. *Ultsch*, K&R 2010, 395 ff., 397.

604 Vgl. *Ultsch*, K&R 2010, 395 ff., 397.

605 Erwägungsgrund Nr. 46 S. 3 Verbraucherrechte-RL; *Stabentheiner/Cap*, ÖJZ 2011, 1045 ff., 1059; *Schulze*, in: Schulze (Hrsg.), CESL Commentary Art. 44 Rn. 6; *Unger*, ZEuP 2012, 270 ff., 291; *Leier*, VuR 2013, 457 ff., 458.

606 *Hall/Howells/Watson*, ERCL 2012, 139 ff., 159.

tensivere Zusendung eine Dienstleistung darstellt, die vollständig rückabzuwickeln wäre.[607] Der widerrufende Käufer wird nicht mit dem ganzen Betrag der Lieferungsaufwendungen belastet und muss nicht für die Transportleistung vollständig aufkommen, als würden Art. 14 III Verbraucherrechte-RL bzw. 45 V GEK angewandt. Vielmehr werden nur die zusätzlichen, d. h. die über den Wert einer Standardsendung hinausgehenden Kosten gesetzlich vom Käufer getragen.[608]

3. Schlussfolgerung

Die Waren müssen im Versandhandel zwangsläufig dem Käufer zugesandt werden. Die Hinsendung ist also nicht ein Sonderwunsch des Käufers, sondern eine Bedingung für das Funktionieren der einschlägigen Vertriebsart. Auf diesen Aspekt nehmen die Verbraucherrechte-RL und das GEK Rücksicht, indem sie die Warensendung in ihrer üblichen Form als Bestandteil des Angebots und letztlich der geschuldeten Hauptleistung des Verkäufers ansehen.[609] Daher müssen die Aufwendungen eines gewöhnlichen Transports als erforderliche Kosten zur Vertragserfüllung vom Verkäufer selbst getragen werden. Einer vertraglichen Abwälzung könnte gewiss Geltung zugesprochen werden, soweit der Vertrag bestehen bleibt.[610] Kommt es jedoch zu einem Widerruf, erübrigt sich die Grundlage für die Abwälzung; der Verkäufer soll seine Erfüllungskosten (wieder) übernehmen. Etwas Ähnliches kann gelten, wenn bei außerhalb von Geschäftsräumen geschlossenen Verträgen der Verkäufer seine Verpflichtungen nicht sofort erfüllt.

Angesichts der Auferlegung der Lieferungskosten auf den Verkäufer – und zwar sowohl im Fernabsatz- als auch im Haustürhandel – liegt es m. A. nach nahe, dass in beiden Fällen die dem Verkäufer obliegende Verpflichtung zur Übergabe der Kaufsache als Bringschuld konzipiert ist. Der Verkäufer verpflichtet sich nicht nur die Kaufsache an den ausgewählten

---

607 Vgl. aber *Weller*, Kapitel 4: Widerrufsrecht bei Fernabsatz- und Haustürgeschäften, in: Schmidt-Kessel (Hrsg.), Ein einheitliches europäisches Kaufrecht?, S. 165 f.

608 *Hall/Howells/Watson*, ERCL 2012, 139 ff., 159 Fn. 107; a. A. *Oelschlägel*, MDR 2013, 1317 ff., 1320 Fn. 6.

609 Siehe Schlussanträge des Generalanwalts *Mengozzi* v. 28.1.2010 – Rs. C-511/08 *Heinrich Heine*, Nr. 28.

610 Vgl. Art. 6 I e) Verbraucherrechte-RL; Art. 14 I (b) GEK.

Beförderer zu übergeben, sondern sie auf seine eigenen Kosten dem Käufer zu „bringen“. Diese Betrachtung trifft schließlich bei Haustürgeschäften ebenso zu, bei denen die Kaufsache „mitgebracht“ und bereits im Zuge des Vertragsschlusses an den Wohnsitz des Verbrauchers geliefert wird. Die Annahme einer Bringschuld wird ferner von der Risikoverteilung in der Verbraucherrechte-RL und im GEK bestätigt. Denn das Risiko für einen Untergang bzw. eine Beschädigung der Kaufsache geht auf den Verbraucher nicht mit der Übergabe an die erste Transportperson über, sondern, wie bei einer Bringschuld, erst, wenn der Verbraucher oder sein Vertreter die Sache in Besitz nimmt (Art. 20 Verbraucherrechte-RL; § 474 IV i.V.m. §§ 446, 447 I BGB; Art. 142 I GEK).

Eine Neubetrachtung der Verpflichtung des Verkäufers im Fernabsatz- bzw. im Haustürgeschäftshandel im deutschen Kaufrecht wäre deshalb notwendig. Bis heute bleibt die Meinung eher herrschend, die vor der Schuldrechtsharmonisierung gebildet wurde und auch im Versandhandel bzw. im Verbrauchsgüterkauf im Allgemeinen von einer Schickschuld des Verkäufers ausgeht.[611] Diese Betrachtung ist zu hinterfragen. Bei außerhalb von Geschäftsräumen und im Fernabsatz geschlossenen Kaufverträgen ist m. E. eine Bringschuld anzunehmen.[612]

---

611 MünchKommBGB/*St. Lorenz* § 474 RnNr. 38; *Alpmann-Pieper*, in: jurisPK-BGB § 474 Rn. 4960; *Thüsing*, in: Graf v. Westphalen/Thüsing (Hrsg.), Vertragsrecht und AGB-Klauselwerke, München 2013, Versandhandel Rn. 1; BeckOK/*Lorenz* BGB § 269 Rn. 18; BeckOK/*Faust* BGB § 474 Rn. 44; BGH NJW 2003, 3341, 3342; BGH NJW 2009, 66, 67.

612 Siehe in diese Richtung *Borges*, Der Leistungsort (Erfüllungsort) beim Versandhandel. Verlust der verkauften Sache auf dem Versandweg. Die Verteilung des Transportrisikos, DB 2004, 1815 ff., 1818; *Wenn*, Anspruch des Verbrauchers auf Erstattung der Hinsendekosten nach Widerruf eines Fernabsatzgeschäfts. Anmerkung zu OLG Karlsruhe 2. Senat, Urteil vom 05.09.2007 – 15 U 226/06, jurisPR-ITR 17/2007 Anm. 4; *Wendehorst*, LMK 2009, 277236; *Gsell*, Entscheidungsanmerkung zu EuGH, Urt. v. 15.4.2010 – C-511/08. Belastung des Verbrauchers mit Zusendekosten trotz fernabsatzrechtlichen Widerrufs, ZJS 2010, 438 ff., 440; MünchKommBGB/*Krüger* § 269 RnNr. 20; Palandt/*Grüneberg* § 269 Rn. 12; Staudinger/*Kaiser* § 357 Rn. 89; OLG Karlsruhe MMR 2008, 46, 48.

III. Rücksendekosten

1. Die neue Regelung

Die Belastung des Unternehmers mit den Hinsendekosten wird mit der Auferlegung der widerrufsbedingten Rücksendekosten auf den Verbraucher gekoppelt und gewissermaßen ausgeglichen.[613] Die Verbraucherrechte-RL in Art. 14 I 3 sowie das GEK in Art. 45 II schreiben eigentlich vor, dass die unmittelbaren bzw. direkten Kosten der Rücksendung der Waren grundsätzlich vom Käufer getragen werden sollen.

Die Verwendung der unterschiedlichen Adjektive „unmittelbar" und „direkt" birgt keinen bewussten Sinnunterschied; ihr darf daher keinerlei Bedeutung bei der Auslegung zukommen.[614] Da die Regel in der Tat von Art. 6 I 2, II 2 Fernabsatz-RL fast wortgleich übernommen wurde, scheint es zweckmäßig, auf die bisherige Auslegung des Begriffs zu rekurrieren. Die Begrenzung durch die „Unmittelbarkeit" bezieht sich demzufolge im Wesentlichen auf sonstige rücksendungsbedingte Kostenpunkte, wie etwa Bankgebühren oder vom Verkäufer erhobene sogenannte Verwaltungs- oder Bearbeitungskosten, die dem Verbraucher nicht auferlegt werden dürfen. Im Gegenteil sind Post- bzw. Paketdienstgebühren außer Zweifel von Art. 6 I 2, II 2 Fernabsatz-RL – und daher nunmehr von Art. 14 I 3 Verbraucherrechte-RL bzw. Art. 45 II GEK – erfasst und werden demgemäß vom Käufer getragen.[615]

2. Die Voraussetzung der vorherigen Belehrung

Anders aber als die Fernabsatz-RL setzt sowohl die neue Richtlinie als auch das GEK eine entsprechende vorvertragliche Kostenbelehrung des Käufers voraus, um die Rücksendekosten dem Käufer auferlegen zu können. Der Verkäufer muss den Käufer darüber aufgeklärt haben, dass Letzterer im Widerrufsfall die Rücksendekosten zu tragen hat. Sonst darf der

613 Siehe *Föhlisch*, MMR 2009, 75 ff., 78.

614 *Weller*, Kapitel 4: Widerrufsrecht bei Fernabsatz- und Haustürgeschäften, in: Schmidt-Kessel (Hrsg.), Ein einheitliches europäisches Kaufrecht?, S. 166.

615 *Micklitz*, in: Grabitz/Hilf/Nettesheim (Hrsg.), Das Recht der Europäischen Union Sekundärrecht A 3 Rn. 84.

Käufer damit nicht belastet werden (Art. 14 I 3 in. f. Verbraucherrechte-RL; Art. 45 II in. f. GEK).

Die einschlägige Informationspflicht wird in Art. 6 I i) Verbraucherrechte-RL detaillierter festgesetzt. Demgemäß erstrecken sich die Informationspflichten auf „den Hinweis, dass der Verbraucher im Widerrufsfall die Kosten für die Rücksendung der Waren zu tragen hat und bei Fernabsatzverträgen [auf] die Kosten für die Rücksendung der Waren, wenn die Waren aufgrund ihrer Beschaffenheit nicht auf dem normalen Postweg zurückgesendet werden können“. Der Unternehmer soll also bei sämtlichen Fernabsatz- und Haustürverträgen, die postversandfähige Kaufsachen zum Gegenstand haben, seinen Vertragspartner lediglich auf die Kostentragungspflicht hinweisen. Handelt es sich um einen Fernabsatzkauf von nicht postversandfähigen Waren,[616] erfasst die Belehrung sowohl die Kostentragungspflicht als auch eine Angabe der Kostenhöhe. Können die notwendigen Aufwendungen nicht im Voraus berechnet werden, soll die Angabe zumindest auf einer „vernünftigen Schätzung“ basieren[617] Bei außerhalb von Geschäftsräumen geschlossenen Kaufverträgen von nicht postversandfähigen Waren besteht eine Abholungspflicht des Verkäufers, die, wie folgend erläutert, von einer Kostentragung durch denselben begleitet wird (Art. 14 I 4 Verbraucherrechte-RL; Art. 44 IV GEK).

Es stellt sich die Frage, ob bei Fernabsatzkauf von nicht postversandfähigen Sachen die unmittelbaren Rücksendekosten ausnahmsweise nach Art. 14 I 3 in. f. Verbraucherrechte-RL vom Verkäufer zu tragen sind, wenn er den Käufer über die Kostentragungspflicht belehrt, nicht aber auf die (voraussichtliche) Höhe der Kosten hingewiesen hat. Die Frage wäre angesichts der Formulierung von Art. 14 I 3 in. f. dem ersten Anschein nach zu verneinen. Art. 6 VI Verbraucherrechte-RL überzeugt trotzdem vom Gegenteil. Er stellt fest, dass der Unternehmer, der nicht seinen sämtlichen Verpflichtungen aus Art. 6 I i) Verbraucherrechte-RL nachgekom-

---

616 Der Begriff der Waren, die „nicht auf dem normalen Postweg zurückgesendet werden können“, soll als identisch angesehen werden mit dem Begriff der Waren, die „so beschaffen sind, dass sie normalerweise nicht per Post zurückgesandt werden können“ in Art. 14 I 4 Verbraucherrechte-RL wie Art. 44 IV GEK; siehe *Unger*, ZEuP 2012, 270 ff., 292 Fn. 106; siehe auch oben, Kapitel 4.A.II.3.b)bb).

617 Siehe Erwägungsgrund Nr. 36 S. 4 Verbraucherrechte-RL, der hilfsweise auf die Kosten der Zulieferung durch den Verkäufer hinweist. Diese Einschätzung könnte sich trotzdem als irreführend erwiesen, nicht zuletzt weil etliche Paketdienste oft unterschiedliche Kosten für Privatkunden und Unternehmen berechnen; kritisch auch *Unger*, ZEuP 2012, 270 ff., 292.

men ist, durch seine Belastung mit den einschlägigen Kostenposten zu ahnden ist.[618] Die Befreiung des Verbrauchers von den Gebühren des Rücktransports von normalerweise nicht postversandfähigen Gütern greift demzufolge auch dann ein, wenn der Verbraucher allein über seine Kostenbelastung, nicht aber über die Höhe der Rücksendekosten unterrichtet wurde.[619] Ansonsten könnte der Verkäufer seine erweiterte Belehrungspflicht in solchen Fällen beliebig ignorieren, ohne mit Konsequenzen rechnen zu müssen.

Viel weniger deutlich ist die Formulierung in Art. 17 II GEK. Danach müssen sich die zu erteilenden Informationen „auf den Hinweis erstrecken, dass *der Verbraucher im Widerrufsfall die Kosten für die Rücksendung der Waren zu tragen hat*, und bei Fernabsatzverträgen auf den Hinweis, dass *der Verbraucher im Widerrufsfall die Kosten für die Rücksendung der Waren zu tragen hat*, wenn die Waren ihrem Wesen nach nicht normal mit der Post zurückgesandt werden können".[620] Eine ähnliche Tautologie ist auch in der englischen, französischen, niederländischen und griechischen Sprachfassung zu finden. Zwar bestehen keine Anhaltspunkte dafür, dass die Verfasser des GEK vorhatten, eine unterschiedliche Regelung gegenüber Art. 6 I i) Verbraucherrechte-RL zu schaffen. Das Muster der Widerrufsbelehrung, das als Anlage 1 dem GEK beifügt ist, entspricht übrigens dem Regime der Richtlinie. Aus der mutmaßlichen Absicht der Verfasser des GEK können allerdings keine verlässlichen und sicheren Folgerungen gezogen werden. Eine Textanpassung erscheint daher unerlässlich.[621]

---

618 Viel klarer ist die Formulierung der englischen, französischen, niederländischen und griechischen Sprachfassung, wo von „diesen Kosten", d. h. den Kosten der Rücksendung, und nicht nur von „zusätzlichen und sonstigen Kosten" die Rede ist; vgl. *Unger*, ZEuP 2012, 270 ff., 292 Fn. 105.

619 *Unger*, ZEuP 2012, 270 ff., 292.

620 Hervorhebung durch den Verfasser.

621 S. *Howells/Watson*, in: Schulze (Hrsg.), CESL Commentary Art. 17 Rn. 5, 7; *Looschelders*, Informationspflichten des Unternehmers und Widerrufsrecht des Verbrauchers, in Remien/Herrler/Limmer (Hrsg.), Gemeinsames Europäisches Kaufrecht für die EU?, S. 114.

3. Ausnahmen

Die Rücksendekostenregelung stellt zugunsten des Verbrauchers einseitig zwingendes Recht dar. Durch vertragliche Vereinbarung kann von ihr abgewichen werden, indem der Unternehmer „sich bereit erklärt“, die oben genannten Kosten selbst zu tragen. Dieser Passus in Art. 14 I 3 Verbraucherrechte-RL bzw. Art. 45 II GEK darf m. E. nicht nur als Möglichkeit eines *ex post* erklärten Verzichts verstanden werden, sondern überdies dahingehend ausgelegt werden, dass anderslautende Abreden zwischen den Parteien schon im Stadium des Vertragsschlusses zulässig sind. Die Muster-Widerrufsbelehrung, die die Wahl der Option „Wir tragen die Kosten der Rücksendung der Waren“ dem Verkäufer bietet, bestätigt diese Auslegung.

Schließlich führen Art. 14 I 4 Verbraucherrechte-RL bzw. Art. 44 IV GEK eine Abholschuld des Käufers nach dem Widerruf ein und belasten dementsprechend den Verkäufer mit den Abholungskosten.[622]

IV. Umsetzung ins deutsche Recht

Die Bestimmungen zu den Hinsendekosten von Art. 13 I 1, II sowie zu den Rücksendekosten von Art. 14 I 3, 4 Verbraucherrechte-RL sind in § 357 II, VI BGB respektive umgesetzt. Zu beachten ist, dass § 357 VI 2 in f. BGB lediglich von Waren spricht, die „nicht per Post zurückgesandt werden können“. Nicht übernommen ist also der relativierende Zusatz „normalerweise“, der sich in der Richtlinie findet. Wird jedoch der soeben vorgeschlagenen Auslegung der Nicht-Postversandfähigkeit gefolgt,[623] erweist sich der Unterschied als kaum relevant.

V. Würdigung

Mit dem Kostenreglement der neuen Richtlinie und des GEK bestätigt und übernimmt der EU-Gesetzgeber die Gebote der *Heinrich Heine*-E. Die „ausgewogene Risikoverteilung“,[624] nach der jede Partei die Aufwendun-

622 Siehe oben, Kapitel 4.A.II.3.b)bb).

623 Siehe oben, Kapitel 4.A.II.3.b)bb).

624 EuGH v. 18.4.2010 – Rs. C-511/08 *Heinrich Heine*, Rn. 57.

gen zur Erfüllung ihrer eigenen Sendungspflicht selbst übernehmen solle, wird nunmehr sowohl im Hinblick auf Fernabsatz- als auch auf Haustürverträge verwirklicht.[625] Jeder Vertragspartner trägt nach dem Widerruf die Kosten, die er selbst praktisch beeinflusst, sei es durch die Auswahl der mit dem Transport beauftragten Unternehmer oder sei es auch durch besondere Preisvereinbarungen und Mengenrabatte, die in der Regel für Großhändler gelten.[626] Die Handelsunternehmer suchen ihren Lieferdienst selbst aus und gehen mit ihm meistens eine langanhaltende betriebliche Vertragsbeziehung ein, die z. B. reduzierte Portobeträge vorsieht. Auch der private Käufer ist in der Lage, nach seinem Belieben zwischen den jeweiligen Preisen und Angeboten der verschiedenen Paketdienste in einem freien Markt auszuwählen.[627]

Dank des halbzwingenden Charakters der entsprechenden Regeln sind darüber hinaus Unternehmen, die als besonders kundenorientiert herausragen möchten, nicht gehindert, selbst die gesamten Kostenposten zu übernehmen und somit den Wettbewerb in der Branche zu fördern.[628]

---

625 So auch *Christiansen*, Effektive und effiziente Widerrufsrechte. Eine rechtsvergleichende Analyse der Umsetzung der Widerrufsrechte der Haustürwiderrufsrichtlinie und der Fernabsatzrichtlinie in Deutschland und England im Vergleich mit dem Vorschlag für eine Richtlinie über Rechte der Verbraucher, Jena 2011, S. 316; *Looschelders*, Informationspflichten des Unternehmers und Widerrufsrecht des Verbrauchers, in: Remien/Herrler/Limmer (Hrsg.), Gemeinsames Europäisches Kaufrecht für die EU?, S. 138; a. A. *Tacou*, ZRP 2009, 140 ff., 141.

626 *R. Koch*, JZ 2014, 758 ff., 762; vgl. *Grohmann/Gruschinske*, Kostentragung bei widerrufenen Fernabsatzgeschäften. Zugleich Besprechung von EuGH, Urt. v. 15.4.2010 – C-511/08, ZGS 2010, 250 ff., 252; *Höhne*, Erstattung der Zusendungskosten bei Widerruf eines Fernabsatzvertrages. Anmerkung zu EuGH 4. Kammer, Urteil vom 15.04.2010 – C-511/08, jurisPR-ITR 11/2010, Anm. 2.

627 Vgl. *Buchmann*, Kommentar zu BGH, 1.10.2008 – VIII ZR 268/07, K&R 2009, 42 f., 44; *Eidenmüller*, AcP 210 (2010), 67 ff., 100; *ders.*, Widerrufsrechte, in: Eidenmüller/Faust/Grigoleit/Jansen/Wagner/Zimmermann (Hrsg.), Revision des Verbraucher-*acquis*, S. 158; *Föhlisch*, Das Widerrufsrecht im Onlinehandel, S. 303; *Sparmann*, Das Widerrufsrecht im Fernabsatz als Kauf auf Probe, S. 175 f.; *Trstenjak/Beysen*, European Consumer Protection Law: *Curia Semper Dabit Remedium?*, CML Rev 2011, 95 ff., 117; *Zimmermann*, Rückabwicklung nach Widerruf, in: Eidenmüller/Faust/Grigoleit/Jansen/Wagner/Zimmermann (Hrsg.), Revision des Verbraucher-*acquis*, S. 191.

628 Siehe *Rühl*, Die Kosten der Rücksendung bei Fernabsatzverträgen. Verbraucherschutz versus Vertragsfreiheit?, EuZW 2005, 199 ff., 201 f.; *Föhlisch*, Das Widerrufsrecht im Onlinehandel, S. 304; *Leier*, VuR 2013, 457 ff., 459; *R. Koch*, JZ 2014, 758 ff., 763.

Es ist also ein glücklicher Ausgang, dass der Vorschlag des MdEP *Andreas Schwabs* es nicht in die endgültige Richtlinienfassung schaffte, der eine dem § 357 II 2 BGB a.F. naheliegende Regelung vorsah. Demgemäß sollte eigentlich der Käufer die Rücktransportkosten ohnehin tragen, falls der Wert der zurückzusendenden Waren den Betrag von 40 EUR nicht überstiege. Eine vertragliche Abrede wäre dazu anders als in § 357 II 2 BGB a.F. nicht vorausgesetzt worden.[629] Die deutsche Regelung erwies sich als ein generell misslungenes Produkt, das m. E. nicht ins neue EU-Recht exportiert werden dürfte.[630] Denn § 357 II 2 BGB a.F. hat im Rahmen seiner Anwendung in der Praxis zu mehreren Auslegungsproblemen geführt,[631] z. B. betreffend die Möglichkeit einer unfreien Rücksendung,[632] die Rechtsmäßigkeit einer Bitte zur Frankierung durch den Käufer,[633] die obligatorische Verwendung von Retourenscheinen,[634] die Beauftragung eines vom Verkäufer vorgeschlagenen Paketdienstes sowie die Voraussetzungen einer vertraglichen Abwälzung der Kosten,[635] vor allem durch in AGB integrierte Widerrufsbelehrungen.[636]

---

629 Siehe Änderungsantrag 122 des Berichts v. 22.2.2011 A7-0038/2011 des Europäischen Parlaments (www.europarl.europa.eu/sides/getDoc.do?pubRef=-//EP//NONSGML+REPORT+A7-2011-0038+0+DOC+PDF+V0//DE; zuletzt abgerufen am 20.12.2014).

630 So auch *Föhlisch*, MMR 2009, 75 ff., 78.

631 *Föhlisch/Dyakova*, MMR 2013, 71 ff., 75.

632 Siehe *Brönneke*, MMR 2004, 127 ff., 131; *Kaestner/Tews*, WRP 2005, 1335 ff., 1342; *Neumann*, Bedenkzeit vor und nach Vertragsabschluss, S. 390; *Föhlisch*, Das Widerrufsrecht im Onlinehandel, S. 305; *Tamm*, Verbraucherschutzrecht, S. 407; BeckOK/*Grothe* BGB [29. Edition] § 357 Rn. 14; MünchKommBGB/*Masuch* § 357 RnNr. 23; Staudinger/*Kaiser* § 357 Rn. 14; OLG Hamburg ZGS 2007, 270, 271; OLG Hamburg CR 2008, 116, 117; OLG Hamburg CR 2008, 396, 396 f.

633 Siehe *Brönneke*, MMR 2004, 127 ff., 131; *Kaestner/Tews*, WRP 2005, 1335 ff., 1341; *Föhlisch*, Das Widerrufsrecht im Onlinehandel, S. 306 f.; OLG Hamburg MMR 2008, 57, 58; OLG München MMR 2012, 370, 370; vgl. LG Hamburg MMR 2012, 96, 98.

634 Siehe *Kaestner/Tews*, WRP 2005, 1335 ff., 1342; *Föhlisch*, Das Widerrufsrecht im Onlinehandel, S. 309; OLG Hamm NJW-RR 2005, 1582, 1582 f.

635 Siehe z. B. OLG Hamburg BeckRS 2008, 04907; OLG Brandenburg MMR 2011, 313, 313 f.

636 Siehe MünchKommBGB/*Masuch* § 357 RnNr. 28; Staudinger/*Kaiser* § 357 Rn. 22; OLG Hamburg MMR 2010, 320, 320; OLG Hamm NJW-RR 2010, 1193, 1194; OLG Hamm K&R 2010, 411, 412; OLG Hamm ZGS 2010, 428, 429; OLG Koblenz K&R 2010, 353, 354; OLG Stuttgart MMR 2010, 284; LG Frankfurt

Auf Zuspruch trifft auch die Ausnahmevorschrift, die die Tragung der Rücksendekosten durch den Verkäufer bei nicht postversandfähigen Gütern in außerhalb von Geschäftsräumen geschlossenen Verträgen anordnet. Angesichts der Abholpflicht des Verkäufers wäre es unlogisch, den Käufer mit Abholkosten zu belasten, nicht zuletzt weil der Verkäufer in vielen Fällen die Abholung mit eigenen Mitteln verrichtet. Weniger überzeugend ist allerdings, dass sich die Lösung einer Holschuld nicht auch auf Fernabsatzverträge über nicht postversandfähige Waren erstreckt. Wie bereits vorgetragen,[637] zeigt sich die unhandliche Beschaffenheit der Kaufsache, die eine Spedition verlangt, der Hauptgedanke zu sein, der hinter Art. 14 I 4 Verbraucherrechte-RL bzw. Art. 44 IV GEK liegt.[638]

D. Zurückbehaltungsrecht

I. Allgemeine Bemerkungen

Art. 13 I, 14 I 1 Verbraucherrechte-RL sowie Art. 44 I 1, 45 I 1 GEK schreiben eine einheitliche Frist von 14 Tagen ab Widerruf vor, innerhalb derer der Unternehmer und der Verbraucher ihren widerrufsbedingten Restitutionspflichten nachkommen müssen.[639] Eine nähere Bezeichnung des Wechselverhältnisses bzw. der Verknüpfung zwischen den beidseitigen Verpflichtungen ist dem Regelungstext nicht zu entnehmen. So scheint es z. B. dem Sinn und Zweck der Regelungen überhaupt nicht entgegenzustehen, wenn die Rückzahlung des Kaufpreises durch den Unternehmer meh-

---

a.M. K&R 2010, 208, 209; LG Cottbus WRP 2012, 91, 93; AG Augsburg MMR 2013, 379, 379.

637 Siehe oben, Kapitel 4.A.II.3.b)bb).

638 A. A. *Zimmermann*, Rückabwicklung nach Widerruf, in: Eidenmüller/Faust/Grigoleit/Jansen/Wagner/Zimmermann (Hrsg.), Revision des Verbraucher-*acquis*, S. 191 f., der etwas vage für die Belastung des Verkäufers sowohl mit den Zusendungs- als auch mit Rücksendungskosten bei sämtlichen außerhalb von Geschäftsräumen geschlossenen Verträgen bzw. „in besonders krassen Haustürsituationen" plädiert.

639 Zwar knüpfen Art. 13 I 1 Verbraucherrechte-RL bzw. Art. 44 I 1 GEK an den Zugang der Widerrufserklärung beim Unternehmer und Art. 14 I 1 Verbraucherrechte-RL bzw. Art. 45 I 1 GEK an ihre Absendung durch den Verbraucher an. Dies macht jedoch angesichts der heutigen Kommunikationsmöglichkeiten oft keinen erheblichen Unterschied, was den Beginn und Ablauf der Restitutionsfristen anbelangt.

rere Tage nach einer prompten Rücksendung der Kaufsache, jedoch innerhalb der vierzehntägigen Frist, erfolgt.

Das bloße Abstellen auf die Einhaltung einer Rückabwicklungsfrist, selbst wenn sie grundsätzlich einheitlich gestaltet ist, bedeutet indes eine gewisse Abweichung vom Gebot des Leistungsaustausches Zug um Zug,[640] das einen festen Bestandteil vieler nationaler Vertragsrechte bildet und oft auch im Rückabwicklungsverhältnis auftaucht.[641] Das GEK geht übrigens ebenfalls von einem gleichzeitigen, gegenseitigen Austausch der charakteristischen Hauptleistungen, die aus dem Kaufvertrag erwachsen, aus.[642] Das Gleiche kann wohl auch für das Recht des Dienstleistungsvertrags gesagt werden.[643] Kaum einen Schluss auf die Wechselwirkung der entsprechenden Ansprüche und Pflichten lassen dagegen die Rückabwicklungsvorschriften in Art. 172 ff. GEK zu, die im Fall einer Vertragsbeendigung wegen Leistungsstörungen bzw. nach Anfechtung oder Änderung der Umstände gelten sollen.[644]

Wie gestaltet sich tatsächlich das Austauschverhältnis zwischen den zurückzugewährenden Leistungen bei der Rückabwicklung nach Widerruf? Auf diese Frage wird folgend eingegangen.

II. Zurückbehaltungsrecht

Der zuvor angedeutete Abschied vom Prinzip der Erfüllung Zug um Zug bei der Rückabwicklung ist zumindest bei Kaufverträgen in Art. 13 III Verbraucherrechte-RL und Art. 44 III GEK klar zu erkennen.[645] Die im Wesentlichen gleichlautenden Bestimmungen gewähren dem Verkäufer

---

640 *Micklitz/Reich*, CML Rev 2009, 471 ff., 500; *Stabentheiner/Cap*, ÖJZ 2011, 1045 ff., 1059.

641 Siehe *Faust*, Zurückbehaltungsrecht, in: Basedow/Hopt/Zimmermann (Hrsg.), Handwörterbuch des Europäischen Privatrechts II, S. 1812 ff. m.w.N.; vgl. Art. III-3:510 I, III.-3:401 DCFR.

642 *Danemann*, in: Schulze (Hrsg.), CESL Commentary Art. 126 Rn. 2; siehe Art 95 I, 126 I GEK, aber auch Art. 95 II GEK.

643 Siehe Art. 153 II GEK.

644 Für das Bestehen eines Zurückbehaltungsrechts, das auf Art. 113, 133 GEK basiert, *Zoll*, in: Schulze (Hrsg.), CESL Commentary Art. 113 Rn. 2; dagegen *Lehmann*, in: Schulze (Hrsg.), CESL Commentary Art. 172 Rn. 3, 33 ff.

645 *Looschelders*, Informationspflichten des Unternehmers und Widerrufsrecht des Verbrauchers, in: Remien/Herrler/Limmer (Hrsg.), Gemeinsames Europäisches Kaufrecht für die EU?, S. 137.

ein Recht auf Zurückbehaltung des eingezahlten Preises, bis ihm entweder die Kaufsache zurückgeliefert wird oder ein Nachweis ihrer Rücksendung eingegangen ist, je nachdem was früher eintritt. Ein entsprechendes Zurückbehaltungsrecht ist für den Käufer, der sein Widerrufsrecht ausübt, nicht vorgesehen. Im Bereich der Dienstleistungsverträge wird ebenfalls keine vergleichbare Regelung getroffen.

Zieht man die von der Verbraucherrechte-RL angestrebte Vollharmonisierung und den Ausschließlichkeitscharakter des GEK in Betracht, kommt man zu dem Schluss, dass das Zurückbehaltungsrecht des Verkäufers bei der Rückabwicklung das einzige gewährte ist. Ein entsprechendes Recht steht weder dem Käufer noch den Parteien eines Dienstleistungsvertrags zu und kann darüber hinaus nicht auf eine nationale Regelung gestützt werden.

Ein anderes Ergebnis könnte im Geltungsbereich des GEK auch nicht auf die analoge Anwendung anderer Vorschriften gestützt werden. Zwar enthält das Instrument eine Reihe ausführlicher Bestimmungen zum Zurückbehaltungsrecht, nämlich in Art. 106 I (b), 113, 131 I (b), 133, 151 I (b) und 157 I (b) GEK.[646] Ihre Geltung beschränkt sich jedoch offenbar auf die Phase der Vertragserfüllung.

Darin kommt in der Tat eine klarere Entscheidung des EU-Normengebers zum Ausdruck: der Käufer ist im Zuge der Rückabwicklung nach Widerruf vorleistungspflichtig.[647] Ähnlich gestaltete sich ferner die Rechtslage im Kommissionsvorschlag der Verbraucherrechte-RL. Nicht nur enthielt der Vorschlag in Art. 16 II ein gleiches Zurückbehaltungsrecht zugunsten des Unternehmers. Er sah dazu unterschiedliche Rückerstattungsfristen vor; eine vierzehntägige für den Verkäufer und eine dreißigtägige

646 Mehr dazu *Zöchling-Jud*, Rechtsbehelfe des Käufers im Entwurf eines Gemeinsamen Europäischen Kaufrechts, in: Schmidt-Kessel (Hrsg.), Ein einheitliches europäisches Kaufrecht?, S. 339 f.; *Fehrenbach*, Die Abhilfen des Verkäufers nach Artt. 131-139 GEKR, in: Schmidt-Kessel (Hrsg.), Ein einheitliches europäisches Kaufrecht?, S. 455 ff.

647 *Christiansen*, Effektive und effiziente Widerrufsrechte, S. 316; *Looschelders*, Informationspflichten des Unternehmers und Widerrufsrecht des Verbrauchers, in: Remien/Herrler/Limmer (Hrsg.), Gemeinsames Europäisches Kaufrecht für die EU?, S. 138; *Lurger*, Widerrufsrechte, in: P. Bydlinski/Lurger (Hrsg.), Die Richtlinie über die Rechte der Verbraucher, S. 91; a. A. *Schulze*, in: Schulze (Hrsg.), CESL Commentary Art. 44 Rn. 1, der wohl rätselhaft von einem synallagmatischen Rückaustausch der Leistungen spricht.

für den Käufer.[648] Obwohl die Rückerstattungsfristen jetzt aufeinander abgestimmt sind, wurde der Lösung des Richtlinienvorschlags im Ergebnis im angenommenen Text der Verbraucherrechte-RL sowie im GEK grundsätzlich gefolgt.

Kein Zurückbehaltungsrecht wird für die Rückabwicklung von widerrufenen Dienstleistungsverträgen vorgesehen. Diese Konstellation zeichnet sich jedoch dadurch aus, dass sich dabei Geldforderungen gegenüberstehen, die meistens, auch einseitig, miteinander aufgerechnet werden dürfen. Weder die Verbraucherrechte-RL noch das GEK bestimmen die Voraussetzungen, die Geltendmachung oder die Rechtsfolgen der Aufrechnung.[649] Maßgeblich ist also das durch Art. 17 Rom I-VO angerufene Recht der Hauptforderung, das bei den hier besprochenen Fällen in aller Regel das Vertragsstatut von Art. 6 Rom I-VO sein wird.

1. Voraussetzungen

Das Zurückbehaltungsrecht des Verkäufers setzt erstens eine Sendungspflicht (Schickschuld) des Käufers voraus. Wie gesehen, stellt dies die Regel dar.[650] Eine Holschuld liegt nur in den in Art. 13 III Verbraucherrechte-RL bzw. Art. 44 III GEK beschriebenen Konstellationen mancher außerhalb von Geschäftsräumen geschlossener Verträge vor sowie für den Fall, dass eine entsprechende Vereinbarung zwischen den Parteien getroffen wurde.

Zweitens muss die Kaufsache dem Verkäufer noch nicht wieder übergeben bzw. noch nicht nachweislich zurückgesendet worden sein, je nachdem, was früher geschieht. Soweit der Regelungstext auch eine (nachgewiesene) bloße Rücksendung für ausreichend hält, ist eher anzunehmen, dass grundsätzlich darauf abgestellt wird, dass die zurückzuschickende Kaufsache die Einflusssphäre des Käufers verlassen hat. Denn, nachdem der Käufer die Sache an den Postdienst ausgehändigt hat, verliert er eben die Kontrolle darüber und kann normalerweise ihre Zustellung an den Empfänger nicht mehr abwenden.

---

648 Erwägungsgrund Nr. 32, Art. 16 I, 17 I des Vorschlags für eine Richtlinie des Europäischen Parlaments und des Rates über Rechte der Verbraucher, KOM(2008) 614 endg.; dazu *Rott/Terryn*, ZEuP 2009, 456 ff., 473.

649 Siehe zum GEK Erwägungsgrund Nr. 27 GEK-VO-E.

650 Siehe oben, Kapitel 4.A.II.3.b)aa).

Viel problematischer als man es dem ersten Anschein nach ahnt, ist aber die Auslegung des „Nachweises“ der Absendung. Reicht tatsächlich aus, dass die Identifikationsnummer einer Postsendung dem Unternehmer weitergegeben wird, um das Zurückbehaltungsrecht erlöschen zu lassen? Kann also der Käufer praktisch an den Verkäufer ein leeres oder mit wertlosem Stoff gefülltes Paket adressieren und sich in der Zwischenzeit den Kaufpreis zurückerstatten lassen?[651]

Zugegebenermaßen sollte man eine gesetzliche Regelung zuerst anhand von Sachverhalten auslegen, die im Alltag die Regel bilden, statt Missbrauchsfälle zum Maßstab zu machen.[652] Es erweist sich in der Praxis als äußerst schwierig, für die Absendung einer bestimmten Sache im umhüllten und geschnürten Paket einen Nachweis zu erbringen, bevor dieses dem Empfänger tatsächlich geliefert wird. Diesen Gedanken haben die Verfasser der hier besprochenen Bestimmungen wahrscheinlich berücksichtigt. Um die praktische Wirksamkeit dieser zweiten Alternative des Art. 13 III Verbraucherrechte-RL bzw. des Art. 44 III GEK nicht erheblich zu begrenzen, soll die Rücksendung der Ware m. M. nach als nachgewiesen betrachtet werden, soweit keine berechtigten Zweifel bestehen. Eine wenig strenge Auslegung wäre ferner wegen der Einseitigkeit des Zurückbehaltungsrechts geboten, das, wie betont, nur dem Verkäufer eingeräumt wird.

Deswegen ist der „Nachweis der Rücksendung“ weit zu verstehen. Darunter soll eine Übermittlung der Kennziffern der Sendung fallen wie auch eine Mitteilung eines erfolglosen Zustellungsversuchs an den Empfänger durch die Post oder den Paketdienst.

2. Rechtsfolgen

Liegen die oben genannten Voraussetzungen vor, so darf der Verkäufer von der Erfüllung seiner Rückzahlungspflicht weiter absehen. Das Zurückbehaltungsrecht erlischt, sobald eine der zwei negativen alternativen Bedingungen nicht mehr erfüllt ist.[653] Beweist also der Käufer, dass er die Ware an den Verkäufer abgeschickt hat, oder nimmt Letzterer die Ware in Empfang, ist er nunmehr zur Rückerstattung des Kaufpreises verpflichtet.

---

651 Siehe *Unger*, ZEuP 2012, 270 ff., 291.

652 Vgl. *Unger*, ZEuP 2012, 270 ff., 291.

653 *Schulze*, in: Schulze (Hrsg.), CESL Commentary Art. 44 Rn. 7.

Eine Regelung zur angemessenen Beschränkung des Zurückbehaltungsrechts, wie sie in Art. 113 III, 133 III GEK oder manchen nationalen Rechtsordnungen, z. B. § 320 II BGB, zu finden ist, kennen Art. 13 III Verbraucherrechte-RL bzw. Art. 44 III GEK nicht. Die bevorzugte Formulierung, die von Sendung und Erhaltung der „Waren“ im Plural spricht, lässt augenscheinlich die Folgerung nicht zu, dass der Preis teilweise zurückgezahlt werden soll, wenn der Käufer die Kaufsachen in mehreren Teilsendungen abschickt. Diese Betrachtung entspricht sicherlich dem Zweck jedes Zurückbehaltungsrechts, Druck auszuüben: die andere Seite, hier der Käufer, muss eben zur Erfüllung ihrer Verpflichtungen angereizt werden.[654]

Das Alles-oder-nichts-Prinzip kann trotzdessen gelegentlich zu unsachgemäßen Ergebnissen führen, wie z. B., wenn der Verbraucher nach Kauf mehrerer Sachen die Mehrheit davon – sowohl quantitativ als auch dem Wert nach – rückerstattet hat und der verbleibende Rest marginal ist. Die Zurückbehaltung des gesamten Preises kann sich dann als unverhältnismäßig erweisen. Trotz Fehlens einer besonderen Vorschrift ist eine Beschränkung des Ausmaßes des Zurückbehaltungsrechts m. E. unter diesen Umständen notwendig. Im Rahmen der Verbraucherrechte-RL dürfen allgemeine Grundsätze der jeweiligen nationalen Rechtsordnungen, wie Treu und Glauben, an dieser Stelle durch Art. 3 V Verbraucherrechte-RL eingreifen. Zum gleichen Ergebnis kommt man durch Art. 2 GEK, wenn das optionale Instrument Anwendung findet.

Obwohl diese Überlegungen sachgemäß sind, kann nicht übersehen werden, dass die Angemessenheitsprüfung weithin anhand nationaler Rechtsverständnisse erfolgen wird. Bestimmt ist das Gebot nach Verhältnismäßigkeit nicht dahingehend zu verstehen, dass die zurückbehaltenen Geldleistungen den noch nicht zurückgewährten Kaufsachen genau entsprechen müssen. Eine solche Auslegung liefe der Zwecksetzung des Zurückbehaltungsrechts zuwider. Der zurückbehaltene Geldbetrag darf den Rest der zurückzusendenden Sachen im Allgemeinen deutlich überschreiten.

---

654 So auch hinsichtlich des Zurückbehaltungsrechts von Art. 113, 133 GEK *Fehrenbach*, Die Abhilfen des Verkäufers nach Artt. 131-139 GEKR, in: Schmidt-Kessel (Hrsg.), Ein einheitliches europäisches Kaufrecht?, S. 455 ff.

III. Umsetzung ins deutsche Recht

Der deutsche Gesetzgeber sah bei Art. 13 III Verbraucherrechte-RL wenig freien Raum für die Umsetzung der Zurückbehaltungsrechts-Regel. So übernimmt § 357 IV BGB weitestgehend wörtlich die Formulierung der Richtlinie. Der einzige beachtliche Unterschied ist wohl redaktionell und besteht in der Auslassung des Abschnitts „je nachdem, welches der frühere Zeitpunkt ist" in beiden Gesetzen. Die Disjunktion durch das Wort „oder" zwischen dem Rückerhalt der Sache und dem Nachweis ihrer Absendung lässt eben keinen Zweifel daran, dass der Eintritt des früheren Ereignisses ausreicht.

IV. Würdigung

1. Unausgewogene und wenig effiziente Regelung

Das eingeführte einseitige Zurückbehaltungsrecht des Unternehmers bedeutet nicht nur eine Schlechterstellung des Verbrauchers gegenüber seinem Vertragspartner. Es stellt vielmehr eine Abkehr vom allgemein anerkannten Prinzip der Leistung Zug um Zug dar, das auch im Wege der Restitution Geltung beansprucht.[655]

Der Verkäufer, der mit einem Widerruf des Kaufvertrags konfrontiert wird, hat unzweifelhaft Interesse daran, die empfangenen Leistungen nicht bedingungslos zurückgewähren zu müssen, solange er Gefahr läuft, die eigenen Leistungen nicht wieder zu erhalten. Dies gilt allerdings auch für den Käufer, der seine Rückstellungsansprüche ebenso sehr durchsetzen will.[656] Es ist aus dieser Sicht kaum nachvollziehbar, warum die Verbraucherrechte-RL und das GEK dieses effektive Druck- und Sicherungsmittel nur einer der zwei Seiten an die Hand geben.[657] Gewissermaßen ist die zeitliche Dimension des Zurückbehaltungsrechts des Verkäufers begrenz-

---

655 *Zimmermann*, Rückabwicklung nach Widerruf, in: Eidenmüller/Faust/Grigoleit/Jansen/Wagner/Zimmermann (Hrsg.), Revision des Verbraucher-*acquis*, S. 175 f., 177.

656 *Rott/Terryn*, ZEuP 2009, 456 ff., 473.

657 *Christiansen*, Effektive und effiziente Widerrufsrechte, S. 316; *Lurger*, Widerrufsrechte, in: P. Bydlinski/Lurger (Hrsg.), Die Richtlinie über die Rechte der Verbraucher, S. 91; *Micklitz/Rott*, in: Dauses (Hrsg.), Handbuch EU-Wirtschaftsrecht, H. V. Rn. 235.

ter als üblich, denn es erlischt bereits mit der (bewiesenen) Absendung der Kaufsache.[658] Dies vermag aber die Ungleichbehandlung nicht zu rechtfertigen.

Das Argument für das einseitige Zurückbehaltungsrecht in Art. 13 III Verbraucherrechte-RL bzw. Art. 44 III GEK lautet im Wesentlichen wie folgt: Die Parteien treffen sich normalerweise nicht physisch, um ihre Leistungen nach dem Widerruf rückauszutauschen. Dürften aber beide ihre Leistungen bis zur Erfüllung ihrer Forderungen zurückbehalten, würde es zu einer Pattsituation kommen. Diese könne nur durch Vorleistungspflicht eines Teils aufgelöst werden, die sich u.a. mithilfe eines einseitigen Zurückbehaltungsrechts durchsetzen lasse.[659]

Die Rechtslage wurde einfach in der Richtlinie und im GEK zugunsten der Unternehmerseite entschieden,[660] während das Ergebnis auch anders hätte ausfallen können, wie Art. II-5:105 III DCFR andeutet. Das DCFR schreibt eine Pflicht des Unternehmers zur „unverzüglichen" Rückzahlung im Widerrufsfall vor und bezweckt damit, ihm das Zurückbehaltungsrecht aus den allgemeinen Regeln von Art. III-3:510 I, III.-3:401 DCFR zu entziehen. So sollte die Pattsituation, zu der die beidseitige Ausübung von Zurückbehaltungsrechten führe, zulasten des Unternehmers gelöst werden.[661]

Diese Argumentation kann indes kaum überzeugen. Bei der hier besprochenen Problematik der Einräumung eines Zurückbehaltungsrechts kommt es m. A. nach nicht darauf an, einer unternehmerfreundlichen, absatzfördernden Regulierung den Vorrang zu geben oder wohl einen abstrakt gemeinten „besseren Schutz" der Verbraucherschaft vorzuziehen. Vielmehr kommt es vor allem darauf an, eine überzeugende rechtliche Lösung zu finden, die eine reibungslose und für beide Vertragspartner sichere Rückabwicklung ermöglicht.

---

658 *Unger*, ZEuP 2012, 270 ff., 291; vgl. *R. Koch*, JZ 2014, 758 ff., 762, der angesichts dieser Regelung von einem angemessenen Interessenausgleich ausgeht.

659 *Föhlisch*, Das Widerrufsrecht im Onlinehandel, S. 293, 467; *ders.*, MMR 2009, 75 ff., 78.

660 Vgl. *Rott/Terryn*, ZEuP 2009, 456 ff., 473.

661 Siehe v. Bar/Clive (Hrsg.), Principles, definitions and model rules of European Private Law. Draft Common Frame of Reference (DCFR). Full Edition, Art. II-5105 Comment D; *Zimmermann*, Rückabwicklung nach Widerruf, in: Eidenmüller/Faust/Grigoleit/Jansen/Wagner/Zimmermann (Hrsg.), Revision des Verbraucher-*acquis*, S. 175 f., 176.

Eine Vorleistungspflicht des einen oder des anderen Teils gewährleistet nicht unbedingt, dass der Vorleistungspflichtige seinen Rückerstattungspflichten tatsächlich nachkommt. Es kann nicht ausgeschlossen werden, dass dieser einfach nicht leistet; sei es, weil er um die eigenen Erstattungsansprüche besorgt ist, sei es, weil er schlicht bösgläubig handelt. Nimmt der andere Teil dann sein Zurückbehaltungsrecht in Anspruch, wird die befürchtete Situation nicht vermieden.[662]

2. Regelungsvorschlag

Eine Rückabwicklung Zug um Zug ergibt nicht, wie angedeutet,[663] nur in solchen Fällen Sinn, in denen sich die Parteien physisch begegnen und die Leistungen im wahrsten Sinne gleichzeitig zurückaustauschen. Die Gleichzeitigkeit bzw. der Zug-um-Zug-Rückaustausch sind bei Fernabsatz- und außerhalb von Geschäftsräumen geschlossenen Verträgen realitätsnaher zu verstehen. Schließlich findet dabei auch im Rahmen der Vertragserfüllung kein physischer Zug-um-Zug-Austausch statt.[664] Parallel zur Geltendmachung ihrer Forderungen soll aber jede Partei die eigene Leistung anbieten.[665]

In diesem Sinne sind Art. 13 III Verbraucherrechte-RL bzw. Art. 44 III GEK teilweise zu begrüßen, indem sie sich bereits mit einer Absendung der Kaufsache zufrieden geben. Denn als Schickschuldner erfüllt der Käufer seine Pflicht, indem er die Sache an die Post oder den Paketunternehmer zur Rücksendung abgibt. Bis dann darf also der Verkäufer seine Geldschuld nicht erfüllen. Auch auf der anderen Seite ist eine ähnliche Be-

---

662 *Zimmermann*, Rückabwicklung nach Widerruf, in: Eidenmüller/Faust/Grigoleit/Jansen/Wagner/Zimmermann (Hrsg.), Revision des Verbraucher-*acquis*, S. 175 f., 177.

663 *Föhlisch*, Das Widerrufsrecht im Onlinehandel, S. 293, 467; *ders.*, MMR 2009, 75 ff., 78.

664 Vgl. *W. Doralt*, AcP 211 (2011), 1 ff., 25.

665 *Zimmermann*, Rückabwicklung nach Widerruf, in: Eidenmüller/Faust/Grigoleit/Jansen/Wagner/Zimmermann (Hrsg.), Revision des Verbraucher-*acquis*, S. 175 f., 177; vgl. zum Versendungskauf nach UN-Kaufrecht, wo ebenfalls von einer Schickschuld ausgegangen wird, *Hager/Maultzsch*, in: Schlechtriem/Schwenzer (Hrsg.), Kommentar zum Einheitlichen UN-Kaufrecht, München 2008, Art. 58 CISG Rn. 7; *Mankowski*, in: Ferrari/Kieninger/Mankowski/Otte/Saenger/A. Staudinger, Internationales Vertragsrecht Art. 58 CISG Rn. 13.

handlung sachgerecht. Bei der Rückzahlungspflicht des Verkäufers handelt es sich ebenfalls um eine Schickschuld, selbst wenn sie von besonderen Nebenpflichten begleitet ist.[666] Der Verkäufer bietet die eigene Leistung praktisch an, indem er seinem Kreditinstitut ordnungsgemäß den Auftrag zur Rücküberweisung des Kaufpreises gibt. Bis zu diesem Zeitpunkt darf ebenfalls der Käufer von einem Zurückbehaltungsrecht Gebrauch machen.

Dieses Schema der beidseitigen Zurückbehaltungsrechte könnte in der Praxis der Fernabsatz- und außerhalb von Geschäftsräumen geschlossenen Verträge durch die Einbeziehung von bestimmten Treuhandsystemen, sog. Escrow-Systemen, effizienter umgesetzt werden. Dabei leistet der Verbraucher im Rahmen der Vertragsausführung nicht unmittelbar an seinen Vertragspartner, sondern an einen neutralen „sicheren Dritten".[667] Läuft die Widerrufsfrist ggf. zuzüglich einer Sicherheitszeit ab, erhält der Verkäufer erst dann Zugriff auf den entrichteten Kaufpreis. In der Zwischenzeit ist es weder dem Verkäufer noch dem Käufer möglich, den Geldbetrag (ggf. zurück) zu fordern oder sonst wie zu verwalten. Wenn der Verbraucher sein Widerrufsrecht fristgemäß wahrgenommen hat, darf er den geleisteten Preis zurückerlangen, ohne der Gefahr eines betrügerischen Verhandelns oder einer Insolvenz des Unternehmers ausgesetzt zu sein. Deswegen kann der Verbraucher nach Widerruf sicher seine Rückabwicklungspflichten erfüllen und nach Benachrichtigung des Treuhänders eine Rückstellung seiner Zahlungen veranlassen.[668] Die Verbraucher dürfen lediglich mit dem Entgelt belastet werden, das der Unternehmer dem Betreiber des Escrow-Systems bezahlt (Art. 19 Verbraucherrechte-RL; Art. 125 IV GEK).[669]

Offenbar gewähren Escrow-Systeme beiden Vertragsteilen erhebliche Sicherheit und passen die Zug-um-Zug-Rückabwicklung an die Gegebenheiten der beidseitigen Schickschulden an. Jedoch müssten sie m. M. nach

666 Siehe oben, Kapitel 4.A.II.3.a).

667 *Neumann*, Bedenkzeit vor und nach Vertragsabschluss, S. 385.

668 *European Law Institute*, Statement on the Proposal for a Regulation on a Common European Sales Law, S. 32; s. ausführlich zu Escrow-Systemen *Eisenhut*, Escrow-Verhältnisse. Das Escrow Agreement und ähnliche Sicherungsgeschäfte, Basel 2009.

669 Siehe auch *European Law Institute*, Statement on the Proposal for a Regulation on a Common European Sales Law, S. 32.

nicht zum Obligatorium werden.[670] Vielmehr sollen sie ein freiwilliges Angebot seitens verantwortungsvoller Unternehmen darstellen, das auch als Gütesiegel funktionieren kann. Eine gesetzliche Verpflichtung der Unternehmer zur Nutzung von Escrow-Systemen würde eben zu mehr Komplexität führen und Stimmen, die sich über eine Regulierungswut beschweren, als wohl berechtigt erscheinen lassen.

670 Vgl. aber *European Law Institute*, Statement on the Proposal for a Regulation on a Common European Sales Law, S. 32: Wahlmöglichkeit zwischen der Heranziehung eines Escrow-Systems und einer Vorleistungspflicht des Unternehmers.

Oftmals kommt es nach Widerruf eines Kaufvertrags dazu, dass die Sache genutzt oder beschädigt zurückgegeben wird. Möglich, jedoch seltener, ist überdies ein kompletter Untergang der Kaufsache oder eine sonstige Unmöglichkeit ihrer Rückgewähr.

Die rechtliche Behandlung solcher Fälle stellt den Gesetzgeber in der EU bzw. den Mitgliedstaaten vor die anspruchsvolle Aufgabe, die gegenseitigen Interessen der Vertragspartner auszugleichen und eine ausgewogene Regelung für solche Konstellationen zu schaffen[671].

Denn einerseits bedeutet der entsprechende Wertverlust einen erheblichen Nachteil für den Unternehmer, der die Sache nicht zurück bekommt oder nur verbilligt als gebraucht weiterveräußern kann.[672] Eine vollständig kostenlose Widerrufsmöglichkeit würde außerdem das Risiko opportunistischen Verhaltens zur unbedachten Vertragslösung bergen. Der Verbraucher würde leichtherzig Verträge schließen und kurz danach widerrufen, genau weil die zu seinen Lasten entstehenden unmittelbaren Kosten gleich null wären.[673] Dieses Verhalten würde allerdings höchstwahrscheinlich zu Mehrkosten für Unternehmer und dadurch zu höheren Preisen für alle Marktteilnehmer führen.

Andererseits entspricht es dem Schutzzweck des Widerrufsrechts, dass der Verbraucher den Kaufgegenstand in Augenschein nehmen kann, um den außerhalb von Geschäftsräumen oder im Fernabsatz geschlossenen Vertrag noch einmal überdenken zu können. Vor Vertragsschluss hatte er

---

671 Siehe *R. Koch*, JZ 2014, 758 ff., 763.

672 *Föhlisch*, Das Widerrufsrecht im Onlinehandel, S. 321.

673 Siehe *Ben-Shahar/E. Posner*, The Right to Withdraw in Contract Law, J. Legal Stud. 2011, 131, 137 ff.; *Yilma*, euvr 2013, 212 ff., 219 ff.; vgl. *Christoph Schmid*, Die Instrumentalisierung des Privatrechts, S. 649; zur opportunistischen Vertragsauflösung im Leistungsstörungsrecht vgl. *Wagner*, Ökonomische Analyse des CESL. Das Recht zur zweiten Andienung, ZEuP 2012, 797 ff., 813 f.; zum moralischen Risiko (*moral hazard*) als rechtliches Argument siehe Schlussanträge des Generalanwalts *Geelhoed* v. 29.4.2004 – Rs. C-304/02 *Kommission ./. Französische Republik*, EU:C:2004:274, Nr. 31, 36; Efta-Gerichtshof v. 28.1.2013 – Rs. E-16/11 *EFTA Überwachungsbehörde ./. Island ("Icesave")*, EFTA Court Report 2013, 4, Rn. 167, 168.

nämlich meistens keine Möglichkeit, die Ware physisch zu begutachten (bei Fernabsatzverträgen sowie bei manchen außerhalb von Geschäftsräumen geschlossenen Verträgen) oder hat dies nur oberflächlich und unter Druck getan (bei außerhalb von Geschäftsräumen geschlossenen Verträgen). Die Konsequenzen dieser typisiert beschränkten Kenntnismöglichkeit soll das Widerrufsrecht kompensieren. Wird also das Risiko eines Wertverlusts dem Käufer qua Ausschluss des Widerrufsrechts oder umfangreiche Ausgleichsplichten auferlegt, droht dies zu einem drastischen Hindernis für die Wahrnehmung des Widerrufsrechts zu werden.[674]

Trotz ihrer praktischen Relevanz waren die Rechtsfolgen eines Wertverlusts durch den widerrufsberechtigten Verbraucher in der Haustürgeschäfts- und der Fernabsatz-RL nicht ausdrücklich geregelt. Die Problematik beschäftigte jedoch den EuGH im Jahr 2009 in der *Messner*-E, die die Vereinbarkeit einer im deutschen Recht angeordneten Nutzungsersatzpflicht mit der Fernabsatz-RL betraf.[675]

Nunmehr findet sich eine explizite und eingehende rechtliche Bestimmung in Art. 14 II Verbraucherrechte-RL bzw. Art. 45 III GEK. Demgemäß entsteht eine Ersatzpflicht des Käufers allein für solche Wertverluste, die auf einen zur Prüfung der Beschaffenheit, der Eigenschaften bzw. Art und der Funktionsweise bzw. Funktionstüchtigkeit der Waren nicht notwendigen Umgang mit den Waren zurückgehen (Abs. I). Vorausgesetzt ist daneben, dass der Verkäufer seine Belehrungspflichten aus Art. 6 I h) Verbraucherrechte-RL bzw. Art. 17 I GEK ordnungsgemäß erfüllt hat (Abs. II).

Aus den neuen Vorschriften lässt sich ein Prüfungs- und Ausprobierrecht des Verbrauchers ableiten, das zunächst untersucht wird (unter A). Besprochen wird danach die Ersatzpflicht des Käufers für eine Erstattungsunmöglichkeit oder Wertminderung (unter B). Am Ende wird die Auferlegung von Zufallsrisiken erörtert (unter C).

---

674 *Neumann*, Bedenkzeit vor und nach Vertragsabschluss, S. 392.

675 EuGH v. 3.9.2009 – Rs. C-489/07 *Messner*.

A. *Prüfungs- und Ausprobierrecht des Verbrauchers*

I. Vorgeschichte: die Messner-E

1. Die Frage

Das Thema des Prüfungs- und Ausprobierrechts wie auch einer eventuellen Nutzungsersatzpflicht des Verbrauchers beschäftigte unter der Geltung der Fernabsatz-RL den EuGH in seiner *Messner*-E.[676] Obwohl der EuGH nur zur Richtlinienkonformität einer Pflicht zum Nutzungsersatz, d. h. zum Rückstellen der von der Käuferin erworbenen Gebrauchsvorteile, Stellung nahm, sind seine Erwägungen allgemeiner Natur und grundsätzlich auch dann relevant, wenn ein Schaden bzw. Wertverlust an der Sache entstanden ist, der nach Widerruf zu Lasten des Verkäufers anfällt.[677] Es ist deshalb nützlich, an dieser Stelle auf den Sachverhalt und die Argumentation des EuGH einzugehen.

---

676 EuGH v. 3.9.2009 – Rs. C-489/07 *Messner*; siehe die eingehenden Bemerkungen von *Mörsdorf*, Die Vereinbarkeit der deutschen Widerrufsfolgenregelung gemäß § 357 BGB mit der Fernabsatz-Richtlinie. Zugleich Besprechung von EuGH, Urteil v. 3.9.2009 – C-489/07 (Pia Messner), JZ 2010, 232 ff.; *Özfirat-Skubinn*, Der Fall Pia Messner. Ein Entscheidungsvorschlag. Zur Vereinbarkeit der deutschen Widerrufsfolgenregelung in § 357 BGB mit der Fernabsatzrichtlinie, NJOZ 2010, 2006 ff.; *Lakkis*, Das Messner-Urteil des EuGH und seine Auswirkungen auf das deutsche Recht, in: Schmahl/Skouris/Müller-Graff (Hrsg.), Europäisches Recht zwischen Bewährung und Wandel. Festschrift für Dieter H. Scheuing, Baden-Baden 2011, S. 574 ff.

677 Ganz h. M.: *Ballhausen*, Kommentar zu EuGH, 3.9.2009 – C-489/07, K&R 2009, 704 ff., 706; *Schinkels*, Drum prüfe, wer sich ewig hindert. Die Wertersatzverpflichtung des Verbrauchers bei Widerruf im Warenfernabsatz nach EuGH, Urt. v. 3.9.2009 – C-489/07 (Messner), ZGS 2009, 539 ff., 543; *Schirmbacher*, Erhebliche Unsicherheit bei der Abfassung der Widerrufsbelehrungen, BB 2009, 2165 ff., 2166; *Mörsdorf*, JZ 2010, 232 ff., 235, 239 f.; *Stempel*, Die „Grundsätze des bürgerlichen Rechts“, das sekundäre Unionsrecht und der nationale Richter, ZEuP 2010, 925 ff., 938 f.; *Lakkis*, Das Messner-Urteil des EuGH und seine Auswirkungen auf das deutsche Recht, in: FS Scheuing, S. 588 f.; vgl. auch Schlussanträge der Generalanwältin *Trstenjak* v. 18.2.2009 – Rs. C-489/07 *Messner*, Nr. 52, 57; BT-Drucks. 17/5097, S. 15 zu § 357 III BGB.

2. Der Ausgangsrechtsstreit

Gegenstand des Verfahrens vor dem EuGH war ein Vorabentscheidungsersuchen des AG Lahr.[678] Das vorlegende Gericht hatte nämlich über die Klage einer Verbraucherin zu entscheiden, die ein gebrauchtes Notebook am 2.12.2005 über das Internet gekauft hatte, den Vertrag aber am 7.11.2006 widerrief. Als sie den Verkäufer auf Rückzahlung des Kaufpreises in Höhe von 278,00 EUR in Anspruch nahm, machte er im Gegenzug einen Anspruch auf Nutzungsersatz in Höhe von 316,80 EUR gemäß § 357 I 1 i.V.m. § 346 I, II 1 Nr. 1 BGB a.F. geltend. Der Unternehmer wurde danach auf Rückerstattung des Kaufpreises vor dem AG Lahr verklagt.

Bemerkenswert in dem Rechtsstreit ist zum einen, dass das Widerrufsrecht mangels rechtsgemäßer Belehrung laut § 355 III 3 BGB a.F. fristlos war, während die Mindestanforderung der Richtlinie eine dreimonatige absolute Widerrufsfrist betrug;[679] zum anderen, dass es im August 2006 zu einem Defekt des Notebooks gekommen war, der Verkäufer aber eine kostenlose Abhilfe ablehnte. Wohl aus diesem Grund entschied sich die Käuferin für die Wahrnehmung ihres grundlosen Widerrufsrechts, anstatt auf ihre Gewährleistungsrechte zu bestehen.

Die Vereinbarkeit einer Nutzungs- (§ 357 I 1 i.V.m. § 346 I, II 1 Nr. 1 BGB a.F.) sowie einer Wertersatzpflicht (§ 357 III i.V.m. § 346 II 1 Nr. 3, III 1 Nr. 3 BGB a.F.) des widerrufenden Verbrauchers mit der Fernabsatz-RL war zu jener Zeit in der deutschen Literatur äußerst umstritten.[680] Da

---

678 AG Lahr MMR 2008, 270.

679 Siehe Art. 6 I 4, 14 Fernabsatz-RL.

680 Ablehnend oder jedenfalls kritisch *Mankowski*, Widerrufsrecht und Rückgaberecht, in: Schulze/Schulte-Nölke (Hrsg.), Die Schuldrechtsreform vor dem Hintergrund des Gemeinschaftsrechts, Tübingen 2001, S. 357 ff., 370 f.; *ders.*, Beseitigungsrechte, S. 893 ff.; *Arnold/Dötsch*, Verschärfte Verbraucherhaftung beim Widerruf?, NJW 2003, 187 ff., 187; *Kammerer*, Harmonisierung des Verbraucherrechts in Europa. Das verbraucherschützende Widerrufsrecht der §§ 355 ff. BGB im Lichte der europarechtlichen Vorgaben und im Vergleich zum code de la consommation, Hamburg 2004, S. 183 ff.; *Thole*, Das europäische verbraucherschützende Widerrufsrecht in §§ 355, 357 BGB, S. 100 f.; *Schinkels*, ZGS 2005, 179 ff., 179 ff.; *Zhang*, Das verbraucherschützende Widerrufsrecht nach §§ 355 ff. BGB und seine Aufnahme in das Chinesische Recht, Berlin 2006, S. 183 ff.; *Tamm*, Verbraucherschutzrecht, S. 409; wohl auch *Ring*, Wertminderung infolge bestimmungsgemäßer Ingebrauchnahme nach § 357 Abs. 3 BGB. Unternehmerschutz statt Verbraucherschutz?, in: Dauner-Lieb/Konzen/Schmidt

ein Wertersatzanspruch wegen der unwirksamen Widerrufsbelehrung nach § 357 III BGB a.F. im konkreten Fall nicht in Frage kam, war ein entsprechender Antrag nicht Gegenstand des Ausgangsverfahrens. Das AG Lahr hatte deshalb allein die Frage der Konformität der Nutzungsersatzschuld dem EuGH zur Vorabentscheidung vorgelegt.

3. Die Entscheidung

Bezug nahm der EuGH vorab auf Art. 6 I 2, II 2 Fernabsatz-RL, nach denen die unmittelbaren Kosten der Warenrücksendung die einzigen seien, die dem Verbraucher infolge der Ausübung seines Widerrufsrechts auferlegt werden können.[681] Laut Erwägungsgrund Nr. 14 bezwecke dieses Verbot, es zu gewährleisten, dass das Widerrufsrecht „mehr als ein bloß formales Recht" sei.[682] Dabei erinnerte der EuGH daran, dass im Fernabsatzverkehr der Verbraucher keine Möglichkeit habe, vor Vertragsschluss das Erzeugnis zu sehen und zu prüfen bzw. auszuprobieren.[683]

(Hrsg.), Das neue Schuldrecht in der Praxis. Akzente, Brennpunkte, Ausblick, Köln u.a. 2003, S. 347 ff.; zurückhaltend *Föhlisch*, Das Widerrufsrecht im Onlinehandel, S. 328 ff., 347 f.; für die Richtlinienkonformität *Aigner/Hofmann*, Fernabsatzrecht im Internet, München 2004, Rn. 142 ff.; Palandt/*Heinrichs* BGB [2009] § 357 Rn. 14; Bedenken gegen die Berechnungsmethode des Wertersatzes äußerten *Hager*, Das geplante Recht des Rücktritts und des Widerrufs, in: Ernst/Zimmermann (Hrsg.), Zivilrechtswissenschaft und Schuldrechtsreform. Zum Diskussionsentwurf eines Schuldrechtsmodernisierungsgesetzes des Bundesministeriums der Justiz, Tübingen 2001, S. 427 ff., 450 f.; *Grigoleit*, Besondere Betriebsformen im BGB, NJW 2002, 1151 ff., 1154; *Sparmann*, Das Widerrufsrecht im Fernabsatz als Kauf auf Probe, S. 223 ff., 229. In Österreich kam der OGH zu dem Schluss, § 5g I Nr. 2 KSchG sei richtlinienkonform auszulegen und eine Verpflichtung zur Zahlung eines Benutzungsentgelts sowie zum Ausgleich einer Wertminderung könne dem Verbraucher nicht schon dann auferlegt werden, wenn er die Kaufsache lediglich begutachte oder zwecks Erprobung bestimmungsgemäß kurzfristig gebraucht habe; OGH VuR 2006, 242, 243; siehe auch die Vorinstanz HG Wien MMR 2005, 830; kritisch insb. zur Höhe des im bestimmten Fall ausgefallenen Nutzungsentgelts *Maderbacher/Otto*, Fernabsatz: Vertragsrücktritt nur gegen Entgelt?, ecolex 2006, 117 ff.; *Rott*, Ein teurer Widerruf! Besprechung von OGH, Urteil vom 27.9.2005 – 1 Ob 110/05s, VuR 2006, 218 ff.

681 EuGH v. 3.9.2009 – Rs. C-489/07 *Messner*, Rn. 18.

682 EuGH v. 3.9.2009 – Rs. C-489/07 *Messner*, Rn. 19.

683 EuGH v. 3.9.2009 – Rs. C-489/07 *Messner*, Rn. 20.

Daraus wird gefolgert, dass „die generelle Auferlegung eines Wertersatzes für die Nutzung der durch Vertragsabschluss im Fernabsatz gekauften Ware mit den genannten Zielen unvereinbar [sei]".[684] Würde nämlich ein pauschaler Ersatzanspruch nur wegen der Nutzungsmöglichkeit der Kaufsache fällig, wäre die Ausübung des Widerrufsrechts eigentlich nur gegen Zahlung möglich. Eine solche Folge liefe eindeutig dem Wortlaut und der Zielsetzung des Art. 6 I 2, II 2 Fernabsatz-RL zuwider.[685]

Zu ähnlichen, unerwünschten Ergebnissen käme man auch, wenn der Nutzungsersatz nur deshalb zu zahlen wäre, weil der Käufer die Ware geprüft und ausprobiert hätte. Wie der EuGH hervorhob, habe „das Widerrufsrecht gerade zum Ziel [...], dem Verbraucher diese Möglichkeit einzuräumen", den Kaufgegenstand ohne Kosten prüfen und ausprobieren zu dürfen. Jegliche Zahlungspflicht, die auf einer Prüfung oder einem Ausprobieren basiere, beeinträchtige die Wirksamkeit und die Effektivität des Widerrufsrechts.[686]

Aus alledem kam der EuGH mit der Generalanwältin[687] zum Schluss, dass die Fernabsatz-RL einer nationalen Regelung entgegenstehe, nach der der Verbraucher für die Nutzung der Kaufwaren in dem Fall, dass er sein Widerrufsrecht fristgerecht ausübe, generell Wertersatz für die Nutzung der Ware schulde.[688]

Diese Aussage hat indes der EuGH in einem zweiten Teil seiner Entscheidung zu einem gewissen Teil relativiert. Dabei nahm er an, die Richtlinie habe nicht zum Ziel, dem Verbraucher Rechte einzuräumen, die über das hinausgehen, was zur zweckdienlichen Ausübung des Widerrufsrechts erforderlich sei.[689] Eine Verpflichtung zum angemessenen Nutzungsersatz könne daher nicht ausgeschlossen werden, wenn der Verbraucher die gekaufte Ware „auf eine mit den Grundsätzen des bürgerlichen Rechts wie denen von Treu und Glauben oder der ungerechtfertigten Bereicherung unvereinbarte Art und Weise benutzt" habe.[690] Erwägungsgrund Nr. 14 lasse dazu genügend Raum, solange die Zielsetzung der Fernabsatz-RL,

---

684 EuGH v. 3.9.2009 – Rs. C-489/07 *Messner*, Rn. 22.
685 EuGH v. 3.9.2009 – Rs. C-489/07 *Messner*, Rn. 23.
686 EuGH v. 3.9.2009 – Rs. C-489/07 *Messner*, Rn. 24.
687 Schlussanträge der Generalanwältin *Trstenjak* v. 18.2.2009 – Rs. C-489/07 *Messner*, Nr. 45 ff., insb. 67 ff., 79.
688 EuGH v. 3.9.2009 – Rs. C-489/07 *Messner*, Rn. 29.
689 EuGH v. 3.9.2009 – Rs. C-489/07 *Messner*, Rn. 25.
690 EuGH v. 3.9.2009 – Rs. C-489/07 *Messner*, Rn. 26.

insb. die Wirksamkeit und die Effektivität des Widerrufsrechts, gewährleistet seien.[691] Zu achten sei aber auf die Höhe des Wertersatzes, die nicht außer Verhältnis zum Kaufpreis sein dürfe, auf die Beweislast eines übermäßigen Gebrauchs, die der Verkäufer tragen solle, und auf die sonstigen Besonderheiten jedes Einzelfalls, wie die Natur der Ware und die Länge des Zeitraums, nach dessen Ablauf der Verbraucher mangels rechtsgemäßer Belehrung sein Widerrufsrecht ausgeübt habe.[692] Die Sachentscheidung behielt der EuGH erwartungsgemäß dem erkennenden nationalen Gericht vor.[693]

4. Teilweise abweichende Schlussanträge der Generalanwältin

Für mehr Zurückhaltung gegenüber Abweichungen vom Verbot des Nutzungsersatzes plädierte die Generalanwältin in ihren Schlussanträgen. Da die Grenzziehung zwischen Prüfung und darüber hinausgehendem Gebrauch nicht immer leicht falle,[694] sah sie eine potentielle Abschreckungswirkung hinsichtlich der Ausübung des Widerrufsrechts in den strukturellen Unsicherheiten eines Rechtsstreits zwischen den Vertragspartnern.[695] Überdies zog sie weitere Argumente gegen einen Nutzungsersatzanspruch heran, namentlich die Förderung des Fernabsatzes als relativ neue Betriebskultur und den Schutz der Interessen von Unternehmern durch schon vorhandene Mittel (u.a. übliche und absolute Widerrufsfrist, Ausschlusstatbestände des Widerrufsrechts, Mitkalkulation der entstehenden Kosten im Kaufpreis).[696] Die Gefahr eines Missbrauchs durch Einzelne könne man freilich nicht ausschließen. Dies dürfe allerdings den Schutz der Rechte der ganzen Verbraucherschaft nicht einschränken.[697] Nur in echten Missbrauchskonstellationen dürften das mitgliedstaatliche Berei-

---

691 EuGH v. 3.9.2009 – Rs. C-489/07 *Messner*, Rn. 27.

692 EuGH v. 3.9.2009 – Rs. C-489/07 *Messner*, Rn. 27, 28.

693 EuGH v. 3.9.2009 – Rs. C-489/07 *Messner*, Rn. 28.

694 Schlussanträge der Generalanwältin *Trstenjak* v. 18.2.2009 – Rs. C-489/07 *Messner*, Nr. 49.

695 Schlussanträge der Generalanwältin *Trstenjak* v. 18.2.2009 – Rs. C-489/07 *Messner*, Nr. 77.

696 Schlussanträge der Generalanwältin *Trstenjak* v. 18.2.2009 – Rs. C-489/07 *Messner*, Nr. 79 ff.

697 Schlussanträge der Generalanwältin *Trstenjak* v. 18.2.2009 – Rs. C-489/07 *Messner*, Nr. 90.

cherungsrecht (bei übermäßigem Gebrauch) bzw. das allgemeine Schadensersatzrecht (bei Schädigung) eingreifen.[698]

II. Allgemeine Bemerkungen

Das Bestehen eines Prüfungs- und Ausprobierrechts des Verbrauchers in Verträgen, bei denen ihm ein Widerrufsrecht zusteht, war schon im Regime der Fernabsatz-RL nicht umstritten und wurde ferner vom EuGH in der *Messner*-E bestätigt. In der Verbraucherrechte-RL und dem GEK wird es aus den Voraussetzungen der Verbraucherhaftung für Wertminderungen *e contrario* abgeleitet.

Gemäß Art. 14 II 1 Verbraucherrechte-RL schuldet nämlich der Verbraucher Wertersatz „nur, wenn [der] Wertverlust auf einen zur Prüfung der Beschaffenheit, Eigenschaften und Funktionsweise der Waren nicht notwendigen Umgang mit den Waren zurückzuführen ist". In Art. 45 III 1 GEK ist dennoch die Rede von „Art" statt „Eigenschaften" der Waren sowie von „Funktionstüchtigkeit" statt „Funktionsweise".

Mangels Anhaltspunkten kann eine bewusste Differenzierung zwischen den zwei Textierungen nicht bejaht werden.[699] Ähnliche sprachliche Divergenzen finden sich vielmehr in mehreren Sprachfassungen. Dem deutschen Richtlinientext entsprechen z. B. die englischen Fassungen der Richtlinie und des GEK, die sich einheitlich auf „nature, characteristics and functioning of the goods" beziehen. Wörtlich übereinstimmend lautet der griechische Text, der ebenfalls keine Unterschiede zwischen der Verbraucherrechte-RL und dem GEK aufweist. Die französischen Fassungen sprechen zwar von Beschaffenheit und Eigenschaften („la nature, les caractéristiques"), stehen aber teilweise dem deutschen Text des GEK näher, indem sie das „bon fonctionnement", d. h. die Funktionstüchtigkeit der Ware, ergänzend erwähnen.

Nach ständiger Rechtsprechung des EuGH muss der Text einer Bestimmung wegen der Notwendigkeit einer einheitlichen Auslegung unter Berücksichtigung der Fassungen in den anderen Amtssprachen ausgelegt

---

698 Schlussanträge der Generalanwältin *Trstenjak* v. 18.2.2009 – Rs. C-489/07 *Messner*, Nr. 91, 96.

699 Vgl. *Looschelders*, Informationspflichten des Unternehmers und Widerrufsrecht des Verbrauchers, in: Remien/Herrler/Limmer (Hrsg.), Gemeinsames Europäisches Kaufrecht für die EU?, S. 138.

werden.[700] Einzubeziehen ist im Zweifelsfall die allgemeine Systematik und der Zweck des fraglichen Regelungskomplexes.[701]

Demgemäß könnte eine sachgerechte Lösung m. A. nach dadurch erreicht werden, dass die zwei Teile der Begriffspaare „Eigenschaften" – „Art" und „Funktionsweise" – „Funktionstüchtigkeit" einander angenähert werden. Unter „Art" sollte man eben vor allem die Merkmale und „Eigenschaften" der jeweiligen Ware verstehen. Darüber hinaus setzt die Prüfung der Funktionstüchtigkeit das Wissen um die Funktionsweise voraus. Nur wer weiß, wie eine Sache funktioniert, kann auch untersuchen, ob sie gebrauchsfähig ist und dem Kaufzweck entspricht. Die „Funktionsweise", inkl. Gebrauchsverhalten, und die „Funktionstüchtigkeit" dürfen also als einander ergänzend angesehen und in beide Vorschriften hineingelesen werden.

Beide Vorschriften (Art. 14 II 1 Verbraucherrechte-RL; Art. 45 III 1 GEK) sollen daher dahingehend gelesen werden: „Eine Wertausgleichspflicht scheidet aus, wenn der Wertverlust zur Feststellung der Beschaffenheit, der Eigenschaften und der Funktionsweise bzw. Funktionstüchtigkeit erforderlich war". Diese darf der Käufer prüfen, um sich für oder gegen einen Widerruf zu entscheiden, ohne mit daraus erwachsenden Nachteilen rechnen zu müssen.[702]

III. Reichweite des Prüfungs- und Ausprobierrechts

Wie weit reicht aber dieses Prüfungs- und Ausprobierrecht? Die eher kurze Antwort der *Messner*-E für die Fernabsatz-RL lautet: Nicht über „was zur zweckdienlichen Ausübung [des] Widerrufsrechts erforderlich ist".[703] Nicht zu Unrecht wurde der EuGH deswegen kritisiert, weil er durch diese Aussage wie auch den Hinweis auf die „Grundsätze des bürgerlichen

---

700 EuGH v. 17.6.1998 – Rs. C-321/96 *Mecklenburg*, EU:C:1998:300, Rn. 29; EuGH v. 20.11.2008 – Rs. C-375/07 *Heuschen & Schrouff Oriëntal Foods Trading*, EU:C:2008:645, Rn. 46; EuGH v. 18.4.2010 – Rs. C-511/08 *Heinrich Heine*, Rn. 51.

701 EuGH v. 9.3.2000 – Rs. C-437/97 *EKW und Wein & Co*, EU:C:2000:110, Rn. 42; EuGH v. 9.10.2008 – Rs. C-239/07 *Sabatauskas u. a.*, EU:C:2008:551, Rn. 39.

702 Vgl. *Zimmermann*, Rückabwicklung nach Widerruf, in: Eidenmüller/Faust/Grigoleit/Jansen/Wagner/Zimmermann (Hrsg.), Revision des Verbraucher-*acquis*, S. 185.

703 EuGH v. 3.9.2009 – Rs. C-489/07 *Messner*, Rn. 27.

Rechts wie denen von Treu und Glauben oder der ungerechtfertigten Bereicherung“ die Grenzen des Prüfungs- und Ausprobierrechts wohl unzureichend gezeichnet hat.[704]

1. Der konventionelle stationäre Einzelhandel als Kriterium

Nähere Erläuterung kann nunmehr die Präambel der Verbraucherrechte-RL bieten. Laut Erwägungsgrund Nr. 47 S. 3 solle der Verbraucher zur Feststellung der Beschaffenheit, Eigenschaften und Funktionsweise der Waren „mit ihnen *nur so* umgehen und sie *nur so* in Augenschein nehmen, *wie* er das *in einem Geschäft* tun dürfte“.[705] Beispielhaft wird der Kauf eines Kleidungsstücks erwähnt, das nur ausprobiert, aber nicht getragen werden dürfe. „Der Verbraucher sollte die Waren *daher* während der Widerrufsfrist *mit der gebührenden Sorgfalt behandeln und in Augenschein nehmen*“ (S. 5).[706] Dies dürfe ihn allerdings nicht von der Geltendmachung seines Widerrufsrechts abhalten (S. 6). Der Hinweis auf den Kauf im Ladengeschäft soll angesichts der gleichlautenden Bestimmungen ebenfalls im GEK als maßgebliches Abgrenzungskriterium herangezogen werden.[707]

---

704 Siehe *Damm*, Anmerkung zu EuGH, 3.9.2009 – Rs. C-489/07, MMR 2009, 745 f., 746; *Schirmbacher*, BB 2009, 2165 f., 2166; *Gsell*, Kurzkommentar EuGH, 3.9.2009 – C-489/07, EWiR 2010, 277 f., 278; *Hellwege*, Wertersatz für Nutzungen nach Ausübung des Widerrufs im Fernabsatz. Anmerkung zu EuGH, Urteil vom 3.11.2009, Rs. C-489/07 – *Pia Messner ./. Firma Stefan Krüger*, GPR 2010, 74 ff., 76; *Christoph Schmid*, Die Instrumentalisierung des Privatrechts, S. 673 f.; *Lakkis*, Das Messner-Urteil des EuGH und seine Auswirkungen auf das deutsche Recht, in: FS Scheuing, S. 579; *Lehmann*, GPR 2011, 218 ff., 223; *Grunewald*, Der Einfluss des europäischen Verbraucherrechts auf das BGB, dargestellt am Beispiel des Kaufvertrages, in: Augenhofer, (Hrsg.), Verbraucherrecht im Umbruch, Tübingen 2012, S. 31 ff., 32 f.; vgl. AG Berlin-Mitte v. 5.1.2010 – 5C7/09 (www.webshoprecht.de/IRUrteile/Rspr1353.php; zuletzt abgerufen am 20.12.2014), das dieselbe Formulierung wie der EuGH allein als Leerformel verwendet.

705 Hervorhebung durch den Verfasser; siehe in diese Richtung schon *Neumann*, Bedenkzeit vor und nach Vertragsabschluss, S. 394.

706 Hervorhebung durch den Verfasser.

707 *Looschelders*, Informationspflichten des Unternehmers und Widerrufsrecht des Verbrauchers, in Remien/Herrler/Limmer (Hrsg.), Gemeinsames Europäisches Kaufrecht für die EU?, S. 138 f.; *Schulze*, in: Schulze (Hrsg.), CESL Commentary Art. 44 Rn. 14; *Weller*, Kapitel 4: Widerrufsrecht bei Fernabsatz- und Haustürge-

Bei Fernabsatzverträgen scheint dieses Kriterium der Sache völlig angemessen zu sein. Um das Informationsdefizit auszugleichen, das für diese Vertriebsform als typisch gilt, gewährt der Gesetzgeber dem Verbraucher die Möglichkeit, all das zu tun, was ihm in der Vertragsanbahnung technisch kaum möglich war: nämlich das gekaufte Erzeugnis aus der Nähe zu begutachten und zu prüfen.[708]

Im Fall von außerhalb von Geschäftsräumen abgeschlossenen Verträgen zeigt sich aber dem ersten Anschein nach dasselbe Kriterium als eher unpassend. Denn das Widerrufsrecht wird für diese Verträge zu dem Zweck gewährt, den Verbraucher nicht vor einem strukturellen Informationsdefizit, sondern vor der Übereilungs- und Überrumpelungsgefahr der unerwarteten Vertragsverhandlung zu schützen.[709] Trotzdem ist zum einen nicht auszuschließen, dass der Verbraucher auch bei solchen Vertragsschlusssituationen nur anhand (lobender) mündlicher Beschreibung und vorgelegter Druckformulare in den Vertrag eintritt und die Kaufsache erst später *in natura* zu sehen bekommt. Das oben beschriebene Informationsdefizit, das den Fernabsatzverkehr charakterisiert, liegt dabei ebenso vor. Zum anderen vermag das Übereilungs- und Überrumpelungsmoment oft allein erst dann neutralisiert zu werden, wenn der Käufer die Waren überprüft, ohne einem eindringlichen Verkäufer gegenüber zu stehen. Eine Inaugenscheinnahme der Kaufsache in aller Ruhe könnte deshalb auch dann angebracht sein, wenn diese dem Verbraucher bereits vorgeführt worden ist, jedoch unter für den Ladenkauf ungewöhnlichen Umständen.[710]

---

schäften, in: Schmidt-Kessel (Hrsg.), Ein einheitliches europäisches Kaufrecht?, S. 167.

708 Siehe statt vieler EuGH v. 3.9.2009 – Rs. C-489/07 *Messner*, Rn. 23 f.

709 Erwägungsgrund Nr. 37 S. 3 Verbraucherrechte-RL.

710 Siehe *M. Martens*, Die Entwicklung der Widerrufsrechte des Verbrauchers bis zur Umsetzung der Richtlinie 2008/48/EG. Eine Untersuchung unter besonderer Berücksichtigung der zeitlichen Dimension, Baden-Baden 2010, S. 207 f.; *Lakkis*, Das Messner-Urteil des EuGH und seine Auswirkungen auf das deutsche Recht, in: FS Scheuing, S. 589 f.; *Schulze*, in: Schulze (Hrsg.), CESL Commentary Art. 45 Rn. 14; vgl. *Faust*, EuGH, 3.9.2009 – C-489/07, JuS 2009, 1050 ff., 1053 (eine Zahlungspflicht wegen prüfungsbedingter Wertverluste könne von der Ausübung des Widerrufsrechts auch bei Haustürgeschäften abschrecken); siehe aber auch *Zimmermann*, Rückabwicklung nach Widerruf, in: Eidenmüller/Faust/Grigoleit/Jansen/Wagner/Zimmermann (Hrsg.), Revision des Verbraucher-*acquis*, S. 185.

Statt bei einer Kasuistik zu bleiben,[711] wäre eine normative Betrachtung des Kriteriums des Geschäftskaufs aufgrund des soeben Gesagten vorzuziehen.[712] Deren Ausgangspunkt sollte die Möglichkeit einer informierten und effektiven geschäftlichen Entscheidung durch den Verbraucher sein.[713] Dieser Gesichtspunkt stellt generell letztlich den Hauptgrund des Widerrufsrechts dar, d. h. unabhängig von den typisierten Besonderheiten, die das Einräumen dieses Rechts jeweils rechtfertigen. Im ganzen EU-Privatrecht ist zwar das Anliegen der unbeeinflussten Geschäftsentscheidung eindeutiger in der UGP-RL zum Ausdruck gebracht.[714] Es entspricht jedoch ebenso der Zielsetzung des sonstigen *Acquis*. Hinter diesem Anliegen liegt am Ende das Ziel der materiellen Vertragsfreiheit und – auf einer noch abstrakteren Ebene betrachtet – der Grundsatz der Privatautonomie.[715]

Der Verbraucher, dem ein Widerrufsrecht zusteht, muss dem Käufer gleichgestellt werden, der im konventionellen stationären Einzelhandel dieselbe Sache bezieht.[716] Genauer gesagt sollte also die Praxis im konventionellen stationären Einzelhandel das maßgebliche Kriterium zur Feststellung der Grenzen des Prüfungs- und Ausprobierrechts in außerhalb von

711 Siehe zuletzt die nützlichen, aber teilweise verwirrenden Beispiele in Staudinger/*Kaiser* § 357 Rn. 45 ff. m.w.N.

712 *Alexander*, JR 2011, 415 ff., 420; vgl. *Junker*, Umfang des „kostenlosen“ Prüfungsrechts für Verbraucher im Fernabsatz. Anmerkung zu: BGH 8. Zivilsenat, Urteil vom 3.11.2010 – VIII ZR 337/09, jurisPR-ITR 3/2011 Anm. 4 unter C.

713 *Alexander*, JR 2011, 415 ff., 420; vgl. *Ring*, Wertminderung infolge bestimmungsgemäßer Ingebrauchnahme nach § 357 Abs. 3 BGB, in: Dauner-Lieb/Konzen/Schmidt (Hrsg.), Das neue Schuldrecht in der Praxis, S. 359 („freie Entscheidungskorrektur“); Schlussanträge der Generalanwältin *Trstenjak* v. 18.2.2009 – Rs. C-489/07 *Messner*, Nr. 46.

714 *Alexander*, JR 2011, 415 ff., 420; siehe Art. 5 II, III, 6 f., 8 f. i.V.m. Art. 2 e), j), k), Art. 5 V i.V.m. Anhang I UGP-RL; vgl. auch Erwägungsgründe Nr. 6, 7, 11, 14, 16 UGP-RL; EuGH v. 3.10.2013 – Rs. C-59/12 *BKK Mobil Oil*, EU:C:2013:634, Rn. 37; EuGH v. 19.12.2013 – Rs. C-281/12 *Trento Sviluppo*, EU:C:2013:859, Rn. 27 ff.

715 Vgl. *Bydlinski*, AcP 204 (2004), 309 ff., 360 ff., 372 ff., *Heiderhoff*, Grundstrukturen des nationalen und europäischen Verbrauchervertragsrechts, S. 314 f., 317; *Augenhofer*, Die Zukunft des europäischen Verbraucherrechts, in: FS 200 Jahre Juristische Fakultät, S. 1073; *Tamm*, Verbraucherschutzrecht, S. 19; *Sedlmeier*, Rechtsgeschäftliche Selbstbestimmung im Verbrauchervertrag, S. 196 ff., 223 f.

716 *Rott*, Widerruf und Rückabwicklung nach der Umsetzung der Fernabsatzrichtlinie und dem Entwurf eines Schuldrechtsmodernisierungsgesetzes, VuR 2001, 78 ff., 81; *Föhlisch*, Das Widerrufsrecht im Onlinehandel, S. 346.

Geschäftsräumen geschlossenen und Fernabsatzverträgen sein.[717] Dafür steht das in der Richtlinienpräambel erwähnte „Geschäft“ als ein kurzes, gebräuchliches Attribut. Jede Auslegung, die zu einer Schlechterstellung des Verbrauchers im Vergleich mit dem konventionellen Einzelhandel führt, widerspricht der gesetzlichen Zielsetzung. Aber auch eine Besserstellung des Verbrauchers ist weder erforderlich noch rechtspolitisch geboten.[718]

Übliche Vorteile der einschlägigen Betriebsformen für die Verbraucher stehen m. A. nach nicht im Zusammenhang mit den Gründen zur Gewährung eines Widerrufsrechts und dürfen also nicht als Faktor zur Begrenzung des Prüfungs- und Ausprobierrechts einbezogen werden.

So wirken die Möglichkeiten, die der Fernabsatz im Prinzip den Verbrauchern bietet, Angebote leichter zu vergleichen, rund um die Uhr im Internet einzukaufen oder die Waren nicht unbedingt gleich wie im Kaufladen, sondern beliebig im Lauf der Widerrufsfrist anzusehen, dem Informationsdefizit nicht entgegen. Sie kompensieren nicht das Fehlen einer Prüfmöglichkeit vor Vertragsschluss und dürfen deshalb nicht als Rechtfertigung für ein ggf. begrenztes Prüfungs- und Ausprobierrecht herangezogen werden. In außerhalb von Geschäftsräumen geschlossenen Verträgen lassen sich übrigens kaum entsprechende Vorzüge für die Käufer finden.

2. Anwendung des Kriteriums

Mithilfe der Prüf- und Ausprobiermöglichkeiten im konventionellen stationären Einzelhandel und der Lehre der Informationsökonomik, die zwischen drei Typen von Gütern, nämlich Such-, Erfahrungs- und Vertrauens-

---

717 *Kaestner/Tews*, WRP 2005, 1335 ff., 1346; MünchKommBGB/*Masuch* § 357 RnNr. 47; Staudinger/*Kaiser* § 357 Rn. 45.

718 *Föhlisch*, Das Widerrufsrecht im Onlinehandel, S. 346; *ders.*, Reichweite des Prüfungsrechts im Fernabsatz, NJW 2011, 30 ff., 32; *ders.*, Anmerkung zu BGH, 3.11.2010 – VIII ZR 337/09, MMR 2011, 26 f., 27; *Heinig*, Neuregelungen bei den Vorschriften zum Widerrufs- und Rückgaberecht im BGB, JR 2010, 461 ff., 467; *Christiansen*, Effektive und effiziente Widerrufsrechte, S. 267; *Junker*, jurisPR-ITR 3/2011 Anm. 4 unter C; *Lakkis*, Das Messner-Urteil des EuGH und seine Auswirkungen auf das deutsche Recht, in: FS Scheuing, S. 580; *Wildemann*, in: jurisPK-BGB § 357 Rn. 49.

gütern, unterscheidet,[719] folgt hier ein Vorschlag über die Reichweite des Prüfungs- und Ausprobierrechts.

a) Suchgüter

aa) Begriff

Die wenigsten Probleme weisen solche Waren auf, deren Beschaffenheit, Eigenschaften und deren Funktionieren im stationären Handel bereits vor Vertragsschluss feststellbar sind (sog. Suchgüter).[720] Ihre Qualitäten, von denen eine geschäftliche Entscheidung abhängt, sind überwiegend objektiviert, greifbar und durch eine Inaugenscheinnahme oder ein An- bzw. Ausprobieren leicht feststellbar. Ihre Prüfung setzt in der Regel keine besondere Ingebrauchnahme der Sache voraus, stützt sich auch auf übliche Lebenserfahrung und erfolgt im Ladengeschäft überwiegend anhand des Einzelstücks, dessen Kauf der Verbraucher in Erwägung zieht. Ein Muster oder Testgerät ist weder nötig noch üblich.

In diese Kategorie fallen vor allem Kleidung, sonstige Textilien und Schuhe, die man im stationären Handel nicht nur auspacken und besichtigen, sondern auch probeweise tragen darf.[721] Nicht gestattet ist dennoch ein dauerhaftes Tragen.[722] Zu Suchgütern zählen auch fertig montierte Möbelstücke und zahlreiche Haushaltsutensilien, vom Geschirr über Blumenvasen bis zu Zahnbürsten, die man in einem Fachgeschäft lediglich ansieht und anfasst, nicht aber wie zu Hause in Gebrauch nehmen darf.[723]

---

719 Siehe *Nelson*, Information and Consumer Behavior, J. Pol. Econ. 78 (1970) 311 ff., 312; *Darby/Karni*, J. Law & Econ. 16 (1973) 67 ff., 68; *Eidenmüller*, AcP 210 (2010), 67 ff., 74 f.

720 *Eidenmüller*, AcP 210 (2010), 67 ff., 74.

721 Schlussanträge der Generalanwältin *Trstenjak* v. 18.2.2009 – Rs. C-489/07 *Messner*, Nr. 46; *Ring*, Wertminderung infolge bestimmungsgemäßer Ingebrauchnahme nach § 357 Abs. 3 BGB, in: Dauner-Lieb/Konzen/Schmidt (Hrsg.), Das neue Schuldrecht in der Praxis, S. 357; *Ballhausen*, K&R 2009, 704 ff., 705; *Buchmann/Föhlisch*, Die Neuregelung des Wertersatzes im Fernabsatzrecht, K&R 2011, 433 ff., 437; *Föhlisch*, Das Widerrufsrecht im Onlinehandel, S. 348; MünchKommBGB/*Wendehorst* § 312e RnNr. 8; Staudinger/*Kaiser* § 357 Rn. 45.

722 *Kaestner/Tews*, WRP 2005, 1335 ff., 1348.

723 *Ballhausen*, K&R 2009, 704 ff., 705 (Zahnbürsten).

bb) Anwendung

Die Besonderheit der Fernabsatz- und außerhalb von Geschäftsräumen geschlossenen Verträge liegt bei Suchgütern allein darin, dass man die Artikel nicht vor, sondern erst nach Abschluss und teilweiser Ausführung des Vertrags ansehen, aus- oder anprobieren kann. Zwar wird der Zeitpunkt der einschlägigen Prüfung verschoben. Davon abgesehen gibt es aber keinerlei Unterschiede zwischen dem Kauf im stationären Einzelhandel und jenem im Fernabsatz oder außerhalb von Geschäftsräumen, z. B. auf einem vom Unternehmer organisierten Ausflug.

Nach alledem ist die Prüfung von Suchgütern, die in diesen Vertragsschlusskonstellationen gekauft werden, im gleichen Maß zulässig wie im konventionellen stationären Einzelhandel. Zur Prüfung darf das gekaufte Einzelstück so benutzt werden wie in normalen Gewerberäumen, wo der Kunde grundsätzlich jedes Exemplar von der Ladentheke nehmen und prüfen kann. Eventuell hinterlassene Prüfungsspuren sind selten und sollen außer Acht bleiben, denn sie würden selbst bei einer gleichen Probe vor Ort im Ladengeschäft auftreten.[724]

b) Erfahrungsgüter

aa) Begriff

Bei Erfahrungsgütern kann man erst durch Benutzung Kenntnis über ihre Qualitäten erlangen, d. h. praktisch nur nach Kauf und Lieferung.[725] Streng genommen müsste man demgemäß im Ladenkauf die Waren, an denen man Interesse hat, ohne jegliche Prüfung ankaufen. Erst nach einer Erfahrung damit – durch Gebrauch, Anwendung, Inbetriebnahme usw. – könnte man feststellen, ob sich die Transaktion tatsächlich lohnte oder nicht.

724 Vgl. Schlussanträge der Generalanwältin *Trstenjak* v. 18.2.2009 – Rs. C-489/07 *Messner*, Nr. 47.

725 *Nelson*, J. Pol. Econ. 78 (1970) 311 ff., 312; *Darby/Karni*, J. Law & Econ. 16 (1973) 67 ff., 68; *Eidenmüller*, AcP 210 (2010), 67 ff., 74.

Da aber diese Informationsasymmetrie zu einer Qualitätsverschlechterung oder sogar zu einem Marktzusammenbruch führen könnte,[726] werden unternehmerseits verschiedene Maßnahmen getroffen, die den Verbrauchern das Treffen einer informierten Vertragsentscheidung leichter machen. So stellen Unternehmen ihrer Kundschaft Vorführgeräte und -gegenstände in ihren Gewerberäumen zur Verfügung. Die Kunden dürfen die Vorführgeräte und -gegenstände zu Prüfzwecken verwenden oder verbrauchen, obwohl dies oft Verunreinigungen, bedeutende Gebrauchsspuren oder sogar den teilweisen Verlust des Prüfungsexemplars nach sich zieht.[727] In der Wirklichkeit werden die Musterstücke genau wegen dieser wertmindernden Auswirkungen zur Nutzungsprobe angeboten. Denn nur dadurch können die Verkäufer die Zahl der zu opfernden Ausstellungsstücke begrenzen und ihr wirtschaftliches Risiko auf dem gewünschten Niveau halten.[728]

Ein typisches Beispiel stellen technische Geräte dar.[729] Es ist durchaus üblich, dass im Präsenzhandel eine Vielzahl von angeschlossenen Artikeln den Kunden zur Verfügung steht. So darf man z. B. die Funktionen eines Fernsehers aus der Nähe prüfen[730] und einen Kaffee mit der neuen Espressomaschine brühen (lassen) und verkosten.[731] Üblicherweise arrangieren ferner Autohändler eine Probefahrt mit einem dazu bestimmten Fahrzeug desselben Models,[732] während Kosmetikhändler Tester und Probepackungen ihrer Artikel bereitstellen.[733] Erfahrungsgüter sind ebenfalls die als Bausatz verpackten Möbel. Kaufhäuser stellen Musterstücke aus, die der Verbraucher ausprobieren darf, um sich einen unmittelbaren Eindruck von den Waren zu verschaffen.[734] Schließlich bieten viele Buchhandlungen

---

726 Siehe *Akerlof*, The Market for "Lemons": Quality Uncertainty and the Market Mechanism, Q. J. Econ. 84 (1970), 488 ff.; *Eidenmüller*, AcP 210 (2010), 67 ff., 75.

727 Schlussanträge der Generalanwältin *Trstenjak* v. 18.2.2009 – Rs. C-489/07 *Messner*, Nr. 47.

728 Vgl. MünchKommBGB/*Wendehorst* § 312e RnNr. 9.

729 Vgl. Schlussanträge der Generalanwältin *Trstenjak* v. 18.2.2009 – Rs. C-489/07 *Messner*, Nr. 46.

730 Vgl. OGH VuR 2006, 242, 244.

731 Siehe *Schinkels*, ZGS 2005, 179 ff., 182; *ders.*, ZGS 2009, 539 ff., 541; aber auch MünchKommBGB/*Wendehorst* § 312e RnNr. 8.

732 *Rott*, VuR 2001, 78 ff., 81; vgl. Schlussanträge der Generalanwältin *Trstenjak* v. 18.2.2009 – Rs. C-489/07 *Messner*, Nr. 46.

733 *Buchmann/Föhlisch*, K&R 2011, 433 ff., 437; Staudinger/*Kaiser* § 357 Rn. 48.

734 Vgl. BGH NJW 2011, 56, 58.

Buchexemplare ohne Plastikhülle zum Durchblättern und zum flüchtigen Lesen an.[735]

bb) Anwendung

Bei Erfahrungsgütern stellt aber das Fehlen eines solchen Vorführgeräts oder -gegenstands die strukturelle Besonderheit des Fernabsatzes dar.[736] Ähnlich zeigt sich die Lage bei außerhalb von Geschäftsräumen geschlossenen Verträgen, bei denen der Verbraucher entweder überhaupt kein Muster zu Prüfzwecken bekommt oder dies typischerweise nur übereilt und überrumpelt prüfen darf. „Was [der Verbraucher] in einem Geschäft tun dürfte",[737] ist also bei strikter Betrachtung auch nach Vertragsschluss nicht möglich, da noch keine notwendigen Vorführgeräte und -gegenstände zur Verfügung stehen. Anders als bei Suchgütern sind die Prüfung und das Ausprobieren hierbei nicht einfach auf einen späteren Zeitpunkt (nach Vertragsschluss und Lieferung) verschiebbar.

Wie soll das Kriterium des Kaufs im konventionellen stationären Einzelhandel bei Erfahrungsgütern angewendet werden? Sollte die Kaufsache selbst die Funktion des Prüfungsmusters mit übernehmen?

Man könnte für eine strenge Auslegung plädieren und argumentieren, der Käufer habe mit dem gekauften Objekt nur so umzugehen und es nur so in Augenschein zu nehmen, wie es in einem Ladengeschäft mit denselben Kaufsachen möglich wäre. Dürfen die Verbraucher im traditionellen Handel nicht die einzelnen zum Verkauf angebotenen Objekte, sondern nur Testobjekte prüfen, darf der Käufer, der die gleichen Waren über das Internet oder auf einer Kaffeefahrt erwirbt, ebenso wenig die Kaufsachen selbst prüfen bzw. ausprobieren.

---

735 *Ring*, Wertminderung infolge bestimmungsgemäßer Ingebrauchnahme nach § 357 Abs. 3 BGB, in: Dauner-Lieb/Konzen/Schmidt (Hrsg.), Das neue Schuldrecht in der Praxis, S. 358; *Mankowski*, Beseitigungsrechte, S. 899; MünchKommBGB/*Wendehorst* § 312e RnNr. 8, 9.

736 Schlussanträge der Generalanwältin *Trstenjak* v. 18.2.2009 – Rs. C-489/07 *Messner*, Nr. 46; *Schinkels*, Fernabsatzverträge (§§ 312b bis 312d, 241a, 355 ff. BGB), in: Gebauer/Wiedmann (Hrsg.), Zivilrecht unter europäischem Einfluss. Die richtlinienkonforme Auslegung des BGB und anderer Gesetze. Kommentierung der wichtigsten EU-Verordnungen, 2. Aufl. Stuttgart u.a. 2010, S. 300.

737 Erwägungsgrund Nr. 47 S. 3 Verbraucherrechte-RL.

Nach dieser Auffassung dürfte jedoch der Käufer meistens nichts weiter tun, als den Kaufgegenstand besichtigen und ggf. die Angaben auf der Verpackung oder das Prospekt lesen. Die angebotenen Prüfmöglichkeiten wären damit viel begrenzter als im Ladengeschäft, wo das Vorführgerät bereitgestellt wäre. Diese Betrachtung gerät freilich in Widerspruch zum Ziel des Widerrufsrechts, eine informierte Vertragsentscheidung des Verbrauchers unter gleichen Bedingungen wie im konventionellen stationären Einzelhandel zu ermöglichen.[738] Daher sollte sie m. E. nicht angenommen werden.

Die bezweckte Gleichstellung des Vertragsschlusses im Fernabsatz und außerhalb von Geschäftsräumen mit jenem im stationären Einzelhandel lässt sich nur mithilfe einer weiteren Auslegung des Begriffs „Prüfung und Ausprobieren der Kaufsache" erreichen.[739] Der jeweilige Kaufgegenstand sollte die Rolle des Vorführgeräts bzw. -gegenstands im Ladenlokal übernehmen. Zur Feststellung seiner Beschaffenheit, Eigenschaften und Funktionsweise bzw. Funktionstüchtigkeit darf der Käufer anstelle eines Probierstücks die gekaufte Ware selbst heranziehen und damit so umgehen, wie er mit dem Vorführgerät bzw. -gegenstand im Ladengeschäft umgehen würde. Er soll in der Lage sein, sich durch Probieren einen Eindruck zu verschaffen, der dem Eindruck beim Ladenkauf möglichst gleichkommt.[740] Unter die erlaubte Prüfung fallen folglich neben dem Auspacken und der Inaugenscheinnahme der Kaufsache am häufigsten ihre Montage, Installation und Bereitstellung zur Nutzung sowie eine zumindest kurzzeitige Inbetriebnahme bzw. Ingebrauchnahme oder ausnahmsweise der Teilverbrauch.[741] Die daraus entstehenden Verschmutzungen,

---

738 Siehe oben, Kapitel 5.A.III.1.

739 *Ring*, Wertminderung infolge bestimmungsgemäßer Ingebrauchnahme nach § 357 Abs. 3 BGB, in: Dauner-Lieb/Konzen/Schmidt (Hrsg.), Das neue Schuldrecht in der Praxis, S. 358; *Alexander*, JR 2011, 415 ff., 420 f.; *Föhlisch*, MMR 2011, 26 f., 26.

740 *Derleder*, Kurzkommentar BGH, 3.11.2010 – VIII ZR 337/09, EWiR 2011, 41 f., 41.

741 Vgl. Schlussanträge der Generalanwältin *Trstenjak* v. 18.2.2009 – Rs. C-489/07 *Messner*, Nr. 46 f.; *Rott*, VuR 2001, 78 ff., 81; *Mankowski*, Beseitigungsrechte, S. 898 f.; *Ring*, Wertminderung infolge bestimmungsgemäßer Ingebrauchnahme nach § 357 Abs. 3 BGB, in: Dauner-Lieb/Konzen/Schmidt (Hrsg.), Das neue Schuldrecht in der Praxis, S. 356 ff.; *Ballhausen*, K&R 2009, 704 ff., 705; *Schinkels*, ZGS 2009, 539 ff., 540 ff.; *Schinkels*, Fernabsatzverträge, in: Gebauer/Wiedmann (Hrsg.), Zivilrecht unter europäischem Einfluss, S. 300; *Wendehorst*, NJW

Gebrauchsspuren und Substanzverluste des Kaufgegenstands, die sonst an Vorführgeräten und -gegenständen verursacht würden, dürfen das Prüfungs- und Ausprobierrecht nicht einschränken.

cc) Beispiele

So darf der Verbraucher einen Fernseher oder einen Computer zwecks Erprobung anschließen und kurzfristig in Betrieb nehmen, nicht jedoch mehrere Stunden lang laufen lassen.[742] Im Fall eines Computerkaufs ist eine kurzzeitige prüfende Nutzung des Internetzugangs erlaubt,[743] nicht aber das Abrufen und Beantworten von E-Mails.[744] Mit einer Kaffeemaschine kann man zu Hause einen Espresso brühen und in Ruhe trinken.[745] Einen Heizstrahler darf der Verbraucher außerdem zumindest einmalig eine kurze Zeit lang laufen lassen.[746] Im Fall eines Autoradiokaufs kann man das Gerät auspacken und provisorisch ans Haushaltsnetz anschließen.[747]

Bei anderen Elektrogeräten, wie Küchengeräten (Fritteusen, Toastern usw.)[748] und Rasierapparaten,[749] sind dagegen lediglich das optische Prüfen, das Lesen des Prospekts und ein probeweises Anschließen an eine Stromquelle möglich. Das Gleiche sollte im Fall eines Fahrzeugkatalysators gelten.[750] Auch Computerhardware, wie Speicherbausteine, Grafik-

---

2011, 2551 ff., 2553; wohl auch *Schirmbacher*, BB 2009, 2165 f., 2166; *Föhlisch*, Das Widerrufsrecht im Onlinehandel, S. 346 ff.

742 Insoweit zu Recht OGH VuR 2006, 242, 244.

743 Staudinger/*Kaiser* § 357 Rn. 47.

744 Siehe *Schinkels*, ZGS 2009, 539 ff., 541; *ders.*, Fernabsatzverträge, in: Gebauer/Wiedmann (Hrsg.), Zivilrecht unter europäischem Einfluss, S. 301.

745 *Bartholomä*, Die Systematik des neuen Wertersatzregimes nach Widerruf, NJW 2012, 1761 ff., 1762; Staudinger/*Kaiser* § 357 Rn. 47.

746 Vgl. KG GRUR-RR 2008, 352, 354.

747 Vgl. KG GRUR-RR 2008, 131, 133, das darüber hinaus ein Einbauen in das Fahrzeug als zulässig erachtet, was jedoch im traditionellen Handel m. E. wohl ungewöhnlich ist.

748 *Kaestner/Tews*, WRP 2005, 1335 ff., 1348; *Föhlisch*, Das Widerrufsrecht im Onlinehandel, S. 348; *Buchmann/Föhlisch*, K&R 2011, 433 ff., 437; *Lakkis*, Das Messner-Urteil des EuGH und seine Auswirkungen auf das deutsche Recht, in: FS Scheuing, S. 586.

749 Siehe AG Backnang K&R 2009, 747, 747.

750 Siehe aber AG Berlin-Lichtenberg MMR 2013, 99.

und Sound-Karten, darf man nicht in den eigenen Rechner fest einbauen.[751]

Nach einem Fahrzeugkauf darf der Käufer ein rotes Kennzeichen oder Kurzzeitkennzeichen nach § 16 FZV ausstellen lassen, um zumindest für wenige Stunden eine Probefahrt im öffentlichen Verkehrsraum durchzuführen.[752]

Der Käufer eines Buchs darf seine Umhüllung aufreißen und dies durchblättern.[753] Geknickte Seiten und Buchrücken gehen indes über die zweckmäßige Prüfung hinaus.[754]

Bei Lebensmitteln und Getränken ist dennoch schon das Aufreißen der Verpackung dem Verbraucher in der Regel nicht gestattet, wie es auch im Ladengeschäft nicht möglich ist Verpackungen, Dosen und Flaschen zu Prüfzwecken zu öffnen.[755] Fast ausnahmslos soll übrigens hier die Ausschlussregel von Art. 16 e) Verbraucherrechte-RL bzw. Art. 40 III a) GEK eingreifen. Danach erlischt das Widerrufsrecht, wenn versiegelte Waren vom Verbraucher entsiegelt wurden und daher aus Gründen des Gesundheitsschutzes oder aus Hygienegründen nicht mehr zur Rückgabe geeignet sind.[756] Selbst wenn der Kunde einer Weinkellerei mehrere Weine verkos-

---

751 *Kaestner/Tews*, WRP 2005, 1335 ff., 1346; *Buchmann/Föhlisch*, K&R 2011, 433 ff., 437.

752 Siehe *Schinkels*, Fernabsatzverträge, in: Gebauer/Wiedmann (Hrsg.), Zivilrecht unter europäischem Einfluss, S. 302; *Alexander*, Anmerkung zu BGH, 3.11.2010 – VIII ZR 337/09, JR 2012, 29 f., 30; Staudinger/*Kaiser* § 357 Rn. 47.

753 *Junker*, jurisPR-ITR 3/2011 Anm. 4 unter C; MünchKommBGB/*Wendehorst* § 312e RnNr. 8. Immer häufiger stellen Verkäufer oder Verlagshäuser einige Buchseiten als „Leseprobe" online zur Verfügung. Dies sollte jedoch nicht immer als ausreichende Prüfmöglichkeit gelten. Zumindest bei Kunstbüchern, wo die Papier- und Druckqualität einen wichtigen Aspekt darstellt und nur aus der Nähe gehörig nachgeprüft werden kann, bleibt m. E. das Durchblättern eines körperlichen Exemplars weiter entscheidend.

754 *Brönneke*, MMR 2004, 127 ff., 132; *Föhlisch*, Das Widerrufsrecht im Onlinehandel, S. 349.

755 *Kaestner/Tews*, WRP 2005, 1335 ff., 1348; *Föhlisch*, Das Widerrufsrecht im Onlinehandel, S. 349; *Derleder*, EWiR 2011, 41 f., 42; *Junker*, in: jurisPK-BGB § 312e Rn. 13; differenzierend Staudinger/*Kaiser* § 357 Rn. 48.

756 Zur Reichweite dieses Ausschlusstatbestandes *Föhlisch/Dyakova*, MMR 2013, 71 ff., 72. Vgl. ähnliche Bestimmungen zu Ton- bzw. Videoaufnahmen und Computersoftware in Art. 16 i) Verbraucherrechte-RL bzw. Art. 40 III c) GEK; zu Waren, die nach Lieferung aufgrund ihrer Beschaffenheit untrennbar mit anderen Gütern vermischt wurden, wie Brennstoff (Erwägungsgrund Nr. 49 S. 4 Verbraucherrechte-RL), in Art. 16 f) Verbraucherrechte-RL bzw. Art. 40 III b) GEK.

ten kann, soll der Fernabsatzkäufer sein Widerrufsrecht eher verlieren, wenn er die bestellten Flaschen entkorkt und den Wein zu Hause probiert.[757] Im Fall des Kaufs eines Parfüms kann man sich aber m. E. nicht auf solche Hygienegründe berufen. Wohl darf der Verbraucher dann die Cellophanhülle zerreißen und sich nur einmal mit dem Inhalt des Flakons besprühen.

dd) Die Wasserbett-E

Was aufzubauende Möbel betrifft, sollen die Erwägungen des BGH[758] aus dem Jahr 2010 der Sache nach auch unter Art. 14 II Verbraucherrechte-RL und Art. 45 III GEK Geltung beanspruchen.[759] Dabei kam der BGH bei der Auslegung von § 357 III 2 BGB a.F. zum Schluss, der Verbraucher, der im Fernabsatz ein Wasserbett gekauft, aufgebaut und mit Wasser befüllt habe, schulde keinen Wertersatz, obwohl es dadurch zu einem erheblichen Wertverlust gekommen sei.[760] Sämtliches Vorgehen des Käufers sei für die Prüfung der Kaufsache notwendig gewesen.[761]

Der BGH nahm zunächst an, eine Prüfung umfasse auch eine Ingebrauchnahme der Sache, falls sie zu Prüfzwecken erforderlich sei.[762] Für den Kauf im Ladengeschäft sei ferner typisch, dass zumindest aufgebaute Musterstücke ausgestellt seien, die die Kunden ausprobieren können. Da diese Prüfung von Musterstücken bei einem Vertragsabschluss im Fernabsatz nicht möglich sei, sei ein Widerrufsrecht vom Gesetzgeber vorgesehen.[763] Dürfte der Verbraucher das Möbelstück, das er im Fernabsatz ge-

---

757 Vgl. LG Potsdam MMR 2011, 171, 171.

758 BGH NJW 2011, 56, 58 f.; dazu *Derleder*, EWiR 2011, 41 f.; *Faust*, Schuldrecht: Widerruf eines Fernabsatzgeschäfts, JuS 2011, 259 ff.; *Schinkels*, Anmerkung zu BGH, 3.11.2010 – VIII ZR 337/09, LMK 2011, 312902.

759 Wohl a. A. *Weller*, Kapitel 4: Widerrufsrecht bei Fernabsatz- und Haustürgeschäften, in: Schmidt-Kessel (Hrsg.), Ein einheitliches europäisches Kaufrecht?, S. 167; zurückhaltend *Looschelders*, Informationspflichten des Unternehmers und Widerrufsrecht des Verbrauchers, in: Remien/Herrler/Limmer (Hrsg.), Gemeinsames Europäisches Kaufrecht für die EU?, S. 139.

760 Wiederverkäuflich war nämlich nur die Heizung des Wasserbetts, deren Wert 258 EUR betrug. Der Kaufpreis des Wasserbetts war dagegen 1.256 EUR; BGH NJW 2011, 56, 56.

761 BGH NJW 2011, 56, 57.

762 BGH NJW 2011, 56, 58.

763 BGH NJW 2011, 56, 58.

kauft habe, nicht auspacken, aufbauen und ausprobieren, könnte er sich keinen Eindruck davon machen wie im Präsenzhandel. Um dieses Defizit auszugleichen, solle die Prüfung bei zerlegt ausgelieferten Möbeln „das Auspacken und den Aufbau der Möbelstücke [voraussetzen], gegebenenfalls auch das Aufblasen, Aufpumpen oder sonstige Befüllen mit einem Füllmedium, wie hier das Befüllen der Matratze mit Wasser“.[764]

Der BGH hob damit hervor, dass das im Ladengeschäft Tunliche nicht der alleinige Prüfungsmaßstab sein muss; um dieselbe Erfahrung wie bei einer Prüfung im Einzelhandel zu erzielen, darf der Verbraucher ggf. über das im Ladengeschäft Mögliche hinausgehen.[765] Der BGH nimmt damit die strikte Auslegung vom Kriterium des Ladengeschäfts unter die Lupe und findet diese zu Recht unzulänglich. Darum versucht er das betreffende Kriterium sogleich zu relativieren.

All dies erweist sich allerdings m. E. als eine unnötig komplizierte Betrachtung, die sich übrigens mit der Rechtslage der Verbraucherrechte-RL und des GEK kaum verträgt. Der EU-Gesetzgeber geht in Erwägungsgrund Nr. 47 Verbraucherrechte-RL von einer Ausschließlichkeit des Kriteriums des konventionellen stationären Einzelhandels aus. Immerhin soll jedoch der Käufer in die Lage versetzt werden, die Beschaffenheit, die Eigenschaften und die Funktionsweise bzw. Funktionstüchtigkeit der Kaufsache festzustellen (Art. 14 II Verbraucherrechte-RL; Art. 45 III GEK). Wie oben dargestellt, bestimmt sich, was man in einem Geschäftsladen tun darf, nicht durch alleinige Betrachtung des zulässigen Umgehens mit den einzelnen zum Kauf angebotenen Erzeugnissen, sondern unter Bezugnahme auf alle im konventionellen Handel gebotenen Möglichkeiten. Unter diesen Möglichkeiten fällt auch die Ausstellung bereits aufgebauter, installierter, montierter usw. Vorführgeräte und -gegenstände, die zur Nutzungsprobe zur Verfügung stehen.

c) Vertrauensgüter

aa) Begriff

Unter Vertrauensgütern versteht man solche Güter, deren entscheidende Qualitäten selbst nach Vertragsschluss und -erfüllung nur schwer oder in

764 BGH NJW 2011, 56, 58.

765 Vgl. in diesem Sinne Staudinger/*Kaiser* § 357 Rn. 46.

sehr geringem Maße feststellbar sind.[766] Neben Dienstleistungen,[767] die in diesem Kapitel nicht interessieren, gehören zu Vertrauensgütern Nahrungsergänzungsmittel, z. B. Vitamintabletten, und Arzneimittel. Denn selbst nach planmäßigem Absetzen eines Medikaments kann es oft für einen gewissen Zeitraum unklar sein, ob die bezweckten Heilwirkungen tatsächlich – und in welchem Maße – erzielt worden sind.

Im konventionellen Präsenzhandel besitzt der Käufer weder vor noch nach Kauf und Lieferung die Möglichkeit, die Ware auszuprobieren.[768] Um eine möglichst effektive und zweckdienliche geschäftliche Entscheidung zu treffen, hat man sich also je nach Einzelfall auf sonstige Faktoren zu verlassen, wie auf wissenschaftliche bzw. technische Beratung vor Vertragsschluss, auf das Unternehmensprofil des Verkäufers oder auf seine Reputation am Markt.[769]

bb) Anwendung

Ebenso wenig umfassend soll das Prüfungsrecht des Verbrauchers während der Widerrufsfrist beim Kauf von Vertrauensgütern im Fernabsatz und außerhalb von Geschäftsräumen sein.[770] Ferner würde sich die normale vierzehntägige Widerrufsfrist zumeist als zu kurz erweisen, um eine sichere Schlussfolgerung für den Kauf zu ermöglichen.[771]

Die fehlende unmittelbare persönliche Fachberatung, die im konventionellen Handelsverkehr sehr üblich ist, lässt sich durch neue Kommunikationsmedien weitgehend ersetzen.[772] Selbst wenn dies aber nicht immer der Fall ist, vermag eine fehlende oder unzureichende Beratung m. A. nach

---

766 *Darby/Karni*, J. Law & Econ. 16 (1973) 67 ff., 68 f.; *Eidenmüller*, AcP 210 (2010), 67 ff., 74 f.

767 Siehe oben, Kapitel 2.A.II.2.

768 *Eidenmüller*, AcP 210 (2010), 67 ff., 74; vgl. *Schulze*, in: Schulze, BGB § 357 Rn. 9.

769 Vgl. *Darby/Karni*, J. Law & Econ. 16 (1973) 67 ff., 86; *Eidenmüller*, AcP 210 (2010), 67 ff., 90.

770 *Lakkis*, Das Messner-Urteil des EuGH und seine Auswirkungen auf das deutsche Recht, in: FS Scheuing, S. 580.

771 Vgl. *Eidenmüller*, AcP 210 (2010), 67 ff., 74, 80.

772 Vgl. zum Vertrieb von Arzneimitteln EuGH v. 11.12.2003 – Rs. C-322/01 *Deutscher Apothekerverband*, EU:C:2003:664, Rn. 113 ff.; zum Vertrieb von Kontaktlinsen EuGH v. 2.12.2010 – Rs. C-108/09 *Ker-Optika*, EU:C:2010:725, Rn. 63 ff.

nicht ein weiteres Prüfungs- und Ausprobierrecht zu rechtfertigen. Denn die Beratung lässt sich kaum durch erweiterte Prüfmöglichkeiten ersetzen.

Am oben genannten Beispiel der Nahrungsergänzungs- und Arzneimittel darf man demgemäß zu Hause genau wie in der Apotheke bzw. der Drogerie die Packungen ansehen und wohl auch die Packungsbeilage lesen, nicht jedoch ein paar Vitamintabletten einnehmen, um ihren Geschmack zu testen. Bei vielen Präparaten geht ferner ein teilweiser Verbrauch des Produkts nicht nur über die Prüfung hinaus, sondern führt vielmehr zum Erlöschen des Widerrufsrechts gemäß Art. 16 e) Verbraucherrechte-RL bzw. Art. 40 III a) GEK.[773]

3. Vielfalt von Verkaufsstrategien

Dem Kriterium des konventionellen stationären Einzelhandels wird häufig vorgeworfen, es beruhe auf der falschen Prämisse einer gleichmäßigen Prüfmöglichkeit im gesamten Präsenzhandel und lasse die bestehenden Unterschiede in der Präsentation der Kaufwaren in Ladengeschäften unbeachtet.[774]

Zugegebenermaßen können die Prüfmöglichkeiten der Kunden je nach Ausstattung des Ladens und Preisniveau der Waren beträchtlich variieren. Dies gilt insb. beim Kauf von Erfahrungsgütern, bei denen die Zahl und Vielfalt der ausgestellten Vorführgeräte und -gegenstände zwischen einem gehobenen luxuriöseren Fachgeschäft und einem günstigeren Discountmarkt in der Tat sehr oft abweicht.

---

773 Im alten deutschen Recht war die Auffassung verbreitet, Medikamente seien aus Gründen der Arzneimittelsicherheit nicht für eine Rücksendung geeignet, unabhängig davon, ob geöffnet oder nicht; demgemäß bestehe ein Widerrufsrecht nach § 312d IV Nr. 1 BGB a.F. nicht; *Mand*, Widerrufsrecht gegenüber Versandsapotheke, NJW 2008, 190 ff., 191; LG Halle MMR 2013, 711, 711 f.; a. A. AG Köln NJW 2008, 236, 236; AG Köln VuR 2014, 273, 274. Angesichts der Voraussetzung der Entfernung der „Versiegelung“ gemäß Art. 16 e) Verbraucherrechte-RL bzw. Art. 40 III a) GEK darf m. E. dieser pauschalen Meinung nicht weiter gefolgt werden; vgl. dazu *Föhlisch*, Anmerkung zu LG Halle, 8.1.2013 – 8 O 105/12, MMR 2013, 712 ff., 713 f.

774 *Föhlisch*, Das Widerrufsrecht im Onlinehandel, S. 347; *ders.*, NJW 2011, 30 ff., 32; *Buchmann*, Kommentar zu BGH, 3.11.2010 – VIII ZR 337/09, K&R 2011, 42 f., 43; Staudinger/*Kaiser* § 357 Rn. 48.

Maßgebliche Unterschiede in der Präsentation und Prüfmöglichkeit sind z. B. im konventionellen Handel von Büchern, Kosmetika oder Elektrogeräten zu bemerken.[775] Diese Produkte werden freilich auch im Fernabsatz und – in kleinerem Ausmaß – außerhalb von Geschäftsräumen durch diverse Unternehmenstypen vertrieben.

Zur Lösung solcher Fälle sollte man m. E. vor allem die Wirtschaftsfreiheit des jeweiligen Verkäufers respektieren. Eine Ansicht, die auf ein möglichst weitgehendes Prüfungsrecht im Einzelhandel abstellte, wäre daher abzulehnen. Denn die Verkäufer müssen bei den hier besprochenen Betriebsformen ebenso wie im klassischen Einzelhandel über die eigene Verkaufsstrategie entscheiden können.[776]

Dazu müssen sie die Möglichkeit behalten, ihren Kunden selbst konkrete Hinweise zu Grenzen des Prüfungs- und Ausprobierrechts zu geben.[777] Vorausgesetzt ist allein, dass die Hinweise im Rahmen des im konventionellen Handel Üblichen bleiben. Es bleibt also ohne Belang, ob die empfohlenen Prüfungsgrenzen nur den Gewohnheiten eines kleineren, preisgünstigen Segments des traditionellen Handels entsprechen.

Verfehlt der Verkäufer, die Prüfmöglichkeiten dermaßen zu konkretisieren, sollte er selbst die Gefahr aus einer im stationären Handel geduldeten weiteren Prüfung tragen. Schon aus praktischen Gründen sollte der Rechtsanwender m. E. nicht auf die Suche nach verschiedenen Anhaltspunkten gehen müssen, die die Verkaufsstrategie des jeweiligen Verkäufers vermutlich feststellen lassen können. Der hohe oder niedrige Preis mag häufig ein nützliches Indiz sein. [778] Jedoch gewähren auch gehobene Ladengeschäfte gelegentlich beachtliche Preisnachlässe, ohne die weitgehenden Prüfmöglichkeiten einzugrenzen, die sie in ihren Räumlichkeiten anbieten. Vielmehr ist deshalb nach einer üblichen Prüfmöglichkeit im stationären Handel zu fragen, wenn der Verkäufer innerhalb des zulässigen Rahmens keine konkreten Hinweise zum Prüfungs- und Ausprobierrecht des Verbrauchers gibt.

---

775 Vgl. BeckOK/*Müller-Christmann* BGB § 357 [30. Edition] Rn. 20; MünchKommBGB/*Wendehorst* § 312e RnNr. 9.

776 MünchKommBGB/*Wendehorst* § 312e RnNr. 9.

777 MünchKommBGB/*Wendehorst* § 312e RnNr. 9; vgl. *Ehlen*, Nutzungsersatz im kaufvertraglichen Mängelgewährleistungs- und Widerrufsrecht, Hamburg 2012, S. 127; Staudinger/*Thüsing* § 312e Rn. 17; wohl a. A. *Loos*, The case for a uniform and efficient right of withdrawal from consumer contracts in European Contract Law, ZEuP 2007, 5 ff., 15.

778 So *Föhlisch*, NJW 2011, 30 ff., 32.

IV. Umsetzung ins deutsche Recht

Der Formulierung von Art. 14 II 1 Verbraucherrechte-RL folgend sieht § 357 VII Nr. 1 BGB vor, dass Wertersatz für einen Wertverlust der Ware geschuldet ist, wenn dieser „auf einen Umgang mit den Waren zurückzuführen ist, der zur Prüfung der Beschaffenheit, der Eigenschaften und der Funktionsweise der Waren nicht notwendig war“. Da die Umsetzungsvorschrift die drei Begriffe der Richtlinie „Beschaffenheit“, „Eigenschaften“ und „Funktionsweise“ statt derjenigen des Art. 45 III 1 GEK verwendet, gelten hier ebenfalls die dazu oben gemachten Bemerkungen.[779]

B. Zum Ersatz verpflichtende Erstattungsunmöglichkeit und Wertminderung

I. Allgemeine Bemerkungen

Die Verbraucherrechte-RL bzw. das GEK haben nicht den Zweck, dem Käufer einen Freibrief für einen unvorsichtigen Umgang mit dem Kaufgegenstand während der Widerrufsfrist zu geben.[780] Überschreitet der Käufer die Grenzen seines Prüfungs- und Ausprobierrechts, schreiben Art. 14 II Verbraucherrechte-RL bzw. Art. 45 III GEK keinen Ausschluss des Widerrufsrechts vor, sondern eine Ersatzpflicht für den daraus entstehenden Wertverlust. Die Ersatzpflicht tritt an die Stelle der Rückerstattungspflicht, falls die Rückgabe der Sache unmöglich ist, oder wird an sie gekoppelt, falls die Rückgabe möglich bleibt, die Sache aber eine Wertminderung erlitten hat.

II. Voraussetzungen der Wertersatzpflicht

Die Entstehung der Haftung des Käufers ist von der Erfüllung mehrerer Voraussetzungen abhängig, nämlich dem übermäßigen Umgang mit der Kaufsache (unter 1.), dem entstandenen Wertverlust (unter 2.), dem Kausalzusammenhang zwischen diesen beiden (unter 3.) und der vorherigen

---

779 Siehe oben, Kapitel 5.A.II.
780 *Grundmann*, JZ 2013, 53 ff., 59.

Aufklärung des Verbrauchers über sein Widerrufsrecht durch den Verkäufer (unter 4.).

1. Übermäßiger Umgang mit der Kaufsache

Erstens ist vorausgesetzt, dass der Käufer beim Umgang mit der Kaufsache über sein Prüfungs- und Ausprobierrecht hinausgegangen ist.[781]

Im Erwägungsgrund Nr. 47 S. 4 Verbraucherrechte-RL kommt der Richtliniengeber anhand des begrenzten Prüfungsrechts des Käufers zu dem Schluss, dass Letzterer die Waren „während der Widerrufsfrist mit der *gebührenden Sorgfalt* behandeln und in Augenschein nehmen" muss.[782]

Aus dieser Begründung, die für das GEK ebenso maßgebend sein sollte,[783] ist eine allgemeine Sorgfaltsverbindlichkeit des Käufers herzuleiten. Demzufolge ist er zu jeglichen Handlungen und Unterlassungen verpflichtet, die den bestehenden Zustand der Sache nach zulässiger Ausübung des Prüfungs- und Ausprobierrechts bewahren. Die gebotene Sorgfalt umfasst den gesamten „Umgang" des Käufers mit der Ware. Etwas greifbarer ist hierbei vielleicht die Formulierung der englischen Sprachfassung, bei der die Rede vom „handling of the goods" (Handhabung bzw. Behandlung der Waren) ist.

Die Sorgfaltspflicht erlegt dem Käufer vor allem eine Pflicht auf, jede übermäßige, d. h. über eine Prüfung hinausgehende, Nutzung der Ware zu unterlassen.[784] Sind also die Grenzen des Prüfungs- und Ausprobierrechts bereits erreicht worden, soll der Käufer nun von einer weiteren Handhabung und Verwendung der Sache absehen, die eine Werteinbuße mit sich brächte.

Darüber hinaus kann aber ein positives Tun des Käufers geboten sein. So hat der Käufer die Sache bis zur Rückgabe gehörig aufzubewahren, um sie vor einer Schädigung zu schützen. Für den sachgemäßen Schutz sind die Eigenschaften der jeweiligen Sachen maßgeblich, wie ihre Fragilität

781 Zu dessen Grenzen siehe oben, Kapitel 5.A.III.2.
782 Hervorhebung durch den Verfasser.
783 Vgl. oben, Kapitel 5.A.III.1.
784 Siehe Erwägungsgrund Nr. 47 S. 1.

(z.B. bei elektronischen Geräten) oder ihre Empfindlichkeit gegenüber Feuchtigkeit, Licht bzw. Wärme (z. B. bei Lebensmitteln).[785]

Unter Art. 14 II Verbraucherrechte-RL bzw. Art. 45 III GEK könnte m. M. nach schließlich auch die Haftung des Käufers für bestimmte Handlungen anderer Personen fallen. Denn aus der Verbindlichkeit des Käufers, die notwendige Sorgfalt anzuwenden, um den bestehenden Zustand der Sache aufrecht zu erhalten, leitet sich eben auch die Pflicht her, die Sache so weit wie möglich von drittverursachten Schäden zu schützen. Außerdem erstreckt sich die Sorgfaltspflicht des Käufers zeitlich regelmäßig nicht länger als auf 28 Tage.[786]

Zu unterstützen ist daher die Haftung des Käufers für das Handeln von Personen, die realistische und voraussehbare Möglichkeiten haben, mit der Kaufsache vor ihrer Rückgabe in Kontakt zu kommen, wie Familienmitglieder oder Mitglieder einer Wohngemeinschaft. Eine Haftung für die Handlungen von beaufsichtigten oder Hilfspersonen lässt sich darüber hinaus nach den allgemeinen nationalen Zivilrechten begründen. Dieser Aspekt gehört ja zu den Materien des „allgemeinen innerstaatlichen Vertragsrechts" laut Art. 3 V Verbraucherrechte-RL und wird nicht unter den in Erwägungsgrund Nr. 26 GEK-VO-E aufgeführten Regelungsbereichen subsumiert.

Ein – untechnisch zu verstehendes – Vertretenmüssen des Käufers ist nach alledem die erste Voraussetzung seiner Haftung für Wertminderungen. Darunter fallen der übermäßige Umgang mit der Kaufsache und jeder Verstoß gegen seine Sorgfaltsverbindlichkeit beim Aufbewahren der Sache.

2. Wertverlust der Kaufsache

Zweitens ist zur Haftungsentstehung der Eintritt eines „Wertverlusts" an der Kaufsache erforderlich. Dieser wohl weite Begriff, den Art. 14 II 1 Verbraucherrechte-RL bzw. Art. 45 III 1 GEK benutzen, erfasst sowohl

785 Leicht verderbliche Produkte wie solche mit schnell überschreitbarem Verfallsdatum werden dagegen vom Widerrufsrecht ausgeschlossen; Art. 15 d) Verbraucherrechte-RL bzw. Art. 40 II (e) GEK.

786 Siehe Art. 9 I, II b); Art. 42 I (a) bis (d) GEK i.V.m. Art. 14 I Verbraucherrechte-RL; Art. 45 I GEK.

einen Total- als auch einen Teilwertverlust der Kaufsache.[787] Darunter fallen also die Unmöglichkeit der Rückerstattung der Sache und jegliche Minderung ihres Werts, wenn sie weiter rückgabefähig ist.

a) Unmöglichkeit der Rückgabe

Eine Erstattungsunmöglichkeit entsteht vor allem nach gänzlichem Verbrauch, Verloren- oder Zugrundegehen der Kaufsache. Naturgesetzlich scheidet dann eine Rückerstattung aus. Unmöglich kann aber die Herausgabe auch wegen rechtlicher Gründe werden, wie Maßnahmen der Zwangsvollstreckung und des Insolvenzverfahrens.[788]

Weniger klar einzuordnen ist der Fall der vertraglichen Veräußerung, entweder durch den Käufer selbst oder auch durch nichtberechtigte Dritte, wenn dies vom anwendbaren nationalen Sachenrecht vorgesehen ist. Ein Zurückerwerb der Sache, der dem ursprünglichen Käufer ihre Rückgewähr ermöglicht, kann freilich nicht ausgeschlossen werden. Dabei ist aber der kurzen vierzehntägigen Rückgabefrist nach Art. 14 I 1 Verbraucherrechte-RL bzw. Art. 45 I 1 GEK Rechnung zu tragen. Erscheint die Rückgabe der Sache binnen dieser Frist äußerst fraglich, ist wohl eine Erstattungsunmöglichkeit vonseiten des Käufers zu bejahen.

Die Belastung der Sache mit Rechten Dritter sollte schließlich nur dann zur Unmöglichkeit der Erstattung führen, wenn sich der Dritte der Rückgabe widersetzen darf. Dies ist der Fall insb. bei Besitzpfandrecht in den meisten nationalen Rechtsordnungen, aufgrund derer der Gläubiger die Sache in seinen physischen Besitz nimmt und behält.[789]

b) Unangemessenheit der Rückgabe

Eine Unmöglichkeit im weiteren Sinne kann indes auch dann vorliegen, wenn die Kaufsache zwar *in natura* herausgegeben werden könnte, dies

---

787 *Bartholomä*, NJW 2012, 1761 ff., 1763; a. A. *Lurger*, Widerrufsrechte, in: P. Bydlinski/Lurger (Hrsg.), Die Richtlinie über die Rechte der Verbraucher, S. 80 (der Fall des kompletten Untergangs bzw. Konsums werde nicht geregelt).

788 *Föhlisch*, Das Widerrufsrecht im Onlinehandel, S. 333.

789 Siehe dazu *Drobnig*, Mobiliarsicherheiten, in: Basedow/Hopt/Zimmermann (Hrsg.), Handwörterbuch des Europäischen Privatrechts II, S. 1083 f.

aber einen außergewöhnlich hohen Aufwand erfordern würde und sich deswegen als übermäßig schwierig zeigt. Genauer gesagt handelt es sich dann um eine Unangemessenheit der Rückgabe.[790]

Als Ausgangspunkt für die Feststellung einer Unangemessenheit kann die Belastung des Käufers mit Kosten bzw. Arbeitsaufwand zwecks einer *in natura* Rückerstattung genommen werden. Übersteigen diese Kosten den Wert der Kaufware, ist eine Unangemessenheit m. A. nach zu bejahen. Hier ist mit zu berücksichtigen, dass der Verkäufer in aller Regel kein besonderes Interesse haben wird, sich den bestimmten Kaufgegenstand als solchen erstatten zu lassen. Die große Mehrheit der Sachen, die im Fernabsatz oder außerhalb von Geschäftsräumen abgesetzt werden, besteht aus Konsumgütern, die in Massen hergestellt und gehandelt werden und daher leicht von Unternehmern (wieder) beschafft werden können. Nach Kundenspezifikation angefertigte oder eindeutig auf persönliche Bedürfnisse zugeschnittene Waren werden übrigens ohne Widerrufsmöglichkeit vertrieben (Art. 16 c) Verbraucherrechte-RL; Art. 40 II d) GEK).

Weiterer Ermessensspielraum besteht vielleicht, wenn die Rückgabe der Kaufsache wegen hohen Arbeitsaufwands unangemessen erscheint, z. B. wenn der Ausbau der Kaufsache schwer auffindbare spezialisierte Fachkräfte erfordert oder sehr zeitaufwendig ist. Im letzten Fall muss man die vierzehntägige Frist zur Erfüllung der Rückgewährpflicht nach Art. 14 I Verbraucherrechte-RL bzw. Art. 45 I GEK berücksichtigen und ggf. von einer Unangemessenheit der Rückgabe ausgehen.

c) Wertminderung

Als Wertminderung, die ebenfalls eine Kategorie des Wertverlusts i.S.v. Art. 14 II Verbraucherrechte-RL bzw. Art. 45 III GEK darstellt, gilt jede quantitative oder qualitative Verschlechterung an der Sache, wie ein teilweiser Verbrauch, Untergang und Verlust oder eine Schädigung, Verarbeitung bzw. sonstige nachteilige Veränderung ihrer Substanz oder Funktionalität, wobei jedoch die Sache selbst weiter zurückgegeben werden

---

790 *Zimmermann*, Rückabwicklung nach Widerruf, in: Eidenmüller/Faust/Grigoleit/Jansen/Wagner/Zimmermann (Hrsg.), Revision des Verbraucher-*acquis*, S. 178; vgl. Art. 173 I 2 GEK: Geldersatz statt Naturrückgabe ist auch dann geschuldet, wenn „die Rückgabe zwar möglich, aber mit unverhältnismäßig hohem finanziellen oder sonstigem Aufwand verbunden [ist]".

kann. Ob die Wertminderung durch eine erste Ingebrauchnahme, einen regulären weiteren Sachgebrauch oder unsachgemäßes, außerordentliches Umgehen verursacht wurde, ist dabei ohne Belang.[791]

Wie der Sachverhalt der *Wasserbett*-E des BGH klarstellt,[792] ist in der Praxis die Grenzlinie zwischen unmöglicher Rückgabe und bloßem Wertverlust nicht immer eindeutig. Obwohl es zu keinem kompletten Verlust kommt, kann die Nutzung in bestimmten Fällen zu nahezu vollständiger Wertminderung der Kaufsache nach der Verkehrsanschauung führen.[793]

Aus dieser Sicht ist die gesetzestechnische Lösung der Verbraucherrechte-RL und des GEK, einen allumfassenden Tatbestand zur Haftung „für einen etwaigen Wertverlust der Waren" zu schaffen, zu begrüßen. Die hierbei vorgeschlagene Differenzierung zwischen Unmöglichkeit bzw. Unangemessenheit der natürlichen Rückerstattung und Wertminderung kann zwar für die praktische Anwendung der Normen nützlich sein. Ihr ist aber keine normative Bedeutung beizumessen.[794]

3. Kausalzusammenhang zwischen Wertverlust und übermäßigem Umgang

Die Wertminderung der Kaufsache muss auf einen zu Prüfzwecken nicht erforderlichen Umgang mit der Sache „zurückzuführen sein", um die Haftung des Verbrauchers aus Art. 14 II Verbraucherrechte-RL bzw. Art. 45 III GEK entstehen zu lassen.[795] Zwischen dem übermäßigen Umgang des Käufers mit der Sache und dem herbeigeführten Wertverlust soll m.a.W. ein Kausalzusammenhang bestehen.[796]

---

791 *Schulze*, in: Schulze (Hrsg.), CESL Commentary Art. 45 Rn. 16; *ders.*, in: Schulze, BGB § 357 Rn. 9 ; *Unger*, ZEuP 2012, 270 ff., 293; vgl. Staudinger/*Kaiser* § 357 Rn. 39.

792 BGH NJW 2011, 56, 56; siehe auch oben, Kapitel 5.A.III.2.b)dd).

793 *Derleder*, EWiR 2011, 41 f., 42; *Föhlisch/Dyakova*, MMR 2013, 71 ff., 75.

794 Vgl. *Leier*, VuR 2013, 457 ff., 459.

795 Vgl. die englische („diminished value […] *resulting from* the handling […] other than what is necessary…") und französische („dépréciation […] *résultant de* manipulations […] autres que celles nécessaires…") Sprachfassung; Hervorhebung durch den Verfasser.

796 Vgl. *Lurger*, Widerrufsrechte, in: P. Bydlinski/Lurger (Hrsg.), Die Richtlinie über die Rechte der Verbraucher, S. 79; *Schulze*, in: Schulze (Hrsg.), CESL Commentary Art. 45 Rn. 16.

Der Richtlinie und dem GEK ist allerdings Näheres zum Kausalitätserfordernis nicht zu entnehmen. Es wäre deswegen lohnend, kurz den Blick auf die Kausalität als Haftungsvoraussetzung in anderen Bereichen des EU-Rechts zu richten. Man könnte daraus Folgerungen ziehen, die bei der Interpretation von Art. 14 II Verbraucherrechte-RL bzw. Art. 45 III GEK von Nutzen sind.

Der EuGH hat sich eingehend mit dem Kausalzusammenhang auseinandergesetzt in seiner Rechtsprechung zur außervertraglichen Haftung der Europäischen Union für Handlungen ihrer Organe aufgrund von Art. 340 II AEUV. Bei der Feststellung des „ursächlichen Zusammenhangs" als Voraussetzung des Schadensersatzes wegen kartellrechtlicher Verstöße blieb dagegen der EuGH zurückhaltend und verwies auf das jeweilige mitgliedstaatliche Recht, das die Modalitäten des Kausalzusammenhangs – unter Beachtung des Äquivalenz- und des Effektivitätsgrundsatzes – selbst zu bestimmen hat.[797]

Nach ständiger Rechtsprechung zu Art. 340 II AEUV bestehe ein Kausalzusammenhang zwischen dem rechtswidrigen Verhalten des Unionsorgans und dem geltend gemachten Schaden, wenn ein hinreichend unmittelbarer ursächlicher Zusammenhang zwischen diesen beiden Elementen vorliege.[798] Gemäß der ausführlicheren Formulierung bestimmter Entscheidungen des EuG müsse das rechtswidrige Verhalten der ausschlaggebende Grund für den Schaden sein.[799] Ein Kausalzusammenhang werde hingegen für jede noch so entfernte nachteilige Folge von Verhaltensweisen der Organe verneint.[800]

797 Siehe EuGH v. 13.7.2006 – Rs. C-295/04 bis C-298-04 *Manfredi u.a.*, EU:C:2006:461, Rn. 64; EuGH v. 5.6.2014 – Rs. C-557/12 *KONE u.a.*, EU:C:2014:917, Rn. 24.

798 EuGH v. 30.1.1992 – Rs. C-363/88 und C-364/88 *Finsider u.a. ./. Kommission*, EU:C:1992:44, Rn. 25; EuGH v. 18.3.2010 – Rs. C-419/08 P *Trubowest Handel und Makarov ./. Rat und Kommission*, EU:C:2010:147, Rn. 53; EuG v. 11.7.1996 – Rs. T-175/94 *International Procurement Services ./. Kommission*, EU:T:1996:102, Rn. 55; EuG v. 10.5.2006 – Rs. T-279/03 *Galileo International Technology u. a./Kommission*, EU:T:2006:121, Rn. 130; EuG v. 19.3.2010 – Rs. T-42/06 *Bruno Gollnisch u.a. ./. Europäisches Parlament*, EU:T:2010:102, Rn. 110.

799 EuG v. 12.12.2000 – Rs. T-210/99 *Royal Olympic Cruises u.a. ./. Rat und Kommission*, EU:T:2000:291, Rn. 26; EuG v. 19.3.2010 – Rs. T-42/06 *Bruno Gollnisch u.a. ./. Europäisches Parlament*, Rn. 110.

800 EuGH v. 18.3.2010 – Rs. 419/08 P *Trubowest Handel und Makarov ./ Rat und Kommission*, Rn. 53; EuG v. 10.5.2006 – Rs. T-279/03 *Galileo International*

Davon kann man sich auch bei Auslegung der hier besprochenen Vorschriften inspirieren lassen. Der ausschlaggebende Grund des Total- oder Teilverlusts der Kaufware soll also auch in den hier besprochenen Fällen die Verletzung der Sorgfaltspflicht auf Seiten des Käufers sein, sei es durch Tun, sei es durch Unterlassen. Da den meisten Fällen eher unkomplizierte Sachverhalte zugrunde liegen, wird die Kausalität in der Praxis zumeist relativ leicht festzustellen oder zurückzuweisen sein.

4. Vorherige Widerrufsbelehrung des Verbrauchers

a) Inhalt der Widerrufsbelehrung

Nach Art. 14 II 2 Verbraucherrechte-RL bzw. Art. 45 III 2 GEK haftet der Verbraucher nicht für den Wertverlust der Waren, wenn er vom Unternehmer nicht gemäß Art. 6 I h) Verbraucherrechte-RL oder Art. 17 I GEK über sein Widerrufsrecht belehrt wurde.

Die Ausgleichspflicht des Käufers entsteht also nicht, wenn der Verkäufer seinen Vertragspartner zum gewährten Widerrufsrecht nicht belehrt hat. Eine ausgefallene oder unrechtmäßige Erfüllung übriger Informationspflichten aus Art. 6 I Verbraucherrechte-RL oder Art. 13 ff. GEK ist dagegen ohne Belang.[801]

Belehrt werden muss der Käufer über die Bedingungen, die Frist und das Verfahren des Widerrufs wie auch die Möglichkeit der Verwendung des Muster-Widerrufsformulars.[802] Unter „Bedingungen" des Widerrufsrechts sind die Rechtsfolgen des Widerrufs zu verstehen.[803] Zu unterrichten ist demgemäß über: die Befreiung beider Parteien von ihrer Vertrags-

---

Technology u. a./Kommission, Rn. 130; EuG v. 19.3.2010 – Rs. T-42/06 *Bruno Gollnisch u.a. ./. Europäisches Parlament*, Rn. 110.

801 Aus dieser Sicht ist die Kritik m. E. kaum nachvollziehbar, der Ausschluss jedes Wertersatzanspruchs stelle eine unangemessene Sanktion für die Verletzung der Belehrungspflicht dar; so aber *Weller*, Kapitel 4: Widerrufsrecht bei Fernabsatz- und Haustürgeschäften, in: Schmidt-Kessel (Hrsg.), Ein einheitliches europäisches Kaufrecht?, S. 168 f. Eine Unangemessenheit läge vielmehr dann vor, wenn der Verkäufer auch bei Verletzung anderer Informationsplichten seinen Wertersatzanspruch verlöre, obwohl diese mit dem Widerrufsrecht überhaupt nicht verbunden sind.

802 Siehe Anhang I.B der Verbraucherrechte-RL und Anlage 2 des GEK.

803 Siehe oben, Kapitel 4.B.II.2.a)aa)α).

bindung, die entstehenden Rückstellungspflichten bezüglich gelieferter Waren und erfolgter Zahlungen, die einschlägigen Leistungsorte und -fristen, das Zurückbehaltungsrecht des Verkäufers und letztlich die Haftung des Käufers für einen über die Prüfung hinausgehenden Wertverlust.

Die Belehrung gilt als rechtmäßig, wenn der Verkäufer das Musterformular in Anhang I.B der Verbraucherrechte-RL und Anlage 2 des GEK ordnungsgemäß ausgefüllt verwendet hat (Art. 6 IV Verbraucherrechte-RL bzw. Art. 17 IV GEK).

Genauere Angaben zu der voraussichtlichen Höhe einer Wertersatzpflicht stoßen an Kalkulationsschwierigkeiten und die unterschiedlichen Verkehrsanschauungen jedes Marktes. Sie sind daher m. E. zu Recht nicht geboten.[804]

Nicht erforderlich im Rahmen von Art. 14 II 2 Verbraucherrechte-RL bzw. Art. 45 III 2 GEK ist darüber hinaus m. M. nach die Aufklärung des Verbrauchers über seine Belastung mit den Rücksendekosten nach Art. 14 I 3 Art. 45 II GEK. Zum einen ist die einschlägige Informationspflicht nicht in Art. 6 I h) Verbraucherrechte-RL bzw. Art. 17 I GEK – worauf Art. 14 II 2 Verbraucherrechte-RL bzw. Art. 45 III 2 GEK hinweist –, sondern getrennt in Art. 6 I i) Verbraucherrechte-RL bzw. Art. 17 II GEK vorgeschrieben. Zum anderen sehen beide Regelungstexte explizit die einschlägige Sanktion für den Verstoß gegen diese Informationspflicht in Art. 6 VI Verbraucherrechte-RL bzw. Art. 29 II GEK vor. Die Rücksendungskosten trägt danach nicht der Käufer, sondern der Verkäufer.

b) Zeitpunkt der Widerrufsbelehrung

Die allgemeinen Vorschriften zur Informationspflicht, Art. 6 I am Anf. Verbraucherrechte-RL bzw. Art. 13 I am Anf. GEK, lassen keinerlei Zweifel, dass die Widerrufsbelehrung schon in der Vertragsanbahnungsphase zu erfolgen hat, und zwar bevor der Käufer ein bindendes Angebot stellt oder vertraglich gebunden wird. Auch Art. 8 IV Verbraucherrechte-RL bzw. Art. 19 II, III GEK bietet hier keinen Raum für Abweichungen, wenn der Fernabsatzvertrag mittels eines Fernkommunikationsmittels ge-

---

804 Siehe aber *Rott/Terryn*, ZEuP 2009, 456 ff., 474.

schlossen wird, bei dem nur begrenzter Raum bzw. begrenzte Zeit für die Belehrung des Verbrauchers zur Verfügung steht.

Es stellt sich dennoch die Frage, ob dieses strikte Zeiterfordernis für die Zwecke des Art. 14 II 2 Verbraucherrechte-RL bzw. des Art. 45 III 2 GEK ebenso ausnahmslos gelten sollte. Man könnte argumentieren, eine Widerrufsbelehrung nach Vertragsschluss, spätestens jedoch bei Warenlieferung, sei hinreichend. Praktische Bedeutung erlangt diese Problematik vor allem, wenn die Waren nicht sofort nach Vertragsschluss geliefert werden, d. h. bei den meisten Fernabsatzverträgen und bei etlichen außerhalb von Geschäftsräumen geschlossenen Verträgen.

Selbst nach einer Belehrung, die den Verbraucher spätestens bei der Lieferung erreicht, ist dieser im Hinblick auf die Vermeidung einer möglichen Wertersatzpflicht ausreichend aufmerksam gemacht worden. Beim ersten Kontakt mit dem Kaufgegenstand weiß er ja, dass ihm die Ware noch nicht uneingeschränkt gehört. Er ist folgerichtig in der Lage, diese sorgfältig zu handhaben und von jedem Umgang damit abzusehen, für den er haften würde. Selbst bei Nichtgefallen wird er die Ware nicht einfach wegwerfen, verschenken usw.[805] Der Zweck von Art. 14 II 2 Verbraucherrechte-RL bzw. Art. 45 III 2 GEK, dem Käufer durch die Belehrung tatsächlich zu ermöglichen, eine Ausgleichshaftung zu vermeiden, erfüllt sich dabei ebenso ausreichend.[806]

Die hier vorgeschlagene Interpretation führt außerdem nicht zu eventuell längerer Nutzungsmöglichkeit durch den Käufer, die häufig höhere und schwer berechenbare Ersatzpflichten mit sich brächte und die Rückabwicklung unnötig verkomplizierte. Dank der verspäteten Widerrufsbelehrung greift in den hier diskutierten Fällen die vierzehntägige Widerrufsfrist gemäß Art. 10 II Verbraucherrechte-RL bzw. Art. 44 II (b) GEK ein. Diese Frist beginnt spätestens mit der Warenlieferung durch zeitgleiche Belehrung. Damit bleibt die Ware im Besitz des Käufers ebenso lang wie wenn eine ordnungsgemäße Widerrufsbelehrung vor Vertragsabschluss erfolgt wäre.[807]

---

805 *Rott*, VuR 2001, 78 ff., 82.

806 Vgl. *Zimmermann*, Rückabwicklung nach Widerruf, in: Eidenmüller/Faust/Grigoleit/Jansen/Wagner/Zimmermann (Hrsg.), Revision des Verbraucher-*acquis*, S. 185.

807 Siehe Art. 9 II b) i) und ii) Verbraucherrechte-RL bzw. Art. 42 I (a) bis (c) GEK. Es stellt sich dabei die Frage, ob die vierzehntägige Frist von Art. 10 II Verbraucherrechte-RL bzw. Art. 44 II (b) GEK früher ablaufen darf als die normale,

Nach alledem wird es der Aufklärungsbedingung von Art. 14 II 2 Verbraucherrechte-RL bzw. Art. 45 III 2 GEK gerecht, wenn die Widerrufsbelehrung des Käufers inhaltlich den Art. 6 I h) Verbraucherrechte-RL oder Art. 17 I GEK entspricht und bis zur Zeit der Warenlieferung erfolgt. Findet dennoch die Widerrufsbelehrung erst nach Warenlieferung statt oder erfolgt sie gar nicht, so kann es keineswegs zu einer Haftung des Käufers kommen.[808]

c) Anderweitige Kenntnis

Abschließend ist zu fragen, ob eine anderweitige Kenntnis des Verbrauchers von seinem Widerrufsrecht der vorherigen Belehrung gleichzustellen ist. Der Regelungstext erlaubt m. A. nach keine Schlussfolgerung in diese Richtung. Art. 14 II 2 Verbraucherrechte-RL verlangt, dass der „Verbraucher […] vom Unternehmer […] über sein Widerrufsrecht be-

---

ebenfalls vierzehntägige Frist, die nach den allgemeinen Bestimmungen von Art. 9 II b) Verbraucherrechte-RL bzw. Art. 42 I GEK eingreifen würde, wäre der Verbraucher rechtzeitig nach Maßgabe des Art. 6 I h) Verbraucherrechte-RL bzw. des Art. 17 I GEK belehrt worden. Erfolgt eine inhaltlich richtige, aber verspätete Widerrufsbelehrung, beginnt die vierzehntägige Frist nach Art. 10 II Verbraucherrechte-RL; Art. 44 II (b) GEK direkt zu laufen. Anscheinend kommt es nicht darauf an, ob die Kaufsachen vollständig geliefert worden sind oder nicht, wie Art. 9 II b) i) und ii) Verbraucherrechte-RL bzw. Art. 42 I (a) bis (c) GEK es verlangen. Der europäische Normengeber ging aber m. E. wohl nicht davon aus, dass die Widerrufsfrist im Fall fehlerhafter Belehrung früher ablaufen kann, als wenn der Unternehmer seinen Belehrungspflichten ordnungsgemäß nachgekommen wäre. Vielmehr bezwecken die Bestimmungen in Art. 10 II Verbraucherrechte-RL bzw. Art. 44 II (b) GEK die Rechtsunsicherheit wegen zeitlich unrichtiger Belehrung zu beenden und komplizierte Rückabwicklungsverfahren nach vollständiger Vertragsausführung zu vermeiden. Demgemäß sind Art. 10 II Verbraucherrechte-RL bzw. Art. 44 II (b) GEK m. M. nach dahin auszulegen, dass die darin vorgesehene Widerrufsfrist nicht früher ablaufen kann als die normale Widerrufsfrist in Art. 9 II b) Verbraucherrechte-RL bzw. Art. 42 I GEK im Fall einer rechtsgemäßen Widerrufsbelehrung. Diese Feinheiten könnten jedoch Ungereimtheiten im Musterformular für die Widerrufsbelehrung bedeuten; siehe dazu *Hoeren*, Kurzkommentar BGH, 15.8.2012 – VIII ZR 378/11, EWiR 2012, 789 f., 790.

808 Dies übersieht wahrscheinlich *Lurger*, Widerrufsrechte, in: P. Bydlinski/Lurger (Hrsg.), Die Richtlinie über die Rechte der Verbraucher, S. 80, indem sie vor überhohen Ausgleichsansprüchen des Verkäufers wegen langer Benutzung während des Laufs der absoluten Widerrufsfrist warnt.

lehrt wurde", und Art. 45 III 2 GEK, dass „der Unternehmer [...] alle Informationen über das Widerrufsrecht erteilt hat". Eine anderweitige Kenntnis kommt damit nicht in Frage.

Außerdem ist es wirklich unwahrscheinlich, dass der Verbraucher aus eigenem Antrieb oder durch Dritte umfassend über das Bestehen und die Einzelheiten des Widerrufsrechts aufgeklärt wird; und zwar, bevor er die Ware physisch in Besitz nimmt. Und selbst wenn dies ausnahmsweise geschähe, wäre der entsprechende Beweis äußerst schwer zu erbringen.[809] Bei einer solchen Auslegung wird weder die Rechtssicherheit noch die Vorhersehbarkeit gefördert.[810] Schließlich dient die Voraussetzung des Art. 14 II 2 Verbraucherrechte-RL bzw. des Art. 45 III 2 GEK als Druckmittel gegenüber den Unternehmern, ihre Belehrungspflicht rechtsgemäß zu erfüllen.[811]

Im Ergebnis ist eine anderweitige Kenntnis des Verbrauchers über sein Widerrufsrecht ohne Belang.

III. Rechtsfolgen

1. Haftung auf Geldersatz

Als Rechtsfolge des Total- oder Teilwertverlusts der Sache ordnen Art. 14 II Verbraucherrechte-RL und Art. 45 III GEK die „Haftung" des Käufers an: „Der Verbraucher haftet für einen etwaigen Wertverlust der Waren..." (S. 1) und eine dem Gesetz nicht entsprechende Widerrufsbelehrung hat zur Folge, dass der Verbraucher nicht „haftet" (S. 2).

Diese Haftung tritt anstelle der primären Pflicht der Rückabwicklung, nämlich derjenigen der Naturalrestitution. Daher kann es sich, obwohl nicht ausdrücklich vorgesehen, nur um eine Geldersatzpflicht handeln. Wenn die Kaufsache nicht gänzlich untergegangen ist, sondern lediglich an Wert verloren hat, bleibt der Käufer verpflichtet, diese gemäß Art. 14 I 1 Verbraucherrechte-RL bzw. Art. 45 I 1 GEK zurückzugeben und nebenbei für die erlittenen Werteinbußen Geldersatz zu leisten.

---

809 *Faust*, JuS 2009, 1049 ff., 1052; *Stempel*, ZEuP 2010, 925 ff., 936.

810 *Stempel*, ZEuP 2010, 925 ff., 936.

811 *Stempel*, ZEuP 2010, 925 ff., 936; vgl. *Weller*, Kapitel 4: Widerrufsrecht bei Fernabsatz- und Haustürgeschäften, in: Schmidt-Kessel (Hrsg.), Ein einheitliches europäisches Kaufrecht?, S. 168.

2. Reichweite der Haftung

Die Reichweite der Ersatzhaftung wird durch die abschließende Regelung in Art. 14 II Verbraucherrechte-RL und Art. 45 III GEK bestimmt, nach der der Käufer für den Wertverlust haftet „*nur*, wenn dieser [...] auf einen zur Prüfung [...] *nicht notwendigen Umgang* mit ihnen zurückzuführen ist“.[812]

Da das Prüfungs- und Ausprobierrecht des Käufers durchweg kostenlos zu bleiben hat, darf seine Haftung keineswegs die durch Prüfung verursachten Verluste erfassen. Das Prüfungsrecht würde tatsächlich seiner praktischen Wirksamkeit beraubt, würde der Käufer mit einer vollumfänglichen Wertersatzverpflichtung belastet, nur weil er die Grenzen seines Rechts knapp überschritte und einen geringfügigen (weiteren) Verlust dadurch verursachte.[813] Ein über die Prüfung hinausgehender Umgang mit der Sache darf daher keine Pflicht zum vollumfänglichen Wertersatz auslösen. Derjenige Anteil der Wertminderung, der durch eine Prüfung bzw. ein Ausprobieren herbeigeführt worden ist, ist nicht ersetzbar. Zu erstatten ist allein der übrige Anteil an der Wertminderung, der durch nicht prüfungsrelevanten Umgang mit der Sache verursacht wurde.[814]

Art. 14 II 1 Verbraucherrechte-RL und Art. 45 III 1 GEK sind daher folgendermaßen auszulegen: Der Verbraucher haftet für einen etwaigen Wertverlust der Waren nur, *soweit* dieser auf einen zur Feststellung der Beschaffenheit, der Eigenschaften bzw. Art und der Funktionsweise bzw. Funktionstüchtigkeit der Waren nicht notwendigen Umgang mit ihnen zurückzuführen ist.[815]

3. Bemessung des Wertersatzes

Zuletzt ist hier die Bemessung des geschuldeten Wertersatzes zu erörtern. Anders als bei einer Dienstleistungserbringung, bei der Art. 14 III Ver-

812 Hervorhebung durch den Verfasser.

813 *Schinkels*, LMK 2011, 312902.

814 *Weller*, Kapitel 4: Widerrufsrecht bei Fernabsatz- und Haustürgeschäften, in: Schmidt-Kessel (Hrsg.), Ein einheitliches europäisches Kaufrecht?, S. 168; siehe auch *Schinkels*, LMK 2011, 312902.

815 *Weller*, Kapitel 4: Widerrufsrecht bei Fernabsatz- und Haustürgeschäften, in: Schmidt-Kessel (Hrsg.), Ein einheitliches europäisches Kaufrecht?, S. 168 Fn. 75.

braucherrechte-RL bzw. Art. 45 V GEK auf die vertraglich vereinbarte Vergütung abstellen, lässt sich aus Art. 14 II Verbraucherrechte-RL und Art. 45 III GEK kein Schluss hinsichtlich der Berechnungsgrundlage des Geldersatzes ziehen.

Die meisten Gründe sprechen jedoch m. M. nach dafür, dass sich der Geldersatz nach dem objektiven Marktwert zur Zeit der Leistungserbringung – statt nach dem vereinbarten Kaufpreis – bemisst.[816] Dies ist besonders dann einleuchtend, wenn der Wertausgleich nach gänzlicher Warenzerstörung festzulegen ist. Es wäre tatsächlich willkürlich, wenn der Käufer allein wegen des Untergangs den vertraglichen Kaufpreis qua Wertersatz zu zahlen hätte, d. h. einen ggf. höheren Wert, als den, den er sonst *in natura* durch Rückgabe der Sache herauszugeben hätte. Eine solch unterschiedliche Behandlung würde sich lediglich auf zufällige Ereignisse stützen und kann nicht angenommen werden.[817]

Darüber hinaus ist mit zu berücksichtigen, dass ein Festhalten am vertraglichen Preis einen für den Käufer unvorteilhaften Vertrag trotz Widerruf perpetuieren würde.[818] Jede Störung im vertraglichen Äquivalenzverhältnis würde so in der Rückabwicklungsphase weiter herrschen und dem Verkäufer erlauben, einen eventuell überhöhten Gewinn aus der widerrufenen Transaktion zu realisieren. Es ist aber gerade dieses Missverhältnis zwischen objektivem Marktwert und Kaufpreis, das insb. bei außerhalb von Geschäftsräumen geschlossenen Verträgen den Hauptgrund für die Gewährung des Widerrufsrechts darstellt.[819]

---

816 *Hellwege*, Die Rückabwicklung gegenseitiger Verträge als einheitliches Problem, S. 569; *ders.*, JZ 2005, 337 ff., 343; *Zimmermann*, Rückabwicklung nach Widerruf, in: Eidenmüller/Faust/Grigoleit/Jansen/Wagner/Zimmermann (Hrsg.), Revision des Verbraucher-*acquis*, S. 178, 183 f.; vgl. zum vertraglichen Rücktrittsrecht, das auf die Lösung von einem unerwünschten Vertrag abzielt, *Canaris*, Schuldrechtsreform 2002. Systematische Einführung, Diskussionsentwürfe, Begründung des Regierungsentwurfs, Stellungnahme des Bundesrates, Gegenäußerung der Bundesregierung, Bericht des Rechtsausschusses, München 2002, S. XXXIX.

817 *Zimmermann*, Rückabwicklung nach Widerruf, in: Eidenmüller/Faust/Grigoleit/Jansen/Wagner/Zimmermann (Hrsg.), Revision des Verbraucher-*acquis*, S. 184.

818 Vgl. bezüglich Dienstleistungsverträgen oben, Kapitel 4.B.II.2.b).

819 *Rott*, Widerruf und Rückabwicklung, in: Micklitz/Pfeiffer/Tonner/Willingmann (Hrsg.), Schuldrechtsreform und Verbraucherschutz, S. 287; *ders.*, VuR 2001, 78 ff., 87; *Neumann*, Bedenkzeit vor und nach Vertragsabschluss, S. 395 f.; *Zimmermann*, Rückabwicklung nach Widerruf, in: Eidenmüller/Faust/Grigoleit/Jansen/Wagner/Zimmermann (Hrsg.), Revision des Verbraucher-*acquis*, S. 183 f.

Aus alledem ist zu folgern, dass der vom Käufer geschuldete Wertminderungsersatz nach dem objektiven Verkehrswert der Kaufsache zu bemessen ist.

Komplizierter kann die Bemessung werden, wenn die Kaufsache durch Prüfung und Probe bereits eine Verschlechterung erlitten hat, die im Rahmen des Zulässigen gemäß Art. 14 II 1 Verbraucherrechte-RL bzw. Art. 45 III 1 GEK bleibt und daher, wie gesagt, nicht zu erstatten ist. In diesen Fällen kann man eine Proportionalmethode anwenden: Zuerst ist die gesamte Wertminderung der Sache als Prozentsatz auszudrücken. Danach ist derjenige Anteil der Wertminderung ebenfalls als Prozentsatz zu ermitteln, der durch die erlaubte Prüfung verursacht wurde. Die Differenz zwischen den beiden Prozentsätzen, der gesamten und der prüfungsbedingten Wertminderung, stellt den Anteil der zu erstattenden Wertminderung dar, d. h. derjenigen, die aus einem unnötigen bzw. übermäßigen Umgang mit der Sache hervorgeht. Der sich ergebende Prozentsatz wird schließlich mit dem objektiven Verkehrswert der Sache zur Zeit ihrer Lieferung multipliziert. Das Produkt ist der Umfang der Wertersatzpflicht des Verbrauchers.[820]

Die mathematische Formel dafür könnte wie folgt aussehen:

$$\text{Wertminderungsersatz} = (\text{„Prozentsatz der gesamten Wertminderung“} - \text{„Prozentsatz der prüfungsbedingten Wertminderung“}) \times \text{„objektiver Wert“}$$

4. Fälligkeit des Wertersatzes

Weder die Verbraucherrechte-RL noch das GEK sprechen den Fälligkeitszeitpunkt der Wertersatzpflicht des Käufers an. Wie bei der Zahlungsfrist des Verbrauchers in Dienstleistungsverträgen dargelegt,[821] können auch hier die Vorschriften von Art. 166 I, 167 II GEK keine Lösung bieten. Denn zu ihrer Geltung erfordern sie einen Zahlungstermin, der schon anderweitig festgesetzt worden ist.

---

820 A. A. *Föhlisch/Dyakova*, MMR 2013, 71 ff., 75, die auf die tatsächliche Nutzung im Verhältnis zur voraussichtlichen Gesamtnutzungsdauer abstellen. Dies wäre aber nur dann tunlich, wenn man den geschuldeten Nutzungsersatz ermitteln möchte; vgl. zum deutschen Recht BeckOK/*H. Schmidt* BGB § 346 Rn. 33 f.; MünchKommBGB/*Gaier* § 346 RnNr. 26 ff.

821 Siehe oben, Kapitel 4.B.II.2.a)cc).

Hier könnte m. A. nach die in Art. 14 I Verbraucherrechte-RL bzw. Art. 45 I GEK vorgesehene vierzehntägige Frist für die Naturrückerstattung der Kaufsache auch für die Erstattung dem Werte nach Anwendung finden. Denn, wenn die Rückgabe nach dem Widerruf teilweise oder vollständig unmöglich ist, tritt die Wertersatzpflicht an ihre Stelle. Insb. im Falle einer Wertminderung, bei dem der Käufer sowohl die Rückgabe als auch den Wertersatz schuldet, wäre es zu kompliziert, wenn man unterschiedlichen Leistungsfristen für die zwei Rückabwicklungspflichten folgen müsste.

Aus Gründen der Rechtssicherheit ist es m. M. nach nötig, die Fälligkeit des Wertersatzes ausdrücklich in den einschlägigen Vorschriften festzulegen und in die Widerrufsbelehrung einzubeziehen.

IV. Beweislast und Einleitung eines Zivilprozesses

1. Beweislast

a) Verfahrensautonomie?

Trotz der Einfachheit der oben vorgeschlagenen Formel darf man nicht übersehen, dass die durch Prüfung erlittene Werteinbuße in der Praxis häufig nicht leicht feststellbar ist. Die Bemessung von Wertverlusten kann in der Tat Gegenstand heftiger gerichtlicher Auseinandersetzung werden, insb. wenn die Kaufsache nicht vollständig untergegangen ist.

Gerade deswegen betonte die Generalanwältin in der Rechtssache *Messner* in Bezug auf die verwandte Problematik des Nutzungsersatzes, dass die „Darlegungs- und Beweislast" ein „Dreh- und Angelpunkt des Problems" sei, „wobei innerhalb der angesprochenen Grauzone die Last des Beweises besonders schwer wiegt, unabhängig davon, welche Seite sie trifft".[822] Oft kann es zu einer „non-liquet"-Situation kommen, wobei weder die eine noch die andere Seite ihre Tatsachenvorträge beweisen kann. Die Folgen solch eines Patts sind aber unausweichlich einem der Vertragspartner aufzuerlegen.

Art. 14 II Verbraucherrechte-RL bzw. Art. 45 III GEK nehmen zu der Problematik nicht eindeutig Stellung. Das Thema der Beweislast bezüg-

---

822 Schlussanträge der Generalanwältin *Trstenjak* v. 18.2.2009 – Rs. C-489/07 *Messner*, Nr. 49.

lich des Wertausgleichs scheint nicht vereinheitlicht worden zu sein. In Ermangelung einer europarechtlichen Regelung könnte vorgetragen werden, es bleibe nach dem Grundsatz der Verfahrensautonomie Sache der Rechtsordnung jedes Mitgliedstaats, die Modalitäten der Beweiserhebung festzulegen, vorausgesetzt, dass sie dabei das Äquivalenz- und das Effektivitätsprinzip respektieren.[823] Danach würden viele nationale Prozessrechte in Anlehnung an die römisch-rechtliche Maxime „*ei incumbit probatio qui dicit, non qui negat*“[824] den Verkäufer für das Vorliegen der oben aufgeführten Voraussetzungen beweispflichtig machen. Denn er ist es, der sich auf die ihm günstige Rechtsnorm des Art. 14 II Verbraucherrechte-RL bzw. Art. 45 III GEK beruft und darauf seinen Ausgleichsanspruch stützt.[825]

b) Oder autonome Regulierung auf EU-Ebene?

Trotzdem liefert die *Messner*-E einen beachtlichen Anhaltspunkt dafür, dass die Verteilung der Beweislast nicht einfach Sache der nationalen Rechte bleibt, sondern in den Regelungsbereich der Fernabsatz-RL und damit möglicherweise der Verbraucherrechte-RL bzw. des GEK fällt. In seiner Entscheidung stellte der EuGH fest, die Wirksamkeit und die Effektivität des Widerrufsrechts aus der damals geltenden Fernabsatz-RL würden beeinträchtigt, falls „die nationale Regelung dem Verbraucher die Beweislast dafür auferlegte, dass er die Ware während der Widerrufsfrist nicht in einer Weise benutzt hat, die über das hinausgeht, was zur zweckdienlichen Ausübung seines Widerrufsrechts erforderlich ist“.[826] Obwohl

---

823 Vgl. EuGH v. 9.11.1983 – Rs. 199/82 *San Giorgio*, EU:C:1983:318, Rn. 14; EuGH v. 26.10.2006 – Rs. C-168/05 *Mostaza Claro*, EU:C:2006:675, Rn. 24; EuGH v. 6.10.2009 – Rs. C-40/08 *Asturcom Telecomunicaciones*, EU:C:2009:615, Rn. 38, EuGH v. 14.7.2012 – Rs. C-618/10 *Banco Español de Crédito*, EU:C:2012:349, Rn. 46.

824 Dig. 22, 3, 2.

825 Vgl. in diesem Sinn im UN-Kaufrecht *Ferrari*, in: Schlechtriem/Schwenzer (Hrsg.), Kommentar zum Einheitlichen UN-Kaufrecht Art. 4 CISG Rn. 50 ff.; *ders.*, in: Ferrari/Kieninger/Mankowski/Otte/Saenger/Staudinger, Internationales Vertragsrecht Art. 35 CISG Rn. 31; im deutschen Recht Stein/Jonas/*Leipold* § 286 Rdnr. 47 ff., 61 ff.; MünchKommZPO/*Prütting* § 286 RnNr. 93 ff., insb. 110 ff.; im österreichischen Recht *Rechberger*, in: Fasching/Konecy vor § 266 ZPO Rz. 20 ff., insb. 32.

826 EuGH v. 3.9.2009 – Rs. C-489/07 *Messner*, Rn. 27.

dieser Aspekt im Prinzip zu den Einzelheiten der Ausübung des Widerrufsrechts zu zählen ist und damit dem nationalen Gesetzesgeber vorbehalten sein sollte,[827] greifen dabei Effektivitätsgedanken ein und legen dem Verkäufer die Beweislast der übermäßigen Nutzung der Kaufsache auf.

Angesichts der Erwägungen des EuGH ist m. E. eine anderslautende Verteilung der Beweislast beim Wertminderungsersatz im System der neuen Verbraucherrechte-RL und des GEK eher nicht nachvollziehbar. Die Gewährleistung der Wirksamkeit und Effektivität des Widerrufsrechts sprechen auch hier für die Tragung der Beweislast durch den Verkäufer.[828] Die Beweislast erstreckt sich auf den übermäßigen Umgang des Käufers mit der Kaufsache, den entstandenen Wertverlust, den Kausalzusammenhang zwischen diesen beiden und die vorherige Widerrufsbelehrung. Der Verkäufer hat das Gericht nicht nur vom Ob seines Ausgleichsanspruchs zu überzeugen, sondern auch von dessen Umfang.[829]

Viele nationale Zivilprozessrechte sehen jedoch bestimmte Maßstäbe der Beweiserleichterung vor, die auf praktischen Gründen bzw. Billigkeitserwägungen basieren und die Beweisführung vereinfachen, indem sie einen „non-liquet"-Fall ab und zu vermeiden können. Als Beispiel können hier der Indizienbeweis und der Anscheinsbeweis (Prima-facie-Beweis) erwähnt werden. Obwohl sie je nach Mitgliedstaat unterschiedlich wirken, betreffen solche Rechtsinstitute meist lediglich die Beweiswürdigung. Streng genommen bedeuten sie also keine Änderung der Beweislastverteilung, sondern erleichtern die Beweisführung für die dazu verpflichtete Prozesspartei. Soweit die Beweislast weder rechtlich noch faktisch auf den Käufer verschoben wird, sollte man m. M. nach eher von einer Vereinbarkeit mit dem EU-Recht ausgehen. Es sei auch daran erinnert, dass der Wertverlust hierbei maßgeblich ist, der nach Widerruf zu Lasten des Verkäufers fällt. Der Verkäufer besitzt aber regelmäßig über notwendige Sachkenntnis und ist erfahrungsgemäß besser imstande, den entstandenen Wertverlust zu berechnen. Damit unterscheidet sich die hier besprochene

---

827 Siehe Erwägungsgrund Nr. 14 S. 5 Fernabsatz-RL.

828 *Hall/Howells/Watson*, ERCL 2012, 139 ff., 160.

829 So *Lakkis*, Das Messner-Urteil des EuGH und seine Auswirkungen auf das deutsche Recht, in: FS Scheuing, S. 582; siehe auch BeckOK/*Müller-Christmann* BGB § 357 Rn. 22.

Problematik von der Bemessung eventuell durch den Käufer gewonnener Gebrauchsvorteile.[830]

2. Einleitung eines Zivilprozesses

Der Vollständigkeit halber ist an dieser Stelle die Frage der Einleitung des Zivilprozesses zu erörtern, in dem der Anspruch auf Wertminderungsersatz klage- oder einredeweise zum Gegenstand wird. Obwohl er mit der Frage der Beweislast rechtstechnisch nicht verbunden ist, ermöglicht dieser Aspekt, die praktische Wirksamkeit der Beweislastverteilung realistischer einzuschätzen.[831]

In der Handelspraxis ist der Kaufpreis oft bereits bezahlt worden, wenn der Käufer sein Widerrufsrecht wahrnimmt. Stellt dann ein weniger seriöser Verkäufer eine Werteinbuße an der zurückgegebenen Ware fest, oder behauptet er, dass solch eine vorliegt, könnte er den Wertersatzbetrag beliebig festlegen und mit dem zurückzugewährten Kaufpreis aufrechnen.[832] Manchen Unternehmen bleibt es also durch diese Tricks möglich, ihr Recht auf Wertminderungsersatz zu missbrauchen.

Unter diesen Umständen wird es freilich dem Käufer obliegen, auf Rückzahlung des übrigen Preises zu klagen, wenn er glaubt, die Berechnung des Wertersatzes sei nicht angemessen. Zwar trägt im folgenden Prozess der Verkäufer, wie bereits dargestellt, die Beweislast für das Bestehen und den Ausmaß seines Wertverlusts, faktisch wird aber das Prozessrisiko dem Käufer aufgebürdet.[833] Außerdem wird der Verbraucher wegen der regelmäßig niedrigen Differenz zwischen dem tatsächlichen Wertersatz und der vom Verkäufer einbehaltenen Geldsumme und den Gerichtskosten und Risiken häufig resignieren und auf eine Klage verzichten (sog.

---

830 Vgl. zum § 312e I BGB a.F. BT-Drucks. 17/5097, S. 15; Staudinger/*Thüsing* § 312e Rn. 25.

831 Diesen Aspekt scheinen *Hall/Howells/Watson*, ERCL 2012, 139 ff., 160 f. zu unterschätzen.

832 *Rott*, VuR 2006, 218 ff., 221; *ders.*, The Balance of Interests in Distance Selling Law. Case Note on *Pia Messner v. Firma Stefan Krüger*, ERPL 2010, 185 ff., 190.

833 *Rott*, VuR 2006, 218 ff., 221.

rationales Desinteresse).[834] Daher kommt es bei solchen Fällen oft nicht erst zu einem Gerichtsverfahren.

Betont sei hier, dass ein solches unternehmerisches Verhalten nicht die Regel im Handelsverkehr ist, sondern eher eine Ausnahme. Die oben gemachten Bemerkungen erlauben indes eine praxisnähere Betrachtung der Problematik der Beweislastverteilung.

V. Umsetzung ins deutsche Recht

Zur Umsetzung von Art. 14 II Verbraucherrechte-RL dient § 357 VII BGB. Die neue Vorschrift entspricht mit belanglosen redaktionellen Abweichungen der Richtlinienbestimmung und sieht vor, dass „[d]er Verbraucher [...] Wertersatz für einen Wertverlust der Ware zu leisten [hat], wenn 1. der Wertverlust auf einen Umgang mit den Waren zurückzuführen ist, der zur Prüfung der Beschaffenheit, der Eigenschaften und der Funktionsweise der Waren nicht notwendig war, und 2. der Unternehmer den Verbraucher nach Artikel 246a § 1 Absatz 2 Satz 1 Nummer 1 des Einführungsgesetzes zum Bürgerlichen Gesetzbuch über sein Widerrufsrecht unterrichtet hat."

VI. Würdigung

1. Angemessenheit der Regelung

Erstens ist zu begrüßen, dass die neue Regelung die Möglichkeit von Wertverlusten durch Prüfung und Probe der Kaufsache anerkennt. Prüfen und Ausprobieren setzen tatsächlich häufig eine Ingebrauch- bzw. Inbetriebnahme des Kaufgegenstands voraus und hinterlassen ihre Spuren daran.[835] Diese Auswirkung haben die Verfasser der Verbraucherrechte-

834 Zum rationalen Desinteresse allgemein siehe *Micklitz/Rott*, in: Dauses (Hrsg.), Handbuch EU-Wirtschaftsrecht, H. V. Rn. 689; im AGB-Recht MünchKommBGB/*Basedow* § 310 RnNr. 73; im Kartellrecht *Augenhofer*, *Private enforcement*. Anforderungen an die österreichische und deutsche Rechtsordnung, in: Augenhofer (Hrsg.), Die Europäisierung des Kartell- und Lauterkeitsrechts, Tübingen 2009, S. 39 ff., 47, 48 f.

835 Siehe Schlussanträge der Generalanwältin *Trstenjak* v. 18.2.2009 – Rs. C-489/07 *Messner*, Nr. 47.

RL und des GEK nicht unberücksichtigt gelassen, sondern dafür eine konkrete Regel geschaffen.

Ein absolutes Verbot jederlei Prüfung, die eine – sei es auch nur geringfügige – Wertminderung mit sich brächte, wäre der Wirklichkeit des Handelsverkehrs absolut fremd. Dies konnte also bei der Rechtssetzung nicht in Frage kommen. Aber auch ein Recht auf kostenfreie Benutzung bis zum eventuellen Widerruf, selbst wenn dies zu Prüfzwecken nicht erforderlich wäre, täte ebenso wenig dem Handelsverkehr Genüge. Insb. im Fernabsatz wäre die Furcht vor Umwandlung der Unternehmen zu „Leihhäusern" kaum mehr unbegründet.[836] Nach diesen Gedanken ist m. E. der Wahl in der Verbraucherrechte-RL und dem GEK beizupflichten, zum einen dem Käufer ein Prüfungs- und Ausprobierrecht explizit zu gewähren, zum anderen jede darüber hinausgehende Handhabung der Kaufsache zu untersagen bzw. eine Haftung für jede unnötige Wertminderung vorzusehen.[837]

Sowohl vor als auch nach der Verabschiedung der neuen Richtlinie und der Vorlegung des GEK-VO-E plädierten dennoch manche Stimmen in der Lehre für einen Ausschluss des Widerrufsrechts im Falle eines nicht prüfungsrelevanten Wertverlusts der Kaufsache.[838] Als Argumente werden das ggf. große Missbrauchspotenzial sowie die Beweisschwierigkeiten im folgenden Prozess vorgebracht. Überdies wäre nach selber Ansicht die Rechtslage erheblich verkompliziert, falls dem Verkäufer neben dem Wert- auch ein Nutzungsersatz zugesprochen würde, um die übermäßige Nutzung gutzumachen.[839] *De lege ferenda* sei demzufolge eine Bestimmung vorzuziehen, die das Widerrufsrecht ausschließt, falls der Käufer die Sache über das bloße Überprüfen hinaus in Betrieb bzw. Gebrauch nimmt.

Zumindest der Richtliniengeber scheint diesen Vorschlag in Betracht gezogen und abgelehnt zu haben.[840] Und die angenommene rechtliche Lösung ist m. A. nach tatsächlich sachgemäßer. Denn vor allem ist die Ausgleichspflicht im Vergleich zum Widerrufsausschluss viel besser geeignet,

---

836 Siehe *Föhlisch/Buchmann*, „Globales Leihhaus Internet" statt Onlinehandel?, MMR 2010, 3 ff.

837 Siehe aber gegen eine Wertersatzpflicht des Verbrauchers generell *S. V. Wagner*, Verbraucherschutz bei Vertragsschluss im Internet. Ein Vergleich zwischen englischem und deutschem Recht, Berlin 2010, S. 178 ff.

838 Siehe *Loos*, ZEuP 2007, 5 ff., 15; *Zöchling-Jud*, AcP 212 (2012), 550 ff., 566 f.

839 *Zöchling-Jud*, AcP 212 (2012), 550 ff., 566 f.

840 Erwägungsgrund Nr. 47 S. 2 Verbraucherrechte-RL: Im Fall der übermäßigen Nutzung der Waren „sollte der Verbraucher das Widerrufsrecht nicht verlieren, sollte aber für einen etwaigen Wertverlust der Waren haften."

den Käufer von einem zu Prüfzwecken nicht notwendigen Umgang abzuhalten, ohne ihn jedoch vor einer Prüfung an sich abzuschrecken.

Ist ein Festhalten am Vertrag – in Form des Widerrufsausschlusses – als Rechtsfolge des übermäßigen Umgangs mit der Sache festgesetzt, wird der belehrte Käufer sehr häufig eine umfassende Prüfung nicht wagen, um sein Widerrufsrecht nicht zu riskieren. Die rechtlich vorgesehenen Prüfungsmöglichkeiten können damit in der Praxis stark geschwächt und das Widerrufsrecht seines Ziels zum großen Teil beraubt werden. Entscheidet sich trotzdem der Käufer, das gekaufte Produkt zu prüfen, ist nicht auszuschließen, dass er letzten Endes auf sein Widerrufsrecht verzichtet. Oft wird er fürchten, sein Widerrufsrecht sei bereits erloschen und eine Widerrufserklärung lohne sich nicht. Alles in allem besteht unter diesen Umständen faktisch die Gefahr, dass der Käufer davon abgehalten wird, entweder sein Prüfungs- und Ausprobierrecht so weit wie möglich wahrzunehmen oder sein Widerrufsrecht nach einer Prüfung auszuüben.

Der Ausschluss des Widerrufsrechts lässt sich nachdem als verhältnismäßige Sanktion für einen unnötigen bzw. sorglosen Umgang nicht rechtfertigen. Zwar vermag er den verfolgten Zweck zu erfüllen, indem er den Käufer von einem unnötigen Umgang mit der Kaufsache abhält. Er geht allerdings darüber hinaus und schreckt faktisch von der Ausübung weiterer gesetzlich gewährter Rechte ab. In dieser Hinsicht überschreitet er das Maß des Erforderlichen.[841] Soweit andere, weniger eingreifende Maßnahmen angenommen werden können, müsste man vom Ausschluss des Widerrufsrechts absehen.

Eine solche Maßnahme stellt aber die Ausgleichspflicht des Verbrauchers dar. Am wichtigsten ist, dass diese Rechtsfolge auf einer Bewertung des Einzelfalls beruht. Sie geht nicht einfach von einer Pauschalformel aus, die sowohl Grenz- als auch Extremfälle undifferenziert behandelt, wie der Ausschluss des Widerrufsrechts. Vielmehr trägt sie dem Maß der über die Prüfung hinausgehenden Nutzung in jedem einzelnen Fall Rechnung. Die entstehende Haftung des Verbrauchers ist so hoch wie der von ihm verursachte, ungerechtfertigte Wertverlust. So entsteht bei einem geringen

841 Vgl. zum Grundsatz der Verhältnismäßigkeit hinsichtlich der Sanktionen, die die Mitgliedstaaten für Zuwiderhandlung gegen das europäische Recht vorsehen (sollen), EuGH v. 16.12.1992 – Rs. C-210/91 *Kommission ./. Griechenland*, EU:C:1992:525, Rn. 20; EuGH v. 12.7.2001 – Rs. C-262/99 *Louloudakis*, EU:C:2001:407, Rn. 67; EuGH v. 29.7.2010 – Rs. C-188/09 *Profaktor Kulesza, Frankowski, Jóźwiak, Orłowski*, EU:C:2010:454, Rn. 29.

Wertverlust eine begrenzte Wertersatzpflicht, bei einem größeren eine höhere usw.

Schließlich ist daran zu erinnern, dass der neue Ausnahmenkatalog des Art. 16 Verbraucherrechte-RL bzw. Art. 40 II, III GEK das Widerrufsrecht bei denjenigen Konstellationen ausschließt, in denen die Bemessung des Minderungsausgleichs regelmäßig sehr kompliziert ist oder ein vollständiger Wertverlust leichter eintritt.[842] Das gilt z. B. im Fall von nach Kundenspezifikation angefertigten[843] oder schnell verderblichen Waren,[844] verschlossenen Hygieneartikeln,[845] nach Lieferung mit anderen Gütern vermischten Substanzen[846] sowie versiegelten Ton- oder Videoaufnahmen und Computersoftware.[847] Dank des Ausschlusses des Widerrufsrechts – sei er direkt, sei er vom weiteren Handeln des Verbrauchers abhängig – erübrigen sich dabei komplizierte Ersatzberechnungen oder die Begründung einer Haftung des Verbrauchers, die den Widerruf für ihn wirtschaftlich kaum sinnvoll macht. Der EuGH ist außerdem bereit, eine breite, teleologische Auslegung der Ausnahmeregeln für erforderlich zu erklären, wenn dies notwendig erscheint, um einen Interessenausgleich zwischen beiden Parteien zu schaffen.[848]

2. Fortbestand der Messner-E?

Wenngleich die *Messner-E* aus inhaltlicher Sicht zu Recht als im Ergebnis „ausgewogen" gewürdigt wurde,[849] kann man die Kritik nicht schlechthin abweisen, ihre Erwägungen seien eher vage und würden kaum Rechtssicherheit schaffen.[850]

Die Konkretisierung und Anwendung der *Messner*-E unter der Geltung der Fernabsatz-RL ist Aufgabe des Gesetzgebers und der Judikatur, nun-

842 Vgl. zum § 312d IV Nr. 1 BGB a.F. *Faust*, JuS 2011, 259 ff., 261; siehe auch *Föhlisch*, NJW 2011, 30 ff., 32.
843 Art. 16 c) Verbraucherrechte-RL; Art. 40 II (d) GEK.
844 Art. 16 d) Verbraucherrechte-RL; Art. 40 II (e) GEK.
845 Art. 16 e) Verbraucherrechte-RL; Art. 40 III (a) GEK.
846 Art. 16 f) Verbraucherrechte-RL; Art. 40 III (b) GEK.
847 Art. 16 i) Verbraucherrechte-RL; Art. 40 III (c) GEK.
848 EuGH v. 10.3.2005 – Rs. C-336/03 *easyCar*.
849 *Hellwege*, GPR 2010, 74 ff., 76.
850 Siehe oben, Kapitel 5.A.III am Anfang.

mehr vor allem auf nationaler Ebene, wie auch der Lehre.[851] Interessanter für die zukünftigen Juristen erscheint indes die Frage, ob die neuen Bestimmungen des Art. 14 II Verbraucherrechte-RL bzw. Art. 45 III GEK als Konkretisierung der *Messner-E* im Bereich des Wertminderungsersatzes zu betrachten sind oder ob es doch – ggf. bewusste – Richtungsänderungen gibt.

a) Bewahrtes Grundschema

Noch einmal sei daran erinnert, dass sich die *Messner*-E mit der Frage der Herausgabe von Nutzungsvorteilen durch den Käufer auseinandersetzte. Gegenstand der hier besprochenen Regelung ist dagegen der Ausgleich der Wertverluste der Kaufsache, d. h. der Wertnachteile, die nach dem Widerruf nunmehr den Verkäufer treffen.

Trotzdem ist das Grundschema des neuen Rechts eindeutig auf die Erkenntnisse des EuGH zurückzuführen: zum einen steht dem Käufer ein Prüfungs- und Ausprobierrecht zu. Zum anderen schließt jedes nicht prüfungsrelevante Handeln den Widerruf nicht aus, sondern begründet unter bestimmten Voraussetzungen eine Ersatzverpflichtung des Käufers.[852]

b) Treu und Glauben

Auch wenn man auf Einzelheiten eingeht, so macht sich der Einfluss der *Messner*-E bemerkbar. So kommt der Grundsatz von Treu und Glauben im neuen Recht zweimal zum Ausdruck:[853] einerseits in der Voraussetzung der vorherigen Widerrufsbelehrung zur Begründung der Haftung; andererseits in der Grenzsetzung des Prüfungsrechts. Im ersten Fall trifft das Gebot von Treu und Glauben den Verkäufer; im zweiten den Käufer.

---

851 Siehe statt vieler *Heinig*, JR 2010, 461 ff., 466 ff.; *Buchmann/Föhlisch*, K&R 2011, 433 ff.; *Wendehorst*, NJW 2011, 2551 ff.; *Bartholomä*, NJW 2012, 1761 ff.

852 *Trstenjak*, Der Einfluss des EuGH auf das Verbraucherrecht, in: Augenhofer (Hrsg.), Verbraucherrecht im Umbruch, Tübingen 2012, S. 45 ff., 59 f.

853 Zum Grundsatz von Treu und Glauben in den europäischen Rechten *Ranieri*, Treu und Glauben, in: Basedow/Hopt/Zimmermann (Hrsg.), Handwörterbuch des Europäischen Privatrechts II, S. 1496; *ders.*, Europäisches Obligationenrecht, 3. Aufl. Wien u.a. 2009, S. 1801 ff., 1884 ff.

aa) Die vorherige Widerrufsbelehrung als Haftungsvoraussetzung

Fehlt es an einer ordnungsgemäßen Widerrufsbelehrung, so weiß der Käufer nicht oder nicht zu Genüge von seinem Widerrufsrecht und vor allem von den Grenzen seines Prüfungs- bzw. Probierrechts. Ebenso wenig weiß er, dass er beim übermäßigen Umgang mit der Sache ersatzpflichtig werden kann. Danach entzieht die Verletzung der Belehrungspflicht durch den Verkäufer dem Käufer die Möglichkeit, jederlei Haftung zu vermeiden. Die fehlende und die fehlerhafte Widerrufsbelehrung hängen also kausal mit der Wertminderung der Sache zusammen. Danach kann eine nachfolgende Inanspruchnahme eines Wertausgleichs wohl missbräuchlich erscheinen.[854]

Im Einklang damit setzt die Haftung des Verbrauchers für Wertminderung gemäß Art. 14 II 2 Verbraucherrechte-RL bzw. Art. 45 III 2 GEK die vorherige Widerrufsbelehrung durch den Verkäufer nach Maßgabe von Art. 6 I h) Verbraucherrechte-RL bzw. Art. 17 I GEK voraus.

bb) Die Begrenzung des Prüfungsrechts

Darüber hinaus ist die Grenzsetzung bezüglich des Prüfungs- und Ausprobierrechts m. A. nach ebenfalls als Konkretisierungsfall von Treu und Glauben anzusehen. Wie schon dargestellt, zielt das Prüfungsrecht auf die Gleichstellung des Kaufs außerhalb von Geschäftsräumen und im Fernabsatz mit dem üblichen Kauf im Detailhandel ab.[855] Ein über das im Ladengeschäft Übliche bzw. Mögliche hinausgehender Umgang mit der Kaufsache steht also dem Käufer nicht zu, soweit die Besonderheiten der besonderen Betriebsformen, namentlich das Fehlen von Vorführgeräten und -gegenständen, ausgeglichen sind.[856] Es fehlt hinterher an Gründen, die erlauben würden, überschüssige, wertverzehrende Handlungen unentgeltlich zu lassen.

Mangels schutzwürdiger Interessen auf der Verbraucherseite verstößt nun jeder Umgang, der der Kaufsache Schäden zufügt, gegen Treu und Glauben und darf durch eine Ersatzpflicht des Verbrauchers sanktioniert

---

854 *Stempel*, ZEuP 2010, 925 ff., 936.
855 Siehe oben, Kapitel 5.A.III.1.
856 Siehe insb. oben, Kapitel 5.A.III.2.b).

werden. Diesem Gedanken entsprechen die neuen Vorschriften von Art. 14 II 1 Verbraucherrechte-RL bzw. Art. 45 III 1 GEK.[857]

cc) Heilung unwichtiger Ungereimtheiten der Widerrufsbelehrung

Das Prinzip von Treu und Glauben könnte allerdings auch gegen eine vollständige Befreiung des Verbrauchers von seiner Ausgleichspflicht herangezogen werden. Möglich wäre dies vor allem in Konstellationen, bei denen der Käufer trotz einer marginal fehlerhaften Belehrung von seinem Widerrufsrecht Gebrauch machte. Dies wäre z. B. der Fall, wenn die fehlende Bekanntgabe der Postanschrift des Unternehmens die Ausübung des Widerrufsrechts nicht behinderte. Unter Berufung auf Treu und Glauben könnte dann der Käufer, der die Kaufsache übermäßig genutzt hätte, zu einem – ggf. begrenzten – Wertersatz gezwungen werden, obwohl der Verkäufer in diesem Fall seine Belehrungspflicht verletzt hätte.

Auf ein ähnliches Verständnis des Grundsatzes von Treu und Glauben deutet wohl der EuGH in seiner *Messner*-E hin. Denn der nationale Richter sollte danach bei Zusprechung eines Nutzungsersatzes die „Länge des Zeitraums“ mit berücksichtigen, „nach dessen Ablauf der Verbraucher aufgrund der Nichteinhaltung der dem Verkäufer obliegenden Informationspflicht sein Widerrufsrecht ausgeübt hat“.[858] Gemeint sind damit wohl Sachverhalte, bei denen der Käufer einen unerheblichen Mangel in der Belehrung ausnutzt und seinen Widerruf verzögert, um die Sache möglichst lange kostenlos zu benutzen.[859]

Diesen Weg sind trotzdem weder die Verbraucherrechte-RL noch das GEK gegangen. Der EU-Gesetzgeber entschloss sich für eine klarere Rechtslösung, die kaum subjektive Elemente heranzieht und abstrakten Fragen der Missbräuchlichkeit möglichst aus dem Weg geht.[860] So z. B. vermag eine anderweitige Kenntnis des Verbrauchers von seinem Widerrufsrecht die gehörige Widerrufsbelehrung als Haftungsvoraussetzung in keinem Fall zu ersetzen.[861]

---

857 Vgl. *Christiansen*, Effektive und effiziente Widerrufsrechte, S. 316.
858 EuGH v. 3.9.2009 – Rs. C-489/07 *Messner*, Rn. 28.
859 *Faust*, JuS 2009, 1049 ff., 1052; *Stempel*, ZEuP 2010, 925 ff., 936 f.
860 So *Stempel*, ZEuP 2010, 925 ff., 936.
861 Siehe oben, Kapitel 5.B.II.4.c).

c) Ungerechtfertigte Bereicherung

Das Prinzip der ungerechtfertigten Bereicherung, das die *Messner*-E ebenfalls erwähnt, findet wohl keine Umsetzung in Art. 14 II Verbraucherrechte-RL bzw. Art. 45 III GEK. Weder weisen diese Vorschriften auf das nationale Bereicherungsrecht jedes Mitgliedstaats hin noch führen sie selbst ein System ein, das den Geldausgleich nach der Bereicherung des Käufers bemisst.

Diese Abweichung ist indes m. A. nach nachvollziehbar. Eine bereicherungsrechtliche Regel würde dann von Nutzen sein, wenn das durch den Käufer Erlangte zurück zu gewähren wäre, wie es im Ausgangsverfahren der Rechtssache *Messner* der Fall war. Ziel der Regeln von Art. 14 II Verbraucherrechte-RL bzw. Art. 45 III GEK ist jedoch nicht die Herausgabe des Erlangten käuferseits, sondern die Wiedergutmachung des Verlorenen verkäuferseits.[862]

Schließlich deutet die *Messner-E* an, dass die Ausgleichspflicht wohl einen Ausnahmecharakter hat. Die Wertersatzpflicht des Käufers war zwar unter der Geltung der Fernabsatz-RL weitgehend Sache der nationalen Gesetzgeber, unterlag aber eher strikten Bedingungen: erstens wurde ein Verstoß gegen Treu und Glauben vorausgesetzt und zweitens beschränkte sich der Ersatzanspruch des Verkäufers auf die Bereicherung des Käufers.[863]

In der Verbraucherrechte-RL bzw. dem GEK ist der Wertminderungsersatz abschließend normiert. Seine Voraussetzungen sind ausführlich vom EU-Recht festgesetzt; es wird sich nicht mehr auf konkretisierungsbedürftige Rechtsprinzipien bezogen. Der Eingriff des Wertersatzanspruchs wurde so standardisiert und in bestimmten Fällen vielmehr erleichtert.[864]

---

862 Siehe nur *Schulze*, in: Schulze (Hrsg.), CESL Commentary Art. 45 Rn. 17.

863 EuGH v. 3.9.2009 – Rs. C-489/07 *Messner*, Rn. 29; für die Ansicht, dass damit auf die entsprechenden nationalen Rechtsinstitute verwiesen wird, *Hellwege*, GPR 2010, 74 ff., 77; *Stempel*, ZEuP 2010, 925 ff., 933 f.; wohl auch *Trstenjak*, Der Einfluss des EuGH auf das Verbraucherrecht, in: Augenhofer (Hrsg.), Verbraucherrecht im Umbruch, S. 49, 50 Fn. 15; siehe aber für eine autonome Auslegung *Faust*, JuS 2009, 1049 ff., 1052.

864 *Hall/Howells/Watson*, ERCL 2012, 139 ff., 160; *Lurger*, Widerrufsrechte, in: P. Bydlinski/Lurger (Hrsg.), Die Richtlinie über die Rechte der Verbraucher, S. 79.

C. Gefahrtragung

I. Grundregelung zur Gefahrtragung im Kaufrecht

Die Zuweisung der Gefahr aus einer zufälligen Zerstörung bzw. Verschlimmerung der Kaufsache zwischen Verkäufer und Käufer bestimmen sowohl das Richtlinienrecht als auch das GEK in besonderen Bestimmungen.

Die einschlägigen Richtlinienvorschriften finden sich nicht, wie vielleicht zu erwarten, in der Verbrauchsgüterkauf-RL, sondern in Art. 20 Verbraucherrechte-RL, der das Wort Risiko verwendet. Ein ganzes Kapitel zur Gefahrtragung enthält das GEK in Art. 140 bis 146 GEK, die von Gefahr sprechen. Nachfolgend werden die Begriffe „Gefahr" und „Risiko" als miteinander austauschbar verwendet.

Was unter Risiko zu verstehen ist und welche Rechtsfolgen sein Übergang herbeiführt, definiert allerdings die Verbraucherrechte-RL nicht näher. Herangezogen werden könnte hier die einleitende Bestimmung des entsprechenden Kapitels des GEK, nämlich Art. 140 GEK, der mittelbar den Begriff erklärt. Demgemäß schuldet der Käufer nach Gefahrübergang den Kaufpreis weiterhin, unabhängig davon, ob die Kaufwaren inzwischen untergegangen oder beschädigt wurden, es sei denn, der Untergang oder die Beschädigung beruht auf einer Handlung oder Unterlassung des Verkäufers. Es handelt sich also um die Frage, welche Seite die negativen Auswirkungen eines Untergangs oder einer Beschädigung der Kaufsache trägt, falls diese Vorfälle keinem Vertragspartner zugerechnet werden können. Freilich ist dem Untergang bzw. der Beschädigung jeder sonstige Total- oder Teilwertverlust gleichzustellen.[865]

Die Zeit des Gefahrübergangs bei Verbraucherkaufverträgen normieren Art. 20 S. 1 Verbraucherrechte-RL bzw. Art. 142 I GEK im Wesentlichen einheitlich. Es geht um den Zeitpunkt, an dem der Käufer oder ein vom ihm benannter Dritter, der nicht der Warenbeförderer ist, den Besitz der Waren verschafft. Ausnahmsweise genügt auch die Übergabe der Waren an den Beförderer, falls der Verbraucher die Beförderung selbst veranlasste und keine entsprechende Möglichkeit auswählte, die ihm vom Verkäufer angeboten wurde (Art. 20 S. 2 Verbraucherrechte-RL; Art. 142 IV

865 *Schopper*, Verpflichtungen und Abhilfen der Parteien, in: Wendehorst/Zöchling-Jud (Hrsg.), Am Vorabend eines gemeinsamen europäischen Kaufrechts, S. 141.

GEK). Sowohl die Regel- als auch die Ausnahmebestimmung stehen im Einklang mit dem im Kaufrecht tradierten Sphärengedanken, d. h. dem Grundsatz des Gleichlaufs von Kontrolle und Risiko.[866] In Kürze: Vor Übergabe trägt der Verkäufer die Gefahr und muss ggf. dem Käufer eine neue Ware beschaffen. Nach Übergabe wird die Gefahr nunmehr vom Käufer getragen, der trotz eventuellen Verlusts den Kaufpreis weiterhin schuldet.

Anders als Art. 20 Verbraucherrechte-RL erwähnt Art. 142 I GEK ausdrücklich neben den Waren die digitalen Inhalte, die auf einem materiellen Datenträger geliefert werden. Diese gelten jedoch im Rahmen der Richtlinie ohnehin als Waren,[867] sodass kein normativer Unterschied aus dieser Differenzierung herzuleiten ist.

Weiter ist allerdings der Anwendungsbereich von Art. 142 GEK, indem er sich nicht auf mit Beförderung verbundene Kaufverträge beschränkt, wie Art. 20 Verbraucherrechte-RL, sondern alle Verbrauchsgüterkäufe, d. h. auch Platzkäufe, erfasst.[868] Diese Situationen von gleichzeitiger Lieferung und Übernahme sind für den Fernabsatzhandel sehr selten, kommen jedoch bei außerhalb von Geschäftsräumen geschlossenen Verträgen des Öfteren vor, wenn die Waren direkt nach Vertragsschluss dem Käufer ausgehändigt werden. Da es aber dabei keinen Transport zu Vertragserfüllungszwecken und daher keine Transportgefahr gibt, rufen diese Fälle keine besonderen praktischen Probleme hervor.

II. Implizite Sonderregelung

Es wäre vielleicht naheliegend, dass allein das Vorsehen eines Widerrufsrechts zugunsten des Käufers im Prinzip die obige Risikozuweisung nicht berühren darf. Nachdem die gelieferte Kaufsache in dessen Besitz und un-

---

866 Siehe Art. 66 ff., insb. Art. 69 UN-Kaufrecht; im deutschen Recht §§ 446 f. BGB; im österreichischen Recht § 1064 i.V.m. §§ 1048 ff. ABGB; vgl. *Hellwege*, Die Rückabwicklung gegenseitiger Verträge als einheitliches Problem, S. 548 ff.; *ders.*, JZ 2005, 337 ff., 342.

867 Siehe Erwägungsgrund Nr. 19 S. 2 Verbraucherrechte-RL.

868 Siehe auch Erwägungsgrund Nr. 55 Verbraucherrechte-RL.

ter dessen Kontrolle steht, sollte der Käufer die Gefahr zufälliger wertmindernder Ereignisse ohnehin tragen.[869]

Trotzdem führen Art. 14 II 1 Verbraucherrechte-RL bzw. Art. 45 III 1 GEK eine Abkehr vom Grundsatz des Gefahrübergangs durch Besitzübergabe an den Käufer ein. Beiden Bestimmungen, wie all jenen, die die Bedingungen einer Ausgleichspflicht bei der Rückabwicklung feststellen, wohnt in der Tat eine besondere Regelung der Gefahrtragung inne.[870]

1. Gefahrtragung durch den Verkäufer

Bekanntermaßen hat der Käufer gemäß Art. 14 II 1 Verbraucherrechte-RL bzw. Art. 45 III 1 GEK für einen Wertverlust der Kaufsache im Widerrufsfall nur aufzukommen, soweit dieser Wertverlust auf einen zu Prüfzwecken nicht notwendigen Umgang mit den Waren zurückzuführen ist, m.a.W. soweit der Käufer den Wertverlust zu vertreten hat.[871] Geht also der Verlust auf zufällige Vorfälle zurück, die der Käufer nicht zu vertreten hat, darf Letzterer demzufolge nicht auf Wertersatz in Anspruch genommen werden. Einen Wertausgleich für die Sache, die der Verkäufer z. B. nach einem Diebstahl bzw. einer Brandstiftung nicht bzw. nur beschädigt zurückerlangt, sehen Art. 14 II Verbraucherrechte-RL bzw. Art. 45 III GEK nicht vor.[872] Vielmehr schließen Art. 14 V Verbraucherrechte-RL bzw. Art. 44 VII GEK für den Verkäufer in diesen Fällen jegliche Er-

---

869 Siehe *Zimmermann*, Rückabwicklung nach Widerruf, in: Eidenmüller/Faust/Grigoleit/Jansen/Wagner/Zimmermann (Hrsg.), Revision des Verbraucher-*acquis*, S. 179 f., 181 f.

870 Siehe *Zimmermann*, Rückabwicklung nach Widerruf, in: Eidenmüller/Faust/Grigoleit/Jansen/Wagner/Zimmermann (Hrsg.), Revision des Verbraucher-*acquis*, S. 179; vgl. zur teilweise widersprechenden Risikozuteilung für Vertragsrückabwicklung gemäß Art. 172 ff. GEK *Lehmann*, in: Schulze (Hrsg.), CESL Commentary Art. 172 Rn. 37, 62, Art. 173 Rn. 35; *Wendehorst*, Schadensersatz, Verzugszinsen und Rückabwicklung, in: Remien/Herrler/Limmer (Hrsg.), Gemeinsames Europäisches Kaufrecht für die EU?, S. 198; *dies.*, Rücktritt („Beendigung") im Entwurf für ein Gemeinsames Europäisches Kaufrecht, in: Schmidt-Kessel (Hrsg.), Ein einheitliches europäisches Kaufrecht?, S. 394 f.

871 Siehe insb. oben, Kapitel 5.B.II.1.

872 Vgl. *Micklitz/Rott*, in: Dauses (Hrsg.), Handbuch EU-Wirtschaftsrecht, H. V. Rn. 236.

stattungsansprüche aus.[873] Gemäß Art. 13 I 1 Verbraucherrechte-RL bzw. Art. 44 I 1 GEK ist der Verkäufer weiterhin verpflichtet, den eingezahlten Kaufpreis und ggf. die Hinsendekosten rückzuerstatten, obwohl er wegen des eingetretenen Zufallsverlusts die Kaufsache weder *in natura* noch qua Wertausgleich wiederbekommt.

Daraus wird gefolgert, dass es im Widerrufsfall der Verkäufer ist, der die Gefahr des zufälligen Untergangs bzw. der zufälligen Verschlechterung während der Widerrufsfrist trägt.[874]

Dies gilt für Verluste sowohl vor als auch nach Ausübung des Widerrufsrechts, einschließlich der folgenden Vertragsrückabwicklung. Etwas eingehender sind Verluste und Schäden zu besprechen, die während des Rücktransports stattfinden. Hier ist eigentlich nach dem Erfüllungsort der Rückgabepflicht des Käufers zu differenzieren.

Denn, ist der Verkäufer aufgrund einer Verabredung nach Art. 14 I 1 in f. Verbraucherrechte-RL bzw. Art. 45 I 1 in. f. GEK oder in außerhalb von Geschäftsräumen geschlossenen Verträgen nach Art. 14 I 4 Verbraucherrechte-RL bzw. Art. 44 IV GEK zur Abholung verpflichtet, ist der Käufer durch die Abholung seinen Restitutionspflichten bereits nachgekommen. Im Fall einer Holschuld trägt also der Verkäufer das Risiko des Rücktransports.

Liegt aber eine Schickschuld vor, was bei Fernabsatzverträgen gemäß Art. 14 I 1 Verbraucherrechte-RL bzw. Art. 45 I 1 GEK der Regel entspricht, könnte man behaupten, der Käufer, der den Rücktransport selbst organisieren solle, habe auch die Transportgefahr zu tragen.[875]

Dieses Ergebnis verträgt sich aber nicht mit Art. 14 I 1 Verbraucherrechte-RL bzw. Art. 45 I 1 GEK. Danach erschöpfen sich die Verpflichtungen des Käufers aus der Rückabwicklung in der Übergabe der sachgemäß verpackten Kaufwaren an ein sorgfältig ausgewähltes Post- oder Transportunternehmen.[876] Darüber hinaus trägt der Verkäufer ebenso das Risiko des Rücktransports, wenn der Käufer laut Art. 14 I 1 Verbraucher-

873 Siehe *Weller*, Kapitel 4: Widerrufsrecht bei Fernabsatz- und Haustürgeschäften, in: Schmidt-Kessel (Hrsg.), Ein einheitliches europäisches Kaufrecht?, S. 169.

874 *Kaiser* § 357 Rn. 71; *Weller*, Kapitel 4: Widerrufsrecht bei Fernabsatz- und Haustürgeschäften, in: Schmidt-Kessel (Hrsg.), Ein einheitliches europäisches Kaufrecht?, S. 169; *Unger*, ZEuP 2012, 270 ff., 293 f.

875 So *Föhlisch*, Das Widerrufsrecht im Onlinehandel, S. 298.

876 Siehe oben, Kapitel 4.A.II.3.b)aa).

rechte-RL bzw. Art. 45 I 1 GEK zur Rücksendung der Kaufwaren verpflichtet ist.

2. Rechtfertigung

Ohne Zweifel bedeutet diese Risikoverteilung eine harte Konsequenz für den Verkäufer. Missbrauchsfälle können gewiss nicht ausgeschlossen werden, wenn der Käufer allein aus Anlass des zufälligen Untergangs den Vertrag widerruft, obwohl er zuvor nicht beabsichtigt hatte, sein Widerrufsrecht auszuüben.[877]

Zur Rechtfertigung der Risikobestimmung wird sich auf das Ziel des Widerrufsrechts berufen, den Kauf außerhalb von Geschäftsräumen und im Fernabsatz mit dem konventionellen Absatz im stationären Handel gleichzustellen.[878] Dem Verbraucher, der an einem Produkt Interesse habe und dieses (oder einen Vorführgegenstand) im Ladengeschäft prüfe oder ausprobiere, sei das Risiko einer zufälligen Zerstörung oder Verschlechterung klar völlig fremd. Solange kein Kaufvertrag abgeschlossen sei, sei die Frage nach der Gefahrtragung noch weit entfernt. Jedes Risiko trage der Verkäufer. Dasselbe solle für den Unternehmer gelten, der im Fernabsatz oder außerhalb von Geschäftsräumen seine Waren anbiete.[879] Hingewiesen wird überdies darauf, dass die Effektivität des Widerrufrechts gefährdet sei, wenn das Risiko während der Widerrufsfrist dem Käufer aufgebürdet würde.[880]

---

877 *Zimmermann*, Rückabwicklung nach Widerruf, in: Eidenmüller/Faust/Grigoleit/Jansen/Wagner/Zimmermann (Hrsg.), Revision des Verbraucher-*acquis*, S. 179 f., 181; *Weller*, Kapitel 4: Widerrufsrecht bei Fernabsatz- und Haustürgeschäften, in: Schmidt-Kessel (Hrsg.), Ein einheitliches europäisches Kaufrecht?, S. 169; *Heiderhoff*, Europäisches Privatrecht, S. 156 f.

878 *Rott*, VuR 2001, 78 ff., 82; *Schinkels*, ZGS 2005, 179 ff., 183; *Mörsdorf*, JZ 2010, 232 ff., 240; *Özfirat-Skubinn*, NJOZ 2010, 2006 ff., 2016; *Unger*, ZEuP 2012, 270 ff., 293 f.

879 *Rott*, VuR 2001, 78 ff., 82.

880 *Hager*, Das geplante Recht des Rücktritts und des Widerrufs, in: Ernst/Zimmermann (Hrsg.), Zivilrechtswissenschaft und Schuldrechtsreform, S. 449 f.; *Schinkels*, ZGS 2005, 179 ff., 183; *ders.*, Anmerkung zu EuGH, 3.9.2009 – C-489/07, LMK 2009, 291092; *Mörsdorf*, JZ 2010, 232 ff., 240; *Özfirat-Skubinn*, NJOZ 2010, 2006 ff., 2016; vgl. EuGH v. 3.9.2009 – Rs. C-489/07 *Messner*, Rn. 29.

III. Würdigung

1. Bedarf weiterer Differenzierung

Die obige Argumentation sollte dennoch m. A. nach etwas kritischer betrachtet werden.

Vorab ist darauf hinzuweisen, dass es sich hier um völlig neutrale Vorfälle handelt, die weder dem Verkäufer noch dem Käufer zugerechnet werden können.[881] Die Gefahr dem einen oder dem andern Vertragspartner aufzuerlegen, kann also keineswegs auf der Grundlage von Verstößen gegen jederlei Verpflichtungen und Verbindlichkeiten erfolgen.[882]

Zu erörtern ist daher m. E., ob die Schutzzwecke des Widerrufsrechts es notwendig machen, die Risikoverteilung anders als in Art. 20 Verbraucherrechte-RL bzw. Art. 142 I, IV GEK zu regeln und den Käufer vom Zufallsrisiko während der Widerrufsfrist zu befreien.

Nach ständiger Rechtsprechung des EuGH ist der Verbraucherschutz, der u.a. durch die Einräumung von Widerrufsrechten angestrebt wird, nicht absolut, sondern darf bestimmten Grenzen unterliegen.[883] Demzufolge sollte vor allem danach gefragt werden, wie weit die typisierte Störung der materiellen Vertragsfreiheit des Verbrauchers geht, die die Gewährung von Widerrufsrechten bei den hier besprochenen Betriebsformen rechtfertigt. Erfasst sie selbst den Abschluss eines Vertrags durch den Verbraucher, der sich daran nicht freiwillig bindet? Oder beschränkt sie sich lediglich auf bestimmte Eigenschaften des Objekts des Vertrags, den der Verbraucher jedoch selbstbestimmt eingegangen ist?

Im ersten Fall ermöglicht das Widerrufsrecht dem Verbraucher, sich von einer vertraglichen Verbindung zu lösen, die er eigentlich gar nicht

---

881 Siehe statt vieler *Heiderhoff*, Europäisches Privatrecht, S. 156 f.

882 Vgl. zu § 357 III 3 i.V.m. § 346 III 1 Nr. 3 BGB a.F. sowie zur BT-Drucks. 14/6040, S. 200 *Rott*, Widerruf und Rückabwicklung, in: Micklitz/Pfeiffer/Tonner/Willingmann (Hrsg.), Schuldrechtsreform und Verbraucherschutz, S. 269; *Hellwege*, Die Rückabwicklung gegenseitiger Verträge als einheitliches Problem, S. 72 f.; *Neumann*, Bedenkzeit vor und nach Vertragsabschluss, S. 404 f.; *Sparmann*, Das Widerrufsrecht im Fernabsatz als Kauf auf Probe, S. 216.

883 EuGH v. 15.4.2010 – Rs. C-215/08 *E. Friz*, Rn. 44; EuGH v. 1.3.2012 – Rs. C-166/11 *González Alonso*, Rn. 27; vgl. EuGH v. 3.9.2009 – Rs. C-489/07 *Messner*, Rn. 25; siehe dazu *Weatherill*, Consumer protection under EU law 'is not absolute': yes, but be careful!, ERCL 2012, 221 ff.

wollte. Dabei schließt der Verbraucher unfreiwillig den Kaufvertrag und gelangt ebenso unfreiwillig in den Besitz der Kaufsache. Es wäre daher nicht sachgerecht, ihn mit der Gefahr zufälliger Zerstörung oder Verschlechterung dieser unerwünschten Leistung zu belasten. Diese Fälle beziehen sich freilich auf den außerhalb von Geschäftsräumen abgeschlossenen Vertrag und auf das „situationsbedingte“ Widerrufsrecht, das dabei dem Käufer zusteht. Dank ihm kann der Verbraucher im Nachhinein selbstbestimmt entscheiden, ob er sich vertraglich binden will oder nicht.[884]

Anders gelagert sind die Konstellationen, bei denen sich der Verbraucher freiwillig vertraglich bindet. Der Vertrag an sich ist wohl gewollt und in Wahrnehmung der Vertragsfreiheit abgeschlossen worden. Dasselbe gilt in der Regel auch für die Auswahl des Vertragsgegenstands. Die typisiert vorliegende Informationsasymmetrie erlaubt oftmals jedoch nicht, bestimmte Eigenschaften der Kaufsache schlüssig festzusetzen. Die Störung der materiellen Vertragsfreiheit ist also hier eingeschränkter, sie betrifft nur Merkmale und Funktionen des Kaufgegenstands. Der Käufer übernimmt aber den Besitz der Kaufsache in der Regel aus freiem Willen. Dass diese nur unzutreffend oder nicht ausführlich genug beschrieben war oder den Erwartungen des Käufers nicht entspricht, vermag die Entscheidung zur Besitzverschaffung kaum zu beeinflussen. Deswegen könnte das mit dem Besitz zusammenhängende Zufallsrisiko nach Übergabe dem Käufer aufgedrängt werden. Typisch ist diese Situation gewiss für den Fernabsatzkauf und das „abwesenheitsbedingte“ Widerrufsrecht, das es dem Käufer ermöglicht, das Kaufobjekt aus der Nähe besser zu begutachten und zu prüfen.[885]

---

884 Siehe *Zimmermann*, Rückabwicklung nach Widerruf, in: Eidenmüller/Faust/Grigoleit/Jansen/Wagner/Zimmermann (Hrsg.), Revision des Verbraucher-*acquis*, S. 179 f., 181 f.; *Weller*, Kapitel 4: Widerrufsrecht bei Fernabsatz- und Haustürgeschäften, in: Schmidt-Kessel (Hrsg.), Ein einheitliches europäisches Kaufrecht?, S. 169; wohl auch *Hager*, Das geplante Recht des Rücktritts und des Widerrufs, in: Ernst/Zimmermann (Hrsg.), Zivilrechtswissenschaft und Schuldrechtsreform, S. 449 f. („Überrumpelungseffekt“); *Heiderhoff*, Europäisches Privatrecht, S. 156 f. („Übereilungseffekt“).

885 Siehe *Stempel*, ZEuP 2010, 925 ff., 939; *Zimmermann*, Rückabwicklung nach Widerruf, in: Eidenmüller/Faust/Grigoleit/Jansen/Wagner/Zimmermann (Hrsg.), Revision des Verbraucher-*acquis*, S. 179 f., 181 f.; *Weller*, Kapitel 4: Widerrufsrecht bei Fernabsatz- und Haustürgeschäften, in: Schmidt-Kessel (Hrsg.), Ein einheitliches europäisches Kaufrecht?, S. 169; dagegen für eine undifferenzierte

2. Regelungsvorschlag

Nach alledem kommt der Käufer nur in außerhalb von Geschäftsräumen abgeschlossenen Kaufverträgen typischerweise unfreiwillig in den Besitz der Kaufsache. Im Fernabsatzkauf geschieht dies dagegen grundsätzlich durch einen selbstbestimmten Käufer. Es ist infolgedessen sachgerecht, dass der Verkäufer nur bei außerhalb von Geschäftsräumen geschlossenen Kaufverträgen das Zufallsrisiko noch bis zum Ablauf der Widerrufsfrist oder bis zur Vollendung der Rückabwicklung nach erklärtem Widerruf trägt. Das Risiko bei Fernabsatzkaufverträgen sollte aber bereits durch Besitzübernahme auf den Verbraucher endgültig übergehen, wie es den allgemeinen Normen von Art. 20 Verbraucherrechte-RL bzw. Art. 142 I, IV GEK entspricht.

Diese Ausnahmeregelung könnte als neuer S. 2 nach S. 1 in Art. 14 II Verbraucherrechte-RL bzw. Art. 45 III GEK wie folgt lauten: „Bei Fernabsatzverträgen haftet der Verbraucher auch für einen etwaigen Wertverlust der gelieferten Waren, der nicht auf einen Umgang des Unternehmers mit den Waren zurückzuführen ist.“ Auch unter dieser Neuregelung sollte die Bedingung einer vorherigen Belehrung uneingeschränkt gelten, die im heutigen S. 2 beider soeben zitierter Vorschriften vorgeschrieben wird.

Ob damit tatsächlich ein Anreiz für den Verkäufer entsteht, seiner gesetzlichen Belehrungspflicht nachzukommen, darf hierbei offen bleiben.[886] Dasselbe gilt für die Bemerkung, ein Verstoß gegen die Belehrungspflicht sei nicht im Wege der Risikozuweisung zu sanktionieren, denn eine solche Sanktionierung hänge buchstäblich vom Zufall ab.[887]

Ein systematisches Argument spricht stichhaltig dafür, dass die vorherige Widerrufsbelehrung weiterhin zur Begründung der Risikohaftung des Käufers vorausgesetzt werden soll. Es wäre widersprüchlich, wenn der

---

Zuweisung des Zufallsrisikos auf den Verbraucher sowohl bei Fernabsatz- als auch bei außerhalb von Geschäftsräumen geschlossenen Verträgen *St. Lorenz*, Die Lösung vom Vertrag, insbesondere Rücktritt und Widerruf, in: Schulze/Schulte-Nölke (Hrsg.), Die Schuldrechtsreform vor dem Hintergrund des Gemeinschaftsrechts, Tübingen 2001, S. 329 ff., 350; *Grigoleit*, NJW 2002, 1151 ff., 1154; *Coester-Waltjen*, Jura 2009, 820 ff., 822; *Sparmann*, Das Widerrufsrecht im Fernabsatz als Kauf auf Probe, S. 217.

886 Bejahend *Mankowski*, Beseitigungsrechte, S. 901.

887 *Neumann*, Bedenkzeit vor und nach Vertragsabschluss, S. 410; *Zimmermann*, Rückabwicklung nach Widerruf, in: Eidenmüller/Faust/Grigoleit/Jansen/Wagner/Zimmermann (Hrsg.), Revision des Verbraucher-*acquis*, S. 179 f., 181.

nicht belehrte Käufer keinen Ausgleich für von ihm fahrlässig oder sogar vorsätzlich verursachte Wertverluste schuldete (Art. 14 II Verbraucherrechte-RL; Art. 45 III GEK), für zufällige Vorfälle aber trotz fehlender Belehrung aufkommen müsste.[888]

IV. Umsetzung ins deutsche Recht

Die einzige Umsetzungsregel zur Gefahrtragung findet sich in § 355 III 3 BGB und sieht vor, dass der Unternehmer bei Widerruf die Gefahr der Rücksendung der Waren trägt. Damit wird die Richtlinie m. E. ordnungsgemäß umgesetzt. Denn die Risikoverteilung für die Zeit vor dem Widerruf wird konkludent durch die Vorschrift von § 357 VII BGB geregelt. Daraus, dass diese zur Haftung des Käufers einen zur Prüfung nicht notwendigen Umgang mit den Waren verlangt, ist im deutschen Recht ebenfalls zu folgern, dass Verluste wegen zufälliger Vorfälle den Käufer nicht treffen müssen. Eine explizite, spezielle Risikoregelung wäre m. E. nicht notwendig.

888 Siehe auch *Rott*, VuR 2001, 78 ff., 82; *Stempel*, ZEuP 2010, 925 ff., 939.

Kapitel 6 Nutzungsherausgabe

Zwischen Vertragserfüllung und -widerruf ist es in der Regel beiden Vertragspartnern möglich, Nutzungsvorteile aus den ausgetauschten Leistungen zu ziehen. Der Käufer kann die Kaufsache benutzen; der Verkäufer den Kaufpreis bei seiner Hausbank verzinsen lassen.

Das Schicksal mancher Nutzungsvorteile nach dem Widerruf wird zum ersten Mal im europäischen Privatrecht im GEK ausdrücklich, jedoch nur zum Teil, geregelt. Gemäß Art. 45 IV GEK ist der Verbraucher „unbeschadet des Absatzes 3 [...] nicht zur Zahlung einer Entschädigung für die Nutzung der Waren während der Widerrufsfrist verpflichtet". Nutzungen, die der Unternehmer in der Form von Zinsen aus dem Kaufpreis gezogen hat, sind allerdings weder in Art. 44 noch in Art. 45 GEK geregelt. In der Verbraucherrechte-RL fehlen insgesamt einschlägige Vorschriften. Selbst Art. 45 IV GEK findet kein Pendant in Art. 14 Verbraucherrechte-RL.

Damit zeigt sich die rechtliche Behandlung gezogener bzw. ziehbarer Nutzungen im Widerrufsfall nach dem neuen Recht der Verbraucherrechte-RL und des GEK als nicht allzu klar. Die folgenden Ausführungen versuchen diese Rechtslage abzuklären (unter A) und zu bewerten (unter B).

A. Ausschluss der Nutzungsherausgabepflicht

I. Nutzungen durch den Käufer

1. GEK

Der soeben zitierte Art. 45 IV GEK schließt jeden Anspruch des Verkäufers auf Entschädigung für die Nutzungen aus, die der Käufer in der bis zum Widerruf – oder genauer bis zur Rückgabe der Sache – verstrichenen Zeit gezogen hat.[889] Da sich Nutzungen meistens naturgemäß nicht her-

---

889 *Looschelders*, Informationspflichten des Unternehmers und Widerrufsrecht des Verbrauchers, in: Remien/Herrler/Limmer (Hrsg.), Gemeinsames Europäisches Kaufrecht für die EU?, S. 139; *Lurger*, Widerrufsrechte, in: P. Bydlinski/Lurger (Hrsg.), Die Richtlinie über die Rechte der Verbraucher, S. 80; *Schulze*, in:

ausgeben lassen, setzt sich das GEK in seiner Textierung lediglich mit einer Entschädigung dem Werte nach auseinander und verwehrt ausdrücklich nur diese in der einschlägigen Vorschrift.

Art. 45 IV GEK ist aber wohl dahingehend auszulegen, dass der Nutzungsersatzausschluss die Herausgabe sämtlicher Nutzungsvorteile erfasst, sowohl qua Wertausgleich – wie im Regelungstext eindeutig angeordnet – als auch *in natura*, falls dies ausnahmsweise möglich ist.[890] Bei der Bestimmung der Rückabwicklungspflichten des Käufers hat das Wesen der Nutzungsvorteile keine Rolle zu spielen. Es darf nämlich nicht darauf ankommen, ob die Nützlichkeit der Kaufsache in ihrer Verwendung bestand, die nun als Geldersatz herausgegeben werden kann, oder im Verschaffen weiterer Güter, die als solche immer rückgewährt werden können. Da die Verfasser des Instruments mit Art. 45 IV GEK eine klare Stellung gegen eine Rückgewährpflicht hinsichtlich Nutzungsvorteilen beziehen, die im Wege des Geldersatzes erstattet werden können, darf m. E. bei Nutzungserträgen, die körperliche Substanz haben, nichts anderes gelten.

Außerdem sind für den üblichen im Fernabsatz bzw. außerhalb von Geschäftsräumen geschlossenen Kauf andere Nutzungsvorteile als die Verwendungsmöglichkeit der Kaufwaren wohl untypisch. Materielle Nutzungserträge beziehen sich eher auf Bergbau und Landwirtschaft. Daher ist auch das Fehlen einer expliziten Erwähnung sonstiger Nutzungsvorteile außer Verwendungsmöglichkeiten in Art. 45 IV GEK nachvollziehbar. Zwar wäre eine allgemeine, umfassende Formulierung, die nicht lediglich die „Entschädigung für die Nutzung der Waren“, sondern Nutzungsherausgaben jeder Art ausschließen würde, klarer und vorzugswürdig. Der Kürze halber nehmen aber die Formulierungen rechtlicher Vorschriften nicht selten nur auf das Gängigste bzw. das praktisch Wichtigste Bezug.

Diese allgemeine Sperrung der Nutzungsherausgabe bestätigt sich auch durch die Ausschließlichkeitsklausel von Art. 45 VII GEK. Danach braucht jegliche Restitutionspflicht des Käufers eine feste rechtliche Grundlage in demselben Artikel. Eine Verpflichtung zur Herausgabe jegli-

---

Schulze (Hrsg.), CESL Commentary Art. 45 Rn. 17; *Weller*, Kapitel 4: Widerrufsrecht bei Fernabsatz- und Haustürgeschäften, in: Schmidt-Kessel (Hrsg.), Ein einheitliches europäisches Kaufrecht?, S. 170.

890 *Looschelders*, Informationspflichten des Unternehmers und Widerrufsrecht des Verbrauchers, in: Remien/Herrler/Limmer (Hrsg.), Gemeinsames Europäisches Kaufrecht für die EU?, S. 139.

cher Nutzungsvorteile vermag jedoch auf keine der jeweiligen Bestimmungen in Art. 45 I bis VI GEK gestützt zu werden.

2. Verbraucherrechte-RL

Merkwürdig ist, dass eine dem Art. 45 IV GEK entsprechende Vorschrift in der Verbraucherrechte-RL fehlt. Da die Richtlinie größtenteils als Entwurf für die jüngeren GEK-Regeln diente, könnte man annehmen, dass das Fehlen einer ausdrücklichen Richtliniennorm zur Nutzungsherausgabe von den Verfassern des GEK inzwischen bemerkt und behoben wurde. Gründe, die für eine Differenzierung zwischen den beiden Rechtsakten sprechen, sind ja nicht erkennbar.[891]

Daher wird von der h. M. abgeleitet, die Verbraucherrechte-RL schließe ebenso wie das GEK eine Herausgabe- bzw. Entschädigungspflicht des Verkäufers für Nutzungen aus.[892] Ausschlaggebend ist auch dabei Art. 14 V Verbraucherrechte-RL, der wie Art. 45 VII GEK jegliche Ansprüche gegen den Käufer außer der ausdrücklich in Art. 13 I und 14 I bis IV Verbraucherrechte-RL vorgeschriebenen verneint. Keine dieser Bestimmungen ordnet aber eine Pflicht zum Nutzungsersatz zulasten des Käufers an.

Das Argument, ein vollständiger Ausschluss des Nutzungsersatzes gehe zu weit und vertrage sich nicht mit den Erwägungen der *Messner*-E (die allerdings die Fernabsatz-RL auslegte),[893] bezieht sich eher auf die Bewertung der neuen Normen. Es ist m. A. nach im Rahmen der Auslegung kaum von Belang. Darauf, ob eine Nutzungsersatzpflicht tatsächlich sinnvoll wäre, wird folgend eingegangen.[894]

Entsprechend den Bemerkungen zum Nutzungsersatz durch den Käufer im GEK ist schließlich festzustellen, dass die Verbraucherrechte-RL die

---

891 *Weller*, Kapitel 4: Widerrufsrecht bei Fernabsatz- und Haustürgeschäften, in: Schmidt-Kessel (Hrsg.), Ein einheitliches europäisches Kaufrecht?, S. 170.

892 *Stabentheiner/Cap*, ÖJZ 2011, 1045 ff., 1059; *Lurger*, Widerrufsrechte, in: P. Bydlinski/Lurger (Hrsg.), Die Richtlinie über die Rechte der Verbraucher, S. 80; *Weller*, Kapitel 4: Widerrufsrecht bei Fernabsatz- und Haustürgeschäften, in: Schmidt-Kessel (Hrsg.), Ein einheitliches europäisches Kaufrecht?, S. 170 f.; *Zöchling-Jud*, AcP 212 (2012), 550 ff., 567; *Leier*, VuR 2013, 457 ff., 459; vgl. *Rott/Terryn*, ZEuP 2009, 456 ff., 474.

893 *Unger*, ZEuP 2012, 270 ff., 294 f.

894 Siehe unten, Kapitel 6.B.

Herausgabe von sämtlichen Nutzungsvorteilen seitens des Käufers ausschließt, sei es durch Wertausgleich, sei es *in natura*.

II. Nutzungen durch den Verkäufer

Die Herausgabe von Nutzungsvorteilen, nämlich Kapitalzinsen, die der Verkäufer aus dem gezahlten Kaufpreis bis zum Widerruf gezogen hat, thematisieren weder die Verbraucherrechte-RL noch das GEK. Gemäß Art. 13 I 1 Verbraucherrechte-RL bzw. Art. 44 I 1 GEK sollen jedoch im Widerrufsfall lediglich die erhaltenen „Zahlungen" vom Verkäufer rückgestellt werden. Darunter fallen der Kaufpreis und – unter den Beschränkungen von Art. 13 II Verbraucherrechte-RL bzw. Art. 44 II GEK – die Hinsendekosten.

Das Schweigen der Vorschriften zu einer verzinsten Rückzahlung ist m. E. im Kontext der Abschaffung des Nutzungsersatzes durch den Käufer zu lesen. Nachdem der Normengeber die Nutzungsherausgabe käuferseits auszuschließen beschlossen hat, ist es konsistent und sinnvoll, das Gleiche auch bezüglich der Nutzungsvorteile seitens des Verkäufers anzunehmen.[895]

Zwar enthalten die zwei Rechtsakte dazu weder eine schlüssige Vorschrift, entsprechend Art. 45 IV GEK, noch eine Ausschließlichkeitsregel zugunsten des Unternehmers, wie Art. 14 V Verbraucherrechte-RL bzw. Art. 45 VII GEK. Das kann jedoch nicht für die Anwendung nationaler „verbraucherfreundlicher" Regeln sprechen, die dem Käufer einen zusätzlichen Rückabwicklungsanspruch, nämlich auf Nutzungsherausgabe, einräumen. Denn sowohl Art. 13 bzw. 14 Verbraucherrechte-RL als auch Art. 44 bzw. 45 GEK zielen auf eine vollständige, in diesem Sinn ausschließliche Normierung der Vertragsrückabwicklung nach Widerruf ab. Zum einen betreibt die Richtlinie eine eindeutige Vollharmonisierung (Art. 4 Verbraucherrechte-RL). Zum anderen soll das GEK ein autonomes optionales Instrument darstellen, das prinzipiell allein zur Anwendung kommt (Art. 11 GEK-VO-E bzw. Art. 4 II GEK).

---

895 *Weller*, Kapitel 4: Widerrufsrecht bei Fernabsatz- und Haustürgeschäften, in: Schmidt-Kessel (Hrsg.), Ein einheitliches europäisches Kaufrecht?, S. 170 f.

Dies führt zur Verneinung einer Nutzungsherausgabepflicht des Verkäufers im Rahmen der Verbraucherrechte-RL als auch des GEK.[896] Ließ also der Verkäufer den eingezahlten Kaufpreis und ggf. die Sendungskosten zwischen Einzahlung und Rückstellung verzinsen, darf er die erworbenen Zinsen behalten.

III. Schlussbetrachtung

Nach alledem ist zu dem Schluss zu gelangen, dass das Rückabwicklungsregime der Verbraucherrechte-RL und des GEK keine Herausgabe bzw. keinen Wertersatz von gezogenen oder zu ziehenden Nutzungsvorteilen weder vom Käufer noch vom Verkäufer im Widerrufsfall erlaubt. Damit trifft das GEK eine diametral entgegengesetzte Regelungswahl zum Rückabwicklungsregime von Art. 172 ff. GEK, wobei Art. 174 GEK eine komplizierte und nicht komplett ausgewogene Regelung für die „Vergütung der Nutzung und Verzinsung des erhaltenen Geldbetrags" trifft.[897] Eine überzeugende Antwort für diese Diskrepanz ist m. M. nach schwer zu finden.

IV. Umsetzung ins deutsche Recht

Eine Vorschrift, die das Fehlen von Verpflichtungen des Verbrauchers zur Nutzungsherausgabe bzw. zum Nutzungsersatz ausdrücklich anordnet, sucht man vergebens im neuen Recht. Soweit § 357 BGB eine solche Pflicht nicht vorschreibt, greift allerdings § 361 I BGB, nach dem „[über] die Vorschriften dieses Untertitels hinaus [...] keine weiteren Ansprüche gegen den Käufer infolge des Widerrufs [bestehen]". Damit schließt das neue deutsche Recht jegliche nutzungsbedingte Ansprüche des Unternehmers eindeutig aus.

---

896 *Weller*, Kapitel 4: Widerrufsrecht bei Fernabsatz- und Haustürgeschäften, in: Schmidt-Kessel (Hrsg.), Ein einheitliches europäisches Kaufrecht?, S. 170 f.

897 Siehe dazu *Sirena*, ERPL 2011, 997 ff., 997 ff.; *Lehmann*, in: Schulze (Hrsg.), CESL Commentary Art. 174 Rn. 11 ff.; *Looschelders*, AcP 212 (2012), 581 ff., 682 ff.; *St. Lorenz*, AcP 212 (2012), 702 ff., 783 ff.; *Mörsdorf/Brinkmann*, GPR 2013, 190 ff., 195 f.; *Wendehorst*, Rücktritt („Beendigung") im Entwurf für ein Gemeinsames Europäisches Kaufrecht, in: Schmidt-Kessel (Hrsg.), Ein einheitliches europäisches Kaufrecht?, S. 397 f.

Da § 357 BGB ebenso keine Nutzungsherausgabe durch den Verkäufer vorsieht und die Vorschrift als eine abschließende Regelung zur Rückabwicklung des widerrufenen Vertrags konzipiert worden ist,[898] sind Nutzungsherausgabeansprüche des Verbrauchers gleichfalls ausgeschlossen.

B. Würdigung

Anders als manch nationale Rechtsordnungen gehen die Verbraucherrechte-RL und das GEK von einem vollständigen Ausschluss der Herausgabe beiderseitiger Nutzungsvorteile aus. Weder hat der Käufer für den Gebrauch der gelieferten Kaufsache bis zur Rücksendung bzw. Rückabholung aufzukommen, noch schuldet der Verkäufer die aus dem Kaufpreis gezogenen Kapitalzinsen.

Um die Vor- und Nachteile dieser Regeln festzustellen und abzuwägen, sind die möglichen gesetzlichen Alternativen kurz darzustellen und miteinander zu vergleichen. Vorab ist es jedoch m. M. nach nützlich, die Sachverhalte kurz festzusetzen, bei denen ein Nutzungsersatz neben dem Wertminderungsersatz wirklich in Frage kommt.

I. Zusammenhang von Wertminderungsersatz und Nutzungsherausgabe

Nicht bei allen Sachleistungen sind die Nutzungsvorteile des Erwerbers (im Fall des Kaufvertrags des Käufers) und die Werteinbußen, die nach einer Vertragslösung zulasten der anderen Partei (hier des Verkäufers) entstehen, zwei genau unterscheidbare Größen.

Hat der Kauf Verbrauchsgüter zum Gegenstand, d. h. solche Güter, die zum kompletten Konsum und Verzehr bestimmt sind (z. B. Nahrungsmittel und Getränke), sind der Wert der Nutzungsvorteile und der Wertverlust der Ware in aller Regel deckungsgleich. Wenn also der Verbraucher über sein Prüfungsrecht hinausgeht und anders als im Lebensmittelladen eine im Fernabsatz gekaufte Konfitüre verzehrt, besteht sein Nutzungsvorteil grundsätzlich im objektiven Wert des Produkts, den er schon als Wertverlust abgelten muss. Im Fall von Verbrauchsgütern ist deswegen das Vorse-

898 Siehe RegE, BR-Drucks. 817/12, S. 2.

hen einer Nutzungs- neben der Wertersatzpflicht kaum von praktischer Bedeutung, solange man eine Überkompensation des Verkäufers ablehnt.

Anders ist es dagegen, wenn der Kaufvertrag Gebrauchsgüter betrifft. Gemeint sind damit Produkte, die dem mehrmaligen längerfristigen Gebrauch dienen, wie Kleidung, Werkzeuge, elektrische und elektronische Geräte oder Fahrzeuge. Diese erfahren nach ihrer ersten Ingebrauchnahme häufig eine wesentliche Wertminderung, verlieren aber hinterher durch Nutzung nur allmählich an Wert. Fast immer spiegelt sich dabei der Wert der Nutzungsvorteile nicht in der Wertminderung der Sache wider. So kann eine wenig intensive, aber lange Nutzung, einen hohen Nutzungsvorteil für den Käufer bedeuten, obwohl sie nur geringe, zur Prüfung unnötige Wertverluste mit sich bringt. Als typisches Beispiel könnte man Kleidungsstücke erwähnen. Möglich ist aber auch, dass eine über die Prüfung hinausgehende einzige Ingebrauchnahme eine massive Wertminderung der Kaufsache verursacht, während der Nutzungsvorteil für den Käufer noch sehr begrenzt ist. Gutes Beispiel dafür ist der Kauf eines neuen Fahrzeugs, das bei der zuständigen Stelle registriert und zur dauerhaften Benutzung neu zugelassen wird, danach aber nur ein paar Kilometer fährt.

Dadurch lässt sich schließlich auch der Vorbehalt in Art. 45 IV GEK verstehen. Diese Vorschrift schließt „unbeschadet des Absatzes 3" jede Haftung des Käufers für Nutzungen aus. Art. 45 III GEK ordnet die Haftung desselbigen für nicht-prüfungsrelevante Wertverluste an. Durch diesen Vorbehaltspassus wird wohl dem Umstand Rechnung getragen, dass der zu erstattende Wertverlust der Kaufsache mit dem Nutzungsvorteil des Käufers, sei es auch lediglich zum Teil, deckungsgleich sein kann. Trotzdem wird die Pflicht zum Wertminderungsersatz davon nicht betroffen, sondern bleibt bestehen. Dass damit der Käufer gelegentlich mittelbar erworbene Nutzungsvorteile dem Wert nach rückerstattet, ist völlig irrelevant.

II. Alternative Regelungsmuster

Soweit die Herausgabe der Nutzungserträge *in natura* möglich ist, können die Rückabwicklungsregelungen die Naturrückerstattung vorsehen. Ist die Naturrückerstattung aber, auch nur teilweise, unmöglich bzw. unangemessen und schließt dies die Vertragslösung nicht aus,[899] kommt eine Verpflichtung des Herausgabepflichtigen zum Wertersatz für die gezogenen Gebrauchsvorteile in Betracht.[900] Die ersten beachtlichen Unterschiede und Schwierigkeiten entstehen erst an dieser Stelle, nämlich bei der Berechnung des Werts der herauszugebenden Vorteile. Dafür sind bereits mehrere Bemessungsmodelle vorgeschlagen worden.

1. Zeitanteilige lineare Wertminderung

In Deutschland wird das Modell der zeitanteiligen linearen Wertminderung – auch lineare Teilwertabschreibung genannt – angewandt, insb. wenn es sich um Güter des täglichen Bedarfs handelt. Demgemäß wird der Kaufpreis mit der gesamten voraussichtlichen Gesamtnutzungsdauer gleichgesetzt, sodass jede Nutzungszeitspanne in einem bestimmten Verhältnis zum Kaufpreis steht. Daraus wird der Wert der Nutzungsvorteile ermittelt.[901]

Dieses Verhältnis lässt sich mathematisch wie folgt ausdrücken:[902]

$$\text{Nutzungsersatz} = \frac{\text{tatsächliche Nutzungsdauer}}{\text{voraussichtliche Gesamtnutzungsdauer}} \times \text{Kaufpreis}$$

Eine solche Berechnung mutmaßt offensichtlich, dass der Kaufgegenstand während seiner ganzen Nutzungsdauer gleichmäßig an Wert verliert, was dennoch meistens nicht der Wirklichkeit entspricht. Darüber hinaus entstehen in der Praxis ernsthafte Schwierigkeiten rund um die Bemessung des Faktors „tatsächliche Nutzungsdauer“. Wie viel und wie lange der Käufer die Ware tatsächlich genutzt hat, lässt sich nur ausnahmsweise objektiv dokumentieren und beweisen, vor allem bei elektronischen Geräten, die

899 Vgl. *Zimmermann*, Rückabwicklung nach Widerruf, in: Eidenmüller/Faust/Grigoleit/Jansen/Wagner/Zimmermann (Hrsg.), Revision des Verbraucher-*acquis*, S. 178.

900 Siehe z. B. im deutschen Recht §§ 100, 346 I, II 1 Nr. 1 BGB; im österreichischen Recht § 921 ABGB.

901 *Neumann*, Bedenkzeit vor und nach Vertragsabschluss, S. 411 f.; *Föhlisch*, Das Widerrufsrecht im Onlinehandel, S. 322 f.; *S. Martens*, Nutzungsherausgabe und Wertersatz beim Rücktritt, AcP 210 (2010), 689 ff., 695 f.; MünchKommBGB/*Gaier* § 346 RnNr. 26 f.; Staudinger/*Kaiser* § 346 Rn. 255 ff.; BeckOK/*H. Schmidt* BGB § 346 Rn. 36; BGH NJW 1996, 250, 252 m.w.N.

902 Staudinger/*Kaiser* § 346 Rn. 255.

mit Zeitmesser versehen sind, z. B. Fernsehern. Sonst ist der Rückabwicklungsgläubiger auf Informationen der anderen Partei angewiesen.[903]

2. Kauf und Wiederverkauf

Der ziemlich simplifizierenden Betrachtung, die Sache verliere ihren Wert durchweg linear durch Nutzung, versuchen das Schrifttum und die Rechtsprechung in Österreich durch das Modell des Kaufs und Wiederverkaufs zu entgehen. Danach ermittelt sich der Wert der gezogenen Nutzungen unter Berücksichtigung des Aufwands, den man tragen müsste, um sich den Gebrauchsnutzen eines gleichwertigen Gegenstands durch Ankauf und anschließenden Verkauf nach Gebrauch zu verschaffen.[904] Die Differenz zwischen dem Kaufpreis der neuen Sache und ihrem Verkaufspreis nach Verwendung entspricht dem Wert der gezogenen Nutzungen.

Auch dieses Modell ist allerdings nicht einwandfrei. Denn es stützt sich auf die Einbuße, die der Gebrauch an der Kaufsache verursacht, d. h. letztlich auf den Wertverlust, den die gebrauchte Sache erleidet, und lässt deswegen den Schluss auf den genauen Wert der tatsächlichen Vorteile des nutzenden Käufers nicht zu.

3. Miet- bzw. Pachtzins

Vor allem wenn der Wert der Kaufsache durch Zeitablauf bzw. Nutzung nicht messbar gemindert wird, werden die Nutzungen mangels anderer Messungsmethoden mithilfe vom durchschnittlichen Miet- oder Pachtzins bemessen. Als Nutzungswert gilt der übliche Mietpreis für die einschlägige Besitzdauer.[905]

---

903 *Mörsdorf*, JZ 2010, 232 ff., 238 f.; *Özfirat-Skubinn*, NJOZ 2010, 2006 ff., 2012; *Lakkis*, Das Messner-Urteil des EuGH und seine Auswirkungen auf das deutsche Recht, in: FS Scheuing, S. 574 ff., 583; Staudinger/*Kaiser* § 346 Rn. 263.

904 *Binder/Reidinger*, in: Schwimann (Hrsg.), ABGB Praxiskommentar § 921 Rz. 23; OGH VuR 2006, 242, 244; OGH ecolex 2010, 654, 654.

905 *Neumann*, Bedenkzeit vor und nach Vertragsabschluss, S. 412; *Föhlisch*, Das Widerrufsrecht im Onlinehandel, S. 323; *S. Martens*, AcP 210 (2010), 689 ff., 696; MünchKommBGB/*Gaier* § 346 RnNr. 28; Staudinger/*Kaiser* § 346 Rn. 272; BeckOK/*H. Schmidt* BGB § 346 Rn. 36; BGH NJW 1992, 892, 892; BGH NJW

Die Probleme der Bemessung der tatsächlichen Nutzungsdauer bleiben hier ebenso ungelöst wie beim Modell der zeitanteiligen linearen Wertminderung. Denn die Nutzungsdauer gleicht fast nie der Besitzdauer. Es ist außerdem klar, dass eine Miete bei Sachen, die in der Praxis nur oder überwiegend käuflich erworben werden, als Bewertungsmaßstab wirtschaftlich kaum sinnvoll ist.[906] Vielmehr bürdet dieses Modell dem Rückabwicklungsschuldner einen fiktiven Miet- bzw. Pachtvertrag auf, den er so nicht abschließen würde, und führt zu unbilligen Ergebnissen.[907] Dies gilt erst recht, wenn die Nutzungsdauer im bestimmten Fall die übliche Mietdauer solcher Waren beträchtlich überschreitet.

III. Zwischenergebnis

Nach alledem erweist sich die Suche nach der optimalen oder zumindest allgemein anerkannten Rückabwicklungsnorm für Nutzungen eher ergebnislos.[908] Eine Übernahme verschiedener paralleler Modelle wie der oben dargestellten führte gewiss zu einer erheblichen Kompliziertheit, indem nach der Quelle der Nutzungen differenziert werden müsste, d. h. danach, ob es um Verbrauchs- oder Gebrauchsgüter geht, um Waren, die man häufiger mietet oder kauft usw. Erst recht verworren wäre die Rechtslage, wenn darüber hinaus eine Ersatzpflicht für ziehbare, aber nicht gezogene Nutzungen – und somit eine Obliegenheit zur ordnungsgemäßen Wirtschaft – vorgesehen würde.[909]

Die Schwierigkeiten, die aus der Anwendung solcher Bemessungsmodelle entstehen, stellen einen ergiebigen Streitstoff dar. Dieser belastet die

---

2006, 1582, 1583; im österreichischen Recht *Binder/Reidinger*, in: Schwimann (Hrsg.), ABGB Praxiskommentar § 921 Rz. 23.

906 *Binder/Reidinger*, in: Schwimann (Hrsg.), ABGB Praxiskommentar § 921 Rz. 23.

907 *S. Martens*, AcP 210 (2010), 689 ff., 695.

908 So auch *Zimmermann*, Rückabwicklung nach Widerruf, in: Eidenmüller/Faust/Grigoleit/Jansen/Wagner/Zimmermann (Hrsg.), Revision des Verbraucher-*acquis*, S. 187.

909 Siehe dazu die kritischen Bemerkungen von *S. Martens*, AcP 210 (2010), 689 ff., 696 ff.; vgl. *Zimmermann*, Rückabwicklung nach Widerruf, in: Eidenmüller/Faust/Grigoleit/Jansen/Wagner/Zimmermann (Hrsg.), Revision des Verbraucher-*acquis*, S. 187.

Parteien und das Justizsystem mit mehr gerichtlichen Rechtsstreiten,[910] die häufig nur durch den Eingriff eines herabgesetzten Beweismaßes, z. B. anhand § 287 ZPO bzw. § 273 öZPO, beigelegt werden können. Zwar sind solche Beweisvorschriften in etlichen Fällen notwendig. Sie ersetzen aber keineswegs die tatsächliche Ermittlung der gezogenen Nutzungen konkret in jedem Einzelfall.[911] Vielmehr verdeutlichen sie m. M. nach die vielfältigen Anwendungsschwierigkeiten der Nutzungsersatzmodelle für die Praxis.

Somit neigt man zu der Schlussfolgerung, dass die Schwierigkeiten und Komplikationen, die sich aus einer Pflicht zur Nutzungsherausgabe ergeben, den Normanwender vor vielerlei rechtliche und praktische Probleme stellen. Demgegenüber kann sich der Verzicht der Verbraucherrechte-RL und des GEK auf Nutzungsersatzpflichten als angemessene Lösung erweisen, die sich durch ihre Einfachheit auszeichnet und eine durchaus klarere Rechtssituation schafft.[912]

IV. Gegenseitige Aufhebung der beidseitigen Nutzungsersatzansprüche?

Aus technischer Sicht könnte man behaupten, es werde durch die neuen Regelungen von Art. 12 ff. Verbraucherrechte-RL bzw. Art. 43 ff. GEK, was die Nutzungen angehe, die Zwischenzeit quasi ausgeblendet bzw. ungesehen gemacht.[913] Dogmatisch könnte aber die Abschaffung der Nutzungsherausgabepflicht durch eine Typisierung gerechtfertigt werden; nämlich dadurch, dass zwar beide Parteien in der Zwischenzeit (von der Vertragserfüllung bis zur vollständigen Rückstellung) Nutzungen gezogen

---

910 *Zimmermann*, Rückabwicklung nach Widerruf, in: Eidenmüller/Faust/Grigoleit/Jansen/Wagner/Zimmermann (Hrsg.), Revision des Verbraucher-*acquis*, S. 187; *Weller*, Kapitel 4: Widerrufsrecht bei Fernabsatz- und Haustürgeschäften, in: Schmidt-Kessel (Hrsg.), Ein einheitliches europäisches Kaufrecht?, S. 171.

911 Staudinger/*Kaiser* § 346 Rn. 254, 263.

912 Siehe *de lege ferenda Faust*, JuS 2009, 1049 ff., 1053; *Hähnchen*, Entscheidungsanmerkung zu EuGH, Urt. v. 3.9.2009 – C-489/07. Europarechtswidrigkeit von Nutzungsersatz bei Verbraucherwiderruf im Fernabsatz, ZJS 2009, 726 ff., 728; *Hellwege*, GPR 2010, 74 ff., 77; *S. Martens*, AcP 210 (2010), 689 ff., 710 f., 721; *Zimmermann*, Rückabwicklung nach Widerruf, in: Eidenmüller/Faust/Grigoleit/Jansen/Wagner/Zimmermann (Hrsg.), Revision des Verbraucher-*acquis*, S. 186 ff.

913 So *S. Martens*, AcP 210 (2010), 689 ff., 710, 711.

haben, diese jedoch größtenteils ihrem Wert nach gleich groß sind, sodass sie sich gegenseitig aufheben.[914]

Einem ähnlichen Schema der „Pauschalverrechnung“ wird interessanterweise von der österreichischen Rechtsprechung bei der Rückabwicklung synallagmatischer Verträge im Fall beiderseitiger Redlichkeit bzw. beiderseitiger Unredlichkeit der Kontrahenten gefolgt.[915] Der OGH geht dabei von einer Einigung der Parteien über eine (subjektive) Äquivalenz der Hauptleistungen aus, die sich auf die Werte der aus denselben Hauptleistungen gezogenen Früchte und Nutzungen erstreckt.[916] Letztere sind ebenfalls gleichwertig, werden also gegeneinander vollständig aufgehoben und praktisch aus der Rückabwicklung herausgenommen. Bei der Vertragsrückabwicklung sind schließlich allein die Hauptleistungen zu erstatten; bei einem Kaufvertrag der Preis und die Kaufsache. Der Verkäufer kann die erworbenen Zinsen weiter behalten, da auch der Käufer in der Zwischenzeit in den als äquivalent angesehenen Genuss der Kaufsache gekommen ist.[917] Die Grundlage dieser Typisierung liegt in der Vorstellung, dass die Leistung und die Gegenleistung im Prinzip Zug um Zug gleichzeitig ausgetauscht werden und die daraus entstehenden Nutzungsvorteile sich von Anfang an gleichmäßig realisieren.[918]

Solch eine Betrachtung, die auf äquivalenten Hauptleistungen und Nutzungsvorteilen basiert, verträgt sich allerdings m. E. kaum mit den Beson-

---

914 *Hellwege*, GPR 2010, 74 ff., 77; *S. Martens*, AcP 210 (2010), 689 ff., 711; *Zimmermann*, Rückabwicklung nach Widerruf, in: Eidenmüller/Faust/Grigoleit/Jansen/Wagner/Zimmermann (Hrsg.), Revision des Verbraucher-*acquis*, S. 188; *Weller*, Kapitel 4: Widerrufsrecht bei Fernabsatz- und Haustürgeschäften, in: Schmidt-Kessel (Hrsg.), Ein einheitliches europäisches Kaufrecht?, S. 171.

915 Beiderseitige Redlichkeit: OGH JBl 1987, 513, 517; OGH JBl 1988, 250, 252; OGH RdW 1995, 177, 178; beiderseitige Unredlichkeit: OGH 9 Ob 255/00s; OGH 6 Ob 265/01s.

916 Siehe auch *Binder/Reidinger*, in: Schwimann (Hrsg.), ABGB Praxiskommentar § 921 ABGB Rz. 22; *Lurger*, in: ABGB-ON 1.00 § 331 Rz. 5, § 1437 Rz. 9; *Koziol*, in: Kurzkommentar zum ABGB § 1437 Rz. 6.

917 OGH JBl 1987, 513, 517.

918 Dazu, dass dies nicht immer der Wirklichkeit entspricht, siehe *F. Bydlinski*, System und Prinzipien des Privatrechts, Wien 2013, S. 289 Fn. 312. Zu Recht wird weiter eingewendet, die obige Typisierung führe zu unbilligen Ergebnissen, wenn eine der Leistungen mangelhaft und deshalb gar nicht oder nur beschränkt nutzbar sei. Insoweit darf diese Rechtsprechung eingeschränkt werden; siehe *Lurger*, in: ABGB-ON 1.00 § 1437 Rz. 9; *Koziol*, in: Kurzkommentar zum ABGB § 1437 Rz. 6.

derheiten der außerhalb von Geschäftsräumen und im Fernabsatz geschlossenen Verträgen. Denn hier geht der Gesetzgeber schon von einer anderslautenden Typisierung aus. Das „situationsbedingte" bzw. das „abwesenheitsbedingte" Widerrufsrecht wird dem Verbraucher bei außerhalb von Geschäftsräumen bzw. im Fernabsatz geschlossenen Verträgen respektive nicht zuletzt darum gewährt, weil eine gestörte bzw. begrenzte materielle Vertragsfreiheit des Verbrauchers zugrunde gelegt wird. Gilt aber die vertragliche Selbstbestimmung einer der Kontrahenten als typisiert gefährdet, darf man keine subjektive Äquivalenz der Hauptleistungen und ihrer Erträge als vorliegend annehmen. Vielmehr würde durch die Typisierung von einer Leistungs- und Nutzungsäquivalenz das eventuell gestörte Äquivalenzverhältnis aufrechterhalten, was freilich die Effektivität des Widerrufsrechts konterkarierte. Denn genau dieses Missverhältnis zwischen Leistung und Gegenleistung – sowie ihren Nutzungserträgen – soll das verbraucherschützende Widerrufsrecht aufheben.

Nach alledem ist es m. M. nach klar, dass sich der Verzicht auf Nutzungsersatzpflichten durch die Annahme einer typisierten gegenseitigen Aufhebung der von den Parteien jeweils gezogenen Nutzungen nicht rechtfertigen lässt.

V. Erhebliche Gründe für den Ausschluss der Nutzungsherausgabepflicht

Trotzdem sprechen mehrere Gründe für die Wahl der Verfasser der Verbraucherrechte-RL und des GEK, die Nutzungsersatzpflichten völlig abzuschaffen.

1. Praktikabilitätsgedanken

Darunter fallen zuerst die oben geäußerten Vorbehalte gegen einen Nutzungsersatz:[919] das Fehlen einer allgemein gültigen, effizienten Methode zur Bemessung der Nutzungsvorteile; die erhebliche Kompliziertheit und die praktischen Anwendungsschwierigkeiten der bis heute vorgeschlagenen Nutzungsersatzmodelle; schließlich ihre Geeignetheit, mehr Stoff für Streitigkeiten zu liefern. All dies zeigt, dass ein Nutzungsersatzanspruch

919 Siehe oben, Kapitel 6.B.III.

eher zu Problemen führen kann, als klare Lösungen in der Rückabwicklung anzubieten.

2. Geringfügigkeit der Nutzungen

Daneben ist zu berücksichtigen, dass die Werte der Nutzungsvorteile in den meisten Fällen widerrufbarer Verträge wohl gering ausfallen.[920] Zum einen ist die Zeit zwischen Leistungserbringung und Rückerstattung relativ kurz. Wie aus Art. 9 I, II b) bzw. Art. 42 I (a) bis (d) GEK i.V.m. Art. 14 I Verbraucherrechte-RL bzw. Art. 45 I GEK herzuleiten ist, darf diese normalerweise 28 Tage nicht überschreiten. Zum anderen weist die Mehrzahl der Verbraucherverträge, die im Fernabsatz oder außerhalb von Geschäftsräumen geschlossen werden, relativ niedrige Gegenstandswerte auf.

Dies trifft vor allem bei den Zinsen zu, die der eingezahlte Kaufpreis zugunsten des Verkäufers generiert. Bei den im Verbraucherverkehr üblichen zwei- bzw. kleineren dreistelligen Geldsummen bedeuten die meisten Girokontozinssätze, die unter der 1 %-Marke liegen, Zinsen in Höhe weniger Eurocents für einen Zeitraum von 28 Tagen.

Aufseiten des Käufers könnten die Werte der Nutzungsvorteile dem ersten Anschein nach etwas höher sein. Trotzdem ist zu berücksichtigen, dass das Widerrufsrecht in der Regel deswegen ausgeübt wird, weil die Kaufware den Vorstellungen bzw. den Erwartungen des Verbrauchers einfach nicht gerecht wurde und er sie für die eigenen Bedürfnisse nicht verwenden konnte. Es liegt also nahe, dass es im Widerrufsfall meist zu begrenzten Nutzungserträgen für den Käufer gekommen ist. Missbrauchsfälle sind bestimmt vor allem im Fernabsatzhandel nicht auszuschließen. Darauf wird aber im Folgenden eingegangen werden.

Nach alledem ist das Schaffen eines komplizierten Rückgewährmechanismus für Nutzungen von geringem Ausmaß und m. E. eine überflüssige gesetzgeberische Leistung. Demnach geht es hier um eine Anwendung des Grundsatzes „*de minimis non curat lex*“.

---

920 Siehe *Zimmermann*, Rückabwicklung nach Widerruf, in: Eidenmüller/Faust/Grigoleit/Jansen/Wagner/Zimmermann (Hrsg.), Revision des Verbraucher-*acquis*, S. 188; *Weller*, Kapitel 4: Widerrufsrecht bei Fernabsatz- und Haustürgeschäften, in: Schmidt-Kessel (Hrsg.), Ein einheitliches europäisches Kaufrecht?, S. 171.

3. Vermeidung der Überkompensation

Zu bedenken ist schließlich die Gefahr einer Überkompensation des Verkäufers durch parallelen Wertersatz sowohl für Wertverluste als auch für gezogene Nutzungen. Wie schon anhand der Abmessungsmodelle der zeitanteiligen linearen Wertminderung und des Kaufs und Wiederverkaufs gezeigt, können sich die Posten des Nutzungs- und des Wertminderungsausgleichs unter Umständen teilweise decken.[921] Denn gemäß diesen Modellen basiert die Bemessung der Nutzungsvorteile auf dem Marktwert der Kaufsache bzw. der Wertdifferenz nach ihrem Gebrauch. Dadurch kann eine Verschlechterung der Sache im Wege des Nutzungsersatzes zum Teil zweimal ausgeglichen werden. Um solch absurde Rechtsfolgen zu vermeiden, werden weitere, deutlich komplexere Regeln notwendig, die einen Vorrang z. B. des Nutzungsersatzes gegenüber dem Wertersatz (oder umgekehrt) vorschreiben und die bereits als Nutzungsersatz erstatteten Verluste von dem zusätzlich geschuldeten Wertersatz abziehen.[922]

4. Ergebnis

Nach alledem ist m. A. nach dem Normengeber der Verbraucherrechte-RL und des GEK beizupflichten und seine Wahl für einen vollständigen Verzicht auf die Herausgabe von gezogenen und nicht gezogenen Nutzungen zu begrüßen.

Schließlich sollte nicht vergessen werden, dass das Rückabwicklungssystem in der Verbraucherrechte-RL und im GEK die Wertverluste an der

---

921 Siehe *Zimmermann*, Rückabwicklung nach Widerruf, in: Eidenmüller/Faust/Grigoleit/Jansen/Wagner/Zimmermann (Hrsg.), Revision des Verbraucher-*acquis*, S. 188.

922 Vgl. im deutschen Recht § 346 II 1 Nr. 3, S. 2 BGB, wonach der Rückabwicklungsschuldner keinen Wertersatz für durch bestimmungsgemäße Ingebrauchnahme entstandene Verschlechterungen zu leisten hat. Die daraus entstandene Wertminderung wird der h. M. zufolge schon durch die Nutzungsersatzpflicht aus § 346 I, II 1 Nr. 1 i.V.m. § 100 BGB abgegolten. Der Nutzungsersatzpflicht wird insoweit der Vorrang gegenüber der Wertersatzpflicht gewährt, um eine Überkompensation zu vermeiden; siehe BT-Drucks. 14/6040, S. 193, 196; jurisPK/*Faust* § 346 Rn. 58; MünchKommBGB/*Gaier* § 346 RnNr. 42; a. A. Staudinger/*Kaiser* § 346 Rn. 180 ff., § 357 Rn. 69 ff., die vom Fehlen einer ausdrücklichen Norm zum Vorrang des Nutzungsersatzes gegenüber dem Wertersatz ausgeht.

zurückzugewährenden Sache vollständig wieder gutmacht, soweit sie zu Prüfungszwecken unnötig waren. Art. 14 II Verbraucherrechte-RL bzw. Art. 44 III GEK sehen, wie bekannt, die Haftung des Käufers „für einen etwaigen Wertverlust der Waren" vor. Dagegen sind Werteinbußen am gezahlten Kaufpreis nicht möglich, sodass das Fehlen einer entsprechenden Wertersatzbestimmung andererseits nicht schadet.

5. Gleichlaufende Rückabwicklungsregeln

Es sind wohl die gleichen Praktikabilitäts- und Effizienzgedanken gewesen, die zu einer ähnlichen Regelung in Art. 8 Timesharing-RL geführt haben. Demgemäß hat der Verbraucher im Widerrufsfall keine Kosten zu tragen und muss nicht für den Wert der Leistung aufkommen, die vor dem Widerruf möglicherweise erbracht worden ist. Die Vorschrift erfasst vor allem die Gebrauchsüberlassung von Immobilien, anderen Übernachtungsunterkünften sowie ihre Ausrüstung gegen Entgelt. Zwar könnten die Nutzungsvorteile, insb. weil sie genau eine der Hauptleistungen vonseiten des Unternehmers darstellen, dem Wert nach vom Verbraucher rückerstattet werden, wie außerdem die Verbraucherkredit-RL in Art. 14 III b) vorschreibt.[923] Der EU-Normengeber hat sich allerdings in der Timesharing-RL – wohl der Klarheit halber – für den Verzicht auf die Nutzungsersatzpflicht entschieden.

Den gleichen Weg wie die Verbraucherrechte-RL und das GEK ist schließlich die im Jahr 2010 erschienene 3. Auflage der „UNIDROIT Principles of International Commercial Contracts" gegangen. Diese haben auf Vorschriften zum Ersatz von allerlei Nutzungen in ihrem neuen, weitgehend einheitlichen Rückabwicklungsregime fehlgeschlagener Verträge verzichtet. Die Grundnormen von Art. 3.2.15 zur Anfechtung wegen Willensmängeln sowie Art. 7.3.6 und Art. 7.3.7 zur Aufhebung wegen Nicht-

---

923 Danach soll der Kreditnehmer nach Ausübung seines Widerrufsrechts dem Kreditgeber „das Darlehen einschließlich der ab dem Zeitpunkt der Inanspruchnahme des Kredits bis zum Zeitpunkt der Rückzahlung des Darlehens aufgelaufenen Zinsen zurück[zahlen]". Die Zinsen werden auf der Grundlage des vereinbarten Sollzinssatzes berechnet. Da der Kreditvertrag eine Kategorie von Gebrauchsüberlassungsverträgen darstellt, und zwar zur Überlassung des Gebrauchs des Darlehensbetrags, ist an dieser Stelle ein Wertungswiderspruch zwischen den Rückabwicklungsregeln von Gebrauchsüberlassungsverträgen in der Timesharing-RL und der Verbraucherkredit-RL festzustellen.

erfüllung sehen keine Herausgabe und keinen Geldersatz für ziehbare und gezogene Nutzungsvorteile vor. Darauf weisen ferner alle anderen UNIDROIT-Regeln hin, die sich auf eine Vertragsrückabwicklung beziehen, nämlich Art. 3.3.2 III (Ungültigkeit wegen Rechtswidrigkeit), Art. 5.3.5 (Eintritt einer auflösenden Bedingung) sowie Art. 2.2.7 I (Anfechtung aufgrund Interessenkonflikts eines mitwirkenden Vertreters). Obwohl nicht ausdrücklich formuliert, zeigt sich, dass die Verfasser der UNIDROIT-Regeln bewusst von einem Nutzungsersatz abgesehen haben.[924]

VI. Behandlung von Missbrauchsfällen

Dass es zu Missbrauchsfällen kommen kann, vor allem im Fernabsatzhandel, kann nicht abgestritten werden. Das gemeine Merkmal liegt darin, dass der Verbraucher eine relativ hochwertige Ware im Fernabsatz kauft, um diese während der Widerrufsfrist oft zu einem besonderen Anlass zu verwenden und sie dann in Ausübung seines Widerrufsrechts zurückzusenden. Dabei wird freilich versucht, die entstehenden Kosten aufgrund eines Wertersatzes aus Art. 14 II Verbraucherrechte-RL bzw. Art. 44 III GEK möglichst gering zu halten, sodass sich der Kauf und Widerruf für den Verbraucher als besonders lohnend erweist.

Auf ein solches Verhalten kann der Verkäufer präventiv kaum Einfluss nehmen.[925] Bestimmten Verbrauchern, die in notorischer Weise ihr Widerrufsrecht geltend machen, können Unternehmer weitere Vertragsabschlüsse zwar verweigern.[926] Bei vereinzelten Übernutzungsfällen löst dies aber das Problem des Unternehmers nicht.

---

924 Siehe *UNIDROIT*, UNIDROIT Principles of International Commercial Contracts 2010, Art. 3.2.15 Comment 5, Art. 7.3.6 Comment 6; *Zimmermann*, Rückabwicklung nach Widerruf, in: Eidenmüller/Faust/Grigoleit/Jansen/Wagner/Zimmermann (Hrsg.), Revision des Verbraucher-*acquis*, S. 174 Fn. 41; *ders.*, The Unwinding of Failed Contracts in the UNIDROIT Principles 2010, Unif. L. Rev. 2011, 563 ff.; vgl. zur Diskussion in der Arbeitsgruppe die Urkunde „UNIDROIT 2008 - Study L - Doc. 105“, S. 12 ff. (www.unidroit.org/english/documents/2008/study50/s-50-105-e.pdf; zuletzt abgerufen am 20.12.2014).

925 Vgl. *Trstenjak/Beysen*, CML Rev 2011, 95 ff., 116 f.

926 Siehe OLG Hamburg MMR 2005, 617; OLG Hamburg BeckRS 2005, 07406; *Solmecke/Czajkowski*, Das Widerrufsrecht im Spannungsfeld zwischen Privatautonomie und Verbraucherschutz. Eine Analyse der Kontosperrungen am Beispiel von Amazon, K&R 2013, 699 ff.

1. Missbrauch des Widerrufsrechts?

Da der Verbraucher sein Widerrufsrecht „ohne Angabe von Gründen“ ausüben darf,[927] handelt es sich insoweit um ein tatbestandsloses Recht. Ein Missbrauch dessen ist daher in der Praxis eher schwierig durch Tatsachen zu belegen. Weder wird der widerrufende Verbraucher zu den konkreten Motiven und Anlässen seiner Entscheidung, sich vom Vertrag zu lösen, befragt noch werden diese im Wege der Widerrufsrechtsausübung irgendwie ersichtlich. Eine Verfolgung irrelevanter oder verwerflicher Ziele durch den widerrufenden Verbraucher lässt sich nur ausnahmsweise feststellen.

Darüber hinaus ist es m. M. nach sehr fraglich, ob es mit der Systematik des EU-Rechts vereinbar wäre, den Verbraucherwiderruf als missbräuchlich zu bewerten und deswegen zu untersagen, obschon all die in Art. 9 ff. Verbraucherrechte-RL bzw. Art. 40 ff. GEK genannten Bedingungen für den Widerruf vorliegen.[928]

2. Oder mangelhafter Kaufvertrag?

Überzeugender ist vielmehr die Ansicht, dass der Kaufvertrag in diesen Fällen mangelhaft ist, da einer der Vertragspartner, der Verbraucher, ihn von Anfang an allein mit der Absicht abschließt, sich die ihm erbrachte Leistung für eine Zeit überwiegend kostenfrei zunutze zu machen und sich danach vom Vertrag zu lösen.[929]

---

927 Art. 9 I Verbraucherrechte-RL; Art. 40 I GEK.

928 Dass die Rechtsprechung vom EuGH den Grundsatz des Verbots des Rechtsmissbrauchs zwar anerkennt, aber eher zurückhaltend anwendet, wenn dies zu Einschränkungen bei der Geltendmachung des EU-Rechts führt, verdeutlichen EuGH v. 12.3.1996 – C-441/93 *Pafitis u.a.*, EU:C:1996:92, Rn. 67 ff.; EuGH v. 12.5.1998 – C-367/96 *Kefalas u.a.*, EU:C:1998:222, Rn. 20 ff.; EuGH v. 23.3.2000 – C-373/97 *Diamantis*, EU:C:2000:150, Rn. 33 ff.; EuGH v. 21.2.2006 – C-255/02 *Halifax*, EU:C:2006:121, Rn. 68; siehe auch *A. Zimmermann*, Das Rechtsmissbrauchsverbot im Recht der Europäischen Gemeinschaften, Münster 2002, S. 185 ff.

929 *Schinkels*, ZGS 2009, 539 ff., 543; *Wendehorst*, Ist das neue Verbraucherrecht noch zu retten? Zur möglichen Grundrechtswidrigkeit der Verbraucherrechterichtlinie, GPR 2015, 55 ff., 61, 62.

Erwähnt werden könnten z. B. die Ankäufe eines modernen Flachbildschirmfernsehers vor der Fußballweltmeisterschaft, eines Abendkleids in der Ballsaison oder eines Kommunionkleids kurz vor dem Weißen Sonntag, die ein paar Tage nach dem Fußballfinale, einem bekannten Ball oder dem Weißen Sonntag zurückgesandt werden.[930]

Der synallagmatische Kaufvertrag wird im Ergebnis einseitig zu einem Leihvertrag umgewandelt.[931] Der Verbraucher schuldet schließlich weder den Preis, da er widerrufen hat, noch ein Entgelt für die Nutzung der Sache, da dies im Rückabwicklungsrecht nicht vorgesehen ist. Gewiss werden die Werteinbußen der Kaufsache durch Art. 14 II Verbraucherrechte-RL bzw. Art. 44 III GEK zum Teil wieder gutgemacht. Der Wertersatzanspruch deckt aber eher selten sämtliche Wertverluste. Soweit diese auf eine sachgemäße Prüfung der Kaufsache zurückzuführen sind, fällt jede Haftung aus.

Der Kauf allein ist bei solchen Fällen nicht verwerflich. Aus den Eigenschaften des Kaufgegenstands, dem Zeitpunkt des Vertragsabschlusses und des Vertragswiderrufs lässt sich aber oft die Entscheidung des Verbrauchers bereits zur Zeit des Vertragsschlusses erkennen, den Vertrag nur dazu zu schließen, um die Kaufware möglichst kostenlos zu verwerten und danach in Wahrnehmung des Widerrufsrechts zurückzuschicken. Dem Unternehmer, der in dieses Vertragsverhältnis unwissend verwickelt wird, kann in solchen Fällen ein Schadensersatzanspruch zustehen. Dieser Anspruch kann je nach anwendbarem Recht unterschiedlichen Voraussetzungen unterliegen, da er auf deliktische Haftung, auf Rechtsinstitute wie die *culpa in contrahendo* oder Sonderregeln aus dem Recht der Willensmängel gestützt werden kann.[932] Hier wird nur das Bestehen eines solchen Anspruchs auf der Grundlage des GEK-Systems untersucht.

930 Beispiele nach *Schinkels*, ZGS 2009, 539 ff., 543; BT-Drucks. 17/5097, S. 15.

931 Vgl. *Föhlisch/Buchmann*, MMR 2010, 3 ff.

932 Im deutschen Recht kann sich ein Schadensersatzanspruch auf § 280 I i.V.m. §§ 311 II, 241 II BGB stützen; siehe *Schinkels*, ZGS 2009, 539 ff., 543.

3. Behandlung von Missbrauchsfällen insbesondere im GEK

a) Vorliegen einer arglistigen Täuschung

Eine arglistige Täuschung liegt im Rahmen des GEK vor, wenn eine der Parteien der anderen Informationen verschweigt, die sie nach dem Gebot von Treu und Glauben und dem Grundsatz des redlichen Geschäftsverkehrs hätte offen legen müssen, und dieses Verschweigen in der Absicht geschieht, bei der anderen Seite einen Irrtum hervorzurufen (Art. 49 I, II 2 GEK).[933] Welche Informationen man nach dem Gebot von Treu und Glauben und den Grundsätzen des redlichen Geschäftsverkehrs offenzulegen hat, bestimmt eine Reihe von Kriterien, die in Art. 49 III GEK aufgelistet werden. Darunter fallen Schwierigkeiten beim Zugriff auf einschlägige Information durch die andere Partei (Art. 49 III (c) GEK) und die offenkundige Bedeutung der Information für sie (Art. 49 III (e) GEK).

Dass sich der Verbraucher von Anfang an ein weitgehend kostenloses Nutzungsrecht während der Widerrufsfrist zu beschaffen bezweckt und keinen Willen hat, an dem Vertrag gebunden zu bleiben, stellt m. M. nach eine sehr wichtige Information dar, die den Unternehmer bei der Entscheidung maßgebend dahingehend beeinflusst, ob er mit dem bestimmten Verbraucher kontrahieren will oder nicht. Außerdem kann der Unternehmer in der Wirklichkeit wohl nicht alleine Kenntnis von diesem Zweck erlangen. Es liegt demgemäß nahe, dass der Verbraucher in den vorvertraglichen Verhandlungen den Unternehmer nach Treu und Glauben darüber aufklären sollte. Versäumt er es und führt somit einen Vertragsschluss herbei, kann die Rede von arglistiger Täuschung des Unternehmers sein.[934]

b) Schadensersatzanspruch als Rechtsfolge

Unabhängig vom Anfechtungsrecht aus Art. 52 GEK gewährt Art. 55 GEK dem Getäuschten einen Anspruch auf Schadensersatz für seine Verluste, sofern der Täuschende „die maßgebenden Umstände kannte oder

933 Siehe zur arglistigen Täuschung *S. Martens*, AcP 211 (2011), 845 ff., 860 ff.; *ders.*, Einigungsmängel im EU-Kaufrecht, in: Schmidt-Kessel (Hrsg.), Ein einheitliches europäisches Kaufrecht? Eine Analyse des Vorschlags der Kommission, S. 179 ff., 185 f.

934 Vgl. *Wendehorst*, GPR 2015, 55 ff., 61, 62.

kennen musste".[935] Diese Kenntnis umfasst seinen Willen, den Vertrag unbedingt zu widerrufen, und ihre Wichtigkeit für den Unternehmer. Sie ist also im hier besprochenen Fall immer zu bejahen.[936]

Der genaue Inhalt des zu ersetzenden Schadens lässt sich gesetzlich nicht genauer bestimmen.[937] Man könnte in Anlehnung an die parallelen Vorschriften der Art. II-7:214 II DCFR und Art. 4:117 II PECL danach differenzieren, ob der mangelhafte Vertrag im Einzelfall tatsächlich angefochten worden ist oder nicht.[938] Sieht der Getäuschte von einer Anfechtung ab, kann er Schadensersatz bis zur Höhe des Schadens verlangen, der ihm durch die Täuschung entstanden ist.[939]

Weil der Vertrag bei den hier untersuchten Konstellationen bereits widerrufen wurde, darf der Unternehmer im hier relevanten Sachverhalt sein Recht zur Vertragsanfechtung wohl nicht ausüben, sondern allein einen Schadensersatz geltend machen. Der deckt zunächst die Vertragskosten des Unternehmers ab, also praktisch die Hinsendekosten, die ihn sonst nach dem Widerruf endgültig belasten würden (Art. 13 I 1 Verbraucherrechte-RL; Art. 44 I 1 GEK). Als Schadensposten ist aber auch der Anteil der Wertminderung der Kaufsache zu betrachten, der als prüfungsnotwen-

---

935 Siehe dazu *S. Martens*, AcP 211 (2011), 845 ff., 882 ff.; *ders.*, Einigungsmängel im EU-Kaufrecht, in: Schmidt-Kessel (Hrsg.), Ein einheitliches europäisches Kaufrecht?, S. 197 f.

936 Für die konkludente arglistige Täuschung siehe *Pfeiffer*, in: Schulze (Hrsg.), CESL Commentary Art. 55 Rn. 14.

937 Kritisch dazu *Pfeiffer*, in: Schulze (Hrsg.), CESL Commentary Art. 55 Rn. 20.

938 *S. Martens*, AcP 211 (2011), 845 ff., 883; vgl. *Pfeiffer*, in: Schulze (Hrsg.), CESL Commentary Art. 55 Rn. 17 ff. Die Anwendung von Art. 159 ff. GEK auf Schadensersatzansprüche wegen Anfechtung ist umstritten. Art. 159 ff. GEK gehen größtenteils auf Art. 74 ff. UN-Kaufrecht zurück und sind daher vor allem an der Nichterfüllung vertraglicher Pflichten orientiert; siehe insb. Art. 159 I GEK, der sich auf eine entschuldigte oder nicht entschuldigte Nichterfüllung nach Art. 87 f. GEK bezieht. Für die Anwendung von Art. 159 ff. GEK *Remien*, Schadensersatz und Zinsen nach EU-Kaufrecht, in: Schmidt-Kessel (Hrsg.), Ein einheitliches europäisches Kaufrecht?, S. 505; eher ablehnend *B. Koch*, Schadensersatz und Rückabwicklung (Teil VI und VII CESL Entwurf), in: Wendehorst/Zöchling-Jud (Hrsg.), Am Vorabend eines gemeinsamen europäischen Kaufrechts. Zum Verordnungsentwurf der Europäischen Kommission vom 11.10.2011, Wien 2012, S. 228 ff., 230 f.; *Možina*, in: Schulze (Hrsg.), CESL Commentary Art. 159 Rn. 1; zurückhaltend *Wendehorst*, Schadensersatz, Verzugszinsen und Rückabwicklung, in: Remien/Herrler/Limmer (Hrsg.), Gemeinsames Europäisches Kaufrecht für die EU?, S. 193 f.

939 *S. Martens*, AcP 211 (2011), 845 ff., 883.

dig galt und daher von der Ersatzpflicht aus Art. 14 II Verbraucherrechte-RL bzw. Art. 44 III GEK ausgenommen wurde. Denn nur wegen der arglistigen Täuschung wurde der Unternehmer zum Vertragsschluss und zur Vertragserfüllung bewogen und erwarb der Verbraucher die Möglichkeit, von den Waren angeblich zu Prüf- und Probierzwecken Gebrauch zu machen. Somit erreicht man übrigens eine angemessene Sanktion des täuschenden Verhaltens des Verbrauchers, der ansonsten einfach nur die Hinsendekosten nicht zurückgezahlt bekäme, immer wenn diese ihm in Rechnung gestellt worden sind.

Kapitel 7 Aufwendungsersatz

Unter „Aufwendungen“ wird jeder wirtschaftliche Mehrwert verstanden, der in der Zeit zwischen Vertragsausführung und -rückabwicklung an zurückzugebenden Sachleistungen entstanden ist.[940]

Bei Kaufverträgen können dementsprechend Aufwendungen getätigt werden und zwar durch den Käufer, der bis zum Widerruf die Kaufsache in seinem Besitz hat. Im Falle der Verträge über die Bereitstellung digitaler Inhalte auf körperlichen Datenträgern sind Aufwendungen eher nur auf dem Datenträger selbst denkbar, der ebenso wie die Kaufsache von materieller Substanz ist. Außerdem unterliegen diese Verträge grundsätzlich denselben Rechtsvorschriften der Verbraucherrechte-RL und des GEK wie Kaufverträge. Hinsichtlich Dienstleistungen und unkörperlichen Inhalten können jedoch keine Aufwendungen gemacht werden.[941]

Im Rahmen der Rückabwicklung nach Widerruf stellt sich die Frage der Zuweisung dieses Mehrwerts. Sollte er qua Geldersatz dem Käufer zugewiesen werden, der letztlich die Aufwendungen getätigt hat? Oder darf der Verkäufer, der nun die Kaufsache zurückbekommt, von den getätigten Aufwendungen ohne eine Ersatzpflicht bevorteilt werden? Des Weiteren ist abzuklären, ob das gleiche Regime sowohl bei verbliebenen wie auch bei frustrierten Aufwendungen Geltung beanspruchen darf.

All die Aufwendungen, die im Rahmen eines Kaufvertrags infrage kommen, können in drei Gruppen unterteilt werden: 1. notwendige Aufwendungen, die zur Substanzerhaltung bzw. Bewirtschaftung der Sachleistung erforderlich sind und auch „Verwendungen“ genannt werden, wie Lagerungs- und Reparaturkosten;[942] 2. nützliche Aufwendungen, die zwar nicht unentbehrlich sind, aber den Wert und die Verwendbarkeit der Leistung steigern und 3. Luxusaufwendungen, die zur reinen Verschönerung

940 *Laimer*, Nutzungs- und Aufwendungsersatz nach Vertragsaufhebung wegen nachträglicher Erfüllungsstörungen. Die Regelung des DCFR in rechtsvergleichender Perspektive, ZEuP 2012, 47 ff., 64.

941 Vgl. Staudinger/*Kaiser* § 347 Rn. 25.

942 MünchKommBGB/*Masuch* § 347 RnNr. 19.

getätigt werden.[943] Die Grenze zwischen nützlichen und Luxusaufwendungen ist nicht immer leicht zu ziehen. Die Differenzierung bezieht sich vielmehr auf den mittleren oder höheren wirtschaftlichen Mehrwert, der der Sachleistung durch die jeweilige Aufwendung zugutekommt. Die künstlerische Dekorierung des neuen Kühlschranks befindet sich vielleicht noch im Bereich der nützlichen Aufwendungen.[944] Die teure, vollständige Neulackierung eines Autos, das nur geringfügig zerkratzt wurde, ist aber wohl als Luxusaufwendung einzuordnen.[945]

Jede dieser drei Gruppen erfasst nicht nur Aufwendungen, die weiterhin Nutzen bringen, sondern auch frustrierte Aufwendungen. Dies ist z. B. der Fall, wenn die versuchte Reparatur schiefging, die dekorierten Kaufwaren aus welchem Grund auch immer vor dem Widerruf untergegangen sind oder die Verarbeitung der Sache dem Verkäufer nach Rückgabe einfach keinen Nutzen mehr bietet.

Wie die Verbraucherrechte-RL und das GEK die Zuteilung von Aufwendungen regeln, wird in diesem Kapitel untersucht (unter A) und beurteilt (unter B).

A. Ausschluss des Aufwendungsersatzes

I. Fehlen ausdrücklicher Regeln

Die Rückabwicklungsnormen in Art. 12 ff. Verbraucherrechte-RL bzw. Art. 43 ff. GEK thematisieren die Restitution von Aufwendungen, die bis zum Verbraucherwiderruf von den Vertragspartnern getätigt wurden, nicht.

Eine Bestimmung dazu enthält das Rückabwicklungsregime von Art. 172 ff. und zwar in Art. 175 GEK. Diese Vorschrift differenziert im Wesentlichen nach Gut- und Bösgläubigkeit des Leistungsempfängers, m.a.W. danach, ob man beim Tätigen der Aufwendungen „den Grund der

943 *Laimer*, ZEuP 2012, 47 ff., 64 f. m.w.N. zum deutschen, österreichischen und italienischen Recht sowie zum UN-Kaufrecht und zum DCFR; vgl. Staudinger/*Kaiser* § 347 Rn. 23 ff., 48 ff.

944 Beispiel nach *Grunewald*, Der Einfluss des europäischen Verbraucherrechts auf das BGB, dargestellt am Beispiel des Kaufvertrages, in: Augenhofer (Hrsg.), Verbraucherrecht im Umbruch, S. 37.

945 Vgl. Staudinger/*Kaiser* § 347 Rn. 37, 49.

Anfechtung oder der Beendigung des Vertrags" kannte bzw. hätte kennen müssen (bösgläubig) oder nicht (gutgläubig). Der gutgläubige Empfänger hat Anspruch auf Geldersatz seiner Aufwendungen, soweit dadurch der anderen Partei ein Vorteil entstanden ist (Abs. I). Dem bösgläubigen Empfänger steht ein Ersatzanspruch zu, soweit die Aufwendungen notwendig waren, um die Leistung vor Untergang oder Wertverlust zu schützen, und unter der weiteren Voraussetzung, dass er keine Gelegenheit hatte, sich mit der anderen Partei hinsichtlich der abzuwendenden Gefahr zu beraten (Abs. II).[946]

Allerdings kommt Art. 175 GEK nur durch Art. 8 III GEK zur Anwendung und daher in den Fällen einer Vertragsanfechtung wegen Einigungsmängeln (Art. 48 ff., 54 III GEK) und einer Vertragsbeendigung wegen Leistungsstörungen [Art. 106 I (c), 114 ff., 131 I (c), 134 ff., 155 I (c), 157 I (c)] oder nach außergewöhnlicher Änderung der Umstände [Art. 89 II (b)].

Gefragt wird nachdem, wie man das Fehlen von Bestimmungen interpretieren soll, welche das Schicksal getätigter Aufwendungen im Widerrufsfall unmittelbar klären. Liegt darin eine unbewusste Regelungslücke, sodass das nationale Recht im Bereich der Verbraucherrechte-RL und Art. 175 GEK im Bereich des GEK Anwendung beanspruchen können? Oder ist das Fehlen jeglicher Vorschriften beabsichtigt, sodass die Verfasser beider Regelungstexte keinen Aufwendungsersatz anordnen wollten?

II. Keine Heranziehung externer Regeln

Die parallelen Rückabwicklungssysteme der Art. 12 ff. Verbraucherrechte-RL bzw. Art. 43 ff. GEK zeichnen sich durch eine geschlossene Struktur aus und sind deswegen grundsätzlich ausschließlich anzuwenden.[947] Eine Heranziehung sonstiger, externer Vorschriften setzt also normalerweise einen deutlichen Verweis voraus, wie er für die Rückabwicklung verbun-

---

946 Siehe dazu *Sirena*, ERPL 2011, 997 ff., 999 f.; *Lehmann*, in: Schulze (Hrsg.), CESL Commentary Art. 175 Rn. 8 ff.; *Looschelders*, AcP 212 (2012), 581 ff., 684; *St. Lorenz*, AcP 212 (2012), 702 ff., 785 f.; *Mörsdorf/Brinkmann*, GPR 2013, 190 ff., 195 f.; *Wendehorst*, Rücktritt („Beendigung") im Entwurf für ein Gemeinsames Europäisches Kaufrecht, in: Schmidt-Kessel (Hrsg.), Ein einheitliches europäisches Kaufrecht?, S. 398 f.

947 Siehe oben, Kapitel 3.A.II.1, 3.B.II.1.

dener Verträge in Art. 15 II Verbraucherrechte-RL bzw. Art. 46 III GEK zu finden ist. Was aber Aufwendungen betrifft, liegt keine entsprechende Verweisvorschrift vor. Genau wegen dieser geschlossenen Struktur der Rückabwicklungsbestimmungen lässt sich eine bewusste Regelungslücke schwer unterstützen, die die Anwendung sonstiger Vorschriften erlauben würde.

Es gibt aber m. M. nach nicht nur systematische Argumente, die gegen die Heranziehung externer Regeln sprechen. Zuerst würde man damit zur Anwendung vereinzelter Vorschriften kommen, die meistens aus einem fremden Rückabwicklungsregime gerissen wären und sich mit Art. 12 ff. Verbraucherrechte-RL bzw. Art. 43 ff. GEK nicht immer vertrügen. Praktische Probleme könnten schon bei der Rechtsfindung entstehen, wenn man neben der Umsetzungsregel der Verbraucherrechte-RL auch nach einem ergänzenden nationalen Rückabwicklungsregime zu suchen hätte. Je nach Rechtsordnung müssten dazu entweder Sonderregeln aus dem Vertragsrecht mit einbezogen werden, wie § 347 II BGB, oder allgemeine und weniger stark ausgestaltete Normen aus dem Bereicherungsrecht, wie §§ 1437, 331 ABGB, oder schließlich das nationale Sachenrecht, wie § 347 II BGB a.F. i.V.m. § 994 BGB.

Dieses Zusammenspiel von Bestimmungen aus verschiedenen Regelungskomplexen liefe Gefahr, zu Wertungswidersprüchen zu führen. Denn die zusätzlich herangezogenen Aufwendungsersatzregeln könnten auf unterschiedlichen Grundsätzen basieren oder in ihrem ursprünglichen Zusammenhang neben Bestimmungen stehen, die sich von Art. 12 bis 15 Verbraucherrechte-RL bzw. Art. 43 bis 46 GEK erheblich unterscheiden. Was insb. das GEK anbelangt, sei hier kurz zu bemerken, dass selbst Art. 175 GEK, obwohl grundsätzlich sehr detailreich, seine Schwächen hat.[948]

Aus alledem ist zu dem Schluss zu kommen, dass das System der widerrufsbedingten Rückabwicklung von Art. 12 ff. Verbraucherrechte-RL bzw. Art. 43 ff. GEK die Anwendung externer Vorschriften zum Aufwendungsersatz nicht erlaubt.

948 Siehe eingehend *Wendehorst*, Rücktritt („Beendigung“) im Entwurf für ein Gemeinsames Europäisches Kaufrecht, in: Schmidt-Kessel (Hrsg.), Ein einheitliches europäisches Kaufrecht?, S. 399; *dies.*, Schadensersatz, Verzugszinsen und Rückabwicklung, in: Remien/Herrler/Limmer (Hrsg.), Gemeinsames Europäisches Kaufrecht für die EU?, S. 196 ff.

III. Schlussfolgerung

Demnach ist herzuleiten, dass der Aufwendungsersatz im Widerrufsfall nach der Verbraucherrechte-RL und dem GEK ausgeschlossen ist.

IV. Umsetzung ins deutsche Recht

Wie bei der Nutzungsherausgabe regelt § 357 BGB die Frage des Aufwendungsersatzes nicht ausdrücklich. Angesichts § 361 I BGB ist hierbei ebenfalls vom Nichbestehen entsprechender Ersatzpflichten des Käufers auszugehen, während der abschließende Charakter der Rückabwicklungsregelung von § 357 BGB zum gleichen Ergebnis für den Verkäufer führt.[949]

B. Würdigung

Dem Ausschluss des Aufwendungsersatzes in der Rückabwicklung nach Widerruf ist m. M. nach im Grundsatz beizupflichten. Der regelmäßig niedrige Wert der getätigten Aufwendungen sowie praktische Gründe sprechen für den Weg, den die Verfasser der Verbraucherrechte-RL und des GEK gegangen sind. Dies gilt erst recht, wie folgend gezeigt wird, wenn eine ordnungsgemäße Widerrufsbelehrung vorausgegangen ist. Im Fall ausgebliebener und fehlerhafter Widerrufsbelehrung wäre dennoch eine ergänzende Sonderregel wünschenswert, die dem Käufer ein Wegnahmerecht gewährte.

I. Geringfügigkeit der Aufwendungen und Praktikabilitätsgedanken

Zuerst ist wie bei der Problematik der Nutzungsherausgabe daran zu erinnern, dass es sich im Widerrufsfall in der Regel um kurze Zeiträume zwischen Lieferung und Rückabwicklung handelt.[950] Der Wert der getätigten

---

949 Siehe oben, Kapitel 6.A.IV.

950 Zur Nutzungsherausgabe siehe oben, Kapitel 6.B.V.2.

Aufwendungen fällt daher zumeist eher gering aus.[951] Daher wäre m. M. nach die praktische Relevanz von Sondervorschriften, die eine Pflicht zum Aufwendungsersatz vorsähen, wohl gering und das Schaffen von einschlägigen Erstattungsnormen eben überflüssig. Die Geringfügigkeit der in einem kurzen Zeitraum getätigten Aufwendungen spricht also für den Ausschluss des Aufwendungsersatzes.[952]

II. Gleichlauf mit dem Ausschluss der Nutzungsherausgabepflicht

Der Verzicht auf Aufwendungsersatz korrespondiert vielmehr mit dem Verzicht auf eine Nutzungsherausgabepflicht im System der Art. 12 ff. Verbraucherrechte-RL bzw. Art. 43 ff. GEK.[953] Wie der Käufer die aus der Kaufsache gezogenen Vorteile trotz des Widerrufs weiter behalten darf, so soll er ebenfalls auf den Unkosten sitzen bleiben, die diese Nutzung möglich, leichter oder vorteilhafter machten. Wem die Vorteile aus der Nutzung endgültig gehören, den sollen die entsprechenden Aufwendungen ebenso endgültig belasten.[954] Tatsächlich geht es hier um eine Konkretisierung des Prinzips des Gleichlaufs von Nutzen und Nachteil, die in der Form von Nutzungsvorteilen und Aufwendungen dieselbe Person treffen müssen.

III. Keine Schutzgründe nach erfolgter Widerrufsbelehrung

Am wichtigsten ist allerdings m. E., dass kein besonderer Grund zum Schutz des Käufers besteht, der Aufwendungen tätigt, obwohl er über sein Widerrufsrecht rechtsgemäß belehrt wurde.

---

951 *Zimmermann*, Rückabwicklung nach Widerruf, in: Eidenmüller/Faust/Grigoleit/Jansen/Wagner/Zimmermann (Hrsg.), Revision des Verbraucher-*acquis*, S. 189.

952 So auch *Zimmermann*, Rückabwicklung nach Widerruf, in: Eidenmüller/Faust/Grigoleit/Jansen/Wagner/Zimmermann (Hrsg.), Revision des Verbraucher-*acquis*, S. 189.

953 Siehe oben, Kapitel 6.A.III.

954 Siehe *Zimmermann*, Rückabwicklung nach Widerruf, in: Eidenmüller/Faust/Grigoleit/Jansen/Wagner/Zimmermann (Hrsg.), Revision des Verbraucher-*acquis*, S. 189; vgl. Staudinger/*Kaiser* § 347 Rn. 53 (Grundsatz, nach dem „Nutzungen und Verwendungen zusammengehören“).

Denn, wenn der Käufer über die Möglichkeit informiert wurde, sich vom Vertrag ohne weitere Gründe lösen zu können, so hat er die Rückabwicklung vor Augen, die in einem solchen Fall folgen wird. In dieser „Schwebezeit“ bis zum Ablauf der Widerrufsfrist kann der Käufer einfach von Aufwendungen auf die Sache absehen.[955] Außerdem steht ihm dann noch kein umfassendes Nutzungsrecht zu, wozu wert- und nutzungssteigernde Maßnahmen notwendig oder nützlich sein könnten.[956] Ergreift also der Käufer trotz Kenntnis der Widerrufbarkeit aufwendige Maßnahmen, dann handelt er auf eigene Gefahr. Ein Anspruch auf Kostenerstattung solcher Aufwendungen könnte sogar treuwidrig sein.[957]

Einen Sonderfall könnten manche Verwendungen bilden, die erforderlich sind, um die Sache im Laufe der Widerrufsfrist für den Fall zu bewahren, dass der Käufer sein Widerrufsrecht ausübt. Soweit aber diese Maßnahmen zu Bewahrungszwecken erforderlich sind, werden sie von der Sorgfaltsverbindlichkeit des Käufers gedeckt, die aus Art. 14 II Verbraucherrechte-RL bzw. Art. 44 III GEK hergeleitet wird. [958] Wie bereits gesehen, ist der Käufer nicht nur verpflichtet, über eine Prüfung hinausgehende Handlungen zu unterlassen. Er soll daneben die Sache gehörig aufbewahren, solange er sich in ihrem Besitz befindet, ggf. auch durch positives Handeln. Sind dazu gewisse Aufwendungen erforderlich, soll der Käufer selbst die Kosten dafür tragen. Denn sie dienen der Erfüllung einer seiner Verpflichtungen.

Abschließend ist zu bemerken, dass die vorherige Widerrufsbelehrung des Käufers ein gewichtiges Argument für die Abschaffung des Aufwendungsersatzes im Widerrufsfall bietet. Dank ihr kann der Käufer die möglicherweise auf ihn zukommende Rückabwicklung in Erwägung ziehen und jegliche unnötig aufwendige Tätigkeiten unterlassen.

---

955 *Sparmann*, Das Widerrufsrecht im Fernabsatz als Kauf auf Probe, S. 238.

956 Vgl. *Sparmann*, Das Widerrufsrecht im Fernabsatz als Kauf auf Probe, S. 238.

957 Siehe *Zimmermann*, Rückabwicklung nach Widerruf, in: Eidenmüller/Faust/Grigoleit/Jansen/Wagner/Zimmermann (Hrsg.), Revision des Verbraucher-*acquis*, S. 189.

958 Siehe oben, Kapitel 5.B.II.1.

IV. Schutz des Verbrauchers im Fall fehlender oder fehlerhafter Widerrufsbelehrung

Etwas anderes kann allerdings gelten, wenn der Käufer über seine Möglichkeit, sich vom Vertrag zu lösen, nicht aufgeklärt wurde. Nimmt er sein Widerrufsrecht wahr, und zwar während der verlängerten (Art. 10 II Verbraucherrechte-RL; Art. 42 II (b) GEK) oder während der absoluten zwölfmonatigen Frist (Art. 10 I Verbraucherrechte-RL; Art. 42 II (a) GEK), kann es oft dazu kommen, dass in der Zwischenzeit höhere Aufwendungen gemacht wurden, und zwar in Unkenntnis des Widerrufsrechts und der folgenden Rückabwicklung. In solchen Situationen erweist sich eine Abhilfe für den Käufer als erforderlich.[959] Dies gilt erst recht, soweit die Aufwendungen die Kaufsache verbessert haben und für den Verkäufer nach Rückgabe weiterhin von Nutzen sind.

1. Schadensersatz

Als Lösung, die schon im Rahmen des geltenden Rechts Anwendung finden kann, wurde die Geltendmachung von Schadensersatz vorgeschlagen.[960] Der EuGH hat in den Rechtssachen *Schulte* und *Crailsheimer Volksbank* ausdrücklich die Pflicht des mitgliedstaatlichen Gesetzgebers anerkannt, geeignete Maßnahmen zu treffen, damit der Verbraucher nicht die nachteiligen Folgen einer entfallenen oder fehlerhaften Widerrufsbelehrung zu tragen hat.[961] Zu diesen Maßnahmen gehört ohne Zweifel auch die Einräumung von Schadensersatzansprüchen. Wenn also die unterlassene Belehrung dem Verbraucher Schaden verursacht, wozu auch die getätigten Aufwendungen gezählt werden dürfen, soll dem Verbraucher ein Schadensersatzanspruch zustehen.

Obwohl diese Darstellung theoretisch nachvollziehbar ist, könnte ihre Durchsetzung m. E. alles andere als reibungslos verlaufen. Denn die Vor-

---

959 Vgl. aber *Neumann*, Bedenkzeit vor und nach Vertragsabschluss, S. 413, der im Aufwendungsersatz bei fehlender Widerrufsbelehrung eine systemwidrige Sanktionierung des Unternehmers sieht.

960 *Zimmermann*, Rückabwicklung nach Widerruf, in: Eidenmüller/Faust/Grigoleit/Jansen/Wagner/Zimmermann (Hrsg.), Revision des Verbraucher-*acquis*, S. 189.

961 EuGH v. 25.10.2005 – Rs. C-350/03 *Schulte*, Rn. 94 ff.; EuGH v. 25.10.2005 – Rs. C-229/04 *Crailsheimer Volksbank*, Rn. 48 f.

aussetzungen eines Schadensersatzanspruchs sowie der Umfang des zu ersetzenden Schadens bleiben in ihren Einzelheiten weiter von den nationalen Rechtsordnungen bestimmt, die dazu verschiedene rechtliche Institute vorsehen. Im deutschen Recht würde sich z. B. der Anspruch des Verbrauchers auf *culpa in contrahendo* (§ 280 I i.V.m. §§ 311 II, 241 II BGB) stützen. Ein Schadensersatz würde demgemäß ein Verschulden des Unternehmers voraussetzen.[962] Art. 29 I GEK sieht für den Fall der Nichterfüllung einer Informationspflicht eine Haftung des Unternehmers „für jeden Verlust" vor, ohne jedoch auf Einzelheiten einzugehen. Ob dazu Art. 159 ff. GEK zur Anwendung kommen, ist umstritten, da sie sich eher an der Nichterfüllung vertraglicher Pflichten orientieren.[963] Weder Art. 29 I noch Art. 159 ff. GEK setzen jedenfalls ein Verschulden hinsichtlich der Entstehung eines Schadensersatzanspruchs voraus. Von einem einheitlich geregelten Schadensersatz des Verbrauchers kann deshalb kaum die Rede sein.

2. Wegnahmerecht

Deswegen müsste dem Käufer neben dem möglichen Schadensersatzanspruch m. M. nach ein Wegnahmerecht zuerkannt werden, und zwar für sämtliche Aufwendungen, die er in Unkenntnis des Widerrufsrechts tätigte.[964] Soweit die Widerrufsbelehrung versäumt wird oder sie den Ansprüchen von Art. 6 I h) Verbraucherrechte-RL bzw. Art. 17 I GEK nicht Genüge tut, ist wohl von einer Unkenntnis vom bestehenden Widerrufsrecht auszugehen und das Wegnahmerecht anzuerkennen.

Umfasst werden sollen vom Wegnahmerecht all die verbleibenden Reparaturen, Verbesserungen, Ergänzungen usw., die körperlich selbstständig bleiben oder, obwohl eingebunden, entfernt werden können, ohne dass es zu einer Schädigung des Kaufgegenstands kommt. Eigenständige Objekte, die mit der Kaufsache vorübergehend verbunden wurden, kann der Verbraucher schon unter der heutigen Rechtslage abnehmen und für sich behalten. Schließlich ist er nach Art. 14 I 1 Verbraucherrechte-RL bzw. Art. 45 I 1 GEK verpflichtet, allein die gelieferte Ware an den Unterneh-

962 Siehe *Wildemann*, in: jurisPK-BGB § 360 Rn. 5; MünchKommBGB/*Ernst* § 280 RnNr. 126; BGH NJW 2007, 357, 360; OLG Bremen NJW 2006, 1210, 1212 ff.

963 Siehe oben, Kapitel 6.B.VI.3.b).

964 Vgl. *Laimer*, ZEuP 2012, 47 ff., 69.

mer zurückzugewähren. Bei dauerhaft eingesetzten Gegenständen sowie Reparaturen und Verarbeitungen, bietet allerdings das geltende Recht der Verbraucherrechte-RL und des GEK keine solche Möglichkeit. Die eindeutige Einführung eines Wegnahmerechts für den Verbraucher wäre hierbei sehr wünschenswert.

Kapitel 8 Sonderfälle

In diesem Kapitel werden zwei Kategorien von Vertragsverhältnissen besprochen, bei denen die Rückabwicklung nach dem verbraucherrechtlichen Widerruf besondere Schwierigkeiten aufweist.

Erstens handelt es sich um Gesellschaftsbeitritte, deren Zweck in Kapitalinvestition, zumeist in Immobilien, besteht. Zu erörtern ist dabei, ob dem Verbraucher ein Recht zum Widerruf seines Beitritts zusteht und, falls ja, ob in der folgenden Rückabwicklung auch gesellschaftsrechtliche Regeln berücksichtigt werden müssen (unter A). Schließlich werden nichtige und anfechtbare Verträge besprochen, die außerhalb von Geschäftsräumen bzw. im Fernabsatz geschlossen werden. Streitig ist hier ebenfalls, ob ein Widerrufsrecht überhaupt besteht und ob, in diesem Fall, die Rückabwicklung nach den Regeln des Widerrufsrechts oder nach denen zu nichtigen und anfechtbaren Verträgen erfolgt (unter B).

A. Gesellschaftsrechtliche Verträge zu Kapitalanlagezwecken

I. Die sog. Schrottimmobilienfälle

1. Immobilieninvestitionen in Deutschland

Das Anlagemodell des Kaufs von Immobilien, die sodann renoviert und entweder vermietet oder weiterverkauft wurden, erfreute sich in Deutschland großer Beliebtheit seit Ende der 1980er Jahre. Gründe dieser Entwicklung waren vor allem der kräftige Aufschwung des Immobilienmarkts in den neuen Bundesländern nach der Wende und die vorteilhafte steuerliche Behandlung solcher Geschäfte, insb. wenn der Immobilienerwerb durch Kredit finanziert wurde.[965]

---

965 Siehe *v. Weschpfennig*, Der Widerruf der Beteiligung an einem Immobilienfonds. Anwendbarkeit der Grundsätze des fehlerhaften Gesellschaftsbeitritts?, BKR 2009, 99 ff., 99; vgl. die Sachverhalte in EuGH v. 25.10.2005 – Rs. C-350/03 *Schulte*, Rn. 20 f., 48; EuGH v. 25.10.2005 – Rs. C-229/04 *Crailsheimer Volksbank*, Rn. 19 f.

Eine kompliziertere Anlageform bestand in der Beteiligung des Anlegers an einer Publikumsgesellschaft, die selbst ihr Kapital gleichsam in Immobilien investierte. Auch „Immobilienfonds" genannt, nahmen diese Gesellschaften die Form einer GbR, einer KG (mit Anlegern als Kommanditisten), oder einer stillen Gesellschaft (mit Anlegern als stille Gesellschafter) an.[966] Üblich war auch die Kapitalanlage durch eine Genossenschaft.[967]

Obwohl die Immobilienkaufverträge rechtsgemäß notariell beurkundet waren, wurden die Fondsbeitritts- und die Darlehensverträge sehr oft in einer Haustürsituation zwischen dem Anleger und einem Vermittler geschlossen, der sich mit dem Vertrieb der Immobilien bzw. der Immobilienfondsanteile wie auch mit der Vermittlung der Finanzierung befasste.

Da sich jedoch die Erwartungen hinsichtlich der Entwicklung der Immobilienpreise als falsch erwiesen und sich die veranschlagten Mieteinnahmen in der Mehrzahl der Fälle nicht erzielen ließen, versuchten viele der Anleger sich aus dem Immobilienkauf oder dem Immobilienfondsbeitritt und dem verbundenen Darlehen zu lösen.[968] Dazu beriefen sie sich u.a. auf das im damaligen HaustürwiderrufsG vorgesehene Widerrufsrecht.[969] Die entstandenen Streitigkeiten führten zu zahlreichen Verfahren vor den deutschen Gerichten, die unter der Bezeichnung „Schrottimmobilienfälle" weiter bekannt wurden.[970] Die Schwierigkeiten dieser Fälle la-

966 Siehe statt vieler *Christian Schmid*, Die Rechtsstellung des Verbrauchers bei Mängeln fremdfinanzierter Immobilienkapitalanlagen („Schrottimmobilien"), Berlin 2009, S. 25 ff.

967 Siehe BGH BeckRS 2011, 08249; BGH ZIP 2011, 859.

968 Vgl. die Sachverhalte in EuGH v. 25.10.2005 – Rs. C-350/03 *Schulte*, Rn. 52 f.; EuGH v. 25.10.2005 – Rs. C-229/04 *Crailsheimer Volksbank*, Rn. 22 ff.; ausführlich zu den Gründen des Scheiterns dieser Geldanlagen siehe *Christian Schmid*, Die Rechtsstellung des Verbrauchers bei Mängeln fremdfinanzierter Immobilienkapitalanlagen („Schrottimmobilien"), S. 75 ff.

969 Siehe *Althammer*, Der Widerruf notariell beurkundeter Fondsbeitritte und die Modalitäten der Rückabwicklung, BKR 2003, 280 ff.; *Armbrüster*, Gesellschaftsrecht und Verbraucherschutz. Zum Widerruf von Fondsbeteiligungen, Berlin 2005, S. 8 ff.; *Schubert*, Die Lehre von der fehlerhaften Gesellschaft und das Haustürwiderrufsrecht. Gesellschaftsrecht und Verbraucherschutz im Konflikt, WM 2006, 1328 ff.; *Hammen*, Widerruf eines Beitritts zu einem geschlossenen Immobilienfonds und Art. 5 Abs. 2 der EG-Haustürgeschäfterichtlinie, WM 2008, 233 ff.

970 Siehe zu diesem Begriff Schlussanträge der Generalanwältin *Trstenjak* v. 8.9.2009 – Rs. C-215/08 *E. Friz*, Nr. 3, Fn. 3 m.w.N.; *Schmidt-Räntsch*, Die aktuelle Rechtslage bei sog. Schrottimmobilien, MDR 2005, 6 ff.; *A. Staudinger*,

gen auch darin, dass sie in zwei Rechtsgebiete mit teilweise unterschiedlichen Ausgangspunkten und Zielsetzungen fielen, nämlich ins Verbraucher- und ins Gesellschaftsrecht.[971]

2. Die ersten Schrottimmobilienfälle vor dem EuGH

Mit der Problematik der sog. Schrottimmobilienfälle hatte sich auch der EuGH zu befassen, und zwar erstmals im Jahr 2001 in seiner *Heininger*-E[972] sowie im Jahr 2004 in der *Schulte*-E und der *Crailsheimer Volksbank*-E.[973]

Der EuGH entschied im Fall *Heininger*, die Haustürgeschäfts-RL sei auch auf Realkreditverträge anwendbar, d. h. Kredite zur Finanzierung eines Immobilienkaufs, die grundpfandrechtlich abgesichert seien. Der Verbraucher, der einen Realkreditvertrag in einer Haustürsituation geschlossen habe, verfüge dementsprechend über ein Widerrufsrecht aus Art. 5 Haustürgeschäfts-RL.[974] Die Auswirkungen des Widerrufs auf den Immobilienkaufvertrag und das bestellte Grundpfandrecht richten sich jedoch nach nationalem Recht.[975]

In der *Schulte*-E hat der EuGH zuerst darauf hingewiesen, dass Art. 3 II a) Haustürgeschäfts-RL kein Widerrufsrecht bei Immobilienkaufverträgen vorsieht.[976] Den Fällen *Schulte* und *Crailsheimer Volksbank* kommt jedoch besondere Bedeutung zu, weil sich der EuGH erst dort eingehend mit den Widerrufsfolgen auseinandersetzte. Der Widerruf solle zu einer Wiederherstellung der ursprünglichen Situation sowohl für den Verbraucher als auch für den Unternehmer führen.[977] Trotzdem stehe die

---

Die Zukunft der „Schrottimmobilien" nach den EuGH-Entscheidungen vom 25.10.2005, NJW 2005, 3521 ff.

971 Schlussanträge der Generalanwältin *Trstenjak* v. 8.9.2009 – Rs. C-215/08 *E. Friz*, Nr. 2.

972 EuGH v. 13.12.2001 – Rs. C-481/99 *Heininger*; siehe dazu *Schleicher*, Haustürwiderrufsrecht bei finanzierten Immobilien- und Fondsanlagen, BKR 2002, 609 ff.

973 EuGH v. 25.10.2005 – Rs. C-350/03 *Schulte*; EuGH v. 25.10.2005 – Rs. C-229/04 *Crailsheimer Volksbank*.

974 EuGH v. 13.12.2001 – Rs. C-481/99 *Heininger*, Rn. 32-34, 39, 40.

975 EuGH v. 13.12.2001 – Rs. C-481/99 *Heininger*, Rn. 35.

976 EuGH v. 25.10.2005 – Rs. C-350/03 *Schulte*, Rn. 75 ff., 81.

977 EuGH v. 25.10.2005 – Rs. C-350/03 *Schulte*, Rn. 88, 92.

Haustürgeschäfts-RL nationalen Rückabwicklungsregeln nicht entgegen, die den Verbraucher verpflichten, sofort nach Widerruf die Darlehensvaluta an den Darlehensgeber zurückzuerstatten und marktübliche Zinsen für den Zeitraum bis zum Widerruf zu zahlen.[978]

II. Immobilienfonds und die Lehre der fehlerhaften Gesellschaft

1. Meinungsstand in deutscher Lehre und Rechtsprechung

Das Bestehen eines Widerrufsrechts bei Immobilienfondsbeitrittsakten hatte den EuGH in den Rechtssachen *Heininger*, *Schulte* und *Crailsheimer Volksbank* nicht beschäftigt. Die Geldanlagemodelle hatten ja in diesen Fällen die Form eines unmittelbaren Immobilienankaufs durch den Verbraucher. So war es in Deutschland seit langem umstritten, ob in Fällen von Immobilienfondsbeitritten das HaustürwiderrufsG Anwendung finden sollte und der Verbraucher seinen Fondsbeitritt widerrufen durfte. Anders als der Kaufvertrag stellt die Fondsbeteiligung nicht einen üblichen synallagmatischen Austauschvertrag dar, sondern ein mehrseitiges Rechtsverhältnis mit sowohl schuldrechtlichem als auch organisatorischem Charakter.[979]

---

978 EuGH v. 25.10.2005 – Rs. C-350/03 *Schulte*, Rn. 88 ff., 103; EuGH v. 25.10.2005 – Rs. C-229/04 *Crailsheimer Volksbank*, Rn. 49.

979 Für die Anwendung des HaustürwiderrufsG *Althammer*, BKR 2003, 280 ff., 281; *Armbrüster*, Gesellschaftsrecht und Verbraucherschutz, S. 8 ff., insb. 16 f.; *Neumann*, Bedenkzeit vor und nach Vertragsabschluss, S. 275 ff.; *Oechsler*, Die Geschichte der Lehre von der fehlerhaften Gesellschaft und ihre Stellung im europäischen Gesellschaftsrecht, NJW 2008, 2471 ff., 2471; *Babusiaux*, Richtlinienwidriges Richterrecht? Methodische Bemerkungen zum Vorlagebeschluss des BGH in Sachen Verbraucherschutz vs. fehlerhafte Gesellschaft, ZEuS 2009, 131 ff., 135 ff., 167; *v. Weschpfennig*, BKR 2009, 99 ff., 103 f.; *Kliebisch*, Die Anwendung der Lehre von der fehlerhaften Gesellschaft beim Widerruf eines Gesellschaftsbeitritts. Gesellschaftsrecht versus Verbraucherschutz, ZJS 2010, 10 ff., 12 f.; aus der Rechtsprechung ausführlich BGH JZ 2002, 247, 248; wohl auch *Kindler/Libbertz*, Die EuGH-Vorlage zur Auslegung der Haustürgeschäfte-Richtlinie. Verbraucherschutz gegen Gesellschaftsrecht?, DStR 2008, 1335 ff., 1338 f.; dagegen *Schäfer*, Anmerkung zu BGH, 2.7.2001 – II ZR 304/00, JZ 2002, 249 ff., 250; *ders.*, Anmerkung zu BGH, 5.5.2008 – II ZR 292/06, ZIP 2008, 1022 ff., 1023.

Auch unter Annahme der Anwendung des HaustürwiderrufsG ging außerdem die h. M. in der Literatur nicht von einer herkömmlichen Rückabwicklung aus, sondern von der Anwendung gesellschaftsrechtlicher Normen, nämlich der Grundsätze der fehlerhaften Gesellschaft bzw. des fehlerhaften Gesellschaftsbeitritts („Grundsätze der fehlerhaften Gesellschaft“).[980] Die Grundsätze der fehlerhaften Gesellschaft, die von der deutschen Rechtsprechung seit langem als „gesicherter Bestandteil des Gesellschaftsrechts“ angesehen werden,[981] verlangen, dass, nachdem eine Gesellschaft bzw. ein Gesellschaftsbeitritt erst einmal, wenn auch auf fehlerhafter Grundlage, in Vollzug gesetzt worden ist, jeder Gesellschafter allein für die Zukunft seine Mitgliedschaft daran beenden darf. Als In-Vollzug-Setzung eines Beitritts, der nach Gründung der Gesellschaft stattfindet, gilt die Leistung der Gesellschaftseinlage durch den Verbraucher.[982] Selbst eine Teilleistung reicht aus.[983]

Dank dieser Grundsätze bleibt der ausscheidende Gesellschafter an all die bisher eingegangenen Verpflichtungen aus seiner Gesellschaftsbeteili-

---

980 Für die Geltung der Grundsätze bei Haustürgeschäften *Schleicher*, BKR 2002, 609 ff., 611; *Bayer/Riedel*, Kapitalbeteiligung an Personengesellschaften und Anlegerschutz, NJW 2003, 2567 ff., 2570; *Armbrüster*, Gesellschaftsrecht und Verbraucherschutz, S. 21 ff.; *Schubert*, WM 2006, 1332 ff.; *Kindler/Libbertz*, DStR 2008, 1335 ff., 1337 f.; *Oechsler*, NJW 2008, 2471 ff., 2471 ff.; *Podewils*, Vertrieb geschlossener Fonds und Widerrufsbelehrung. Praktische Probleme der Belehrung im Lichte von fehlerhafter Gesellschaft und gesetzlichen Neuerungen, MDR 2010, 117 ff., 119; beschränkend, da eine Verlustausgleichspflicht verneinend, *Hammen*, WM 2008, 233 ff., 236 f.; wohl auch *K.-R. Wagner*, Die Grundsätze der fehlerhaften Gesellschaft/Beteiligung im Lichte des EU-Gemeinschaftsrechts, NZG 2008, 447 ff., 449 f.; BGH JZ 2002, 247, 248 f.; BGH ZIP 2005, 254, 255 f.; LG Münster BeckRS 2011, 03158; für die vollständige Rückerstattung der Einlagen *Mankowski*, Beseitigungsrechte, S. 925; *Neumann*, Bedenkzeit vor und nach Vertragsabschluss, S. 277 f.; *P. Hahn/Brockmann*, Die Anwendung der Grundsätze der fehlerhaften Gesellschaft auf Beteiligungen an Publikumsgesellschaften, VuR 2002, 164 ff., 168 ff.; *Babusiaux*, ZEuS 2009, 131 ff., 142 ff.; *Schulte-Nölke*, Anmerkung zu BGH, 5.5.2008 – II ZR 292/06, LMK 2009, 275581; *v. Weschpfennig*, BKR 2009, 99 ff., 104 ff.; OLG Stuttgart ZIP 2001, 322, 325 f.; OLG München NZG 2007, 225, 225; wohl auch *Kliebisch*, ZJS 2010, 10 ff., 13 ff.

981 BGH NJW 1971, 375, 377; BGH EuZW 2008, 377, 378; OLG Hamm NZG 2008, 24, 25.

982 BGH NJW 2003, 2821, 2823; BGH NJW 2007, 2762, 2764; OLG Dresden NJW-RR 2011, 921, 923.

983 OLG Dresden NJW-RR 2011, 921, 923.

gung gebunden, als hätte er diese lediglich *ex nunc* gekündigt. Beim Austritt erhält er außerdem nicht den Wert seiner Gesellschaftseinlage, sondern den Wert seines Gesellschaftsanteils (Abfindungsguthaben; § 738 BGB ggf. i.V.m. §§ 161 II, 105 III HGB; § 73 GenG). Dies kann dazu führen, dass der ausscheidende Gesellschafter wegen während seiner Mitgliedschaft eingetretener, von ihm mitzutragender Verluste der Gesellschaft nur einen Teil seiner Einlageleistung zurückerlangt oder sogar einer Nachschusspflicht ausgesetzt wird.[984] Dadurch soll den Besonderheiten der Gesellschaft als Organisationseinheit genügend Rechnung getragen werden. Unter anderem wird ein gerechter Interessenausgleich zwischen dem ausscheidenden Gesellschafter, seinen Mitgesellschaftern und den Gesellschaftsgläubigern angestrebt, indem der Austritt das Gesellschaftsvermögen nicht beeinträchtigt.[985] Ausnahmen werden nur angenommen, wenn gewichtigere Interessen der Allgemeinheit oder schutzwürdiger Einzelner vorliegen, z. B. bei bestimmten Verstößen gegen gesetzliche Verbote (§ 134 BGB) bzw. die guten Sitten (§ 138 BGB) oder zum Schutz Minderjähriger.[986]

Geht man von der Geltung der Grundsätze der fehlerhaften Gesellschaft beim Widerruf einer Beteiligung an Immobilienfonds aus, sollte der Verbraucher allein einen Anspruch auf das Abfindungsguthaben zum Stichtag seines Ausscheidens haben. In vielen notleidenden Immobilienfonds in Deutschland überstiegen allerdings die Verluste die anfangs geleisteten Gesellschaftseinlagen, sodass die Abfindungsguthaben entweder gegen Null tendierten oder negativ ausfielen.[987]

---

984 Allgemein zu den Grundsätzen der fehlerhaften Gesellschaft siehe MünchKommBGB/*Ulmer/Schäfer* § 705 RnNr. 323 ff.; *Servatius*, in: Henssler/Strohn (Hrsg.), Gesellschaftsrecht. BGB, HGB, PartGG, GmbHG, AktG, UmwG, GenG, IntGesR, München 2011, BGB § 705 Rn. 34 ff. alle m.w.N.; BGH NJW 1953, 1220; BGH NJW 1992, 1501, 1502; BGH NZG 2007, 69, 70; BGH NJW-RR 2009, 1262.

985 Ausführlich zur dogmatischen Rechtfertigung der Lehre siehe MünchKommBGB/*Ulmer/Schäfer* § 705 RnNr. 347 ff.

986 Siehe z. B. BGH NJW 1955, 1067, 1069; BGH NJW 2003, 1252, 1254.

987 Siehe nur BGH EuZW 2008, 377, 378.

2. Die E. Friz-E

a) Die Fragen

In diesem Zusammenhang hat der BGH im Rahmen eines vor ihm anhängigen Verfahrens, das den Widerruf eines Beitritts zu einer Immobilieninvestitionen-Personengesellschaft betraf, dem EuGH eine Vorabentscheidungsfrage zur Auslegung der Haustürgeschäfts-RL vorgelegt.

b) Der Ausgangsrechtsstreit

Herr von der Heyden trat im Jahr 1991 einem geschlossenen Immobilienfonds in Form einer Publikumsgesellschaft bürgerlichen Rechts bei, die die Instandsetzung, Modernisierung und Verwaltung eines Grundstücks in Berlin zum Ziel hatte. Seine Gesellschaftseinlage belief sich auf 384.044 DM. Der Vertrag wurde nach dem Hausbesuch eines Vertreters der Verwalterin des Fondsinitiators im Haus des Herrn von der Heydens abgeschlossen. Elf Jahre später berief sich der Anleger auf § 3 HaustürwiderrufsG und erklärte den Widerruf seines Beitritts zum Immobilienfonds.[988] Stünde ihm ein Widerrufsrecht tatsächlich zu, wäre der Widerruf selbst elf Jahre nach Vertragsschluss noch möglich, weil Herr von der Heyden hinsichtlich seines Widerrufsrechts nicht belehrt worden war.[989]

Die Geschäftsführerin des Immobilienfonds, E. Friz GmbH, forderte dann von Herrn von der Heyden die Zahlung eines Betrags von 16.319 EUR, der seinem negativen Abfindungsguthaben zu jener Zeit entsprach und ihr vom Immobilienfonds abgetreten worden war.[990] Da Herr von der Heyden gegen die E. Friz GmbH die Zwangsvollstreckung aus einem Kostenfestsetzungsbeschluss aus einem Vorprozess betrieb, erklärte die E. Friz GmbH eine Aufrechnung mit ihrer Forderung gegen den Kostenanspruch aus dem negativen Abfindungsguthaben und erhob Vollstreckungsgegenklage.[991]

Das LG München I gab der Klage statt.[992] Zur Begründung führte es aus, dass nach dem Widerruf die Grundsätze der fehlerhaften Gesellschaft

988 Siehe EuGH v. 15.4.2010 – Rs. C-215/08 *E. Friz*, Rn. 13 f.
989 § 2 II HaustürwiderrufsG (in der Fassung bis 30.9.2000).
990 Siehe EuGH v. 15.4.2010 – Rs. C-215/08 *E. Friz*, Rn. 15.
991 Siehe OLG München NZG 2007, 225, 225.
992 LG München I BeckRS 2010, 19995.

Anwendung fänden und der beklagte Anleger für die Verluste des Immobilienfonds einstehen müsste. Anderer Ansicht war das OLG München.[993] Dies erachtete die Grundsätze der fehlerhaften Gesellschaft als mit Art. 5 II, 7 Haustürgeschäfts-RL unvereinbar, soweit demgemäß Nachschusspflichten den widerrufenden Verbraucher träfen.

Nach Einlegung der Revision durch die E. Friz GmbH legte der BGH dem EuGH zwei Fragen vor. Erstens fragte der BGH nach der Anwendung der Haustürgeschäfts-RL auf einen Immobilienfondsbeitritt. Zweitens hatte er Zweifel an der Vereinbarkeit der Grundsätze der fehlerhaften Gesellschaft mit Art. 5 II, 7 Haustürgeschäfts-RL.

c) Die Entscheidung

aa) Anwendung der Haustürgeschäfts-RL auf einen Gesellschaftsbeitritt

Der EuGH bejahte die Anwendung der Haustürgeschäfts-RL auf den Beitritt zu einem geschlossenen Immobilienfonds in Form einer Personengesellschaft, soweit der Zweck des beitretenden Verbrauchers vorrangig nicht darin liegt, Mitglied dieser Gesellschaft zu werden, sondern Kapital anzulegen.[994]

In einer eher knappen Begründung erinnerte der EuGH an Art. 1 I 2. Gedankenstrich Haustürgeschäfts-RL. Demnach fielen in den Anwendungsbereich der Richtlinie u.a. Verträge, die anlässlich eines Besuchs des Gewerbetreibenden beim Verbraucher geschlossen würden, sofern der Besuch nicht auf ausdrücklichen Wunsch des Verbrauchers erfolgte. Als Gewerbetreibender gelte außerdem laut Art. 2 Haustürgeschäfts-RL auch der Vertreter eines Unternehmers.[995]

Hingewiesen wurde danach auf den Sachverhalt des Ausgangsverfahrens, wonach der Beklagte den betreffenden Beitrittsvertrag in seinem Haus nach ungebetenem Besuch eines Vertreters der Fondsinitiatorin abgeschlossen und eine Kapitaleinlage gegengeleistet hatte.[996]

In Bezug auf die Ausnahme nach Art. 3 II a) Haustürgeschäfts-RL, in der Immobilienkaufverträge und Verträge über andere Rechte an Immobi-

---

993 OLG München NZG 2007, 225, 225.
994 EuGH v. 15.4.2010 – Rs. C-215/08 *E. Friz*, Rn. 34.
995 EuGH v. 15.4.2010 – Rs. C-215/08 *E. Friz*, Rn. 26 f.
996 EuGH v. 15.4.2010 – Rs. C-215/08 *E. Friz*, Rn. 28 f.

lien angeführt wurden, merkte der EuGH an, dass der streitige Vertrag nicht irgendwelche Rechte an Immobilien betreffe, sondern den Beitritt zu einer Gesellschaft gegen Leistung einer Kapitalanlage.[997]

bb) Widerrufsfolgen im Fall eines Gesellschaftsbeitritts

Zur Beantwortung der zweiten Vorlagefrage verwies der EuGH zunächst auf Art. 5 Haustürgeschäfts-RL, der vorschreibt, dass der Verbraucher nach dem Widerruf „aus allen aus dem widerrufenen Vertrag erwachsenden Verpflichtungen entlassen ist" (Abs. II).[998] Darüber hinaus seien aber die Widerrufsfolgen laut Art. 7 Haustürgeschäfts-RL gemäß dem jeweiligen einzelstaatlichen Recht zu regeln, wobei die Mitgliedstaaten auf den Zweck und die Gewährleistung der praktischen Wirksamkeit der Richtlinie achten müssten, die vor allem dem Verbraucherschutz dienten.[999] Der Verbraucherschutz sei jedoch nicht absolut, sondern unterliege bestimmten Grenzen.[1000]

Daraus sei zu folgern, dass die Wahrnehmung des Widerrufsrechts zwar grundsätzlich eine Wiederherstellung der ursprünglichen Situation bewirken solle. Dies schließe aber „keineswegs aus, dass der Verbraucher in ganz bestimmten Fällen Verpflichtungen gegenüber dem Gewerbetreibenden haben kann und gegebenenfalls gewisse Folgen tragen muss, die sich aus der Ausübung seines Widerrufsrechts ergeben".[1001]

Aus dieser Sicht seien die Grundsätze der fehlerhaften Gesellschaft EU-rechtlich nicht zu beanstanden. Vielmehr werde dadurch entsprechend den allgemeinen Grundsätzen des Zivilrechts für einen vernünftigen Ausgleich und eine gerechte Risikoverteilung zwischen den einzelnen Beteiligten gesorgt.[1002] Mit ausdrücklichem Hinweis auf das Vorabentscheidungsersuchen des BGH erkennt der EuGH an, dass diese Regeln dem Verbraucher zum einen ermöglichten, seine Anteile zurückzugeben und einen Teil der Risiken zu übernehmen, die untrennbar mit solchen Kapitalanlagen verbunden seien. Zum anderen erlaubten sie den Mitgesellschaftern und den

---

997 EuGH v. 15.4.2010 – Rs. C-215/08 *E. Friz*, Rn. 31 ff.
998 EuGH v. 15.4.2010 – Rs. C-215/08 *E. Friz*, Rn. 36 ff.
999 EuGH v. 15.4.2010 – Rs. C-215/08 *E. Friz*, Rn. 42 f.
1000 EuGH v. 15.4.2010 – Rs. C-215/08 *E. Friz*, Rn. 44.
1001 EuGH v. 15.4.2010 – Rs. C-215/08 *E. Friz*, Rn. 45.
1002 EuGH v. 15.4.2010 – Rs. C-215/08 *E. Friz*, Rn. 46 ff.

Drittgläubigern nicht die finanziellen Folgen des Widerrufs eines Beitrittsvertrags zu tragen, an dem sie nicht teilgenommen hätten.[1003]

d) Teilweise abweichende Schlussanträge der Generalanwältin

Die These des EuGH für die uneingeschränkte Anwendung der Haustürgeschäfts-RL auf Gesellschaftsbeitritte teilte die Generalanwältin nicht. Grundsätzlich bezweifelte sie, dass der Anleger beim Fondsbeitritt tatsächlich mit einem Gewerbetreibenden i.S.v. Art. 1 I Haustürgeschäfts-RL kontrahiere.[1004] Der Vertragspartner des Verbrauchers sei nicht im Fondsinitiator oder -verwalter bzw. in ihren Vertretern zu sehen.[1005] Denn diese erhielten, wenn überhaupt, lediglich eine Provision für den geschlossenen bzw. ermittelten Fondsbeitritt und nicht die vom Verbraucher erbrachte Hauptleistung, also die investierte Kapitaleinlage. Als Vertragspartner sollten daher nur die Mitgesellschafter des beitretenden Anlegers angesehen werden. Nur wenn sich diese beruflich mit der Gründung von Immobilienfonds und dem Verkauf von Anteilen an neue Gesellschafter beschäftigten, seien sie Gewerbetreibende und der Beitrittsvertrag ein Vertrag, der „zwischen einem Gewerbetreibenden […] und einem Verbraucher geschlossen" werde. Sei allerdings auch nur einer der bereits am Fond beteiligten Gesellschafter Verbraucher, stünde die Anwendung der Haustürgeschäfts-RL im Widerspruch zum Gebot des Schutzes dieser Verbraucher.[1006]

e) Würdigung

Trotz der expliziten Eingrenzung der *E. Friz*-E auf Publikums-GbR,[1007] sind die Erwägungen des EuGH allgemeiner Natur und dürfen daher auf alle Erscheinungsformen der Immobilienfonds Anwendung finden, d. h.

1003 EuGH v. 15.4.2010 – Rs. C-215/08 *E. Friz*, Rn. 49.

1004 Schlussanträge der Generalanwältin *Trstenjak* v. 8.9.2009 – Rs. C-215/08 *E. Friz*, Nr. 55.

1005 Schlussanträge der Generalanwältin *Trstenjak* v. 8.9.2009 – Rs. C-215/08 *E. Friz*, Nr. 68 ff.

1006 Schlussanträge der Generalanwältin *Trstenjak* v. 8.9.2009 – Rs. C-215/08 *E. Friz*, Nr. 64 ff.

1007 Siehe EuGH v. 15.4.2010 – Rs. C-215/08 *E. Friz*, Rn. 23 f.

auch auf Beitritte zu einer OHG, einer KG, einem Verein oder einer Genossenschaft.[1008]

aa) Anwendung der Haustürgeschäfts-RL auf einen Gesellschaftsbeitritt

Der *E. Friz*-E ist beizupflichten, wenn sie gesellschaftsrechtliche Verträge, bei denen der Austauschcharakter und der Kapitalanlagezweck eindeutig prägend sind, mit synallagmatischen Verträgen gleichstellt.[1009]

Eine Umgehung der Haustürgeschäfts-RL bleibt damit erfolglos. Ihre Schutzvorschriften werden nicht allein deswegen ihrer praktischen Wirksamkeit beraubt, weil ein komplizierteres Geldanlagemodell kreiert wird.[1010] Erforderlich ist deswegen eine funktionale Betrachtung, die nicht auf die äußeren Merkmale, sondern auf den tatsächlichen Zweck der Transaktion abstellt. Würde der interessierte Anleger einen Treuhänder mit der Investition seines Kapitals in Immobilienfonds beauftragen, ließe sich der zwischen beiden geschlossene Vertrag ohne Schwierigkeiten unter Art. 1 I Haustürgeschäfts-RL einordnen. Nichts anderes darf gelten, wenn die Geldanlage die Form einer direkten Beteiligung an Immobilien-

---

1008 Siehe *Habersack*, Anmerkung zu EuGH, 15.4.2010 – C-215/08, ZIP 2010, 775 f., 776; *Kliebisch*, Entscheidungsanmerkung zu EuGH, Urt. v. 15.4.2010 – Rs. C-215/08 und BGH, Urt. v. 12.7.2010 – II ZR 292/06. Verbraucherschutzrechtlicher Widerruf eines Gesellschafterbeitritts, ZJS 2010, 761 ff., 765; *Lippe/Voigt*, Rechtsfolgen bei Widerruf von Beteiligungen an Publikumspersonengesellschaften und Schadenersatz bei fehlerhafter Widerrufsbelehrung, BB 2010, 3042 ff., 3043; *Mock*, Kurzkommentar EuGH, 15.4.2010 – C-215/08, EWiR 2010, 281 f., 282; *Westermann*, Der EuGH zur (fehlerhaften) Beteiligung an einem geschlossenen Immobilienfonds. Besprechung des EuGH-Urteils vom 15.4.2010 – Rs C-215/08, DZWIR 2010, 265 ff., 268 f.; Staudinger/*Thüsing* § 312 Rn. 10; aus der Rechtsprechung zur Publikums-KG BGH NJOZ 2010, 2276, 2276 f.; OLG Hamm BeckRS 2013, 05225; zur Genossenschaft BGH ZIP 2011, 859, 861 f.; BGH BeckRS 2011, 08249; vgl. *Römermann*, Lehre von der fehlerhaften Gesellschaft ist auch auf Beitritt zu geschlossenen Immobilienfonds in Form der oHG und KG anwendbar. Fortsetzung von „Friz II", GWR 2010, 424.

1009 Siehe MünchKommBGB/*Masuch* § 312 RnNr. 34; Staudinger/*Thüsing* § 312 Rn. 9.

1010 Vgl. in einem ähnlichen Sinne *Althammer*, BKR 2003, 280 ff., 282 f.; *Armbrüster*, Rückabwicklung von Fondsbeteiligungen. Deutsches Gesellschaftsrecht modifiziert europäisches Verbraucherschutzrecht, EuZW 2010, 614 ff., 615.

fonds hat, die übrigens ebenfalls durch einen Investitionsunternehmer vermittelt wird.[1011]

bb) Widerrufsfolgen im Fall eines Gesellschaftsbeitritts

Der Kern der *E. Friz*-E liegt aber in der Bejahung der Vereinbarkeit der Grundsätze der fehlerhaften Gesellschaft mit der Haustürgeschäfts-RL.

Hierbei fällt besonders auf, dass der EuGH im Ergebnis allein Art. 7 Haustürgeschäfts-RL in dieser Frage für maßgeblich hält. Diese Betrachtung ist aber nicht selbstverständlich.[1012] In der *Schulte*-E berief sich der EuGH auch auf Art. 5 II Haustürgeschäfts-RL, als er die Rückabwicklung von Darlehensverträgen thematisierte.[1013] Außerdem stellt Art. 5 II Haustürgeschäfts-RL konkretere Anforderungen im Hinblick auf die Rückabwicklung, indem er die Entlassung des Verbrauchers „aus allen aus dem widerrufenen Vertrag erwachsenden Verpflichtungen" ausdrücklich anordnet. Die Rückabwicklungsfolgen werden bindend in Art. 5 II Haustürgeschäfts-RL umschrieben, sodass der Verweis von Art. 7 Haustürgeschäfts-RL auf die mitgliedstaatlichen Rechte in der Tat eher begrenzt ist.[1014] Leider versäumt der EuGH das Verhältnis dieser beiden Richtlinienvorschriften zu verdeutlichen.[1015]

Trotzdem sprechen mehrere Gründe dafür, dass die Haustürgeschäfts-RL abweichend vom Wortlaut des Art. 5 II ausgelegt werden sollte. Dies wird vor allem in den Schlussanträgen der Generalanwältin[1016] und im Vorlagebeschluss des BGH[1017] deutlich.[1018]

1011 Siehe *Podewils*, Haustürwiderrufsrichtlinie: Anwendung auf Personengesellschaften. Fortgeltung der Grundsätze der fehlerhaften Gesellschaft. Im Blickpunkt: EuGH, 15.4.2010 – Rs. C-215/08, E. Friz GmbH, EWS 2010, 265 ff., 267.

1012 *Armbrüster*, EuZW 2010, 614 ff., 616.

1013 EuGH v. 25.10.2005 – Rs. C-350/03 *Schulte*, Rn. 67, 88 ff.

1014 Vgl. Schlussanträge der Generalanwältin *Trstenjak* v. 8.9.2009 – Rs. C-215/08 *E. Friz*, Nr. 95 f.

1015 *Podewils*, EWS 2010, 265 ff., 268; *Riesenhuber*, Anmerkung zu EuGH, 15.4.2010 – C-215/08, LMK 2010, 303284.

1016 Schlussanträge der Generalanwältin *Trstenjak* v. 8.9.2009 – Rs. C-215/08 *E. Friz*, Nr. 98 ff.

1017 BGH EuZW 2008, 377, 379 f.

1018 Kritisch zur Knappheit der Begründung der *E. Friz*-E *Armbrüster*, EuZW 2010, 614 ff., 616; *Kindler/Libbertz*, Die Anwendung der Haustürgeschäfterichtlinie

Erstens werden durch die Grundsätze der fehlerhaften Gesellschaft die Mitgesellschafter des widerrufenden Verbrauchers geschützt, die in der Regel ebenfalls Verbraucher sind. Anders als im Fall synallagmatischer Verträge treffen nämlich die Widerrufsfolgen bei gesellschaftsrechtlichen Verhältnissen vor allem die anderen Gesellschafter.[1019] Könnte der ausscheidende Verbraucher seine Einlage ungekürzt aus der Gesellschaft verlangen, würde das Gesellschaftsvermögen geschmälert und die anderen Gesellschafter in Mitleidenschaft gezogen werden. Der Widerruf der „schnelleren" Gesellschafter ginge zulasten der „langsameren".[1020] Denn den „schnelleren" wäre eine Rückerstattung ihres Beitrags meist möglich, während den „langsameren" ein undurchsetzbarer Rückzahlungsanspruch gegen eine kränkelnde Gesellschaft zustünde. Dass bestimmten Verbrauchern der Schutz sehr oft gänzlich genommen würde, wäre aber unakzeptabel. Die Haustürgeschäfts-RL soll schließlich nicht den Schutz des einzelnen Verbrauchers zulasten weiterer betroffener Verbraucher anstreben.[1021]

Zweitens erstrebt das Widerrufsrecht nicht, den Berechtigten vor jederlei Gefahr zu schützen, die mit dem jeweils abgeschlossenen Vertrag verbunden sein könnte. Die Widerrufsmöglichkeit soll dem Verbraucher nur eine kurze Nachholzeit gewähren, um in Ruhe die übernommenen Pflichten und die erworbenen Rechte abzuschätzen und zu entscheiden, ob diese seinen Vorstellungen entsprechen.[1022] Angestrebt ist dagegen nicht der Schutz vor dem allgemeinen finanziellen Risiko des Rechtsverkehrs, das erfahrungsgemäß in vielen Kapitalanlagegeschäften noch höher ist.[1023]

---

und der Lehre von der fehlerhaften Gesellschaft auf den Beitritt zu einer Publikumspersonengesellschaft. Gesellschaftsrechtliche Grenzen des Verbraucherschutzes, NZG 2010, 603 ff., 605; *Podewils*, EWS 2010, 265 ff., 268.

1019 *K.-R. Wagner*, NZG 2008, 447 ff., 450; *Schulte-Nölke*, LMK 2009, 275581; *Miras*, Anmerkung zu EuGH, 15.4.2010 – C-215/08, NJW 2010, 1513 f., 1514; Staudinger/*Thüsing* § 312 Rn. 10.

1020 BGH EuZW 2008, 377, 380.

1021 Schlussanträge der Generalanwältin *Trstenjak* v. 8.9.2009 – Rs. C-215/08 *E. Friz*, Nr. 99; *Kindler/Libbertz*, DStR 2008, 1335 ff., 1340; *Schäfer*, ZIP 2008, 1022 ff., 1024; *Goette*, Anmerkung zu EuGH, 15.4.2010 – C-215/08, DStR 2010, 881; siehe aber *Schwintowski*, Haustürgeschäfte für Kapitalanleger. Ohne Widerrufsrecht?, VuR 2011, 73 f., 73, der die Gefahr eines Windhundrennens als überschätzt ansieht.

1022 Siehe oben, Kapitel 2.A.I.3, 2.A.II.4.

1023 *Kindler/Libbertz*, DStR 2008, 1335 ff., 1340; *Armbrüster*, EuZW 2010, 614 ff., 616, der nachdrücklich zwischen klassischen Austauschverträgen und Risikoge-

Die Gefahr, dass sich seine Anlageentscheidung im Nachhinein als falsch erweist, soll wie üblich der Verbraucher selbst tragen.[1024] Die marode Finanzlage des Fonds und der elfjährige Abstand zwischen dem Beitritt Herrn von der Heydens und seinem Widerruf lassen im Fall *E. Friz* kaum Zweifel daran, dass der Widerruf vor allem zur Befreiung von den Folgen einer fehlgeschlagenen Investition erklärt worden war.[1025]

Beachtenswert weist der EuGH zum Schluss darauf hin, dass die Drittgläubiger – genauso wie die Verbraucher-Mitgesellschafter – die finanziellen Folgen aus dem Widerruf des Gesellschaftsbeitritts nicht zu tragen hätten. Vielmehr seien sie von negativen Auswirkungen des Widerrufs zu schützen, da sie am widerrufenen Beitrittsakt nicht teilnähmen.[1026] Diese Erwägungen gehen gewiss auf die Ausführungen des Vorabentscheidungsersuchens des BGH zurück. Dieser hatte die Aufmerksamkeit des EuGH auf die „Spezialität des Gesellschaftsrechts“ und auf die „soziale Wirklichkeit“ gelenkt, die nach Tätigwerden einer Gesellschaft im Geschäftsverkehr geschaffen wird.[1027] Dass der EuGH in einer verbraucherrechtlichen Rechtssache die Sorge des BGH teilt und das reibungslose Funktionieren des Geschäftsverkehrs sowie die gesellschaftsrechtliche Haftungsverfassung als wichtiges Anliegen ansieht, ist eine eindeutig positive Entwicklung. Der EuGH besteht damit mehr als zuvor auf einen Interessenausgleich zwischen allen Geschäftsteilnehmern, Verbrauchern und Nichtverbrauchern.[1028]

---

schäften unterscheidet; dazu auch Schlussanträge der Generalanwältin *Trstenjak* v. 8.9.2009 – Rs. C-215/08 *E. Friz*, Nr. 100 ff.; vgl. EuGH v. 15.4.2010 – Rs. C-215/08 *E. Friz*, Rn. 49.

1024 Vgl. BGH NJW 2006, 2041, 2041.

1025 Vgl. *Habersack*, ZIP 2010, 775 f., 776.

1026 EuGH v. 15.4.2010 – Rs. C-215/08 *E. Friz*, Rn. 49.

1027 BGH EuZW 2008, 377, 379 f.; siehe in diesem Sinne *Oechsler*, NJW 2008, 2471 ff., 2473 f., 2475. Dabei muss der BGH viel Überzeugungsarbeit geleistet haben; siehe *Habersack*, ZIP 2010, 775 f., 775; *Schäfer*, Fondsbeitritt an der Haustür. Zu den Konsequenzen der Friz-Entscheidung des EuGH, DStR 2010, 1138 ff., 1139 f.

1028 Siehe *Goette*, DStR 2010, 881; *Langen/Möhle*, Weiterhin kein Windhundrennen ausscheidender Anleger, BB 2010, 1304 f., 1304; *Mock*, EWiR 2010, 281 f., 282; *Riesenhuber*, LMK 2010, 303284.

III. Das neue Recht

Bleibt die *E. Friz*-E unter Geltung der Verbraucherrechte-RL weiterhin relevant? Ist sie auch im Rahmen des GEK von Bedeutung?

Der EU-Normengeber ließ Anlagemodelle wie diese, die Gegenstand der Auseinandersetzung im Fall *E. Friz* waren, außerhalb des Geltungsbereichs der Verbraucherrechte-RL und des GEK. *Ratione materiae* erstreckt sich die Anwendung des GEK gemäß Art. 5 GEK-VO-E lediglich auf Warenkaufverträge, Verträge über die Bereitstellung digitaler Inhalte sowie Verträge über bestimmte verbundene Dienstleistungen, vor allem Montage-, Installierungs-, Instandhaltungs- und Reparaturarbeiten.[1029] Ausdrücklich ausgeschlossen werden vom Geltungsbereich des GEK alle Finanzdienstleistungen (Art. 2 (j) Ausnahme i), (m) Ausnahme iv) GEK-VO-E).

Ähnliches sieht Art. 3 III d) Verbraucherrechte-RL vor. In Art. 2 Nr. 12 Verbraucherrechte-RL ist eine Definition der „Finanzdienstleistungen" zu finden, nach der „jede Bankdienstleistung sowie jede Dienstleistung im Zusammenhang mit einer Kreditgewährung, Versicherung, Altersversorgung von Einzelpersonen, Geldanlage oder Zahlung" erfasst werden. Dieselbe Definition findet sich in Art. 2 b) Fernabsatz-Finanz-RL.[1030] Eigentlich sah der Kommissions-Vorschlag für die Verbraucherrechte-RL keine ähnliche Ausnahme für Finanzdienstleistungen vor. Dagegen war die Einbeziehung der außerhalb von Geschäftsräumen geschlossenen Verträge über Finanzdienstleistungen beabsichtigt, während die entsprechenden Fernabsatzverträge weiter unter der Fernabsatz-Finanz-RL fallen sollten. Die Ausnahmevorschrift in Art. 3 III d) Verbraucherrechte-RL wurde im Laufe des Gesetzgebungsverfahrens von zahlreichen Mitgliedstaaten im Rat durchgesetzt, mit dem Argument, Finanzdienstleistungsverträge seien ein besonderer Bereich, der von der neuen Richtlinie nicht abgedeckt werden solle.[1031]

Die Veräußerung von Anteilen an einem geschlossenen oder offenen Immobilienfonds stellt jedoch eine Geldanlage und damit eine Finanz-

---

1029 Siehe auch Art. 2 (h), (j), (k), (m) GEK-VO-E.

1030 Vgl. *Micklitz/Rott*, in: Dauses (Hrsg.), Handbuch EU-Wirtschaftsrecht, H. V. Rn. 182, 405.

1031 Siehe 2008/0196(COD) – Rat 3.12.2009 (Zusammenfassung auf Englisch abrufbar unter www.europarl.europa.eu/oeil/popups/summary.do?id=1094757&t=e&l=en (zuletzt abgerufen am 20.12.2014).

dienstleistung dar.[1032] Als solche wird sie zwar von der Fernabsatz-Finanz-RL – und den einschlägigen nationalen Umsetzungsregelungen – erfasst, liegt jedoch außerhalb des Anwendungsbereichs der Verbraucherrechte-RL und des GEK. Die Regulierung außerhalb von Geschäftsräumen geschlossener Finanzdienstleistungsverträge befindet sich daher noch im Kompetenzbereich der Mitgliedstaaten. Interessanterweise „ermutigt" die Präambel der Verbraucherrechte-RL die Mitgliedstaaten „sich bei der Schaffung von neuen Rechtsvorschriften in nicht auf Unionsebene geregelten Bereichen von den maßgeblichen bestehenden Rechtsvorschriften der Union in diesem Bereich anregen zu lassen, so dass gleiche Ausgangsbedingungen für alle Verbraucher und alle Verträge über Finanzdienstleistungen gewährleistet sind".[1033] Gemeint sind damit die Bestimmungen der Fernabsatz-Finanz-RL. Demzufolge soll der mitgliedstaatliche Gesetzgeber im Zug der autonomen Rechtssetzung im Bereich der außerhalb von Geschäftsräumen geschlossenen Finanzdienstleistungsverträge die Fernabsatz-Finanz-RL heranziehen und möglichst einheitliche Bestimmungen entwickeln.

Was außerhalb von Geschäftsräumen geschlossene Fondsbeitritte betrifft, wurde also die Stellung des EuGH zur Rückabwicklung gesellschaftsrechtlicher Verträge zu Anlagezwecken von den Verfassern der Verbraucherrechte-RL und des GEK tatsächlich weder gutgeheißen noch abgelehnt. Zum einen lässt die Verbraucherrechte-RL unter Berufung auf Besonderheiten des Finanzsektors diese Materie unharmonisiert. Zum anderen ist das GEK ohnehin von Anfang an nicht für solch komplizierte Vertragsverhältnisse bestimmt worden. Deswegen ist es wichtig, zu begutachten, wie der deutsche Gesetzgeber von diesem Spielraum Gebrauch gemacht hat.

1032 *Podewils*, EWS 2010, 265 ff., 268; MünchKommBGB/*Wendehorst* § 312b RnNr. 25.

1033 Erwägungsgrund Nr. 32 Verbraucherrechte-RL; vgl. Art. 3 IX und Erwägungsgrund Nr. 9 S. 4, 5 UWP-RL.

IV. Das deutsche Recht

1. Maßgebliche Rechtsvorschriften

Die neuen §§ 312 ff. BGB setzen die Verbraucherrechte-RL wie auch die Fernabsatz-Finanz-RL durch zumeist einheitliche Bestimmungen ins deutsche Recht um. Sondervorschriften für Finanzdienstleistungen gibt es nur vereinzelt in Bereichen, wo die unterschiedlichen Vorgaben der zwei Richtlinien und ihr Vollharmonisierungscharakter es erfordern.[1034]

Dem Verbraucher wird u.a. bei außerhalb von Geschäftsräumen geschlossenen entgeltlichen Verbraucherverträgen ein Widerrufsrecht durch §§ 312 I, 312g I, 355 BGB eingeräumt. Die Erwägungen des EuGH in der *E. Friz*-E, nach denen Immobilienfondsbeitritte als entgeltliche Verträge anzusehen sind,[1035] sind m. A. nach weiterhin maßgeblich und ihnen soll hier gleichermaßen gefolgt werden.

Zwei Ausnahmevorschriften könnten allerdings dabei das Widerrufsrecht sperren: § 312 II Nr. 1 a) und § 312g II Nr. 8 BGB. Die erste Regelung sieht bei Verträgen über Finanzdienstleistungen lediglich Informationspflichten und somit kein Widerrufsrecht vor, wenn diese außerhalb von Geschäftsräumen geschlossen und notariell beurkundet werden. Ob die notarielle Beurkundung vorgeschrieben ist oder nicht, interessiert nicht [Umkehrschluss aus § 312 II Nr. 1 b)]. Ist also der Vertrag über den Beitritt zum Immobilienfonds außerhalb von Geschäftsräumen geschlossen und auch notariell beurkundet worden, scheidet das Widerrufsrecht des beitretenden Anlegers aus. Es bleibt abzuwarten, wie oft in der Praxis die Beitrittsakte zukünftig notariell beurkundet werden, um das Entstehen eines Widerrufsrechts auszuschließen.

§ 312g II Nr. 8 BGB schließt darüber hinaus das Widerrufsrecht u.a. bei Verträgen zur Erbringung von Finanzdienstleistungen aus, „deren Preis von Schwankungen auf dem Finanzmarkt abhängt, auf die der Unternehmer keinen Einfluss hat und die innerhalb der Widerrufsfrist auftreten können, insbesondere Dienstleistungen im Zusammenhang mit Aktien,

---

1034 Siehe §§ 312a II 3, 312d II, 312f IV, 312g II Nr. 13 BGB, Art. 246b EGBGB. Dass die Fernabsatz-Finanz-RL ebenfalls vom Prinzip der Vollharmonisierung ausgeht, stellt Erwägungsgrund Nr. 13 S. 2 Fernabsatz-Finanz-RL klar; siehe *Härting/Schirmbacher*, Finanzdienstleistungen im Fernabsatz, CR 2002, 809 ff., 809; *Mittwoch*, Vollharmonisierung und Europäisches Privatrecht, S. 62 ff.

1035 EuGH v. 15.4.2010 – Rs. C-215/08 *E. Friz*, Rn. 28.

mit Anteilen an offenen Investmentvermögen im Sinne von § 1 Absatz 4 des Kapitalanlagegesetzbuchs und mit anderen handelbaren Wertpapieren, Devisen, Derivaten oder Geldmarktinstrumenten". Erwähnt werden aber in § 1 IV Kapitalanlagegesetzbuch[1036] nur offene Investmentvermögen. Dabei handelt es sich um Organismen für gemeinsame Anlagen in Wertpapieren (OGAW) und Alternative Investmentfonds (AIF), deren Anleger oder Aktionäre mindestens einmal pro Jahr das Recht zur Rückgabe gegen Auszahlung ihrer Anteile oder Aktien aus dem Fonds haben. Geschlossene Investmentfonds, worunter auch geschlossene Immobilienfonds fallen, werden dagegen nicht in § 1 IV, sondern in § 1 V Kapitalanlagegesetzbuch angesprochen.

2. Richtlinienkonforme Auslegung von § 312g II Nr. 8 BGB

Man könnte unterstellen, dass der deutsche Gesetzgeber das Widerrufsrecht nicht bei allen Finanzdienstleistungsverträgen im Zusammenhang mit Anteilen an Anlagefonds ausschließen wollte, sondern nur bei solchen, die Beteiligungen an offenen Fonds betreffen. Tatsächlich unterscheidet sich § 312g II Nr. 8 BGB kaum von der einschlägigen Vorläufer-Ausnahmeregel in § 312d IV Nr. 6 BGB a.F., die ebenfalls zwar Anteile an offenen Fonds und sonstigen handelbaren Papieren, nicht aber Anteile an geschlossenen Fonds erwähnte.[1037] Auch ein gesetzeshistorisches Argument könnte also für die obige Annahme herangezogen werden.

Nach dieser Auslegung wird allerdings der Geltungsbereich der Widerrufsvorschriften auf Verträge erstreckt, bei denen nach der Fernabsatz-Finanz-RL kein Widerrufsrecht bestehen muss. Art. 6 II a) 4. Gedankenstrich Fernabsatz-Finanz-RL schließt nämlich ein Widerrufsrecht bei allen Verträgen aus, die „Anteile an Anlagegesellschaft" zum Gegenstand haben, entweder geschlossen oder offen, falls „deren Preis auf dem Finanzmarkt Schwankungen unterliegt, auf die der Anbieter keinen Einfluss hat und die innerhalb der Widerrufsfrist auftreten können". Da die Ausnahme-

1036 Verabschiedet wurde das Gesetzbuch zur Umsetzung der OGAW-Richtlinie (Richtlinie 2011/61/EU des Europäischen Parlaments und des Rates v. 8.6.2011 über die Verwalter alternativer Investmentfonds und zur Änderung der Richtlinien 2003/41/EG und 2009/65/EG und der Verordnungen (EG) Nr. 1060/2009 und (EU) Nr. 1095/2010, Abl. 2011 L 174/1).

1037 Siehe dazu *Podewils*, EWS 2010, 265 ff., 268; *ders.*, MDR 2010, 117 ff., 119.

tatbestände von Art. 6 II, anders als die des Art. 6 III Fernabsatz-Finanz-RL, für die Mietgliedstaaten bindend sind und die Richtlinie vollharmonisierend ist, durfte der deutsche Gesetzgeber von der Ausnahmeliste in Art. 6 II Fernabsatz-Finanz-RL im Rahmen der Umsetzung nicht abweichen.

Um diese Unstimmigkeit zu heilen, ist § 312g II Nr. 8 BGB richtlinienkonform, vor allem unter Bezugnahme auf das Erfordernis „Preis von Schwankungen auf dem Finanzmarkt abhängig" auszulegen. Die kurze Beispielliste der deutschen Umsetzung, die schließlich nicht erschöpfend ist, muss mittels richtlinienkonformer Interpretation durch die weitere Liste von Art. 6 II a) Fernabsatz-Finanz-RL ergänzt werden. Maßgeblich bleibt grundsätzlich, ob der Preis der Fondsanteile auf dem Finanzmarkt Schwankungen unterliegt, auf die der Anbieter keinen Einfluss hat und die innerhalb der Widerrufsfrist auftreten können.

Ist man aber auch dann zur selben Auslegung verpflichtet, wenn § 312g II Nr. 8 BGB im Fall außerhalb von Geschäftsräumen geschlossener Finanzdienstleistungsverträge angewendet wird? Wie gesehen, bleiben diese Verträge von der Harmonisierung durch die Fernabsatz-Finanz-RL bzw. die Verbraucherrechte-RL unberührt. Eine gespaltene Auslegung des Ausschlusstatbestands von § 312g II Nr. 8 BGB je nach Vertragsschlussumständen wäre aus der Sicht des EU-Rechts nicht zu beanstanden. Der Rechtsanwender ist allein bei Fernabsatzverträgen verpflichtet, den Vorgaben der Fernabsatz-Finanz-RL zu folgen. Im Überschussbereich der Umsetzungsnormen greift das Gebot richtlinienkonformer Auslegung hingegen nicht und die Auslegung anhand nationalrechtlicher Methoden darf zu abweichenden Ergebnissen kommen.[1038]

Der deutsche Gesetzgeber ist hier aber tatsächlich dem Erwägungsgrund Nr. 13 S. 2 Verbraucherrechte-RL gefolgt und hat sämtliche Bestimmungen der Fernabsatz-Finanz-RL, darunter auch die Ausnahmeliste von Art. 6 II Fernabsatz-Finanz-RL, bewusst überschießend umgesetzt.[1039] Um eine Rechtszersplitterung zu vermeiden, hat er sich für die Erstreckung des Anwendungsbereichs der einschlägigen Regelungen auf außerhalb von Geschäftsräumen geschlossene Finanzdienstleistungsverträge entschieden. Dies sei sachgerecht, da der Verbraucher in beiden Situationen in ähnli-

---

1038 *Leenen*, Jura 2012, 753 ff., 754 f.; *Mörsdorf*, Anmerkung zu BGH, 17.10.2012 – VIII ZR 226/11, JZ 2013, 191 ff., 192 f.; *Nettesheim*, in: Grabitz/Hilf/Nettesheim (Hrsg.), Das Recht der Europäischen Union Art. 288 AEUV Rn. 131.

1039 Siehe RegE, BT-Drucks. 17/12637, S. 33, 34.

cher Weise schutzbedürftig sei und der bürokratische Aufwand für die Unternehmer vermieden werde, die in beiden Bereichen tätig seien.[1040]

Es sind also vor allem die Zielsetzung des Gesetzgebers und seine bewusste und ausdrückliche Entscheidung, die für eine richtlinienkonforme Auslegung des Ausnahmetatbestands von § 312g II Nr. 8 BGB sowohl für die von der Fernabsatz-Finanz-RL erfassten als auch für die im überschießenden Bereich befindlichen Sachverhalte sprechen.[1041]

Eine gespaltene Auslegung des § 312g II Nr. 8 BGB lässt sich dementsprechend nicht nachvollziehen. Vielmehr ist davon auszugehen, dass mit § 312g II BGB ein einziger Ausnahmekatalog und damit ein einheitlicher Rechtszustand hinsichtlich des Bestehens eines Widerrufsrechts sowohl im Umsetzungsbereich als auch im überschießenden Bereich geschaffen worden ist. Folgerichtig ist das Widerrufsrecht bei Beitrittsverträgen zu geschlossenen wie offenen Immobilienfonds ausgeschlossen, wenn der Preis der erworbenen Fondsanteile auf dem Finanzmarkt Schwankungen unterliegt, auf die der Unternehmer keinen Einfluss hat und die innerhalb der Widerrufsfrist auftreten können.

1040 Siehe RegE, BT-Drucks. 17/12637, S. 33.

1041 Vgl. in ähnlichen Konstellationen *Augenhofer*, Zum Vorrang der Verbesserung nach dem GewRÄG 2001. Besprechung der E des OGH 6 Ob 85/05a, JBl 2006, 437 ff., 478; BGH NJW 2002, 1881 ff., 1884; *Augenhofer/Appenzeller/Holm*, JuS 2011, 680 ff., 681, 684; *Faust*, Kaufrecht: Reichweite des Anspruchs auf Ersatzlieferung, JuS 2011, 744 ff., 748; siehe aber auch BGH JZ 2013, 189 ff., 190; *Mörsdorf*, JZ 2013, 191 ff., 194 ff.; zur Problematik der richtlinienkonformen Auslegung von Umsetzungsvorschriften im überschießenden Bereich siehe *Gebauer*, Europäische Auslegung des Zivilrechts, in: Gebauer/Wiedmann (Hrsg.), Zivilrecht unter europäischem Einfluss. Die richtlinienkonforme Auslegung des BGB und anderer Gesetze. Kommentierung der wichtigsten EU-Verordnungen, Stuttgart u.a. 2010, S. 111 ff., 123 ff.; *Langenbucher*, Europarechtliche Methodenlehre, in: Langenbucher (Hrsg.), Europäisches Privat- und Wirtschaftsrecht, 3. Aufl. Baden-Baden 2013, S. 25 ff., 64 ff. Zur grundsätzlichen Zulässigkeit eines Vorabentscheidungsersuchens an den EuGH in Fällen überschießender Umsetzung siehe EuGH v. 18.10.1990 – Rs. C-297/88 und C-197/89 *Dzodzi*, EU:C:1990:360, Rn. 36 ff.; EuGH v. 28.3.1995 – Rs. C-346/93 *Kleinwort Benson*, EU:C:1995:85, Rn. 14 ff.; *Gsell*, Vorlageverfahren und überschießende Umsetzung von Europarecht, in: Gsell/Hau (Hrsg.), Zivilgerichtsbarkeit und Europäisches Justizsystem. Institutionelle und prozedurale Rahmenbedingungen des Vorabentscheidungsverfahrens nach Art. 267 AEUV auf dem Prüfstand, Tübingen 2012, S. 123 ff.

3. Schlussfolgerung

Ob der Wert der Anteile an einem Immobilienfonds, geschlossen bzw. offen, von Schwankungen auf dem Finanzmarkt abhängt, auf die der Fondsinitiator bzw. -verwalter keinen Einfluss hat und die innerhalb der vierzehntägigen Widerrufsfrist auftreten können, kann nicht einfach im Voraus beantwortet werden.[1042]

Soweit dies nicht der Fall ist, steht dem Verbraucher ein Widerrufsrecht zu, wenn er außerhalb von Geschäftsräumen Fondsanteile zu Kapitalanlagezwecken erwirbt. Aus dieser Sicht unterscheidet sich die neue Rechtslage vom alten Recht kaum, unter dem die *E. Friz*-E vom EuGH und die Folgeentscheidung des BGH[1043] erlassen wurden.

Das Gleiche soll auch für die Rechtsfolgen des Widerrufs des Gesellschaftsbeitritts gelten. Die Wertungen und die Schlussfolgerung des EuGH in der *E. Friz*-E sollen weiterhin Geltung haben. Nachdem die Gesellschaft oder ein später stattfindender Gesellschaftsbeitritt in Vollzug gesetzt wurde, greifen daher die Grundsätze der fehlerhaften Gesellschaft. Folglich ist zwischen zwei Konstellationen zu differenzieren:[1044] Hat der Verbraucher bis zur Ausübung seines Widerrufrechts seine Einlage nicht geleistet, ist sein Fondsbeitritt noch nicht in Vollzug gesetzt und die allgemeinen Rückabwicklungsregeln in §§ 355 III, 357a BGB haben uneingeschränkt Geltung. Da der Verbraucher noch nicht erfüllt hat, hat allenfalls nur der Unternehmer einen Anspruch auf Rückerstattung der übertragenen Fondsanteile. Wenn aber der Verbraucher zur Zeit seines Widerrufs seiner Einlagepflicht bereits nachgekommen ist, ist im Widerrufsfall allein das Abfindungsguthaben geschuldet.[1045]

1042 Zur Reichweite des Preisbegriffs siehe BGH NZG 2013, 424, 425 f.; BGH NZG 2013, 426, 427 f.; demzufolge bedeute „Preis" nicht nur ein unmittelbar auf dem Finanzmarkt gebildeter Börsenpreis, sondern auch ein den Marktpreis mittelbar beeinflussender Basiswert (*underlying*), der seinerseits Schwankungen auf dem Finanzmarkt unterliegt. Es sei also irrelevant, ob die Finanzinstrumente an einer Börse gehandelt würden oder nicht.

1043 BGH NJW 2010, 3096; siehe auch BGH NZG 2011, 860; BGH NJW-RR 2012, 1197, 1199 f.; OLG Bremen BeckRS 2012, 06137; OLG Hamm BeckRS 2013, 05225.

1044 Vgl. OLG Dresden NJW-RR 2011, 921, 923.

1045 Siehe oben, Kapitel 8.A.II.1.

4. Inhalt der Widerrufsbelehrung

Nach Erlass der *E. Friz*-E setzte sich die deutsche Rechtsprechung auch mit dem notwendigen Inhalt der Widerrufsbelehrung bei Gesellschaftsbeitrittsverträgen auseinander.

So stellte der BGH im Jahr 2012 fest, dass eine Widerrufsbelehrung im Rahmen eines Fondsbeitritts nicht den gesetzlichen Anforderungen aus §§ 312, 355 BGB a.F. entspreche, wenn sie lediglich auf die aus dem Widerruf folgenden Pflichten des Verbrauchers hinweise, nicht jedoch auf seine etwaigen Rechte hinsichtlich bereits geleisteter Zahlungen.[1046] Diese Erwägungen helfen indes kaum weiter, da es der BGH ausdrücklich für entbehrlich hielt, „an dieser Stelle [zu] entscheiden […], wie die Widerrufsbelehrung im Falle des Widerrufs einer Beteiligung an einer Anlagegesellschaft im Einzelnen formuliert werden [müsse]".[1047] Darauf fußend kam das OLG Hamm zu dem Schluss, die Belehrung solle in diesen Konstellationen inhaltlich die Grundsätze der fehlerhaften Gesellschaft wiedergeben und somit dem Verbraucher darüber aufklären, dass er im Fall des Widerrufs lediglich einen Anspruch auf das Auseinandersetzungsguthaben zum Stichtag seines Austritts aus dem Fonds habe.[1048]

Es steht außer Zweifel, dass eine spezielle Widerrufsbelehrung für Verträge über Gesellschaftsbeteiligungen erforderlich ist.[1049] Das Muster der Widerrufsbelehrung bei Finanzdienstleistungen in der Anlage 3 zum EGBGB, worauf § 312d II BGB i.V.m. Art. 246b § 2 III EGBGB hinweist, genügt nicht den Anforderungen einer möglichst umfassenden, unmissverständlichen und für den Verbraucher eindeutigen Belehrung über die durch den Widerruf eröffneten wesentlichen Rechte und Pflichten des Verbrauchers, wie es die ständige Rechtsprechung verlangt.[1050]

1046 BGH NJW-RR 2012, 1197, 1999; ähnlich OLG Bremen BeckRS 2012, 06137.

1047 BGH NJW-RR 2012, 1197, 1999.

1048 OLG Hamm BeckRS 2013, 05225.

1049 *Podewils*, MDR 2010, 117 ff., 120; *Guggenberger*, Rechtsklarheit vs. Rechtswahrheit. Widerrufsbelehrung, Gesetzlichkeitsfiktion und die Lehre von der fehlerhaften Gesellschaft, ZGS 2011, 397, 400 f.; *Maume*, Fondsbeitritt an der Haustür und Widerruf. Droht neuer Ärger?, VuR 2012, 87, 88 f.; *Röhlke*, Widerruf von Beteiligungen an geschlossenen Fonds. Fehler in der Rechtsfolgenbelehrung, VuR 2013, 196, 197.

1050 Siehe BGH NJW 2007, 1946, 1946; BGH NJW 2009, 3572, 3573; BGH NZG 2013, 101, 103.

Die Gestaltung des genauen Inhalts der Belehrung erweist sich allerdings als viel schwieriger.[1051] Am Anfang soll auf einen Widerruf vor (Teil-)Zahlung der Gesellschaftseinlage Bezug genommen und darüber unterrichtet werden, dass in diesem Fall die noch nicht erfüllten Pflichten des Verbrauchers entfallen und jegliche empfangenen Leistungen, vor allem bereits übertragene Gesellschaftsanteile, an den Unternehmer zurückzugewähren sind. Fand eine (Teil-)Leistung der Gesellschaftseinlage vor dem Widerruf statt, ist zu erklären, dass der Verbraucher keinen Anspruch auf Rückerstattung seiner Zahlungen hat, sondern weiterhin an den bis zum Widerruf entstandenen Gewinnen und Verlusten der Gesellschaft beteiligt ist.

Der Teil der Widerrufsbelehrung, der die Rechtsfolgen des Widerrufs betrifft, könnte also wie folgt lauten:

„Im Falle eines wirksamen Widerrufs, der erklärt wird, bevor Sie eine Zahlung oder Teilzahlung geleistet haben, entfällt ihre Zahlungspflicht und die von Ihnen erworbenen Leistungen (z. B. Gesellschaftsanteile) sind binnen 30 Tagen zurückzugewähren. Wird der Widerruf erklärt, nachdem Sie eine Zahlung oder Teilzahlung geleistet haben, werden Sie folgendermaßen an den bis zu Ihrem Widerruf entstandenen Gewinnen und Verlusten der Gesellschaft beteiligt: falls die Gewinne die Verluste überschreiten, haben Sie einen Anspruch auf diese Differenz nach dem Anteil ihrer Beteiligung an der Gesellschaft; falls die Verluste die Gewinne überschreiten, müssen Sie die Differenz durch Nachzahlungen ebenfalls nach dem Anteil ihrer Beteiligung an der Gesellschaft ausgleichen. Zahlungsverpflichtungen müssen binnen 30 Tagen erfüllt werden."

V. Würdigung

Die Erfahrung hat im Laufe der Jahre gezeigt, dass Anlagemodelle in Form von Anteilen an – meist geschlossenen – Immobilienfonds sehr ris-

---

1051 Siehe für einen Vorschlag *Guggenberger*, ZGS 2011, 397, 400 f., der jedoch m. M. nach eine komplizierte, mit vielen Fachbegriffen belastete Formulierung verwendet. Vgl. *Röhlke*, VuR 2013, 196, 198, der sich zu Recht fragt, ob ein interessierter Anleger nach einer gehörigen Belehrung tatsächlich einem Fonds beitreten wird, nachdem er informiert wird, dass er im Widerrufsfall ggf. nur einen Teil seiner Einlage zurückerlangen oder sogar zu zusätzlichen Zahlungen verpflichtet werden kann.

kant sein können. Die Gefahren bestehen nicht so sehr in den Bedingungen des Vertragsschlusses durch den Anleger, der sehr oft in seinem Haus nach kurzen Verhandlungen und unvorbereitet die vom Vertreter des Fondsinitiators überreichten Beitrittsunterlagen unterzeichnet. Viel kritischer sind die typischen Risiken der meisten Anlageformen, nämlich, dass die geschätzten Gewinne nicht immer erzielt werden. Zum Schutz der Wirtschaftsinteressen des Anlegers kann das Widerrufsrecht eben wenig leisten. Viel wichtiger zeigt sich hierbei m. M. nach eine gezielte Einzelfall-Beratung der Interessierten durch autorisierte Investitionsvermittler.

Ferner kann nicht bestritten werden, dass in den sog. Schrottimmobilienfällen das Widerrufsrecht regelmäßig zu anderen Zwecken instrumentalisiert wurde als zum Schutz der vertraglichen Selbstbestimmung des Verbrauchers vor dem Übereilungs- und Überrumpelungsmoment, das für außerhalb von Geschäftsräumen abgeschlossene Verträge als typisch gilt. Die Erklärung eines Widerrufs ein paar Jahre nach Erwerb der Anteile, nachdem der Fonds erhebliche Verluste erlitt, deutet darauf hin, dass mit dem Widerruf eine Eliminierung der Einbußen aus einem misslungenen Geschäft angestrebt wurde. Als Gegengewicht kann hierbei in Zukunft die umfassende absolute Widerrufsfrist gemäß § 356 III BGB wirken. Dadurch erlischt das Widerrufsrecht selbst bei fehlender bzw. fehlerhafter Widerrufsbelehrung nach einem Jahr und vierzehn Tagen ab Vertragsschluss. Die sich aus der Widerrufsmöglichkeit ergebende Unklarheit wird also zukünftig zu einem bestimmten Zeitpunkt ohnehin entfallen.

B. Mangelbehaftete Verträge

Ob ein außerhalb von Geschäftsräumen geschlossener Vertrag oder ein Fernabsatzvertrag wirksam sein müssen, um widerrufen werden zu können, wird weder in der Verbraucherrechte-RL noch im GEK ausdrücklich festgelegt. Besteht tatsächlich ein Widerrufsrecht bei nichtigen bzw. angefochtenen Verträgen, kommt die Frage auf, welches Rückabwicklungsregime nach dem Widerruf greifen soll: jenes, das bei nichtigen bzw. bereits angefochtenen Verträgen angewandt wird, jenes für widerrufene Verträge oder vielleicht eine Kombination beider?

Darauf wird in diesem Teil der Arbeit eingegangen. Zunächst wird eine unter Geltung der Fernabsatz-RL erlassene BGH-Entscheidung besprochen, die den Widerruf nichtiger Fernabsatzverträge guthieß.[1052] Anschließend wird die neue Rechtslage nach der Verbraucherrechte-RL bzw. ihrer Umsetzung ins BGB und nach dem GEK untersucht.

I. Vorgeschichte: dic Radarwarngerät-E

1. Die Frage

In der *Radarwarngerät*-E befasste sich der BGH grundsätzlich mit der Frage, ob der Widerruf eines nichtigen – hier beiderseitig sittenwidrigen (§ 138 BGB) – Fernabsatzvertrags überhaupt möglich sei. Diese Frage hat der BGH bejaht und erklärte demgemäß die Rückabwicklungsvorschriften von § 357 i.V.m. §§ 346 ff BGB a.F. für anwendbar.

2. Der Sachverhalt

Der Sachverhalt, der dem Verfahren zugrunde lag, war relativ einfach: Die Verbraucherin kaufte im Fernabsatz einen Pkw-Innenspiegel mit einer für Deutschland codierten Radarwarnfunktion. Im Wege der Vertragsanbahnung wies die Verkäuferin darauf hin, dass nach der deutschen Rechtsprechung der Kauf eines solchen Geräts als sittenwidrig gelte. Als die Käuferin später ihr Widerrufsrecht ausübte und die Verkäuferin die Preisrückzahlung verweigerte, erhob Erstere Klage, mit der sie die Rückzahlung des Kaufpreises und der Rücksendekosten begehrte.

Erstinstanzlich wurde die Klage abgewiesen.[1053] Die Berufung der Klägerin hatte allerdings Erfolg. Das LG Aurich entschied,[1054] der Vertrag über den Kauf eines Radarwarngeräts sei wegen Verstoßes gegen die guten Sitten nichtig (§ 138 BGB) gewesen und müsse nach Bereicherungsrecht rückabgewickelt werden.[1055] Der Verbraucherschutz verwehre je-

1052 BGH NJW 2010, 610 ff.

1053 AG Leer BeckRS 2009, 86552.

1054 LG Aurich BeckRS 2009, 02839.

1055 § 23 I b) StVO verbittet allein den Betrieb und das betriebsbereite Mitführen der Radarwarngeräte, sodass ein Vertrag über deren Kauf von dieser Bestimmung bzw. § 134 BGB nicht erfasst ist. Da aber der Kauf der Begehung des von der StVO geahnten Verhaltens dient und dazu beiträgt, Geschwindigkeitskontrollen zu umgehen und die Sicherheit im Straßenverkehr zu beeinträchtigen, verstößt

doch durch § 242 BGB die Berufung der Beklagten auf den Kondiktionsausschluss von § 817 S. 2 BGB. Deswegen müsse der Kaufpreis rückgewährt werden, obwohl beiden Parteien ein Verstoß gegen die guten Sitten zur Last falle.

3. Die Entscheidung

Der BGH befürwortete den Rückabwicklungsanspruch der Verbraucherin ebenfalls. Er gelangte jedoch zu diesem Ergebnis, indem er die Widerrufbarkeit des nichtigen Fernabsatzvertrags direkt bejahte und seine Rückabwicklung nicht §§ 812 ff. BGB ggf. mit Anpassungen, sondern allein § 357 BGB a.F. unterwarf.

Die Argumentation des BGH stützt sich zunächst auf die praktische Wirksamkeit des Widerrufsrechts. Dessen Sinn sei, dem Verbraucher „ein an keine materiellen Voraussetzungen gebundenes, einfach auszuübendes Recht“ zur Lösung vom Fernabsatzvertrag zu gewähren.[1056]

Außerdem dürfe das Widerrufsrecht laut der Präambel der Fernabsatz-RL die auf nationaler Ebene vorgesehenen Rechte des Verbrauchers nicht berühren.[1057] Daraus sei zu folgern, dass bei einem nach nationalem Recht anfechtbaren Vertrag der Verbraucher ein Wahlrecht habe, ob er sein Widerrufsrecht aus §§ 312d, 355 BGB a.F. wahrnehme, wobei die Rückabwicklung nach § 357 i.V.m. §§ 346 ff BGB a.F. erfolge, oder den Vertrag gemäß §§ 119 ff., 123 f. BGB anfechte, wobei §§ 812 ff. BGB zur Anwendung kämen.

Dasselbe Wahlrecht solle aber auch dann vorhanden sein, wenn der Fernabsatzvertrag nicht anfechtbar, sondern nach §§ 134, 138 BGB nichtig sei. Denn die Nichtigkeit des Vertrags dürfe den Verbraucher nicht schlechterstellen als seine Anfechtbarkeit. Der Schutzzweck des Widerrufsrechts bleibe auch in diesem Fall bestehen, um dem Verbraucher zu ermöglichen, sich vom Vertrag ohne rechtliche Auseinandersetzung über Fragen der Vertragsnichtigkeit zu lösen.[1058] Das Gegenargument, allein

---

er gegen die guten Sitten und ist deshalb gemäß § 138 I BGB nichtig; siehe dazu BGH NJW 2005, 1490, 1491; LG München I NJW-RR 1997, 307, 307; LG Bonn NJW 1998, 2681, 2681 f.; AG Berlin-Neukölln NJW 1995, 2173, 2174.

1056 BGH NJW 2010, 610, 611.

1057 Erwägungsgrund Nr. 14 S. 3 Fernabsatz-RL.

1058 BGH NJW 2010, 610, 611.

ein wirksamer Vertrag könne widerrufen werden, weist der BGH als rein „begriffslogisch“ zurück. Ebenso wie nichtige Rechtsgeschäfte gemäß der Theorie der Doppelwirkungen im Recht anfechtbar seien, so seien nichtige (Fernabsatz-)Verträge auch widerrufbar.[1059]

Dahingestellt bleibe, ob dem Widerruf nichtiger Verträge Grenzen zu setzen seien, sofern der Verbraucher die Vertragsnichtigkeit jedenfalls zum Teil vertreten müsse.[1060] Der BGH deutete an, das Verbot missbräuchlicher Rechtsausübung (§ 242 BGB) könne hier ausnahmsweise eingreifen. Dies sei allerdings „nur unter dem Gesichtspunkt besonderer Schutzbedürftigkeit des Unternehmers“ möglich; z. B. im Fall arglistigen Handelns des Verbrauchers und nicht einfach nur dann, wenn beide Seiten, wie im vorliegenden Rechtsstreit, sittenwidrig agiert hätten.[1061]

4. Methodologische Anmerkungen

Da sich der BGH in der *Radarwarngerät*-E mit dem Widerrufsrecht der inzwischen abgeschafften Fernabsatz-RL auseinandersetzte, ist hier nicht maßgeblich, wie weit die BGH-Erwägungen unter dem damaligen Recht stichhaltig waren. Nützlicher können hier gewisse methodologische Anmerkungen zur rechtlichen Argumentation des BGH sein.

a) Die Lehre der Doppelwirkungen im Recht

Ohne auf ihren Urheber *Theodor Kipp* Bezug zu nehmen, stellt der BGH zur Begründung seiner These, ein nichtiger Vertrag könne widerrufen werden, u.a. auf die Lehre der Doppelwirkungen im Recht ab.[1062]

Nach der Lehre der Doppelwirkungen kann bei einem Sachverhalt ein und dieselbe Rechtsfolge aus mehreren Gründen eintreten. Zwei (oder mehrere) miteinander konkurrierende Rechtsnormen können m.a.W. je-

---

1059 BGH NJW 2010, 610, 611.

1060 BGH NJW 2010, 610, 611.

1061 BGH NJW 2010, 610, 612.

1062 *Kipp*, Über Doppelwirkungen im Recht. Insbesondere über die Konkurrenz von Anfechtbarkeit und Nichtigkeit, in: Friedrich-Wilhelms-Universität Berlin (Hrsg.), Festschrift der Berliner Juristischen Fakultät für Ferdinand von Martitz zum fünfzigjährigen Doktorjubiläum, Berlin 1911, S. 211 ff.

weils dieselben Rechtsfolgen anordnen.[1063] Obwohl die Kippsche Arbeit zuerst auf breite Kritik stieß, tendierte die Literaturmeinung in den 1930er Jahren zu ihr.[1064] Im Jahr 1955 fand die Lehre der Doppelwirkungen auch in die Rechtsprechung des BGH Eingang, als dieser zu dem Schluss kam, ein nichtiges Rechtsgeschäft könne auch angefochten werden; die Nichtigkeit infolge Anfechtung habe nicht andere oder schwerere Rechtsfolgen als die Nichtigkeit, die z. B. auf einen Schriftformmangel zurückzuführen sei.[1065]

Heutzutage genießt die Theorie der Doppelwirkungen eine deutlich breitere Anerkennung. So ist es unbestritten, dass bei einem Rechtsgeschäft mehrere Nichtigkeitsgründe – z. B. Formnichtigkeit und Gesetzeswidrigkeit – oder Anfechtungsgründe – z. B. Irrtum und arglistige Täuschung – oder ein Nichtigkeits- und ein Anfechtungsgrund – z. B. Geschäftsunfähigkeit und Irrtum – zusammentreffen können.[1066] Die Nichtigkeit und die Anfechtung sind zwei im Prinzip gleichwirkende juristische Tatsachen, die auf gleicher Stufe stehen und als miteinander „austauschbar" anzusehen sind. In beiden Fällen werden im Grunde dieselben Rechtsfolgen hervorgerufen. Jedes nichtige Rechtsgeschäft gilt als von vornherein rechtlich nicht existierend, ganz egal welcher Grund zu seiner Nichtigkeit geführt hat. Ferner sind anfechtbare Rechtsgeschäfte nach ihrer Anfechtung durch § 142 I BGB mit *ex tunc* nichtigen Rechtsgeschäften gleichgesetzt und ebenfalls so zu behandeln, als ob sie nicht existieren

---

1063 *Kipp*, Über Doppelwirkungen im Recht, in: FS v. Martitz, S. 220 ff.; siehe auch *E. Hahn*, Das Verbraucherwiderrufsrecht und die Kippsche Doppelwirkung im Recht, NJ 2010, 281 ff., 282; *Herbert*, 100 Jahre Doppelwirkungen im Recht, JZ 2011, 503 ff., 503 ff.; *St. Lorenz*, Grundsatz der Doppelwirkung und Verbraucherschutz bei der Vertragsanbahnung, in: Dammann/Grunsky/Pfeiffer (Hrsg.), Gedächtnisschrift für Manfred Wolf, München 2011, S. 77 ff., 77 ff.; *Schreiber*, Nichtigkeit und Gestaltungsrechte. Zur Dogmatik der Doppelwirkungen im Recht, AcP 211 (2011), 35 ff., 35 ff.; *Würdinger*, Doppelwirkungen im Zivilrecht, JuS 2011, 769 ff., 769 ff.

1064 Siehe zur Rezeption der Lehre *Schermaier*, in: Historisch-kritischer Kommentar zum BGB §§ 142-144 Rn. 8; *Herbert*, JZ 2011, 503 ff., 505 f. beide m.w.N.

1065 BGH JZ 1955, 500.

1066 Siehe *Larenz/Wolf*, Allgemeiner Teil des Bürgerlichen Rechts, S. 486 f.; *Bork*, Allgemeiner Teil des Bürgerlichen Gesetzbuchs, S. 358 f.; *Herbert*, JZ 2011, 503 ff., 504; *Schreiber*, AcP 211 (2011), 35 ff., 41 f.; vgl. für weitere Anwendungen der Lehre *E. Hahn*, NJ 2010, 281 ff., 282; *Herbert*, JZ 2011, 503 ff., 507 ff.

würden.[1067] Wurden Leistungen bereits erbracht, sind sie sowohl bei nichtigen als auch bei angefochtenen Rechtsgeschäften mithilfe derselben Leistungskondiktionen (§§ 812 ff. BGB) rückzugewähren.

b) Misslungene Anwendung der Lehre der Doppelwirkungen in der Radarwarngerät-E

Dass die Lehre der Doppelwirkungen das Fazit der *Radarwarngerät*-E stützt, kann mit guten Gründen in Zweifel gezogen werden.

Zwar handelt es sich bei der Vertragsnichtigkeit und der Ausübung des Widerrufrechts um zwei verschiedene Tatbestände. Deren Vorliegen führt aber zu zwei ebenso unterschiedlichen Rechtsfolgengefügen. Die Rechtsfolgen der Nichtigkeit und des Widerrufs passen nicht zueinander. Während die Nichtigkeit wie auch die Anfechtung *ex tunc* wirken, wirkt der Widerruf nach h. M. allein für die Zukunft.[1068] Der vollständig oder zum Teil erfüllte Vertrag wird je nach Fall durch unterschiedliche Regelsysteme rückabgewickelt: Ist er nichtig oder angefochten, werden die schon erbrachten Leistungen gemäß §§ 812 ff. BGB kondiziert. Wird er widerrufen, fanden zur Zeit der *Radarwarngerät*-E die Rücktrittsregelungen modifiziert durch § 357 BGB a.F. Anwendung. Nunmehr ist die Rückabwicklung in den neuen Vorschriften von § 355 III i.V.m. §§ 357 ff. BGB abschließend normiert.[1069]

In der Tat war es dieser letzte Unterschied bei den eingreifenden Rückabwicklungsregimen, der in der *Radarwarngerät*-E den Widerruf für die Verbraucherin günstiger als die Berufung auf § 138 BGB machte. Hätte die Verbraucherin dort auf die Nichtigkeit des Kaufvertrags bestanden, würde § 817 S. 2 BGB aufgrund des beidseitigen Verstoßes gegen die guten Sitten eingreifen und die Rückerstattung des Kaufpreises verweh-

---

1067 Siehe *Larenz/Wolf*, Allgemeiner Teil des Bürgerlichen Rechts, S. 485 f.; *Bork*, Allgemeiner Teil des Bürgerlichen Gesetzbuchs, S. 355 f.; MünchKommBGB/*Busche* § 142 RnNr. 15 f.; Staudinger/*Roth* § 142 Rn. 31; BeckOK/*Wendtland* BGB § 142 Rn. 6. Ausnahmen werden vor allem bei bereits in Vollzug gesetzten Gesellschafts- und Arbeitsverträgen anerkannt; *Larenz/Wolf*, Allgemeiner Teil des Bürgerlichen Rechts, S. 487 f.; *Bork,* Allgemeiner Teil des Bürgerlichen Gesetzbuchs, S. 369 ff.; MünchKommBGB/*Busche* § 142 RnNr. 17 ff.; Staudinger/*Roth* § 142 Rn. 32 ff.; BeckOK/*Wendtland* BGB § 142 Rn. 6.

1068 *nicht mehr*

1069 Siehe oben, Kapitel 3.A.III.2.a).

ren.[1070] Im Widerrufsfall vermag dagegen die Sittenwidrigkeit der Verbraucherin nicht zu schaden. Da die Verbraucherin in der *Radarwarngerät*-E ein Widerrufsrecht geltend machte, kam § 357 BGB a.F. zur Anwendung, wobei § 817 S. 2 BGB kein Pendant findet.[1071]

Deswegen kann keine Rede von doppelten (i.S.v. denselben) Wirkungen im Fall der Nichtigkeit bzw. der Anfechtung einerseits und des Widerrufs des Vertrags andererseits sein.[1072] Schon *Kipp* kam in seiner grundlegenden Arbeit in Bezug auf gesetzlich vorgesehene Rücktrittsrechte zu dem Schluss, es sei nicht möglich, nach wirksamer Anfechtung noch vom – nunmehr als nichtig zu betrachtenden – Vertrag zurückzutreten. Das gesetzliche Rücktrittsrecht setze „einen an und für sich wirksamen Vertrag voraus", denn es bestehe auf Grund des Vertrags.[1073] Für das Widerrufsrecht könnte dieser Betrachtung ebenfalls gefolgt werden.

Der Verweis des BGH auf die Theorie der Doppelwirkungen im Recht ist also nicht überzeugend. Die einschlägigen Erwägungen der *Radarwarngerät*-E treffen den Kern des Problems nicht, und zwar ob ein mangelbehafteter Vertrag überhaupt widerrufbar ist. Ausschlaggebend dafür könnten vielmehr die früheren Ausführungen des BGH sein, die sich auf den „Sinn des Widerrufsrechts" bezogen und darin eine von materiellen Voraussetzungen unabhängige Möglichkeit des Verbrauchers zu einfacher

1070 Dies war übrigens der erstinstanzliche Ausgang des Falls; siehe AG Leer BeckRS 2009, 86552.

1071 Siehe zu dieser Besserstellung des Verbrauchers *Petersen*, Anmerkung zu BGH, 25.11.2009 – VIII ZR 318/08, JZ 2010, 315 f., 315 f.; *Skamel*, Widerrufsrecht bei nichtigem Fernabsatzvertrag. Zugleich Besprechung von BGH, Urt. v. 25.11.2009 – VIII ZR 318/08, ZGS 2010, 106 ff., 108.

1072 *E. Hahn*, NJ 2010, 281 ff., 283; *Klinck*, Widerrufsrecht bei nichtigem Fernabsatzvertrag. Entscheidungsanmerkung zu BGH, 25.11.2009 – VIII ZR 318/08, ZJS 2010, 246 ff., 248 f.; *Ludwig*, Zum Widerrufsrecht bei unwirksamen Fernabsatzverträgen. Zugleich Besprechung von BGH, Urt. v. 25.11.2009 – VIII ZR 318/08, ZGS 2010, 490 ff., 494; *Möller*, Anmerkung zu BGH, 25.11.2009 – VIII ZR 318/08, NJW 2010, 612, 612; *Schinkels*, Anmerkung zu BGH, 25.11.2009 – VIII ZR 318/08, LMK 2010, 298105; *Szalai*, Anmerkung zu BGH, 25.11.2009 – VIII ZR 318/08, VuR 2010, 67 f., 68; *St. Lorenz*, Grundsatz der Doppelwirkung und Verbraucherschutz bei der Vertragsanbahnung, in: GS Wolf, S. 82 f.; *Schreiber*, AcP 211 (2011), 35 ff., 43 ff., insb. 46 f.; *Würdinger*, JuS 2011, 769 ff., 772 f.; siehe aber *Petersen*, JZ 2010, 315 f., 315 („strukturell dieselbe Frage").

1073 *Kipp*, Über Doppelwirkungen im Recht, in: FS v. Martitz, S. 228 f.

Loslösung vom unerwünschten Vertrag sahen.[1074] Dieser Aspekt wird nachfolgend besprochen werden.

II. Das neue Recht

1. Rechts- und Sittenwidrigkeit als ungeregelte bzw. unharmonisierte Rechtsmaterie

Zwar beabsichtigt das GEK, den Unternehmern und Verbrauchern ein einheitliches Vertragsrecht zur Verfügung zu stellen (Art. 1 I GEK-VO-E). Es lässt trotzdem bekanntlich mehrere wichtige vertragsrechtliche Fragen außerhalb seines Regelungsbereichs. Zu diesen planmäßigen Lücken zählt u.a. die „Ungültigkeit eines Vertrags wegen [...] Rechts- oder Sittenwidrigkeit".[1075] So bestimmen sich die Nichtigkeit des Vertrags und ihre Folgen auch im Fall einer grenzüberschreitenden Transaktion, worauf das GEK als anwendbar vereinbart worden ist, immer noch gemäß der nationalen Rechtsordnung, die sonst durch das IPR bestimmt wird.[1076]

Ähnlich ist die Lage bei der Verbraucherrechte-RL, die „das allgemeine innerstaatliche Vertragsrecht wie die Bestimmungen über die Wirksamkeit [...] eines Vertrags" unberührt lässt (Art. 3 V Verbraucherrechte-RL). Gemäß der Richtlinienpräambel fallen darunter auch die Rechtsvorschriften über sittenwidrige Rechtsgeschäfte.[1077] Die Rechts- und Sittenwidrigkeitsgründe einschließlich ihrer Rechtsfolgen sind somit weiter der Regelungskompetenz des jeweiligen nationalen Gesetzgebers unterworfen.

Folgend wird die Gewährung eines Widerrufsrechts gemäß Art. 9 I Verbraucherrechte-RL bzw. Art. 40 I GEK bei den zwei Fällen der Vertragsmangelhaftigkeit des deutschen Rechts diskutiert, d. h. bei anfechtbaren und nichtigen bzw. angefochtenen Verträgen.

1074 Siehe BGH NJW 2010, 610, 611.
1075 Erwägungsgrund Nr. 27 S. 2 GEK-VO-E.
1076 Siehe Art. 10, 12 I e) i.V.m. Art. 3, 6 Rom I-VO.
1077 Erwägungsgrund Nr. 14 S. 3 Verbraucherrechte-RL.

2. Konkurrenz von Anfechtbarkeit und Widerrufsrecht

Die Anfechtbarkeit des außerhalb von Geschäftsräumen oder im Fernabsatz geschlossenen Vertrags nach §§ 119 ff., 123 f. BGB stellt kein Hindernis für die Entstehung eines Widerrufsrechts dar. Bei dieser Fallkonstellation sind in der Tat zwei Vertragslösungsrechte vorhanden, die, solange nicht wahrgenommen, weder das Wirksamwerden des Vertrags noch die Durchsetzung der daraus erwachsenden Leistungspflichten verhindern. Der abgeschlossene Vertrag ist also wirksam und der dazu berechtigte Vertragspartner hat lediglich die Möglichkeit, den Vertrag binnen der gesetzlichen Fristen anzufechten bzw. zu widerrufen.

Einfach zeigt sich der Fall, bei dem der Unternehmer zur Anfechtung berechtigt ist. Dann hat jeder Vertragspartner ein einziges Gestaltungsrecht zur Vertragslösung: der Vertrag kann vom Unternehmer angefochten (§§ 119 ff., 123 f. i.V.m. § 143 BGB) oder vom Verbraucher widerrufen werden (§§ 312 I, 312g, 355 BGB; Art. 40 ff. GEK).[1078]

Liegt der Anfechtungsgrund in der Person des Verbrauchers, verfügt dieser über ein Wahlrecht und darf daher den Vertrag entweder anfechten oder widerrufen.[1079] Dieses Nebeneinander von Anfechtungs- und Widerrufsrecht ist zunächst technisch möglich. Sowohl das Anfechtungs- als auch das Widerrufsrecht haben die Form eines Gestaltungsrechts, sodass erst dessen Ausübung auf das Vertragsverhältnis einwirkt.[1080] Es ist aber auch dogmatisch nachvollziehbar. Denn beide Rechte zielen darauf ab, die Störung der vertraglichen Selbstbestimmung des Verbrauchers wiedergutzumachen, indem er sich vom Vertrag lösen kann. Bezweckt ist mit beiden Rechtspositionen der Schutz des Verbrauchers.[1081] Nur ist bei den Anfechtungstatbeständen der §§ 119 ff., 123 f. BGB das Vorliegen eines tatsächlichen Willensmangels *in concreto* darzulegen und zu beweisen. Bei Vertragstypen, bei denen dem Verbraucher ein Widerrufsrecht zusteht, wird dagegen von einer typisierten Beeinträchtigung seines Willens ausgegangen, die nicht weiter substantiiert werden muss. Unterschiedlich gestaltet

---

1078 A. A. *St. Lorenz*, Grundsatz der Doppelwirkung und Verbraucherschutz bei der Vertragsanbahnung, in: GS Wolf, S. 89.

1079 BGH NJW 2010, 610, 611; MünchKommBGB/*Masuch* § 355 RnNr. 33.

1080 Vgl. *St. Lorenz*, Grundsatz der Doppelwirkung und Verbraucherschutz bei der Vertragsanbahnung, in: GS Wolf, S. 83 f.

1081 *St. Lorenz*, Grundsatz der Doppelwirkung und Verbraucherschutz bei der Vertragsanbahnung, in: GS Wolf, S. 84; vgl. *Klinck*, ZJS 2010, 246 ff., 249.

sind außerdem die Fristen zur Erklärung der Anfechtung (§§ 121, 124 BGB) bzw. des Widerrufs (§ 356 II, III BGB; Art. 42 GEK). Darüber hinaus hat der Verbraucher die Wahl zwischen den unterschiedlichen Rückabwicklungsregimen der §§ 812 ff. BGB einerseits und der § 355 III i.V.m. §§ 357 ff. BGB bzw. Art. 43 ff. GEK andererseits.[1082]

3. Konkurrenz von Nichtigkeit und Widerrufsrecht

a) Kritik an der Radarwarngerät-E

Die Widerrufbarkeit nichtiger und angefochtener Verbraucherverträge wird folgend zusammen besprochen. Denn nach seiner Anfechtung wird der Vertrag als von Anfang an nichtig angesehen (§ 142 I BGB).

Bis zum Erlassen der *Radarwarngerät*-E äußerte die h. M. in der Kommentarliteratur kaum Zweifel hinsichtlich der Widerrufbarkeit unwirksamer Verträge.[1083] Erst danach wurde von mehreren Stimmen in der Lehre vorgetragen, bei einem nichtigen Vertrag könne schon konstruktiv kein Widerrufsrecht bestehen. Das Widerrufsrecht setze nämlich einen wirksamen und bindenden Vertrag voraus, der durch die Widerrufserklärung nicht zunichte gemacht werde, sondern lediglich in ein Rückgewährverhältnis umgewandelt werde. Gebe es kein gültiges vertragliches Schuldverhältnis, könne es ebenfalls keine Fortführung desselbigen mit umgekehrtem Leistungsprogramm durch Widerruf geben.[1084]

Eine andere Ansicht differenziert nach dem Zweck der Gesetzesvorschriften, die die Nichtigkeit des Vertrags anordnen.[1085] Demzufolge liege

---

1082 *St. Lorenz*, Grundsatz der Doppelwirkung und Verbraucherschutz bei der Vertragsanbahnung, in: GS Wolf, S. 84.

1083 Erman/*Saenger* BGB § 355 Rn. 20; MünchKommBGB/*Masuch* [2007] § 355 RnNr. 28; MünchKommBGB/*Wendehorst* [2007] § 312d RnNr. 13; *Wildemann*, in: jurisPK-BGB § 355 Rn. 9; siehe auch die weiteren Nachweise in BGH NJW 2010, 610, 611; a. A. Staudinger/*Thüsing* [2005] § 312d Rn. 10; *Bülow*, in: Bülow/Artz, Heidelberger Kommentar zum Verbraucherkreditrecht, 6. Aufl. Heidelberg 2006, § 495 Rn. 53.

1084 Siehe *Kulke*, Kurzkommentar BGH, 25.11.2009 – VIII ZR 318/08, EWiR 2010, 413 f., 413 f.; *Ludwig*, ZGS 2010, 490 ff., 492 ff.; *Szalai*, VuR 2010, 67 f., 68; *Bork*, Allgemeiner Teil des Bürgerlichen Gesetzbuchs, S. 359.

1085 Siehe *St. Lorenz*, Grundsatz der Doppelwirkung und Verbraucherschutz bei der Vertragsanbahnung, in: GS Wolf, S. 84 ff.; *Würdinger*, JuS 2011, 769 ff., 773.

ein Widerrufsrecht im Fall eines nichtigen Vertrags nur dann vor, wenn die oben genannten Vorschriften – genau wie das Einräumen eines Widerrufsrechts – die vertragliche Selbstbestimmung des Verbrauchers zu gewährleisten anstrebten. Sei dagegen der Vertrag z. B. wegen Verstoßes gegen ein gesetzliches Verbot oder die guten Sitten ungültig, der (auch) dem Verbraucher zuzurechnen sei, verdiene dieser nicht den Schutz des Widerrufsrechts.[1086]

b) Würdigung

Die oben vorgestellten Meinungen zur Konkurrenz von Nichtigkeit und Widerrufsrecht, die bereits zur Zeit der Fernabsatz-RL ausgesprochen wurden, beruhen zwar auf nachvollziehbaren dogmatischen Gründen. Sie berücksichtigen allerdings m. E. die Herkunft des Widerrufsrechts aus dem EU-Recht nicht ausreichend.

Zu Recht wird auf den Zweck der zum Tragen kommenden Rechtsvorschriften hingewiesen. Abzustellen ist aber m. A. nach nicht primär auf die Sanktions- oder Schutzfunktion der Regeln, die die Vertragsnichtigkeit bestimmen, sondern vor allem auf den Schutzzweck des Widerrufsrechts und dessen Reichweite. Dass die einschlägige Nichtigkeitsregel andere Ziele als den Verbraucherschutz verfolgt, bedeutet nicht ohne Weiteres, dass der Verbraucher überhaupt nicht schutzwürdig sei.[1087] Die Vertragsanbahnung fand ja unter Umständen statt, bei denen andere Rechtsvorschriften – §§ 312 I, 312g, 355 ff. BGB bzw. Art. 40 ff. GEK – den Verbraucherschutz in der Form einer Widerrufsmöglichkeit im Prinzip für erforderlich halten. Ob von diesem Prinzip ggf. abzuweichen ist, ist zuerst von denselben Rechtsvorschriften zu bestimmen. Es ist folglich festzustellen, wie weit der durch § 312g BGB bzw. Art. 40 GEK verfolgte Schutz des Verbrauchers greift. Nur dann kann entschieden werden, ob bzw. wann ein Widerrufsrecht bei nichtigen Verträgen bestehen soll.

1086 *St. Lorenz*, Grundsatz der Doppelwirkung und Verbraucherschutz bei der Vertragsanbahnung, in: GS Wolf, S. 86 ff.; *Würdinger*, JuS 2011, 769 ff., 773; vgl. zum begrenzten Schutzzweck des Widerrufsrechts *Popescu*, Keine Privilegierung des Verbrauchers durch den Widerruf eines wegen beidseitigen Sittenverstoßes nichtigen Vertrages, JR 2011, 47 f., 50 f.

1087 Vgl. *Klinck*, ZJS 2010, 246 ff., 249.

Die Formulierungen von Art. 9 Verbraucherrechte-RL bzw. § 312g BGB sowie Art. 40 GEK setzen die Wirksamkeit des widerrufbaren Vertrags nicht voraus.[1088] Vielmehr ist das Widerrufsrecht als ein im Wesentlichen tatbestandloses Recht ausgestaltet, dessen Gewährung lediglich von Vertragsschlussumständen (Abschluss außerhalb von Geschäftsräumen oder im Fernabsatz) abhängig ist.[1089]

Die Voraussetzung der Wirksamkeit ist übrigens mit dem Ziel des Widerrufsrechts kaum vereinbar, dem Verbraucher die unkomplizierte Vertragslösung ohne Begründungspflicht und ohne erhebliche Kosten zu ermöglichen. Dieses Ziel würde konterkariert, wenn man Art. 9 Verbraucherrechte-RL bzw. § 312g BGB sowie Art. 40 GEK weitere Bedingungen hinzufügte, die das Potential von Streitigkeiten bzw. Auseinandersetzungen erhöhten. Dies gilt auch für die Wirksamkeit des Vertrags. Denn, um allerlei unzulässige Handlungen abzuwenden, setzen die nationalen Gesetzgeber der Privatautonomie gewisse Grenzen, auch mithilfe allgemein gefasster Bestimmungen, wie z.B. mit §§ 134, 138 BGB. Ob aber ein Vertrag aufgrund dieser Vorschriften nichtig ist und welche Rechtsfolgen seine Nichtigkeit herbeiführt, lässt sich nicht immer eindeutig beantworten. Die Gewährung des Widerrufsrechts strebt an, die Berechtigten von diesem Streitpotential zu verschonen.[1090]

Jede Betrachtung, die das Bestehen des Widerrufsrechts von der Wirksamkeit des Vertrags abhängig macht, könnte ferner die Geltung des EU-Rechts unzulässig beeinflussen. Den Mitgliedstaaten wäre es dann möglich, die Schutzreichweite der EU-rechtlichen Normen zum Widerrufsrecht beliebig einzuschränken, indem sie etliche Verträge beliebig als nichtig einstufen und von den Regelungen der Art. 9 ff. Verbraucherrechte-RL bzw. der Art. 40 ff. GEK insgesamt ausnehmen würden.[1091] Dies würde nicht nur dem Schutzzweck der widerrufsrechtlichen Vorschriften entgegenwirken, sondern auch ihre einheitliche Anwendung in der EU beträchtlich gefährden.[1092] Solche Ergebnisse sind nicht zu tolerieren.

Schließlich stützt sich der Einwand, der Widerruf nach §§ 355 ff. BGB wandle nur ein vertragliches Schuldverhältnis in ein Rückgewährverhält-

---

1088 *Schinkels*, LMK 2010, 298105.

1089 *Skamel*, ZGS 2010, 106 ff., 108.

1090 Insoweit zu Recht BGH NJW 2010, 610, 611.

1091 *Schinkels*, LMK 2010, 298105.

1092 Vgl. Erwägungsgründe Nr. 2, 4, 7 Verbraucherrechte-RL; Art. 11 GEK-VO-E, Erwägungsgrund Nr. 9 GEK-VO-E.

nis um und setze damit einen wirksamen Vertrag voraus,[1093] allein auf dogmatische Betrachtungen des deutschen Zivilrechts. Schon deswegen kann er also im Bereich des GEK nicht greifen. Darüber hinaus hat die oben genannte Ansicht ihren Ursprung wohl in Zeiten vor Umsetzung der Verbraucherrechte-RL, als das Widerrufsrecht als „besonders ausgestaltetes gesetzliches Rücktrittsrecht" angesehen wurde.[1094] So oder so geht diese Ansicht m. E. nicht zwingend aus den Bestimmungen von §§ 355 ff. BGB hervor. Vielmehr ist das Widerrufsrecht gesetzlich ausgestaltet. Gleich welche Auffassung zu den Wirkungen des Widerrufs auf das vertragliche Schuldverhältnis man teilt, kann nicht bestritten werden, dass das Widerrufsrecht als solches nicht auf dem Vertrag fußt, sondern dem Verbraucher allein durch Gesetz eingeräumt wird.[1095]

Aus alledem ist zu schließen, dass bei Vorliegen der Bedingungen von § 312d BGB bzw. Art. 40 GEK ein Widerrufsrecht dem Verbraucher selbst dann zusteht, wenn der entsprechende Vertrag nichtig ist.[1096] Angesichts § 142 I BGB ist das Gleiche auch für den bereits angefochtenen Vertrag anzunehmen.

Der Verbraucher hat demzufolge ebenfalls wie bei anfechtbaren Verträgen eine Wahlmöglichkeit. Er kann entweder die Vertragsnichtigkeit geltend machen und den Vertrag nach §§ 812 ff. BGB rückabwickeln oder sein Widerrufsrecht binnen der gesetzlichen Frist wahrnehmen, je nachdem, welcher Rechtsbehelf ihm günstiger erscheint. Wird das Widerrufsrecht rechtsgemäß ausgeübt, greifen die gesamten Regelungskomplexe von §§ 355 III, 357 BGB bzw. Art. 43 ff. GEK ein und bestimmen ausschließlich die Rechtsfolgen des Widerrufs, einschließlich der Rückabwicklung des Vertrags. Sowohl die Vorschriften des BGB, die schließlich zur Umsetzung von Art. 12 ff. Verbraucherrechte-RL verabschiedet worden sind, als auch die Bestimmungen des GEK lassen dabei keinen Raum für Abweichungen von ihrem Rückabwicklungsreglement. Erst recht ist

1093 Siehe oben, Text vor Fn. 1082.

1094 Siehe oben, Kapitel 3.A.IV. mit eigener Stellungnahme.

1095 *Schreiber*, AcP 211 (2011), 35 ff., 48 f.

1096 So auch *Petersen*, JZ 2010, 315 f., 316; *Herbert*, JZ 2011, 503 ff., 508; *Bülow*, in: Bülow/Artz, Verbraucherkreditrecht § 495 Rn. 53; MünchKommBGB/*Masuch* § 355 RnNr. 32 f.; MünchKommBGB/*Wendehorst* § 312d RnNr. 12; *Wildemann*, in: jurisPK-BGB § 355 Rn. 9; BeckOK/*Müller-Christmann* BGB § 355 Rn. 9.

ein Rekurs auf § 817 BGB nicht zulässig, da dieser die Rückgewähr ausgetauschter Leistungen zum Teil oder völlig unmöglich macht.

c) Schlussfolgerung

Auch nach dem neuen Recht ist folglich dem Ergebnis und zum Teil der Argumentation des BGH in seiner *Radarwarngerät*-E beizupflichten. Es wäre wünschenswert, wenn der BGH im Rahmen einer teleologischen Auslegung den Akzent deutlicher auf die Wirksamkeit und die Effektivität der widerrufsrechtlichen Vorschriften legen würde, als auf die Theorie der Doppelwirkungen. Man neigt dazu, davon auszugehen, dass der BGH bewusst Nutzen aus dieser Theorie zog, um seiner Rechtsprechung eine in Deutschland vertraute und allgemein anerkannte Argumentationsbasis anzubieten.

4. Ausnahmen

In der *Radarwarngerät*-E ließ der BGH die Möglichkeit offen, die Ausübung des Widerrufsrechts ausnahmsweise als missbräuchlich nach § 242 BGB auszuschließen, falls eine besondere Schutzbedürftigkeit des Unternehmers bestehe, z. B. bei arglistigem Handeln des Verbrauchers. Dies könne aber nicht der Fall sein, sofern der Unternehmer ebenfalls unrechtmäßig gehandelt habe.[1097]

Die obigen Erwägungen des BGH, insb. der Nachdruck, den er auf den Ausnahmecharakter des Widerrufsausschlusses legte, erinnert an das entsprechende Ausnahmediktum des EuGH in der *Messner*-E. Wie gesehen, bejahte der EuGH dabei – ebenfalls ausnahmsweise – eine Pflicht des Verbrauchers zum angemessenen Nutzungsersatz, wenn er die gekaufte Ware „auf eine mit den Grundsätzen des bürgerlichen Rechts wie denen von Treu und Glauben oder der ungerechtfertigten Bereicherung unvereinbare Art und Weise benutzt hat".[1098]

Demnach soll ein Missbrauch seitens des Verbrauchers unter strengen Bedingungen anerkannt werden. Allein ein widersprüchliches Verhalten reicht also nicht aus. Das Widerrufsrecht gestattet außerdem seinem We-

1097 BGH NJW 2010, 610, 612.

1098 EuGH v. 3.9.2009 – Rs. C-489/07 *Messner*, Rn. 26; siehe oben, Kapitel 5.A.I.3.

sen nach ein widersprüchliches Verhalten, indem sich der Verbraucher vom geschlossenen Vertrag ohne Gründe lösen darf.[1099] Ein Ausschluss des Widerrufsrechts könnte dagegen bei Arglist des Verbrauchers bejaht werden, wie der BGH anmerkt. Verbirgt der Verbraucher während der Vertragsanbahnung seine Verbrauchereigenschaft und tritt als Gewerbetreibender auf, um das Geschäft abschließen zu können,[1100] verstößt er gegen Treu und Glauben, wenn er sich danach als Verbraucher entpuppt und ein Widerrufsrecht beansprucht, um sich vom im Nachhinein unvorteilhaften Vertrag zu lösen.[1101] Der getäuschte Unternehmer darf in diesem Fall das missbräuchliche Verhalten seines Vertragspartners geltend machen und die Ausübung des Widerrufsrechts abweisen bzw. seine vertraglichen Forderungen durchsetzen.

1099 *Petersen*, JZ 2010, 315 f., 316.

1100 Dies könnte der Fall sein, wenn der Verkäufer sein Angebot nur an andere Unternehmer ausrichtet; vgl. den Sachverhalt von LG Leipzig VuR 2013, 472, 472 f.

1101 *Klinck*, ZJS 2010, 246 ff., 250; AG München VuR 2014, 275, 276; vgl. BGH NJW 2005, 1045, 1646 f., nachdem die Berufung auf die Verbrauchsgüterkaufregelungen dem Käufer verwehrt sei, wenn dieser dem Verkäufer einen gewerblichen Verwendungszweck der Kaufsache vortäuschte.

Kapitel 9 Ergebnisse

In diesem Kapitel werden zunächst die Ergebnisse der Arbeit zusammengefasst (unter A). Anschließend wird versucht, das Rückabwicklungsregime der Verbraucherrechte-RL und des GEK samt vorgeschlagenen Änderungen zu verallgemeinern und ein einheitliches System für die Rückabwicklung allerlei fehlgeschlagener Verträge zu entwickeln (unter B).

A. Zusammenfassung der Ergebnisse

1. *Maßgeblicher rechtlicher Rahmen.* Widerrufsrechte stehen dem Verbraucher bei außerhalb von Geschäftsräumen bzw. im Fernabsatz geschlossenen Verträgen gemäß EU-Recht bereits seit langem zu. Sowohl die Haustürgeschäfts-RL als auch die Fernabsatz-RL überließen jedoch die Anordnung der Rechtsfolgen des Widerrufs weitgehend der Rechtsordnung jedes Mitgliedstaats.

Die Verbraucherrechte-RL, die diese zwei Richtlinien ersetzt, enthält eine Neukodifizierung des Widerrufsrechts (Art. 9 ff.). In Art. 12 ff. Verbraucherrechte-RL findet sich nun zum ersten Mal eine ausführliche Regelung der widerrufsbedingten Vertragsrückabwicklung. Zur Umsetzung der neuen Richtlinie ins deutsche Recht wurden §§ 312 ff., 355 ff. BGB neu strukturiert und gefasst. Die Widerrufsfolgen werden nunmehr in §§ 355 III, 357 ff. BGB grundsätzlich abschließend bestimmt, d. h. ohne Bezugnahme auf die Rücktrittsregeln (§§ 346 ff. BGB), wie bisher, oder auf das Bereicherungsrecht (§§ 812 ff. BGB).

Darüber hinaus stellte die Kommission im Oktober 2011 einen Verordnungsentwurf für ein Gemeinsames Europäisches Kaufrecht (GEK) vor. Es handelt sich um einen Vertragskodex, der bei grenzüberschreitenden Kaufverträgen, Verträgen über die Bereitstellung digitaler Inhalte und Verträgen über die Erbringung verbundener Dienstleistungen gelten soll, sobald sich beide Seiten darauf einigen. Der Entwurf sieht bei außerhalb von Geschäftsräumen und im Fernabsatz geschlossenen Verträgen ebenfalls ein verbraucherrechtliches Widerrufsrecht vor. Die einschlägigen Vorschriften von Art. 40 ff. GEK entsprechen inhaltlich überwiegend denen von Art. 9 ff. Verbraucherrechte-RL.

2. *Wesen und Wirkungen des Widerrufs*. Liegen die üblichen Voraussetzungen nach allgemeinem Vertragsrecht vor, kommt der Vertrag nach Maßgabe der Verbraucherrechte-RL bzw. des GEK unabhängig vom bestehenden Widerrufsrecht wirksam zustande und ist sofort durchsetzbar.[1102] Nur ausnahmsweise sieht die Verbraucherrechte-RL die Möglichkeit vor, bereits bestehende nationale Verbote einer sofortigen Zahlungsaufforderung durch den Unternehmer aufrechtzuerhalten.[1103]

Gegenstand des Widerrufs ist der abgeschlossene Vertrag und das vom Verbraucher gemachte Vertragsangebot.[1104] Im ersten Fall wird der Vertrag durch den Widerruf nur für die Zukunft (*ex nunc*) gelöst.

Die Frage der systematischen Einordnung des Widerrufs wird in der Verbraucherrechte-RL nicht beantwortet. Im deutschen Recht stellt das Widerrufsrecht m. M. nach ein besonderes Lösungsrecht dar, das zwar funktional dem vertraglich gewährten Rücktrittsrecht nahe kommt, zugleich aber gewisse Besonderheiten aufweist. Im unvollkommenen System des GEK handelt es sich um ein Recht *sui generis*, ein seiner eigenen Regelung unterworfenes Vertragslösungsrecht.

3. *Erlöschen der Leistungspflichten*. Nach dem Widerruf erlöschen sämtliche noch nicht erfüllte Hauptpflichten und leistungsbezogene Nebenpflichten beider Vertragspartner.[1105] Betroffen sind ebenfalls sekundäre Ansprüche, die wegen Vertragsverletzung die zu erlöschenden Pflichten ergänzen bzw. an ihre Stelle treten, nicht aber Sorge- und Schutzverbindlichkeiten der Vertragspartner.

4. *Rückerstattung der empfangenen Leistungen beim Kaufvertrag*. An die Stelle der Erfüllungsansprüche treten nunmehr gegenseitige schuldrechtliche Rückabwicklungsansprüche. Bereits erbrachte Leistungen sind beidseitig binnen vierzehn Tagen nach Kenntnisnahme des Widerrufs *in natura* zurückzuerstatten.[1106] Hinsichtlich der Frage, ob die Originalverpackung einer Kaufware zur Leistung gehört und zurückzugeben ist, ist jeweils zu erörtern, ob die Kaufsache ihrem Typ nach, wenn unverpackt, nicht verkehrsfähig ist oder als unvollständig erachtet bzw. weniger wertgeschätzt wird.

1102 Art. 9 II a), c), III 1 Verbraucherrechte-RL; Art. 30 ff., 42 I (e), (g), 95, 126 I, 153 II GEK.

1103 Art. 9 III 2 Verbraucherrechte-RL.

1104 Art. 12 Verbraucherrechte-RL; Art. 43 GEK.

1105 Art. 12 a) Verbraucherrechte-RL; Art. 43 a) GEK.

1106 Art. 13 I 1, 14 I Verbraucherrechte-RL; Art. 44 I 1, 45 I GEK.

Sowohl die Verbraucherrechte-RL als auch das GEK tragen den Ansprüchen des heutigen Rechtsverkehrs Rechnung und gehen auf praktisch wichtige Einzelheiten der Restitution ein. So wird z. B. festgesetzt, welches Zahlungsmittel im Rahmen der Rückabwicklung zu verwenden ist; nämlich dasselbe, das der Verbraucher zuvor zur Vertragserfüllung einsetzte. Eine anderslautende Abrede ist immer möglich, soweit keine Kosten für den Verbraucher anfallen.[1107]

Bestimmt werden überdies die Erfüllungsorte im Rahmen der Rückerstattung. Die Pflicht zur Geldrückstellung ist als qualifizierte Schickschuld konzipiert, die von gesteigerten Verpflichtungen zur rechtzeitigen Erledigung aller nötigen Zahlungsverkehrsverfahren flankiert wird. Sachleistungen sind in der Rückabwicklung in der Regel Schickschulden.[1108] Ausnahmsweise entsteht eine Holschuld, falls die Kaufsache zum Zeitpunkt des Vertragsschlusses zur Wohnung des Käufers geliefert worden und derart beschaffen ist, dass sie sich normalerweise nicht per Post zurücksenden lässt.[1109] Ob der Verkäufer zum Abholen nicht nur berechtigt, sondern auch verpflichtet ist, steht nicht fest und sollte vorschriftlich geregelt werden.

Da die Ratio der Holschuld m. E. nicht nur auf der Überrumpelungssituation bei Haustürgeschäften beruht, sondern auch auf der Unhandlichkeit und Massigkeit des Vertragsgegenstands, wäre ihre Ausweitung auf Fernabsatzverträge angebracht. Zur Begründung einer Holschuld sollte also ausreichen, dass es um nicht postfähige Sachleistungen geht. Von Nutzen wäre ferner eine gesetzliche Bestimmung der Nicht-Postfähigkeit anhand eindeutiger Gewichts- und Abmessungsobergrenzen.

5. *Rückerstattung der empfangenen Leistungen beim Dienstleistungsvertrag*. Mit der Verbraucherrechte-RL und dem GEK werden die widerrufsrechtlichen Regeln über Dienstleistungsverträge weitgehend konsolidiert. Der Beginn der Vertragsausführung im Laufe der Widerrufsfrist darf demgemäß die Widerrufsmöglichkeit nicht ausschließen.

Durchgeführte Zahlungen sind genau wie beim Kaufvertrag durch das ursprünglich verwendete Zahlungsmittel und binnen vierzehn Tagen zu erstatten. Eine *in natura* Rückgabe der erbrachten Dienstleistung ist aber wegen ihres immateriellen Wesens in aller Regel unmöglich. Deshalb wird dem Dienstleistungsnehmer eine Zahlungspflicht vorgeschrieben, die

1107 Art. 13 I 2 Verbraucherrechte-RL; Art. 44 I 2 GEK.
1108 Art. 14 I 1 Verbraucherrechte-RL; Art. 45 I 1 GEK.
1109 Art. 14 I 4 Verbraucherrechte-RL; Art. 44 IV GEK.

unter zwei einleuchtenden Voraussetzungen steht: der vorherigen Widerrufsbelehrung und dem ausdrücklichen Verlangen des Verbrauchers zur sofortigen Dienstleistungserbringung bereits im Laufe der Widerrufsfrist.[1110]

Zur Bemessung der Zahlungspflicht wird an der vertraglichen Entgeltabrede festgehalten.[1111] Trotz Widerrufs bleibt somit der Verbraucher an den teilweise erfüllten Vertrag weiter gebunden. Er wird praktisch allein mit einem Kündigungsrecht für die Zukunft versehen. Ein ungerechtes Preis-Leistungs-Verhältnis wird also nach Widerruf perpetuiert, obwohl der Zweck des Widerrufsrechts genau darin besteht, den Verbraucher von einem typischerweise unter gestörter Vertragsparität geschlossenen Vertrag mit einem eventuell gestörten Äquivalenzverhältnis zu entbinden. Die Möglichkeit, die Zahlung ausnahmsweise nach Marktwert zu bemessen, falls „der Gesamtpreis überhöht" ist,[1112] vermag die missglückte Grundnorm nur wenig zu relativieren. Sachgemäß wäre m. A. nach eine ausnahmslose Wertbemessung aufgrund des objektiven Werts der entsprechenden Dienstleistung zur Zeit der Vertragserfüllung.

Die beidseitig entstehenden Zahlungspflichten sind qualifizierte Schickschulden, wobei gesteigerte Verpflichtungen zur rechtzeitigen Erledigung der notwendigen Zahlungsverkehrsverfahren bestehen. Ungeregelt bleibt allerdings der Fälligkeitszeitpunkt der Zahlungspflicht des Dienstleistungsnehmers. Die Normierung der herkömmlichen vierzehntägigen Frist wäre hier wünschenswert.

Im System der Verbraucherrechte-RL wird der Widerruf mit vollständiger Dienstleistungserbringung ausgeschlossen, „wenn der Unternehmer die Erbringung mit der vorherigen ausdrücklichen Zustimmung des Verbrauchers und dessen Kenntnisnahme, dass er sein Widerrufsrecht bei vollständiger Vertragserfüllung durch den Unternehmer verliert, begonnen hatte".[1113] Im GEK fehlt eine ähnliche Bestimmung. Der Unterschied ist nicht belanglos. Wurde der Verbraucher nicht ordnungsgemäß über sein Widerrufsrecht belehrt, übt es aber aus, so hat er nach dem GEK für die vollständig erbrachten Dienstleistungen wegen fehlender Widerrufsbelehrung nicht aufzukommen.[1114] Nach der Verbraucherrechte-RL ist aber der

---

1110 Art. 14 III 1, 4 a) Verbraucherrechte-RL; Art. 45 V 1, VI (a) GEK.
1111 Art. 14 III 2 Verbraucherrechte-RL; Art. 45 V 2 GEK.
1112 Art. 14 III 3 Verbraucherrechte-RL; Art. 45 V 3 GEK.
1113 Art. 16 a) Verbraucherrechte-RL.
1114 Siehe Art. 45 VI (a) i) GEK.

nicht belehrte Verbraucher unwiderruflich an den Vertrag gebunden, wenn er nur dem sofortigen Beginn der Erfüllung ausdrücklich zustimmte und informiert wurde, dass er sein Widerrufsrecht bei vollständiger Vertragserfüllung durch den Unternehmer verliert.[1115] Zwar entspricht das letztgenannte Informieren praktisch einer Widerrufsbelehrung. Es ist aber nicht auszuschließen, dass diese den gesetzlichen Anforderungen nicht vollständig entspricht, sodass von einer fehlenden bzw. fehlerhaften Belehrung auszugehen ist.[1116]

6. *Rückerstattung der empfangenen Leistungen bei einem Vertrag über die Bereitstellung digitaler Inhalte, die nicht auf einem materiellen Datenträger geliefert werden.* Mit der Regelung des Widerrufsrechts bei Verträgen über die Bereitstellung von nicht auf körperlichen Datenträgern befindlichen digitalen Inhalten, wie Programme, Anwendungen, Spiele, Ton- und Videoaufzeichnungen, die heruntergeladen werden, betritt der EU-Normengeber Neuland.

Das Widerrufsrecht erlischt demgemäß schon mit Anfang der Übermittlung der digitalen Inhalte, falls der Verbraucher zuvor der Übermittlung ausdrücklich zugestimmt und zur Kenntnis genommen hat, dass er hierdurch das Widerrufsrecht verliert.[1117]

Unnötig kompliziert fällt allerdings die Bestimmung der Vertragsrückabwicklung für den Fall aus, dass die Lieferung der digitalen Inhalte ohne die oben genannten Bedingungen begonnen hat und der Verbraucher sein – deshalb nicht verlorenes – Widerrufsrecht wahrnimmt. Hierbei entstehen im Ergebnis keinerlei Rückabwicklungspflichten zulasten des Verbrauchers. Selbst nach vollständiger Bereitstellung der digitalen Inhalte bleibt das Widerrufsrecht, soweit vorhanden, kostenlos.[1118] Eine eindeutigere Regelung darüber wäre nötig. Der Unternehmer hat dagegen den Preis zurückzuerstatten.

Dieses Rückabwicklungssystem mag zwar sonderbar erscheinen. Es wurde aber dem Anschein nach bewusst so als ein Sanktionsmechanismus geschaffen. Ziel sind vor allem unseriöse Anbieter, die ohne gehörige Belehrung bzw. Zustimmung ihrer Vertragspartner handeln, um ihm Zahlungspflichten zu oktroyieren. Der EU-Normengeber strebt damit an,

---

1115 Siehe Art. 16 a) Verbraucherrechte-RL; § 357 VIII BGB.

1116 Siehe Art. 6 I h) Verbraucherrechte-RL; § 312d BGB i.V.m. Art. 246a § 1 II 1 Nr. 1 EGBGB.

1117 Art. 16 m) Verbraucherrechte-RL; Art. 40 III (d) GEK.

1118 Art. 14 IV b) Verbraucherrechte-RL; Art. 45 VI (b) GEK.

strengere rechtliche Maßstäbe im Sektor der digitalen Produkte zu setzen und damit zu einem lauteren Wettbewerb beizutragen.

7. *Kostentragung bei der Rückabwicklung*. Bei der Kostenverteilung im Rahmen der Rückabwicklung, die vor allem im Kaufvertrag von Bedeutung ist, setzen die Verbraucherrechte-RL und das GEK grundsätzlich die EuGH-E in der Rechtssache *Heinrich Heine* um. Nach Widerruf hat der Verkäufer die eingezahlten Sendungskosten zurückzuzahlen und der Käufer trägt die Kosten der Rücksendung der Kaufsache, vorausgesetzt, dass er vorher darüber belehrt wurde.[1119] Der Käufer bleibt indes auf der Kostendifferenz sitzen, falls er sich für eine nicht unerlässliche Zusatzleistung, meistens eine Express-Lieferung, entschied. Dann erhält er lediglich die Standardversandkosten zurückerstattet.[1120]

Ausnahmsweise wird der Unternehmer sowohl mit den Sendungs- als auch mit den Rücksendungskosten belastet, wenn die Rückgabepflicht des Käufers eine Holschuld ist, d. h. wenn die Kaufsache zum Zeitpunkt des Vertragsschlusses zur Wohnung des Verbrauchers geliefert wurde und nicht postversandfähig ist.[1121] Führt man bei sämtlichen nicht postversandfähigen Sachleistungen eine Holschuld ein, wie hier vorgeschlagen, ist die oben angeführte Kostenregel entsprechend auszuweiten.

Grundsätzlich soll also jede Partei diejenigen Aufwendungen übernehmen, die zur Erfüllung ihrer eigenen Sendungspflicht erforderlich sind: der Verkäufer die Kosten der Hinsendung für die Zwecke der Vertragserfüllung – selbst, wenn der Vertrag danach widerrufen wird – und der Käufer, der sein Widerrufsrecht wahrnimmt, die Kosten der Rücksendung. Das ist auch deswegen sachgerecht, weil der Verpflichtete jeweils die entsprechenden Kosten beeinflussen kann.

Die neue Kostenverteilung gibt Anlass dazu, die Charakterisierung der Lieferungspflicht des Verkäufers im Fernabsatz- als auch im Haustürgeschäftsbereich neu zu durchdenken und als Bringschuld anzusehen. Schließlich ist die Hinsendung der Kaufsache nicht ein Sonderwunsch des Käufers, worauf Letzterer verzichten könnte, sondern eine Bedingung für das Funktionieren der einschlägigen Vertriebsarten.

8. *Zurückbehaltungsrecht*. Soweit eine Schickschuld des Käufers besteht, gewähren die Verbraucherrechte-RL und das GEK dem Verkäufer ein Recht auf Zurückbehaltung des eingezahlten Preises, bis ihm entweder

1119 Art. 13 I 1, 14 I 3 Verbraucherrechte-RL; Art. 44 I 1, II GEK.
1120 Art. 13 II Verbraucherrechte-RL; Art. 44 II GEK.
1121 Art. 14 I 4 Verbraucherrechte-RL; Art. 45 IV GEK.

die Kaufsache zurückgeliefert wird oder ein Nachweis ihrer Rücksendung eingegangen ist.[1122] Ein Zurückbehaltungsrecht zugunsten des Käufers ist nicht vorgesehen, was im Ergebnis eine Vorleistungspflicht des Käufers im Rahmen der Rückabwicklung bedeutet.

Im Bereich der Dienstleistungsverträge besteht ebenfalls kein Zurückbehaltungsrecht. Dort stehen sich aber in aller Regel zwei Geldforderungen gegenüber, die miteinander aufgerechnet werden können.

Das einseitige Zurückbehaltungsrecht ist nicht nur unausgewogen, indem es die eine Vertragsseite ohne Grund bevorzugt. Es zeigt sich im Ergebnis auch als kaum effizient. Eine Vorleistungspflicht gewährleistet nicht unbedingt, dass der Vorleistungspflichtige, hier der Käufer, seinen Rückerstattungspflichten tatsächlich nachkommt und sein Vertragspartner, hier der Verkäufer, dadurch ausreichend geschützt wird. Denn der Vorleistungspflichtige kann einfach, aus welchem Grund auch immer, seiner Pflicht nicht nachkommen. Nimmt der andere Teil dann sein Zurückbehaltungsrecht in Anspruch, kommt es zur Pattsituation, die vermieden werden sollte.

Beiden Seiten sollte es m. E. gestattet werden, ihre eigene Leistung zurückzuhalten, bis die andere Partei das Geschuldete leistet. Demgemäß darf das Zurückbehaltungsrecht des Verkäufers bestehen, bis die Sache zur Rücksendung abgegeben wird; das Zurückbehaltungsrecht des Käufers, bis der Verkäufer alles Notwendige zur Rücküberweisung des Preises vorgenommen hat.

Diese Zug-um-Zug Rückabwicklung lässt sich an die Gegebenheiten des Fernabsatzes und der außerhalb von Geschäftsräumen geschlossenen Verträge weiter durch sog. Escrow-Systeme anpassen. Damit leistet der Verbraucher im Rahmen der Vertragsausführung nicht unmittelbar an seinen Vertragspartner, sondern an einen neutralen „sicheren Dritten“, der als Treuhänder den Preis bis zum Ablauf der Widerrufsfrist behält und ggf. nach einem Widerruf rückleistet. Solche Modelle sollten aber m. A. nach nicht verbindlich für Unternehmer werden.

9. *Prüfungs- und Ausprobierrecht des Verbrauchers*. In aller Deutlichkeit sehen die Verbraucherrechte-RL und das GEK ein Prüfungs- und Ausprobierrecht des Verbrauchers während der Widerrufsfrist vor. Der Käufer darf mit der Sache so umgehen und sie so prüfen, wie er das in einem Ladengeschäft tun dürfte, um ihre Beschaffenheit, Eigenschaften

1122 Art. 13 III Verbraucherrechte-RL; Art. 44 III GEK.

und Funktionsweise bzw. Funktionstüchtigkeit festzustellen.[1123] Damit wird die *Messner*-E des EuGH angenommen und konkretisiert, die ein Prüfungsrecht gemäß der Fernabsatz-RL anerkannte, dessen Grenzen allerdings unzureichend unter Hinweis auf die „Grundsätze des bürgerlichen Rechts“ konturierte.

Maßgebliches Kriterium zur Reichweite des Prüfungs- und Ausprobierrechts ist die Praxis im konventionellen stationären Einzelhandel. Als Ausgangspunkt sollte das Treffen einer informierten und effektiven geschäftlichen Entscheidung durch den Verbraucher genommen werden. Nützlich ist hier die Einteilung der Güter aus der Informationsökonomie in Suchgüter, Erfahrungsgüter und Vertrauensgüter.

Die Eigenschaften der Suchgüter sind im stationären Handel bereits vor Vertragsschluss feststellbar, vgl. z. B. Kleidung, Schuhe, montierte Möbelstücke, etliche Haushaltsutensilien. Im Fernabsatzhandel bzw. bei außerhalb von Geschäftsräumen geschlossenen Verträgen erfolgt die Prüfung von Suchgütern im ebenso zulässigen Maße wie in normalen Gewerberäumen durch Inaugenscheinnahme, An- bzw. Ausprobieren des jeweiligen Artikels.

Bei Erfahrungsgütern lassen sich dagegen ihre Eigenschaften erst nach Vertragsschluss feststellen, vgl. z. B. Bücher, Computer, Fernsehgeräte, Kosmetikprodukte, als Bausatz verpackte Möbel, Fahrzeuge. Im Detailhandel gibt es daher oft Vorführgeräte, die man prüfen bzw. ausprobieren kann, um Verunreinigungen, Gebrauchsspuren und sonstige Verluste des Verkäufers auf möglichst wenige Artikel begrenzt zu halten. Bei außerhalb von Geschäftsräumen und im Fernabsatz geschlossenen Verträgen übernimmt der jeweilige Kaufgegenstand die Rolle des Vorführgeräts. Der Käufer darf die gekaufte Ware anstelle des Probierstücks montieren bzw. installieren und/oder kurzzeitig in Betrieb bzw. in Gebrauch nehmen, wie er dies in einem üblichen Ladengeschäft mit dem Vorführgerät tun dürfte.

Vertrauensgüter sind seltener. Ihre Eigenschaften sind in der Regel selbst nach Benutzung nur schwer feststellbar und die normale vierzehntägige Widerrufsfrist würde sich meistens als zu kurz für eine Prüfung erweisen, vgl. z. B. Nahrungsergänzungs- und Arzneimittel. Da eine echte Prüfungsmöglichkeit selbst im stationären Handel nicht besteht, darf der Käufer im Laufe der Widerrufsfrist höchstens das Kaufprodukt äußerlich ansehen.

1123 Art. 14 II 1 Verbraucherrechte-RL; Art. 45 III 1 GEK.

10. *Sorgfaltsverbindlichkeit und zum Ersatz verpflichtende Erstattungsunmöglichkeit und Wertminderung.* Wertverluste der Kaufsache wegen zulässiger Prüfung sollen dem Verbraucher nicht als Lasten auferlegt werden. Darüber hinaus ist für jegliche Wertminderung Geldersatz geschuldet. Daraus wird eine Sorgfaltsverbindlichkeit des Verbrauchers gefolgert, solange er die Kaufsache in seinem Besitz hat.

Die Haftung des Verbrauchers setzt folgendes voraus: a) einen zu Prüfzwecken unnötigen Umgang mit der Kaufsache, b) einen Wertverlust der Kaufsache in Form einer Unmöglichkeit bzw. Unangemessenheit der Rückgabe oder einer Verschlechterung, sowie c) einen Kausalzusammenhang zwischen Wertverlust und übermäßigem Umgang.[1124] Vorausgesetzt ist schließlich d) eine rechtsgemäße Widerrufsbelehrung des Verbrauchers,[1125] die für die hier diskutierte Frage m. E. bis zum Zeitpunkt der Warenlieferung erfolgen darf. Anderweitige Kenntnis des Verbrauchers über sein Widerrufsrecht oder Mängel bei der Erfüllung sonstiger Informationspflichten sind ohne Belang.

Zu erstatten ist nur derjenige Anteil der Wertminderung, der durch den nicht prüfungsrelevanten Umgang mit der Sache verursacht wurde. Verschlechterungen, die auf eine Wahrnehmung des Prüfungs- bzw. Ausprobierrechts zurückgehen, sind nicht ersetzbar. Der Geldersatz wird nach dem objektiven Marktwert der Sache zur Zeit der Leistungserbringung bemessen.

Zur Bestimmung des Wertminderungsersatzes kann man folgende mathematische Formel verwenden:

$$\text{Wertminderungsersatz} = (\text{„Prozentsatz der gesamten Wertminderung“} - \text{„Prozentsatz der prüfungsbedingten Wertminderung“}) \times \text{„objektiver Wert“}$$

Unreguliert bleibt der Zeitpunkt der Fälligkeit des Wertersatzes. Die vierzehntägige Frist, die für die Naturrückerstattung der Kaufsache gilt, könnte dabei analog angewendet werden.

Die Beweislast für die Begründung des Geldersatzanspruchs trägt der Verkäufer.

Auch beim Thema Wertersatz werden die Erwägungen der *Messner*-E durch die Verbraucherrechte-RL bzw. das GEK größtenteils begrüßt und standardisiert. Alle Voraussetzungen des Wertminderungsersatzes sind nunmehr im Detail festgesetzt. Eine Bezugnahme auf konkretisierungsbe-

1124 Siehe Art. 14 II 1 Verbraucherrechte-RL; Art. 45 III 1 GEK.
1125 Art. 14 II 2 Verbraucherrechte-RL; Art. 45 III 2 GEK.

dürftige Rechtsprinzipien bleibt aus. Dadurch wird aber auch die Entstehung eines Wertersatzanspruchs des Verkäufers in bestimmten Fällen leichter gemacht.

11. *Gefahrtragung.* Das Risiko einer zufälligen Zerstörung oder Verschlechterung während der Widerrufsfrist wird dem Verkäufer auferlegt. Es geht um eine Ausnahme von der Risikoverteilung gemäß dem Sphärengedanken sowie dem Grundsatz des Gleichlaufs von Kontrolle und Risiko, die ansonsten die Hauptregeln darstellen und den Gefahrübergang an den Käufer durch die Übergabe der Kaufsache anordnen.[1126]

Die Sonderregelung für widerrufbare Verträge vermag nur teilweise zu überzeugen. Ausgangspukt soll der Zweck des Widerrufsrechts sein, nämlich den Verbraucher vor der typisierten Störung seiner Vertragsfreiheit zu schützen. Bei außerhalb von Geschäftsräumen geschlossenen Verträgen erfasst diese Störung – der Vorstellung des Gesetzgebers nach – selbst den Vertragsabschluss durch den Verbraucher, der sich daran ggf. nicht freiwillig bindet. Folglich gelangt der Verbraucher des Öfteren unfreiwillig in den Besitz der Kaufsache. Es wäre daher nicht sachgerecht, ihn mit der zufälligen Zerstörung oder Verschlechterung dieser unerwünschten Leistung zu belasten. Insofern zeigt sich die in der Verbraucherrechte-RL und dem GEK vorgesehene Risikozuweisung als zweckmäßig.

Im Fernabsatzhandel beschränkt sich dagegen die typisierte Störung der Vertragsfreiheit nur auf die Eigenschaften des Vertragsobjekts (Informationsasymmetrie). Der Vertragsschluss an sich ist gewollt und der Käufer übernimmt den Besitz der Kaufsache in aller Regel aus freiem Willen. Dass der Kaufgegenstand unzutreffend oder zu ungenau beschriebenen war oder den Erwartungen des Käufers nicht entspricht, vermag die Entscheidung zur Besitzverschaffung nicht zu beeinflussen. Deswegen gibt es hier m. E. keinen Grund, das mit dem Besitz zusammenhängende Zufallsrisiko dem Verkäufer aufzuerlegen.

12. *Nutzungsherausgabe und Nutzungsersatz.* Die Rückabwicklungsregime der Verbraucherrechte-RL und des GEK kennen im Widerrufsfall keine Herausgabepflicht bzw. keine Wertersatzpflicht von gezogenen oder zu ziehenden Nutzungsvorteilen weder vom Käufer noch vom Verkäufer.[1127]

1126 Art. 20 Verbraucherrechte-RL; Art. 142 GEK.

1127 Ausdrücklich nur in Art. 45 IV GEK vorgesehen.

Der Abschaffung der Nutzungsherausgabe ist beizupflichten. Die Suche nach einem überzeugenden und effizienten Nutzungsersatzmodell hat sich bis heute als ergebnislos erwiesen. Die vorgeschlagenen Regelungsmodelle weisen meistens eine erhebliche Kompliziertheit und Kasuistik auf. Außerdem liefert die Nutzungsbemessung einen ergiebigen Streitstoff, der die Parteien und das Justizsystem belasten kann. Ferner fielen die Werte der Nutzungsvorteile in den meisten Fällen widerrufbarer Verträge angesichts der Vertragswerte und der kurzen Widerrufs- und Rückabwicklungsfristen wohl geringfügig aus. Dank der Abschaffung der Nutzungsherausgabepflicht vermeidet man schließlich eine Überkompensation durch einander deckende Wert- und Nutzungsersatzpflichten, die sonst nur durch zusätzliche, noch komplexere Vorschriften und wohl nur teilweise auszuschließen wären.

Es besteht trotzdem die Gefahr, dass relativ hochwertige Waren insb. durch Fernabsatz gekauft werden, um während der Widerrufsfrist mehrmals zu einem besonderen Anlass verwendet und dann zurückgesendet zu werden. Es geht um Fälle, bei denen der Verbraucher den Vertrag nur dazu abschließt, um die Kaufware kostenlos zu nutzen und danach in Wahrnehmung seines Widerrufsrechts zurückzusenden. Vom Anfang an besteht kein Wille des Verbrauchers, am Vertrag gebunden zu bleiben.

Zum Schutz des Unternehmers stellen die verschiedenen Rechtsordnungen unterschiedliche Instrumente zur Verfügung, wie die *culpa in contrahendo*,[1128] die deliktische Haftung oder das Anfechtungsrecht wegen Willensmängeln samt Schadensersatzanspruch.[1129] Diese Lösungen erweisen sich m. A. nach als ausreichend.

13. *Aufwendungsersatz.* Ein Aufwendungsersatz nach Widerruf ist ebenso wenig wie ein Nutzungsersatz vorgesehen. Wie alle in der Zwischenzeit gezogenen Vorteile aus der Nutzung weiter behalten werden dürfen, so soll man auch auf den Unkosten sitzen bleiben, die diese Nutzung möglich, leichter oder vorteilhafter machten. Der Ausschluss vom Nutzungs- und Aufwendungsersatz zeigt sich als Konkretisierung des Prinzips des Gleichlaufs von Nutzen und Nachteil als sachgemäß.

Die Regelung ist aber m. E. nur teilweise zu begrüßen. Wurde der Käufer über sein Widerrufsrecht belehrt, kann er die eventuell auf ihn zukommende Rückabwicklung in Erwägung ziehen und, solange die Widerrufs-

1128 So das deutsche Recht; § 280 I i.V.m. §§ 311 II, 241 II BGB.
1129 So Art. 49, 55 GEK.

frist läuft, auf Ausgaben verzichten. Sieht er nicht davon ab, verdient er keinen besonderen Schutz.

Etwas anderes gilt dagegen im Fall einer fehlenden oder fehlerhaften Widerrufsbelehrung, wobei der Käufer sein Widerrufsrecht sogar ein Jahr nach Vertragsschluss ausüben darf. In der Zwischenzeit kann es oft zu Aufwendungen kommen, die in Unkenntnis des Widerrufsrechts getätigt worden sind. Hinsichtlich dieser ist der Käufer schutzbedürftig. Die meisten Rechtsordnungen erkennen einen Schadensersatzanspruch an, um die nachteiligen Folgen der ausgefallenen oder fehlerhaften Widerrufsbelehrung wiedergutzumachen, sei es durch allgemeine Bestimmungen,[1130] sei es durch Sondervorschriften.[1131] Daneben wäre es angemessen, dem Verbraucher auf EU-Ebene ein eindeutiges Wegnahmerecht zuzuerkennen. Dieses sollte m. M. nach alle verbleibenden Aufwendungen (Reparaturen, Verbesserungen, Ergänzungen usw.) umfassen, die entfernt werden können, ohne eine Schädigung des Kaufgegenstands zu verursachen.

14. *Gesellschaftsrechtliche Verträge zu Kapitalanlagezwecken*. Schwierigkeiten bereitete der deutschen Rechtsprechung die Rückabwicklung nach Widerruf von Fondsbeitritten, die außerhalb von Geschäftsräumen, meist im Haus des Beitretenden, geschlossen wurden und deren Zweck in Immobilien- und sonstigen Investitionen bestand. Solche Geschäfte waren in Deutschland seit Ende der 1980er Jahre besonders beliebt und beschäftigten auch den EuGH, letztlich in der Rechtssache *E. Friz*. Da es sich um ein Geldanlagemodel handelt, werden diese Verträge vom Anwendungsbereich der Verbraucherrechte-RL bzw. des GEK nicht erfasst.[1132]

Der deutsche Gesetzgeber setzte allerdings die Fernabsatz-Finanz-RL überschießend um. Die neuen §§ 312 ff. BGB finden nämlich auf außerhalb von Geschäftsräumen geschlossene Finanzdienstleistungsverträge wie auf Fernabsatzfinanzdienstleistungsverträge Anwendung. Demgemäß wird dem Anleger ein Widerrufsrecht eingeräumt, es sei denn, der Preis der erworbenen Fondsanteile unterliegt auf dem Finanzmarkt Schwankungen, auf die der Unternehmer keinen Einfluss hat und die innerhalb der Widerrufsfrist auftreten können.[1133] Die Widerrufsfolgen dürften aber

---

1130 So das deutsche Recht; § 280 I i.V.m. §§ 311 II, 241 II BGB.

1131 So Art. 29 I GEK.

1132 Art. 3 III d) Verbraucherrechte-RL; Art. 2 (j) Ausnahme i), (m) Ausnahme iv) GEK-VO-E.

1133 Art. 6 II a) 4. Gedankenstrich Fernabsatz-Finanz-RL; § 312g II Nr. 8 BGB, der insoweit richtlinienkonform auszulegen ist.

m. E. in Weiterführung der *E. Friz*-E des EuGH nach den Grundsätzen der fehlerhaften Gesellschaft zu bestimmen sein: Nachdem der Fonds, wenn auch auf fehlerhafter Grundlage in Vollzug gesetzt wurde, darf die Beteiligung daran nur für die Zukunft beendet werden. Der widerrufende Anleger bleibt an alle bisher eingegangenen Verpflichtungen gebunden und kann seine Einlage nur teilweise oder überhaupt nicht zurückerhalten oder muss sich an den Fondsverlusten durch Nachzahlungen beteiligen.

15. *Mangelbehaftete Verträge.* Eine Sonderkategorie stellen schließlich außerhalb von Geschäftsräumen bzw. im Fernabsatz geschlossene Verträge, die – meistens nach nationalen Regeln – anfechtbar, angefochten oder nichtig sind.

Die Wirksamkeit und die Effektivität des Widerrufsrechts sprechen wohl dafür, dass solche Verträge ebenfalls widerrufbar sind. Der Zweck des Widerrufsrechts, dem Verbraucher die unkomplizierte Vertragslösung ohne Begründungspflicht und ohne erhebliche Kosten zu ermöglichen, würde konterkariert, wenn der nationale Gesetzgeber neben den Anforderungen der Verbraucherrechte-RL und des GEK das Widerrufsrecht von weiteren Bedingungen abhängig machte. Dies trifft auch bei der Vertragswirksamkeit zu, dessen Fehlen sich außerdem oft nicht ohne jeglichen Zweifel feststellen lässt. Dementsprechend sollten allein die widerrufsrechtlichen Rückabwicklungsvorschriften nach Widerruf eines anfechtbaren oder nichtigen bzw. angefochtenen Vertrags zur Anwendung kommen.

Die Argumentation des BGH, der in seiner *Radarwarngerät*-E die Widerrufbarkeit sittenwidriger Verträge im deutschen Recht auf der Lehre der Doppelwirkungen im Recht zu stützten versuchte, ist freilich nicht überzeugend. Denn zum Eingreifen dieser Lehre wird vorausgesetzt, dass die verschiedenen zur Vertragslösung berechtigenden Gründe (z. B.: Nichtigkeit und Widerruf) zur Anwendung gleicher Rückabwicklungsregeln führen. Dies ist aber hier nicht der Fall, da die Folgen einer Nichtigkeit von §§ 812 ff. BGB, des Widerrufs dagegen von §§ 357 ff. BGB bestimmt sind.

Ein Ausschluss der Ausübung des Widerrufsrechts darf schließlich nur in Extremfällen angenommen werden, wenn ein Widerruf gegen Treu und Glauben eklatant verstieße. Dies ist z. B. der Fall, wenn man arglistig handelt und als Gewerbetreibender auftritt, um ein Geschäft abschließen zu können, sich dann jedoch als Verbraucher entpuppt, um den – schließlich unerwünschten – Vertrag zu widerrufen. Der getäuschte Unternehmer darf dabei das missbräuchliche Verhalten seines Vertragspartners geltend machen und die Ausübung des Widerrufsrechts abweisen bzw. seine vertraglichen Forderungen durchsetzen.

B. Verallgemeinerungsfähiges Rückabwicklungssystem

Bereits am Anfang der Arbeit wurde hervorgehoben, dass die Gründe für das Vorsehen eines Widerrufsrechts nicht in allen Konstellationen identisch sind.[1134] Die Möglichkeit einer nachträglichen Entbindung vom geschlossenen Vertrag wird zwar im Allgemeinen durch eine typisierte Störung der materiellen Vertragsfreiheit des Verbrauchers gerechtfertigt. Diese Störung geht aber jeweils auf unterschiedliche Faktoren zurück: im Fall des „situationsbedingten" Widerrufsrechts auf das Übereilungs- und Überrumpelungsmoment während des Vertragsschlusses; im Fall des „abwesenheitsbedingten" Widerrufsrechts auf die fehlende Möglichkeit, vor Vertragsabschluss die Eigenschaften des Vertragsgegenstands und des künftigen Vertragspartners genügend zur Kenntnis zu nehmen; im Fall des „typenbezogenen" Widerrufsrechts auf die Komplexität der Vertragsmaterie, die hohe wirtschaftliche Bedeutung bzw. die potenziellen Belastungen aus einer dauerhaften Vertragsbindung.

Wie es aber Art. 12 ff. Verbraucherrechte-RL bzw. Art. 43 ff. GEK illustrieren, stehen diese Unterschiede der Schaffung eines einheitlichen Rückabwicklungssystems nicht im Wege, das nach Wahrnehmung sowohl eines „situationsbedingten" als auch eines „abwesenheitsbedingten" Widerrufsrechts zum Tragen kommt.

Zu fragen ist nun, ob sich diese Regeln für ein einheitliches Rückabwicklungsmodell eignen, das mit möglichst wenigen Anpassungen bei der Rückabwicklung sämtlicher fehlgeschlagener Verträge Anwendung finden kann. Außer widerrufener Verträge fallen darunter nicht zustande gekommene, nichtige und angefochtene Verträge, Verträge, die nach Eintritt einer auflösenden Bedingung beendet werden, wie auch Verträge, von denen zurückgetreten wird, gleich ob das Rücktrittsrecht vertraglich eingeräumt oder gesetzlich vorgesehen ist.

1134 Siehe oben, Kapitel 2.A.I.3, 2.A.II.4.

I. Das Rückabwicklungssystem

Zunächst wird das Rückabwicklungssystem von Art. 12 ff. Verbraucherrechte-RL bzw. Art. 43 ff. GEK unter Einbeziehung der hier gemachten Änderungsvorschläge auf eine abstraktere Ebene gehoben.

1. *Erlöschen der Leistungspflichten.* Der Eintritt des Rückabwicklungsgrunds hat lediglich schuldrechtliche Folgen. Der abgeschlossene Vertrag wird *ex nunc* gelöst. Sämtliche noch nicht erfüllte Hauptverpflichtungen und leistungsbezogene Nebenpflichten der Parteien sowie Sekundäransprüche wegen Pflichtverletzung erlöschen.

2. *Rückerstattung der empfangenen Leistungen.* Bereits erbrachte Leistungen sind *in natura* zurückzugewähren. Den Parteien ist dazu eine Frist von vierzehn Tagen gesetzt, die nach Kenntnisnahme des Rückabwicklungsgrunds beginnt. Hinsendekosten, die im Rahmen des Leistungsaustausches begründet wurden, sind von der jeweils erfüllenden Partei endgültig zu tragen. Wurden sie also dem Leistungsempfänger vertraglich auferlegt, darf dieser sie sich zurückerstatten lassen.

Sachleistungen sind, wenn post- bzw. paketversandfähig, an den Rückabwicklungsgläubiger zurückzugeben (Schickschulden). Ist eine Post- bzw. Paketrücksendung unmöglich, besteht eine Holschuld. Bei der Geldrückerstattung ist man verpflichtet, das jeweils notwendige Rückzahlungsverkehrsverfahren rechtzeitig in Gang zu setzen, sodass die Rückzahlung gemäß gewöhnlichem Lauf der Dinge spätestens am letzten Tag der vierzehntägigen Frist eintrifft (qualifizierte Schickschuld). Verwendet werden soll das Zahlungsmittel, das vorher zur Vertragserfüllung eingesetzt wurde. Eine anderslautende Vereinbarung ist gestattet, vorausgesetzt, dass der Rückabwicklungsgläubiger dadurch nicht wirtschaftlich belastet wird. Wenn es um eine Schickschuld geht, übernimmt jede Seite die Kosten für die Erfüllung der eigenen Rückabwicklungspflicht, z. B. die Rücksendekosten bei Sachleistungen oder die Bankkosten bei Geldleistungen.

3. *Zurückbehaltungsrecht.* Beide Parteien haben ein Zurückbehaltungsrecht, bis die andere Seite ihrer Rückabwicklungspflicht nachkommt, sei es durch Absendung oder Bereitstellung einer Sachleistung, sei es durch Erledigung eines Zahlungsverfahrens.

4. *Rückerstattung der empfangenen Leistungen dem Werte nach.* Ist die Rückerstattung *in natura* des Erlangten vollständig oder teilweise unmöglich bzw. unangemessen, tritt eine Wertersatzpflicht an ihre Stelle. Ein Geldersatz wird folglich bei nicht oder nicht mehr zurückerstattbaren Leistungen geschuldet, namentlich bei Sachleistungen, die untergegangen oder

verschlechtert wurden, und Dienstleistungen, die erbracht wurden und daher nicht zurückgegeben werden können. Maßgeblich für die Ersatzbemessung ist der objektive Marktwert der betreffenden Leistung zur Zeit ihrer Erbringung. Subjektive Elemente des konkreten Falls bleiben außer Acht.

Die Wertersatzpflicht gilt allerdings nicht ausnahmslos. Erstens entfällt sie, wenn der Untergang bzw. Wertverlust aus der Sphäre der anderen Partei stammt und ihr zuzurechnen ist. Beschädigt diese – oder eine Person, für deren Handeln sie haftbar gemacht werden kann – die Sache, steht ihr kein Rückerstattungsanspruch zu. Dies gilt unter anderem im Fall des Vertragsbruchs durch die andere Partei. Geht z. B. die Kaufsache mangelbedingt unter, ist dies dem Verkäufer zuzurechnen und diesem die Beschaffung einer mangelfreien Sache aufzuerlegen. Zweitens ist kein Wertersatz zu leisten, soweit der Rückabwicklungsschuldner selbst, aber in Wahrnehmung eines ihm zustehenden Rechts den Untergang bzw. den Wertverlust verursacht. So schuldet der widerrufende Verbraucher keinen Ersatz für Wertverluste, die er innerhalb der Grenzen seines Prüfungs- und Ausprobierrechts herbeiführt. Über diese zwei Ausnahmetatbestände hinaus ist für jeden Wertverlust, bestimmungsgemäß oder außergewöhnlich, Geldersatz zu leisten.

6. *Gefahrtragung.* Wertersatz ist auch im Fall eines zufälligen Untergangs bzw. einer zufälligen Schädigung von Sachleistungen grundsätzlich geschuldet. Das Zufallsrisiko trägt diejenige Partei, die jeweils die Sache in ihrem Besitz bzw. unter Kontrolle hat. Damit besteht eine Sorgfaltsverbindlichkeit jeder Seite, solange sie die Sache in ihrem Besitz hat.

Von der oben erwähnten Risikozuteilung ist abzuweichen, wenn dies dem Schutz- oder dem Sanktionszweck der Regelung nach geboten ist, die den Rückabwicklungsgrund vorsieht. Schutzgedanken könnten zunächst einmal bei der Rückabwicklung nichtiger und angefochtener Verträge eingreifen, z. B. wenn der Nichtigkeits- bzw. Anfechtungsgrund auf den Schutz der nicht völlig geschäftsfähigen oder betrogenen bzw. bedrohten Partei abzielt. Sanktionsgedanken kommen dagegen in den Fällen zum Zug, in denen ein Vertragspartner durch den abgeschlossenen Vertrag bzw. seine Durchführung gegen bestimmte Verbots- bzw. Gebotsnormen verstößt. Das Risiko darf dann ausnahmsweise der Partei auferlegt werden, die als weniger schutzwürdig oder als sanktionswürdig gilt, obwohl die untergegangene Leistung nicht unter ihrer Kontrolle stand.

Es ist immer eine Auslegungsfrage, wie weit der Schutz- bzw. Sanktionszweck der maßgeblichen Regeln geht. Bei Schutznormen ist vor allem zu erörtern, ob die zu schützende Partei lediglich von der Vertragsbindung (durch Erlöschen der Leistungspflichten) und den Folgen eines schlechten Geschäfts (durch Rückabwicklung) befreit werden soll oder auch von allen zufälligen Vorfällen zwischen Leistungserbringung und Rückabwicklung.[1135] Solche Wertentscheidungen sollte das Rückabwicklungssystem m. M. nach nicht durch allzu steife Regeln behindern.[1136]

7. *Nutzungsherausgabe und Nutzungsersatz.* Eine Pflicht zur Herausgabe bzw. zum Wertersatz gezogener oder ziehbarer Nutzungen besteht nicht.

8. *Aufwendungsersatz.* In Bezug auf Aufwendungen, die in Unwissenheit des Rückabwicklungsgrunds getätigt wurden, hat die betroffene Partei ein Wegnahmerecht, vorausgesetzt, dass damit der zurückzugewährende Vertragsgegenstand nicht geschädigt wird. Schadensersatzrechtliche Ansprüche des Rückabwicklungsschuldners aufgrund allgemeinrechtlicher Bestimmungen bleiben unberührt.

9. *Eigenständigkeit der Rückabwicklungsansprüche. Aufrechnung.* Unbeschadet des Zurückbehaltungsrechts stehen sich die entstehenden Rückabwicklungsansprüche eigenständig gegenüber. Jede Partei darf ihre Rechte geltend machen, vorausgesetzt, sie ist bereit, ihren Pflichten aus der Rückabwicklung nachzukommen. Handelt es sich beidseitig um Geldschulden, wird also nicht allein ein Sollsaldo zugunsten der einen Partei geschuldet, sondern sind beide Ansprüche getrennt durchsetzbar. Eine Aufrechnung ist möglich, falls die entsprechenden Voraussetzungen erfüllt sind.

1135 Vgl. *UNIDROIT*, UNIDROIT Principles of International Commercial Contracts 2010, Art. 3.2.15 PICC, Comment 3.

1136 A. A. *Hellwege*, Die Rückabwicklung gegenseitiger Verträge als einheitliches Problem, S. 534 f., 555 ff.; *ders.*, JZ 2005, 337 ff., 342 f.; offener *Zimmermann*, Restitutio in integrum. Die Rückabwicklung fehlgeschlagener Verträge nach den Principles of European Contract Law, den Unidroit Principles und dem Avant-projet eines Code Européen des Contrats, in: Honsell/Zäch/Hasenböhler/Harrer/Rhinow (Hrsg.), Privatrecht und Methode. Festschrift für Ernst A. Kramer, Basel 2004, S. 735 ff., 754; für eine umfassende Rechtsvergleichung und dic an mehreren Punkten auseinandergehenden Wertentscheide der europäischen Rechtsordnungen siehe statt aller *Schlechtriem*, Restitution und Bereicherungsausgleich in Europa. Band 1: Eine rechtsvergleichende Darstellung, Tübingen 2000, S. 546 ff., 749 ff.

II. Würdigung

Die Entwicklung eines einheitlichen Rückabwicklungsregimes für fehlgeschlagene Verträge ist nicht nur eine wissenschaftlich interessante Aufgabe. Vor allem kann sie die Rechtsanwendung erleichtern, indem ein einziges, transparenteres Regelungsgefüge in allen Rückabwicklungsfällen angewandt wird. Damit gewinnt man an Klarheit und kann vor allem die allmählich herauszubildende Lehre und Judikatur übergreifend nutzbar machen. Es werden ferner Wertungswidersprüche vermieden, die unterschiedliche Rückabwicklungsregelungen sehr oft mit sich bringen. Die unterschiedlichen Rückabwicklungsgründe sowie die darin innewohnenden Gesetzeswertungen werden nicht ignoriert. Der gesetzes- oder sittenwidrige Vertrag wird nicht mit dem gültigen Vertrag gleichgesetzt, von dem lediglich wegen einer Schlechterfüllung zurückgetreten wurde. Diese Unterschiede reichen allerdings nicht aus, um allzu weit auseinanderliegende Rückabwicklungsfolgen zu rechtfertigen.[1137]

1. Neuere Entwicklungen

Die Einrichtung eines allgemeingültigen Rückabwicklungssystems wurde in der dritten, erweiterten Neufassung der UNIDROIT PICC unternommen. Obwohl erst bei näherem Hinschauen erkennbar, folgen die verstreuten Restitutionsvorschriften von Art. 3.2.15, 3.3.2, 5.3.5, 7.3.6 f. PICC einem homogenen Modell. Es wurde zwar nicht ein zusammenhängendes Restitutionskapitel der PICC hinzugefügt, worauf jedes Mal hingewiesen würde, wenn ein Vertrag rückabzuwickeln wäre. Der normative Gehalt der oben erwähnten Bestimmungen ist aber grundsätzlich identisch. Ob nun im Fall einer Anfechtung, einer Unwirksamkeit, des Eintritts einer auflö-

1137 Für ein einheitliches Rückabwicklungsregime *Hellwege*, Die Rückabwicklung gegenseitiger Verträge als einheitliches Problem, S. 521 ff.; *ders.*, JZ 2005, 337 ff., 341; *Zimmermann*, Restitutio in integrum, in: FS Kramer, S. 753 f.; *ders.*, Rückabwicklung nach Widerruf, in: Eidenmüller/Faust/Grigoleit/Jansen/Wagner/Zimmermann (Hrsg.), Revision des Verbraucher-*acquis*, S. 167 ff., insb. 192.

senden Bedingung oder einer Aufhebung (eines Rücktritts) infolge Nichterfüllung, die Rückabwicklung wird derselben Regelung unterworfen.[1138]

Von den Vorteilen einer Einheitslösung überzeugt zeigt sich auch die Wissenschaftlergruppe, die im Jahr 2013 einen Entwurf für einen neuen allgemeinen Teil des schweizerischen Obligationenrechts (sog. „OR 2020“) verfasst hat.[1139] Die Gruppe vermisst im geltenden schweizerischen Zivilrecht „eine in sich stimmige, vertragliche Regelung zum Umgang mit den Auswirkungen vertragsterminierender Entstehungs- und Erfüllungsmängel auf Leistungen und Vorleistungen“[1140] und versucht eine solche in Art. 79 bis 84 OR 2020 zu entwickeln.[1141] Die Entwurfsvorschriften über die Entstehung von Obligationen aus Liquidation[1142] sollen bei sämtlichen fehlgeschlagenen Verträgen zur Anwendung gelangen:[1143] nämlich nach Ausübung eines verbraucherschützenden Widerrufsrechts (Art. 18 I OR 2020), bei Ungültigkeit wegen Form- oder Inhaltsmängeln (Art. 37 OR 2020) bzw. wegen Willensmängeln (Art. 45 OR 2020), nach Vertragsaufhebung infolge Gläubigerverzugs (Art. 116 IV OR 2020) oder schwerer Pflichtverletzung (Art. 134 OR 2020), im Fall außerordentlicher Kündigung eines Dauervertrags (Art. 147 OR 2020), nach Eintreten einer auflösenden Bedingung (Art. 210 II OR 2020) bzw. nach Nicht-Eintreten einer aufschiebenden Bedingung (Art. 213 II OR 2020).[1144] Ausgenom-

---

1138 Siehe statt aller *Zimmermann*, Rückabwicklung nach Widerruf, in: Eidenmüller/Faust/Grigoleit/Jansen/Wagner/Zimmermann (Hrsg.), Revision des Verbraucher-*acquis*, S. 173 f., Fn. 41.

1139 Huguenin/Hilty (Hrsg.), Schweizer Obligationenrecht 2020. Entwurf für einen neuen allgemeinen Teil, Zürich 2013; siehe dazu *Kern/Bettinger*, Schuldrechtsmodernisierung in der Schweiz? Der Entwurf Obligationenrecht 2020, ZEuP 2014, 562 ff., 573 ff.; *Schmidlin*, Das Schweizer Obligationenrecht 2020. Eine kritische Stellungnahme, SJZ 2015, 25 ff.

1140 *Huguenin/Hilty/Purtschert*, in: Huguenin/Hilty (Hrsg.), Schweizer Obligationenrecht 2020 Vorbemerkungen zu Art. 79–84 Nr. 3.

1141 *Huguenin/Hilty/Purtschert*, in: Huguenin/Hilty (Hrsg.), Schweizer Obligationenrecht 2020 Vorbemerkungen zu Art. 79–84 Nr. 7 f.; für eine Kurzdarstellung siehe *Huguenin/Hilty/Purtschert*, in: Huguenin/Hilty (Hrsg.), Schweizer Obligationenrecht 2020 Vorbemerkungen zu Art. 79–84 Nr. 47 ff.

1142 Zur Terminologieauswahl siehe *Huguenin/Hilty/Purtschert*, in: Huguenin/Hilty (Hrsg.), Schweizer Obligationenrecht 2020 Vorbemerkungen zu Art. 79–84 Nr. 53 f.

1143 *Huguenin/Hilty/Purtschert*, in: Huguenin/Hilty (Hrsg.), Schweizer Obligationenrecht 2020 Vorbemerkungen zu Art. 79–84 Nr. 45 f.

1144 Siehe auch *Huguenin/Hilty/Purtschert*, in: Huguenin/Hilty (Hrsg.), Schweizer Obligationenrecht 2020 Art. 79 Nr. 3 ff.

men zu sein scheint nur die Konstellation, in der man fälschlicherweise vom Bestehen eines Vertrags ausgehend leistet.[1145] Trotz einer gewissen Vagheit und der begrenzten inhaltlichen Überzeugungskraft bestimmter Modellvorschriften stellt das herausgearbeitete Normengefüge eine wertvolle Leistung dar.[1146]

2. Das Rückabwicklungssystem der Verbraucherrechte-RL und des GEK

In seiner ersten Stellungnahme zum GEK schlug das European Law Institute vor, die Regelung des 17. Kapitels (Art. 172 ff.) des GEK im Ganzen neu zu justieren und an die widerrufsrechtlichen Rückabwicklungsvorschriften von Art. 43 ff. GEK anzugleichen. Es ging nämlich davon aus, dass Letztere den Erfordernissen des modernen Rechtsverkehrs entsprechen und wichtige Fragen klären.[1147]

Das Rückabwicklungsrecht von Art. 12 ff. Verbraucherrechte-RL und Art. 43 ff. GEK geht tatsächlich auf praktisch wichtige Details ein, wie Erfüllungsfristen und -orte, und zeigt sich den Ansprüchen des heutigen Rechtsverkehrs gewachsen, z. B. durch die Feststellung des einzusetzenden Zahlungsmittels für Geldrückgaben. Durch den Verzicht auf Anspruchsgrundlagen für Nutzungs- und Aufwendungsersatz, die mit hohem Streitpotenzial verbunden sind, gewinnt es zudem an Einfachheit. Selbst manche Schwachpunkte des Rückabwicklungsrechts der Verbraucherrechte-RL und der Art. 43 ff. GEK, vor allem das Festhalten an vertraglichen Abreden bei der Rückabwicklung von Dienstleistungsverträgen und das einseitige Zurückbehaltungsrecht des Unternehmers, könnten hier ohne große Schwierigkeiten durch aussagekräftigere Regelungen beseitigt werden.

In dieser Arbeit wurde gezeigt, dass sich das Rückabwicklungsrecht von Art. 12 ff. Verbraucherrechte-RL und Art. 43 ff. GEK als Basis eines

---

1145 *Honsell*, Kritische Bemerkungen zum OR 2020, SJZ 2013, 457 ff., 460.

1146 A. A. *Honsell*, SJZ 2013, 457 ff., 459 f., der – m. E. zu Unrecht – das einheitliche Rückabwicklungssystem als „Aufgabe der Unterscheidung zwischen Ungültigkeit oder Anfechtbarkeit auf der einen und Vertragsaufhebung infolge Rücktritts (Wandlung usw.) auf der anderen Seite" betrachtet; siehe aber für eine Widerlegung schon *Huguenin/Hilty/Purtschert*, in: Huguenin/Hilty (Hrsg.), Schweizer Obligationenrecht 2020 Vorbemerkungen zu Art. 79–84 Nr. 43.

1147 Vgl. *European Law Institute*, Statement on the Proposal for a Regulation on a Common European Sales Law, S. 15, 28 f.

universellen Rückabwicklungssystems eignet, das unabhängig von dem Rückabwicklungsgrund und den Eigenschaften jeder Partei angewandt werden kann. Nur ausnahmsweise und nur bei der Risikoverteilung müsste die eventuelle Schutz- oder Sanktionsfunktion des Rückabwicklungsgrunds mit berücksichtigt werden und zu bestimmten Anpassungen führen. So weist das Rückabwicklungssystem auch die nötige Flexibilität auf.

Alles in allem erweist sich das Rückabwicklungsregime der Verbraucherrechte-RL und des GEK für den Widerrufsfall als verallgemeinerungsfähig. Es sollte bei der Entwicklung von einschlägigen Normen als wichtiger Ausgangspunkt sowohl auf der Ebene des europäischen Privatrechts als auch auf nationaler Ebene herangezogen werden.

Literaturverzeichnis

Ackermann, Thomas/Franck, Jens-Uwe: Defects in Consent. An Assessment of Chapter Five of the Proposal for a Common European Sales Law, ERCL 2012, 113 ff.

Ackermann, Thomas: Das Informationsmodell im Recht der Dienstleistungen, ZEuP 2009, 230 ff.

Aigner, Dietmar/Hofmann, Dietrich: Fernabsatzrecht im Internet, München 2004.

Akerlof, George A.: The Market for "Lemons": Quality Uncertainty and the Market Mechanism, (1970) 84 Q. J. Econ. 488 ff.

Alexander, Christian: Anmerkung zu BGH, 3.11.2010 – VIII ZR 337/09, JR 2012, 29 f.

–: Die Umsetzung der Verbraucherrechte-Richtlinie und die Auswirkungen auf das Lauterkeitsrecht, WRP 2014, 501 ff.

–: Neuregelungen zum Schutz vor Kostenfallen im Internet, NJW 2012, 1985 ff.

–: Vertrag und unlauterer Wettbewerb. Eine Untersuchung der wechselseitigen Beziehungen von Vertragsrecht und Wettbewerbsrecht zueinander, Berlin 2002.

–: Wertersatz bei Fernabsatzgeschäften nach Widerruf. Aktuelle Entwicklungen in Gesetzgebung und Rechtsprechung, JR 2011, 415 ff.

Althammer, Christoph: Der Widerruf notariell beurkundeter Fondsbeitritte und die Modalitäten der Rückabwicklung, BKR 2003, 280 ff.

Andrés Santos, F. J./Baldus, C./Dedek, H. (Hrsg.): Vertragstypen in Europa. Historische Entwicklung und europäische Perspektiven, München 2011 (zitiert: Andrés Santos/Baldus/Dedek (Hrsg.), Vertragstypen in Europa).

Arlt, Christian: Digital Rights Management Systeme. Der Einsatz technischer Maßnahmen zum Schutz digitaler Inhalte, München 2006.

Armbrüster, Christian: Gesellschaftsrecht und Verbraucherschutz. Zum Widerruf von Fondsbeteiligungen, Berlin 2005 (zitiert: *Armbrüster*, Gesellschaftsrecht und Verbraucherschutz).

–: Rückabwicklung von Fondsbeteiligungen. Deutsches Gesellschaftsrecht modifiziert europäisches Verbraucherschutzrecht, EuZW 2010, 614 ff.

Arnold, Stefan: Vollharmonisierung im europäischen Verbraucherrecht, RIW 2009, 679 ff.

Artz, Markus: Der Vorschlag für eine vollharmonisierte Horizontalrichtlinie zum Verbraucherrecht, in: Gsell/Herresthal (Hrsg.), Vollharmonisierung im Privatrecht. Die Konzeption der Richtlinie am Scheideweg?, Tübingen 2009, 209 ff.

Augenhofer, S. (Hrsg.): Die Europäisierung des Kartell- und Lauterkeitsrechts, Tübingen 2009.

– (Hrsg.), Verbraucherrecht im Umbruch, Tübingen 2012.

Augenhofer, Susanne/Appenzeller, Carmen/Holm, Viktoria: Nacherfüllungsort und Aus- und Einbaukosten, JuS 2011, 680 ff.

Augenhofer, Susanne: A European Civil Law – for Whom and What Should it Include? Reflections on the Scope of Application of a Future European Legal Instrument, ERCL 2011, 195 ff.

–: Aktuelle Entwicklungen im Europäischen Verbraucherrecht, in: Augenhofer (Hrsg.), Verbraucherrecht im Umbruch, Tübingen 2012, 1 ff.

–: Die Zukunft des europäischen Verbraucherrechts und seine Bedeutung für die Weiterentwicklung des Vertrags- und Wettbewerbsrechts, in: Grundmann/Kloepfer/Paulus/Schröder/Werle (Hrsg.), Festschrift 200 Jahre Juristische Fakultät der Humboldt-Universität zu Berlin. Geschichte, Gegenwart und Zukunft, Berlin u.a. 2010, 1051 ff. (zitiert: *Augenhofer*, Die Zukunft des europäischen Verbraucherrechts, in: FS 200 Jahre Juristische Fakultät).

–: Gewährleistung und Werbung. Das neue Gewährleistungsrecht für Werbeaussagen, Wien 2002.

–: *Private enforcement*. Anforderungen an die österreichische und deutsche Rechtsordnung, in: Augenhofer (Hrsg.), Die Europäisierung des Kartell- und Lauterkeitsrechts, Tübingen 2009, 39 ff.

–: Zum Vorrang der Verbesserung nach dem GewRÄG 2001. Besprechung der E des OGH 6 Ob 85/05a, JBl 2006, 437 ff.

Babusiaux, Ulrike: Richtlinienwidriges Richterrecht? Methodische Bemerkungen zum Vorlagebeschluss des BGH in Sachen Verbraucherschutz vs. fehlerhafte Gesellschaft, ZEuS 2009, 131 ff.

Balthasar, Stephan: Das Gemeinsame Europäische Kaufrecht. Eine Analyse aus unternehmerischer Sicht, RIW 2012, 361 ff.

Bamberger, H. G./Roth, H. (Hrsg.): Beck'scher Online-Kommentar BGB, 32. Edition, München 2014 (zitiert: BeckOK/*Mitarbeiter* BGB).

Bar v., C./Clive, E. (Hrsg.): Principles, definitions and model rules of European Private Law. Draft Common Frame of Reference (DCFR). Full Edition, Munich 2009.

Bar v., C./Clive, E./Schulte-Nölke, H. (Hrsg.): Principles, definitions and model rules of European Private Law. Draft Common Frame of Reference (DCFR). Interim Outline Edition, München 2008.

–: Principles, Definitions and Model Rules of European Private Law. Draft Common Frame of Reference (DCFR). Outline Edition, München 2009.

Bar v., Christian/Zimmermann, Reinhard: Grundregeln des Europäischen Vertragsrechts. Teile I und II, München 2002.

–: Grundregeln des Europäischen Vertragsrechts. Teil III, München 2005.

Bartholomä, Andreas: Die Systematik des neuen Wertersatzregimes nach Widerruf, NJW 2012, 1761 ff.

Basedow, J./Hopt, K. J./Reinhard, Z. (Hrsg.): Handwörterbuch des europäischen Privatrechts. Band I, Tübingen 2009.

–: Handwörterbuch des europäischen Privatrechts. Band II, Tübingen 2009.

Basedow, J./John, B./Clarke, M./Cousy, H./Heiss, H. (Hrsg.): Principles of European Insurance Contract Law (PEICL), München 2009.

Basedow, Jürgen: Art. 114 AEUV als Rechtsgrundlage eines optionalen EU-Kaufrechts, EuZW 2012, 1 f.

–: Der Gemeinsame Referenzrahmen und das Versicherungsvertragsrecht, ZEuP 2007, 280 ff.

–: Ein Gemeinsames Europäisches Kaufrecht für grenzübergreifende Verträge. Seine Bedeutung und Auswirkung auf offene Märkte, in: Gebauer (Hrsg.), Gemeinsames Europäisches Kaufrecht. Anwendungsbereich und kollisionsrechtliche Einbettung, München 2013, 3 ff. (zitiert: *Basedow*, Ein Gemeinsames Europäisches Kaufrecht für grenzübergreifende Verträge, in: Gebauer (Hrsg.), Gemeinsames Europäisches Kaufrecht).

–: Gemeinsames Europäisches Kaufrecht. Das Ende eines Kommissionsvorschlags, ZEuP 2015, 432 ff.

Bayer, Walter/Riedel, Jens: Kapitalbeteiligung an Personengesellschaften und Anlegerschutz. Zugleich ein Beitrag zur Dogmatik der fehlerhaften stillen Gesellschaft, NJW 2003, 2567 ff.

Beck, Lukas: Die Reform des Verbraucherschutzrechts. Ein erster Überblick, Jura 2014, 666 ff.

Becker, Rolf/Föhlisch, Carsten: Von Dessous, Deorollern und Diabetes-Streifen. Ausschluss des Widerrufsrechts im Fernabsatz, NJW 2008, 3751 ff.

Begegnungen im Recht. Ringvorlesung der Bucerius Law School zu Ehren von Karsten Schmidt anlässlich seines 70. Geburtstags, Tübingen 2011 (zitiert: Begegnungen im Recht).

Ben-Shahar, Omri/Posner, Eric A.: The Right to Withdraw in Contract Law, J. Legal Stud. 2011, 131 ff.

Berger, Maria: Zu europäischen Entwicklungen im Internationalen Privatrecht und im Verbraucherschutz, ZEuP 2009, 451 ff.

Beuthien, V./Fuchs, M./Roth, H./Schiemann, G./Wacke, A. (Hrsg.): Festschrift für Dieter Medicus. Zum 70. Geburtstag, Köln u.a. 1999 (zitiert: FS Medicus).

Bierekoven, Christiane/Crone, Andreas: Umsetzung der Verbraucherrechterichtlinie. Neuerungen im deutschen Schuldrecht. Ein erster Überblick, MMR 2013, 687 ff.

Bisges, Marcel: Schlumpfbeeren für 3000 Euro. Rechtliche Aspekte von In-App-Verkäufen an Kinder, NJW 2014, 183 ff.

Borges, Georg/Irlenbusch, Bernd: Fairness Crowded Out by Law. An Experimental Study on Withdrawal Rights, JITE 163 (2007), 84 ff.

Borges, Georg: Der Leistungsort (Erfüllungsort) beim Versandhandel. Verlust der verkauften Sache auf dem Versandweg. Die Verteilung des Transportrisikos, DB 2004, 1815 ff.

Bork, Reinhard: Allgemeiner Teil des Bürgerlichen Gesetzbuchs, 3. Aufl. Tübingen 2011.

Braun, Johann: Die Versandkosten beim Widerruf eines Fernabsatzkaufs, ZGS 2008, 129 ff.

Brinkmann, Moritz: Der Vertragsgerichtsstand bei Klagen aus Lizenzverträgen, IPRax 2009, 487 ff.

Brönneke, Tobias/Schmidt, Fabian: Der Anwendungsbereich der Vorschriften über die besonderen Vertriebsformen nach Umsetzung der Verbraucherrechterichtlinie, VuR 2014, 3 ff.

Brönneke, Tobias: Abwicklungsprobleme beim Widerruf von Fernabsatzgeschäften, MMR 2004, 127 ff.

Buchmann, Felix/Föhlisch, Carsten: Die Neuregelung des Wertersatzes im Fernabsatzrecht, K&R 2011, 433 ff.

Buchmann, Felix: Hinsendekosten, Rücksendekosten und 40-Euro-Klausel bei Fernabsatzgeschäften, K&R 2010, 458 ff.

–: Kommentar zu BGH, 1.10.2008 – VIII ZR 268/07, K&R 2009, 42 ff.

–: Kommentar zu BGH, 3.11.2010 – VIII ZR 337/09, K&R 2011, 42 f.

Bülow, Peter/Artz, Markus: Fernabsatzverträge und Strukturen eines Verbraucherprivatrechts im BGB, NJW 2000, 2049 ff.

–: Heidelberger Kommentar zum Verbraucherkreditrecht, 6. Aufl. Heidelberg 2006.

–: Verbraucherkreditrecht. Kommentar, 7. Aufl. München 2011 (zitiert: Bülow/Artz, Verbraucherkreditrecht).

–: Verbraucherprivatrecht, 3. Aufl. Heidelberg u.a. 2011.

Bülow, Peter: Ein neugefasster § 13 BGB. Überwiegende Zweckbestimmung, WM 2014, 1 ff.

–: Unsinniges im Fernabsatz. Das Widerrufsrecht im Referentenentwurf für ein Fernabsatzgesetz, ZIP 1999, 1293 ff.

Busch, Christoph: Die aufgeklärte Entscheidung? Modalitäten der Einwahl und der kollisionsrechtliche Verbraucherschutz, in: Gebauer (Hrsg.), Gemeinsames Europäisches Kaufrecht. Anwendungsbereich und kollisionsrechtliche Einbettung, München 2013, 89 ff.

–: From European Sales Law to Online Contract Law. The CESL in the European Parliament, euvr 2013, 33 ff.

–: Kollisionsrechtliche Weichenstellungen für ein optionales Instrument im Europäischen Vertragsrecht, EuZW 2011, 655 ff.

Bydlinski, Franz: Die Suche nach der Mitte als Daueraufgabe der Privatrechtswissenschaft, AcP 204 (2004), 309 ff.

–: System und Prinzipien des Privatrechts, Wien 2013.

Bydlinski, P./Lurger, B. (Hrsg.): Die Richtlinie über die Rechte der Verbraucher, Wien 2012.

Bydlinski, Peter/Klauninger, Johannes: Zur Anwendbarkeit der Richtlinie 85/577/EWG vom 20. Dezember 1985 betreffend den Verbraucherschutz im Falle von außerhalb von Geschäftsräumen geschlossenen Verträgen auf Bürgschaftsverpflichtungen von Verbrauchern, ZEuP 1998, 996 ff.

Calliess, C./Ruffert, M. (Hrsg.): EUV, AEUV. Das Verfassungsrecht der Europäischen Union mit Europäischer Grundrechtecharta. Kommentar, 4. Aufl. München 2011 (zitiert: *Mitarbeiter*, in: Calliess/Ruffert, EUV/AEUV).

Canaris, Claus-Wilhelm: Schuldrechtsreform 2002. Systematische Einführung, Diskussionsentwürfe, Begründung des Regierungsentwurfs, Stellungnahme des Bundesrates, Gegenäußerung der Bundesregierung, Bericht des Rechtsausschusses, München 2002.

–: Wandlungen des Schuldvertragsrechts. Tendenzen zu seiner „Materialisierung", AcP 200 (2000), 273 ff.

Cap, Verena: Grundsätzliches zur Verbraucherrechte-Richtlinie. Entstehung, Anwendungsbereich, Zentralbegriffe, Harmonisierungsgrad, in: Bydlinski/Lurger (Hrsg.), Die Richtlinie über die Rechte der Verbraucher, Wien 2012, 1 ff. (zitiert: *Cap*, Grundsätzliches zur Verbraucherrechte-Richtlinie, in: P. Bydlinski/Lurger (Hrsg.), Die Richtlinie über die Rechte der Verbraucher).

–: Umsetzung der Verbraucherrechte-Richtlinie. Das neue Fern- und Auswärtsgeschäfte-Gesetz, ÖJZ 2014, 707 ff.

Cardano, Vittorio: Hinsendekosten der Ware bei einem Fernabsatzvertrag zwischen einem Verbraucher und einem Unternehmer. Anmerkung zu EuGH, Urteil vom 15.4.2010, C-511/08 – *Heinrich Heine GmbH/Verbraucherzentrale Nordrhein-Westfalen e.V.*, GPR 2010, 231 ff.

Christiansen, Ragnhild: Effektive und effiziente Widerrufsrechte. Eine rechtsvergleichende Analyse der Umsetzung der Widerrufsrechte der Haustürwiderrufsrichtlinie und der Fernabsatzrichtlinie in Deutschland und England im Vergleich mit dem Vorschlag für eine Richtlinie über Rechte der Verbraucher, Jena 2011 (zitiert: *Christiansen*, Effektive und effiziente Widerrufsrechte).

Coester, M./Coester-Waltjen, D./Krause, R./Schlosser, P.: J. von Staudingers Kommentar zum Bürgerlichen Gesetzbuch mit Einführungsgesetz und Nebengesetzen. Buch 2: Recht der Schuldverhältnisse. §§ 305–310; UKlaG, Berlin 2013 (zitiert: Staudinger/*Mitarbeiter*).

Coester-Waltjen, Dagmar: Rücktritt und Widerruf. Gemeinsamkeiten und Unterschiede, Jura 2009, 820 ff.

Corneloup, Sabine: Der Anwendungsbereich des Optionalen Instruments, die Voraussetzungen seiner Wahl und das Verhältnis zur Rom I-VO, ZEuP 2012, 705 ff.

Damm, Ole: Anmerkung zu EuGH, 3.9.2009 – Rs. C-489/07, MMR 2009, 745 f.

Dammann, J./Grunsky, W./Pfeiffer, T. (Hrsg.): Gedächtnisschrift für Manfred Wolf, München 2011 (zitiert: GS Wolf).

Dannemann, G./Vogenauer, S. (Hrsg.): The Common European Sales Law in Context. Interactions with English and German Law, Oxford 2013 (zitiert: Dannemann/Vogenauer (Hrsg.), The Common European Sales Law in Context).

Dannemann, Gerhard: Choice of CESL and Conflict of Laws, in: Dannemann/Vogenauer (Hrsg.), The Common European Sales Law in Context. Interactions with English and German Law, Oxford 2013, 21 ff. (zitiert: *Dannemann*, Choice of CESL and Conflict of Laws, in: Dannemann/Vogenauer (Hrsg.), The Common European Sales Law in Context).

Darby, Michael R./Karni, Edi: Free Competition and the Optimal Amount of Fraud, J. Law & Econ. 16 (1973), 67 ff.

Dauner-Lieb, B./Konzen, H./Schmidt, K. (Hrsg.): Das neue Schuldrecht in der Praxis. Akzente, Brennpunkte, Ausblick, Köln u.a. 2003 (zitiert: Dauner-Lieb/Konzen/Schmidt (Hrsg.), Das neue Schuldrecht in der Praxis).

Dauses, M. A. (Hrsg.): Handbuch des EU-Wirtschaftsrechts. Band II, 34. Ergänzungslieferung München 2013 (zitiert: *Mitarbeiter*, in: Dauses (Hrsg.), Handbuch EU-Wirtschaftsrecht).

Denkinger, Fleur: Der Verbraucherbegriff. Eine Analyse persönlicher Geltungsbereiche von verbraucherrechtlichen Schutzvorschriften in Europa, Berlin 2007.

Derleder, Peter: Kurzkommentar BGH, 3.11.2010 – VIII ZR 337/09, EWiR 2011, 41 f.

Diskussionsbericht zu den Vorträgen von *Gsell, Faust* und *Wendehorst*, in: Remien/Herrler/Limmer (Hrsg.), Gemeinsames Europäisches Kaufrecht für die EU? Analyse des Vorschlags der europäischen Kommission für ein optionales Europäisches Vertragsrecht vom 11. Oktober 2011, München 2012, 205 ff.

Doralt, Walter: Rote Karte oder grünes Licht für den Blue Button? Zur Frage eines optionalen europäischen Vertragsrechts, AcP 211 (2011), 1 ff.

–: Strukturelle Schwächen in der Europäisierung des Privatrechts. Eine Prozessanalyse der jüngeren Entwicklungen, RabelsZ 75 (2011), 260 ff.

Drexl, Josef: Der Bürge als deutscher und europäischer Verbraucher, JZ 1998, 1046 ff.

Editorial comments: A Common European Sales Law (CESL) ahead?, CML Rev 2012, 1267 ff.

–: On the way to a European Contract Code?, CML Rev 2002, 219 ff.

Effer-Uhe, Daniel O./Watson, Jonathon M.: Der Entwurf einer horizontalen Richtlinie über Rechte der Verbraucher, GPR 2009, 7 ff.

Ehlen, Theresa Johanna: Nutzungsersatz im kaufvertraglichen Mängelgewährleistungs- und Widerrufsrecht, Hamburg 2012.

Eichelberger, Jan: Anmerkung zu EuGH, 15.4.2010 – C-511/08, VuR 2010, 279 f.

–: Die Hinsendekosten beim widerrufenen Fernabsatzvertrag, VuR 2008, 167 ff.

Eidenmüller, H./Faust, F./Grigoleit, H. C./Jansen, N./Wagner, G./Zimmermann, R. (Hrsg.): Revision des Verbraucher-*acquis*, Tübingen 2011.

Eidenmüller, Horst/Faust, Florian/Grigoleit, Hans C./Jansen, Nils/Wagner, Gerhard/Zimmermann, Reinhard: Der Gemeinsame Referenzrahmen für das Europäische Privatrecht. Wertungsfragen und Kodifikationsprobleme, JZ 2008, 529 ff.

Eidenmüller, Horst/Jansen, Nils/Kieninger, Eva-Maria/Wagner, Gerhard/Zimmermann, Reinhard: Der Vorschlag für eine Verordnung über ein Gemeinsames Europäisches Kaufrecht. Defizite der neuesten Textstufe des europäischen Vertragsrechts, JZ 2012, 269 ff.

Eidenmüller, Horst: Die Rechtfertigung von Widerrufsrechten, AcP 210 (2010), 67 ff.

–: What can be wrong with an option? An optional Common European Sales Law as a regulatory tool, CML Rev 2013 SI, 69 ff.

–: Widerrufsrechte, in: Eidenmüller/Faust/Grigoleit/Jansen/Wagner/Zimmermann (Hrsg.), Revision des Verbraucher-*acquis*, Tübingen 2011, 109 ff.

Eisenhut, Stefan: Escrow-Verhältnisse. Das Escrow Agreement und ähnliche Sicherungsgeschäfte, Basel 2009.

Ernst, Stefan: Das Gesetz gegen Abofallen. Guter Wille, mehr nicht, VuR 2012, 205 ff.

Ernst, W./Zimmermann, R. (Hrsg.): Zivilrechtswissenschaft und Schuldrechtsreform. Zum Diskussionsentwurf eines Schuldrechtsmodernisierungsgesetzes des Bundesministeriums der Justiz, Tübingen 2001 (zitiert: Ernst/Zimmermann (Hrsg.), Zivilrechtswissenschaft und Schuldrechtsreform).

European Law Institute: Statement on the Proposal for a Regulation on a Common European Sales Law, Wien 2012.

Faber, Wolfgang: Dienstleistungserträge (Teil V CESL-Entwurf), in: Wendehorst/Zöchling-Jud (Hrsg.), Am Vorabend eines gemeinsamen europäischen Kaufrechts. Zum Verordnungsentwurf der Europäischen Kommission vom 11.10.2011, Wien 2012, 147 ff.

Fasching, H. W./Konecny, A. (Hrsg.): Kommentar zu den Zivilprozessgesetzen. Band 3, 2. Aufl. Wien 2004 (zitiert: *Mitarbeiter*, in: Fasching/Konecy).

Faust, Florian/Grigoleit, Hans Christoph: Informationspflichten: Grundlegende Weichenstellungen, in: Eidenmüller/Faust/Grigoleit/Jansen/Wagner/Zimmermann (Hrsg.), Revision des Verbraucher-*acquis*, Tübingen 2011, 193 ff.

Faust, Florian: EuGH, 3.9.2009 – C-489/07, JuS 2009, 1050 ff.

–: Kaufrecht: Reichweite des Anspruchs auf Ersatzlieferung, JuS 2011, 744 ff.

–: Schuldrecht: Widerruf eines Fernabsatzgeschäfts, JuS 2011, 259 ff.

Fehrenbach, Markus: Die Abhilfen des Verkäufers nach Artt. 131-139 GEKR, in: Schmidt-Kessel (Hrsg.), Ein einheitliches europäisches Kaufrecht? Eine Analyse des Vorschlags der Kommission, München 2012, 447 ff. (zitiert: *Fehrenbach*, Die Abhilfen des Verkäufers nach Artt. 131-139 GEKR, in: Schmidt-Kessel (Hrsg.), Ein einheitliches europäisches Kaufrecht?).

Feldmann, Cornelia; Löwisch, Manfred; Thüsing, Gregor: J. von Staudingers Kommentar zum Bürgerlichen Gesetzbuch mit Einführungsgesetz und Nebengesetzen. Buch 2: Recht der Schuldverhältnisse. §§ 311, 311a, 312, 312a–i, Berlin 2012 (zitiert: Staudinger/*Mitarbeiter*).

Ferrari, Franco; Kieninger, Eva-Maria; Mankowski, Peter; Otte, Karsten; Saenger, Ingo; Schulze, Götz; Staudinger, Ansgar: Internationales Vertragsrecht. Rom I-VO, CISG, CMR, FactÜ. Kommentar, 2. Aufl. München 2012 (zitiert: Ferrari/Kieninger/Mankowski/Otte/Saenger/A. Staudinger, Internationales Vertragsrecht).

Fischer, Nikolaj: Das allgemeine verbraucherschützende Widerrufsrecht gemäß § 355 BGB. Ein Beitrag zur Dogmatik der Wirkungsweise von Widerrufsrechten im Privatrecht, Frankfurt am Main u.a. 2003.

Fitzner, Julia: Von Digital-Rights-Management zu Content-Identification-Technologien. Neue Ansätze zum Schutz urheberrechtlich geschützter Multimediawerke im Internet, Baden-Baden 2011.

Flessner, Axel: Der Status des Gemeinsamen Europäischen Kaufrechts. Kommentar zu *Sabine Corneloup*, ZEuP 2012, 726 ff.

Föhlisch, Carsten/Buchmann, Felix: „Globales Leihhaus Internet“ statt Onlinehandel?, MMR 2010, 3 ff.

Föhlisch, Carsten/Dyakova, Tanya: Das Widerrufsrecht im Onlinehandel. Änderungen nach dem Referentenentwurf zur Umsetzung der Verbraucherrechterichtlinie, MMR 2013, 71 ff.

Föhlisch, Carsten: Anmerkung zu BGH, 3.11.2010 – VIII ZR 337/09, MMR 2011, 26 f.

–: Anmerkung zu LG Halle, 8.1.2013 – 8 O 105/12, MMR 2013, 712 ff.

–: Das Widerrufsrecht im Onlinehandel, München 2009.

–: Endlich Vollharmonisierung im Fernabsatz? Auswirkungen der geplanten Europäischen Verbraucherrechtsrichtlinie, MMR 2009, 75 ff.

–: Reichweite des Prüfungsrechts im Fernabsatz, NJW 2011, 30 ff.

Fornasier, Matteo: »28.« versus »2. Regime«. Kollisionsrechtliche Aspekte eines optionalen europäischen Vertragsrechts, RabelsZ 76 (2012), 401 ff.

Friedrich-Wilhelms-Universität Berlin (Hrsg.), Festschrift der Berliner Juristischen Fakultät für Ferdinand von Martitz zum fünfzigjährigen Doktorjubiläum, Berlin 1911 (zitiert: FS v. Martitz).

Fuchs, Andreas: Das Fernabsatzgesetz im neuen System des Verbraucherschutzrechts, ZIP 2000, 1273 ff.

Gebauer, M. (Hrsg.): Gemeinsames Europäisches Kaufrecht. Anwendungsbereich und kollisionsrechtliche Einbettung, München 2013 (zitiert: Gebauer (Hrsg.), Gemeinsames Europäisches Kaufrecht).

Gebauer, M./Wiedmann, T. (Hrsg.): Zivilrecht unter europäischem Einfluss. Die richtlinienkonforme Auslegung des BGB und anderer Gesetze. Kommentierung der wichtigsten EU-Verordnungen, 2. Aufl. Stuttgart u.a. 2010.

Gebauer, Martin: Der Vertragsschluss im EU-Kaufrecht (Artt. 30-39 GEKR), in: Schmidt-Kessel (Hrsg.), Ein einheitliches europäisches Kaufrecht? Eine Analyse des Vorschlags der Kommission, München 2012, 121 ff.

–: Europäische Auslegung des Zivilrechts, in: Gebauer/Wiedmann (Hrsg.), Zivilrecht unter europäischem Einfluss. Die richtlinienkonforme Auslegung des BGB und anderer Gesetze. Kommentierung der wichtigsten EU-Verordnungen, Stuttgart u.a. 2010, 111 ff.

–: Europäisches Vertragsrecht als Option. Der Anwendungsbereich, die Wahl und die Lücken des Optionalen Instruments, GPR 2011, 227 ff.

Gernhuber, Joachim: Verbraucherschutz durch Recht zum Widerruf von Willenserklärung. Eine rechtsdogmatische Studie, WM 1998, 1797 ff.

Gessner, Jenny: Widerrufsrecht und Widerrufsbelehrung im deutschen und europäischen Verbraucherrecht, Frankfurt am Main u.a. 2009.

Gilles, Peter: Das Gesetz über den Widerruf von Haustürgeschäften und ähnlichen Geschäften. Anmerkung zum jüngsten Verbraucherschutzsondergesetz im Zivilrecht unter Berücksichtigung seines rechtspolitischen Gesamtkontextes, NJW 1986, 1131 ff.

Goette, Wulf: Anmerkung zu EuGH, 15.4.2010 – C-215/08, DStR 2010, 881.

Gómez-Pomar, Fernando/Ganuza, Juan J.: An Economic Analysis of Harmonisation Regimes. Full Harmonisation, Minimum Harmonisation or Optional Instrument?, ERCL 2011, 275 ff.

Grabitz, E./Hilf, M./Nettesheim, M. (Hrsg.): Das Recht der Europäischen Union. Band III, 48. Ergänzungslieferung München 2012 (zitiert: *Mitarbeiter*, in: Grabitz/Hilf/Nettesheim (Hrsg.), Das Recht der Europäischen Union).

–: Das Recht der Europäischen Union. Band IV. Sekundärrecht: A. EG-Verbraucher- und Datenschutzrecht, 40. Ergänzungslieferung München 2009 (zitiert: *Mitarbeiter*, in: Grabitz/Hilf/Nettesheim (Hrsg.), Das Recht der Europäischen Union).

Grädler, Thomas/Köchel, Manuel: Das kaufrechtliche Abhilfenrecht nach dem Kommissionsentwurf für ein Gemeinsames Europäisches Kaufrecht, in: Schmidt-Kessel (Hrsg.), Ein einheitliches europäisches Kaufrecht? Eine Analyse des Vorschlags der Kommission, München 2012, 347 ff.

Graf v. Westphalen, F./Thüsing, G. (Hrsg.): Vertragsrecht und AGB-Klauselwerke, 34. Ergänzungslieferung München 2013.

Grigoleit, Hans C.: Besondere Betriebsformen im BGB, NJW 2002, 1151 ff.

–: Der Entwurf für ein Gemeinsames Europäisches Kaufrecht: Funktionsbedingungen, EU-Kompetenz und Perspektiven, in: Remien/Herrler/Limmer (Hrsg.), Gemeinsames Europäisches Kaufrecht für die EU? Analyse des Vorschlags der europäischen Kommission für ein optionales Europäisches Vertragsrecht vom 11. Oktober 2011, München 2012, 68 ff.

–: Der Verbraucheracquis und die Entwicklung des Europäischen Privatrechts, AcP 201 (2010), 354 ff.

–: Die Aufklärungspflichten des *acquis*, in: Eidenmüller/Faust/Grigoleit/Jansen/Wagner/Zimmermann (Hrsg.), Revision des Verbraucher-*acquis*, Tübingen 2011, 223 ff.

–: Die Europäische Kommission und ein Gemeinsames Europäisches Kaufrecht, ZSE 2012, 560 ff.

Grohmann, Uwe/Gruschinske, Nancy: Kostentragung bei widerrufenen Fernabsatzgeschäften. Zugleich Besprechung von EuGH, Urt. v. 15.4.2010 – C-511/08, ZGS 2010, 250 ff.

Grundmann, S./Kloepfer, M./Paulus, C. G./Schröder, R./Werle, G. (Hrsg.): Festschrift 200 Jahre Juristische Fakultät der Humboldt-Universität zu Berlin. Geschichte, Gegenwart und Zukunft, Berlin u.a. 2010 (zitiert: FS 200 Jahre Juristische Fakultät).

Grundmann, Stefan: Die EU-Verbraucherrechte-Richtlinie. Optimierung, Alternative oder Sackgasse?, JZ 2013, 53 ff.

–: Kosten und Nutzen eines optionalen Europäischen Kaufrechts, AcP 212 (2012), 502 ff.

–: The Structure of the DCFR. Which Approach for Today's Contract Law?, ERCL 2008, 225 ff.

Grunewald, Barbara: Der Einfluss des europäischen Verbraucherrechts auf das BGB, dargestellt am Beispiel des Kaufvertrages, in: Augenhofer (Hrsg.), Verbraucherrecht im Umbruch, Tübingen 2012, 31 ff.

Gsell, B./Hau, W. (Hrsg.): Zivilgerichtsbarkeit und Europäisches Justizsystem. Institutionelle und prozedurale Rahmenbedingungen des Vorabentscheidungsverfahrens nach Art. 267 AEUV auf dem Prüfstand, Tübingen 2012.

Gsell, B./Herresthal, C. (Hrsg.): Vollharmonisierung im Privatrecht. Die Konzeption der Richtlinie am Scheideweg?, Tübingen 2009.

Gsell, Beate: Der Verordnungsentwurf für ein Gemeinsames Europäisches Kaufrecht und die Problematik seiner Lücken, in: Remien/Herrler/Limmer (Hrsg.), Gemeinsames Europäisches Kaufrecht für die EU? Analyse des Vorschlags der europäischen Kommission für ein optionales Europäisches Vertragsrecht vom 11. Oktober 2011, München 2012, 145 ff.

–: Entscheidungsanmerkung zu EuGH, Urt. v. 15.4.2010 – C-511/08. Belastung des Verbrauchers mit Zusendekosten trotz fernabsatzrechtlichen Widerrufs, ZJS 2010, 438 ff.

–: Interne und externe Lücken des GEK. Die Rolle des EuGH und der mitgliedstaatlichen Gerichte bei der Lückenfüllung, in: Gebauer (Hrsg.), Gemeinsames Europäisches Kaufrecht. Anwendungsbereich und kollisionsrechtliche Einbettung, München 2013, 105 ff.

–: Kurzkommentar EuGH, 3.9.2009 – C-489/07, EWiR 2010, 277 f.

–: Rechtzeitigkeit der Zahlung per Banküberweisung und Verzugsrichtlinie. Zugleich eine Besprechung von EuGH, Urteil vom 3.4.2008, C-306/06 - 01051 Telecom GmbH gegen Deutsche Telekom AG, GPR 2008, 165 ff.

–: Verbraucherrealitäten und Verbraucherrecht im Wandel, JZ 2012, 809 ff.

–: Vorlageverfahren und überschießende Umsetzung von Europarecht, in: Gsell/Hau (Hrsg.), Zivilgerichtsbarkeit und Europäisches Justizsystem. Institutionelle und prozedurale Rahmenbedingungen des Vorabentscheidungsverfahrens nach Art. 267 AEUV auf dem Prüfstand, Tübingen 2012, 123 ff.

Guggenberger, Nikolas: Rechtsklarheit vs. Rechtswahrheit. Widerrufsbelehrung, Gesetzlichkeitsfiktion und die Lehre von der fehlerhaften Gesellschaft, ZGS 2011, 397 ff.

Habermann, Norbert/Bork, Reinhard: J. von Staudingers Kommentar zum Bürgerlichen Gesetzbuch mit Einführungsgesetz und Nebengesetzen. Buch 1: Allgemeiner Teil. §§ 139–163, Berlin 2010 (zitiert: Staudinger/*Mitarbeiter*).

Habersack, M. (Hrsg.): Münchener Kommentar zum Bürgerlichen Gesetzbuch. Band 5: Schuldrecht. Besonderer Teil III §§ 705–853, 6. Aufl. München 2013 (zitiert: MünchKommBGB/*Mitarbeiter*).

Habersack, Mathias: Anmerkung zu EuGH, 15.4.2010 – C-215/08, ZIP 2010, 775 f.

Haberstumpf, Helmut: Der Handel mit gebrauchter Software im harmonisierten Urheberrecht. Warum der Ansatz des EuGH einen falschen Weg zeigt, CR 2012, 561 ff.

Hager, Johannes: Das geplante Recht des Rücktritts und des Widerrufs, in: Ernst/Zimmermann (Hrsg.), Zivilrechtswissenschaft und Schuldrechtsreform. Zum Diskussionsentwurf eines Schuldrechtsmodernisierungsgesetzes des Bundesministeriums der Justiz, Tübingen 2001, 427 ff. (zitiert: *Hager*, Das geplante Recht des Rücktritts und des Widerrufs, in: Ernst/Zimmermann (Hrsg.), Zivilrechtswissenschaft und Schuldrechtsreform).

Hahn, Erik: Das Verbraucherwiderrufsrecht und die Kippsche Doppelwirkung im Recht, NJ 2010, 281 ff.

Hahn, Peter/Brockmann, Petra: Die Anwendung der Grundsätze der fehlerhaften Gesellschaft auf Beteiligungen an Publikumsgesellschaften, VuR 2002, 164 ff.

Hähnchen, Susanne: Entscheidungsanmerkung zu EuGH, Urt. v. 3.9.2009 – C-489/07. Europarechtswidrigkeit von Nutzungsersatz bei Verbraucherwiderruf im Fernabsatz, ZJS 2009, 726 ff.

Hall, Elizabeth/Howells, Geraint/Watson, Jonathon: The Consumer Rights Directive. An Assessment of its Contribution to the Development of European Consumer Contract Law, ERCL 2012, 139 ff.

Hammen, Horst: Widerruf eines Beitritts zu einem geschlossenen Immobilienfonds und Art. 5 Abs. 2 der EG-Haustürgeschäfterichtlinie, WM 2008, 233 ff.

Hansen, Ralf: AGB-Inhaltskontrolle von Geschäftsbedingungen im B2C-eCommerce, ZGS 2006, 14 ff.

Härting, Niko/Schirmbacher, Martin: Finanzdienstleistungen im Fernabsatz, CR 2002, 809 ff.

Harvey, Caroline/Schillig, Michael: Conclusion of Contract, in: Dannemann/Vogenauer (Hrsg.), The Common European Sales Law in Context. Interactions with English and German Law, Oxford 2013, 248 ff. (zitiert: *Harvey/Schillig*, Conclusion of Contract, in: Dannemann/Vogenauer (Hrsg.), The Common European Sales Law in Context).

Harvey, Caroline/Schillig, Michael: Consequences of an Ineffective Agreement to Use the Common European Sales Law, ERCL 2013, 143 ff.

Heiderhoff, Bettina: Europäisches Privatrecht, 3. Aufl. Heidelberg 2012.

–: Grundstrukturen des nationalen und europäischen Verbaruchervertragsrechts. Insbesondere zur Reichweite europäischer Auslegung, München 2004 (zitiert: *Heiderhoff*, Grundstrukturen des nationalen und europäischen Verbrauchervertragsrechts).

Heinig, Jens: Neuregelungen bei den Vorschriften zum Widerrufs- und Rückgaberecht im BGB, JR 2010, 461 ff.

–: Verbraucherschutz. Schwerpunkte der EU-Verbraucherrechte-Richtlinie, MDR 2012, 323 ff.

Heinrichs, Helmut: Das Widerrufsrecht nach der Richtlinie 97/7/EG über den Verbraucherschutz bei Vertragsabschlüssen im Fernabsatz, in: Beuthien/Fuchs/Roth/Schiemann/Wacke (Hrsg.), Festschrift für Dieter Medicus. Zum 70. Geburtstag, Köln u.a. 1999, 177 ff. (zitiert: *Heinrichs*, Das Widerrufsrecht, in: FS Medicus).

Hellwege, Phillip: Allgemeines Vertragsrecht und „Rechtsgeschäfts"-lehre im Draft Common Frame of Reference (DCFR), AcP 211 (2011), 665 ff.

–: Die Rückabwicklung gegenseitiger Verträge als einheitliches Problem. Deutsches, englisches und schottisches Recht in historisch-vergleichender Perspektive, Tübingen 2004 (zitiert: *Hellwege*, Die Rückabwicklung gegenseitiger Verträge als einheitliches Problem).

–: Ein einheitliches Regelungsmodel für die Rückabwicklung gegenseitiger Verträge, JZ 2005, 337 ff.

–: Wertersatz für Nutzungen nach Ausübung des Widerrufs im Fernabsatz. Anmerkung zu EuGH, Urteil vom 3.11.2009, Rs. C-489/07 – *Pia Messner ./. Firma Stefan Krüger*, GPR 2010, 74 ff.

Henssler, M./Strohn, L. (Hrsg.): Gesellschaftsrecht. BGB, HGB, PartGG, GmbHG, AktG, UmwG, GenG, IntGesR, München 2011.

Herberger, M./Martinek, M./Rüßmannn, H./Weth, S. (Hrsg.): juris Praxiskommentar BGB. Band 2: Schuldrecht, 6. Aufl. Saarbrücken 2012 (zitiert: *Mitarbeiter*, in: juris-PK-BGB).

Herbert, Manfred: 100 Jahre Doppelwirkungen im Recht, JZ 2011, 503 ff.

Herresthal, Carsten: Das geplante europäische Vertragsrecht: Die optionale Ausgestaltung des sog. Optionalen Instruments, ZIP 2011, 1347 ff.

Hesselink, Martijn: How to Opt into the Common European Sales Law? Brief Comments on the Commission's Proposal for a Regulation, ERPL 2012, 195 ff.

–: The Consumer Rights Directive and the CFR: two worlds apart?, ERCL 2009, 290 ff.

Heyers, Johannes: Rechtsnatur der Geldschuld und Überweisung. Welche Konsequenzen sind aus der Rechtsprechung des EuGH für das nationale Recht zu ziehen?, JZ 2012, 398 ff.

Hilbig, Katharina: Anmerkung zu EuGH, 3.4.2008 – C-306/06, JZ 2008, 991 ff.

–: Erstattungsfähigkeit von Hinsendekosten bei Widerruf eines Fernabsatzgeschäfts, MMR 2009, 300 ff.

Hilty, Reto M.: Die Rechtsnatur des Softwarevertrages. Erkenntnisse aus der Entscheidung des EuGH UsedSoft vs. Oracle, CR 2012, 625 ff.

Hoeren, Thomas: Kurzkommentar BGH, 15.8.2012 – VIII ZR 378/11, EWiR 2012, 789 f.

Hoffmann, Jan F.: Verbraucherwiderruf bei Stellvertretung, JZ 2012, 1156 ff.

Höhne, Focke: Erstattung der Zusendungskosten bei Widerruf eines Fernabsatzvertrages. Anmerkung zu EuGH 4. Kammer, Urteil vom 15.04.2010 – C-511/08, jurisPR-ITR 2010 Anm. 2.

Hondius, Ewoud: The Proposal for a European Directive on Consumer Rights: A Step Forward, ERPL 2010, 103 ff.

Honsell, H./Zäch, R./Hasenböhler, F./Harrer, F./Rhinow, R. (Hrsg.): Privatrecht und Methode. Festschrift für Ernst A. Kramer, Basel 2004 (zitiert: FS Kramer).

Honsell, Heinrich: Kritische Bemerkungen zum OR 2020, SJZ 2013, 457 ff.

Howells, G./Schulze, R. (Hrsg.): Modernising and Harmonising Consumer Contract Law, München 2009.

Howells, Geraint/Marten, Bevan/Wurmnest, Wolfgang: Language of Information, Contract, and Communication, in: Dannemann/Vogenauer (Hrsg.), The Common European Sales Law in Context. Interactions with English and German Law, Oxford 2013, 190 ff.

Howells, Geraint/Schulze, Reiner: Overview of the Proposed Consumer Rights Directive, in: Howells/Schulze (Hrsg.), Modernising and Harmonising Consumer Contract Law, München 2009, 3 ff.

Hubbard, William H. J.: Another look at the Eurobarometer surveys, CML Rev 2013 SI, 187 ff.

Huguenin, C./Hilty, R. M. (Hrsg.): Schweizer Obligationenrecht 2020. Entwurf für einen neuen allgemeinen Teil, Zürich 2013 (zitiert: Huguenin/Hilty (Hrsg.), Schweizer Obligationenrecht 2020).

Illmer, Martin: Related Services in the Commission Proposal for a Common European Sales Law, ERPL 2013, 131 ff.

Jaeger, Thomas: Die parallele Anwendung von BGB und Europäischem Kaufrecht beim Rückgewährschuldverhältnis, AcP 213 (2013), 507 ff.

Jansen, Nils/Zimmermann, Reinhard: "A European Civil Code in all but Name". Discussing the Nature and Purposes of the Draft Common Frame of Reference, C.L.J. 2010, 98 ff.

Jansen, Nils: Irrtumsanfechtung im Vorschlag für ein Gemeinsames Europäisches Kaufrecht, in: Schulte-Nölke/Zoll/Jansen/Schulze (Hrsg.), Der Entwurf für ein optionales europäisches Kaufrecht, München 2012, 169 ff.

Johnston, Angus/Unberath, Hannes: Joined Cases C-65/09 & C-87/09 Gebr. Weber GmbH v. Jürgen Wittmer and Ingrid Putz v. Medianess Electronics GmbH, Judgment of the Court of Justice (First Chamber) of 16 June 2011, nyr., CML Rev 2012, 793 ff.

Jud, Brigitta/Wendehorst, Christiane: Vorschlag für eine Richtlinie über Rechte der Verbraucher. Ein akademisches Positionspapier, ecolex 2009, 279 ff.

Junker, Markus: Umfang des „kostenlosen" Prüfungsrechts für Verbraucher im Fernabsatz. Anmerkung zu: BGH 8. Zivilsenat, Urteil vom 3.11.2010 – VIII ZR 337/09, jurisPR-ITR 2011 Anm. 4.

Kaestner, Jan/Tews, Nicole: Praktische Probleme des Fernabsatzrechts, WRP 2005, 1335 ff.

Kaiser, Dagmar/Kessal-Wulf, Sibylle: J. von Staudingers Kommentar zum Bürgerlichen Gesetzbuch mit Einführungsgesetz und Nebengesetzen. Buch 2: Recht der Schuldverhältnisse. §§ 346–361, Berlin 2012 (zitiert: Staudinger/*Mitarbeiter*).

Kaiser, Dagmar: EuGH zum Austausch mangelhafter eingebauter Verbrauchsgüter, JZ 2011, 978 ff.

Kalss, Susanne/Lurger, Brigitta: Zu einer Systematik der Rücktrittsrechte insbesondere im Verbraucherrecht, JBl 1998, 89 ff. (Teil 1), 153 ff. (Teil 2), 219 ff. (Teil 3)

Kammerer, Christoph: Harmonisierung des Verbraucherrechts in Europa. Das verbraucherschützende Widerrufsrecht der §§ 355 ff. BGB im Lichte der europarechtlichen Vorgaben und im Vergleich zum code de la consommation, Hamburg 2004.

Kazemi, Robert: Anmerkung zu LG Karlsruhe, 19.12.2005 – 10 O 794/05, MMR 2006, 246 f.

Kern, Christoph A./Bettinger, Nicole Jasmin: Schuldrechtsmodernisierung in der Schweiz? Der Entwurf Obligationenrecht 2020, ZEuP 2014, 562 ff.

Kieninger, Eva-Maria: Allgemeines Leistungsstörungsrecht im Vorschlag für ein Gemeinsames Europäisches Kaufrecht, in: Schulte-Nölke/Zoll/Jansen/Schulze (Hrsg.), Der Entwurf für ein optionales europäisches Kaufrecht, München 2012, 205 ff.

Kindler, Peter/Libbertz, Simone: Die EuGH-Vorlage zur Auslegung der Haustürgeschäfte-Richtlinie. Verbraucherschutz gegen Gesellschaftsrecht?, DStR 2008, 1335 ff.

–: Gesellschaftsrechtliche Grenzen des Verbraucherschutzes. Die Anwendung der Haustürgeschäfterichtlinie und der Lehre von der fehlerhaften Gesellschaft auf den Beitritt zu einer Publikumspersonengesellschaft, NZG 2010, 603 ff.

Kipp, Theodor: Über Doppelwirkungen im Recht. Insbesondere über die Konkurrenz von Anfechtbarkeit und Nichtigkeit, in: Friedrich-Wilhelms-Universität Berlin (Hrsg.), Festschrift der Berliner Juristischen Fakultät für Ferdinand von Martitz zum fünfzigjährigen Doktorjubiläum, Berlin 1911, 211 ff. (zitiert: *Kipp*, Über Doppelwirkungen im Recht, in: FS v. Martitz)

Kleinschmidt, Jens: Stellvertretung, IPR und ein optionales Instrument für ein europäisches Vertragsrecht, RabelsZ 75 (2011), 497 ff.

Kletečka, A./Schauer, M. (Hrsg.): ABGB-ON. Kommentar, Wien 2010 (zitiert: *Mitarbeiter*, in: ABGB-ON 1.00).

Kliebisch, René: Die Anwendung der Lehre von der fehlerhaften Gesellschaft beim Widerruf eines Gesellschaftsbeitritts. Gesellschaftsrecht versus Verbraucherschutz, ZJS 2010, 10 ff.

–: Entscheidungsanmerkung zu EuGH, Urt. v. 15.4.2010 – Rs. C-215/08 und BGH, Urt. v. 12.7.2010 – II ZR 292/06. Verbraucherschutzrechtlicher Widerruf eines Gesellschafterbeitritts, ZJS 2010, 761 ff.

Kliegel, Thomas: Zivil- und strafrechtliche Beurteilung sog. »Abofallen« im Internet unter Berücksichtigung des neuen § 312g II–IV BGB, JR 2013, 389 ff.

Klinck, Fabian: Entscheidungsanmerkung zu BGH, 25.11.2009 – VIII ZR 318/08. Widerrufsrecht bei nichtigem Fernabsatzvertrag, ZJS 2010, 246 ff.

Klocke, Daniel M.: Die Rückgabe vor Ort bei dualer Vertriebsstruktur im Versandhandel, VuR 2013, 377 ff.

Koch, Bernhard A.: Schadensersatz und Rückabwicklung (Teile VI und VII CESL-Entwurf), in: Wendehorst/Zöchling-Jud (Hrsg.), Am Vorabend eines gemeinsamen europäischen Kaufrechts. Zum Verordnungsentwurf der Europäischen Kommission vom 11.10.2011, Wien 2012, 225 ff.

Koch, Raphael: Rechte des Unternehmers und Pflichten des Verbrauchers nach Umsetzung der Richtlinie über die Rechte der Verbraucher, JZ 2014, 758 ff.

Koppenfels v., Katharina: Das Widerrufsrecht bei Verbraucherverträgen im BGB. Eine Untersuchung des § 355 Abs. 1 BGB RegE, WM 2001, 1360 ff.

Koziol, H./Bydlinski, P./Bollenberger, R. (Hrsg.): Kurzkommentar zum ABGB, 3. Aufl. Wien u.a. 2010 (zitiert: *Mitarbeiter*, in: Kurzkommentar zum ABGB).

Kramer, Ernst A.: Internationale, europäische und schweizerische Perspektiven des Vertragsrechts, JBl 2012, 750 ff.

Kredig, Alexander/Uffmann, Katharina: Kostenfallen im elektronischen Geschäftsverkehr. Verbesserung der Rechtslage durch die Buttonlösung des § 312e II BGB-RefE?, ZRP 2011, 36 ff.

Kroll, Kathrin: Vertragserfüllung als zeitliche Grenze des verbraucherschützenden Widerrufsrechts, NJW 2008, 1999 ff.

Krüger, W. (Hrsg.): Münchener Kommentar zum Bürgerlichen Gesetzbuch. Band 2: Schuldrecht. Allgemeiner Teil §§ 241–432, 6. Aufl. München 2012 (zitiert: MünchKommBGB/*Mitarbeiter*).

–: Münchener Kommentar zum Bürgerlichen Gesetzbuch. Band 2: Schuldrecht. Allgemeiner Teil §§ 241–432, 5. Aufl. München 2007 (zitiert: MünchKommBGB/*Mitarbeiter* [2007]).

Krüger, W./Rauscher, T. (Hrsg.): Münchener Kommentar zur Zivilprozessordnung. Band 1: §§ 1–354, 4. Aufl. München 2013 (zitiert: MünchKommZPO/*Mitarbeiter*).

Krüger, W./Westermann, H. P. (Hrsg.): Münchener Kommentar zum Bürgerlichen Gesetzbuch. Band 3: Schuldrecht. Besonderer Teil I §§ 433–610, CISG, 6. Aufl. München 2012 (zitiert: MünchKommBGB/*Mitarbeiter*).

Kümmerle, Saskia: „Güter und Dienstleistungen". Vertragstypenbildung durch den EuGH, in: Andrés Santos/Baldus/Dedek (Hrsg.), Vertragstypen in Europa. Historische Entwicklung und europäische Perspektiven, München 2011, 295 ff. (zitiert: *Kümmerle*, „Güter und Dienstleistungen", in: Andrés Santos/Baldus/Dedek (Hrsg.), Vertragstypen in Europa).

Kuipers, Jan-Jaap: The Legal Basis for a European Optional Instrument, ERPL 2011, 545 ff.

Kulke, Ulrich: Kurzkommentar BGH, 25.11.2009 – VIII ZR 318/08, EWiR 2010, 413 f.

Laimer, Simon: Nutzungs- und Aufwendungsersatz nach Vertragsaufhebung wegen nachträglicher Erfüllungsstörungen. Die Regelung des DCFR in rechtsvergleichender Perspektive, ZEuP 2012, 47 ff.

Lakkis, Panajiotta: Das Messner-Urteil des EuGH und seine Auswirkungen auf das deutsche Recht, in: Schmahl/Skouris/Müller-Graff (Hrsg.), Europäisches Recht zwischen Bewährung und Wandel. Festschrift für Dieter H. Scheuing, Baden-Baden 2011, 574 ff. (zitiert: *Lakkis*, Das Messner-Urteil des EuGH und seine Auswirkungen auf das deutsche Recht, in: FS Scheuing).

Lando, O./Beale, H. (Hrsg.): Principles of European Contract Law. Parts I and II, The Hague u.a. 2000.

–: The Principles of European Contract Law. Part I, Dordrecht u.a. 1995.

Lando, O./Clive, E./Prüm, A./Zimmermann, R. (Hrsg.): Principles of European Contract Law. Part III, The Hague u.a. 2003.

Langen, Markus/Möhle, Sabrina: Weiterhin kein Windhundrennen ausscheidender Anleger, BB 2010, 1304 f.

Langenbucher, K. (Hrsg.): Europäisches Privat- und Wirtschaftsrecht, 3. Aufl. Baden-Baden 2013.

Langenbucher, Katja: Europarechtliche Methodenlehre, in: Langenbucher (Hrsg.), Europäisches Privat- und Wirtschaftsrecht, Baden-Baden 2013, 25 ff.

Lapp, Corinna/Lapp, Thomas: Online-Handel und Originalverpackung, CR 2008, 649 ff.

Larenz, Karl/Wolf, Manfred: Allgemeiner Teil des Bürgerlichen Rechts, 9. Aufl. München 2004.

Leenen, Detlef: Die Auslegung von Richtlinien und die richtlinienkonforme Auslegung und Fortbildung des nationalen Rechts, Jura 2012, 753 ff.

Lehmann, Matthias: Dogmatische Konstruktion der Einwahl in das EU-Kaufrecht (2., 28. oder integriertes Regime) und die praktischen Folgen, in: Gebauer (Hrsg.), Gemeinsames Europäisches Kaufrecht. Anwendungsbereich und kollisionsrechtliche Einbettung, München 2013, 67 ff. (zitiert: *Lehmann*, Dogmatische Konstruktion der Einwahl in das EU-Kaufrecht, in: Gebauer (Hrsg.), Gemeinsames Europäisches Kaufrecht).

–: Auf dem Weg zu einem europäischen Vertragsrecht: Die „Feasibility Study“ der Expert Group on European Contract Law, GPR 2011, 218 ff.

Leible, Stefan: Der räumlich-persönliche Anwendungsbereich des Gemeinsamen Europäischen Kaufrechts, in: Remien/Herrler/Limmer (Hrsg.), Gemeinsames Europäisches Kaufrecht für die EU? Analyse des Vorschlags der europäischen Kommission für ein optionales Europäisches Vertragsrecht vom 11. Oktober 2011, München 2012, 21 ff. (zitiert: *Leible*, Der räumlich-persönliche Anwendungsbereich des Gemeinsamen Europäischen Kaufrechts, in: Remien/Herrler/Limmer (Hrsg.), Gemeinsames Europäisches Kaufrecht für die EU?).

–: Europäisches Privatrecht am Scheideweg, NJW 2008, 2558 ff.

Leier, Barbara: Die Rückabwicklung des widerrufenen Vertrags. Neuerungen durch das Gesetz zur Umsetzung der Verbraucherrechterichtlinie, VuR 2013, 457 ff.

Leutheusser-Schnarrenberger, Sabine: Europäisches Zivilrecht. Die nächsten Etappen, ZEuP 2011, 451 ff.

Lippe, Donovan/Voigt, Daniel: Rechtsfolgen bei Widerruf von Beteiligungen an Publikumspersonengesellschaften und Schadenersatz bei fehlerhafter Widerrufsbelehrung, BB 2010, 3042 ff.

Lippstreu, Constanze: Wege der Rechtsangleichung im Vertragsrecht. Vollharmonisierung, Mindestharmonisierung, optionales Instrument, Tübingen 2014.

Loos, Marco/Helberger, Natali/Guibault, Lucie/Mak, Chantal: The Regulation of Digital Content Contracts in the Optional Instrument of Contract Law, ERPL 2011, 729 ff.

Loos, Marco: Full harmonisation as a regulatory concept, in: Stürner (Hrsg.), Vollharmonisierung im Europäischen Verbraucherrecht, München 2010, 47 ff.

–: Rights of Withdrawal, in: Howells/Schulze (Hrsg.), Modernising and Harmonising Consumer Contract Law, München 2009, 237 ff.

–: The case for a uniform and efficient right of withdrawal from consumer contracts in European Contract Law, ZEuP 2007, 5 ff.

Looschelders, Dirk: Das allgemeine Vertragsrecht des Common European Sales Law, AcP 212 (2012), 581 ff.

–: Informationspflichten des Unternehmers und Widerrufsrecht des Verbrauchers, in: Remien/Herrler/Limmer (Hrsg.), Gemeinsames Europäisches Kaufrecht für die EU? Analyse des Vorschlags der europäischen Kommission für ein optionales Europäisches Vertragsrecht vom 11. Oktober 2011, München 2012, 107 ff. (zitiert: *Looschelders*, Informationspflichten des Unternehmers und Widerrufsrecht des Verbrauchers, in: Remien/Herrler/Limmer (Hrsg.), Gemeinsames Europäisches Kaufrecht für die EU?).

Lorenz, Stephan: Das Kaufrecht und die damit verbundenen Dienstverträge im Common European Sales Law, AcP 212 (2012), 702 ff.

–: Der Schutz vor dem unerwünschten Vertrag. Eine Untersuchung von Möglichkeiten und Grenzen der Abschlußkontrolle im geltenden Recht, München 1997.

–: Die Lösung vom Vertrag, insbesondere Rücktritt und Widerruf, in: Schulze/Schulte-Nölke (Hrsg.), Die Schuldrechtsreform vor dem Hintergrund des Gemeinschaftsrechts, Tübingen 2001, 329 ff.

–: Grundsatz der Doppelwirkung und Verbraucherschutz bei der Vertragsanbahnung, in: Dammann/Grunsky/Pfeiffer (Hrsg.), Gedächtnisschrift für Manfred Wolf, München 2011, 77 ff. (zitiert: *St. Lorenz*, Grundsatz der Doppelwirkung und Verbraucherschutz bei der Vertragsanbahnung, in: GS Wolf).

–: Im BGB viel Neues: Die Umsetzung der Fernabsatzrichtlinie, JuS 2000, 833 ff.

Low, Gary: *Unitas via Diversitas*. Can the Common European Sales Law Harmonize through Diversity?, MJ 2012, 132 ff.

Löwisch, Manfred; Thüsing, Gregor: J. von Staudingers Kommentar zum Bürgerlichen Gesetzbuch mit Einführungsgesetz und Nebengesetzen. Buch 2: Recht der Schuldverhältnisse. §§ 311, 311a, 312, 312a–f, Berlin 2005 (zitiert: Staudinger/*Mitarbeiter* [2005]).

Ludwig, Thomas C.: Zum Widerrufsrecht bei unwirksamen Fernabsatzverträgen. Zugleich Besprechung von BGH, Urt. v. 25.11.2009 – VIII ZR 318/08, ZGS 2010, 490 ff.

Ludwigs, Markus: Verwirklichung des Binnenmarkts durch ein „Gemeinsames Europäisches Kaufrecht“?, EuZW 2012, 608 ff.

Lurger, Brigitta/Augenhofer, Susanne: Österreichisches und Europäisches Konsumentenschutzrecht, 2. Aufl. Wien u.a. 2008.

Lurger, Brigitta: Widerrufsrechte, in: Bydlinski/Lurger (Hrsg.), Die Richtlinie über die Rechte der Verbraucher, Wien 2012, 53 ff.

–: Zustandekommen eines bindenden Vertrages (Teil II CESL-Entwurf), in: Wendehorst/Zöchling-Jud (Hrsg.), Am Vorabend eines gemeinsamen europäischen Kaufrechts. Zum Verordnungsentwurf der Europäischen Kommission vom 11.10.2011, Wien 2012, 63 ff.

Mak, Vanessa: The Degree of Harmonisation in the Proposed Consumer Rights Directive: A Review in Light of Liability for Products, in: Howells/Schulze (Hrsg.), Modernising and Harmonising Consumer Contract Law, München 2009, 305 ff.

Mand, Elmar: Widerrufsrecht gegenüber Versandsapotheke, NJW 2008, 190 ff.

Mankowski, Peter: Apps und fernabsatzrechtliches Widerrufsrecht. Neues und altes Fernabsatzrecht sowie Initiative der Länderverbraucherschutzminister, CR 2013, 508 ff.

–: Beseitigungsrechte. Anfechtung, Widerruf und verwandte Institute, Tübingen 2003 (zitiert: *Mankowski*, Beseitigungsrechte).

–: CESL – who needs it?, IHR 2012, 45 ff.

–: Der Vorschlag für ein Gemeinsames Europäisches Kaufrecht, IHR 2012, 1 ff.

–: Der Vorschlag für ein Gemeinsames Europäisches Kaufrecht (CESL) und das Internationale Privatrecht, RIW 2012, 97 ff.

–: Die gemeinschaftsrechtliche Kontrolle von Erlöschenstatbeständen für verbraucherschützende Widerrufsrechte, JZ 2008, 1141 ff.

–: Widerrufsrecht und Rückgaberecht, in: Schulze/Schulte-Nölke (Hrsg.), Die Schuldrechtsreform vor dem Hintergrund des Gemeinschaftsrechts, Tübingen 2001, 357 ff.

Mansel, Heinz-Peter: Der Verordnungsvorschlag für ein Gemeinsames Europäisches Kaufrecht. Teil I, WM 2012, 1253 ff.

Martens, Matthias: Die Entwicklung der Widerrufsrechte des Verbrauchers bis zur Umsetzung der Richtlinie 2008/48/EG. Eine Untersuchung unter besonderer Berücksichtigung der zeitlichen Dimension, Baden-Baden 2010.

Martens, Sebastian A. E.: Die Regelung der Willensmängel im Vorschlag für eine Verordnung über ein Gemeinsames Europäisches Kaufrecht, AcP 211 (2011), 845 ff.

–: Ein Knopf für den Binnenmarkt? oder: Vollharmonisierung durch den "Blue Button"?, GPR 2010, 215 ff.

–: Nutzungsherausgabe und Wertersatz beim Rücktritt, AcP 210 (2010), 689 ff.

–: Einigungsmängel im EU-Kaufrecht, in: Schmidt-Kessel (Hrsg.), Ein einheitliches europäisches Kaufrecht? Eine Analyse des Vorschlags der Kommission, München 2012, 179 ff. (zitiert: *S. Martens*, Einigungsmängel im EU-Kaufrecht, in: Schmidt-Kessel (Hrsg.), Ein einheitliches europäisches Kaufrecht?).

Maume, Philipp: Fondsbeitritt an der Haustür und Widerruf. Droht neuer Ärger?, VuR 2012, 87 ff.

Max Planck Institute for Comparative and International Private Law: Policy Options for Progress Towards a European Contract Law. Comments on the issues raised in the Green Paper from the Commission of 1 July 2010, COM(2010) 348 final, RabelsZ 75 (2011), 371 ff.

Micklitz, H.-W./Pfeiffer, T./Tonner, K./Willingmann, A. (Hrsg.): Schuldrechtsreform und Verbraucherschutz, Baden-Baden 2001.

Micklitz, Hans-W./Reich, Norbert: Crónica de una Muerte Annunciada: The Commission Proposal for a “Directive on Consumer Rights”, CML Rev 2009, 471 ff.

–: Der Kommissionsvorschlag vom 8.10.2008 für eine Richtlinie über „Rechte der Verbraucher“, oder: „der Beginn des Endes einer Ära…“, EuZW 2009, 279 ff.

–: Umsetzung der EG-Fernabsatzrichtlinie. Im Blickpunkt: Referentenentwurf eines Fernabsatzgesetzes, BB 1999, 2093 ff.

Micklitz, Hans-W.: Brauchen Konsumenten und Unternehmen eine neue Architektur des Verbraucherrechts? Gutachten A zum 69. Deutschen Juristentag, München 2012 (zitiert: *Micklitz*, Brauchen Konsumenten und Unternehmen eine neue Architektur des Verbraucherrechts?).

–: The Targeted Full Harmonisation Approach: Looking Behind the Curtain, in: Howells/Schulze (Hrsg.), Modernising and Harmonising Consumer Contract Law, München 2009, 47 ff.

Miras, Antonio: Anmerkung zu EuGH, 15.4.2010 – C-215/08, NJW 2010, 1513 f.

Mittwoch, Anne-Christin: Vollharmonisierung und Europäisches Privatrecht. Methode, Implikationen und Durchführung, Berlin 2013 (zitiert: *Mittwoch*, Vollharmonisierung und Europäisches Privatrecht).

Mock, Sebastian: Kurzkommentar EuGH, 15.4.2010 – C-215/08, EWiR 2010, 281 f.

Möller, Mirko: Anmerkung zu BGH, 25.11.2009 – VIII ZR 318/08, NJW 2010, 612.

Mörsdorf, Oliver/Brinkmann, Julia: Die Rückabwicklung von Kaufverträgen gemäß Art. 172 ff. des Verordnungsentwurfs für ein gemeinsames europäisches Kaufrecht (GEK). Ein kritischer Vergleich mit den deutschen Regelungen, GPR 2013, 190 ff.

Mörsdorf, Oliver: Die Vereinbarkeit der deutschen Widerrufsfolgenregelung gemäß § 357 BGB mit der Fernabsatz-Richtlinie. Zugleich Besprechung von EuGH, Urteil v. 3.9.2009 – C-489/07 (Pia Messner), JZ 2010, 232 ff.

Müller, Michael: Die „Button"-Lösung gegen Kostenfallen im Internet. Ende gut, alles gut?, K&R 2012, 791 ff.

Nelson, Phillip: Information and Consumer Behavior, J. Pol. Econ. 78 (1970), 311 ff.

Neumann, Nils: Bedenkzeit vor und nach Vertragsabschluss. Verbraucherschutz durch Widerrufsrechte und verwandte Instrumente im deutschen und im französischen Recht, Tübingen 2005 (zitiert: *Neumann*, Bedenkzeit vor und nach Vertragsabschluss).

Oechsler, Jürgen: Die Geschichte der Lehre von der fehlerhaften Gesellschaft und ihre Stellung im europäischen Gesellschaftsrecht, NJW 2008, 2471 ff.

Oelschlägel, Kay: Neues Verbraucherrecht mit Auswirkungen auf den Fernabsatz/E-Commerce, MDR 2013, 1317 ff.

Özfirat-Skubinn, Şirin: Der Fall Pia Messner. Ein Entscheidungsvorschlag. Zur Vereinbarkeit der deutschen Widerrufsfolgenregelung in § 357 BGB mit der Fernabsatzrichtlinie, NJOZ 2010, 2006 ff.

Pachl, Ursula: The Common European Sales Law. Have the Right Choices Been Made? A Consumer Policy Perspective, MJ 2012, 180 ff.

Palandt, O. (Hrsg.): Bürgerliches Gesetzbuch. Mit Nebengesetzen insbesondere mit Einführungsgesetz (Auszug), Allgemeines Gleichbehandlungsgesetz (Auszug), BGB-Informationspflichten-Verordnung, Unterlassungsklagengesetz, Produkthaftungsgesetz, Erbbaurechtsgesetz, Wohnungseigentumsgesetz, Lebenspartnerschaftsgesetz, Gewaltschutzgesetz, 68. Aufl. München 2009 (zitiert: Palandt/*Mitarbeiter* BGB [2009]).

–: mit Nebengesetzen, insbesondere mit Einführungsgesetz (Auszug) einschließlich Rom I-, Rom II- und Rom III-Verordnungen sowie Haager Unterhaltsprotokoll und EU-Erbrechtsverordnung, Allgemeines Gleichbehandlungsgesetz (Auszug), Wohn- und Betreuungsvertragsgesetz, BGB-Informationspflichten-Verordnung, Unterlassungsklagengesetz, Produkthaftungsgesetz, Erbbaurechtsgesetz, Wohnungseigentumsgesetz, Versorgungsausgleichsgesetz, Lebenspartnerschaftsgesetz, Gewaltschutzgesetz, 73. Aufl. München 2014 (zitiert: Palandt/*Mitarbeiter* BGB).

Paschke, Marian/Husmann, Peter: Gemischte Harmonisierung des Verbraucherprivatrechts, GPR 2010, 262 ff.

Petersen, Jens: Anmerkung zu BGH, 25.11.2009 – VIII ZR 318/08, JZ 2010, 315 f.

Pfeiffer, Thomas: Anwendungsbereich: Vertragsparteien und Vertragsgegenstand, in: Remien/Herrler/Limmer (Hrsg.), Gemeinsames Europäisches Kaufrecht für die EU? Analyse des Vorschlags der europäischen Kommission für ein optionales Europäisches Vertragsrecht vom 11. Oktober 2011, München 2012, 35 ff. (zitiert: *Pfeiffer*, Anwendungsbereich: Vertragsparteien und Vertragsgegenstand, in: Remien/Herrler/Limmer (Hrsg.), Gemeinsames Europäisches Kaufrecht für die EU?).

–: Was kann ein Verbraucher? Zur Relevanz von Informationsverarbeitungskapazitäten im AGB-Recht und darüber hinaus, NJW 2011, 1 ff.

–: Zusendungskosten und Versandhändler-AGB, ZGS 2008, 48 ff.

Pisuliński, Jersy: Vollharmonisierung im Systemvergleich. Gemeinsamer Referenzrahmen und Vorschlag der Horizontalrichtlinie zum Verbraucherrecht, in: Gsell/Herresthal (Hrsg.), Vollharmonisierung im Privatrecht. Die Konzeption der Richtlinie am Scheideweg?, Tübingen 2009, 47 ff.

Podewils, Felix: Haustürwiderrufsrichtlinie: Anwendung auf Personengesellschaften. Fortgeltung der Grundsätze der fehlerhaften Gesellschaft. Im Blickpunkt: EuGH, 15.4.2010 – Rs. C-215/08, E. Friz GmbH, EWS 2010, 265 ff.

–: Vertrieb geschlossener Fonds und Widerrufsbelehrung. Praktische Probleme der Belehrung im Lichte von fehlerhafter Gesellschaft und gesetzlichen Neuerungen, MDR 2010, 117 ff.

Popescu, Paul: Keine Privilegierung des Verbrauchers durch den Widerruf eines wegen beidseitigen Sittenverstoßes nichtigen Vertrages, JR 2011, 47 ff.

Posner, Eric: The Questionable Basis of the Common European Sales Law. The Role of an Optional Instrument in Jurisdictional Competition, CML Rev 2013 SI, 261 ff.

Prechal, Sacha: Directives in EC Law, 2. Aufl. Oxford u.a. 2005.

Purnhagen, Kai: Die Auswirkungen der neuen EU-Richtlinie auf das deutsche Verbraucherrecht, ZRP 2012, 36 ff.

Ranieri, Filippo: Europäisches Obligationenrecht, 3. Aufl. Wien u.a. 2009.

Rath, Michael/Maiworm, Christoph: Weg frei für Second-Hand-Software? EuGH, Urteil vom 03. 07. 2012 – C-128/11 ebnet Handel mit gebrauchter Software, WRP 2012, 1051 ff.

Rauscher, T. (Hrsg.): Europäisches Zivilprozess- und Kollisionsrecht. Rom I-VO, Rom II-VO, München 2011.

Reding, Viviane: Building Trust in Europe's Online Single Market. Speech at the American Chamber of Commerce to the EU, Brüssel 22.10.2010, europa.eu/rapid/press-release_SPEECH-10-327_en.htm?locale=en.

–: Die Bedeutung einer wirksamen Kommunikation des Europäischen Unionsrechts für die Herausbildung eines starken Europäischen Justizraums. Rede auf dem 61. Deutschen Anwaltstag 2010, Aachen 14.5.2010, europa.eu/rapid/press-release_SPEECH-10-239_de.htm?locale=en.

–: The Next Steps Towards a European Contract Law for Businesses and Consumers, in: Schulze/Stuyck (Hrsg.), Towards a European Contract Law, München 2011, 9 ff.

–: Warum Europa ein optionales Europäisches Vertragsrecht benötigt, ZEuP 2011, 1 ff.

–: Wir haben keinen Binnenmarkt, Handelsblatt 5.11.2010.

Reich, Norbert/Micklitz, Hans-W.: Europäisches Verbraucherrecht, 4. Aufl. Baden-Baden 2003.

Reich, Norbert: Die neue Richtlinie 97/7/EG über den Verbraucherschutz bei Vertragsabschlüssen im Fernabsatz, EuZW 1997, 581 ff.

–: EU-Verbraucherkaufrecht in neuen Dokumenten und in einem Optionalen Instrument, ZfRV 2011, 196 ff.

–: Von der Minimal- zur Voll- zur „Halbharmonisierung". Ein europäisches Privatrechtsdrama in fünf Akten, ZEuP 2010, 7 ff.

Reif, Alexandra: Neuerungen durch das Verbraucherrechte-Richtlinie-Umsetzungsgesetz, RdW 2014, 443 ff.

Reiner, Günter: Der verbraucherschützende Widerruf im Recht der Willenserklärungen, AcP 203 (2003), 1 ff.

Remien, O./Herrler, S./Limmer, P. (Hrsg.): Gemeinsames Europäisches Kaufrecht für die EU? Analyse des Vorschlags der europäischen Kommission für ein optionales Europäisches Vertragsrecht vom 11. Oktober 2011, München 2012 (zitiert: Remien/Herrler/Limmer (Hrsg.), Gemeinsames Europäisches Kaufrecht für die EU?).

Remien, Oliver: Schadensersatz und Zinsen nach EU-Kaufrecht, in: Schmidt-Kessel (Hrsg.), Ein einheitliches europäisches Kaufrecht? Eine Analyse des Vorschlags der Kommission, München 2012, 503 ff. (zitiert: *Remien*, Schadensersatz und Zinsen nach EU-Kaufrecht, in: Schmidt-Kessel (Hrsg.), Ein einheitliches europäisches Kaufrecht?).

–: Verpflichtungen des Verkäufers nach EU-Kaufrecht, in: Schmidt-Kessel (Hrsg.), Ein einheitliches europäisches Kaufrecht? Eine Analyse des Vorschlags der Kommission, München 2012, 307 ff. (zitiert: *Remien*, Verpflichtungen des Verkäufers nach EU-Kaufrecht, in: Schmidt-Kessel (Hrsg.), Ein einheitliches europäisches Kaufrecht?).

Research Group on the Existing EC Private Law (Acquis Group) (Hrsg.), Principles of the Existing EC Contract Law (Acquis Principles). Contract II. General Provisions, Delivery of Goods, Package Travel and Payment Services, München 2009.

Riefa, Christine: A Dangerous Erosion of Consumer Rights. The Absence of a Right to Withdraw from Online Auctions, in: Howells/Schulze (Hrsg.), Modernising and Harmonising Consumer Contract Law, München 2009, 177 ff.

Riehm, Thomas: Die überschießende Umsetzung vollharmonisierender EG-Richtlinien im Privatrecht, JZ 2006, 1035 ff.

Riesenhuber, K. (Hrsg.): Das Prinzip der Selbstverantwortung. Grundlagen und Bedeutung im heutigen Privatrecht, Tübingen 2011 (zitiert: Riesenhuber (Hrsg.), Das Prinzip der Selbstverantwortung).

Riesenhuber, Karl: Anmerkung zu EuGH, 15.4.2010 – C-215/08, LMK 2010, 303284.

–: Das Prinzip der Selbstverantwortung im Europäischen Privatrecht, in: Riesenhuber (Hrsg.), Das Prinzip der Selbstverantwortung. Grundlagen und Bedeutung im heutigen Privatrecht, Tübingen 2011, 214 ff. (zitiert: *Riesenhuber*, Das Prinzip der Selbstverantwortung im Europäischen Privatrecht, in: Riesenhuber (Hrsg.), Das Prinzip der Selbstverantwortung).

–: Der Vorschlag für eine Verordnung über ein „Gemeinsames Europäisches Kaufrecht". Kompetenz, Subsidiarität, Verhältnismäßigkeit, EWS 2012, 7 ff.

–: Information über die Verwendung des Gemeinsamen Europäischen Kaufrechts. Gedanken zum Harmonisierungskonzept, GPR 2012, 2 ff.

–: System und Prinzipien des Europäischen Vertragsrechts, Berlin 2003 (zitiert: *Riesenhuber*, System und Prinzipien).

–: Wettbewerb für das Europäische Vertragsrecht, JZ 2011, 537 ff.

Ring, Gerhard: Kurzkommentar BGH, 1.10.2008 – VIII ZR 268/07, EWiR 2009, 107 f.

–: Wertminderung infolge bestimmungsgemäßer Ingebrauchnahme nach § 357 Abs. 3 BGB. Unternehmerschutz statt Verbraucherschutz?, in: Dauner-Lieb/Konzen/Schmidt (Hrsg.), Das neue Schuldrecht in der Praxis. Akzente, Brennpunkte, Ausblick, Köln u.a. 2003, 347 ff. (zitiert: *Ring*, Wertminderung infolge bestimmungsgemäßer Ingebrauchnahme nach § 357 Abs. 3 BGB, in: Dauner-Lieb/Konzen/Schmidt (Hrsg.), Das neue Schuldrecht in der Praxis).

Röhlke, Christian H.: Widerruf von Beteiligungen an geschlossenen Fonds. Fehler in der Rechtsfolgenbelehrung, VuR 2013, 196 ff.

Römermann, Volker: Lehre von der fehlerhaften Gesellschaft ist auch auf Beitritt zu geschlossenen Immobilienfonds in Form der oHG und KG anwendbar. Fortsetzung von „Friz II", GWR 2010, 424.

Rösler, Hannes: Rechtswahl und optionales Vertragsrecht in der EU, EuZW 2011, 1 f.

Roth, Herbert: Das Fernabsatzgesetz, JZ 2000, 1013 ff.

Roth, Wulf-Henning: Der „Vorschlag für eine Verordnung über ein Gemeinsames Europäisches Kaufrecht" (KOM (2011) 635 endg.), EWS 2012, 12 ff.

–: Europäischer Verbraucherschutz und BGB, JZ 2001, 475 ff.

Rott, Peter/Terryn, Evelyne: The Proposal for a Directive on Consumers Rights: No Single Set of Rules, ZEuP 2009, 456 ff.

Rott, Peter: Die Umsetzung der Haustürwiderrufsrichtlinie in den Mitgliedstaaten, Baden-Baden 2000.

–: Ein teurer Widerruf! Besprechung von OGH, Urteil vom 27.9.2005 – 1 Ob 110/05s, VuR 2006, 218 ff.

–: The Balance of Interests in Distance Selling Law. Case Note on *Pia Messner v. Firma Stefan Krüger*, ERPL 2010, 185 ff.

–: Widerruf und Rückabwicklung nach der Umsetzung der Fernabsatzrichtlinie und dem Entwurf eines Schuldrechtsmodernisierungsgesetzes, VuR 2001, 78 ff.

–: Widerruf und Rückabwicklung, in: Micklitz/Pfeiffer/Tonner/Willingmann (Hrsg.), Schuldrechtsreform und Verbraucherschutz, Baden-Baden 2001, 249 ff.

Rudkowski, Lena/Werner, Deborah: Neue Pflichten für Anbieter jenseits der „Button-Lösung". Paid Content-Verträge nach der Verbraucherrechte-Richtlinie, MMR 2012, 711 ff.

Rühl, Giesela: Die Kosten der Rücksendung bei Fernabsatzverträgen. Verbraucherschutz versus Vertragsfreiheit?, EuZW 2005, 199 ff.

–: The Common European Sales Law. 28th Regime, 2nd Regime or 1st Regime?, MJ 2012, 148 ff.

Sabellek, André/Heinemeyer, Dennis: Widerrufsrecht beim Kauf virtueller Gegenstände. Zur Abgrenzung von Warenlieferung und Dienstleistung, CR 2012, 719 ff.

Säcker, F. J. (Hrsg.): Münchener Kommentar zum Bürgerlichen Gesetzbuch. Band 1: Allgemeiner Teil §§ 1–240, AGG, 6. Aufl. München 2012 (zitiert: MünchKommBGB/*Mitarbeiter*).

Safari, Anja: Verbraucherschutz im Fernabsatz. Vorabentscheidungsersuchen im Strafverfahren gegen Lodewijk Gysbrechts und Santurel Inter BVBA, ZEuP 2011, 708 ff.

Schäfer, Carsten: Anmerkung zu BGH, 2.7.2001 – II ZR 304/00, JZ 2002, 249 ff.

–: Anmerkung zu BGH, 5.5.2008 – II ZR 292/06, ZIP 2008, 1022 ff.

–: Fondsbeitritt an der Haustür. Zu den Konsequenzen der Friz-Entscheidung des EuGH, DStR 2010, 1138 ff.

Schaub, Renate: Verpflichtungen des Käufers, Artt. 123-130 GEKR, in: Schmidt-Kessel (Hrsg.), Ein einheitliches europäisches Kaufrecht? Eine Analyse des Vorschlags der Kommission, München 2012, 425 ff.

Schenk, B./Lovrek, E./Musger, G./Neumayr, M. (Hrsg.): Festschrift für Irmgard Griss, Wien 2011 (zitiert: FS Griss).

Schinkels, Boris: Anmerkung zu BGH, 25.11.2009 – VIII ZR 318/08, LMK 2010, 298105.

–: Anmerkung zu BGH, 3.11.2010 – VIII ZR 337/09, LMK 2011, 312902.

–: Anmerkung zu EuGH, 3.9.2009 – C-489/07, LMK 2009, 291092.

–: Die Wertersatzverpflichtungen des Verbrauchers bei Widerruf von Fernabsatzverträgen. Rechtsfortbildungsvorschläge, ZGS 2005, 179 ff.

–: Fernabsatzverträge, in: Gebauer/Wiedmann (Hrsg.), Zivilrecht unter europäischem Einfluss. Die richtlinienkonforme Auslegung des BGB und anderer Gesetze. Kommentierung der wichtigsten EU-Verordnungen, Stuttgart u.a. 2010 (zitiert: *Schinkels*, Fernabsatzverträge, in: Gebauer/Wiedmann (Hrsg.), Zivilrecht unter europäischem Einfluss).

–: Überschießende Anwendung des EU-Kaufrechts. Mitgliedstaatliche Optionen und Parteiautonomie, in: Gebauer (Hrsg.), Gemeinsames Europäisches Kaufrecht. Anwendungsbereich und kollisionsrechtliche Einbettung, München 2013, 23 ff. (zitiert: *Schinkels*, Überschießende Anwendung des EU-Kaufrechts, in: Gebauer (Hrsg.), Gemeinsames Europäisches Kaufrecht).

Schirmbacher, Martin: Anmerkung zu OLG Frankfurt a.M., 28.11.2001 – 9 U 148/01, CR 2002, 642 f.

–: Erhebliche Unsicherheit bei der Abfassung der Widerrufsbelehrungen, BB 2009, 2165 ff.

–: Verbrauchervertriebsrecht. Die Vereinheitlichung der Vorschriften über Haustürgeschäfte, Fernabsatzverträge und Verträge im elektronischen Geschäftsverkehr, Baden-Baden 2005 (zitiert: *Schirmbacher*, Verbrauchervertriebsrecht).

Schlechtriem, P./Schwenzer, I. (Hrsg.): Kommentar zum Einheitlichen UN-Kaufrecht, 5. Aufl. München 2008 (zitiert: *Mitarbeiter*, in: Schlechtriem/Schwenzer, UN-Kaufrecht).

Schlechtriem, Peter: Restitution und Bereicherungsausgleich in Europa. Band 1: Eine rechtsvergleichende Darstellung, Tübingen 2000.

Schleicher, Bettina: Haustürwiderrufsrecht bei finanzierten Immobilien- und Fondsanlagen, BKR 2002, 609 ff.

Schmahl, S./Skouris, W./Müller-Graff, P.-C. (Hrsg.): Europäisches Recht zwischen Bewährung und Wandel. Festschrift für Dieter H. Scheuing, Baden-Baden 2011 (zitiert: FS Scheuing).

Schmid, Christian: Die Rechtsstellung des Verbrauchers bei Mängeln fremdfinanzierter Immobilienkapitalanlagen („Schrottimmobilien"), Berlin 2009.

Schmid, Christoph: Die Instrumentalisierung des Privatrechts durch die Europäische Union. Privatrecht und Privatrechtskonzeptionen in der Entwicklung der Europäischen Integrationsverfassung, Baden-Baden 2010 (zitiert: *Christoph Schmid*, Die Instrumentalisierung des Privatrechts).

Schmidt, Fabian/Brönneke, Tobias: Das Widerrufsrecht bei Fernabsatz- und Haustürgeschäften. Neuerungen durch das Gesetz zur Umsetzung der Verbraucherrechterichtlinie, VuR 2013, 448 ff.

Schmidt, Jan P.: Der „juridical act" im DCFR. Ein (nützlicher) Grundbegriff des europäischen Privatrechts?, ZEuP 2010, 304 ff.

Schmidt, Jessica: Der Vertragsschluss. Ein Vergleich zwischen dem deutschen, französischen, englischen Recht und dem CESL, Tübingen 2013.

Schmidt-Kessel, M. (Hrsg.): Ein einheitliches europäisches Kaufrecht? Eine Analyse des Vorschlags der Kommission, München 2012.

Schmidt-Kessel, Martin/Sorgenfrei, Ramona: Neue Anforderungen an die Umsetzung verbraucherschützender Richtlinien, GPR 2013, 242 ff.

Schmidt-Kessel, Martin/Young, Linda/Benninghoff, Sonja/Langhanke, Carmen/Russek, Grzegorz: Should the Consumer Rights Directive apply to digital content?, GPR 2011, 7 ff.

Schmidt-Kessel, Martin: Anwendungsbereich, Ausgestaltung der Option und andere Fragen zur Verordnung, in: Schmidt-Kessel (Hrsg.), Ein einheitliches europäisches Kaufrecht? Eine Analyse des Vorschlags der Kommission, München 2012, 29 ff. (zitiert: *Schmidt-Kessel*, Anwendungsbereich, Ausgestaltung der Option und andere Fragen zur Verordnung, in: Schmidt-Kessel (Hrsg.), Ein einheitliches europäisches Kaufrecht?).

–: Zum Stand der Beratungen der Horizontalrichtlinie Verbraucherschutz. Meilensteine auf dem Weg zum legistischen Desaster, GPR 2010, 129 ff.

Schmidt-Räntsch, Jürgen: Die aktuelle Rechtslage bei sog. Schrottimmobilien, MDR 2005, 6 ff.

Schmoeckel, M./Rückert, J./Zimmermann, R. (Hrsg.): Historisch-kritischer Kommentar zum BGB. Band I: Allgemeiner Teil §§ 1–240, Tübingen 2003 (zitiert: *Mitarbeiter*, in: Historisch-kritischer Kommentar zum BGB).

Schopper, Alexander: Verpflichtungen und Abhilfen der Parteien eines Kaufvertrages oder eines Vertrages über die Bereitstellung digitaler Inhalte (Teil IV CESL-Entwurf), in: Wendehorst/Zöchling-Jud (Hrsg.), Am Vorabend eines gemeinsamen europäischen Kaufrechts. Zum Verordnungsentwurf der Europäischen Kommission vom 11.10.2011, Wien 2012, 107 ff. (zitiert: *Schopper*, Verpflichtungen und Abhilfen der Parteien, in: Wendehorst/Zöchling-Jud (Hrsg.), Am Vorabend eines gemeinsamen europäischen Kaufrechts).

Schreiber, Christoph: Nichtigkeit und Gestaltungsrechte. Zur Dogmatik der Doppelwirkungen im Recht, AcP 211 (2011), 35 ff.

Schubert, Claudia: Die Lehre von der fehlerhaften Gesellschaft und das Haustürwiderrufsrecht. Gesellschaftsrecht und Verbraucherschutz im Konflikt, WM 2006, 1328 ff.

Schulte-Nölke, H./Zoll, F./Jansen, N./Schulze, R. (Hrsg.): Der Entwurf für ein optionales europäisches Kaufrecht, München 2012.

Schulte-Nölke, Hans/Twigg-Flesner, Christian/Ebers, Martin: EC Consumer Law Compendium. The Consumer Acquis and its transposition in the Member States, München 2008.

Schulte-Nölke, Hans: Anmerkung zu BGH, 5.5.2008 – II ZR 292/06, LMK 2009, 275581.

–: Der Blue Button kommt. Konturen einer neuen rechtlichen Infrastruktur für den Binnenmarkt, ZEuP 2011, 749 ff.

–: EC Law on the Formation of Contract. From the Common Frame of Reference to the 'Blue Button', ERCL 2007, 332 ff.

–: Europäisches Vertragsrecht als blauer Button im Internet-Shop, ZGS 2007, 81.

–: Vor- und Entstehungsgeschichte des Vorschlags für ein Gemeinsames Europäisches Kaufrecht, in: Schulte-Nölke/Zoll/Jansen/Schulze (Hrsg.), Der Entwurf für ein optionales europäisches Kaufrecht, München 2012, 1 ff.

Schulze, R. (Hrsg.): Common European Sales Law (CESL). Commentary, Baden-Baden 2012 (zitiert: *Mitarbeiter*, in: Schulze (Hrsg.), CESL Commentary).

–: Common Frame of Reference and Existing EC Contract Law, 2. Aufl. München 2009.

Schulze, R./Schulte-Nölke, H. (Hrsg.): Die Schuldrechtsreform vor dem Hintergrund des Gemeinschaftsrechts, Tübingen 2001.

Schulze, R./Stuyck, J. (Hrsg.): Towards a European Contract Law, München 2011.

Schulze, Reiner (Hrsg.), Bürgerliches Gesetzbuch. Handkommentar, 8. Aufl. Baden-Baden 2014 (zitiert: *Mitarbeiter*, in: Schulze, BGB).

Schulze, Reiner: Die Widerrufsrechte im Vorschlag für ein Gemeinsames Europäisches Kaufrecht, in: Schulte-Nölke/Zoll/Jansen/Schulze (Hrsg.), Der Entwurf für ein optionales europäisches Kaufrecht, München 2012, 151 ff. (zitiert: *Schulze*, Die Widerrufsrechte, in: Schulte-Nölke/Zoll/Jansen/Schulze (Hrsg.), Der Entwurf für ein optionales europäisches Kaufrecht).

Schwab, Martin: Geldschulden als Bringschulden?, NJW 2011, 2833 ff.

Schwimann, M. (Hrsg.): ABGB-Praxiskommentar. Band 4: §§ 859–1082 ABGB, 3. Aufl. Wien 2005 (zitiert: *Mitarbeiter*, in: Schwimann (Hrsg.), ABGB Praxiskommentar).

Schwintowski, Hans-Peter: Haustürgeschäfte für Kapitalanleger. Ohne Widerrufsrecht?, VuR 2011, 73 f.

Sedef, Arzu: Das neue Fernabsatzrecht, MuR 2014, 119 ff.

Sedlmeier, Kathleen: Rechtsgeschäftliche Selbstbestimmung im Verbrauchervertrag, Tübingen 2012.

Sirena, Pietro: The Rules about Restitution in the Proposal on a Common European Sales Law, ERPL 2011, 977 ff.

Skamel, Frank: Widerrufsrecht bei nichtigem Fernabsatzvertrag. Zugleich Besprechung von BGH, Urt. v. 25.11.2009 – VIII ZR 318/08, ZGS 2010, 106 ff.

Solmecke, Christian/Czajkowski, Nico: Das Widerrufsrecht im Spannungsfeld zwischen Privatautonomie und Verbraucherschutz. Eine Analyse der Kontosperrungen am Beispiel von Amazon, K&R 2013, 699 ff.

Solomon, Dennis: Externe Lücken, allgemeines Kollisionsrecht und die Rolle der Parteiautonomie, in: Gebauer (Hrsg.), Gemeinsames Europäisches Kaufrecht. Anwendungsbereich und kollisionsrechtliche Einbettung, München 2013, 129 ff.

Sparmann, Ingo: Das Widerrufsrecht im Fernabsatz als Kauf auf Probe. Zum Gestaltungsspielraum des nationalen Umsetzungsgesetzgebers, Berlin 2010 (zitiert: *Sparmann*, Das Widerrufsrecht im Fernabsatz als Kauf auf Probe).

Stabentheiner, Johannes/Cap, Verena: Die neue Verbraucherrechte-Richtlinie. Werdegang, Geltungsbereich, „klassisches" Verbraucherschutzrecht, ÖJZ 2011, 1045 ff.

Stabentheiner, Johannes: Der Entwurf für ein Gemeinsames Europäisches Kaufrecht. Charakteristika und rechtspolitische Aspekte, wbl 2012, 61 ff.

–: Zur Umsetzung der Verbraucherrechte-Richtlinie in Österreich, in: Bydlinski/Lurger (Hrsg.), Die Richtlinie über die Rechte der Verbraucher, Wien 2012, 127 ff.

Stadler, Astrid: Anwendungsvoraussetzungen und Anwendungsbereich des *Common European Sales Law*, AcP 212 (2012), 473 ff.

Staudenmayer, Dirk: Der Kommissionsvorschlag für eine Verordnung zum Gemeinsamen Europäischen Kaufrecht, NJW 2011, 3491 ff.

Staudinger, Ansgar: Die Zukunft der „Schrottimmobilien" nach den EuGH-Entscheidungen vom 25.10.2005, NJW 2005, 3521 ff.

Stein, F./Jonas, M. (Hrsg.): Kommentar zur Zivilprozessordnung. Band 4: §§ 253–327, 22. Aufl. Tübingen 2008 (zitiert: Stein/Jonas/*Mitarbeiter*).

Stempel, Christian: Die „Grundsätze des bürgerlichen Rechts", das sekundäre Unionsrecht und der nationale Richter, ZEuP 2010, 925 ff.

Stolte, Stefan: Versandhandel und Verbraucherschutz. Entstehung und Genese in rechtshistorischer Perspektive, Köln u.a. 2005.

Stürner, M. (Hrsg.): Vollharmonisierung im Europäischen Verbraucherrecht, München 2010.

Stürner, Michael: Abgesang für Vollharmonisierung im Verbraucherrecht?, GPR 2010, 157.

–: Das Verhältnis des Gemeinsamen Europäischen Kaufrechts zum Richtlinienrecht, in: Schulte-Nölke/Zoll/Jansen/Schulze (Hrsg.), Der Entwurf für ein optionales europäisches Kaufrecht, München 2012, 47 ff.

–: Kollisionsrecht und Optionales Instrument. Aspekte einer noch ungeklärten Beziehung, GPR 2011, 236 ff.

Szalai, Stephan: Anmerkung zu BGH, 25.11.2009 – VIII ZR 318/08, VuR 2010, 67 f.

Tacou, Theofanis: Verbraucherschutz auf hohem Niveau oder Mogelpackung? Der Vorschlag für eine Richtlinie über rechte der Verbraucher, ZRP 2009, 140 ff.

Tamm, Marina: Das Gemeinsame Europäische Kaufrecht als optionales Instrument. Eine kritische Analyse zur Binnenmarktharmonisierungskompetenz der Kommission, VuR 2012, 3 ff.

–: Informationspflichten nach dem Umsetzungsgesetz zur Verbraucherrechterichtlinie, VuR 2014, 9 ff.

–: Verbraucherschutzrecht. Europäisierung und Materialisierung des deutschen Zivilrechts und die Herausbildung eines Verbraucherschutzprinzips, Tübingen 2011 (zitiert: *Tamm*, Verbraucherschutzrecht).

Terryn, Evelyne: The Right of Withdrawal, the Acquis Principles, the Draft Common Frame of Reference and the Proposal for a Consumer Rights Directive, in: Schulze (Hrsg.), Common Frame of Reference and Existing EC Contract Law, München 2009, 143 ff.

Thole, Anne: Das europäische verbraucherschützende Widerrufsrecht in §§ 355, 357 BGB. Hintergrund, Rechtswirkungen und Rechtsnatur in vergleichender Betrachtung des französischen und österreichischen Rechts, Baden-Baden 2004 (zitiert: *Thole*, Das europäische verbraucherschützende Widerrufsrecht in §§ 355, 357 BGB).

Tonner, Klaus/Fangerow, Kathleen: Directive 2011/83/EU on Consumer Rights. A new approach to European consumer law?, euvr 2012, 67 ff.

Tonner, Klaus/Tamm, Marina: Der Vorschlag einer Richtlinie über Rechte der Verbraucher und seine Auswirkungen auf das nationale Verbraucherrecht, JZ 2009, 277 ff.

Tonner, Klaus: Das Gesetz zur Umsetzung der Verbraucherrechterichtlinie. Unionsrechtlicher Hintergrund und Überblick, VuR 2013, 443 ff.

Trstenjak, Verica/Beysen, Erwin: European Consumer Protection Law: *Curia Semper Dabit Remedium?*, CML Rev 2011, 95 ff.

Trstenjak, Verica: Der Einfluss des EuGH auf das Verbraucherrecht, in: Augenhofer (Hrsg.), Verbraucherrecht im Umbruch, Tübingen 2012, 45 ff.

Twigg-Flesner, Christian/Metcalfe, Daniel: The proposed Consumer Rights Directive – less haste, more thought?, ERCL 2009, 368 ff.

Ulmer, P./Brandner, H. E./Hensen, H.-D. (Hrsg.): AGB-Recht. Kommentar zu den §§ 305–310 BGB und zum UKlaG, 11. Aufl. Köln 2011 (zitiert: *Mitarbeiter*, in: Ulmer/Brandner/Hensen (Hrsg.), AGB-Recht).

Ultsch, Michael L.: Kommentar zu EuGH, 15.4.2010 – C-511/08, K&R 2010, 395 ff.

–: Widerrufbarkeit von Mietwagenbuchungen, ZEuP 2006, 173 ff.

Unger, Oliver: Die Richtlinie über die Rechte der Verbraucher. Eine systematische Einführung, ZEuP 2012, 270 ff.

UNIDROIT: UNIDROIT Principles of International Commercial Contracts, 3. Aufl. Rom 2010.

van der Heijden, Marie-José/Keirse, Anne: Selecting the Best Instrument for European Contract Law, ERPL 2011, 565 ff.

Veneziano, Anna: Conclusion of the Contract, in: Schulze/Stuyck (Hrsg.), Towards a European Contract Law, München 2011, 81 ff.

Wagner, Gerhard: Der Vorschlag einer Verordnung über ein Gemeinsames Europäisches Kaufrecht. Stellungnahme für die Anhörung im Rechtsausschuss des Bundestags, Bonn 18.11.2011, www.bundestag.de/bundestag/ausschuesse17/a06/anhoerungen/16_Europaeisches_Kaufrecht/index.html (zitiert: *G. Wagner*, Der Vorschlag einer Verordnung über ein Gemeinsames Europäisches Kaufrecht).

–: Ökonomische Analyse des CESL. Das Recht zur zweiten Andienung, ZEuP 2012, 797 ff.

–: Transaktionskostensenkung durch Europäisches Kaufrecht? Der Blue Button klemmt, ZEuP 2012, 455 ff.

–: Zwingendes Privatrecht. Eine Analyse anhand des Vorschlags einer Richtlinie über Rechte der Verbraucher, ZEuP 2010, 243 ff.

–: Zwingendes Vertragsrecht, in: Eidenmüller/Faust/Grigoleit/Jansen/Wagner/Zimmermann (Hrsg.), Revision des Verbraucher-*acquis*, Tübingen 2011, 1 ff.

Wagner, Klaus-R.: Die Grundsätze der fehlerhaften Gesellschaft/Beteiligung im Lichte des EU-Gemeinschaftsrechts, NZG 2008, 447 ff.

Wagner, Sandra Vivian: Verbraucherschutz bei Vertragsschluss im Internet. Ein Vergleich zwischen englischem und deutschem Recht, Berlin 2010.

Weatherill, Stephen: Consumer protection under EU law 'is not absolute': *yes, but be careful!*, ERCL 2012, 221 ff.

–: Measures of consumer protection as impediments to exports of goods, ERCL 2009, 149 ff.

–: The Consumer Rights Directive: How and why a quest for "coherence" has (largely) failed, CML Rev 2012, 1279 ff.

Weller, Mathias: Kapitel 4: Widerrufsrecht bei Fernabsatz- und Haustürgeschäften, in: Schmidt-Kessel (Hrsg.), Ein einheitliches europäisches Kaufrecht? Eine Analyse des Vorschlags der Kommission, München 2012, 147 ff. (zitiert: *Weller*, Kapitel 4: Widerrufsrecht bei Fernabsatz- und Haustürgeschäften, in: Schmidt-Kessel (Hrsg.), Ein einheitliches europäisches Kaufrecht?).

Wendehorst, C./Zöchling-Jud, B. (Hrsg.): Am Vorabend eines gemeinsamen europäischen Kaufrechts. Zum Verordnungsentwurf der Europäischen Kommission vom 11.10.2011, Wien 2012 (zitiert: Wendehorst/Zöchling-Jud (Hrsg.), Am Vorabend eines gemeinsamen europäischen Kaufrechts).

Wendehorst, Christiane/Zöchling-Jud, Brigitta: Verbraucherkreditrecht. VerbraucherkreditG und ABGB-Darlehensbestimmungen. Kurzkommentar, Wien 2010 (zitiert: Wendehorst/Zöchling-Jud, Verbraucherkreditrecht).

Wendehorst, Christiane: Anmerkung zu BGH, 1.10.2008 – VIII ZR 268/07, LMK 2009, 277236.

–: Anmerkung zu BGH, 18.3.2009 – VIII ZR 149/08, LMK 2009, 285018.

–: Das neue Gesetz zur Umsetzung der Verbraucherrechterichtlinie, NJW 2014, 577 ff.

–: Dauerbaustelle Verbrauchervertrag: Wertersatz bei Widerruf von Fernabsatzverträgen, NJW 2011, 2551 ff.

–: Die neue Richtlinie über die Rechte der Verbraucher, in: Schenk/Lovrek/Musger/Neumayr (Hrsg.), Festschrift für Irmgard Griss, Wien 2011, 717 ff. (zitiert: *Wendehorst*, Die neue Richtlinie über die Rechte der Verbraucher, in: FS Griss).

–: Rücktritt („Beendigung") im Entwurf für ein Gemeinsames Europäisches Kaufrecht, in: Schmidt-Kessel (Hrsg.), Ein einheitliches europäisches Kaufrecht? Eine Analyse des Vorschlags der Kommission, München 2012, 371 ff. (zitiert: *Wendehorst*, Rücktritt („Beendigung") im Entwurf für ein Gemeinsames Europäisches Kaufrecht, in: Schmidt-Kessel (Hrsg.), Ein einheitliches europäisches Kaufrecht?).

–: Schadensersatz, Verzugszinsen und Rückabwicklung, in: Remien/Herrler/Limmer (Hrsg.), Gemeinsames Europäisches Kaufrecht für die EU? Analyse des Vorschlags der europäischen Kommission für ein optionales Europäisches Vertragsrecht vom 11. Oktober 2011, München 2012 (zitiert: *Wendehorst*, Schadensersatz, Verzugszinsen und Rückabwicklung, in: Remien/Herrler/Limmer (Hrsg.), Gemeinsames Europäisches Kaufrecht für die EU?).

Wenn, Matthias: Anspruch des Verbrauchers auf Erstattung der Hinsendekosten nach Widerruf eines Fernabsatzgeschäfts. Anmerkung zu OLG Karlsruhe 2. Senat, Urteil vom 05.09.2007 – 15 U 226/06, jurisPR-ITR 2007 Anm. 4.

Weschpfennig v., Armin: Der Widerruf der Beteiligung an einem Immobilienfonds. Anwendbarkeit der Grundsätze des fehlerhaften Gesellschaftsbeitritts?, BKR 2009, 99 ff.

Westermann, H. P./Grunewald, B./Maier-Reimer, G. (Hrsg.): Erman Bürgerliches Gesetzbuch. Handkommentar mit AGG, EGBGB (Auszug), ErbbauRG, HausratsVO, LPartG, ProdHaftG, UKlaG, VAHRG und WEG. Band 1, 13. Aufl. Köln 2011 (zitiert: Erman/*Mitarbeiter* BGB).

Westermann, Harm P.: Der EuGH zur (fehlerhaften) Beteiligung an einem geschlossenen Immobilienfonds. Besprechung des EuGH-Urteils vom 15.4.2010 – Rs C-215/08, DZWIR 2010, 265 ff.

Whittaker, Simon: A Framework of Principle for European Contract Law?, Law Q. Rev. 2009, 616 ff.

–: The Optional Instrument of European Contract Law and Freedom of Contract, ERCL 2011, 371 ff.

–: The Proposed 'Common European Sales Law'. Legal Framework and the Agreement of the Parties, MLR 2012, 578 ff.

Wolf, M./Lindacher, W./Pfeiffer, T. (Hrsg.): AGB-Recht. Kommentar, 6. Aufl. München 2013 (zitiert: *Mitarbeiter*, in: Wolf/Lindacher/Pfeiffer (Hrsg.), AGB-Recht).

Würdinger, Markus/Ringshandl, Andreas: Anmerkung zu OLG Karlsruhe, 5.9.2007 – 15 U 226/06, MMR 2008, 49 f.

Würdinger, Markus: Doppelwirkungen im Zivilrecht, JuS 2011, 769 ff.

Yilma, Kinfe M.: Scope of Rights of Withdrawal vis-à-vis Auctions under the Consumer Rights Directive, euvr 2013, 212 ff.

Zahn, Bastian: Die Anwendbarkeit des Gemeinsamen Europäisches Kaufrechts auf Verträge über digitale Inhalte, ZEuP 2014, 77 ff.

Zhang, Xuezhe: Das verbraucherschützende Widerrufsrecht nach §§ 355 ff. BGB und seine Aufnahme in das Chinesische Recht, Berlin 2006.

Zimmermann, Annette: Das Rechtsmissbrauchsverbot im Recht der Europäischen Gemeinschaften, Münster 2002.

Zimmermann, Reinhard/Jansen, Nils: Grundregeln des bestehenden Gemeinschaftsprivatrechts?, JZ 2007, 1113 ff.

Zimmermann, Reinhard: Europäisches Privatrecht. Irrungen, Wirrungen, in: Begegnungen im Recht. Ringvorlesung der Bucerius Law School zu Ehren von Karsten Schmidt anlässlich seines 70. Geburtstags, Tübingen 2011, 321 ff. (zitiert: *Zimmermann*, Europäisches Privatrecht, in: Begegnungen im Recht).

–: Perspektiven des künftigen österreichischen und europäischen Zivilrechts. Zum Verordnungsvorschlag über ein Gemeinsames Europäisches Kaufrecht, JBl 2012, 2 ff.

–: Restitutio in integrum. Die Rückabwicklung fehlgeschlagener Verträge nach den Principles of European Contract Law, den Unidroit Principles und dem Avant-projet eines Code Européen des Contrats, in: Honsell/Zäch/Hasenböhler/Harrer/Rhinow (Hrsg.), Privatrecht und Methode. Festschrift für Ernst A. Kramer, Basel 2004, 735 ff. (zitiert: *Zimmermann*, Restitutio in integrum, in: FS Kramer).

–: Rückabwicklung nach Widerruf, in: Eidenmüller/Faust/Grigoleit/Jansen/Wagner/Zimmermann (Hrsg.), Revision des Verbraucher-*acquis*, Tübingen 2011, 167 ff.

–: The Present State of European Private Law, Am. J. Comp. L. 57 (2009), 479 ff.

–: The Unwinding of Failed Contracts in the UNIDROIT Principles 2010, Unif. L. Rev. 2011, 563 ff.

Zöchling-Jud, Brigitta: Acquis-Revision, *Common European Sales Law* und Verbraucherrechterichtlinie, AcP 212 (2012), 550 ff.

–: Rechtsbehelfe des Käufers im Entwurf eines Gemeinsamen Europäischen Kaufrechts, in: Schmidt-Kessel (Hrsg.), Ein einheitliches europäisches Kaufrecht? Eine Analyse des Vorschlags der Kommission, München 2012, 327 ff. (zitiert: *Zöchling-Jud*, Rechtsbehelfe des Käufers im Entwurf eines Gemeinsamen Europäischen Kaufrechts, in: Schmidt-Kessel (Hrsg.), Ein einheitliches europäisches Kaufrecht?).

Zoll, Fryderyk: Das Dienstleistungsrecht im Vorschlag für ein Gemeinsames Europäisches Kaufrecht, in: Schulte-Nölke/Zoll/Jansen/Schulze (Hrsg.), Der Entwurf für ein optionales europäisches Kaufrecht, München 2012, 279 ff.

–: Das Konzept des Verbraucherschutzes in der Machbarkeitsstudie für das Optionale Instrument. Rechtfertigung der Differenzierung des persönlichen Anwendungsbereiches einzelner Normen, euvr 2012, 9 ff.

Zypries, Brigitte: Der Vorschlag für eine Richtlinie über Verbraucherrechte, ZEuP 2009, 225 ff.

Stichwortverzeichnis

Zeitfracht Medien GmbH
Ferdinand-Jühlke-Straße 7
99095 Erfurt, Deutschland
produktsicherheit@kolibri360.de